邢台考古文集

一

河北省邢台市文物管理处◎编著
李恩玮　李军　张明◎主编

故宫出版社

图书在版编目（CIP）数据

邢台考古文集.一/河北省邢台市文物管理处编著；李恩玮，李军，张明主编. — 北京：故宫出版社，2019.3
ISBN 978-7-5134-1186-8

Ⅰ.①邢… Ⅱ.①河… ②李… ③李… ④张… Ⅲ.①考古发掘－发掘报告－邢台 Ⅳ.①K872.223

中国版本图书馆CIP数据核字(2019)第014777号

邢台考古文集（一）
河北省邢台市文物管理处　编著

出 版 人：王亚民
主　　编：李恩玮　李　军　张　明
封面题字：李恩玮
责任编辑：梅　婷　骆　艳
装帧设计：王　梓
出版发行：故宫出版社
地址：北京市东城区景山前街4号　邮编：100009
电话：010-85007808　010-85007816　传真：010-65129479
邮箱：ggcb@culturefc.cn
制　　版：保定市万方数据处理有限公司
印　　刷：北京启航东方印刷有限公司
开　　本：787毫米×1092毫米　1/16
印　　张：36
插　　页：18
版　　次：2019年3月第1版
2019年3月第1次印刷
印　　数：1~1800册
书　　号：ISBN 978-7-5134-1186-8
定　　价：266.00元

前　言

邢台市位于河北省中南部，太行山脉南段东麓，华北平原中部。东以大运河和山东省相望，西依太行山和山西省毗邻，北及东北与石家庄市、衡水市相连，南接邯郸市。市域东西最长 185 千米，南北最宽 80 千米，总面积 12456 平方千米。辖桥东区、桥西区、经济开发区和邢台县、临城县、内丘县、柏乡县、隆尧县、任县、南和县、宁晋县、新河县、巨鹿县、平乡县、广宗县、威县、清河县、临西县 15 县及沙河市、南宫市 2 市。

邢台地势西高东低，西部为太行山区，中部为丘陵，东部为华北平原，面积比例大体为 2∶1∶7。中部、东部为河北平原（华北平原西北部）的一部分，中部以山前冲积平原为主，东部则为子牙河和古黄河系冲积平原，海拔在 100 米以下。平原区缓岗、自然堤 、废河道随处可见，洼地较多。平乡、威县、巨鹿、广宗、临西、清河、新河、南宫东部八县（市）属黑龙港流域，地势低洼平坦，有宁晋泊、大陆泽两大洼地，最低海拔仅 20 米。

考古证实商祖乙曾迁都于邢，西周为邢侯国。战国为赵国信都。公元前 372 年，赵成侯据邢，改邢为信都，秦统一六国后，废封建，行郡县，置信都县。秦末汉初，改信都为襄国。西晋末年，羯人石勒建后赵都襄国，置襄国郡。隋开皇十六年（596 年）置邢州。唐天宝元年（742 年）改为巨鹿郡，至德二年（757 年）复邢州。宋宣和元年（1119 年）改邢州为信府，宣和二年（1120 年）宋徽宗赵佶升邢州为信德府，改龙冈县为邢台县，始有“邢台”之名，金复改为邢州。元中统三年（1262 年）改邢州为顺德府，至元二年（1265 年）改府为顺德路。明洪武元年（1368 年）改顺德路为顺德府。民国初期废府留县，属直隶省。1945 年 9 月 25 日，建立邢台市。

邢台历史悠久，文物资源分布广泛。经历年省市文物部门及高等院校的考古发掘和文物普查，发现了分布于西部山区的十万年前的旧石器时代遗存，还有遍布泜河、白马河、沙河等河流两岸的仰韶文化、先商及商代遗存。全市共有世界文化遗产 2 处，各级不可移动文物 2460 处。

始自 20 世纪的邢台考古，多次发掘商代、周代遗存，以及商周至元明时期墓葬。20 世纪 50 年代，河北省文物部门在市区发现并发掘了曹演庄商代遗址；20 世纪 90 年代及以后，河北省文物研究所、邢台市文物管理处文物工作者先后发掘南小汪西周遗址、曹演庄汉墓群、邢钢战国至汉代遗址和墓葬、葛家庄先商遗址、邢国墓地等，出土西周甲骨文、玉戈和青铜礼器以及大量先商至明清时期文物。1999 年，中国社会科学院考古研究所、河北省文物研究所、邢台市文物管理处在东先贤遗址开展了商王祖乙探源工程，出土了大量商王祖乙时期器物，证实了祖乙之都就在邢台，为夏商周断代工程填补了缺环。20世纪至21世纪初，河北省文物研究所先后联合邢台市临城县、内丘县文物部门对两县邢窑遗址进行了大规模的调查和考古发掘，取得了丰硕成果；2012年，对内丘县城商业街西侧邢窑遗址区域进行的考古发掘，被评为2012年度“全国十大考古新发现”。进入21世纪，邢台考古更加多彩，高等院校、科研部门、省市县文物部门先后在临城县、内丘县、邢台县、邢台市区境内、沙河市、南和县、平乡县、巨鹿县、隆尧县等地按照国家文物局考古发掘计划或配合南水北调工程、铁路工程、工矿企业建设、房地产开发项目，发现了大批重要遗迹现象，出土了大批有价值的文物，进一步丰富了邢台历史文化。除考古发掘外，其他生产活动也不断发现古墓葬、古遗址，并出土重要文物。如20世纪50年代南和县左民村村民在平整土地时发现大量炉、壶、香熏等青铜器，邢台市贾村在平整土地时发现刘秉忠家族墓地等。

邢台历史文化时代跨度长，遗存类型丰富，考古工作成果丰硕，或形成发掘简报，或形成研究论文，或编辑成书。如在市区内发掘的邢窑遗址，历经数年整理，编纂《邢台隋代邢窑》一书；配合南水北调中线工程在内丘县张夺村发掘的遗址和墓葬，经一年的整理出版了《内丘张夺发掘报告》一书。邢台考古事业经历了历代考古人的艰辛努力，取得的巨大成就丰富了邢台的历史文化内涵。

在历史悠久的邢台大地上，近70年来，广大文物考古工作者，不辞艰辛，励精图治，不断探索邢台源流，通过考古发现了大量邢台地区古代先民的灿烂文化，撰写了很有价值的考古发掘报告及研究文章。为便于对邢台历史文化进行研究，编者查阅了大量的资料，尽最大努力搜集与邢台历史文化研究有关的考古报告、论文、消息，汇编成集，以飨读者。虽经两年之艰辛，仍有挂一漏万之嫌，不足之处在所难免，敬请谅解。

编者

2019年春

目　　录

考古调查篇

河北邢台县考古调查简报

河北省文物复查队邢台分队

1989 年 10 月～ 11 月，由河北省文物局组织的文物复查队邢台分队，在邢台县进行了 45 天的考古调查，共发现仰韶文化、龙山文化、商、西周、战国、汉代、宋、金、明代等时期的古文化遗址 38 处（表一）。现将此次调查的主要收获简报如下。

邢台县位于河北省西南部，为邢台市辖区，地处太行山脉和华北平原的过渡地带。西部为太行山地，中部为低山和丘陵地，东部为山前冲积扇，境内北有白马河，中有七里河，南有沙河，皆发源于西部山地，由西向东横贯全境。境内土地肥沃，地下水丰富，再加上较为优越的气候条件，自古以来就是人们生息、繁衍的理想之地。

表一　邢台县古遗址调查一览表　　（单位：平方米）

编号	遗址名称	面积	采集遗物	时代	备注
1	张安北东岗遗址	12000	磨制石斧、夹砂红褐陶罐、“红顶钵”、泥质黑陶罐、夹砂灰陶鬲等	仰韶、龙山、商	保存较好
2	八方村西北遗址	30000	打制石铲、石环，陶环、泥质红陶盆、泥质黑陶罐等	仰韶、龙山	严重破坏
3	羊范村南遗址	25000	泥质红陶钵、瓶，夹砂红陶盆、鼎足，夹砂灰陶罐、鬲等	仰韶、商、西周	保存较好
4	喉咽遗址	12000	磨制石斧、“红顶碗”、盆、夹砂红陶器耳、鼎足，夹砂灰陶罐等	仰韶、商	严重破坏
5	八方村东遗址	15000	打制、磨制石器，泥质红陶片、夹砂灰陶鬲足、罐等	仰韶、商	严重破坏
6	西黄村西遗址	6000	泥质红彩钵、盆，夹砂褐陶罐、泥质黑陶盆、夹砂灰陶鬲等	仰韶、龙山、商	严重破坏
7	南青山东北遗址	10000	泥质黑陶罐、夹砂灰陶篮纹陶片、甗腰，夹砂灰陶绳纹陶片	龙山、商	保存较好
8	百泉西北遗址	5000	泥质黑陶罐、碗，篮纹陶片、泥质褐陶绳纹罐等	龙山、商	严重破坏

续表

编号	遗址名称	面积	采集遗物	时代	备注
9	伍仲村南遗址	25000	夹砂灰陶细绳纹鬲、罐口沿，夹砂红褐陶鬲足等	商	严重破坏
10	西青山遗址	40000	夹砂灰陶鬲、罐口沿、鬲足，夹砂褐绳纹平底罐等	商	保存较好
11	东先贤东北遗址	25000	夹砂灰陶绳纹鬲、罐口沿、鬲足、豆柄等	商	严重破坏
12	八方村北遗址	3000	夹砂灰陶、红褐陶鬲足、夹砂灰陶鬲、罐口沿、泥质灰陶豆盘等	商	严重破坏
13	西北留遗址	30000	夹砂灰陶绳纹鬲、罐口沿、鬲足，夹砂红陶盆等	商	严重破坏
14	张安北村南遗址	1200	夹砂灰陶罐口沿、绳纹陶片、锥状、袋状鬲足等	商	严重破坏
15	宋家庄东南遗址	7800	夹砂灰陶尖锥鬲足、罐口沿、绳纹陶片等	商	严重破坏
16	大桃花遗址	2000	夹砂灰陶绳纹鬲口沿、鬲足，夹砂褐陶罐口沿、原始瓷片等	商	严重破坏
17	坂上遗址	2800	夹砂灰陶、红褐陶罐口沿、鬲足，原始瓷片等	商	保存较好
18	南尹郭遗址	5000	夹砂灰陶、红褐陶细绳纹陶片、鬲足、豆柄等	商	严重破坏
19	西黄村南遗址	1600	夹砂灰陶绳纹鬲、罐口沿、簋圈足、敛口瓮等	商	严重破坏
20	姚坪村北遗址	1000	夹砂灰陶细绳子纹鬲口沿、锥状鬲足等	商	严重破坏
21	西黄村西北遗址	5000	夹砂灰陶、红褐陶粗绳纹鬲、泥质灰陶豆等	商、西周、战国	严重破坏
22	姚坪东北遗址	1200	夹砂灰陶、褐陶鬲、罐口沿、粗绳纹陶片等	商	保存较好
23	邢台地区工业公司遗址	1500	夹砂灰陶绳纹鬲、鬲足等	商	保存较好
24	伍仲西南遗址	4000	夹砂灰陶鬲、瓮口沿、锥状鬲足、袋状鬲足、绳纹罐底等	商	严重破坏
25	西先贤村北遗址	11200	夹砂灰陶、褐陶粗绳纹鬲、鬲足，泥质灰陶罐等	商	严重破坏

续表

编号	遗址名称	面积	采集遗物	时代	备注
26	西沙窝遗址	60000	夹砂红褐陶鬲足、褐陶簋圈足、绳纹陶片等	商、战国	严重破坏
27	西先贤村西南遗址	160000	夹砂灰陶粗绳纹鬲、罐、盆、鬲足、陶片等	商、西周	保存较好
28	东坚固遗址	1500	夹砂灰陶鬲口沿、褐陶盆口沿、泥质灰陶豆等	商、战国	严重破坏
29	固坊遗址	15000	夹砂灰陶粗绳纹鬲、罐口沿、陶片等	商、西周	严重破坏
30	羊范东南遗址	3600	夹砂灰陶粗绳纹鬲口沿、袋状柱状鬲足、泥质灰陶豆盘等	商、战国	严重破坏
31	张安北南垴遗址	1250	夹砂灰陶罐口沿、灰陶簋圈足、夹砂灰陶盘、泥质灰陶豆盘等	商、战国	严重破坏
32	中留遗址	5000	夹砂灰陶袋状、柱状鬲足，泥质灰陶罐、豆柄等	商、西周、战国	严重破坏
33	宋家庄城墙里遗址	5000	夹砂灰陶罐、盆、釜口沿，泥质黑灰陶豆盘等	战国	严重破坏
34	浆水西土垴遗址	12000	泥质灰陶罐口沿、盆、豆盘、筒瓦等	战国	严重破坏
35	南青山西南遗址	40000	泥质灰陶罐口沿、甑底、板瓦、筒瓦等	汉	严重破坏
36	潭村遗址	30000	泥质灰陶罐口沿、白瓷碗、仿钧窑三足盆、铁犁等	宋、金	严重破坏
37	土门烽火台	40.96		明代	保存较好
38	马鞍山城寨遗址	1000		明代	严重破坏

一、仰韶文化

共发现6处，即张安北东岗遗址、八方村西北遗址、羊范村南遗址、喉咽遗址、八方村东遗址、西黄村西遗址。这些遗址全都分布于河流两岸和干支流交汇处的黄土台地上，面积6000～30000平方米不等，文化层堆积0.4～2米，在张安北东岗遗址和八方村西北遗址中发现了圆形竖穴、袋状灰坑，在西黄村西遗址和羊范村南遗址发现了可能为居住址的红烧土面。出土遗物都比较丰富，以石器、陶器为最多，有部分彩陶、蚌器，骨器很少。

1. 石器

有打制、磨制两种，器类有铲、斧、磨棒、石环等。

石铲　发现四件，青灰色页岩，按制法可分二式。

Ⅰ式：打制，器身呈梯形或长方形，断面呈长条形，似为半成品，长 12.2 ～ 17.6 厘米（图一，1 ～ 3）。

Ⅱ式：磨制，刃微弧，扁平长条形，长 7.5 厘米（图一，6）。

石斧　发现两件，黑色页岩，磨制，直刃，长方形，断面呈椭圆形，残长 8.6 ～ 16 厘米（图一，4、5）。

石磨棒　青砂岩，打制，椭圆柱状，上有使用痕，残长 10.4 厘米（图一，7）。

石环　青灰色页岩，磨制，断面呈扁圆形（图一，8）。

2. 陶器

有夹砂和泥质两种。夹砂陶又可分为夹砂红褐陶和夹砂红陶两系，主要器型有罐、盆、

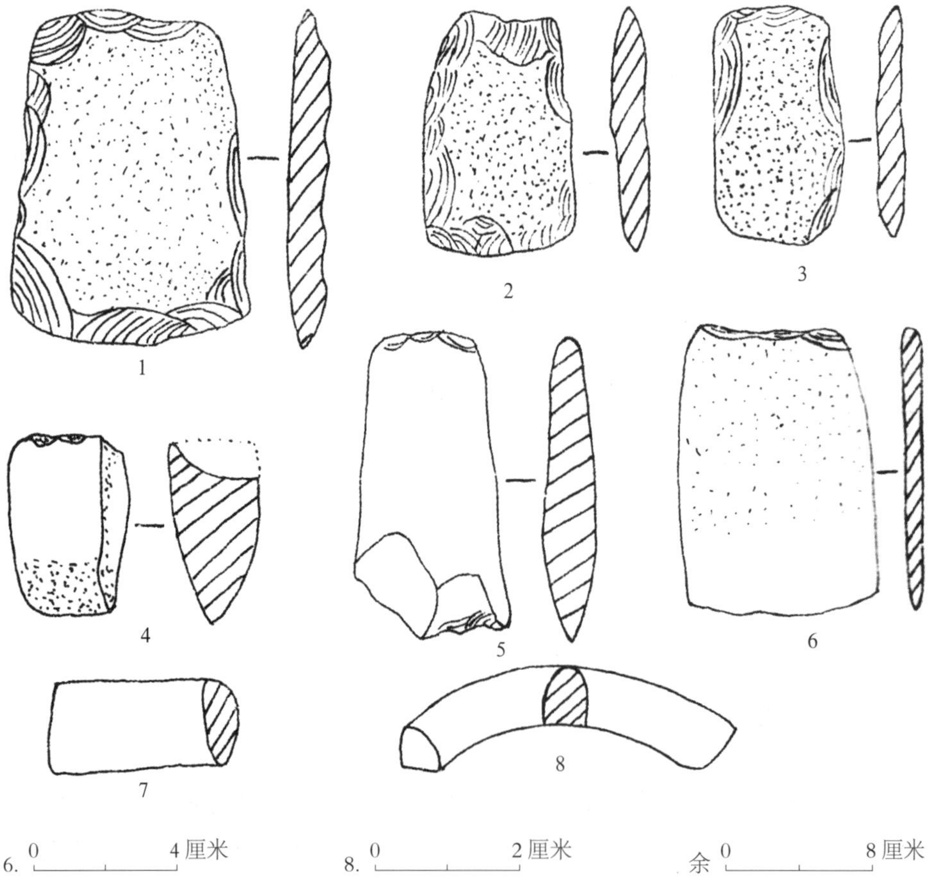

图一　采集石器

1~3、6. 石铲　4、5. 石斧　7. 磨棒　8. 石环

（1、2、6、7. 八方村东；3、8. 八方村西北；4. 张安北东岗；5. 喉咽）

鼎、甑、瓮、灶。泥质陶以泥质红陶为最多，少量为泥质黄陶和泥质灰陶，主要器型有盆、碗、钵、瓶、环。彩陶大部分是红彩、黑彩，棕彩较少，主要器型有钵、碗、盆、罐。现依陶质、陶色分述如下。

（1）夹砂陶

罐　发现较多，可分二式。

Ⅰ式：夹砂红褐陶，尖圆唇，敛口，腹下收，口沿下饰斜长条泥饼和乳突，器表有刷痕，火候低，手制。口径16厘米（图二，1）。

Ⅱ式：夹砂红陶，尖唇，短折沿，敛口，鼓腹，器表有刷痕。口径21厘米（图二，11）。

另发现夹砂红褐陶片，压印剔刺指甲纹（图二，4）；夹砂红陶平底罐，饰浅细绳纹（图二，5），假圈足，素面（图二，12）。

盆　发现较多，可分四式。

Ⅰ式：夹砂红褐陶，圆唇，敞口，浅腹，素面。口径24厘米（图二，2）。

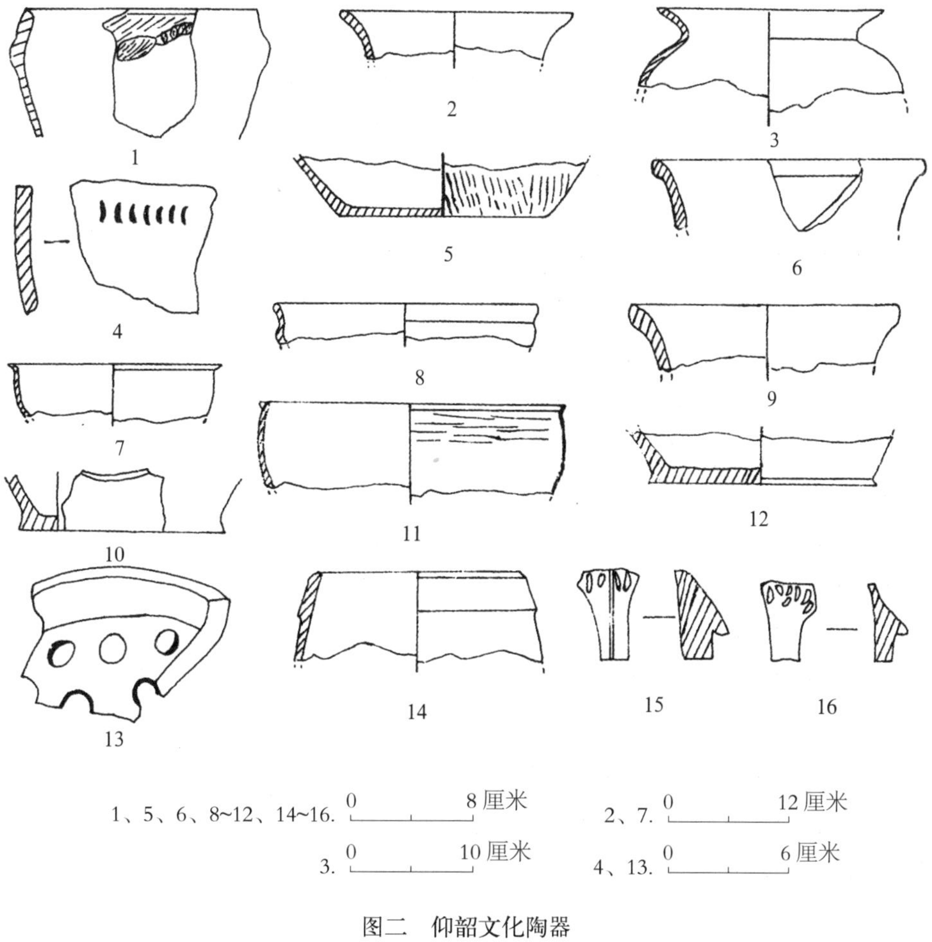

图二　仰韶文化陶器

1、5、11、12. 罐　2、6~9. 盆　3. 鼎　4. 陶片　10. 灶　13. 甑　14. 瓮　15、16. 鼎足
（1、2、5、6、8~10、12、14. 张安北东岗；3、4、7、13. 八方村西北；11、15、16. 羊范村南）

Ⅱ式：夹砂红陶，圆唇外翻，敞口，素面。口径 19 厘米（图二，6、9）。

Ⅲ式：夹砂红陶，尖唇，折沿，鼓腹，素面。口径 22 厘米（图二，7）。

Ⅳ式：夹砂红陶，圆唇，口微侈，腹略折，素面。口径 18 厘米（图二，8）。

鼎　夹砂红褐陶，尖圆唇，折沿，鼓腹，素面。口径 18 厘米（图二，3）。

鼎足　2 件，夹砂红陶，柱状实心，断面圆形，上有按捺纹（图二，15、16）。

瓮　夹砂红陶，平唇，敛口，深腹，唇下贴一周宽泥条，素面。口径 14 厘米（图二，14）。

甑　仅存底部，夹砂红陶，平底，底部有圆形箅孔（图二，13）。

灶　残存底部，有圆形孔，罐形，夹砂红陶，平底，假圈足。底径 14.2 厘米（图二，10）。

（2）泥质陶

盆　分四式。

Ⅰ式：泥质红陶，“红顶”式，圆唇，直口，折腹。口径 20 厘米（图三，1）。素面。口径 24 厘米（图三，7）。

Ⅱ式：泥质红陶，敞口，腹微折，素面。口径 21 厘米（图三，4）。

Ⅲ式：泥质红陶，尖唇，折沿，敛口，鼓腹，素面。口径 22.2 厘米（图三，10）。

Ⅳ式：泥质红陶，圆唇，口微敛，腹下收，器表饰有凸棱。口径 20 厘米（图三，11）。

碗　分二式。

Ⅰ式：泥质红陶，“红顶”较窄，圆唇，敞口，浅腹。口径 24.6 厘米（图三，3）。泥质黄陶，表面饰刷痕，口径 16 厘米（图三，5）。

Ⅱ式：泥质红陶，圆唇，敛口，圆腹，素面。口径 17.8 厘米（图三，9）。

钵　分三式。

Ⅰ式：泥质红陶，“红顶”较窄，圆唇，敛口，折腹。口径 22 厘米（图三，12）。素面。口径 21 厘米（图三，15）。

Ⅱ式：泥质红陶，“红顶”式，圆唇，直口，腹下收。口径 20 厘米（图三，6）。

Ⅲ式：泥质红陶，“红顶”较宽，圆唇，敞口，斜腹。口径 20.6 厘米（图三，8）。

瓶　仅见口部，分二式。

Ⅰ式：泥质红陶，圆唇，敛口，折颈，广肩。口径 10 厘米（图三，13）。

Ⅱ式：泥质红陶，套口，重唇。口径 6.8 厘米（图三，14）。

环　有泥质红陶、泥质灰陶两种，断面呈扁圆形（图三，16、17）。

彩陶　有泥质红陶和泥质灰陶两种，器表以红彩为最多，有少量黑彩和棕彩。

钵　泥质红陶，圆唇，敛口，斜腹，沿下一周黑彩。口径 21 厘米（图四，1）。口较小，沿下一周棕彩。口径 11 厘米（图四，4）。

碗　泥质红陶，可分二式。

Ⅰ式：圆唇，直口，沿下一周红彩（图四，2）。

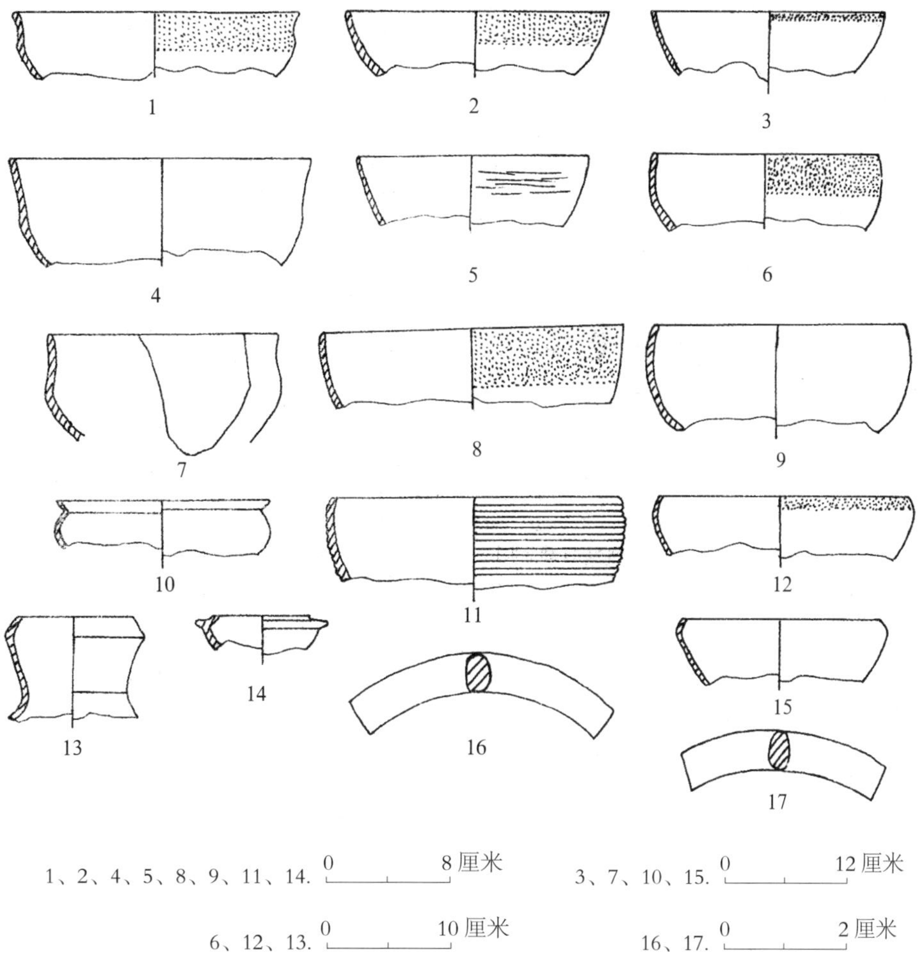

图三　仰韶文化陶器

1、4、7、10、11. 盆　2、3、5、9. 碗　6、8、12、15. 钵　13、14. 瓶　16、17. 环
（1、2、4、8、9、11、13. 张安北东岗；3、6、7、12. 喉咽　5、14. 羊范村南　10、15~17. 八方村西北）

Ⅱ式：尖圆唇，敞口，浅腹，沿下施红彩，图案为网状纹。口径16厘米（图四，5）。

盆　发现较多，施红彩，图案为弧形三角加并列曲线，内填双环、倒三角纹，口饰横条纹，可分二式。

Ⅰ式：泥质红陶，圆唇，直口，折腹。口径25厘米（图四，7～9）。泥质灰陶。口径25厘米（图四，10）。

Ⅱ式：泥质红陶，圆唇，敞口，曲腹，沿面饰二周水波纹（图四，11）。

罐　泥质红陶，圆唇，敞口，溜肩，沿面饰二周水波纹，腹部饰弧形三角加并列曲线纹（图四，12）。

另外在西黄村西遗址还发现两块黑彩陶片，为横、斜条纹加弧形三角纹（图四，3、6）。

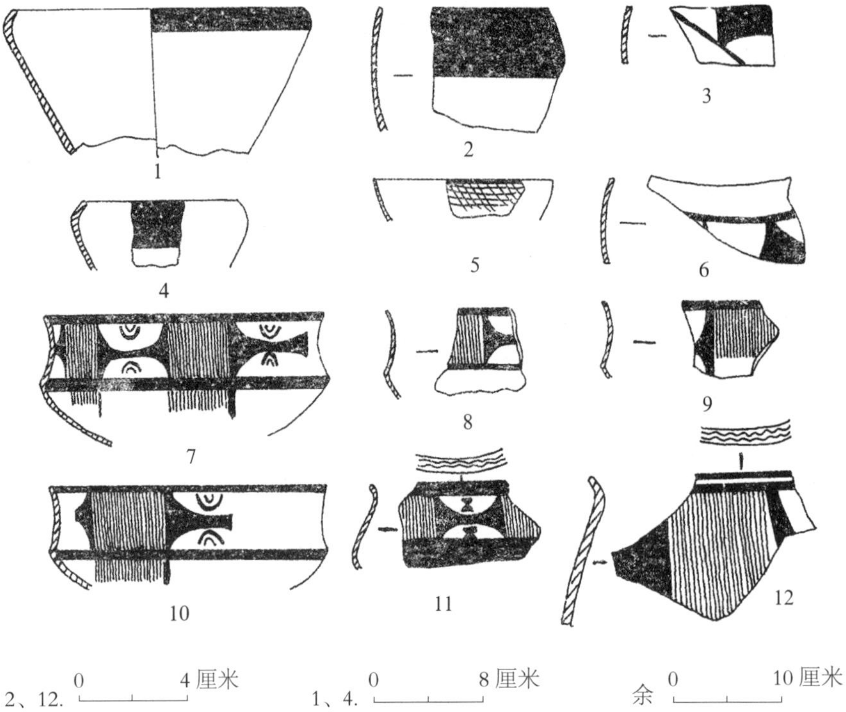

图四 仰韶文化陶器

1、4. 钵 2、5. 碗 3、6. 彩陶片 7~11. 盆 12. 罐
（1、4 羊范村南；2. 张安北东岗；余皆西黄村西）

二、龙山文化

发现两处，即南青山东北遗址和百泉西北遗址，另外在其他遗址当中也发现了少量龙山文化遗物。两处遗址的面积分别为10000平方米和5000平方米，文化层灰黑土，厚0.5～1.1米。陶器以泥质黑陶为最多，夹砂灰陶和夹细砂黑陶次之，另有少量泥质和夹砂褐陶，普遍采用轮制，火候较高，纹饰有篮纹、绳纹、弦纹、划纹、附加堆纹、按捺纹等，亦有一定数量的素面磨光，器型有罐、盆、鬲、瓮、尊、碗、甗、豆、器耳等。

罐 数量较多，又可分为高领罐和敞口罐两种。

高领罐 分三式。

Ⅰ式：泥质黑陶，圆唇，高领，鼓腹，素面磨光。口径14厘米（图五，1、7）。

Ⅱ式：泥质黑陶，圆唇，领稍矮，微束颈，素面磨光。口径21厘米（图五，2）。

Ⅲ式：夹细砂黑陶，方唇，直领，沿下二条弦纹。口径19.6厘米（图五，6）。

敞口罐 分二式。

Ⅰ式：夹细砂黑陶，圆唇，鼓腹，器表饰平行横划纹。口径23.6厘米（图五，3）。泥质黑陶，素面磨光（图五，5）。

Ⅱ式：夹细砂黑陶，圆唇较厚，弧腹，素面磨光。口径16厘米（图五，4）。

盆　分三式。

Ⅰ式：夹细砂黑陶，圆唇，敞口，浅斜腹，口沿下饰指甲纹，领部饰三条弦纹，腹饰一鸡冠耳（图五，8）。

Ⅱ式：夹砂褐陶，圆唇，敞口，口沿下饰三个圆形按捺纹（图五，9）。

Ⅲ式：泥质黑陶，圆唇，直口，器表饰弦纹数周（图五，10）。

鬲　夹砂灰陶，圆唇，侈口，折沿，鼓腹，颈下饰细绳纹。口径20厘米（图五，11）。

图五　龙山文化陶器

1~7. 罐　8~10. 盆　11. 鬲　12. 瓮　13. 碗　14. 甗　15、17、19. 器耳　16. 尊　18. 陶片　20. 豆座

（2、5、11. 张安北东岗；3、8. 八方村西北；4、13. 百泉西北；10. 西黄村西；19. 伍仲村西南；20. 大桃花；余为南青山东北）

瓮　泥质褐陶，方唇，直口，深腹，口沿下饰凹弦纹两周，素光磨面（图五，12）。

尊　泥质褐陶，翻唇较厚，敞口，素面磨光。口径 20 厘米（图五，16）。

碗　夹细砂黑陶，圆唇，口微敛，素面磨光。口径 24 厘米（图五，13）。

甗　仅见甗腰，夹砂灰陶，带腰隔，饰细绳纹附加堆纹（图五，14）。

豆　只见圈足，泥质黑陶，素面磨光。底径 6 厘米（图五，20）。

器耳　有夹砂灰陶錾耳，上饰按捺纹和细绳纹（图五，15）；夹砂灰皮红胎錾耳（图五，19）；夹细砂黑陶横錾，下饰篮纹（图五，17）三种。

另外还发现较多的篮纹陶片，可能是罐的腹部（图五，18）。

三、商、西周时期

商、西周时期的古文化遗址发现 24 处，分布广泛密集，多数遗址面积不超过 10000 平方米，面积较大的西先贤村西南遗址、西沙窝遗址、西青山遗址、西北留遗址等都是当时具有较大规模的定居点，文化层的土质多呈灰黑色，堆积厚 0.4 ～ 2 米。出土遗物十分丰富，以陶器为主，其中夹砂灰陶最多，另有泥质灰陶、夹砂黑皮褐陶、泥质黑陶、夹砂红陶等，并发现两片原始瓷片。纹饰以绳纹为主，也有少量弦纹、附加堆纹、刺纹、划纹和素面磨光，主要器型有鬲、罐、盆、瓮、簋、豆、碗等。

鬲　发现最多，可分六式。

Ⅰ式：夹砂灰陶，卷缘圆唇，敞口，折沿较宽，腹略鼓，薄胎，细绳纹。口径 15.6 厘米（图六，6）。高尖锥鬲足，高 6 厘米（图六，4）。

Ⅱ式：夹砂灰陶，近方体，方唇，矮领，侈口，斜腹，裆较高，半高锥足，胎较厚，绳纹较粗。口径 17.5、通高 14 厘米（图六，11）。

Ⅲ式：夹砂灰陶，近方体，翻缘，方唇，唇内形成沟槽，鼓腹，裆较高，半高锥足，厚胎，粗绳纹。口径 24、通高 22.8 厘米（图六，14）。

Ⅳ式：夹砂灰陶，扁体，宽沿，侈口，鼓腹，矮裆近平，袋状足，足尖不显，粗绳纹。口径 21、通高 13.6 厘米（图六，15）。

Ⅴ式：夹砂黑皮褐陶，扁体，短颈，方唇，侈口，斜腹，矮裆，袋状足，粗绳纹，火候较低，陶质疏松。口径 25、通高 20 厘米（图六，22）。

Ⅵ式：夹砂灰陶，扁体，方唇，宽沿外折，侈口，鼓腹，柱状实足，颈下饰附加堆纹，器身饰横、斜粗绳纹。口径 18、通高 14 厘米（图六，16）。柱状鬲足，饰杂乱粗绳纹（图六，21）。

罐　分六式。

Ⅰ式：夹砂灰陶，敞口，口沿上带花边（图六，1）。

Ⅱ式：泥质黑陶，敞口，唇外侈，鼓腹，腹饰弦纹，素面磨光。口径 5 厘米（图六，3）。

Ⅲ式：夹砂灰陶，圆唇，短沿，侈口，斜肩。口径 14 厘米（图六，5）。

Ⅳ式：夹砂灰陶，翻缘，近方唇，微显领，腹近直，薄胎，细绳纹。口径 15.6 厘米

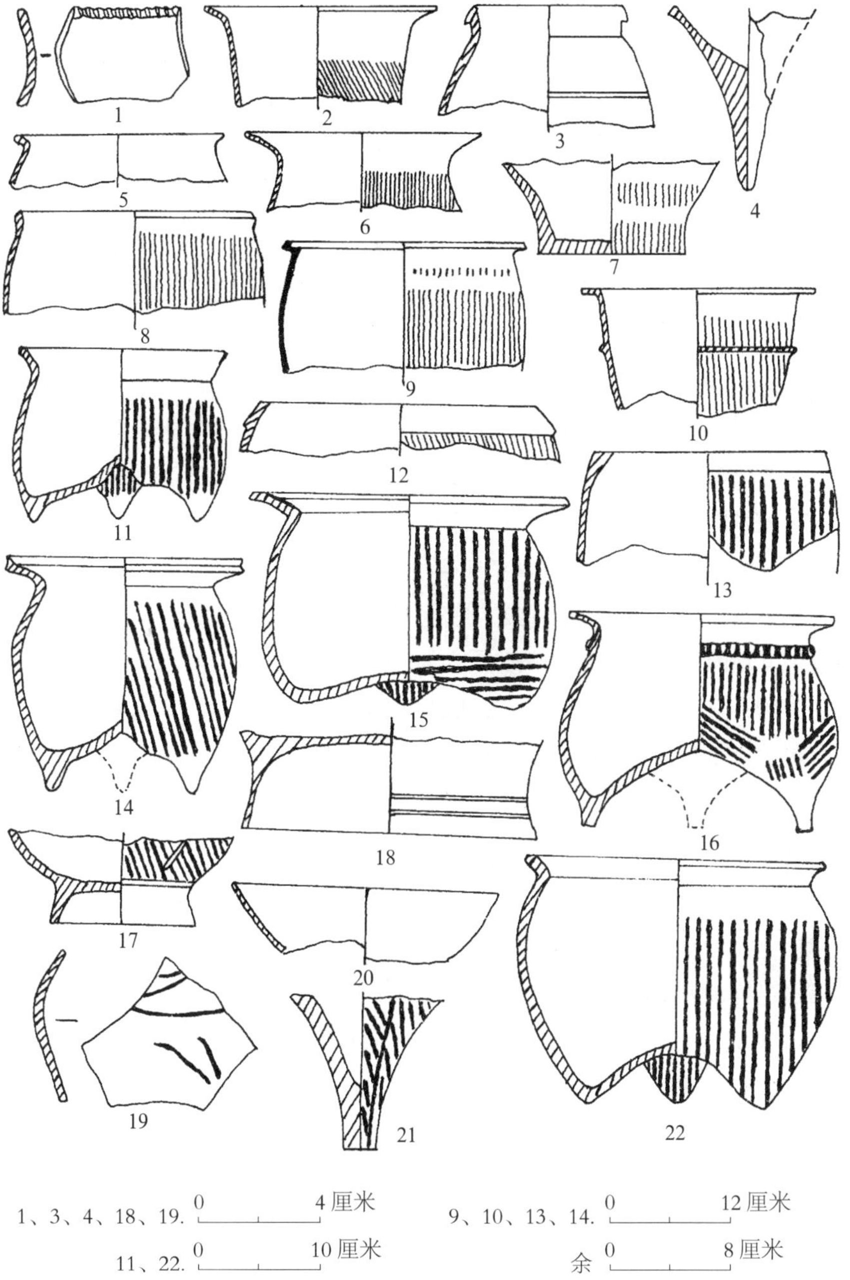

图六　商、西周时期陶器

1、3、5、7~9. 罐　2、10. 盆　4、6、11、14~16、21、22. 鬲　12、13. 瓮　17、18. 簋　19、20. 原始瓷片
（1. 张安北东岗；2. 西黄村西；3、20. 大桃花；4、19. 坂上；5. 八方村北；6. 姚坪村北；7. 西青山；8. 伍仲村南；9、10. 西北留；11、14. 邢台地区工业公司；12. 伍仲西南；13、17. 西黄村南；15、16. 羊范村南；18. 西沙窝；21. 羊范东南；22. 西黄村西北）

（图六，8）。

Ⅴ式：残存底部，夹砂褐陶，平底，近底部作反弧内收，细绳纹。底径 10 厘米（图六，7）。

Ⅵ式：夹砂灰陶，斜方唇，敛口，缘面内折成较深的凹槽，微鼓腹，颈上饰楔形点纹，腹饰较细的绳纹。口径 24 厘米（图六，9）。

盆　分二式。

Ⅰ式：夹砂灰陶，圆唇，敞口，宽折沿，深腹，饰细绳纹。口径 15.6 厘米（图六，2）。

Ⅱ式：夹砂红陶，圆唇，敞口，平沿，深腹，饰细绳纹加附加堆纹。口径 24 厘米（图六，10）。

瓮　分二式。

Ⅰ式：夹砂灰陶，敛口，厚唇，宽肩，绳纹较细。口径 18.4 厘米（图六，12）。

Ⅱ式：夹砂灰陶，敛口，平沿内折，深腹近直，粗绳纹。口径 24 厘米（图六，13）。

簋　仅见圈足部分，分二式。

Ⅰ式：夹砂黑皮褐陶，近底部有两条凹弦纹，素面磨光。底径 10 厘米（图六，18）。

Ⅱ式：夹砂灰陶，腹饰较粗的绳纹。底径 10 厘米（图六，17）。

原始瓷片发现两片，胎质细匀坚硬，为碗、罐的残片。

碗　灰白胎，圆唇，敞口，浅腹，器表釉层大部分脱落。口径 18 厘米（图六，20）。

罐　青灰胎，器表饰青绿釉，上有数道条纹（图六，19）。

四、战国时期

战国遗址主要发现于宋家庄城墙里、浆水西土垴，另在其他一些遗址的上层也采集到豆、罐、盘等战国遗物，宋家庄城墙里遗址位于宋家庄村北，面积 5000 平方米，北侧还残存一道长 50、高 2 米的夯土墙，可能是一处城址。浆水西土垴遗址位于浆水村西的高地上，南、北均有河流环绕，面积约 12000 平方米。两处遗址的遗物都比较丰富，陶器有夹砂和泥质灰陶两种，纹饰有绳纹、弦纹、压印暗纹，并有一部分素面，主要器型有豆、罐、盆、釜、盘。

豆　均为泥质灰陶，分三式。

Ⅰ式：盘较深，细柄，豆盘外壁折棱较为明显，盘内压印一周条带暗纹。口径 15 厘米（图七，7）。

Ⅱ式：浅盘，柄较粗，上部实心。口径 13、高 10 厘米（图七，1）。

Ⅲ式：浅盘，腹较圆缓，圈足中空。口径 14、高 16.4 厘米（图七，3）。

罐　分三式。

Ⅰ式：夹砂灰陶，方唇，敞口，平沿，高束颈，广肩，粗绳纹。口径 20 厘米（图七，2）。

Ⅱ式：夹砂灰陶，方唇，直口，短颈，深腹近直，粗绳纹。口径 19.6 厘米（图七，10）。

Ⅲ式：泥质灰陶，圆唇，敞口，口沿下三周凸棱。口径 19.6 厘米（图七，8）。

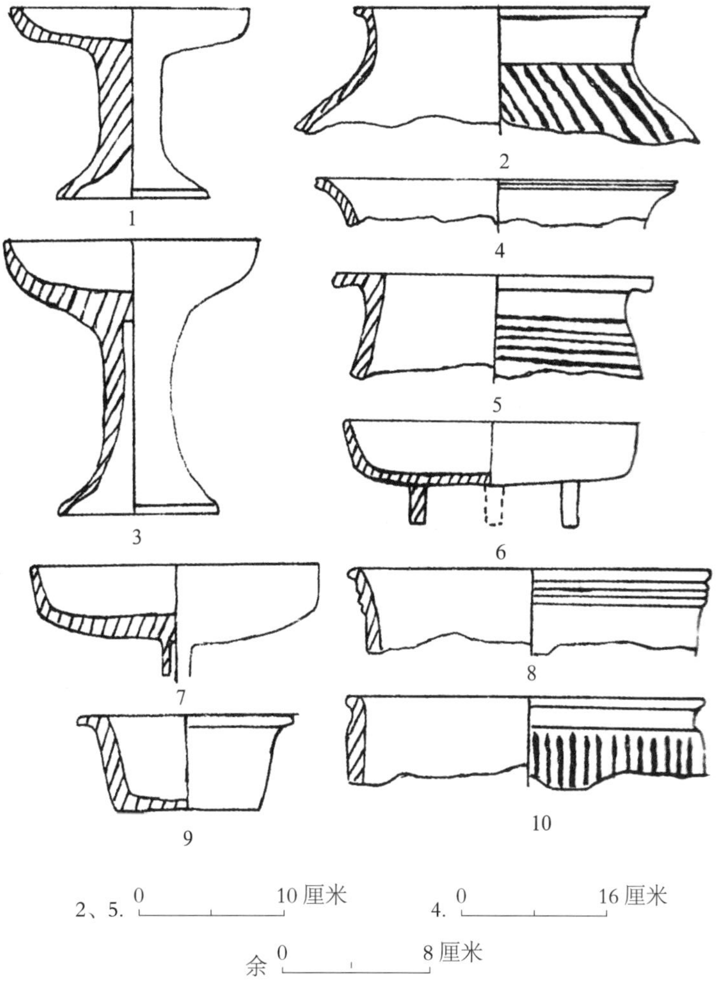

图七　战国时期陶器

1、3、7. 豆　2、8、10. 罐　4、9. 盆　5. 釜　6. 三足盘
（1. 西黄村西北；2、4、5 城墙里；3. 东坚固；6、7. 张安北南堿；8 ～ 10. 浆水西土堿）

盆　分二式。

Ⅰ式：夹砂灰陶，方唇，敞口，唇外缘有一凹沟，素面。口径 39.2 厘米（图七，4）。

Ⅱ式：泥质灰陶，平沿，方唇，浅斜腹，平底，素面。口径 11.6、高 5 厘米（图七，9）。

釜　夹砂灰陶，宽沿较平，方唇，腹微鼓，饰较粗的横绳纹。口径 21.7 厘米（图七，5）。

盘　夹砂灰陶，方唇，敞口，浅腹，平底，下接三个柱状实足，素面。口径 16、高 5.6 厘米（图七，6）。

五、结语

邢台及其周边地区，是我省开展考古工作较早的地区，20世纪五六十年代曾进行过多次调查和发掘。此次调查虽然时间较短，但取得了较大的收获，为研究邢台的古代文化提供了新的材料。

从六处仰韶文化遗址的遗物看：①以张安北东岗的Ⅰ式罐、剔刺指甲纹陶片、Ⅰ式盆、八方村西北遗址的鼎为代表的遗物，陶质为夹砂红褐陶，火候低，手制，属后冈类型的较早阶段，类似遗物在永年石北口遗址也有发现[1]。②以"红顶"器、黑彩和棕彩钵、红彩碗以及其他细泥红陶器为代表的器物，分布广，遗物丰富，与武安赵窑[2]、正定南杨庄等后冈文化遗址的遗物具有相同的特征。③以羊范村南的Ⅱ式瓶、西黄村西的泥质红陶上绘横、斜条纹和弧形三角的黑彩陶片，与河南陕县庙底沟[3]、河北曲阳金鱼台[4]等遗址的遗物类似，属仰韶文化的庙底沟类型。此类遗存在冀南地区发现较少。④以西黄村西发现的红彩盆、罐为代表的遗物，与磁县下潘汪[5]、邯郸百家村[6]、邢台柴庄[7]发现的遗物一致，属仰韶文化的大司空类型。

龙山文化遗存从整体上看，与邯郸涧沟[8]的龙山文化遗物相同或相近，但其中鬲的錾耳与张家口蔚县筛子绫罗[9]所出遗物类似，这似乎表现了龙山时代两地的文化交流情况。

商、西周时期遗址的广泛发现，是此次调查的主要收获。20世纪五六十年代调查、发掘过的尹郭、贾村、南大郭、曹演庄、西关外、东先贤等遗址都位于邢台市郊，此次调查又在白马河、七里河、沙河流域的山前、丘陵地带发现了许多商、西周时期的古遗址。从这些遗址的遗物分析，Ⅰ式罐口沿带花边，见于邯郸涧沟的先商文化[10]；Ⅰ式鬲、Ⅱ式罐接近郑州二里冈下层的遗物[11]；Ⅲ式罐、Ⅳ式罐、Ⅰ式盆、Ⅰ式瓮等接近尹郭村下层[12]、曹演庄下层[13]所发现的遗物，相当于殷墟文化第一期；Ⅱ式鬲、Ⅵ式罐、Ⅱ式盆、Ⅱ式瓮、Ⅰ式簋和原始瓷片，与西关外[14]、尹郭村中层[15]、东先贤[16]发现的遗物一致，相当于殷墟文化第二期；Ⅲ式鬲、Ⅳ式鬲、Ⅱ式簋等，与曹演庄上层[17]、南大郭上层[18]、贾村[19]所出遗物类似，相当于殷墟文化的第三、四期；Ⅴ式鬲、Ⅵ式鬲，与邢台西关外[20]、邯郸龟台西周文化层[21]所出遗物类似，相当于西周的早、中期。这些遗物时代衔接紧密、文化特点鲜明，进一步证实早在祖乙迁都于邢之前，直至周成王封周公第四子姬苴为邢侯，邢台都是当时的一个重镇[22]。

邢台在春秋、战国时期，先属邢国，后属赵国。此时期的遗存，如宋家庄城墙里遗址是当时西部山区的一个军事防御城池，而浆水西土城遗址则极有可能是邢国为避北方戎狄族进犯而迁至西部山区的夷仪城旧址[23]。

此次调查得到邢台县文化局、文物保管所以及各乡政府的大力协助，在写作过程中承蒙金家广先生指正，在此一并致谢。

调查　张守义　李哲彬　李文龙
绘图　张守义　李文龙
执笔　李文龙

注释

[1] 河北省文物研究所、邯郸地区文物管理所：《河北永年石北口遗址发掘简报》，《文物春秋》1989 年第 3 期。

[2] [4] 河北省博物馆、河北省文物管理处：《河北省出土文物选集》，文物出版社，1980 年。

[3] 中国科学院考古研究所：《庙底沟与三里桥》，文物出版社，1959 年。

[5] 河北省文物管理处：《磁县下潘汪遗址发掘报告》，《考古学报》1975 年第 1 期。

[6] 罗平：《河北邯郸百家村新石器时代遗址》，《考古》1965 年第 4 期。

[7] 唐云明：《河北邢台柴庄遗址调查》，《考古》1964 年第 6 期。

[8] [10] [21] 北京大学、河北省文化局邯郸考古发掘队：《1957 年邯郸发掘简报》，《考古》1959 年第 10 期；河北省文化局文物工作队：《河北邯郸涧沟村古遗址发掘简报》，《考古》1961 年第 4 期。

[9] 张家口考古队：《1979 年蔚县新石器时代考古的主要收获》，《考古》1981 年第 2 期。

[11] 河南省文化局文物工作队：《郑州二里冈》，科学出版社，1959 年。

[12] [15] 河北省文化局文物工作队：《邢台尹郭村商代遗址及战国墓试掘简报》，《文物》1960 年第 4 期。

[13] [17] 河北省文物管理委员会：《邢台曹演庄遗址发掘报告》，《考古学报》1958 年第 4 期。

[14] [20] 唐云明：《邢台西关外遗址试掘》，《文物》1960 年第 7 期。

[16] 唐云明：《河北邢台东先贤村商代遗址调查》，《考古》1959 年第 2 期。

[18] 唐云明：《邢台南大郭村商代遗址探掘简报》，《文物参考资料》1957 年第 3 期。

[19] 河北省文物管理委员会：《邢台贾村商代遗址试掘简报》，《文物参考资料》1958 年第 10 期。

[22] 杨文山：《商代的“井方”与“祖乙迁于邢”考》，《河北学刊》1985 年第 3 期。

[23] 徐韶光：《邢台文物名胜》，河北人民出版社，1988 年。

（原载于《文物春秋》1995 年第 1 期）

郭守敬故里——郭村文物调查

沈 震[1] 尼米聪[2] 华朋会[3]
（1、3.邢台县文物保管所；2.邢台学院）

邢台县皇寺镇郭村是我国元代著名科学家郭守敬的故乡。为了寻找关于郭守敬的历史遗迹，邢台县文物保管所先后于1998年和2000年两次对郭村及周边地区进行大规模的文物普查和重点区域文物勘探发掘，初步搞清了元代郭村的地理位置、布局、主要建筑、墓葬、河流走向和历史遗存现状，并收集到一批有重要价值的文物资料和标本。

其一，初步搞清了元代郭村的地理位置和布局、河流去向和古代墓葬分布情况，并绘出示意图。

其二，郭村郭氏家族不存在两个郭家之分，现在郭村郭姓同祖同宗，都是郭守敬家族的后裔。有人认定1964年郭村东南发现的大墓就是郭守敬墓的提法欠妥，村西北原高台遗址有可能是郭守敬墓，需要做进一步勘探。

其三，通过郭村常乐寺遗址出土残碑，可以证明刘秉忠曾随天宁寺虚照禅师多次去常乐寺，得以有缘结识郭守敬祖父郭荣。

其四，郭村及周边地区的元代历史遗存的考证。现分述如下。

一、郭村的地理位置和周边水系

《邢台县志》载：郭村位于城西北15千米，是丘陵和平原的结合部，紧靠邢昔公路，交通便利，是古代通往山西的交通要道。土层多为沙砾土，太行山冲积形成。全村现有840人，耕地1800余亩，北有白马河，南临金玉河。

白马河，古称渫水，是发源于邢台西部山区的一条季节河。河源高程520米，河口高程30.5米，该河流全程仅73.5千米，落差竟达490米。每逢汛期，洪水咆哮，最高流量可达4000立方米/秒。汛期过后，河道干枯，变明流为潜流。上游河槽较窄，常年水流不断。

金玉河，发源于郭村向西8千米处皇寺镇马鞍山下的金泉、玉泉，虽长年水流不断，但流量很小。东流10千米至西沙窝村东汇入白马河，郭村位于两河中下游中间地带。地势北高南低，南北临河，汛期常遭水患，平时却常年干旱，不得水益，只受水害。

在文物调查中，我们发现村中一段废弃的水沟。村民讲叫鸳鸯沟，沟上现保存有两座古代石桥。一为明万历八年（1580 年）重修的郭家桥，一座为清咸丰六年（1856 年）修的“得意桥”。沿小沟故道考察发现，小沟系人工开凿的引水明渠。源头，一条来自村北白马河，一条来自村南金玉河，汇于村西龙王庙。在村西南常乐寺山门遗址前，经勘探发掘出一座被淤没的三孔古石桥，桥长 5.4、宽 2.3 米，造型古朴。是否和在达活泉出土的由郭守敬所修古桥相似有待进一步考证。勘探分析：这条人工引水明渠和邢台城北牛尾河（古鸳鸯水）有异曲同工之处。

鸳水系指金元时期流经邢台县城北的一条河流。该河发源于邢台城西北约 2.5 千米处的达活泉和野狐泉，分流东注，交汇于城北柳溪亭，交汇后即为鸳水。取其上游二泉之水，相依相偎，形同鸳鸯不可分离之意。

柳溪春涨是古邢八景之一。在金元时期，文人雅士、社会名流，多在柳溪亭饮酒吟诗议论国家大事。郭守敬祖父郭荣通五经、数学、水利，自号“鸳水翁”，说明郭家在当地是名门望族，有一定社会影响力；以号明志，也说明郭荣在治理家乡水患前，曾对邢地水系进行过详尽勘察分析，认为达活、野狐两水合流形式，较符合郭村自然条件。实践证明，这种决策正确，如单纯引金玉河水，径流太小，不足以解决灌溉和生活用水问题，季节性引白马河水为金玉河补水，基本上满足了郭村农耕和生活用水需要。据考证，郭村鸳水河，在设计上借鉴了牛尾河水系特点，故可确定此人工引水明渠为郭荣设计、开挖。少年郭守敬从祖父治水活动中受益匪浅，在他步入仕途之门时首先就是向忽必烈面陈“水利六事”。我们从中也可以看出，“兴修水利”始终贯穿郭守敬一生的社会实践。

13 世纪以来，邢台转入枯水期。白马河上游来水量日渐稀少，加之连年战乱不已，生产力遭到破坏，人口大量逃亡，各种水利工程年久失修，郭村引水工程逐渐废弃。在调查勘探中，我们仍可看到多处明显的人工开挖的痕迹。

同时也应指出，郭荣开挖引水明渠在当时人口稀少、生产力低下的条件下能够完成，不仅是他造福乡里的壮举，也和元初奖励农耕的政策分不开。

二、郭氏家族和郭家坟

有的学者认为：现在郭村郭姓是两大家族，一是“坐地户”，是明靖难之役幸存者，有 30 余户，他们是郭守敬的后代；另一支系明朝初年从山西洪洞县老槐树迁徙而来，是外来户。我们认为这种说法缺乏事实依据。在村学校操场上有一幢北齐天统元年（565 年）的常乐寺碑，距今已 1400 余年，由于年代久远，字迹有些模糊，碑上只发现五个郭姓人名，未发现其他姓氏。《邢台县地名志》载：郭村自唐宋以前就有郭氏在此繁衍生息，村以姓氏定名。元末战乱频繁发生，人口骤减，明永乐年间，有李、吴等姓氏从山西洪洞县移民来此，村名未改。村民郭春海家中藏有清宣统元年（1909 年）家谱。我们根据家谱提供的线索，在村中郭姓家族探根寻源，事实证明郭村郭氏家族辈分排行系同出一脉，郭村历史上是不存在两个郭氏家族的。

清康熙《邢台县志》载：元太史令郭守敬卒后归葬故里邢台城西 15 千米处。在元代从邢台清风楼沿古驿道，经会宁、南良舍、北良舍、徐村古道至郭村恰好 15 千米。郭村是郭守敬故里已被多数专家考证，在此不赘叙。但郭守敬墓究竟在何处至今仍是个谜。

在调查郭守敬墓地时，我们发现郭村确是块“风水宝地”。村东南高台和西北卧龙岗有两处都符合封建社会墓地选址条件。我国汉民族葬俗，墓址多选背靠山、前临水的高台地，即所谓“依山傍水卧龙坡”。郭村两墓葬区，在不同时代，恰好都具备了上述两个条件。元代以前，村东南墓葬区北依高台（现高台仍存在，是自然形成还是人为，有待以后考证），南临金玉河。元代以后，金玉河水被引入村中鸳鸯沟后，河床断流，失去了过去龙脉的自然条件。开挖引水渠后，村西北卧龙岗自然形成了新的“风水宝地”。

1964 年，村民在村东南平整土地时曾发现一处规格较高的大型砖室墓，出土了一批陶俑和其他随葬品，因历史原因，这批珍贵的文物未能得到妥善的保存。有人断定它就是郭守敬墓，我们认为这种提法欠妥（这种说法不准确，因为当时并不是由考古人员科学发掘，只是在平整土地时无意中发现，村民进入墓室，把随葬品拿出来，大部分就地砸毁，其余全部遗弃，挖出的墓砖，盖成猪圈牛舍）。在文物调查中，我们专门走访了当事人，请他回忆勾画了当时发现的墓葬形式，采集了当时出土的墓砖和陶器残片。经当事人确认后，我们初定其为一处魏晋时期大型墓葬。理由有三：①遗留出土的墓砖是汉砖；②随葬的陶俑和葬式具有典型的汉代风格；③隋唐以后，大部分都有墓志，像郭守敬这样官至太史令的人不留有墓志是不可理解的。确认此墓是郭守敬墓的提法有些武断。因此墓没墓志和其他文献参考，墓主的真实身份现已无法考证。

围绕这座古墓遗址，我们进行了大面积的文物勘探。总勘探面积 1000 平方米，重点勘探面积 250 平方米，打探孔 4873 个，最深达 7.4 米。我们采集到墓砖、陶片、瓷片、钱币等标本，共发现中小墓葬 20 余处。证实了所谓郭家坟是一处从魏晋至明清及近现代历史跨越时代长久的墓葬群。在已发现的古墓葬中，唯独没有元代墓葬。出现断代现象，从表面看，这似乎不合情理，这里我们暂且不议。

距村西北 400 米处有一处较高的台地，当地群众称其为卧龙岗，在“农业学大寨”平整土地中被推平。1996、1998 年两年雨季，在原卧龙岗南坡出现面积大约 400 平方米的积水面，每间隔 2 米出现规则渗漏，形成一道道明显的水线，因附近有一处小型石膏矿，请教水利专家，排除了地下溶岩透水现象，小石膏矿雨季生产照常，未发现异常。渗水范围内为砂石土，和周边土质有明显区别，且较为松软，有明显的轮廓线。经文物勘探，土层有扰乱现象，探孔最深达 15.3 米，仍未见底。由于技术、资金所限，没有再往深处打，是否是墓有待进一步调查勘探。在卧龙岗周边地带，时有历代小土坑墓发现，大多埋藏深度在 0.5 米至 2 米之间，出土的陪葬品多为陶、瓷、铁质的日常生活用品。据村中老人讲：郭家祖宗曾在朝廷当过大官，死后埋在这里，民国时期卧龙岗曾出土过不知什么用途的铜铁器，因锈蚀严重后被人丢弃。

我们是否可以这样假设：郭守敬师从刘秉忠，而刘秉忠就是一个精于阴阳术数的大家，在这方面，言传身教会给郭守敬留下深刻的印象。郭守敬出仕后，官至太史令，知太史院事，死后再归葬原平民百姓的郭家老坟，在封建社会就会认为降低了身份。郭守敬生前是否重立门户，另选墓地？这在封建社会是司空见惯的事。

也许有人会说，为什么贾村的刘秉忠墓有神道石虎、石羊、文武翁仲和墓碑，气势宏伟，威武壮观，而同是元朝重臣的郭守敬在故里却没留下一丝墓葬痕迹？这首先要从两个墓葬建造的年代分析。贾村刘秉忠墓是由其后裔在清初由北京卢沟桥迁葬至贾村，基本上依照汉民族明代葬俗。郭守敬卒于 1316 年，处于元朝由盛转衰时代，卒后直接归葬故里。虽然元代“因俗而制”不强调统一葬式，但郭守敬身为元朝重臣，有可能遵循元朝葬式深埋，地表不留任何痕迹。另外郭守敬生前聪慧过人，对盗墓防范措施会安排得更加严密。要发现郭守敬墓，绝非易事。今后我们将把勘探重点放在村西北卧龙岗区域，扩大勘探范围，现在说某处即是郭守敬墓为时过早。

是什么原因使郭守敬及后人墓未留下一点蛛丝马迹？首先是元朝灭亡以后，明朝统治者对外族十分仇视。郭守敬作为汉族入仕元朝，在明朝统治阶级来看，这已是大逆不道的事了，郭守敬后人为避免可能出现的麻烦，亦不敢公开祭祖。另外，由于战乱和自然因素，人工引水渠(鸳鸯沟)淤塞，失去引水功能后被废弃。发源于马鞍山下的金玉河又复归旧河道，村西北卧龙岗失去龙脉，而村东南则又成为“风水宝地”，这也许就是郭村村南郭家坟出现历史断代的根源。

三、刘秉忠和郭村常乐寺

20 世纪 90 年代初，郭村学校建教学楼，在原常乐寺遗址上挖出一块元至元五年（1268 年）的残碑，上有“常乐寺乃天宁寺下院……虚照禅师领徒……香火鼎盛”等字样。

天宁寺位于邢台市红星西街，据《顺德府志》记载：天宁寺始建于唐贞观初年（627 年），名为“华池兰若”。宋政和三年（1113 年），宋徽宗亲笔为其御书“十方天宁寺禅林”立匾，故改称天宁寺。至元代，天宁寺发展到有山门、前殿、二殿、大殿、东西配殿和钟楼及塔坟，占地近 300 亩的庞大建筑群体，成为当时我国北方著名的佛教圣地之一。

1970 年，占用天宁寺的邢台县日杂土产公司搞基建，将天宁寺除前殿外全部拆毁。当时曾发现大量珍贵文物，因动荡年月没引起有关部门的重视，后全部流失。现存的天宁寺前殿是河北省内为数不多的元代建筑，具有典型的元代建筑风格，1992 年，被河北省人民政府确定为省级文物保护单位。

元代初期，元宪宗蒙哥即汗位后，任命具有雄才大略的同母兄弟忽必烈主管漠南汉地军国庶事。邢台是忽必烈的封地，为了利用佛教争取汉民族，忽必烈在封地邢台进行治理汉地试点时，经常下榻天宁寺。对郭守敬一生产生重大影响的刘秉忠就是被天宁寺高僧推荐给忽必烈的。

刘秉忠和天宁寺有着很深的渊源。在他 22 岁时，因志向高远，不愿久居人下，辞官出走，隐居武安山中潜心修道。天宁寺高僧虚照禅师爱慕其才华，派遣弟子将其招至天宁寺剃度为僧。刘秉忠一入佛门，便被委以重任。于是他利用掌管文书的职务之便，博览群书，特别钻研《易经》和天文、地理、律历、算数等学科。同时，也由于元初统治阶级为缓和民族矛盾，大兴佛教，几度兴废的常乐寺，作为天宁寺下院，也被虚照禅师筹资重建。刘秉忠陪同虚照禅师往返天宁寺与常乐寺之间，这样就有机会结识志趣相投的郭村名门望族郭守敬祖父郭荣，为以后郭守敬拜刘秉忠为师铺平了道路。

四、郭村及周边地区的元代遗存

最近我们在清理郭村街道时在村中发现一幢风化十分严重的古碑，据村中老人讲：此碑叫“鬼集碑”，上面刻满了谁也认不清的“鬼字”，是村中用来镇鬼趋邪的。20 世纪 60 年代省博物馆专家考证为蒙古文，具体内容不详，“文化大革命”中，红卫兵破除迷信，将碑文上半部文字敲去。从碑的造型分析应为金元时期碑刻。另外，1990 年郭村在常乐寺遗址建教学楼时，发掘出一尊近 2 米高的元代汉白玉坐佛造像。可惜消息传出不久，即被不法之徒盗走，未能留下宝贵的历史文物和资料。

郭村向西 4 千米即是闻名遐迩的佛教圣地玉泉寺。它始建于唐，而盛于元。因元顺帝曾避难于此，因而称其为“皇寺”。虽经战乱，几近荒废，但寺内至今仍存有大量宋元石刻。其中大雄宝殿的盘龙柱础，足以说明玉泉寺昔日之辉煌。距玉泉寺南不足 500 米的棋盘山，近来又发现十余处摩崖石刻，有单体像、三人像，最多一处共有 17 尊之多。石刻大部分高 60 厘米左右，且造型生动，线条粗犷、流畅。据专家考证，为元代佛造像。

在距郭村东 4 千米，历史上邢台通往山西的古驿道上，有一座明万历二十三年（1595 年）集资修建的“如意桥”，俗称良舍高桥，是一座青石拱桥，在如意桥碑阴记叙集资者名单中，现仍可清楚地看到郭村 6 个郭氏姓名，其中行字辈和郭村郭氏族谱中可以续上辈分。

今后我们将把研究重点放在对卧龙岗墓葬区进行深入调查勘探和研究整理郭氏族谱两个方面。

（原载于《邢台学院学报》2003 年第 1 期）

直隶第四初级师范学校旧址

李淑芹　张　明
（邢台市文物管理处）

直隶第四初级师范学校（以下简称四师）是废除科举制度后在邢台地区建立的第一所新式学校，是河北省建立最早的师范学校之一。其旧址位于邢台市桥东区师专街邢台学院院内，自 1910 年始创至今已有近百年的历史。

1910 年 9 月，直隶提学使司傅增湘向督宪（省总督）汇报："奏设四处完全初级师范学堂，于天津、保定、滦州、顺德各设一处。"其中顺德校址择定北关外的旧时校场，划出校场的一半作为校址，计地 50 亩，一面绘图估工兴筑，一面先借用旧时考棚开学，定名"直隶第四初级师范学堂"。1912 年，该校在邢台北关外河伯祠兴建的校舍落成，师范学堂遵照当时教育部的《师范学校校令》进行了调整，更名为"直隶第四初级师范学校"。1928 年 9 月，直隶省改称河北省，学校随之更名为"河北省立第四师范学校"，隶属于河北省教育厅。1931 年，抗日战争爆发。1937 年 10 月 15 日邢台沦陷，邢台师范师生南迁，学校停办，校址先后被日军、国民党军警盘踞。

1969 年，在北关外四师旧址和地区商校旧址上成立河北省邢台地区师范学校。1984 年升为邢台师范专科学校，成为邢台地区唯一的普通高校。2002 年再升为邢台学院，原四师旧址被辟为院史陈列馆。

原校址有九进院落，现仅存校舍两排：前排长 39 米，房屋 12 间；后排长 48 米，房屋 15 间。均为灰砖硬山式砖木结构。前排房屋中间为原四师正门。门为石质券顶式，高 3.05、宽 1.9 米。券门两侧及顶部正中各有一方石雕图案，左右两侧为梅花鹿、蝴蝶等，顶部为团花。两侧各有两根倚柱，以长方形石面作凹凸装饰，宽 0.57 米，内侧柱高 3.62 米，外侧柱高 4.55 米。券顶上方有傅增湘先生所题"直隶第四初级师范学校"匾额，楷书，黑底金字，字体苍劲挺拔，别具风格。上款"中华民国元年"，下款"傅增湘书"。匾额之上为"山花"，中间雕饰单株双叶花卉纹（图一）。

傅增湘（1872 ~ 1950 年），字元淑，自号藏园、藏园老人、藏园居士，四川江安人。清光绪二十四年（1898 年）进士，著名的版本目录学家、教育家、藏书家。光绪三十四年（1908 年）傅增湘出任直隶提学使，任内三年大力推广小学，又在保定、天津、滦州和邢台四地创设初级师范学堂，后任教育总长等职，该匾就是他任直隶提学使时所书。

图一　学校旧址正门

后排房屋与大门相对之处也有一个石质券门，是当时人们穿行的过道，现已封堵，券门形制与大门类似，券面两侧雕饰卷云、花卉等图案，券顶中部水纹之上有莲叶及莲花图案，门两侧有两排倚柱。

西侧房屋坍塌，仅遗存部分墙体。

院内有立于清宣统二年（1910 年）的地界碑。为白色石质，地面以上高 1.22、宽 0.21 米。望柱形，球形柱头，柱身四面刻有"直隶第四师范学堂地界"字样（图二）。

直隶第四初级师范学校从 1910 年建校到 1937 年被迫停办，经历了清王朝、北洋政府和国民党政府三个时期，期间为祖国培养和输送了一大批优秀教师和国家栋梁之材。四师初建时，民国尚未成立，地方也无高小、初中，故首批学生均为私塾和邑庠生，经短训后，一般回原籍兴办新式学堂，促进教育改革与发展。从邢台所辖各县的县志看，当时的简易师范或高等小学的校长、教员多为四师的毕业学生。

随着科举制度的彻底废除和各类学校的相继建成，四师越来越步入正轨。新文化运动使直隶四师的进步学生接受了马克思主义，使马克思主义的传播以邢台为中心，很快辐射到周围各县。1931 年 3 月，四师爆发了争取民主与自由的学潮斗争，在学校中共地下组织的领导下，学生们团结一致，顽强斗争，历经两个多月，在全省影响很大，提高了学校的声望。

新式学校教育的兴起，是直隶省近代教育的重大转折，其影响涉及政治、经济、文化

图二　地界碑

等诸多领域。直隶第四初级师范学校开创了邢台地区近代教育的先河，奠定了我省近代教育的基础，在河北省近现代教育发展史上具有重要的历史地位。

（原载于《文物春秋》2007 年第 4 期）

邢台古戏楼综述

张　明
（邢台市文物管理处）

戏曲是一种舞台艺术，其形神兼备的表演需要特定的场所，随着戏曲的流传和兴盛，中国古代从城镇到乡村，只要有人群聚集的地方几乎都设有或大或小、或繁或简的戏楼。

戏楼一般用砖木材料建成，坐落在高1米左右的石台基上，并且主要有前台和后台两部分组成，饰以楹联、匾额等，是研究当时社会文化活动和风土民情的珍贵实物资料。

一、戏楼分布概况

邢台市位于河北省南部、太行山东麓，南与邯郸市为邻，西隔太行山与山西省交界，北与石家庄市毗连，东北与衡水市相邻，辖区内共有19个县、市、区。本市区域地形复杂，地势西高东低，从西到东可分为山区、浅山区、平原三种地形。

邢台现存戏楼的分布情况为：邢台市桥西区2座、邢台县8座、内丘县1座、临城县1座、沙河市2座。

二、戏楼基本情况

1. 牛王庙戏楼

位于邢台市内丘县柳林镇王交台村南侧一高台上。牛王庙戏楼坐南朝北，面阔7.5、进深18.9米，占地141.75平方米（图一、图二）。据清道光十二年（1832年）重修戏楼碑记载："牛王庙昔有戏楼一座，所建不知何时。自乾隆二十九年重修后，今六十余载，每年三月十五日奉歌舞祀典。"可知该戏楼为清代建筑。

戏楼为砖木结构，样式独特，由戏台、罩棚两大部分组成。戏台又分前台和后台。戏台为砖木结构，布瓦卷棚顶式，通高6.02米，面阔三间，进深三间，台中间有两根立柱，在此挂上幕帐，就分隔出前台和后台。前台三面大敞，有六根石柱支撑，面阔大于后台，整个戏台呈"凸"字形；罩棚为木质结构，布瓦卷棚顶，棚下设有26根立柱，为便于避雨、

图一　牛王庙戏楼正面

图二　牛王庙戏楼侧面

防潮，将其中外围的 8 根设置成石柱，地面为青砖墁地。罩棚的前脸是这一建筑的最精彩的部分，为曲脊挑檐门脸，斗拱设置精巧，两个角檐翘起，好似一只正在飞翔的蝙蝠。

在戏台下还设有砖砌的排水洞，有一人多高，宽约 2 米，夏天在罩棚看戏，打开洞口，凉爽宜人。并且空洞对舞台的音响还能起到膨音的效果，可见古人的巧妙设计。

2. 程阳戏楼

位于邢台市临城县西竖镇程阳村内（图三）。戏楼坐南朝北，面阔 5.46、进深 9.35、戏楼高 4.2 米，下为条石基础高 1.33 米，布瓦卷棚顶式，戏台正面两侧立两根石质方柱，覆斗形柱础，柱边长 0.35、柱础高 0.45、柱高 2.58 米。戏楼分前台与后台两部分，前台与后台中间用木制槅扇隔开，中央上方木板刻“共悦楼”三个字，两侧各设门，上方分别刻“出将”“入相”。程阳戏楼据始建碑记载，建于清光绪十二年（1886 年），距今一百余年。现戏楼保存较差，戏楼 1949 年以后当作牲口棚使用，前台被土坯墙围起，梁架结构基本保存，屋顶中部塌毁，勾头滴水大部分脱落，后台后墙倒塌。

3. 上坡村戏楼

位于邢台市邢台县将军墓镇上坡村中部。戏楼为石木结构，硬山顶式，面阔 6.17、进深 8.3、高 6.6 米（图四）。戏楼基础及山墙为当地取石料垒砌而成，梁架为木质，顶部覆盖石板材。戏楼由前台、后台两部分组成，前台与后台中间有一条宽 1 米左右的过道，为原村中的街道，上覆盖木板。戏楼旁有一通清光绪二十四年（1898 年）的重修碑，碑为汉白玉质，高 1、宽 0.5、厚 0.12 米，碑身两侧雕刻有西游记中的唐僧、孙悟空、猪八戒、沙僧四位主要人物，人物形象生动，可见当时《西游记》在民间流传甚广，深受百姓的喜爱。

4. 田家庄戏楼

位于邢台县北小庄乡田家庄村东，清代建筑。戏楼坐西朝东，卷棚顶式，琉璃瓦顶（图五）。面阔 4.1、进深 7.1、高 5 米，有前台、后台两部分组成。前台与后台中间用木制槅扇隔开，

图三　程阳戏楼

图四　上坡村戏楼

中央上方档板刻“口风楼”三字，两侧各设门。戏楼台基、墙体均为毛石垒砌，墙体两侧设窗、前台有四根明柱，外侧两柱础为石柱形，高 1.1 米。戏楼梁架保存完整，但内部装修破坏严重，台基用水泥抹面，墙体粉刷黄漆。

5. 石善戏楼

位于邢台县北小庄乡石善村内东部，清代建筑（图六）。戏楼坐南朝北，卷棚顶式，戏楼由前台和后台两部分组成，墙体、台基为毛石垒砌，面阔 5.8、进深 7.6、高 5.2 米，台基高 1 米，前台有四根明柱。后台装修无存，后台山墙、屋顶塌毁，现戏楼屋顶长满杂草，勾头、滴水无存，由于村民改建，前台西侧被用红砖垒砌围墙，内堆放杂物。

6. 内阳戏楼

位于邢台县将军墓镇内阳村，清代建筑。戏楼坐西朝东，悬山顶式，灰瓦布顶，墙体由灰砖条石垒砌，面阔 5、进深 4.2、高 5 米，基础为条石垒砌，高 1 米。戏楼由前台和后台两部分组成，前台为卷棚顶式建筑，前立有四根明柱（图七）。

图五　田家庄戏楼

图六　石善戏楼

图七　内阳戏楼

图八　北店戏楼

7. 北店戏楼

位于邢台县宋家庄乡北店村西部，清代建筑。戏楼坐东朝西，卷棚顶式，灰布瓦顶，戏楼面阔 5.4、进深 8.4、高 5 米，条石基础高 0.66 米，墙体砖石混垒砌，戏楼前有四根八棱石柱，鼓形石柱础（图八）。戏楼由前台和后台两部分组成，中间以木质槅扇隔开，槅扇上悬挂牌匾，上书“宣风楼”。牌匾下有木质垂罩，下垂木雕镂空花球。

8. 北坡戏楼

位于邢台县宋家庄乡北坡村内，清代建筑。戏楼坐东朝西，七梁架硬山顶式，面阔 6、进深 7.4、高 4.5 米。台基由毛石垒砌，高 1.3 米（图九）。条石垒砌墙体，两侧设方形小窗，当地的红色片石铺顶。前、后台间以木质槅扇隔开。

9. 胡家楼戏楼

位于邢台县冀家村乡胡家楼村内，清代建筑。戏楼坐南朝北，五梁架硬山顶式，基础及墙体均为毛石垒砌，顶部为片石铺砌，面阔 5.5、进深 8、高 5.3 米，台基高 1.16 米。戏楼由前台和后台两部分组成，该戏楼保存较差，后山墙倒塌后用红砖重新垒砌，梁柱多开裂，装修、脊瓦无存，西墙上镶有一块清同治八年（1869 年）《新修戏楼碑文》，青石质，高 0.65、宽 0.51 米，碑文五行，其余刻布施人名（图一〇）。

10. 温暖河戏楼

位于邢台县皇寺镇温暖河村北端，清代建筑。戏楼坐东朝西，卷棚顶式，面阔 5.6、进深 8.6、高 6.2 米（图一一）。戏楼分前台、后台两部分，灰布筒瓦覆顶，檐间有兽面瓦当和花草纹滴水，大部残，有飞椽，台前四根明柱，柱间有雀替，下接鼓墩式柱础，两侧山墙设有圆形窗。后台的屋面承接前台，呈一面坡式，灰布筒瓦，瓦当和滴水与前台一样。台基块石垒砌，中部空心，以券拱南北贯通，拱宽 2.2、高 0.8 米。

图九　北坡戏楼

图一〇　胡家楼戏楼

图一一　温暖河戏楼

图一二　樊下曹戏楼

11. 樊下曹戏楼

位于沙河市白塔镇樊下曹村东龙王庙正南约30米，北面正对龙王庙，清代建筑。戏楼坐南朝北，位于高约2米的石砌高台上，七梁架硬山顶式，外观为双卷棚顶，面阔7.15、进深7.52米（图一二）。戏楼由前台、后台两部分组成，中间由木质槅扇隔开，两侧设出将、入相门，前台四根明柱为石质，抹角方形。

12. 白错戏楼

位于沙河市新城镇白错村内，清代建筑。戏楼坐南面北，卷棚顶式，面阔6.5、进深7.4米（图一三）。建设布局分前台与后台，前台是演出场地，后台为配乐之地。戏楼南侧是白错小学，早年小学建房时将戏楼后台拆掉了一部分。此戏楼于2004年该村委会组织进行了修缮。

13. 李马村戏楼

位于邢台市桥西区南大郭乡李马村中部，清代建筑。该戏楼坐南朝北，由前台、后台两部分组成，为五梁架歇山顶式，灰布瓦顶，条石基础，山墙为条石垒砌，面阔三间4.5、

图一三　白错戏楼

图一四　李马村戏楼

进深 6.5、高 4.8 米，台基高 1.1 米，屋脊无存，前檐、椽飞大部分糟朽，勾头、滴水无存，戏台内堆满杂物（图一四）。

14. 赵孤庄戏楼

位于邢台市桥西区南大郭乡赵孤庄村。该戏楼由于年久失修，现已顶部坍塌，仅存戏楼基坐南朝北及两侧残墙，基础为条石垒砌，墙体为灰砖垒砌。戏楼西侧有一口古井及石狮。

三、建筑形制分类

上述 14 座戏楼建筑形制，主要可分为以下 4 种类型：

歇山顶式，1 座，即李马村戏楼。

硬山顶式，4 座，即上坡村戏楼、北坡戏楼、胡家楼戏楼、樊下曹戏楼。

悬山顶式，1 座，即内阳戏楼。

卷棚顶式，8 座，即牛王庙戏楼、程阳戏楼、温暖河戏楼、白错戏楼、田家庄戏楼、石善戏楼、北店戏楼。

另外由于赵孤庄戏楼坍塌，建筑形式已不可辨认。

从现存戏楼的建筑形式可看出，卷棚顶式的戏楼占了半数，因为卷棚顶形式活泼美观，而戏楼作为小型建筑又是人们休息娱乐的场所，因而较多的采用卷棚顶式。

四、建筑材料分类

上述 14 座戏楼按照建筑材料的不同，主要可分为以下 3 种类型：

砖木结构戏楼 6 座，即牛王庙戏楼、程阳戏楼、温暖河戏楼、樊下曹戏楼、白错戏楼、赵孤庄戏楼。

石木结构戏楼 7 座，即上坡村戏楼、田家庄戏楼、石善戏楼、内阳戏楼、北坡戏楼、胡家楼戏楼、李马村戏楼。

砖石木结构戏楼 1 座，即北店戏楼。

砖木结构戏楼主要分布在平原及丘陵地带，为中国传统建筑材料，由于经济发展及农村建设，平原大部分村庄戏楼被拆除，现保存数量最多的为石木结构戏楼，这些戏楼分布在山区，交通较为不便，当时在建设戏楼时就地取材，墙体用石材垒砌，顶部用片石铺砌上面再铺瓦，与当地的村民居住的房屋建筑材料、风格一致。

五、现状分析

戏楼大部分由于年久失修、风雨侵蚀，顶部长满杂草，木质装修大部分无存；更由于人为的破坏，戏楼及附属文物遭到毁坏，现存的戏楼有的被村委会或附近村民所占用，被改建为牲口棚、仓库等，有的戏楼内堆放木柴、麦秸等易燃物，时刻威胁着戏楼的安全。由于戏楼大部分位于较偏僻的村落，而各县文保所的人员、经费均严重短缺，无法实施有效的管理和保护，而通过这次文物普查，在村庄内对文物保护进行了宣传，有好几个村的村支书认识到了戏楼作为文物的重要性和对这个村无形的凝聚力，并且和文保所建立联系，清除安全隐患，并表示愿意自筹资金在文物部门的指导下对戏楼进行维修。

六、结语

古戏楼如同一座座博物馆，见证着中国戏曲昔日的繁荣，是珍贵的历史文化遗产，也是古代建筑艺术的展现。相信随着宣传力度的加大和当地居民文物意识的提高，古戏楼会再次展现出它在历史上的辉煌。

（原载于《文物春秋》2010 年第 5 期）

临城县新发现两处金元时期瓷窑遗址

邢窑博物馆

邢窑遗址主要分布在邢台、内丘、临城以及高邑县[1]境内的太行山东麓的山川、丘陵与平原地带，大部分集中在京广铁路以西的七里河、李阳河、泜河和泲河流域，北起高邑县的北焦村，南到邢台县的西坚固，约70千米长，近30千米宽的范围内。这里蕴藏着大量的黏土、铝矾土、硬质耐火土和半软质黏土等制瓷原料。还有，这里河流较多，水源丰富，树木柴草生长茂盛，地下又有丰富的煤田。在邢台、内丘、临城的西部山区还有石英、长石等矿物广泛存在。这些充足的制瓷原料和燃料为邢窑的烧制和延续奠定了基础。

自20世纪50年代，陈万里先生在瓷窑沟发现元代瓷窑遗址以来，至今已陆续发现了20多处邢窑遗址，这些窑址的发现为人们了解邢窑的历史和文化内涵提供了重要资料。

2011年7月份，我们在临城县进行瓷窑遗址调查时又发现了两处新的瓷窑遗址，分别是上沟瓷窑遗址和两口瓷窑遗址。现将这两处窑址情况分别介绍如下。

一、地理环境及窑址概况

上沟瓷窑遗址、两口瓷窑遗址为同一流域，两地相距2.5千米，两处窑址均与西磁窑沟瓷窑遗址相距不足2千米，使这三个窑址形成了一个三角地带（图一）。

1. 上沟瓷窑遗址

上沟瓷窑遗址位于临城县治东南7千米的上沟村南沟。该窑址距上沟村约150米，在南沟半斜坡南壁的断崖处，暴露出长20、厚1.5米的瓷片堆积层，堆积层内包含物有大量瓷片、窑具和煤渣等，面积约6000平方米（图二、图三）。

2. 两口瓷窑遗址

两口瓷窑遗址位于临城县治南8.5千米的两口村内，一南北向大沟东台地上。遗址大部分被村民的房屋所覆盖，院落及房屋周围的瓷片、窑具随处可见，断壁处的瓷片堆积层厚0.4 ~ 1.5米。另外还发现了几处窑炉，但均已损坏。面积约10000平方米（图四、图五）。

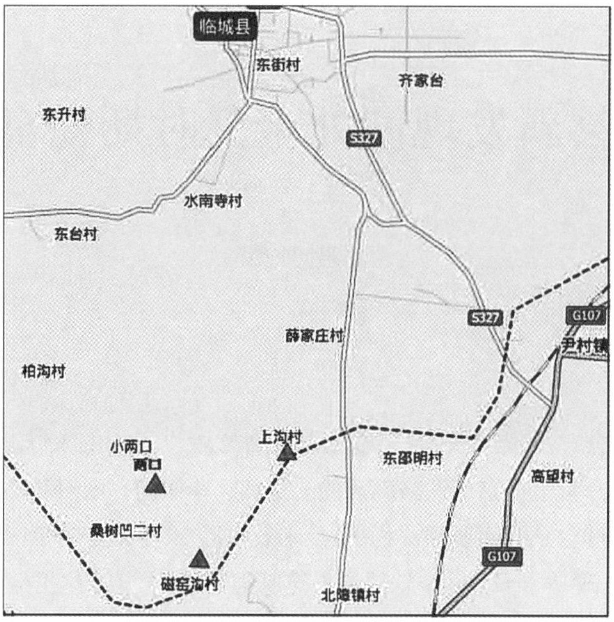

图一　地理位置示意图

图二　上沟瓷窑遗址全景

图三　上沟瓷窑遗址瓷片堆积层

图四　两口瓷窑遗址全景

图五　两口瓷窑遗址瓷片堆积层

二、胎釉特征与器物造型

（一）上沟窑址采集标本

该窑址采集标本主要有黑釉瓷片、白釉瓷片，陶片、窑具等。器型有碗、盆、瓶、罐、缸、砂锅、动物俑等。

1. 胎釉特征

瓷片中有黑釉瓷片、白釉瓷片和少量的酱釉瓷片。

（1）黑釉瓷

根据胎质可分两类。第一类为粗胎瓷，粗胎料采用干法踬轧筛选粉料，颗粒料较多，胎泥较粗，有明显的黑点和气孔，有的胎体出现较多裂纹，胎体厚重。第二类为细胎瓷，用湿法踬轧沉淀澄泥料，胎泥炼制较细腻，器壁和底部的厚薄较为均匀，个别胎体有小气孔，胎为灰白色。积釉处玻璃质感较强。

（2）白釉瓷

根据胎质可分两类。第一，胎质较粗糙，有气泡，呈灰白色。第二，胎泥炼制细腻，施化妆土，胎体致密，器型较规矩，釉面有玻璃质感。

2. 器物造型

器型有碗、盆、瓶、罐、缸、砂锅、动物俑等。

（1）碗

分黑釉碗、白釉碗和黑白双色釉碗。皆为薄胎，圈足。

黑釉碗　分三型。

A 型　黑釉碗。正烧。直口，唇沿外卷，深腹，圈足，灰白胎。器内底有涩圈，器外施釉不及底。高 12.8、口径 26.3、底径 9.5 厘米（图六）。

B 型　黑釉碗。正烧。尖唇，弧腹，深圈足，灰白胎。器内有涩圈，通体施黑釉。高 7.4、口径 22、底径 6.5 厘米（图七）。

C 型　黑釉碗。覆烧。直口，口沿外卷，深鼓腹，圈足。灰白胎。施黑釉，口沿处无釉，釉面光亮。高 16.4、口径 29 厘米（图八）。

白釉碗　皆为覆烧，圈足。分四型。

A 型　白釉碗。侈口，弧腹，圈足，灰白胎，通体施白釉。高 8.3、口径 22、底径 8 厘米（图九）。

B 型　印花白釉碗。直口，尖唇，灰白胎，釉面光亮。器内印有莲花波浪及回形纹饰（图一〇）。

C 型　白釉碗底。圈足，灰白胎。器外施釉不及底，圈足上有三角支烧痕。施化妆土，

图六　黑釉碗

图七　黑釉碗标本

图八　黑釉碗标本

图九　白釉碗标本

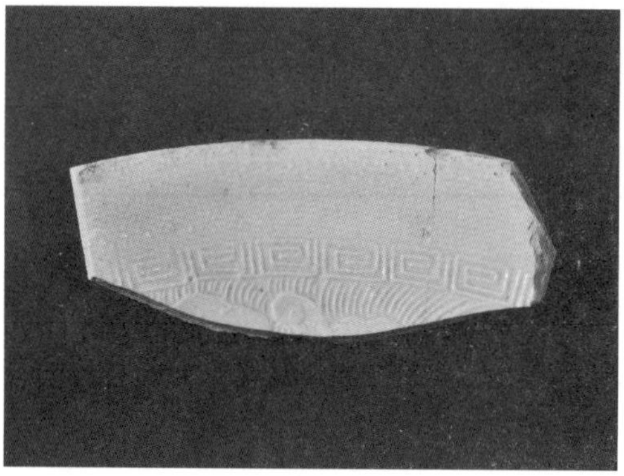

图一〇　印花白釉碗标本

图一一　白釉碗底标本

釉面光亮。残高 1.5、底径 3.8 厘米（图一一）。

D 型　白釉碗底。圈足，灰白胎，器内有涩圈，器外施釉不及底。残高 5 厘米（图一二）。

黑白双色釉碗底　圈足，灰白胎。器内施白釉，内底有涩圈，器外施黑釉。残高 2.5、底径 7.2 厘米（图一三）。

图一二　白釉碗底标本

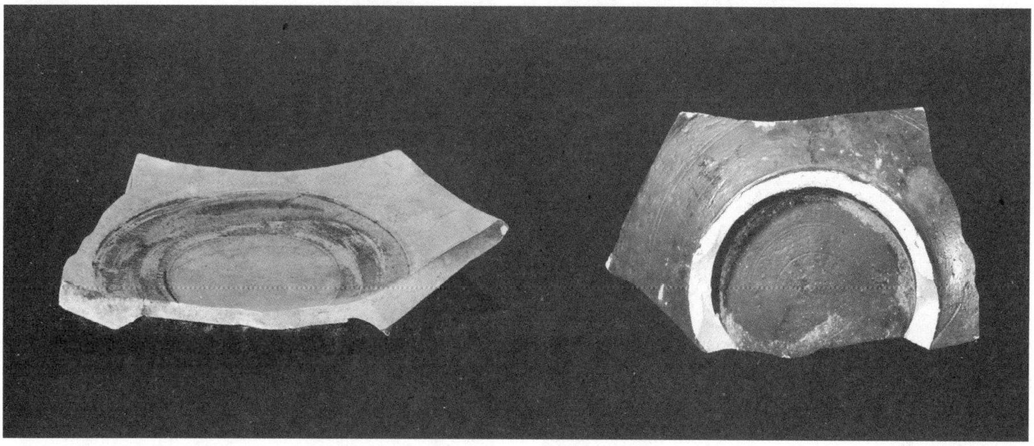

图一三　黑白双色釉碗底标本

（2）盆

以黑釉、酱釉为主，白釉次之。大口，折沿，斜直壁。分三型。

A 型　黑釉盆。折沿，斜腹，平底。通体施黑釉，釉面光亮，器内有支烧痕。高 8.5、口径 38、底径 28 厘米（图一四）。

B 型　酱釉盆。折沿，沿上无釉，斜腹，平底。通体施酱釉，器外底部有四条旋纹，器内有涩圈。高 14.5、口径 36、底径 20.5 厘米（图一五）。

C 型　白釉盆。折沿，斜直腹，施白釉，灰白胎。唇沿无釉，釉下施化妆土，釉面光亮，玻璃质感强（图一六）。

（3）杯

多为白釉瓷，黑釉次之。分四型。

A 型　白釉印花杯。芒口，直壁，灰白胎，较粗。器外有模印花纹。残高 7

厘米（图一七）。

B型　白釉杯。芒口，折沿，直壁，灰白胎，胎质细腻。施白釉，釉下施化妆土，釉面光亮。残高6厘米（图一八）。

C型　白釉小口杯。芒口，直壁，灰白胎，胎质细腻。釉面光亮，有冰裂纹，器外有残柄痕。残高2.7厘米（图一九）。

图一四　黑釉盆标本

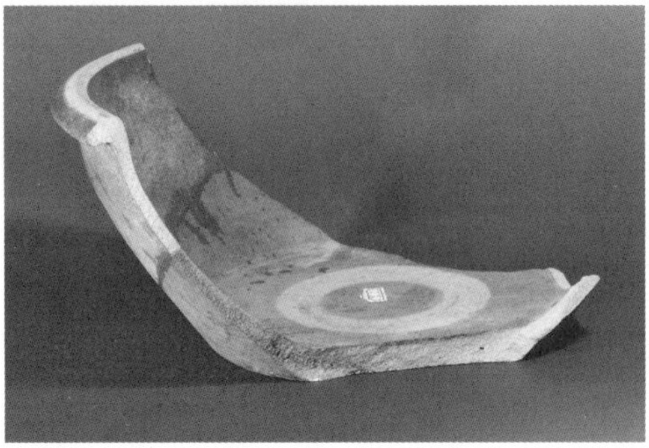

图一五　酱釉盆标本

图一六　白釉盆标本

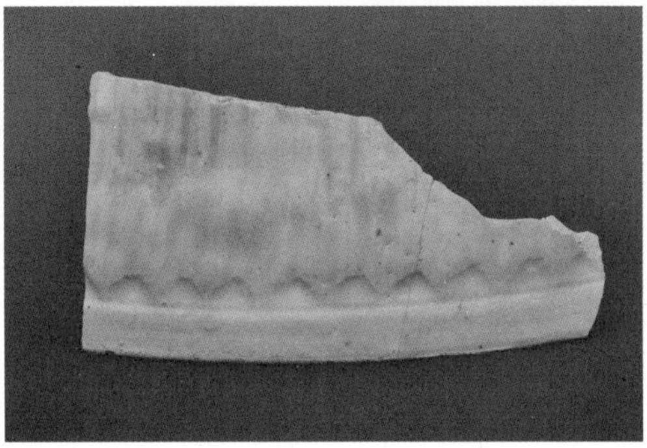

图一七　白釉印花杯标本

图一八　白釉杯标本

图一九　白釉小口杯标本

D 型　黑釉杯。直壁，圈足，灰白胎。通体施黑釉，釉面光亮。残高 5.5 厘米（图二〇）。

（4）器盖

白釉刻划花器盖。弧顶，子口，有落灰。残高 2.6、口径 12 厘米（图二一）。

（5）盏

白釉盏。斜腹，平底。灰白胎，通体施白釉，釉下施化妆土。高 1 厘米（图二二）。

（6）瓶

黑釉鸡腿瓶。器内壁有明显宽旋纹，隐圈足，灰白胎。施黑釉，器外有不规则旋纹。残高 16.5 厘米（图二三）。

（7）罐

为黑釉罐和酱釉罐。分三型。

A 型　黑釉罐。圆唇，鼓腹，下内收，灰白胎。施黑釉，口沿处无釉。残高 9.3、口径 16 厘米（图二四）。

B 型　酱釉罐。高颈，圆唇，大口，溜肩，弧腹。灰白胎，施酱釉，口部无釉。残高 7.5、口径 11 厘米（图二五）。

C 型　黑釉罐。折沿，灰白胎，施黑釉。残高 7 厘米（图二六）。

（8）缸

酱釉缸。折沿，口沿处无釉，器外壁上有附加堆纹一周，粗胎。残高 17.7 厘米（图二七）。

图二〇　黑釉杯标本

图二一　白釉刻划花器盖标本

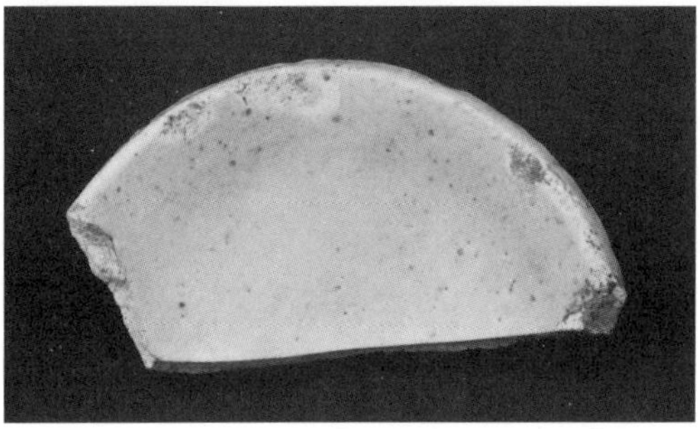

图二二　白釉盏标本

图二三　黑釉鸡腿瓶标本

图二四　黑釉罐标本

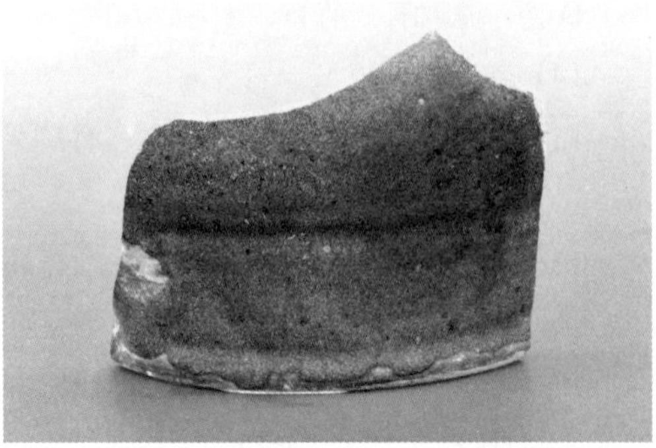

图二五　酱釉罐标本

图二六　黑釉罐标本

图二七　酱釉缸标本

（9）砂锅

夹粗砂，有鋬耳。残高 8 厘米（图二八）。

（10）动物俑

酱釉马。马头与马鞍皆失，灰白胎，施酱釉。残高 5.5 厘米（图二九）。

（11）铜钱

1 枚。为祥符元宝（图三〇）。

3．窑具

上沟窑址采集的窑具有筒状匣钵、漏斗状匣钵、碗形匣钵、圆形托具等。

（1）筒状匣钵

直筒状，平底，外壁有宽旋纹。残高 7.6 厘米（图三一）。

（2）漏斗状匣钵

直口，折腹，上腹较短，下腹斜直内收，底有圆孔。厚胎，胎灰白。高 3.8、口径 14.7、孔径 9 厘米（图三二）。

（3）碗形匣钵

小平沿，弧壁，底有圆孔。高 7、口径 15、孔径 6 厘米（图三三）。

（4）圆形托具

是盆类等大件器物的托器工具。圈足，上为一圆饼形托座。高 4.5 厘米（图三四）。

图二八　砂锅标本

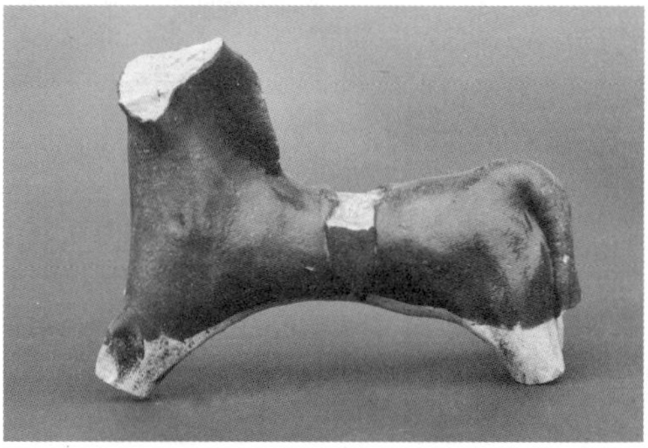

图二九　酱釉马标本

图三〇　铜钱

图三一　筒状匣钵标本

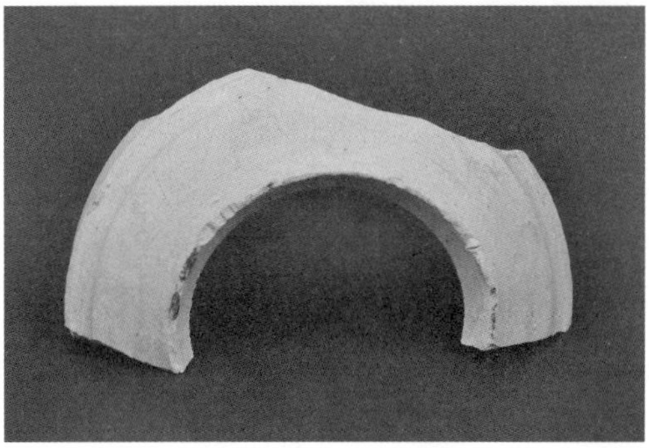

图三二　漏斗状匣钵标本

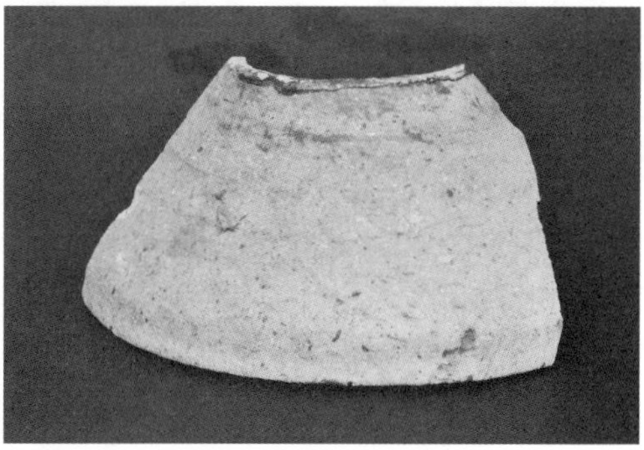

图三三　碗形匣钵标本

图三四　圆形托具标本

（二）两口窑址采集标本

该窑址采集标本主要有黑釉瓷片、白釉瓷片、窑具等。器型有碗、盆、罐等。

1. 胎釉特征

瓷片中以黑釉瓷为大宗，白釉瓷次之，另有少量酱釉瓷。

黑釉瓷　可分两类。第一，胎泥夹砂粗糙，有明显的黑点和气孔，有的胎体出现较多裂纹，胎体厚重。第二，胎泥炼制较细腻，器壁和底部的厚薄较为协调，个别胎体有小气孔，胎为灰白色。积釉处玻璃质感强。

2. 器物造型

器型有碗、盆、罐。

（1）碗

有黑釉碗、白釉碗和酱釉碗，皆为圈足。分四型。

A 型　黑釉碗。芒口，尖唇，斜腹，圈足。灰白胎。器内施黑釉，釉面光亮，器外无釉，有火刺。高 3.5、底径 4.5 厘米（图三五）。

B 型　黑釉碗。斜腹，圈足。灰白胎。器内施黑釉，器外施半釉，釉面光亮，拉坯旋纹明显。残高 9.5、底径 10.5 厘米（图三六）。

C 型　白釉碗。斜腹，圈足。灰白胎。通体施白釉，釉下施化妆土，下腹有刻划纹。釉面光亮，积釉处略泛黄色。残高 4 厘米（图三七）。

D 型　酱釉碗。敞口，圆唇，弧腹，圈足。灰白胎，胎质较粗糙。器内外皆施半釉。高 6.6、底径 8 厘米（图三八）。

（2）盆

以黑釉为主、酱釉次之。大口，折沿，斜直壁。分三型。

图三五　黑釉碗标本

图三六　黑釉碗标本

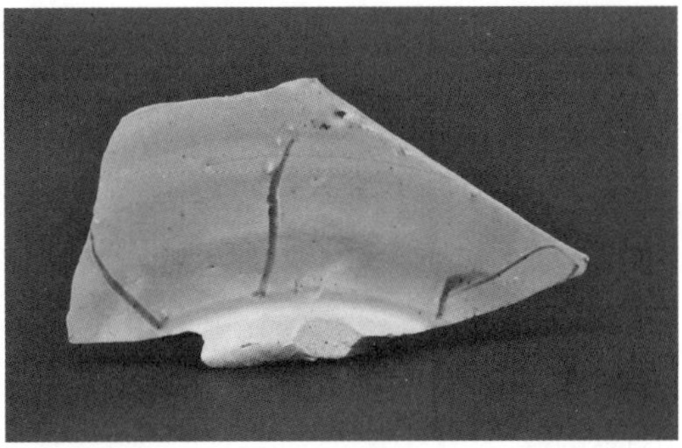

图三七　白釉碗标本

图三八　酱釉碗标本

A 型　黑釉盆。敞口，外折沿，斜直壁，灰白胎，内外施黑釉，口部无釉，外沿下刮釉一周。残高 8.5 厘米（图三九）。

B 型　黑釉盆。斜壁，平底。灰白胎。施黑釉，内底有涩圈。残高 3.5 厘米（图四〇）。

C 型　酱釉盆。斜直壁，平底。灰白胎。通体施酱釉，釉面光滑，器内粘有圆锥形支钉。残高 9.3 厘米（图四一）。

（3）罐

为黑釉和酱釉。分三型。

A 型　黑釉高颈罐。直口，圆唇，高颈，溜肩，肩置双系，扁泥条状，系上宽下窄，系外划有细纹饰，弧腹，下渐内收，圈足。灰白胎。内施满釉，口沿处无釉，器外施半釉，釉面乌黑发亮。高 15.8、口径 11.4、底径 7 厘米（图四二）。

B 型　黑釉罐。唇沿，溜肩。口沿处刮釉。残高 5.5 厘米（图四三）。

C 型　酱釉罐。唇沿，高颈，溜肩。灰白胎，胎质粗糙。通体施黑釉。残高 8 厘米（图四四）。

图三九　黑釉盆标本

图四〇　黑釉盆标本

图四一　酱釉盆标本

图四二　黑釉高颈罐

图四三　黑釉罐标本

图四四　酱釉罐标本

3. 窑具

该窑址采集的窑具有筒状匣钵、漏斗状匣钵、碗形匣钵、线轴状窑戗、支圈、圆形托具等。

（1）筒状匣钵

底上凸，中心有一不规则圆孔，孔周围粘有垫饼，该器由耐火黏土拉坯制成。残高 11、底径 34、孔径 10 厘米（图四五）。

（2）线轴状窑戗

手工捏制，灰白胎，使用时横戗于倒扣的缸类器物中间，随器胎的收缩或膨胀而起间隔和支撑作用。长 9.8 厘米（图四六）。

（3）垫圈

直口，浅腹，平底。底有打圈孔，灰白胎。用于器物覆烧支撑。高 2.5 厘米（图四七）。

（4）圆形托具

盆类等大件器物的托器工具。分二型。

A 型　圆饼形托面。托面上有两道弦纹，圈足，足断面为兽蹄形。高 3.3 厘米（图四八）。

B 型　圆饼形托面。圈足。高 3 厘米（图四九）。

图四五　筒状匣钵标本

图四六　线轴状窑戗标本

图四七　垫圈标本

图四八　圆饼形托标本

图四九　圆饼形托标本

三、几点认识

邢窑最早以烧制白瓷而驰名中外。但到宋代以后，已不再是单纯地以烧制白瓷为主，出现了大量的黑釉瓷、酱釉瓷和双釉色瓷，装饰艺术出现了铁锈花、梅花点等技法。南程村窑址就具备了以上特点，遗物主要以白瓷为大宗，并有为数不少的铁锈花、梅花点、黑釉瓷、酱釉瓷和褐釉瓷。局部暴露的由窑具和瓷片构成的堆积层厚达 2 米，当地百姓在打井时发现，有的瓷片堆积层竟达五六米之厚。在 20 世纪 70 年代初当地百姓把支圈收集起来运至高邑县瓷砖厂充当耐火材料用，断断续续持续了 5 年之久。西磁窑沟窑址的堆积层厚达 4 米以上，且白瓷数量减少，黑瓷数量增加，多为民用粗瓷，这表明当时邢窑生产非常注重社会需求，适当调整产品结构。

由于煤的出现，瓷窑已不再单一地使用柴烧，而是向烧煤发展，窑炉面积也增大，从直径不足 2 米的烧柴窑增大至 5 米以上的煤烧窑。在窑具的使用上也有所不同，由以前的匣钵隔焰烧成改为支圈覆烧和大件套装烧成，部分器物还采用匣钵装烧。从以上几点可以看出邢窑的变化：窑炉的增大，烧造技法的改进和窑场数量的增多，都证明了邢窑在当时陶瓷业上的贡献和辉煌成就。

四、结语

综上所述两个窑址采集的器物标本，对其进行分类和对比后不难看出，这两处窑址所生产的器物不论在胎质釉色还是在器型上都有着相同之处，所用窑具也是同一种类型，所以说上沟窑址和两口窑址属于同一时期的窑址。

将两处窑址采集的器物标本与邢窑各时期的器物进行对比，发现这两处窑址所生产的器物和使用的窑具与 1992 年发掘的临城县山下金代窑址所出土器物接近[2]。最近，邢台市文物管理处在临城县西磁窑沟窑址为配合基建进行了考古发掘，出土的器物与本次采集到的标本相同。由此可断定，这两处窑址与山下窑址和西磁窑沟窑址应同为金元时期窑址[3]。

执笔 索丽霞 赵庆国 刘军华
摄影 张志忠

注释

[1] 张志忠、王信忠、索丽霞:《河北高邑北焦窑址调查》,《中国邢窑》, 中国华侨出版社, 2012 年。

[2] 王会民、樊书海 :《临城山下金代瓷窑遗址试掘简报》,《文物春秋》1999 年第 6 期。

[3] 李恩玮、李军、张志忠:《临城磁窑沟窑址考古发掘主要收获》,《中国邢窑》, 中国华侨出版社, 2012 年。

(原载于《中国邢窑》, 中国华侨出版社, 2012 年)

河北临城南程村瓷窑遗址调查报告

临城县文物保管所

邢窑白瓷1980年首次发现于河北省临城县祁村、双井一带。邢窑白瓷历经千年的岁月，饱经风霜、跌宕起伏，有辉煌，也有回落。隋代透光白瓷的出现，使邢窑的烧造工艺达到了顶峰。唐代“翰林”“盈”字款的出现，作为贡品进奉到了皇宫。邢窑白瓷的飞速发展，让我们领略到先辈们的精湛技术和辉煌成果。众所周知，邢窑创烧于北朝，兴盛于隋唐，延续烧造到金、元至清代[1]。但大家研究唐代（包括唐代）以前邢窑的文章较多，对五代以后的邢窑发展了解较少。为了让世人全面地了解邢窑。我们将近三十年来采集到的实物标本，进行了较为详细的整理。现以南程村窑为代表介绍如下。

一、地理位置和遗物

南程村邢窑遗址，位于临城县治西南1.5千米，东楼线西侧的南程村内（图一）。遗址

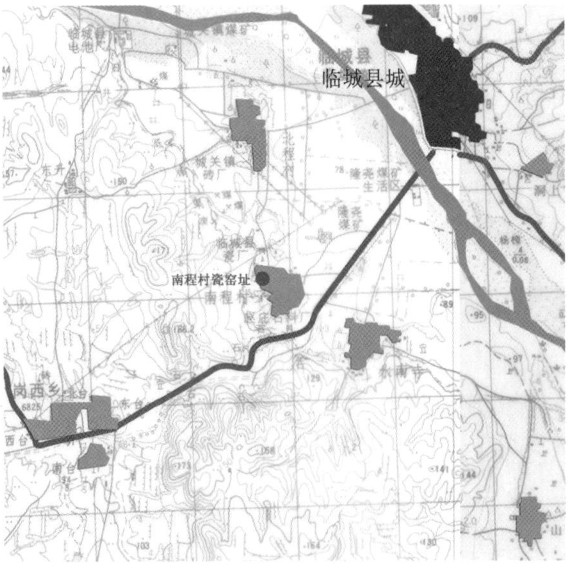

图一　南程村窑址地理位置示意图

图二　南程村窑遗址全景

图三　南程村窑遗址瓷片遗存

图四　白釉褐彩器标本

图五　白釉黑花器标本

分布范围较广，整个村庄地下都有堆积，大多数遗址被民居院落覆盖，遗址面积约 9 万平方米，堆积层厚 0.6 ~ 1.5 米，局部堆积厚达 2 米以上。当地百姓在打井时发现，有的堆积层竟达五六米之厚。该村地表随处都可看见暴露的窑具和瓷片（图二、图三）。南程村窑址遗物以白釉瓷为大宗，双色釉瓷次之，并有少量的乳白釉、黄釉、钧釉、黑釉和酱釉瓷。装饰技法有铁锈花、梅花点彩、白釉黑彩、印花、刻划花（图四、图五），并有款识和题词等。器型有碗、盘、杯、盏、盆、罐、陶俑及陶范。窑具有支烧垫圈、漏斗状匣钵、筒状匣钵、盘状笼盖等。

二、胎釉特征及烧造工艺

1. 胎釉特征

南程村窑址采集到的器物标本，胎质较为细腻坚硬，瓷化程度较好，胎色呈灰白色或青灰色。胎料采用当地黏土、碱石做原料，经过碾轧、澄虑、揉练等工序，然后拉坯成型。白釉料采用硬质石英、长石、石灰石和黏土混合粉碎、研磨、沉淀、澄滤而成。黑釉料采用当地天然黄土经浸泡、淘洗、过滤而成。酱釉、褐色釉共用黑釉料，因施釉层的薄厚和烧成气氛的不同而产生不同的色彩效果。

白釉可分两类：第一类为透明釉，玻璃质感强，釉面光亮，釉下施化妆土，在瓷器中占大宗。第二类为乳浊釉，乳浊釉是在透明釉的基础上加入乳浊剂，乳浊釉可掩盖坯体白度不足的缺点，提高釉面的白度和光洁度。

2. 烧造工艺

南程村窑址地表暴露窑具较多，多为支烧垫圈，匣钵较少。在20世纪70年代，当地村民捡收垫圈作为耐火材料，运到高邑卖掉。南程村窑的装烧方法一般采用垫圈覆烧法，器物内没有支烧痕和涩圈，但口沿部位有芒口。大件器物采用套装法，套装可增加装窑容积，部分器物内可见粘连疤痕和支烧。还有一部分采用匣钵叠烧法，器物内有涩圈或支烧钉痕。无论采用哪种装烧法，除大件外都为隔焰烧成。烧成窑炉用耐火砖砌筑，为北方典型的马蹄形馒头窑，窑体容积较大，由窑体、燃烧室、炉栅、窑床、烟道、烟筒等组成。燃料为当地发热量较高的烟煤。因该地存有大量燃烧过的煤渣堆积，20世纪七八十年代村民盖房都用煤渣锤房顶，房顶既保温重量又轻。

三、器物造型及分类

1. 白釉瓷

主要器型有碗、盘、杯、盏、杯、盆、罐等。

（1）白釉碗

灰白胎，胎质坚硬，通体施透明釉，釉下施化妆土。分六型。

A型　敞口，圈足，底心有涩圈。根据口部与腹部的不同，可分为三式。

Ⅰ式：腹稍深，弧腹，小唇沿，唇沿部有一道弦纹。高8、口径22.8、底径7.6厘米（图六）。

Ⅱ式：侈口，深腹，矮足，通体施透明釉至足心部。高7.3、口径16.6、底径6.2厘米（图七）。

Ⅲ式：浅腹，腹部微斜，腹外中部有一道弦纹。局部有流釉，有冰裂纹。高7.4、口径

图六　白釉碗标本

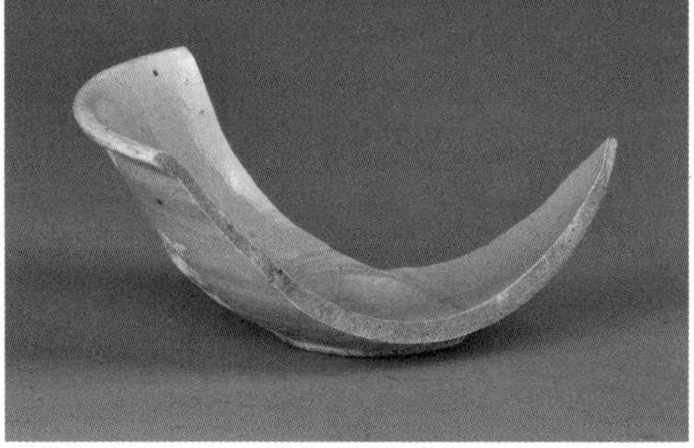

图七　白釉碗标本

22、底径7.6厘米（图八）。

B型　外刮釉碗，仅一式。敞口有芒、浅腹，斜壁，圈足。外沿部刮釉一周，宽1.2厘米。底部有一道凹弦纹，通体施透明釉。高5.6、口径18、底径6厘米（图九、图一○）。

C型　敞口，圈足。可分三式。

Ⅰ式：圆唇，弧腹，器外施釉不及底，因坯料揉练不匀，而使烧成时产生重皮鼓泡。高4、口径10、底径4厘米（图一一）。

Ⅱ式：唇沿外卷，斜弧腹，芒口，器外施釉不及底。高4.4、口径11.2、底径5厘米（图一二）。

Ⅲ式：唇沿外卷，弧腹，芒口，器外施釉不及底。高4.8、口径11.4、底径4厘米（图一三）。

D型　圆唇，斜弧腹，底部有涩圈，胎体较厚，通体施透明釉。高4.2、口径16、底径8厘米（图一四）。

E型　敞口，有芒，口沿外撇，口沿处有五出，外沿下有旋纹，圈足。根据器型可分七式。

Ⅰ式：沿下一道旋纹，弧腹，器内有五抽筋，底心部有一道弦纹，由于施釉时坯体清洗不净，而产生橘釉现象，器外施釉不及底。高3.8、口径10.6、底径4.2厘米（图一五）。

图八　白釉碗标本

图九　外刮釉碗标本

图一○　外刮釉碗标本

图一一　白釉碗标本

图一二　白釉碗标本

图一三　白釉碗标本

图一四　白釉碗标本

图一五　白釉碗标本

图一六　白釉碗标本

图一七　白釉碗标本

Ⅱ式：花口，外沿下有两道旋纹，曲弧腹，内底部有两道装饰线，通体施透明釉，外施釉不及底。高 5.4、口径 12.8、底径 4 厘米（图一六）。

Ⅲ式：沿下一道旋纹，曲弧腹，器内有五抽筋，内底部有一道弦纹，底心有三支烧痕，通体施透明釉，外施釉不及底。高 5.6、口径 12、底径 5.4 厘米（图一七）。

Ⅳ式：外沿下有一道装饰线，下腹部一道装饰线，曲弧腹，内底部有一道弦纹，内粘有碗底残片。器外有五竖条压痕，器外施釉不及底。高 8.2、口径 20、底径 6.8

厘米（图一八）。

Ⅴ式：外沿下有一道旋纹，下腹部一道旋纹，曲弧腹，内底部有两道弦纹。器外有五竖条压痕，通体施透明釉。高 8.8、口径 18、底径 6.6 厘米（图一九）。

Ⅵ式：敞口，圆唇，浅腹，腹壁弧曲，圈足。口沿外有一道旋纹，底部有一道凹弦纹，有支烧痕，粘有四支烧点，局部有流釉。高 5.4、口径 16、底径 7.2 厘米（图二〇）。

Ⅶ式：敞口，有芒，沿外撇，圈足。内底有弦纹一周，施白釉，器外施釉不及底。高 3.7、口径 10.6、底径 3.7 厘米（图二一）。

F 型　尖口沿，芒口，直壁下内收，灰白胎，施透明釉，釉下施化妆土，局部胎体有气泡（图二二）。

G 型　敞口，圆沿，弧腹，圈足，内腹部饰两道弦纹，内底下凹，呈锅底状，胎白较细腻，通体施乳白釉至足心部，有冰裂纹。高 5.4、口径 13、底径 4.8 厘米（图二三）。

H 型　敞口，唇沿外卷，弧腹，圈足。器外腹有弦纹，通体施乳白釉及足心。高 7.5、口径 18、底径 8 厘米（图二四）。

（2）白釉盘

圈足，灰白胎，胎质坚硬，依据造型分三型。

图一八　白釉碗标本

图一九　白釉碗标本

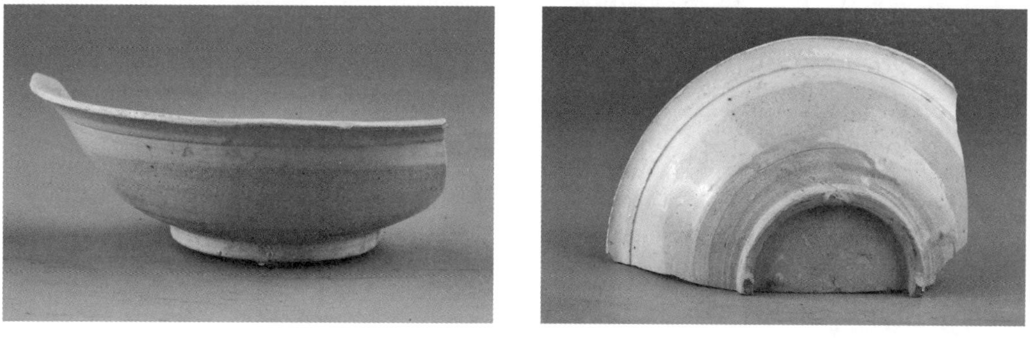

图二〇　白釉碗标本

图二一　白釉碗标本

图二二　白釉碗标本

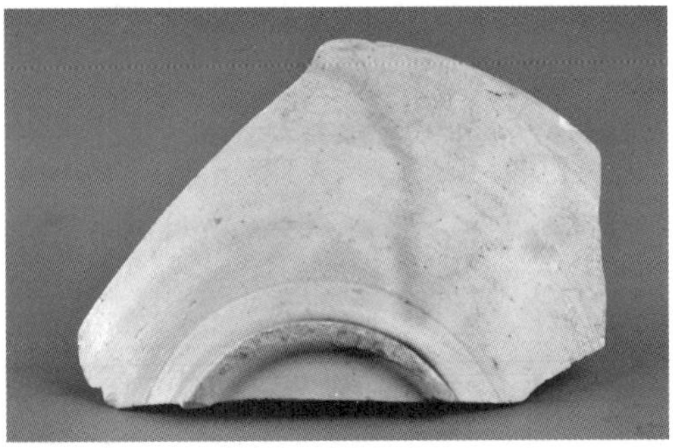

图二三　白釉碗标本

图二四　白釉碗标本

A 型　口微敛，沿外卷，斜弧腹，器内有涩圈。施透明釉，釉下施化妆土，器外未施化妆土，施釉不及底，局部有流釉。高 4.2、口径 19.2、底径 6 厘米（图二五）。

B 型　折腰盘，口沿外撇，折腰，器内有涩圈，施透明釉，釉下施化妆土，器外施釉不及底。高 4.2、口径 20、底径 6.8 厘米（图二六）。

C 型　根据造型可分三式。

Ⅰ式：圆唇，斜弧腹，内底绕壁旋削一周，大足心。底心微凸，通体施乳浊釉。高 3.4、口径 16、底径 8.8 厘米（图二七）。

Ⅱ式：圆尖沿，弧腹，矮圈足，灰褐胎，通体施透明釉至足心部，釉下施化妆土。高 2.2、口径 14、底径 9 厘米（图二八）。

Ⅲ式：芒口，尖唇，斜弧腹，矮圈足，大足心。胎体较薄，通体施白釉至足心部。高 1.5、口径 10.8、底径 6.2 厘米（图二九）。

（3）白釉盏

芒口，圆沿，口微敛，沿下有三道旋削装饰线，斜腹，圈足。内底粘连一碗底残片。灰白胎，通体施白釉至足心，釉下施化妆土。高 4、口径 10、底径 4 厘米（图三〇）。

（4）白釉器盖

灰白胎，胎质较细腻，质地坚硬。器外施透明釉，釉下施化妆土，器内无釉。可分三型。

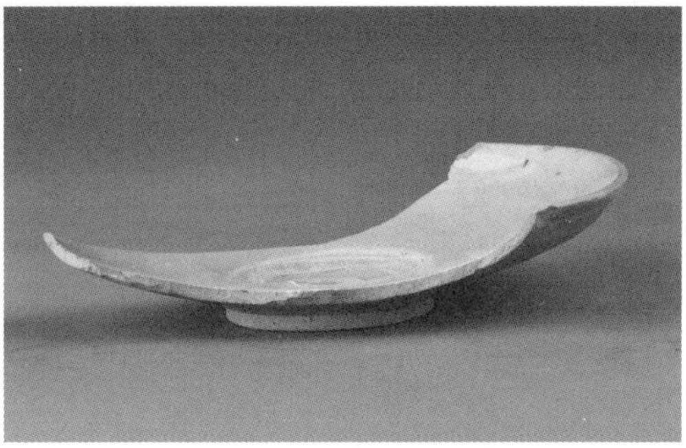

图二五　白釉盘标本

图二六　白釉折腰盘标本

图二七　白釉盘标本

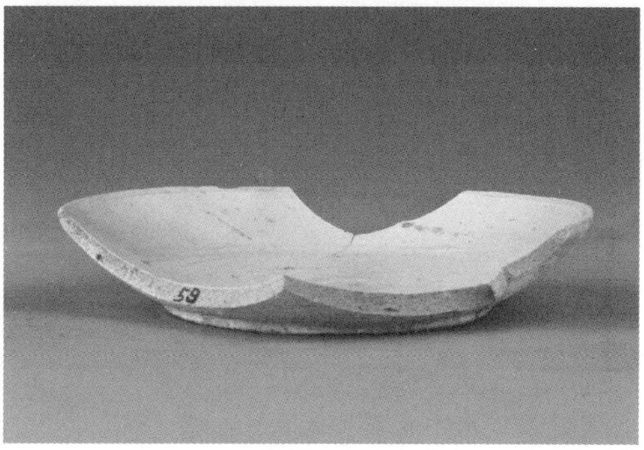

图二八　白釉盘标本

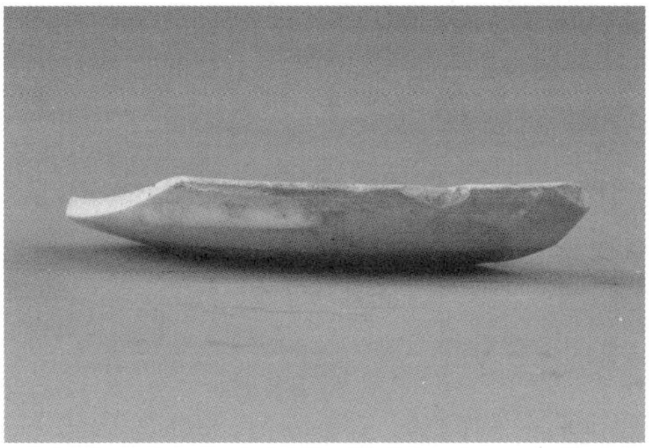

图二九　白釉盘标本

图三〇　白釉盏标本

A 型　盖顶部近平，器钮较小，盖沿平直。高 2.6、沿径 9.8、口径 8.8 厘米（图三一）。

B 型　弧形平顶，顶部有直径为 3.2 厘米的圆形凹面，无器钮，盖沿上翘。高 3.2、沿径 5.4、口径 4.4 厘米（图三二）。

C 型　弧形平顶，器钮较大，盖沿微上翘。高 3.8、沿径 16.8、口径 13.2 厘米（图三三）。

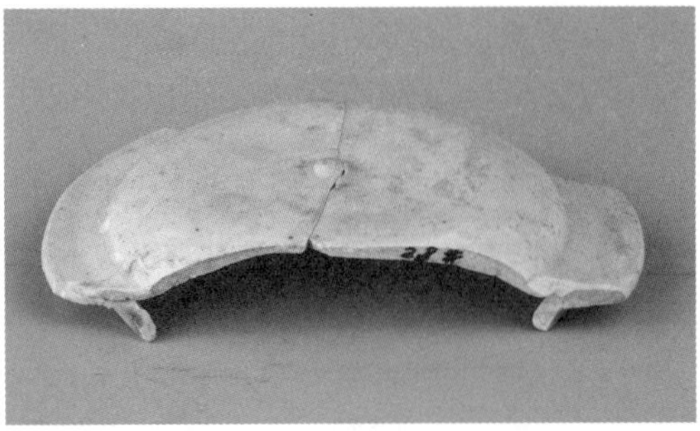

图三一　白釉器盖标本

图三二　白釉器盖标本

图三三　白釉器盖标本

图三四　白釉高足杯标本

（5）杯

多芒口，采集标本多为残片，无底，灰白胎，胎质细腻坚硬。分二型。

A型　高足杯，喇叭形足，施透明釉，器内釉下施化妆土，器外施釉不及底。灰白胎，质地坚硬。残高3.4、底径3.6厘米（图三四）。

B型　白釉刻划纹杯，深腹，直壁，圆唇，口微敛，芒口。施透明釉，器外釉下施化妆土。外壁有刀刻锯齿纹与竖条纹饰。残高4.3、口径6厘米（图三五）。

（6）白釉盆

分三型。

A型　敞口，平折沿，沿部无釉，斜弧腹，下腹内收。灰白胎，施透明釉，釉下施化妆土，残高10、口径24.4厘米（图三六）。

B型　无口沿，斜弧腹，宽圈足，内有涩圈，灰白胎，施透明釉，釉下施化妆土，器外无釉。残高9.6、底径14厘米（图三七）。

C型　无口沿，斜弧腹，宽圈足，足外撇，内底呈锅底状，外有火刺。灰白胎，施透明釉，釉下施化妆土，器外无釉。残高8.6、底径12厘米（图三八）。

（7）白釉罐

由于采集较少，仅见一型。

图三五　白釉刻划纹杯标本

图三六　白釉盆标本

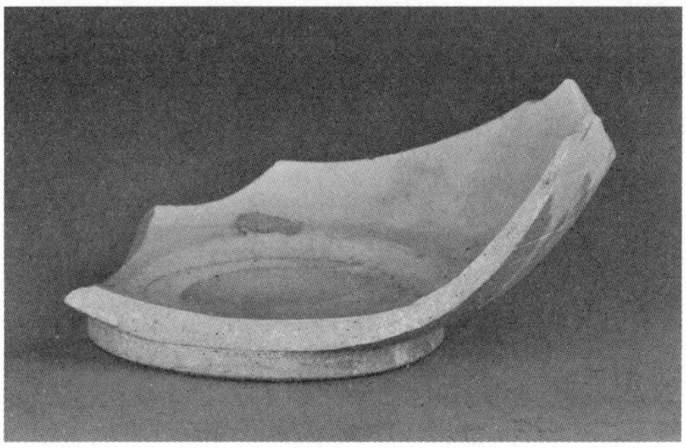

图三七　白釉盆标本

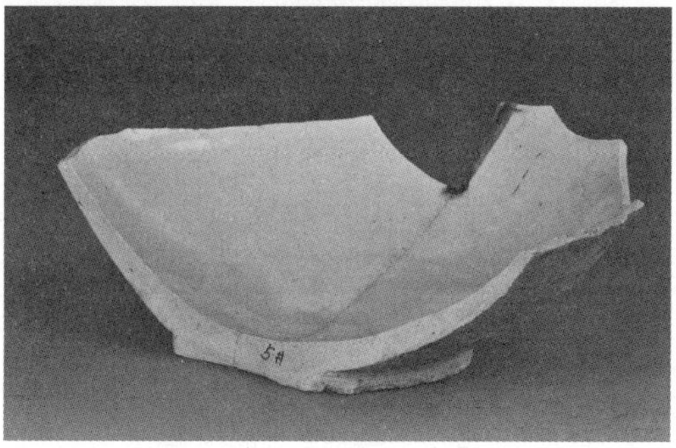

图三八　白釉盆标本

白釉瓜棱罐　圈足，呈喇叭形，器内底装饰弦纹一周，器外八条印压痕。通体施透明釉，釉下施化妆土。灰白胎，胎质细腻坚硬。残高 3.3、底径 5 厘米（图三九）。

2. 黑釉瓷

主要器型有盏、盆、瓶、罐等。

（1）黑釉盏

平底，有轮制痕迹。灰白胎，器内器外均施半釉。高 1.6、口径 7.3、底径 3.3 厘米（图四〇）。

（2）黑釉盏、托

盏、托为一体，此标本盏无口沿，斜弧腹，托盘较平，口沿微翘，高圈足内为喇叭状。施黑釉，托沿下及足部未施釉。灰白胎，胎质细腻坚硬。托残高 4.4、口径 9、底径 4.2 厘米（图四一）。

（3）黑釉盆

敞口，圆沿，斜弧腹，平底，底心微凹，器内有套装支烧痕。灰白胎，施黑釉外不及底。

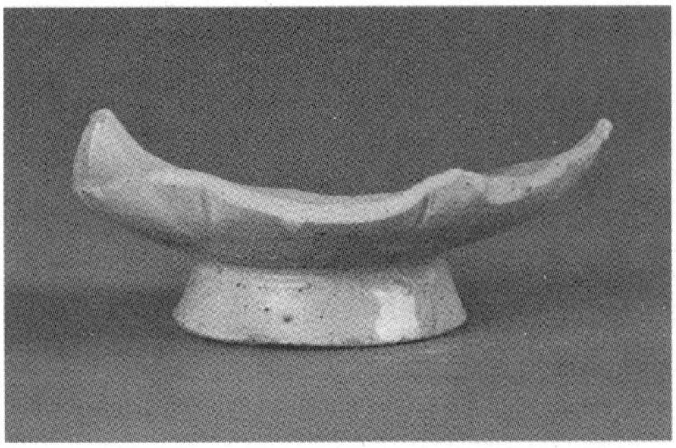

图三九　白釉瓜棱罐标本

图四〇　黑釉盏标本

图四一　黑釉盏、托标本

图四二　黑釉盆标本

图四三　黑釉瓶标本

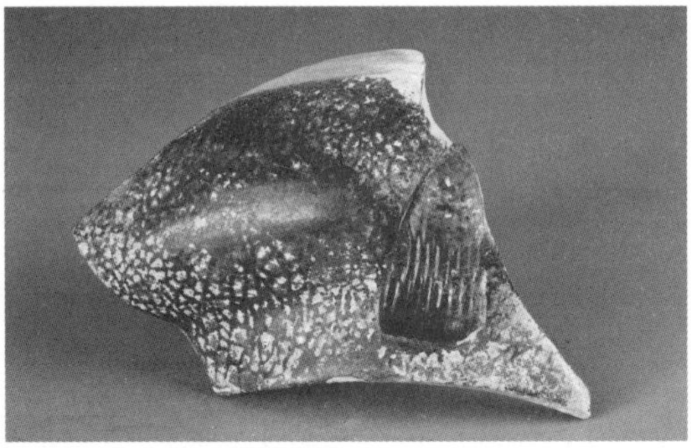

图四四　黑釉带系罐标本

高 8、口径 25.2、底径 14 厘米（图四二）。

（4）黑釉瓶

隐圈足，灰白胎，胎质坚硬，施黑釉至足心。残高 11、底径 12 厘米（图四三）。

（5）黑釉罐

方唇，直口，口部有刮釉，鼓腹。灰白胎，器外施半釉，器内施满釉，系耳上饰有竖弦纹。残高 9.5 厘米（图四四）。

3. 双色釉瓷

双色釉瓷多以白釉在器内，黑釉在器外，也有少部分黑釉在内，白釉在外的器型。其主要器型有碗、盆等。

（1）双色釉碗

灰白胎，胎质坚硬，白釉釉下施化妆土。可分三型。

A 型　敞口，圆唇，口沿外有一道装饰线，弧腹，圈足。器内施白釉，内底部有涩圈，外上腹部施白釉，下腹部施黑釉。高 6.8、口径 22、底径 7.6 厘米（图四五）。

B 型　敞口，圆唇，弧腹，宽圈足。器内施白釉，内壁饰铁锈花，底部有涩圈，器外上腹部施白釉，下腹部及足心施黑釉。高 9、口径 23.6、底径 9.2 厘米（图四六）。

C 型　口微敛，圆唇，弧腹，圈足。器内施白釉，底部粘有垫圈，器外上腹部施白釉，下腹部及足心施黑釉。高 7、底径 7.6 厘米（图四七）。

（2）双色釉盆

可分二型。

A 型　口沿残缺，斜弧腹，平底，底心微凹。灰白胎，器外施黑釉，器内施白乳浊釉，内底绘白地黑花。残高 6.6、底径 20 厘米（图四八）。

图四五　双色釉碗标本

图四六　双色釉碗标本

图四七　双色釉碗标本

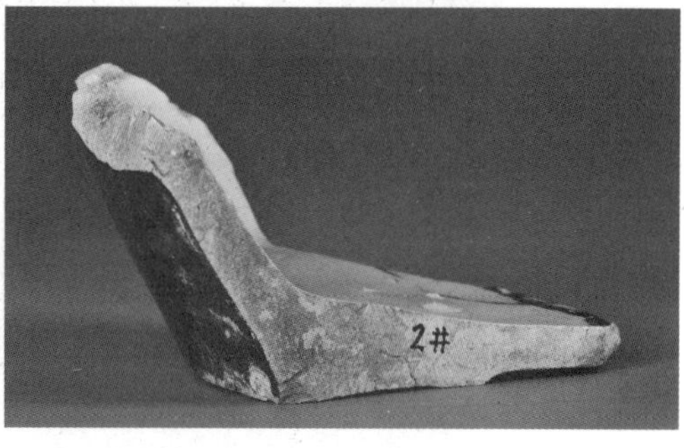

图四八　双色釉盆标本

B 型　平折沿，沿下凸起一道旋纹，斜弧腹，灰白胎，器内施白釉，器外上部施白釉，下部施黑釉，口沿处无釉（图四九）。

4. 黄釉瓷

以盘为主。由于采集较少，仅见一型。

黄釉盘　口微敛，圆唇，弧腹，矮圈足，内底较平，灰褐胎，通体施黄釉至足心部。高 2.2、口径 14.6 厘米（图五〇）。

5. 印花、刻划花瓷

主要有碗、盘等器型。

（1）印花瓷片

白釉印花碗口沿标本　侈口，尖沿，口有芒，器内有模印缠枝花卉纹，灰白胎，施白釉（图五一）。

图四九　双色釉盆标本

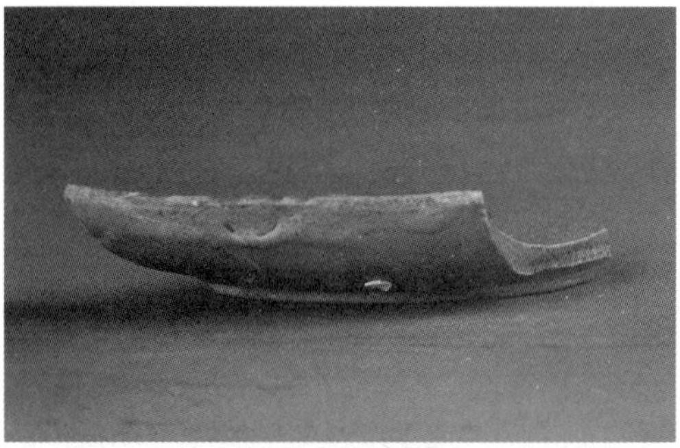

图五〇　黄釉盘标本

图五一　白釉印花碗口沿标本

白釉印花器标本　器内模印婴戏缠枝花卉纹，灰白胎，施白釉（图五二）。

（2）刻划花瓷片

白釉杯口沿标本　尖圆唇，直腹，外沿下有刀刻锯齿形纹饰，锯齿纹下有竖条状装饰纹，灰白胎，施白釉。残高 4.8、口径 10.2 厘米（图五三）。

白釉刻划花杯标本　圆唇，芒口，直壁，施透明釉，釉下施化妆土。器外刻划兰草纹饰（图五四）。

白釉器盖标本　直口，宽口沿，器面有双刀刻划纹饰。灰白胎，器面施白釉，釉下施化妆土。残高 2.5、口径 10.6 厘米（图五五）。

白釉器盖标本　直口，宽沿，器面有刻划装饰纹。灰白胎，器外施透明釉，釉下施化妆土。残高 3.2、口径 15 厘米（图五六）。

白釉盒盖标本　直口，方唇。盖面微凸，盖面边缘有一道旋纹装饰，器面上有刻划纹装饰。灰白胎，通体施透明釉，器面釉下施化妆土。残高 2.8、口径 16.4 厘米（图五七）。

白釉双面刻划花器标本　外壁刻划莲花纹饰，内壁刻划草叶纹饰。施透明釉，釉下施化妆土，胎质细腻坚硬（图五八）。

白釉刻划花盘底标本　圈足，内底刻划兰萱纹饰。施透明釉至足心，釉下施化妆土，胎质细腻坚硬（图五九）。

图五二　白釉印花器标本

图五三　白釉杯口沿标本

图五四　白釉刻划花杯标本

图五五　白釉器盖标本

图五六　白釉器盖标本

图五七　白釉盒盖标本

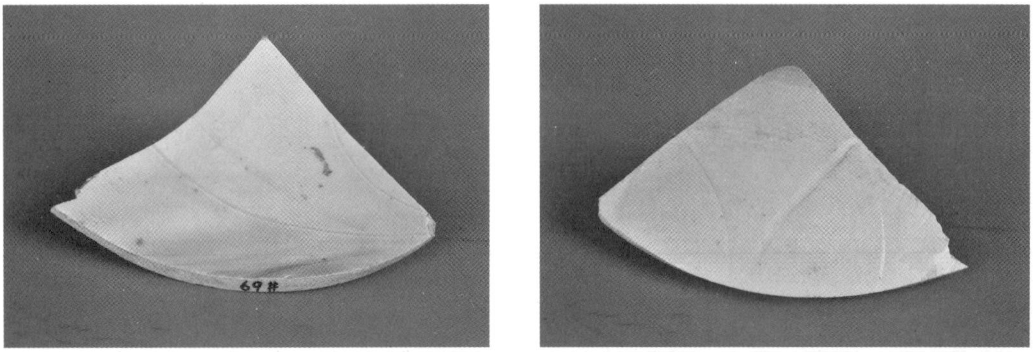

图五八　白釉双面刻划花器标本

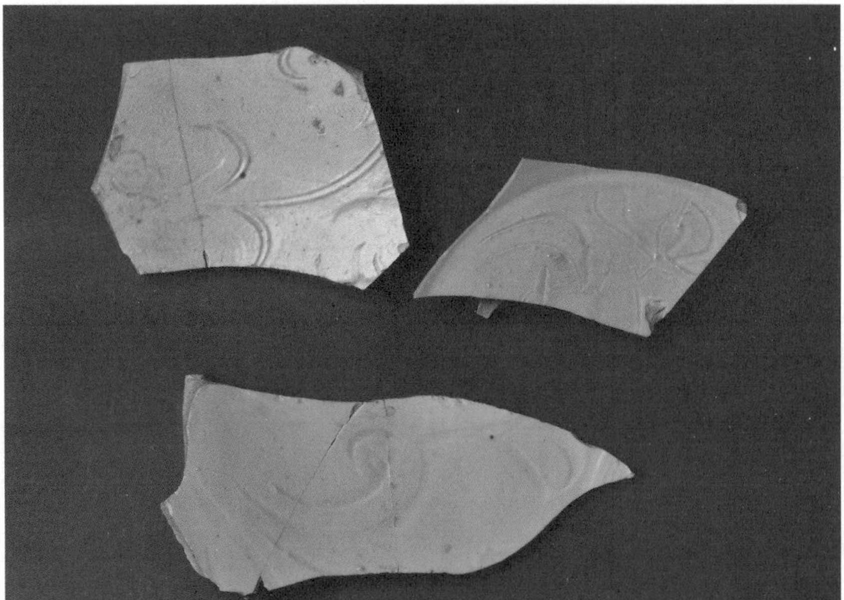

图五九　白釉刻划花盘底标本

6. 款识瓷

以碗为主。

白釉碗标本　圈足，弧腹，灰白胎，器外无釉，器内施白釉，落火刺较多。器内有字款，由于缺失太多，现仅见黑彩书“太平”二字（图六〇）。

白釉碗标本　侈口有芒，圆唇，弧腹，灰白胎，施透明釉，釉下施化妆土。碗内有黑彩书“雪”字款（图六一）。

双色釉碗标本　有黑彩书“风”字款（图六二）。

白釉碗标本　圈足，足心施满釉，内底微凹，灰白胎，通体施白釉。内底黑彩书“胡”字（图六三）。

白釉碗标本　敞口，唇沿外卷，弧腹，圈足。器内有弦纹一周，碗底有“尚宅”款。灰白胎，通体施白釉至足心部，釉下施化妆土。高 8、口径 17.5、底径 7.8 厘米（图六四）。

白釉碗标本　敞口，唇沿外卷，弧腹，圈足。器内有弦纹一周，碗底有“刘”字款。灰白胎，通体施白釉至足心部，釉下施化妆土。高 7.8、底径 7.7 厘米（图六五）。

7. 彩绘瓷

以碗、盆为主。

双色釉碗标本　敞口，口沿部及器内施白釉，内底有涩圈，器内有褐彩绘制的菊花图案，

图六〇　“太平”款碗标本

图六一　“雪”字款碗标本

图六二　“风”字款碗标本

图六三　“胡”字款碗标本

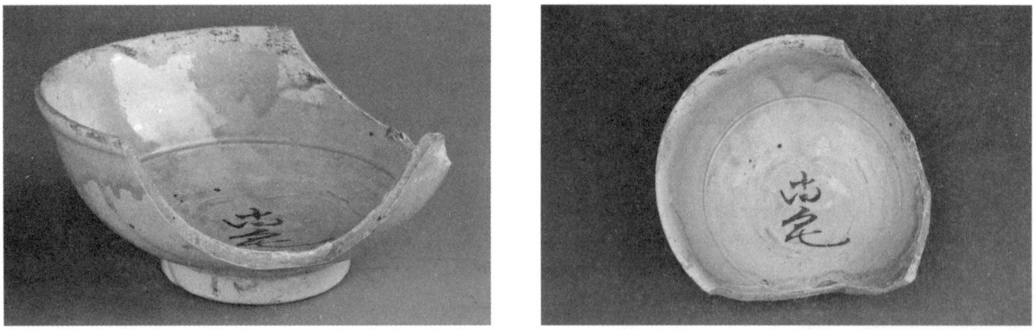

图六四 “尚宅”款碗标本

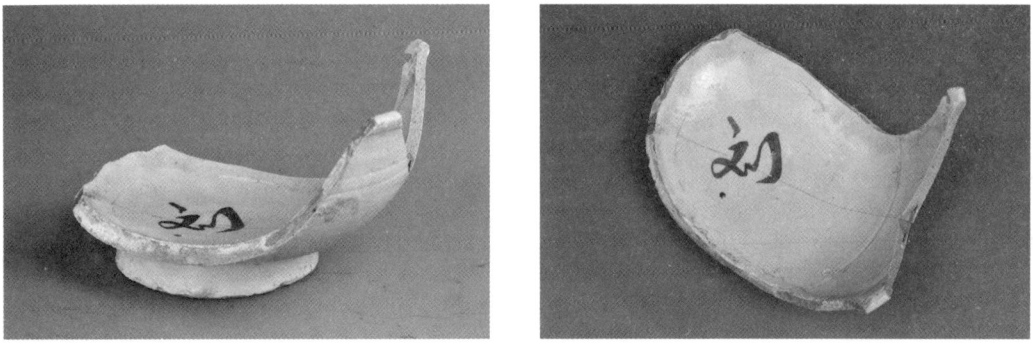

图六五 “刘”字款碗标本

器外施黑釉及足心部（图六六）。

双色釉碗标本 敞口，圆唇，口沿及器内施白釉，器内饰铁锈梅花点，器外施酱釉（图六七）。

彩绘盆标本 圈足，灰白胎，器外施黑釉，器内施白釉，饰花草纹，釉下施化妆土（图六八）。

彩绘盆标本 灰白胎，器外施黑釉，器内施乳浊釉，饰花草纹，边缘部有两周弦纹，有支烧痕（图六九）。

8. 陶器

有模具及人物俑。

（1）白陶人物俑

为模印制品，下身为中空，均为站立俑，多为仕女。分四型。

A 型 分四式。

Ⅰ式：头挽发髻，身穿对襟长衫拖地，双手合拢于腹前。高 9 厘米（图七〇）。

Ⅱ式：头戴风帽，身穿左衽长衫拖地，双手提着裙摆，自然地垂放于腰间。残高 8.2

图六六　双色釉菊花纹碗标本

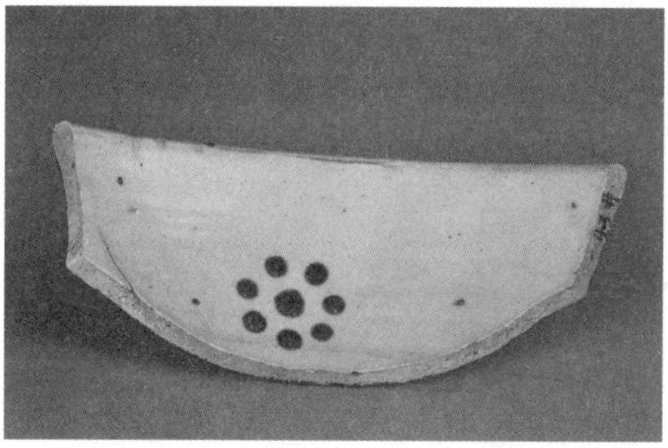

图六七　双色釉梅花点纹碗标本

图六八　彩绘盆标本

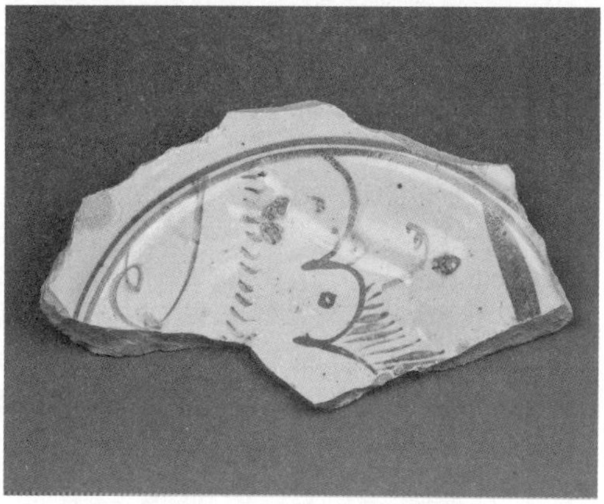

图六九　彩绘盆标本

图七〇　仕女俑

厘米（图七一）。

Ⅲ式：胡人俑，卷发，高鼻梁，左手垂下，右手护胸。残高 9 厘米（图七二）。

Ⅳ式：白陶彩绘俑，面目慈祥，头挽发髻，身穿对襟长衫，双手合拢于腹前，下身残缺。残高 6.2 厘米（图七三）。

B 型　白陶彩绘俑，头部残缺。上身穿短衣，下身着长裙，双手交叉于腹前。残高 5.7 厘米（图七四）。

图七一　仕女俑标本

图七二　胡人俑标本

图七三　白陶彩绘俑标本

图七四　白陶彩绘俑标本

C 型　白陶佛像，右手持一宝器放于左胸前，左手握一拂尘平放于腹前。高 7.8 厘米（图七五）。

D 型　白陶佛龛，站立于背光之上，右手置于额下做佛拜状。高 8.2 厘米（图七六）。

（2）白陶范

手工捏制，灰白胎。分四型。

A 型　人物俑范阳模范印，做工精细，双模对合，人物端庄慈祥。高 11 厘米（图七七）。

图七五　白陶佛像标本

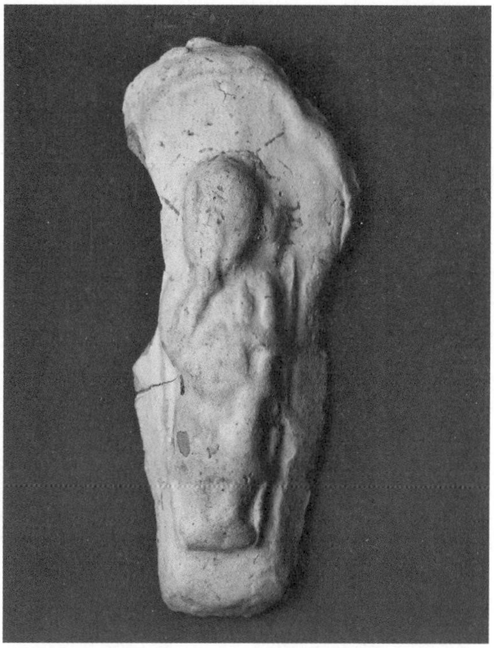

图七六　白陶佛像标本

图七七　人物俑范

B 型　骑马俑范阳模范印，做工精细，双模对合，骑马俑威武雄壮。高 10.2 厘米（图七八）。

C 型　兽头范，做工精细。兽头为怒目瞪眼，龇牙咧嘴，阴险凶残。高 8 厘米（图七九）。

D 型　“牛”字款范为手工捏制，做工精细。牛为十二生肖像。高 8.2 厘米（图八〇）。

（3）白陶桃核形哨

桃核状，双面印有折枝花卉纹饰，一端穿孔，另一端有哨孔（图八一）。

图七八　骑马俑范

图七九　兽头范

图八〇　“牛”字款范

图八一　白陶桃核形哨

9. 窑具及使用工具

主要有支圈、漏斗状匣钵、筒状匣钵、盘状笼盖、线轴状窑戗、料杵等。

（1）支圈

分三型。

A 型　平沿，折腹，圆盘状，底部为大孔，内底向上卷曲一周，灰白胎，器外有火刺。高 2.6、口径 26、底径 20.8 厘米（图八二）。

B 型　直口，圆唇，直腹，底有大孔，内底向下斜，灰白胎，器外有火刺。高 3、口径 16、底径 12.8 厘米（图八三）。

C 型　平沿，直腹，腹下向外撇，有子母口，底有大孔，内底向下斜，器外有火刺。高 2.4、口径 14、底径 10.4 厘米（图八四）。

（2）漏斗状匣钵

方唇，直口，上直腹，下腹斜内收，无底呈漏斗状，灰白胎，沿下有火刺。高 9、口径 26、底径 16 厘米（图八五）。

（3）筒状匣钵

分三型。

A 型　方唇，直口，筒腹，下腹内收，平底，外壁有旋纹，火刺较多，根据落火刺部位，此种匣钵应为口部向下装烧。黄白胎，胎质较粗。器外显棕红色。高 10.4、口径 18、底径

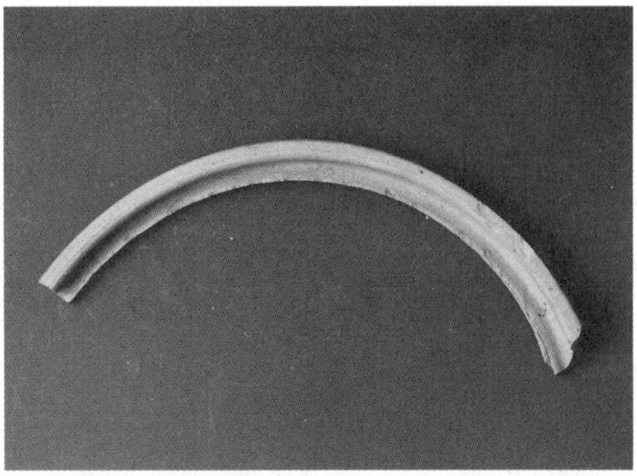

图八二　支圈标本

图八三　支圈

图八四　支圈

图八五　漏斗状匣钵

11.2 厘米（图八六）。

B 型　方唇，直壁，平底，中心有圆孔。外壁有拉坯旋纹，壁底外缘有手搬痕，底部粘有垫饼。器壁有火刺，根据落火刺部位，此种匣钵应为口部向下装烧。胎制粗糙，为黄胎。高 19.5、口径 32、底径 28、孔径 8 厘米（图八七）。

C 型　方唇，直壁，底上凹，中心有孔。壁外旋纹较深，底足部有手搬痕。根据落火刺部位，此种匣钵应为口部向上装烧。胎制粗糙，为黄胎。高 24、口径 26、底径 26、孔径 10 厘米（图八八）。

（4）盘状笼盖

方唇，侈口，直壁，底呈圆弧状，灰白胎，胎质较细。拉坯成型，旋削规整。高 7、口径 24 厘米（图八九）。

（5）线轴状窑戗

手工捏制，中间较细，两头较粗，呈线轴状，使用于筒状匣钵之间，起支撑作用。灰白胎。高 4.8、长 5.3 厘米（图九〇）。

（6）圆形托具

托面上有两道旋纹，圈足，足断面为兽蹄形。高 4.5 厘米（图九一）。

图八六　筒状匣钵标本

图八七　筒状匣钵标本

图八八　筒状匣钵标本

图八九　盘状笼盖标本

图九〇　线轴状窑戗

图九一　圆形托具标本

（7）杵具

为倒置瓜棱形，上方中间有一圆孔，腹部有 11 道竖条凹槽，底部为圆形平底。高 12、孔径 3.5、底径 23 厘米（图九二）。

（8）耐火砖

耐火砖为长方形，粗泥料半湿法成型。其做法为：四周用木质边框固定为模，加半湿料于木制模内，用杵具杵实、抹平，去边框上架晾干、装烧即成。长 30、宽 22、厚 8 厘米（图九三）。

（9）试釉棒

手工捏制，用来试釉的程度，圆锥形，前端有粘釉。残长 8.6 厘米（图九四）。

（10）垫圈

数量较多，大小不一（图九五）。

（11）垫珠

数量较多，皆圆锥形，瓷土模制而成，大部分锥尖上粘有黑釉（图九六）。

（12）泥条

瓷土手工捏制，没有固定形状，大小不等，多用于稳固支圈和匣钵（图九七）。

图九二　杵具

图九三　耐火砖

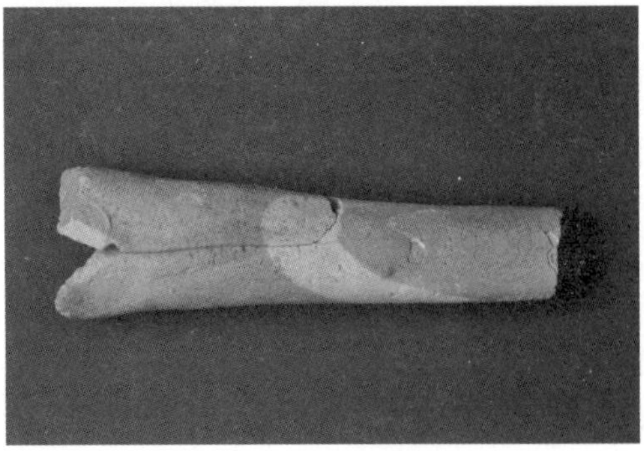

图九四　试釉棒标本

图九五　垫圈

图九六　垫珠

图九七　泥条

四、相关认识

我们通过实地勘察南程村窑址现状和对所获的瓷器标本进行分析整理，可以看出，该窑的产品品种较多，不仅烧造瓷器，还兼烧陶器。瓷器主要有碗、盘、盆、盏、罐等，以民用瓷为主。但是在拉坯、旋削、修整工艺上还是十分严谨。尤具代表性的是覆烧工艺的出现，大大提升了烧造产量。同时，还发现了宽芒口口沿标本。对于宽芒口器物的装烧方法，许多学者和专家提出了不同的看法：一种意见认为，该器物为“挂烧”，即“支圈仰烧法”[2] [3]；另一种意见认为，此种“支圈仰烧法”装烧工艺是不成立的，该器属于覆烧范畴[4] [5] [6]。我们采集到一片带有粘连器物的宽芒口口沿标本，内为外刮釉宽芒口器物口沿，外靠宽芒口部位粘连一片芒口口沿（图九八）。我们认为该器应为覆烧法生产。如果是采用“挂烧”法，就不可能存在外刮釉器物口沿外与其他口沿相粘连的现象。当然对于外刮釉宽芒口器的装烧方法，还有待专家学者进一步的研究探讨。

南程村窑也有着自己的烧造风格。在单一使用透明釉基础上，还增加了乳浊釉、双色釉和乳白釉，且相继出现了大量的带有装饰的产品和钧釉瓷，如白釉黑彩、梅花点、菊花、印花、刻划花等，已经成为当时南程村窑的主流产品，在器物上写字在当时也非常流行。

图九八　宽芒口口沿标本

主要字款有“风”“雪”“太平”“胡”“刘”“尚宅”等，此次采集的“太平”字款标本，与河北武强花园村宋代遗址发掘出土的“太平”字款[7]白釉碗相似。看到“雪”字款，不仅联想到早年叶喆民先生曾在南程村窑址寻得金代白底黑花大碗半个，内书“色期白雪”四字[8]，顾名思义，可得知当时窑工的期盼之心。根据“胡”“刘”“尚宅”等带有姓氏字款的器物，我们理解应为定烧品，是为某个人或某个宅院定制的。但也可能是窑主的姓氏。孰是孰非，还有待于将来的考古发掘来定性。

白釉黑彩对于我们邢窑人来说并不陌生，在我们当地曾出土过很多白釉黑彩器，如临城县普利市场出土的白釉黑彩哺乳俑、白釉黑彩蹲狮和瓷窑沟出土的白釉黑花大罐、白釉黑花刻鱼纹枕等器物（现藏于临城县文物保管所）。但一直以来诸多学者一致认为是磁州窑产品，直到2011年在临城县西磁窑沟出土大量的刻划花、白底黑花瓷以后[9]，我们改变了固守的观念，加之在南程村窑址采集到如此丰富的白底黑花瓷，更加使我们坚定了邢窑在当时除烧制白瓷外，还兼烧刻划花和白釉黑彩瓷的信心。

白陶在当时生产量也非常大。本村村民在打红薯窖时发现了堆积层，距地表有三米多深，出土了两箩筐陶范和白陶俑等。我们及时追回其中39件，其余部分已丢失。在追回的器物中，有陶范8件，白陶俑21件，桃核形白陶哨10件。

该窑址采集的窑具种类较多，支圈有碗形支圈、盘状支圈、环形支圈等。但绝大部分为环形支圈，支圈外部带有火刺，这是直接与火焰接触烧成的结果。支圈代替筒状匣钵，节省了使用匣钵的费用。在定窑技术中，有些支圈与器物一同被装入筒状匣钵内烧成。

采集的窑具也有部分筒状匣钵，筒状匣钵是装烧带涩圈或支钉的叠烧产品。根据匣钵落火刺部位，有部分筒状匣钵是口朝下扣使用，或对扣大件产品使用。匣钵向下扣装烧法应是先叠装好制品后，再向下扣筒状匣钵。该装烧法比较省力，又可提高产品质量。

五、结语

南程村窑址采集的“太平”字款标本与河北武强花园村宋代遗址发掘出土的“太平”款白釉碗相似；桃核形陶哨与2004年当阳峪窑址出土的宋代桃核形陶哨[10]器形相同。且宽芒口器与定窑的宽芒口器一致[11]。部分器型与2011年临城县西磁窑沟发掘出土的器物相同。因此，南程村窑的上限年代应为北宋中晚期，下限年代不晚于元代。

综上所述，此时南程村窑虽然由于各种因素而没再烧造出隋唐时期的细白瓷，但她仍然延续着邢窑白瓷的风格。由于受当时社会影响，窑工的相互流动作业，或受家族的传承，有些窑口的产品存在共同之处。这些产品有可能出自一人之手，或一个家族。在临城县西磁窑沟出土大量的刻划花及白底黑花瓷器，这与磁州窑的刻划花、白底黑花工艺都非常相似。南程村窑址采集的芒口器、刻划花和印花器与定窑的芒口器、刻划花、印花工艺也非常相似。这足以说明在北宋后期邢窑、磁州窑、定窑和井陉窑有着密不可分的相互关系。而随着这些标本的出现，可以看出宋代以后的邢窑依然是陶瓷产业的佼佼者，其繁荣景象可见一斑。

执笔　索丽霞　赵庆国

摄影　索丽霞

注释

[1] 临城县城关镇贾村和黑城乡竹壁村现存有清代窑炉。

[2] 叶喆民：《中国陶瓷史》，第 235 页，生活 · 读书 · 新知三联书店，2006 年。

[3] 李辉柄、毕南海：《论定窑烧瓷工艺的发展与历史分期》，《考古》1987 年第 12 期。

[4] [11] 白庆林：《定窑宽芒口瓷器装烧工艺探识》，《文物世界》2009 年第 5 期。

[5] 黄信：《关于定窑的“挂烧”问题》，《文物世界》2011 年第 6 期。

[6] 刘涛：《宋辽金纪年瓷器》，文物出版社，2004 年。

[7] 河北省文物研究所、衡水市文物管理处：《河北武强花园村宋代遗址发掘报告》，《河北省考古文集》（二），北京燕山出版社，2001 年。

[8] 叶喆民：《邢窑三议》，《河北陶瓷》1986 年第 4 期。

[9] 李恩玮、李军、张志忠：《临城瓷窑沟窑址考古发掘主要收获》，《中国邢窑》，中国华侨出版社，2012 年。

[10] 北京艺术博物馆：《中国当阳峪窑》，中国华侨出版社，2011 年。

（原载于《越窑青瓷与邢窑白瓷研究》，故宫出版社，2013 年）

隋唐大运河邢台段调查报告

邢台市文物管理处

隋唐大运河系指开凿贯通于隋代，历经唐、五代及北宋时期的大运河，部分流经范围及路线和现存大运河河道存在显著区别。隋唐时期，大运河流经邢台市境内。元代运河改道后，境内原有河道（隋唐大运河）逐渐废弃并掩埋地下。为配合国家大运河申报世界文化遗产，受河北省文物局委托，邢台市文物管理处组织考古队，在清河、临西两县文物部门的配合下，首次对境内隋唐大运河河道进行了全面考古调查。调查区域位于邢台市东部，主要涉及临西、清河两县，以及威县一角。调查工作自 2010 年 11 月至 2011 年 3 月，全面掌握了境内隋唐大运河河道的位置、走向、长度、宽度及深度，并发现不同历史时期的古文化遗存 5 处，时代自商代至宋金，以宋金时期为主。现将此次调查勘探的成果及相关情况报告如下。

一、地理位置

总体来说，调查区域位于黑龙港流域，地貌为平原。该区域历史上河流众多，水系发达，尤其是黄河的活动对该区域水系及地貌的形成产生了重要作用。

临西县位于河北省南部，卫运河中游左岸。东隔卫运河与山东省相望，南邻邯郸市馆陶县，西接邯郸市邱县，北衔威县、清河，总面积 542 平方千米。全县地势平坦，西部海拔在 33 ～ 36 米之间，东部海拔在 28 ～ 33 米之间，地势由西南向东北稍有倾斜，地面坡降为 1/5000 ～ 1/6000，北部与清河、威县部分区域共同形成封闭洼地。境内主要河流是卫运河。

清河县位于河北省东南部，地处黑龙港流域，东靠卫运河与山东夏津交界，西与威县为邻，南与临西接壤，北依清凉江与南宫、衡水故城毗连，总面积 496.9 平方千米，最大纵距 28 千米，最大横距 27 千米。清河县属冲积平原，系古黄河、海河等水系冲积而成，地面开阔，地势较为平坦，西部和北部略高，逐渐向东部和南部倾斜。海拔高程 28 ～ 31 米。

威县位于临西、清河两县之西，南北长 48.2 千米，东西宽 32 千米，总面积 1012 平方千米。属于古黄河、古漳河长期泛滥淤积而成的冲积平原区，地势从西南向东北倾斜，海拔高度 30 至 50 米，全县地势平坦，黄河故道纵贯县境而形成的缓岗坡地至今明显，因地势低平，径流不畅，又形成局部洼地。城东老沙河为漳河故道，河床遗迹未消，因积沙甚多，土质沙化，沿岸呈现出沙丘起伏的微域变化。

二、调查勘探情况

由于隋唐大运河深埋于地下，再加上年代久远，对当地村民的调查也并未取得有价值的线索，调查勘探工作存在相当难度。

此次调查勘探工作按由北至南的顺序展开，先从清河县开始，而后威县、临西县。根据文献资料记载的古河道情况，结合勘探区的地面状况，勘探原则上采用孔距 30 米，排距 60 米的梅花点式布孔法，如发现遗迹现象再加孔密探。

经过勘探，发现该河道位于邢台市东南部，共涉及临西、威县、清河三县 8 个乡镇、40 多个村庄，穿过临西县城的东南隅、清河县城之西，东邻全国重点文物保护单位临清古城遗址和河北省文物保护单位贝州城址，长度 60 余千米，河道走向为西南—东北。具体情况为，古河道自邯郸市馆陶县入邢台临西县尖塚村，向东北依次流经乔屯、蔡辛庄、龙潭、郝庄、王庙、仓上、龙旺、后堤口、石佛寺、吕寨、宁庄、黄夏庄等村庄，经郑楼村进入威县枣元乡的刘洼和太阳庙两村，进入清河县毕家洼村，向东北依次流经后栾洼、孙洼、侯家村、田家村、葛家村、杜家村、大寨、王官庄、菜园、西关、牛城后等村庄，最后在北部边境大致循清凉江一线进入德州市境。调查之古河道在古鲧堤之东，并位于现存河道卫运河之西，与临西县河西镇以北一段卫运河河道大体呈平行关系，在河西镇以南一段则逐渐收近。两条河道在清河县王官庄镇一带距离最远，约有 20 千米；在临西县尖塚镇一带距离最近，不足 1 千米。根据勘探情况，邢台境内隋唐大运河河道宽度在 70 ~ 150 米之间，深度约为 6.5 ~ 7.5 米（图一）。

以下为三处典型的河道地层堆积情况。

1．临西县仓上村南

第 1 层：耕土层。厚 0.2 ~ 0.3 米，土质松散，土色灰褐，地表多现代遗物（如树木、农作物、草及其他杂物）。

第 2 层：黄绵沙土层，为冲积层。开口距地表 0.2 ~ 0.3 米。土质松散，土色黄褐，纯净无包含物，厚度为 1.4 ~ 1.8 米。

第 3 层：胶土层，为冲积层。开口距地表 1.7 ~ 2 米，土质密实，土色红褐，厚度为 0.1 ~ 0.2 米。较纯净，无包含物。在本层下开口南北向河道一条。该河道开口距地表 1.8 ~ 2.2 米，厚度为 4.6 ~ 5.2 米。河道内土质松散，土色黄褐，含沙量大，颗粒明显。从上至下分为 A、B 两个层次。其中，A 层纯净无包含物，颗粒较细，厚度为 1 ~ 1.5 米；B 层纯净无包含物，沙层颗粒较大，厚度为 3.6 ~ 3.7 米。

第 4 层：生土层。

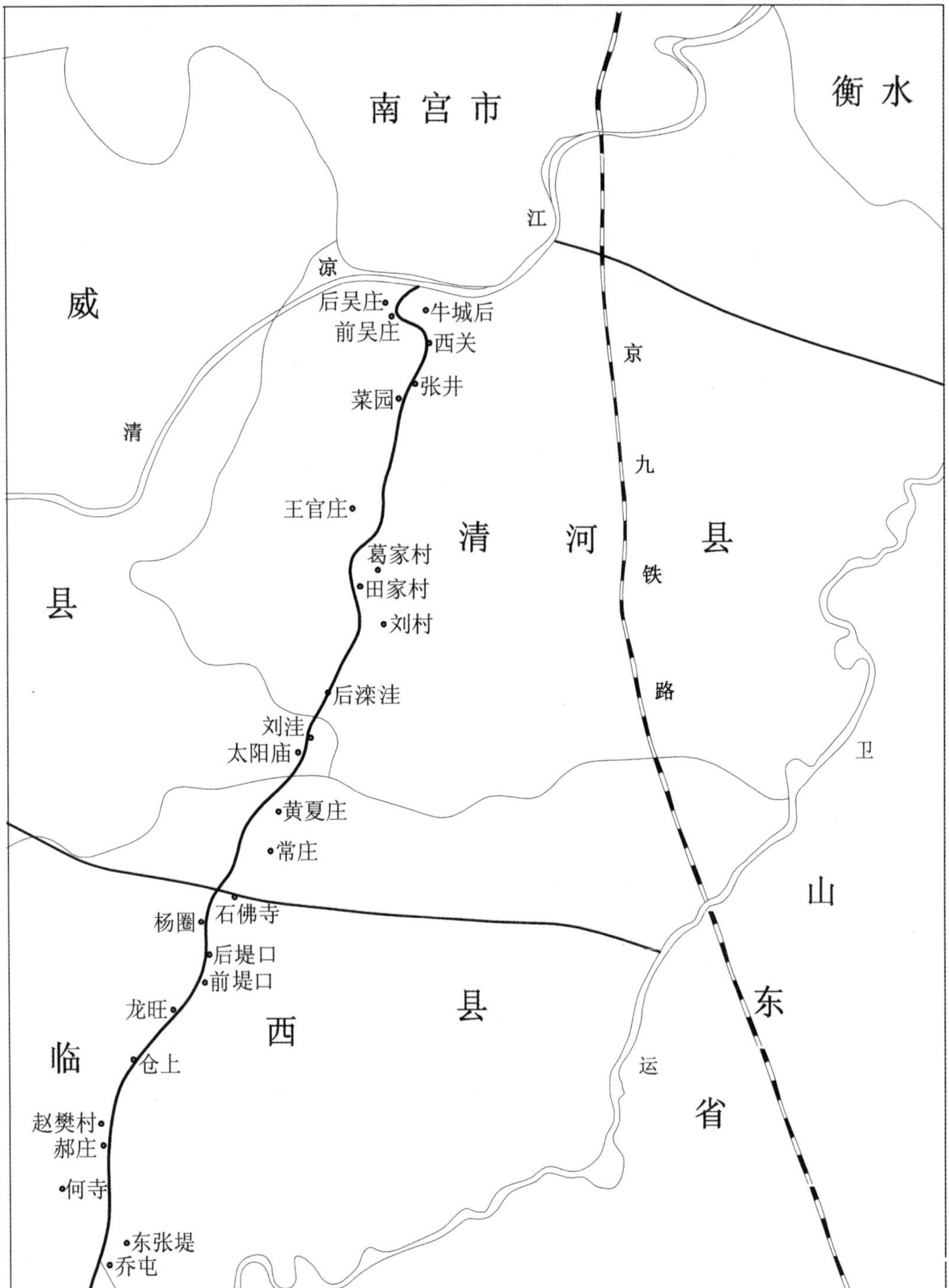

图一　隋唐大运河邢台段河道走势图

2. 清河县田家村东

第 1 层：耕土层。厚 0.2 ～ 0.25 米，土质松散，土色灰褐，地表多现代遗物（如树木、农作物、草及其他杂物）。

第 2 层：黄绵沙土层，为冲积层。开口距地表 0.2 ～ 0.25 米。土质松散，土色黄褐，纯净无包含物，厚度为 1.5 ～ 1.75 米。

第 3 层：胶土层，为冲积层。开口距地表 1.7 ～ 2 米。土质密实，土色红褐，较纯净，无包含物。厚度为 0.2 ～ 0.3 米。在本层下开口南北向河道一条。该河道开口距地表 1.9 ～ 2.3 米，厚度为 4.6 ～ 5.3 米。河道内土质松散，土色黄褐，含沙量大，颗粒明显。从上至下分为 A、B 两个层次。其中，A 层纯净无包含物，颗粒较细，厚度为 1.6 ～ 2 米；B 层厚度为 3 ～ 3.3 米。沙层颗粒较大，局部区域包含有蜗牛、海螺等生物壳体和蚌壳残片以及碎砖块。

第 4 层：生土层。

3. 清河县贝州城址西

第 1 层：耕土层。厚 0.2 ～ 0.25 米，土质松散，土色灰褐，地表多现代遗物（如树木、农作物、草及其他杂物）。

第 2 层：黄绵沙土层，为冲积层。开口距地表 0.2 ～ 0.25 米。土质松散，土色黄褐，纯净无包含物，厚度为 1.45 ～ 1.55 米。

第 3 层：胶土层，为冲积层。开口距地表 1.65 ～ 1.8 米。土质密实，土色红褐，厚度为 0.15 ～ 0.25 米。较纯净，无包含物。在本层下开口南北向河道一条。该河道开口距地表 1.8 ～ 2.05 米，厚度为 4.6 ～ 5.2 米。河道内土质松散，土色黄褐，含沙量大，颗粒明显。从上至下分为 A、B 两个层次。其中，A 层纯净无包含物，颗粒较细，厚度为 1.5 ～ 1.7 米；B 层纯净无包含物，沙层颗粒大，厚度为 3.1 ～ 3.5 米。

第 4 层：生土层。

三、永济渠沿线的重要文化遗存

经过对境内隋唐大运河沿河区域考古调查，共发现不同历史时期的古文化遗存 5 处，其中普通遗址 2 处，古城址 2 处，墓葬 1 处，时代自商代至宋金。现将这些文化遗存从南至北介绍如下。

1. 临清古城遗址

位于临西县县城东南的仓上村东，古河道东，大部分为基建所占压。北为邯临公路，东、西、南为麦田。现为全国重点文物保护单位。

遗址呈长方形，南北长 3 千米，东西宽 1.5 千米，占地面积 4.5 平方千米。北城墙、北城门遗址犹存，北城门在北城墙中部偏东的位置，城墙基础宽 15 米，残高 1 米，夯土层明显。城内建筑集中区在钟鼓楼和文庙之间，自南而北主要有古县衙、钟鼓楼、文庙、奶奶庙、净域寺等。在古城址东南，有大范围的墓葬区，墓葬分布密集，是临清古县官宦名士墓地，部分遭到破坏。城址内采集标本主要有白釉瓷片、青釉瓷片，主要纹饰有素面、凸棱纹，可辨器型有碗、罐、钵等。根据采集标本分析，该城址历史年代为北朝至宋金。

2．杜村遗址

位于清河县王官庄乡杜村东侧，古河道东 1000 米处。遗址区有一取土坑，被东西向乡间土路分隔为南、北两个区域，东、南、北三面均为农田。现为河北省文物保护单位。

该遗址南北长 150 米，东西宽 120 米，面积约 20000 平方米。地表有较多生活垃圾和野生作物，地表遗物较少。根据当地村民讲，该遗址系 1985 年取土时发现，出土有陶器、铜器、石器、钱币和龟甲等遗物。陶器有绳纹鬲、绳纹罐等；石器有镰、斧、铲等；铜器有鼎、爵、镞、戈等，部分器物现存清河县文物保管所。根据出土器物和相关资料分析（图二），该遗址历史年代为商代。

3．贝州城址

位于清河县城关乡城关村，古河道东 50 米处。城址东 1000 米为清河县城，南 200 米为邢清公路。现为河北省文物保护单位。

城址部分为西关村、南关村等村庄占压，平面呈长方形，东西长 1000 米，南北宽约 600 米。现存南北城墙残段，墙体夯筑，略呈西南—东北走向，断续可见。残存北城墙位于西关村北，残宽 35 米，残高 5 米，残长 280 米，西端地理坐标东经 115°36'44.8"，北纬 37°04'33.1"，高程 24 米，南 10 米处有引水渠。城墙经夯打实，层厚 12 厘米左右，部分被村民开垦为梯田，种植农作物。城墙东端以东为一砖厂；残存南城墙位于西关村南，西端地理坐标东经 115°36'44.1"，北纬 37°04'12.0"，高程 23 米，残高 1 ～ 5 米，断续残长 300 米，一乡间土路破城墙而过。

城址内采集标本有白釉瓷片、青釉瓷片；主要纹饰有素面、篦划纹等；可辨器型有碗、盆、盘、罐、瓶等。北城墙和西关村之间发现文化层，厚约 1.5 米。根据采集标本并结合文化层分析（图三），该城址的历史年代应为宋金时期。

在调查过程中发现城址内东南隅有一呈椭圆形分布的城墙，南北长 870 米，东西宽 800 米，经调查并查阅文献资料，为明代清河县城。

4．西关村遗址

位于清河县葛仙庄镇西关村西，古河道西 100 米。地理坐标东经 115°36'37.5"，北纬 37°04'20.9"，高程 23 米。东与西关村相接，西至乡间公路，南至邢清公路，北 40 米为贝

图二　杜村遗址出土的部分青铜器（清河县文物保管所藏）

图三　贝州城址采集标本

州城北段残城墙，一条西北—东南向乡间公路从遗址偏北处穿过，丰收支渠由北向南穿过该遗址，遗址面积约为 20 万平方米。遗址区现为农田，种植有棉花等作物。据当地村民讲，遗址区原为宋代贝州城西关，前些年曾有大规模挖掘现象，文化层被严重扰乱。地表为黄褐色沙质土，地表尤其是丰收支渠东断崖暴露遗物丰富，主要有泥质灰陶、红陶，瓷片等器物残片。采集标本有白釉瓷片、青釉瓷片，主要纹饰有素面、白地黑花等，可辨器型有罐、盆、碗等。从采集标本看（图四），器物胎质与贝州城址内所采集标本大体相同，胎质较细者多不施化妆土。根据采集标本及丰收支渠断崖文化层观察，该遗址历史年代为宋元时期。

5. 寨子村东南墓群

位于清河县葛仙庄镇寨子村东南约 200 米一不规则取土坑内，古河道西 200 米。地理坐标东经 115° 36'24.9"，北纬 37° 04'27.9"，高程 17 米。正西方向有一砖厂，东为农田，向东 250 米为西关村，向南 150 米，向北 200 米各有东西向乡间公路穿过。

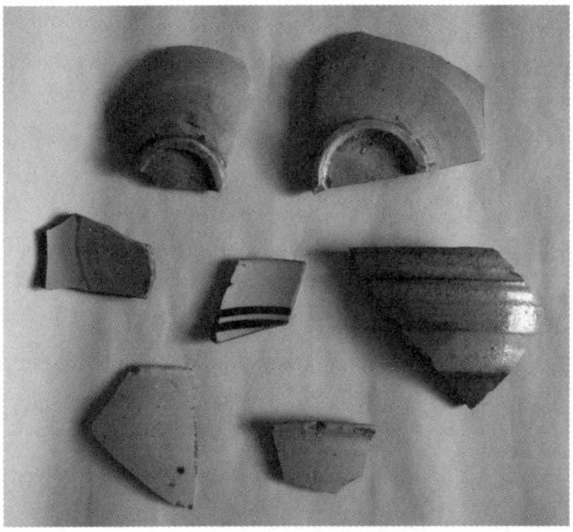

图四　西关村遗址采集标本

图五　寨子村东南墓群采集标本

现场调查发现墓葬 4 座，其中 3 个略呈品字形排列。墓葬均遭严重破坏，封土无存，地表暴露物有残砖、陶片、瓷片、骨骼等。采集标本有白釉瓷片，均为素面，可辨器型有碗。从采集标本看，碗形体较大，灰胎，断面杂质较多，直口，宽唇，直腹微弧，圈足，光面，少见瓜棱腹。砖多为青砖，素面，少数饰有绳纹，最大尺寸为长 33、宽 16.5、厚 5 厘米。陶片为泥质红陶、灰陶，可辨器型有罐等。根据采集标本分析（图五），该墓群历史年代为宋、金时期。

四、结语

通过调查，并与邢台境内大运河现存河道比较，我们的初步认识有以下几点：

第一，隋唐大运河邢台段最早源于太行山前诸水汇流成的古清河，其年代久远，不可考。西汉元封年间的黄河支流屯氏河、曹魏时期的白沟，都曾占压或利用清河故道。隋唐大运河邢台段开凿时，大部分是对旧有河道的拓宽和疏浚，并非全系开凿，当时邢台段所在的运河为永济渠的一部分，又称御河。

第二，通过对比，发现邢台市境内大运河现存河道位于隋唐大运河古河道之西，这是受黄河北流的直接影响。北宋时期，黄河屡次决口，向北形成黄河北流，经过邢台市境内，位于永济渠之西。在黄河北流经常性泛滥并冲注永济渠的情况下，永济渠内河沙淤积，河道逐渐废弃并最终埋入地下。黄河入淮后，永济渠恢复行流，在金代的治理下，永济渠最终改流今卫运河一线，并于元代以后不再称永济渠。

第三，此次调查发现的隋唐大运河河道的几处流经地点，如临西县城、临西县吕寨村东以及清河县城西郊等，大体符合古籍、碑刻等相关文献资料的说法，也符合整个华北平原西高东低的地势情况，并与《中国历史地图集》[1] 中的标注方向较为一致，这反证了古代文献资料有关隋唐时期永济渠记载的可靠性。

第四，隋唐大运河邢台段对当时邢台境内沿线经济社会发展起到了重要推动作用。其一，从河道的前身古清河来看，它是沿线地名的依据。古清河郡和古临清县之所以得名，都和该河流有关；其二，隋唐大运河邢台段是沿线村落和城镇形成的基础。从杜村遗址来看，早在商代以前，沿河就有聚落分布。形成于北朝时期的临清古城，也是逐河而建。永济渠正式开凿后，邢台境内沿线出现两个持续繁荣的城市——临清县和贝（恩）州，从两个城址出土的大量不同窑口的瓷片可以推断，唐宋时期，依靠永济渠所带来的便利的交通条件，两个城市以及周边地区对全国其他区域的贸易物流是相当活跃的。隋唐大运河航运功能的持续及加强，对两个城市的发展繁荣不言而喻。直到北宋后期，由于隋唐大运河邢台段的废弃，这种繁盛局面才告一段落。而且从位置关系来看，两个城市均位于运河东岸，较为邻近河岸，也从一个侧面说明了隋唐大运河邢台段对当时的城市选址及形态的影响。

第五，在清河县南部的后栾洼村一取土坑调查时曾发现暴露的隋唐大运河河道，坑深约 8 米，在距坑底部 1 米处的断崖上发现大量贝壳，并有少量碎砖块、陶片及绿釉、酱釉瓷片。在河道勘探过程中也曾发现少量陶片和碎砖块。由于时间仓促，未对永济渠河道内及沿岸的文化内涵做进一步调查，一些文化现象如码头、沉船等，有待于将来考古发掘进一步揭露。

参加此次考古的工作人员有李恩玮、李军、张国勇、柴洪亮、柴新路、柴新伟、孙英志、张霞、张志军、睢国强、李抗保等。

领队　李恩玮

执笔　张国勇　李恩玮　李军

注释

[1] 谭其骧：《中国历史地图集》，中国地图出版社，1982 年。

[原载于《河北省考古文集》（五），科学出版社，2014 年]

西坚固邢窑遗址调查报告

邢台市文物管理处

邢窑是我国古代生产白瓷最早的窑厂之一。它始烧于北朝晚期，经过隋朝的飞速发展，到唐代已达到了鼎盛阶段，成为我国早期白瓷的生产中心。邢窑的烧造历史从北齐、隋代、唐代至五代、宋、金、元，代代传承，源远流长。邢窑的范围跨州连郡，是一个庞大的窑区，包括内丘、临城、邢台的窑址均为邢窑不可分割的组成部分。以往对内丘、临城的邢窑遗址的研究著录颇多，使人们忽略了在邢台县这片土地上也曾经有过辉煌的邢窑烧造历史。此次调查的就是 1989 年发现的邢台县西坚固邢窑遗址，当时由于受条件限制，未做深入调查。2011 年 7 月 26 日，本人赴西坚固邢窑遗址，进行了实地调查，现将调查情况报告如下。

一、地理位置及周边环境

西坚固邢窑遗址位于河北省邢台县西坚固村西约 1.5 千米的大沙河北岸台地之上，东北距邢台市区约 30 千米，东经 114°13′30.7″，北纬 36°58′72.1″，海拔 180 米。

遗址地处太行山东麓的低山丘陵区，南侧紧邻沙河，隔河与沙河市相望，沙河现已干涸；北侧有一山峰，当地人称摩天岭，山上植被茂盛，遗址与山峰之间贯穿着一条呈东西走向的公路；遗址西侧为邢台县水文站；东侧为农田（图一、图二）。

遗址周边自然环境十分适合古人开展瓷器烧制等手工业，古代人类由于生产力的制约，首先选择原材料近及靠近水源，以最大可能的实现生产过程对自然环境的利用，以达到降低成本的目的。西坚固邢窑遗址就是这样一处不可多得的“风水宝地”。

二、遗址现状及发现遗迹、遗物

西坚固邢窑遗址现由于农业生产等原因，原始地表遭到破坏，现被改造为梯形农田，遗址分布在第二、三级台地上，大致范围东西长约 200 米，南北宽约 150 米，由于遗址被宋金时期冶铁遗迹所破坏，该遗址未见隋朝及以后时期瓷器残片，据当地村民介绍，当地人只知此处为一处冶铁遗址，不知在此烧造过瓷器。20 世纪 70 年代，附近村民曾大规模

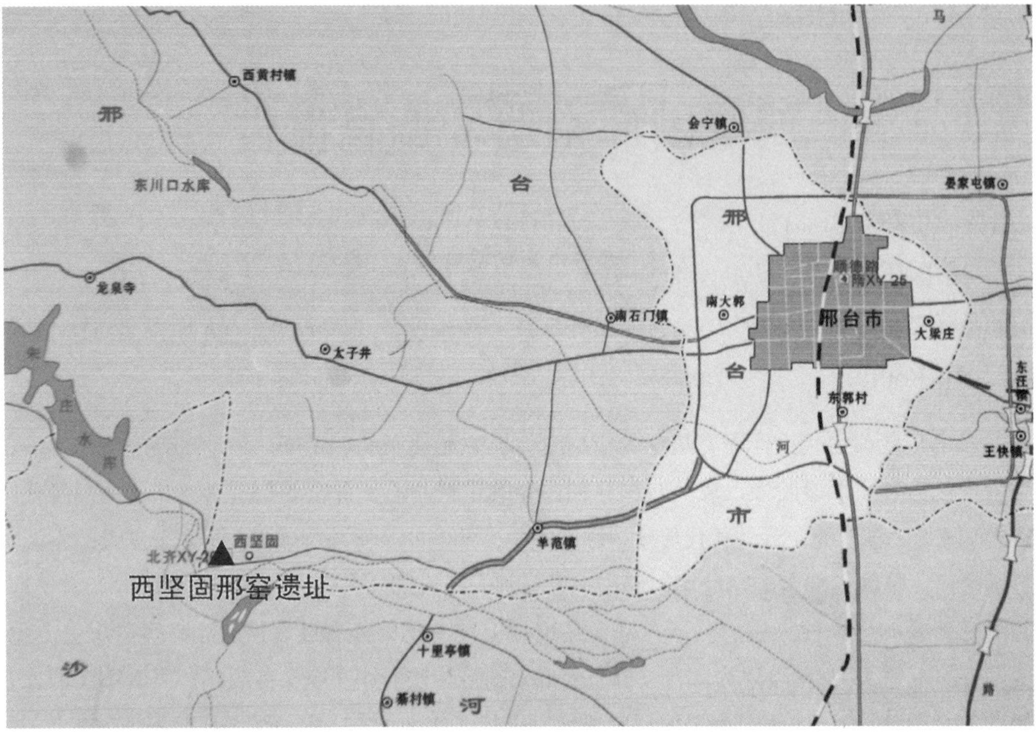

图一　西坚固邢窑遗址地理位置示意图

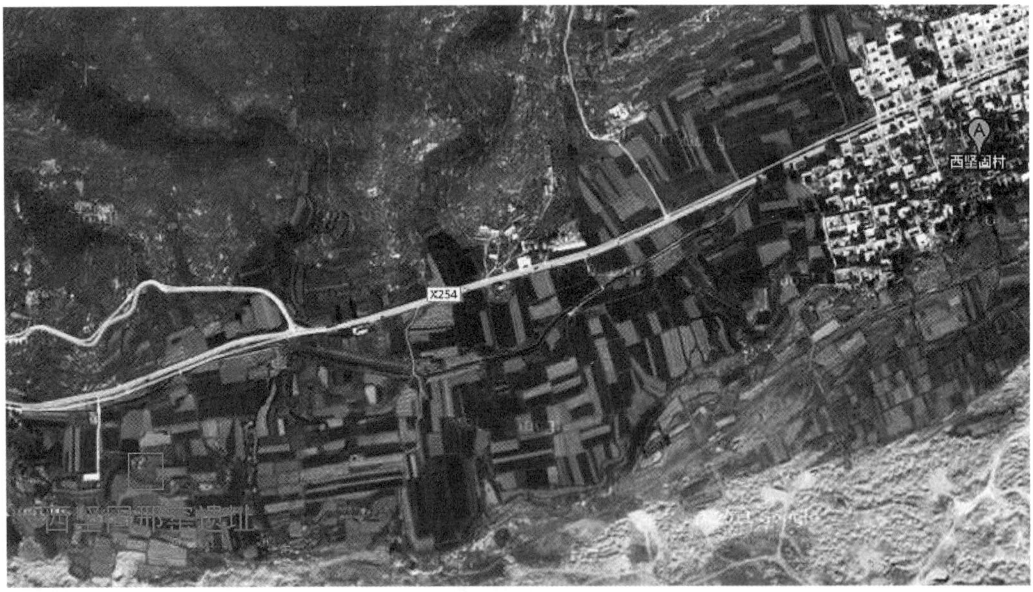

图二　西坚固邢窑遗址分布示意图

清运铁渣，最深处铁渣厚度可达五六米，遗址内仍随处可见铁渣等遗物。现地表散见邢窑遗物较少，经调查采集了部分青瓷残片、器物底足以及窑具三角支钉、齿形垫具等。现分别介绍如下。

1．青瓷残片

采集数量较少，无完整成形者，均为青绿色釉，外壁均施釉不到底。

标本一，灰白胎，釉面有细小开片，有一定玻璃质感，内施满釉，外施釉不到底，厚度 0.8 ~ 1.3 厘米（图三）。

标本二，灰白胎，釉面有细小开片，无玻璃质感，内施满釉，外施釉不到底，未施釉处有明显火石红，厚度 0.5 ~ 1 厘米（图四）。

图三　青瓷残片（标本一）

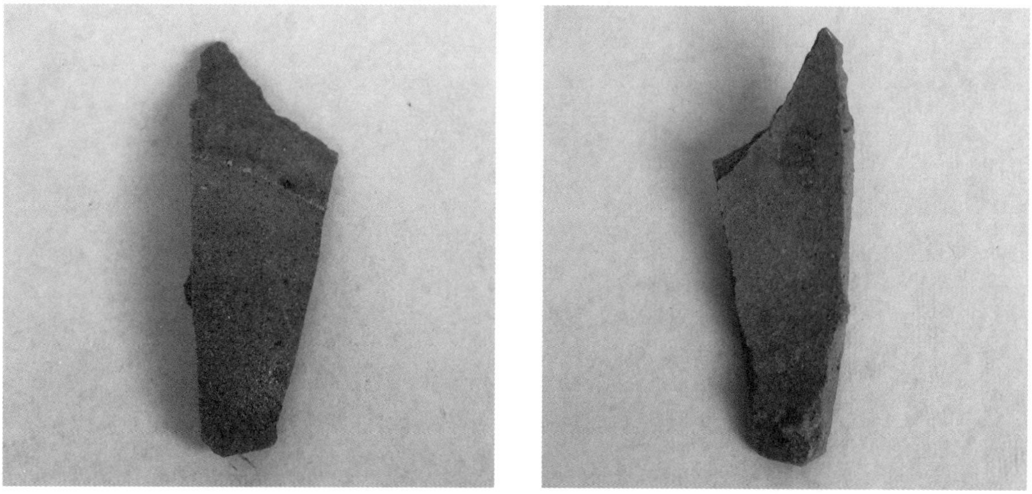

图四　青瓷残片（标本二）

标本三，灰白胎，釉面有细小开片，玻璃质感较强，内施满釉，外施釉不到底，有流釉现象，未施釉处局部有火石红，厚1厘米（图五）。

2．器物底足

采集数量较少，底足胎体厚重，内施青绿色釉，有大小差异之分。

标本四，灰白胎，底足呈饼状，微内凹，足根部有一圈刀削痕，胎质较粗，外壁有流釉痕迹，内施青绿色釉，釉面玻璃质感较强，有一处三叉形支架支烧痕迹。底足直径6.5、底足高1厘米（图六）。

标本五，灰白胎，底足呈饼状，微内凹，足根部有一圈刀削痕，胎质较粗，底足外侧有一圈火石红痕迹，内施青绿色釉，釉面有开片，有一定玻璃质。底足直径7、底足高1.5

图五　青瓷残片（标本三）

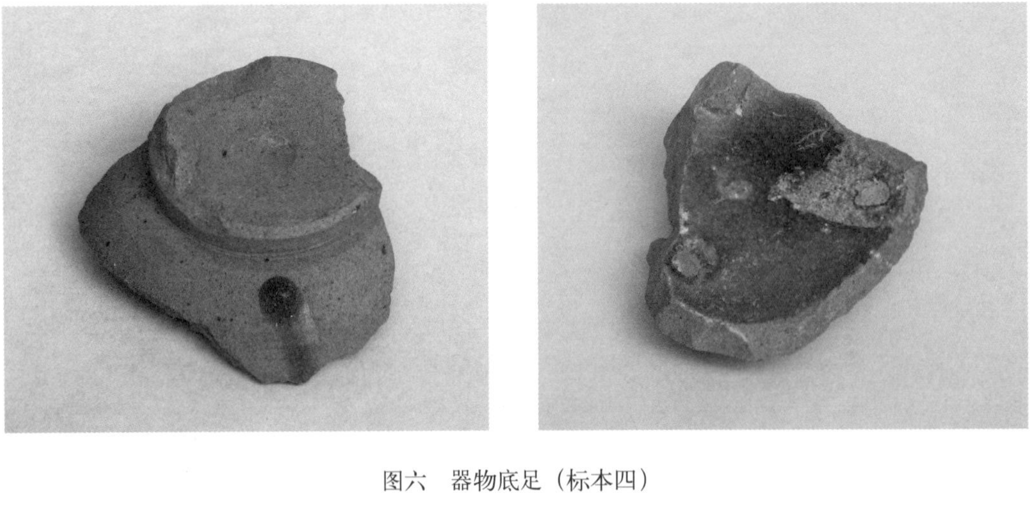

图六　器物底足（标本四）

厘米（图七）。

标本六，灰白胎，底足呈饼状，微内凹，足根部有一圈刀削痕，胎质较粗，局部有火石红痕迹，内施青绿色釉，有一处三叉形支架支烧痕迹。底足直径 5、底足高 1.3 厘米（图八）。

3. 三叉形支架

发现较多。三叉形，托面较小，一面为平底，一面为尖状乳突。形体上有大小高矮的区别，可分为二型，系烧制粗瓷碗类器的专用间隔工具，用瓷土制作。

A 型　扁平状三叉形

标本七，完整，灰白胎，致密。两叉端的间距宽 5、高 1.7 厘米（图九）。

B 型　片状三叉形

标本八，残，灰白胎，致密。两叉端的间距宽 5.8、高 2.4 厘米（图一〇）。

标本九，残，灰白胎，坚硬致密。高 2.3 厘米（图一一）。

图七　器物底足（标本五）

图八　器物底足（标本六）

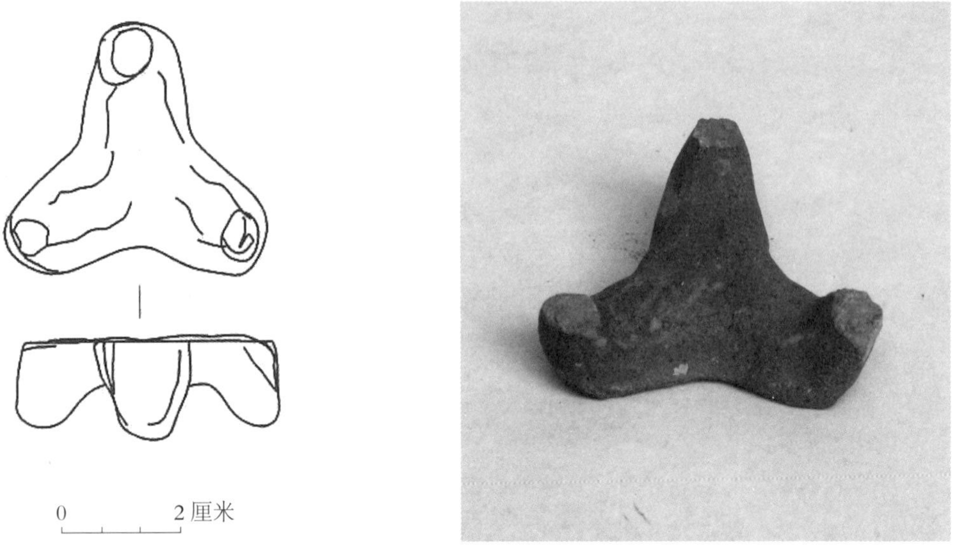

图九　三叉形支架（标本七）

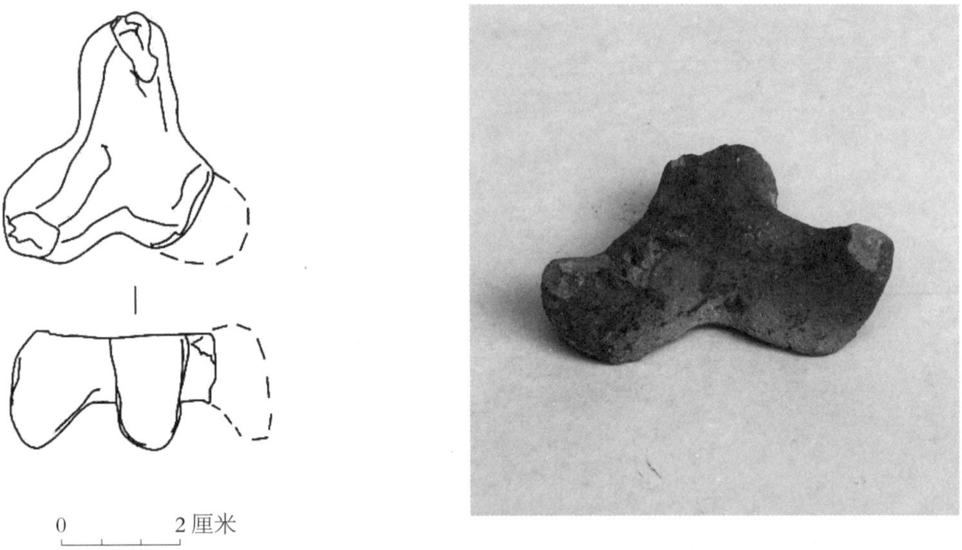

图一〇　三叉形支架（标本八）

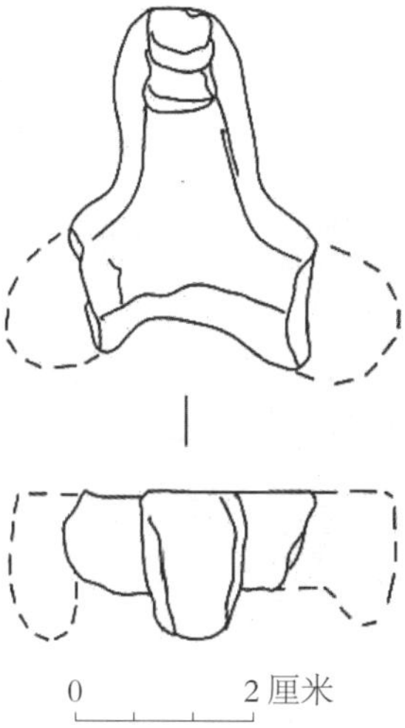

图一一　三叉形支架（标本九）

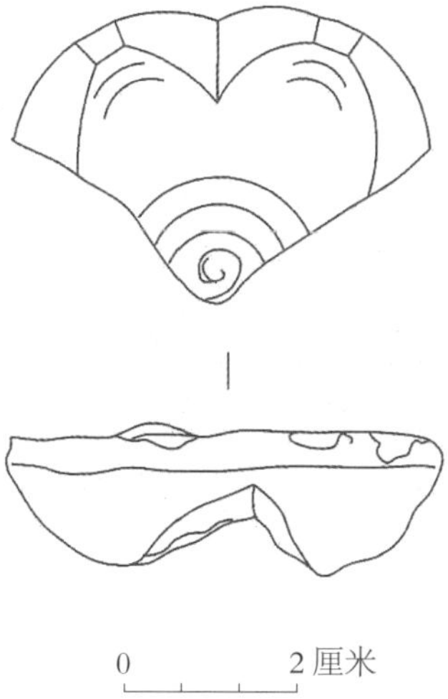

图一二　四齿形支架（标本一〇）

4．四齿形支架

胎体厚重，一面为锯四齿形，一面做成平面。该窑具应是间隔、承托较厚重器物的，发现较多。

标本一〇，残，灰白胎，齿局部有火石红痕迹。齿间距离宽 4.5、高 2.7 厘米（图一二）。

标本一一，残，灰白胎，齿局部有火石红痕迹。齿间距离宽 4、高 3 厘米（图一三）。

标本一二，残，灰白胎，齿局部有火石红痕迹。齿间距离宽 3.5、高 2.7 厘米（图一四）。

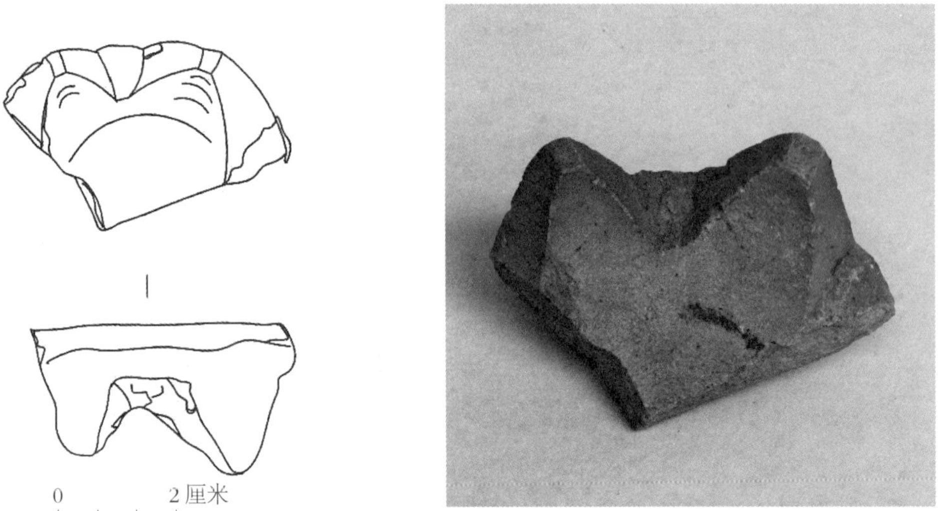

图一三　四齿形支架（标本一一）

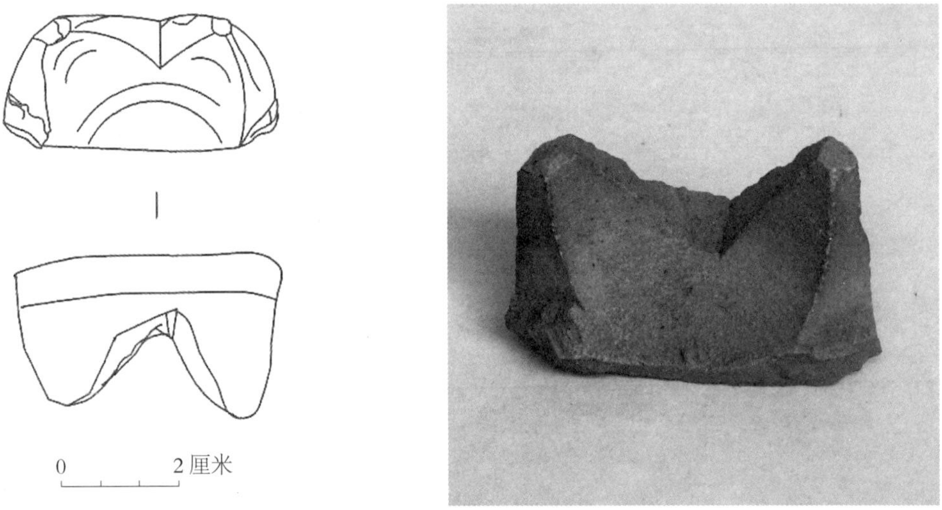

图一四　四齿形支架（标本一二）

三、遗址性质及烧造工艺

北朝时期是邢窑创烧时期，受南方青瓷影响，瓷器的胎体较厚重，胎质较粗，一般不施化妆土，釉色多呈青绿色或黄绿色，并且器物外壁施釉不到底。另外，邢窑产品足根部有一圈刀削痕，此为典型的邢窑特征，并一直延续到唐至五代[1]。西坚固邢窑遗址采集瓷器残片釉色多呈青绿色，外壁均施釉不到底，器物底足胎质较粗，样式厚重，足根部有一圈刀削痕。

邢窑现在已知的窑具有：柱状座和窑柱，三角垫片，环形支垫戗，泥条，筒状匣钵，漏斗状匣钵，盒状匣钵，杯状匣钵，环状、盘状支圈，垫珠[2]。该遗址采集有三叉形支架、四齿形支架等数量较多的窑具标本，可知该遗址采取早期的烧装方法，即三角垫片架烧法。方法是：在平整过的窑坑上稳置好盘状窑柱座，在其顶端粘上泥条，安上一节窑柱。在第一节窑柱上也放一圈泥条，再放一节窑柱，视窑内高度而定。而后将器物坯体、黏土泥条稳置在窑柱座上面，一般安放四到五组，顶上一个盘状窑柱座亦同样处理，最上面的柱顶视窑内高度情况放壶坯和瓶坯不等。整个窑柱及器内均置于明火中，一次烧成[3]。

结合上述情况可基本判断，西坚固遗址应为一处早期邢窑遗址，并处于邢窑的创烧时期。

四、结语

西坚固窑从遗址分布面积上看出其烧造规模不大，随着隋朝的统一，社会政治经济得到发展，临城、内丘、邢台等地的瓷窑大量涌现，并且由于烧制工艺和技术的改进，烧制出了黄釉、黑釉和开创历史先河的白釉瓷器，不仅造型精美并且产量大，西坚固窑逐渐在竞争中被淘汰。另一方面，该地区铁矿蕴藏丰富，西坚固邢窑遗址向南隔河不远的沙河市綦阳村有一处较大的冶铁遗址，可能受其影响，从而转为冶铁作坊。

邢窑遗址整体观之，随着时间的推移，邢窑窑址在地域上渐趋北移[4]。西坚固邢窑遗址烧造时间不长、规模不大，从采集的标本看器物种类单纯，皆青瓷器，胎体厚重，高假圈足，厚釉，流釉、积釉、开片现象普遍，但却是邢窑创烧时期的窑址，为我们进一步认识和研究邢窑的产生和发展具有重要意义，同时也为探索邢窑的渊源提供了有价值的实物资料。

执笔　张　明

注释

[1] 何伯阳、张慧红：《邢窑瓷器鉴识》，《收藏》2003 年第 3 期。

[2] [3] 赵庆钢、张志忠：《千年邢窑》，文物出版社，2007 年。

[4] 王会民、张志忠：《邢窑调查试掘主要收获》，《文物春秋》1997 年增刊。

[原载于《河北省考古文集》(五)，科学出版社，2014 年]

射兽金元三彩窑址调查报告

河北邢窑博物馆

邢窑以生产白瓷而闻名于世，然而邢窑唐三彩的名气仅亚于邢窑白瓷，它以其华丽的色彩而蜚声中外。

近些年来，邢窑遗址通过不断地考古发掘，出土了大量的唐三彩实物标本。唐代邢窑三彩在陶瓷界有了较大影响，填补了河北古陶瓷界的一项空白。然而，随着大唐帝国的灭亡，邢窑唐三彩随之退出了历史的舞台。到了宋金元时期，磁州窑、井陉窑由于受邢窑的影响也开始生产三彩器物。邢窑三彩到金元时期有没有生产？我们带着这个课题，对邢窑遗址做了反复详细调查。发现射兽造纸厂窑址有烧制金元时期三彩遗物，在调查中我们采集到了大量的三彩器物标本，获得了新的发现。现将对射兽窑址调查报告如下。

一、窑址概况

射兽三彩窑址（图一），位于临城县治西 1.5 千米的泜河北岸，苗大公路与城关镇造纸厂交汇处。北邻临城镇造纸厂，南为苗大公路，东为林场苗圃园，西邻射兽村民居。窑址位于苗大公路北侧农田中，地表堆积面积 30000 平方米，堆积层 1 ～ 2 米[1]。在窑址区北

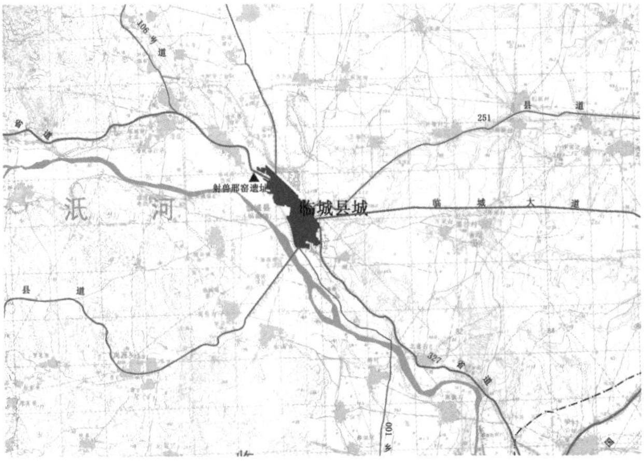

图一　射兽三彩窑址地理位置示意图

部有红烧土遗存，并发现有两处窑炉遗迹。在窑址区东部一断壁处发现澄泥池，并有房址石基，地平面有踩踏坯体泥料，疑为作坊遗址。窑址随着雨水的冲刷和自然风化剥落，地表、断壁处暴露出大量的三彩素烧器和釉烧残片及支烧窑具和窑炉烧土。20 世纪六七十年代，大搞农田基本建设时，泜水河滩造田，取走了遗址周边的大部分黄土，窑址区被破坏，从断壁处可见暴露的瓷片堆积层和窑炉、作坊等遗迹。

二、器物特征

射兽窑三彩种类较多，按釉色的不同可以分为草绿、深绿、三彩、孔雀蓝等，三彩釉色多以红、绿、黄、白色为主。器型主要有碗、盘、俑、罐、香炉、器盖等。装饰有印花、贴花、刻划花、雕塑等。

1. 釉色

从窑址采集的标本可以看出，多数三彩釉下施化妆土，深绿釉不施化妆土。绿釉和三彩釉均为低温铅釉，二次烧成。三彩施釉工艺较为复杂，由于釉面产生互融，使器物表面形成红、黄、蓝、绿、白等多种色彩（图二）。

（1）淡绿釉

它是以铜的化合物作着色剂，氧化铅作助溶剂，备制低温铅釉施在已素烧过的胎体上，再经过低温烧制而成。釉面滑润光亮，色彩艳丽呈草绿色（图三）。

（2）深绿釉

深绿釉是在器物胎体上不施加任何化妆土，直接施加釉料烧制而成。此类器物胎质较细腻，制作规整，焙烧后色彩呈褐绿色，釉面光滑明亮，侧光观察有如油脂入水产生的光泽，五颜六色，非常耀眼（图四）。

（3）三彩釉

三彩是一种流行于唐代的铅釉陶器，延续至金元时期的一个品种。它用白色黏土作胎，先经过素烧，然后用铜、铁、锰等化合物作着色剂，氧化铅作助溶剂，备制成铅釉施在已素烧过的胎体上，再经过低温烧制而成。三彩釉在窑炉里烧成时，各种着色金属氧化物熔于铅釉中，并向周围扩散和流动，各种颜色互相浸润，形成斑驳灿烂的彩色釉。铅的另一个作用使釉面光亮度增强，使色彩更加美丽鲜艳，器物表面形成黄、红、蓝、绿、白等多种色彩。由于大多数以黄、绿、白三种颜色为主，因此习惯上简称为三彩（图五）。

（4）孔雀蓝

孔雀蓝釉又称“法蓝”，是以铜元素为着色剂，烧制后呈现亮蓝色的低温彩釉。一般蓝釉是高温烧成，釉面不易脱落，孔雀蓝釉则施低温釉，生坯挂釉，釉层极易开片剥落。由于部分器物发色偏绿，因此，也有人认为是孔雀绿。铜化合物在高温还原焰下可烧成红色，在高温氧化焰中又可以烧成绿色，在低温窑火中掺了铜元素的釉料还能幻化出孔

图二　三彩标本

图三　淡绿釉碗、炉标本

图四　深绿釉香炉口沿标本

图五　三彩釉碗、罐标本

雀蓝色（图六）。

2. 器型

射兽窑址器型有碗、盘、罐、炉、人俑、器盖等。从窑址所采集到的标本，以未施釉的素烧器为多，釉烧器较少。碗、盘内有支钉痕，灰白胎，胎质较粗，露胎部位泛红色，施化妆土不及底。采用裹足支钉装烧法，底部的支烧痕极为细小。

（1）碗

碗一般器形较小，圆唇，口沿微敛，弧腹，圈足，多施草绿釉和深绿釉，内施满釉，外施半釉，釉面光亮，局部有油脂入水产生的油花感（图七）。

（2）盘

盘制作极其精美，圆唇沿，内平底，圈足较小。素坯施化妆土后阴刻花卉纹，花纹线条刻划流畅。器物施三彩釉，里施满釉，外施釉至沿下 1 厘米，釉面光滑，色彩相互浸润呈现为红、绿、黄、白等（图八）。

（3）罐

直口圆唇或敛口平唇，矮颈，溜肩，鼓腹，圈足。灰白胎泛红，施化妆土，外施三彩釉，

图六　孔雀蓝釉香炉标本

图七　碗标本

图八　盘标本

图九　罐标本

釉面光滑，呈现红、黄、绿色彩，绿釉部分泛银白色光闪（图九）。

（4）炉

该器外折沿，方唇，长颈，鼓腹，圜底，口部饰对称双耳，耳高过沿 1 厘米，耳外部模印花纹，腹部贴塑龙纹及缠枝花卉纹。腹底置三矮足，多为灰白胎，少量胎泛红。器外施绿釉不及底，腹部纹饰施黄釉，器内口沿下未施釉。口沿部有三支烧痕，应为叠烧痕（图一〇）。

炉是由商周时期的青铜鼎演变而来的。隋唐时期三足炉的特点为器形大、短颈、鼓腹。到宋金以后，三足炉以器形小、长颈、鼓腹、颈部置双耳为特点。射兽窑址生产的三足炉分大、中、小三型，釉色可分为三彩和孔雀蓝色，装饰工艺上主要是在炉腹部处粘贴有模印龙形、缠枝花卉和太阳花纹饰。

（5）器盖

中间塑一兽，兽镂空，周围塑四片荷叶，兽头外露，两爪扒荷叶。白陶胎，胎质较细腻。荷叶施绿低温釉，兽施红黄彩低温釉。釉下施化妆土，底部有支烧痕（图一一）。

（6）人俑

人物俑中多以仕女为主，有少量的男俑。人物形象生动，姿态各异，活灵活现。其发式、体态和服装多有变化，其各不相同。采集的标本主要为人俑的头部和胸部。

图一〇　炉标本

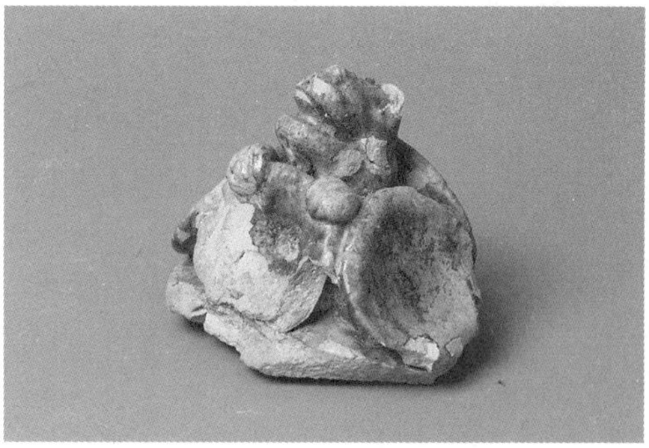

图一一　器盖标本

图一二　人俑头部标本

图一三　人俑胸部标本

人俑头部：①头挽发髻，面目祥和，双耳下垂，脸庞丰满。灰白胎，施化妆土，素烧。②风帽披肩，面容清秀，白胎泛红，头部施绿釉，面部施白釉。③胡须下垂，面目忧伤，红胎，施化妆土，素烧（图一二）。

人俑胸部：①身穿长裙，彩带肩披，束腰系带，胸部丰满，敬拱双手，白胎素烧。②身穿长衫，腰间系带，流肩平胸，双手合于腹部。红胎，施化妆土，通体施绿釉（图一三）。

3. 装饰

装饰方法有印花、贴花、刻划花、雕塑、印模等。

（1）印花

印花是根据器物的尺寸大小制作好模具，然后在坯体未干前进行印制。印制好花纹后进行低温素烧，然后再施釉入窑烧造。此次采集器型多为素烧炉耳。长方形，白陶胎，施化妆土，背部有手捏痕，背部有与炉体粘接痕。主要图案有：折枝牡丹纹饰、婴戏图案、水草纹饰等（图一四）。

（2）贴堆花

贴花用陶范印模印成所需的花形，再粘贴到器物的表面，然后根据图案的不同施以不

图一四　印花器耳

图一五　贴堆花香炉标本

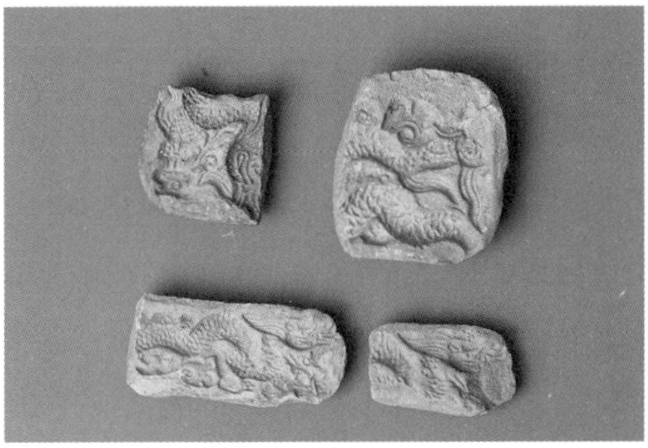

图一六　陶范

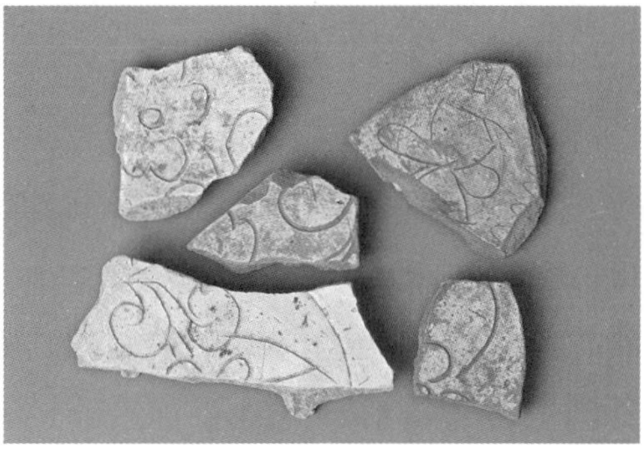

图一七　刻划花盘标本

同的釉彩。贴花工艺多装饰于三足炉、瓶和罐等器型的腹部和肩部（图一五）。

仅采集到龙纹的陶范印模，其形状有大小、宽窄之分，其纹饰雕刻细腻工整，特别是龙须，雕刻得惟妙惟肖，美不胜收（图一六）。

（3）刻划花

刻划花主要装饰在三彩盘的内底心平面，也有刻划在罐、瓶的肩部和腹部。刻划花多以花草纹为主，花蕊部分多施黄、白低温铅釉，花叶或草叶部分施绿釉（图一七）。

（4）雕塑

雕塑多装饰于兽形器盖或香炉底足。象鼻形足为扁圆锥形，中空，正面雕塑成象鼻形，象牙处有两个圆孔，面部雕刻数道皱纹。灰陶胎，施红绿彩低温铅釉，釉下施化妆土。此象鼻形底足应为三足炉底足（图一八）。

4. 窑具

裹足支钉。在瓷片堆积层中发现有大量的釉烧裹足支钉，支钉用坯体软泥料捏制成尖状，裹于器物圈足部位，裹足支钉起器物之间隔离作用，多用于盘、碗叠装烧制，足尖部黏有三彩釉痕迹（图一九）。

图一八　象鼻足

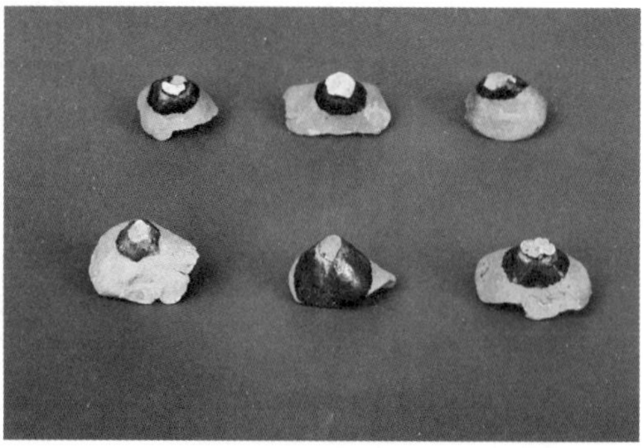

图一九　裹足支钉

三、结语

射兽窑在当时生产三彩器物的规模较大，发现有大量的素烧器物残片，在废弃的瓷片堆积层，釉烧残片采集到的较少，暴露出的多为素烧器残片。这是因为当时三彩釉料成本较高，为降低生产成本不浪费釉料，素坯施釉前要经过严格检选，施釉后二次烧成，使得器物的合格率显著提高。

射兽窑生产的三彩碗、盘和三足炉，口沿部位均施釉饱满，釉面光滑，不存在口沿干涩现象。从采集的标本来看，炉的三足部位有明显的流釉痕，该三足应充当了支钉的效应。盘、碗则采用的是裹足支烧法，支钉裹于圈足起到器物与器物隔离作用，防止烧成时釉面相互粘连。根据三足炉底足粘连的流釉，与碗、盘裹足支钉流釉方向痕迹来判断，该装烧方法应是采用叠装覆烧法。

射兽窑址发现的金元三彩，除供日常生活用品外，还用于明器随葬。2012 年修建临梁公路时，在临城县梁村发现金元时期墓葬群，出土金元三彩器 5 件。其中有孔雀蓝双耳三足炉、绿釉三足炉、绿釉碗、三彩盘、“香花供养”款三彩盘等[2]。梁村金元墓地出土的三彩器物，器型及胎釉与窑址采集的三彩标本相同，应为射兽窑所生产无疑。

综上所述，射兽窑生产的三彩器物，为今后周边墓葬出土的随葬器物提供了断代依据，为研究邢窑三彩的延续烧制提供了不可多得的实物资料，也使我们对邢窑三彩的延续生产有了一个新的了解和认识。

执笔　索丽霞　赵庆国

注释

[1] 河北省文物研究所、内丘县文物保管所、临城县文物保管所：《邢窑遗址调查、试掘报告》，刘庆柱：《考古学集刊》(14)，文物出版社，2004 年。

[2] 索丽霞、赵庆国：《河北省临城县梁村金元墓地清理简报》待刊。

（原载于《文物世界》2015 年第 6 期）

隆尧县石佛寺调查

张　明
（邢台市文物管理处）

隆尧县地处河北省中南部、华北平原腹地，由隆平县、尧山县合并得来。尧山历史悠久，是邢州九县之一，尧帝在此封疆，被称为“唐尧故土”，是李唐氏族的发源地，还涌现出战国名将李牧，后周皇帝郭威、柴荣，隋翻译家彦琮等名人。现将二处石佛寺调查情况简介如下。

一、染红村石佛寺

位于隆尧县尹村镇染红村南（图一），寺庙遗址无存，保存遗迹遗物有砖塔一座，重修碑两通，重修碑已移至县城碑廊集中保管。

图一　染红村石佛寺遗址地理位置示意图

1. 石佛寺砖塔

该塔据记载始建于明，清代重修上三层，坐北朝南，为八角六层密檐式实心砖塔，通高 8 米。基座为砖石结构须弥座，直径 2.9 米，塔身下三层较高，以叠涩外凸的雕砖为塔檐，刻有精美的龙、凤、花卉等浮雕图案（图二）。四个正面均有券门。第一层南北二门较大，通透，二、三层券门较小，不通透。上三层较矮，无券门，有砖雕仿木斗拱砖瓦塔檐。八角攒尖式布瓦顶。除第一层券门和塔刹部分损坏外，保存基本完好。该塔坐落于石佛寺遗址上，石佛寺据碑文记载始建于唐开元十年（732 年），明清多次重修，该寺属佛教禅宗“临济宗”。临济宗，禅宗南宗五个主要流派之一，自洪州宗门下分出。

2. 明成化重修石佛寺碑

碑保存较好，通高 2.1、宽 0.85 米。碑首为四龙盘顶，龙头下垂侧外方；碑额呈圭形，阴刻楷书“重修石佛寺记”，周饰缠枝花卉纹。碑阳刻楷书 20 行，行 38 字。碑阴额部刻有“临济散派”，下有偈言四句，每句四字，下刻布施人名。

图二　石佛寺砖塔

3. 清乾隆重修石佛禅寺碑

碑保存较好，通高 2.66、宽 0.65 米。碑首为四龙盘顶，龙头向上，呈二龙戏珠状；碑额呈斗匾形，阴刻楷书“古刹石佛禅寺”，左右侧刻云托日、月，边饰花卉纹。碑阳刻楷书 13 行，行 42 字，边饰缠枝花卉纹。碑阴额部刻有文渊斋禅师法训，碑文记述了明、清禅师修寺造像，寺成而圆寂的经过。

二、尚礼村石佛寺

位于隆尧县北楼乡尚礼村东侧（图三），寺庙遗址无存，保存有四通重修碑，现移至县城碑廊集中保管。

1. 唐石佛寺碑

保存较好，通高 1.39、宽 0.60 米。碑首为平顶，阳面刻三个方形圆角佛龛，中间佛龛内雕刻一佛二菩萨，正座佛像结跏趺坐于仰莲座上，披通肩袈裟，袒右胸，项光内圆外桃形，饰火焰纹；二菩萨高髻袒胸，饰项钏，臂挽帛带，内侧手拈花，外侧手握帛带，长裤至足，

图三　尚礼村石佛寺遗址地理位置示意图

腰系短裙，跣足立于莲台之上；两侧佛龛各刻站立菩萨，身体扭动，略向佛方，高髻袒胸，臂挽帛带绕于膝部上下，跣足立于覆莲座之上。阴面刻有三佛龛，中间佛龛雕刻一佛二菩萨，与碑阳相似；两侧佛龛内雕刻为坐佛，装饰与主佛相同，坐于覆莲座上，呈说法相。碑侧面各有一龛，内雕刻一坐佛，坐于覆莲座上，呈说法相。碑阳书字 20 行，行 35 字，字迹大部分模糊。碑阴书字 20 行，行 35 字。

2. 明弘治重修石佛寺碑

保存一般，断为两截，后修复，通高 2.17、宽 0.83 米。碑首遗失。碑阳刻楷书，书字 17 行，行 60 字，四周刻缠枝花卉纹。碑阴刻布施人名。

3. 明嘉靖重修石佛寺碑

保存一般，断为两截，后修复，通高 3.53、宽 0.9 米。碑首为六龙盘顶，龙头下垂至两侧外方，二龙后爪戏宝珠，碑额为方形，中间刻方形圆角佛龛，内雕刻一结跏趺坐佛。碑阳刻楷书 18 行，行 58 字，四周刻缠枝花卉纹。碑阴刻布施人名。碑座为赑屃座，长 2、宽 0.9、高 0.66 米。

4. 明万历重修水陆殿碑

保存较好，通高 3.3、宽 0.9 米。碑首为六龙盘顶，龙头下垂至侧外方，二龙后爪戏宝珠，碑额长方形，中间刻券形佛龛，内雕刻一结跏趺坐佛。碑阳刻楷书 19 行，行 45 字。碑阴刻布施人之姓名。

三、结语

上述两处石佛寺遗址均位于隆尧县城西侧，染红村石佛寺在北，尚礼村石佛寺在南。

染红村石佛寺据碑文记载始建于开元年间，后受临济宗派影响。临济宗，禅宗南宗五个主要流派之一，自洪州宗门下分出，始于临济义玄（? ~ 867 年）大师。义玄从黄檗希运禅师学法 33 年，之后往镇州（今河北正定）滹沱河畔建临济院，广为弘扬希运禅师所倡启“般若为本、以空摄有、空有相融”的禅宗新法。这种禅宗新法因义玄在临济院举一家宗风而大张天下，后世遂称之为“临济宗”，而正定临济寺也因之成为临济宗祖庭。正定临济寺原称临济院，现坐落于河北省正定县城生民街东侧临济路。最早建于东魏孝静帝兴和二年（540 年）。正定临济寺是临济宗的祖庭。唐咸通八年（867 年）四月十日，义玄禅师圆寂。遗体火化后，其弟子将舍利分建二塔藏之，一塔建于河北大名（已毁）；一塔建于河北正定城内临济寺。唐懿宗赐谥“惠照禅师”，赐此塔为“澄灵塔”。义玄禅师的语录被编为《镇州临济慧照禅师语录》。原临济禅院位于河北镇州城东南隅，临滹沱河侧，因之遂得临济之名，后迁于城内现址。

隆尧染红村石佛寺砖塔是华北地区存世量极少的临济宗舍利塔，1966年隆尧大地震该塔未受损坏，该塔对研究宗教、建筑、雕刻有较高的历史、科学、艺术价值。通过上述两处遗址的调查，可以窥见隆尧当时佛教十分盛行。

（原载于《大众文艺》2016年第20期）

邢台古桥现状调查

张　明
（邢台市文物管理处）

在中国古代建筑中，桥梁是一个重要的组成部分。几千年来，勤劳智慧的中国人修建了数以万计奇巧壮丽的桥梁，这些桥梁横跨在山水之间，便利了交通，装点了河山，成为中国古代文明的标志之一。

邢台市水系属海河流域，按水系可划分为子牙河水系和黑龙港水系。现辖区内河流多为季节性河流，平时干枯无水，仅在汛期出现洪水径流，但历史上邢台水系发达，水量充足素有“百泉”之称，据统计保存下来的清代以前石桥80多座，现将保存较好的介绍如下。

1. 七里河御路石桥

位于邢台市桥东区柴庄村西南七里河内。河北省文物保护单位。石桥长15.5、宽3.2、高1.9米，有7个近方形桥洞，桥洞宽窄不一，宽者1.7米，窄者0.95米。桥面为平面，由35块长方形石条南北向平铺而成，石条长以桥洞宽而定，石条宽在0.25～0.35米之间，厚均为0.15米。桥面由8面柱墙支撑，每墙宽大体为0.3米，高1.85米，两侧每两石间用“⧖”形铁锯固定，中间6面柱墙最上层顶石中间凿有约0.05米的凹槽，两端高出，使该柱墙顶石面东西两侧有矮挡墙，以固定桥面防止东西移位；南北两端石柱墙除此外，还各自留有南北挡墙。石柱墙下用柏木扦插入沙层支撑，柏木扦呈黑色，桥洞及石桥东西两侧用石条呈南北向平铺护桥固沙，西侧石条缺失。现石桥东北角有一通乾隆四年二月二十二日“七里河修桥告竣碑”，高1.9、宽0.8、厚0.25米。

2. 如意桥

位于邢台县会宁镇南良舍村与北良舍村之间。邢台县文物保护单位。如意桥据重修碑记载建于明万历二十三年（1595年），为单孔石桥，长12、宽7.8、高6.7米，现仍为主要交通要道。桥栏板等无存，抗日战争时期，桥面被凿穿一大洞，1949年以后修复，现桥面为水泥抹面。桥北一米处立有一通明万历二十三年（1595年）《建如意石桥记》，该碑为青石质，风化较严重，碑身断为两截，加铁箍修复。

3. 龙门桥

位于邢台县北小庄乡龙门村内一条东西向小河之上。龙门桥现存两座，西侧石桥据碑刻记载，为明代永乐年间修建，桥为单拱石桥，桥长 8、宽 5.4 米，桥拱跨度 7.3 米，桥拱高 2.9 米，桥两侧望柱、栏板保存较完好，桥头立有一通明永乐建桥碑；东侧石桥为清嘉庆年间修建，为单拱石桥，桥长 5.5、宽 5.5 米，拱跨度 6.3 米，拱高 3.5 米，桥板保存较好。

4. 八仙桥

位于邢台县宋家庄乡崇水峪村内。该桥位于村内一条南北向小河上，该桥长 7.27、宽 3.3 米，共八根望柱，十块栏板，其中八块栏板上雕刻有人物图案。桥南头立有一通明万历十年（1582 年）《新建八仙桥碑》，青石质，圆首，碑首及碑身两侧雕刻云纹，高 1.2、宽 1.2、厚 0.12 米，碑十行，下部被砌于水泥之中，碑身断为两段。

5. 浆水桥

位于邢台县浆水镇浆水村西北部一条南北走向河流之上。该桥为单拱石桥，桥长 8.7、宽 4.2 米，桥拱跨度 5.3 米，桥高 3 米，栏板、望柱及桥拱为青石垒起，桥身为当地红色毛石垒砌，该桥保存较好。

6. 青龙桥

位于河北省邢台市临城县牙更乡东渎村中河流之上，南距天主教堂 600 米。青龙桥现存两座，南北相距 83 米。两桥建筑风格、设计、造型相同，均系三孔石桥。

南桥：全桥长 15、宽 3.1、高 2.4 米（桥墩已淤盖，高度为桥墩以上尺寸）。中有桥墩 2 个，桥墩间距为 6.1 米。桥面两侧原各设 10 根方形望柱，其间镶有长方形素面栏板，现望柱、栏板缺失较多，村民用石碑当作栏板使用，该碑风化严重，字迹不清，根据可识字迹推测为《青龙桥碑记》。桥身由三个拱洞组成，拱券皆以镶边纵联砌置法浆砌。中孔现距河底高度为 1.55 米，净跨径 6.1 米，券厚 3.85 米。两侧拱洞现距河底高度为 1.4 米，净跨径为 2.1、厚 3.85 米。三拱洞上方中央镶边石上高浮雕龙头兽头向下，呈吸水状。

北桥：全桥长 16.6、宽 3.75、高 2.8 米（桥墩已淤盖，高度为桥墩以上尺寸）。中有桥墩 2 个，桥墩之间距为 7 米。桥面两侧原各设 9 根方形望柱，其间镶有长方形素面栏板 8 块。桥身由三个拱洞组成，拱券皆以镶边纵联砌置法浆砌，镶边中央拱券石上高浮雕龙首，向下呈吸水式，雕工细腻，颇有艺术价值。中孔现距河底高度为 1.95 米，净跨径 7 米。两侧拱洞现距河底高度 1.1 米，净跨径 2.05 米，三孔拱洞厚均为 4.4 米。

青龙桥在清康熙三十年（1691 年）《临城县志》卷一《舆地志·桥梁》有记载曰："青龙桥，二座，具县西北四十里渎上村。"《临城县志》只著录了青龙桥之方位，村名位置，对其建筑年代尚未提及。据调查当地村民得知桥头原立建桥碑记一通，1968 年被毁，原物不见。村民中回忆碑文落款为明万历年间。青龙桥除桥栏略有损坏外其余完好。

7. 蛤蟆桥

位于邢台市临城县黑城乡竹壁村东南 500 米处的午河之上，东距公路 2 米。河北省文物保护单位。蛤蟆桥主体保存较好，桥栏板几乎无存，桥四周丘陵起伏，沟壑纵横。桥建于两河汇流之处，平面呈“人”字形。北通辛庄，东达魏村，西抵竹壁，南至黑城，自古以来为当地交通要道。因南北桥东有一岩石形似蛤蟆而得名，又因桥为三叉两孔，又名“三叉紫金桥”或曰“双济桥”。全桥由南北桥、东桥和西桥组成，全长 102 米。桥身由石灰岩石砌成。南北桥长 39、宽 3.9、高 7.1 米。拱洞跨度 9.5、宽 4.11、高 6.7 米。东桥长 38、宽 3.05、高 6.7 米，拱洞跨度 9.5、宽 4.11、高 5.7 米。西桥长 25、宽 4.9 米。南北桥、东桥桥拱洞拱券均由青石组成，两拱下半部为青石横券；上半部则为青石纵券，各拱独立，共同组成整个桥拱。南北桥和东桥两侧桥拱均为独立青石纵券。

上述古石桥只是邢台众多古石桥的一部分，虽然现在大多数桥下已无河水流过，但反映出邢台历史上确实河流众多，也能体现出石桥的建造工艺和古代劳动人民的智慧。

（原载于《文化学刊》2016 年第 10 期）

发掘报告篇

邢台曹演庄汉墓群发掘报告

河北省文物研究所　邢台市文物管理处

邢台市位于河北省南部，南临沙河市，东、西、北均与邢台县接壤。市区内地势西高东低，一般坡度为3‰～5‰，西部和西北部为太行山余脉丘陵地，七里河、小黄河、牛尾河流经本市城区和郊区。据《竹书纪年》载："商祖乙九祀，圮于耿，迁都于邢。"《史记·殷本纪》也说："祖乙迁都于邢。"西周时，周成王为报周公辅佐之恩，封周公第四子姬苴为邢侯，统辖邢地，是为邢侯国。战国两汉时期，邢地为襄国都、襄国县。作为历史名城，邢台市区地下文物极其丰富，早在20世纪50年代，河北省文物工作者曾在市区及郊区的曹演庄、南大郭、南大汪、董村等地发掘了殷商遗址和战国墓群。1992年河北省文物研究所组成考古队，会同邢台市文物管理处，配合邢台市区的基本建设，先后发掘了南小汪及其附近区域的周代遗址、邢台钢铁厂宿舍区的战国墓群和曹演庄汉代墓群。这里只报告曹演庄汉墓群的发掘材料（南小汪周代遗址和邢台钢铁厂宿命区战国墓群另文报告）。

曹演庄汉墓群位于邢台市区中兴路与冶金路交会处，墓区北临小黄河（图一）。1992年曹演庄村在该地兴建中兴商厦，商厦占地范围经考古勘探并于当年11月进行发掘。共发

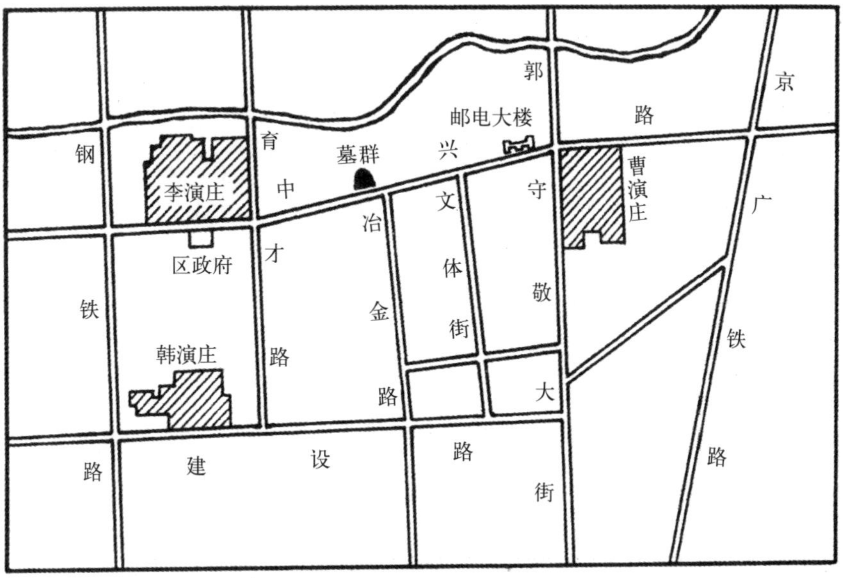

图一　曹演庄汉墓群位置示意图

掘墓葬 25 座，编号 92XCM1 ～ 92XCM25（图二），其中除 M20 为宋墓将另行报道外，其余皆为汉墓。参加发掘人员有张文瑞、李珺、段宏振、陈伟、王建伟、刘福山、胡绍衡、李军、郑佳节、李恩佳等。

一、墓葬形制

24 座墓除 M1、M2、M3、M13 四座为东西向外，其余均南北向。25 座墓中 10 座有打破关系（M3 打破 M5、M6 打破 M5、M11 打破 M12、M13 打破 M14、M20 打破 M25、M20 打破 M21）。大部分墓葬被盗扰。墓葬内填土均为五花土，未夯。墓壁较规整。根据墓葬形制可分三型。

1. Ⅰ型：竖穴墓

共 13 座（M2、M3、M5、M7 ～ M9、M11、M13、M14、M16、M17、M21、M25），除 M2、M3、M13 为东西向外，其余皆南北向。南北向均在 1° ～ 10° 之间。墓葬开口绝大部分距地表 1.5 米，墓圹长、宽、深不等，但长均在 2 米以上，最长 3.6 米，最宽 1.3 米，

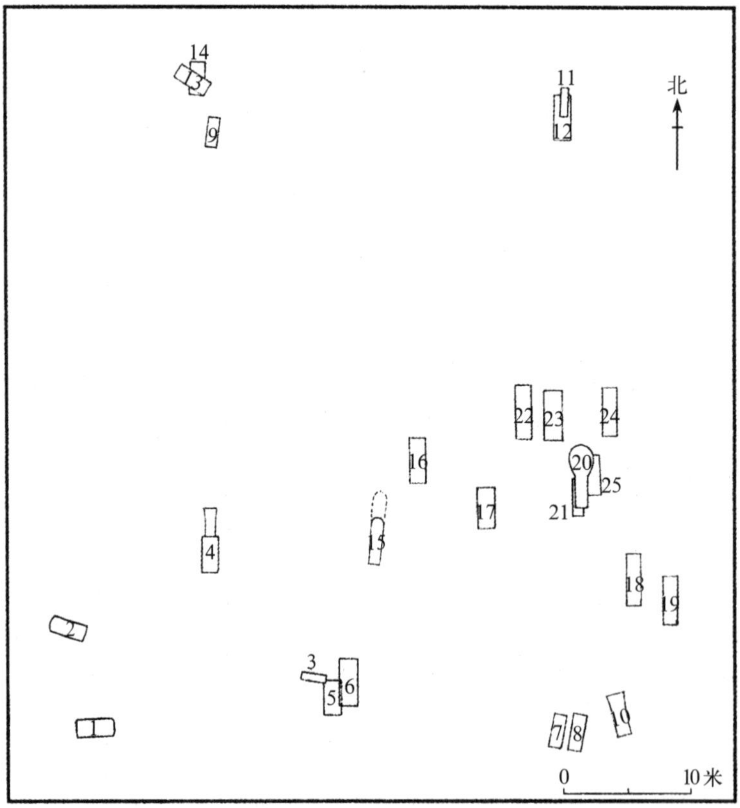

图二　曹演庄墓区墓葬分布图

最深 4.32 米。墓内填土为五花土，除 M8 有夯打痕迹外，其余墓葬未见夯打。M2 为一棺一椁，M25 未见棺痕，其余皆为一棺。葬式除 M25 为仰身屈肢单人葬外，其余皆仰身直肢单人葬。只在 M14 内有生土二层台分布。下面举例说明。

M2　位于墓区西南部，方向 110°。墓口距地表 1.5 米。墓圹长 3.44、宽 1.18、深 4.32 米。墓内填土为五花土，土质松软，未夯。墓壁较规整，南壁中上部分有 3 个椭圆形脚窝。第一个脚窝距墓口 0.8 米，直径 0.2、进深 0.14 米。第二个脚窝距第一个中心距 0.58 米，直径 0.3、进深 0.16 米。第三个脚窝距第二个中心 0.82 米，直径 0.2、进深 0.12 米。距墓口 3.8 米处发现椁的痕迹。椁木已朽，只残留板灰迹。木椁紧贴墓底四边，残高 0.54 米，椁板厚 0.14 ~ 0.18 米。可看出椁盖板用 8 块木板间接搭在椁帮上，板长 1.18、宽 0.1 ~ 0.15 米。在椁内中、西部置棺，棺已朽，只留残迹，棺长 1.95、宽 0.62 米。仰身直肢单人葬，面上偏南。随葬品置于棺外北侧（图三）。

M7　位于墓区南部，方向 10°。墓口距地表 1.5 米。墓圹长 2.45、宽 1.12、深 1.86 米。棺已朽，长 1.94、宽 0.64 米。仰身直肢葬，面向上。随葬品位于棺外北侧，半两钱含于口中（图四）。

图三　M2 平、剖面图

1. 陶瓮　2、3. 陶罐　4、5. 陶碗

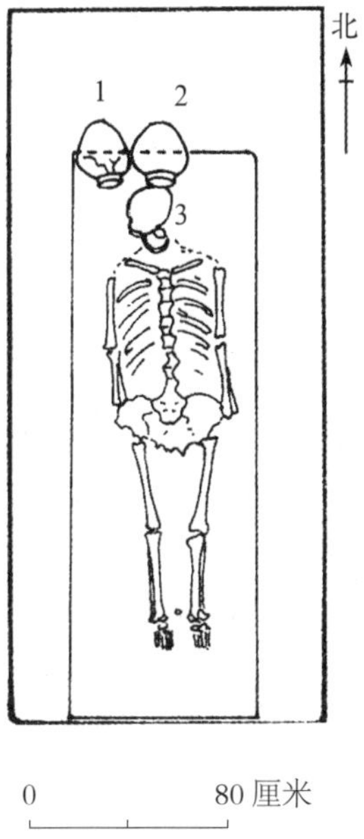

图四　M7 平面图

1、2. 陶罐　3. 半两

M14　位于墓区西北部，被M13打破，方向0°。墓口距地表1.8米。墓圹不规整，一头宽、一头窄，墓圹长2.63、宽1.16～1.26、深2.8米。四边有生土二层台，二层台内沿与棺迹重合。二层台北宽0.1、东宽0.32～0.48、南宽0.14、西宽0.28～0.34米。棺长1.95、宽0.5米。在棺下挖东西向窄槽三条，长0.5、宽0.08、深0.06米，内置垫木，已朽。仰身直肢单人葬，面上西斜。陶器置于棺外北侧，小件随葬品置于棺内（图五）。

M17　位于墓区中部，方向0°。墓口距地表1.5米。墓圹长3.3、宽1.2、深2.4米，仅存棺迹，棺迹长1.9、宽8.4米。仰身直肢单人葬，面上偏西。随葬品陶器置于墓圹北部，铜镜、钱币置于棺内（图六）。

M25　位于墓区中部偏东，被宋墓（M20）打破，方向355°。墓口距地表1.2米。墓圹长3.1、残宽1、深0.6米。未见棺迹，仰身屈肢单人葬。随葬品置于墓圹北部（图七）。

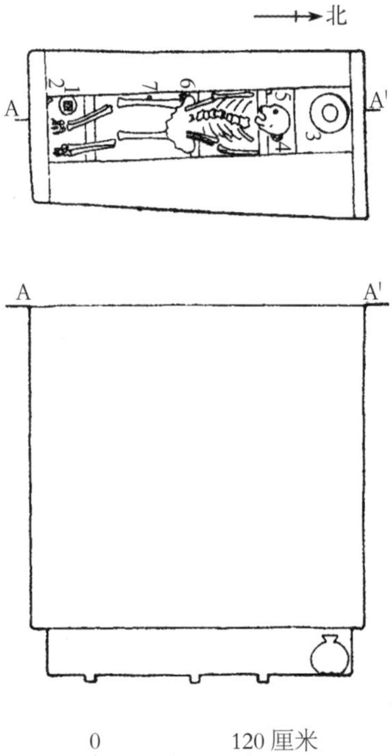

图五　M14平、剖面图

1. 铜镜　2. 石料　3. 陶罐
4、6. 残玉器　5. 铜印　7. 残贝币

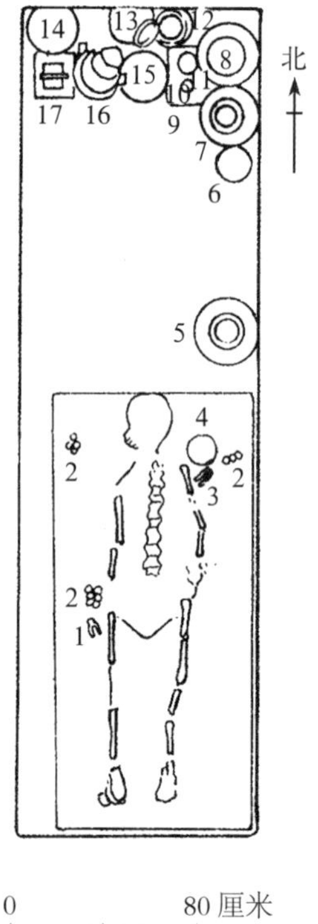

图六　M17平面图

1. 货布　2. 货泉　大泉五十　3. 铁镊　4. 铜镜
5、7. 陶瓮　6. 陶灯　8、12、13. 陶壶　9. 陶灶
10、11. 陶釜　14. 陶奁　15. 陶盆　16. 陶鼎　17. 陶井

2. Ⅱ型：砖室墓

包括M1、M4、M6、M10、M12、M18、M19、M22、M23、M24，共计10座。除M1为东西向外，余者皆南北向。根据顶部结构可分平顶和券顶（其中M1、M6、M12因盗扰严重，有无券顶不清）。

（1）Ⅱa型：平顶砖室墓

包括M10、M18、M19、M23、M24，共5座。这型墓葬顶部没有起券，估计是木板铺盖已朽。墓圹长除一座为2.8米外，其余皆在长3.4～3.8、宽1.06～1.4、深1.6～3.5米之间。有的在墓圹内三面砌砖，有的四面砌砖。砌砖高度不等，最高砌砖18层。砖为素面，一般长33、宽16～18、厚4厘米。墓壁错缝垒砌，人字形铺地。

M19　位于墓区东南部，方向0°。墓口距地表1.5米。墓圹长3.4、宽1.2、深3.5米。东、西、南三面砌砖，共砌12层，高0.7米。为错缝砌筑，砖长36、宽18、厚4厘米，地砖为人字形铺设。在砖室中南部有腐朽木棺痕迹，长2.08、宽0.76米。尸体骨架大部分已朽，为仰身直肢单人葬。随葬品置于棺外北侧，铜钱含于口中（图八）。

M24　位于墓区中部，方向355°。墓口距地表1.5米，墓圹长3.8、北宽1.4、南宽1.23、深1.9米。由于墓底东侧下陷，墓圹上端东部、南部向内挤压呈弯曲状。墓圹壁东、西、

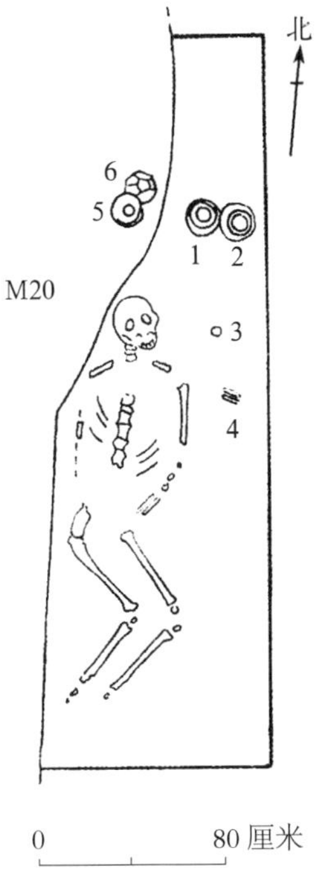

图七　M25平面图

1、2. 陶壶　3. 货泉　大泉五十　4. 铁镊　5. 陶罐　6. 陶盒

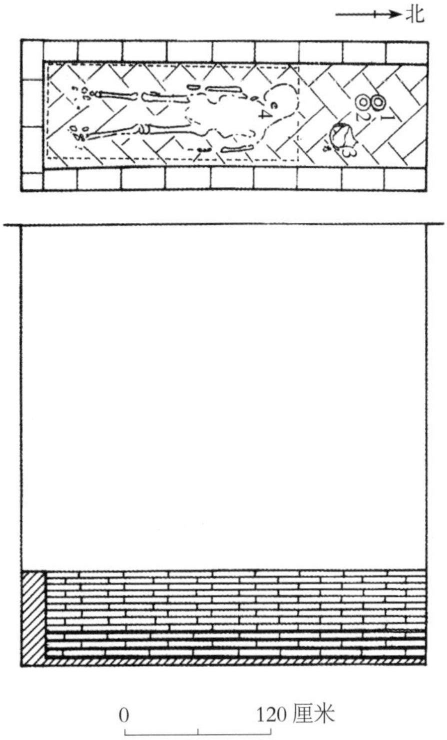

图八　M19平、剖面图

1、2. 陶罐　3. 陶壶　4. 五铢

南三面砌砖，东壁下陷0.15米，砖壁错缝平砌17层，高0.85米，壁砖顶部距墓口1.05米，墓底为斜向错缝平铺。在中南部有木棺痕迹，长约1.9、残宽0.8米。棺痕下有白灰一层，厚4厘米。因东部砖壁下陷，木棺向东倾斜，为仰身直肢单人葬，面向上。随葬品除铜镜、铜钱在棺内，其余陶器置于棺外北侧（图九）。

（2）Ⅱb型：券顶砖室墓

共2座（M4、M22）。

M22　位于墓区中部，方向0°。墓口距地表0.6米，墓圹长6.02米（其中北部1.8米的竖井式墓道未挖），宽1.56、深3.29米。在墓圹中南部用砖砌成长4.22、宽1.56、高1.74米的墓室。砖一般长30、宽15、厚5厘米。墓室西、南、东三面用19层砖错缝垒砌。北壁无砖，为墓门，封门可能用木板，已朽。墓门宽1.24、高1.58米。墓室顶部为12排弧形券顶，地砖为斜向错缝铺设。因盗扰，未见棺木及骨架，只在南部发现木棺下的石灰层，长206、宽74、厚6厘米。在石灰层北部有鼎、盒、杯、炉、灶、井、奁、灯、铜镜等随葬品，此处随葬品位置未经扰动。在墓室南部及填土中发现壶、瓮、仓等陶器，分布无规律，该处随葬品显然是被盗扰所致（图一〇）。

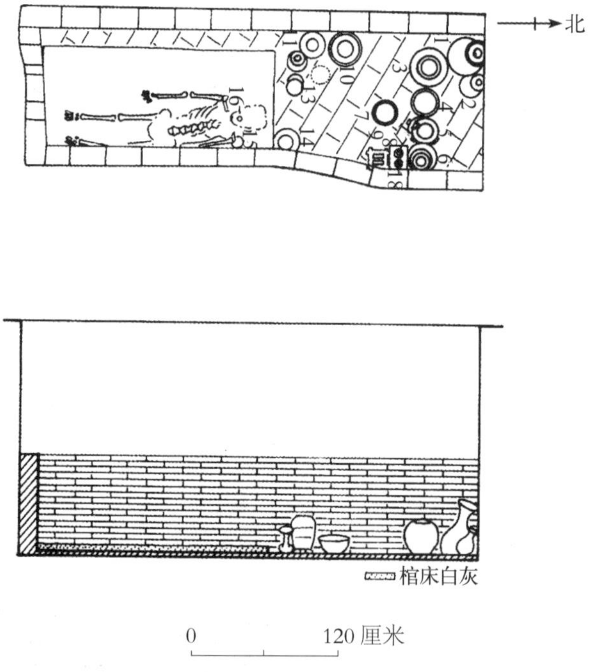

图九　M24平、剖面图

1、2、6、12. 陶壶　3. 陶瓮　4. 陶盒　5. 陶鼎　7. 陶奁　8. 陶灶　9. 陶井　10. 陶洗　11. 陶仓　13. 陶灯　14. 陶炉　15. 铜镜　16. 货泉　17、18. 陶釜

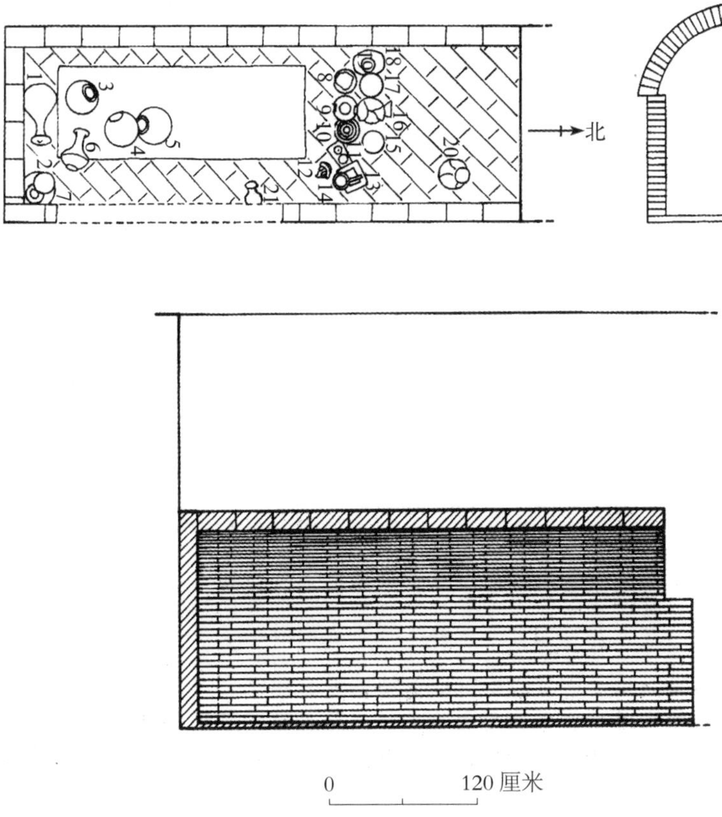

图一〇　M22平、剖面图

1、6、7、21.陶壶　3.陶瓮　4.陶盒　5.陶鼎　7.陶奁　8.陶灶　9.陶井　10.陶洗　11.陶仓　13.陶灯　14.陶炉　15.铜镜　16.货泉　17、18.陶釜

3.Ⅲ型：土洞墓

只有M15一座。位于墓区中部，方向5°。墓道口距地表1.5米，呈长方形，长3.66、北端宽1.04、南端宽0.84米，斜坡长1.96、深0～2.04米。在墓道北端掏挖长方形洞室，顶部呈弧形，洞室长1.9、宽1.08、高1.03米。洞室内有少许碎砖，估计是用砖封门。洞室内棺木已朽，从残存迹象看，棺长1.7、宽0.64米。棺范围内残存头骨和几块碎骨，葬式不详。在南部发现剪轮五铢3枚（图一一）。

二、随葬品

虽然多数墓葬被盗，但除极个别墓葬未出随葬品外，大多数墓葬都有随葬品，未被盗扰的墓葬其随葬品从2件到20多件，差别较大。随葬品如铜镜、铜钱出于棺内，陶器置于棺外。南北向墓葬置于棺外北侧，东西向墓葬置于棺外东侧。随葬品中陶器占绝大多数，铜、

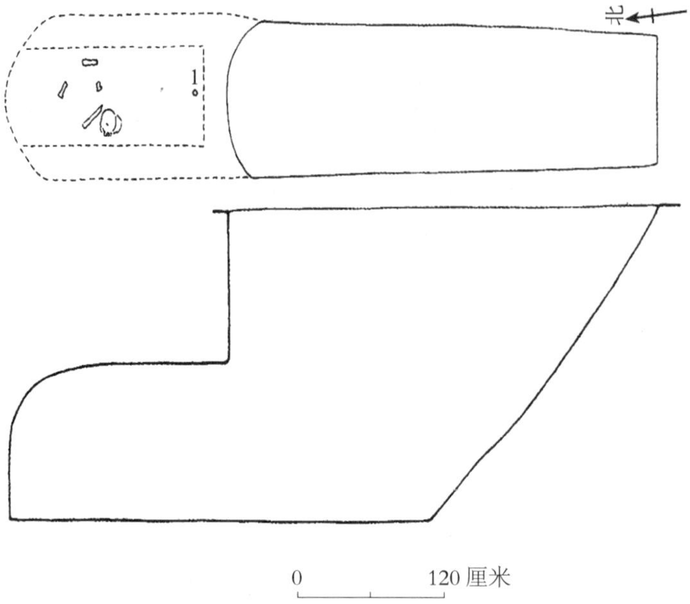

图一一　M15 平、剖面图

1. 剪轮五铢

玉、石器占少数。陶器大部分为泥质红陶，外表施黄色釉；少部分泥质灰陶，未施釉，火候较高。种类有罐、壶、鼎、盒、碗、钵、瓮、杯、灯、奁、洗、灶、井、俑等。

1. 陶器

罐　分五型。

A 型　皆泥质灰陶，侈口，分四式。

Ⅰ式：1 件。M1∶8，沿面内缘下凹，方唇微下垂，颈较长，腹部较瘦，小平底，腹下部饰绳纹。口径 12.9、腹径 21.3、底径 9、高 29.4 厘米（图一二，1）。

Ⅱ式：1 件。M13∶1，沿面内凹，长颈，鼓腹，小平底，腹上部饰数道弦纹，下部有不规则绳纹。口径 14、腹径 24、高 30 厘米（图一二，2）。

Ⅲ式：1 件。M25∶5，平沿下垂，方唇，颈较短，圆鼓腹，平底内凹，底内部凸出一棱，腹上部饰麻点纹。口径 9.9、底径 7.5、高 26.7 厘米（图一二，3）。

Ⅳ式：1 件。M11∶1，平沿下垂，斜方唇，鼓腹，最大径在肩部，平底，肩上部有麻点纹。口径 7.4、腹径 15、底径 6、高 17.1 厘米（图一二，4）。

B 型　皆泥质灰陶，分二式。

Ⅰ式：2 件。M8∶2，整体肥胖，口微侈，尖唇，圆鼓腹，腹下部微外撇，平底微凹，素面。口径 8、腹径 11.6、底径 6、高 11.2 厘米（图一二，5）。

Ⅱ式：2 件。M18∶5，整体瘦长，侈口，斜方唇，圆腹，平底，肩、腹上有数道划纹。口径 7.5、底径 5.4、高 16 厘米（图一二，6）。

C型　皆泥质灰陶，侈口，短颈，鼓腹，分二式。

Ⅰ式:2件。M13∶3，圆唇，腹最大径在中部，平底内凹，腹和颈部有数道弦纹。口径7.4、腹径11.6、底径5、高12厘米（图一三，3）。

Ⅱ式：1件。M10∶1，斜方唇，肩较M13∶3明显，腹最大径靠上，平底，腹下部有数道细弦纹。口径7.4、腹径12、底径5.6、高11.6厘米（图一三，5）。

D型　皆泥质灰陶，侈口，分二式。

Ⅰ式：2件。M7∶1，平沿，圆鼓腹，平底，肩和腹部有三道划纹。口径10.5、腹径17.7、底径7.5、高16.5厘米（图一三，4）。

Ⅱ式:2件。M19∶1，尖圆唇，肩微折，腹下部内收，平底，素面。口径8.4、底径5.4、高11.4厘米（图一三，6）。

E型　皆泥质灰陶，长颈，圆鼓腹，分二式。

Ⅰ式：1件。M14∶3，口微敞，斜平沿，斜方唇，平底内凹，腹下部饰绳纹。口径14.1、腹径26.1、底径6.8、高27.9厘米（图一三，1）。

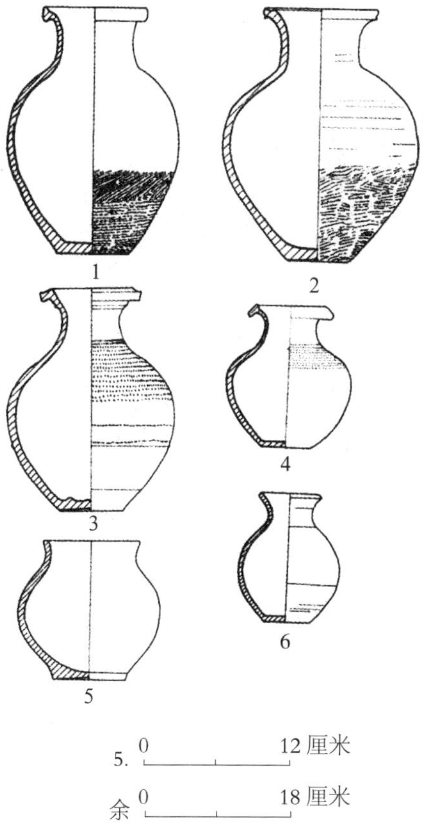

图一二　陶罐

1.AⅠ式（M1∶8）2.AⅡ式（M13∶1）
3.AⅢ式（M25∶5）4.AⅣ式（M11∶1）
5.BⅠ式（M8∶2）6.BⅡ式（M18∶5）

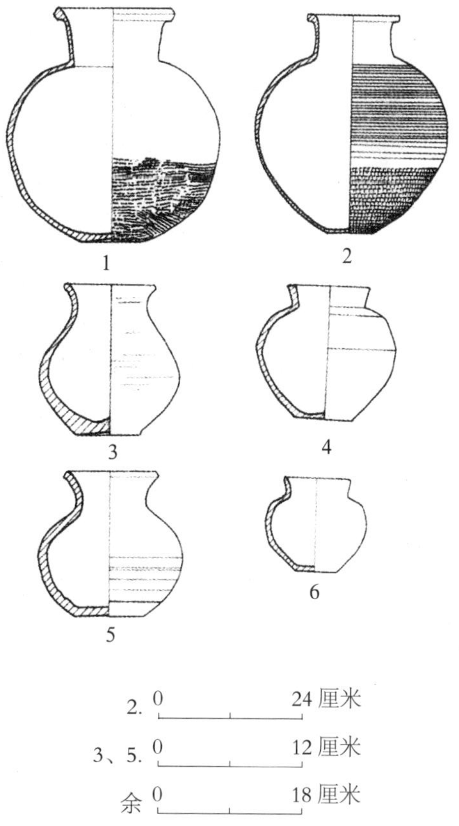

图一三　陶罐

1.EⅠ式（M14∶3）2.EⅡ式（M10∶3）
3.CⅠ式（M13∶3）4.DⅠ式（M7∶1）
5.CⅡ式（M10∶1）6.DⅡ式（M19∶1）

Ⅱ式：1件。M10∶3，直口，平沿，方唇，腹下部内收，小平底，腹上部饰数道弦纹，下部饰网格状纹。口径15.6、腹径32.4、底径8、高34.6厘米（图一三，2）。

壶　分四型。

A型　除M18∶11为泥质灰陶外，其余皆为泥质红陶，外表施黄色釉，分五式。

Ⅰ式：1件。M18∶11，侈口，平沿，长颈，圆腹并下垂，腹最大径在下部，假圈足，平底，腹中部附两个兽面铺首。口径18.4、底径20.8、高40.4厘米（图一四，1）。

Ⅱ式：1件。M4∶9，侈口，平沿，颈上部微有凸棱，鼓腹，腹最大径在中部靠下，假圈足，腹部有三周凹弦纹。口径18.9、腹径22.8、底径12.6、高33.9厘米（图一四，2）。

Ⅲ式：2件。M24∶1，侈口，斜沿，口内侧微内凹，颈上部凸棱明显，腹微鼓，腹最大径靠下，假圈足，腹中、上部有二道凹弦纹。口径15.3、底径14.4、高35.7厘米（图一四，3）。

Ⅳ式：1件。M22∶1，盘口趋于明显，斜沿，鼓腹，腹最大径在中部，假圈足，腹部有数道凹弦纹。口径20.8、腹径31.6、底径18、高46.4厘米（图一四，4）。

Ⅴ式：1件。M24∶6，盘口明显，斜沿，鼓腹，假圈足，小平底，腹部有三道凹弦纹。

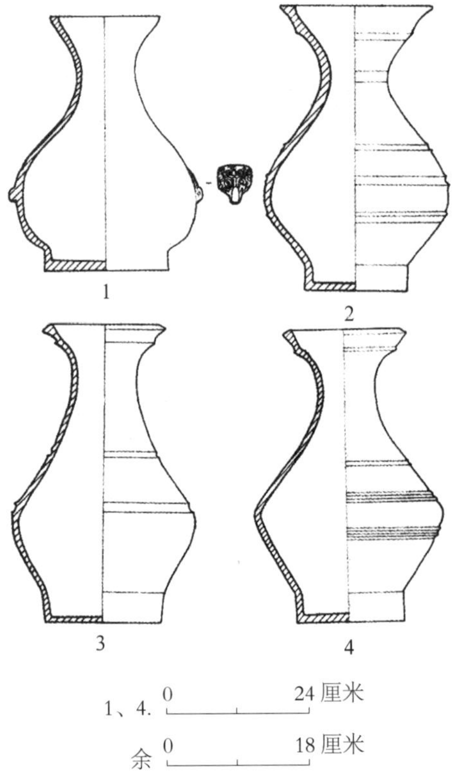

图一四　陶壶

1.AⅠ式（M18∶11）　2.AⅡ式（M4∶9）
3.AⅢ式（M24∶1）　4.AⅣ式（M22∶1）

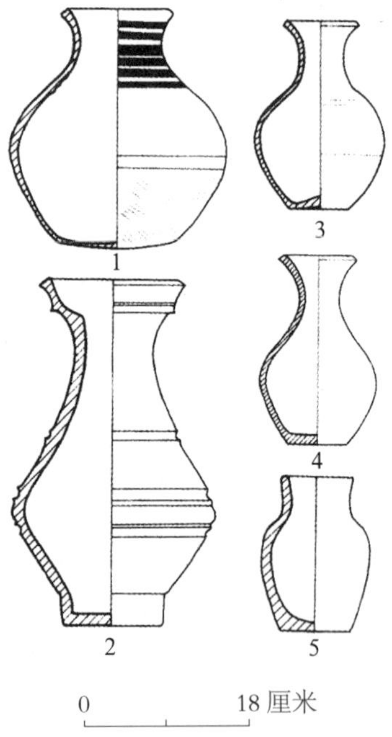

图一五　陶器

1.D型壶（M19∶3）　2.AⅤ式壶（M24∶6）
3.CⅠ式壶（M18∶9）　4.CⅡ式壶（M9∶1）　5.B型瓶（M3∶1）

口径 16.5、腹径 22.2、底径 11.1、高 36.6 厘米（图一五，2）。

B 型　除去 M12∶1、M1∶4 为泥质灰陶，其余皆为泥质红陶，外表施黄釉，平沿，鼓腹，分八式。

Ⅰ式：1 件。M12∶1，侈口，斜方唇，颈较长，假圈足较高。口径 10.5、腹径 20.4、底径 13.2、高 24.1 厘米（图一六，1）。

Ⅱ式：2 件。M1∶4，侈口，长颈，腹最大径在中部，圈足较高并外撇。口径 12.4、腹径 20、底径 14、高 30 厘米（图一六，2）。

Ⅲ式：1 件。M6∶2，沿内侧微凹，短颈，腹最大径在下部，矮圈足，腹部有四周凸棱，棱上有刻纹。口径 12.9、腹径 18、底径 12、高 24.3 厘米（图一六，3）。

Ⅳ式：2 件。M22∶21，沿内侧已有折意，略呈盘口状，短颈，腹部有二周凹弦纹。口径 12.6、底径 10.5、高 24 厘米（图一六，4）。

Ⅴ式：2 件。M24∶12，沿面有凹槽，盘口趋于明显，腹上部有二道凸棱，腹下部有数道划纹，腹中部有不规则的划纹短道。口径 11.7、腹径 17、底径 11.1、高 25.8 厘米（图一六，5）。

Ⅵ式：1 件。M4∶6，盘口明显，矮圈足，平底微内凹，腹上部有二道凸棱。口径 13.8、

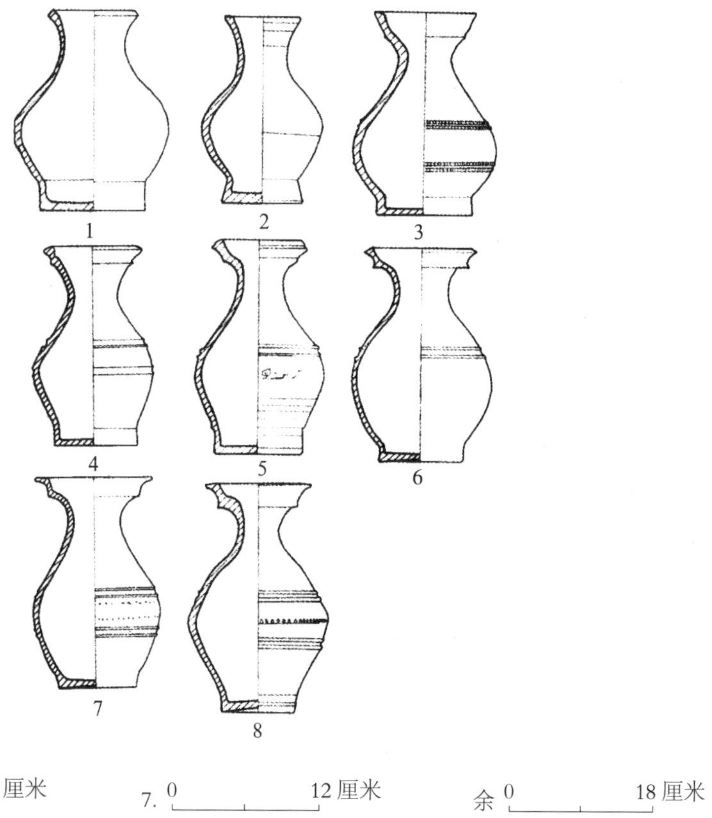

图一六　陶壶

1.BⅠ式（M12∶1）　2.BⅡ式（M1∶4）　3.BⅢ式（M6∶2）　4.BⅣ式（M22∶21）　5.BⅤ式（M24∶12）　6.BⅥ式（M4∶6）　7.BⅦ式（M17∶12）　8.BⅧ式（M25∶1）

腹径 17.4、底径 10.5、高 25.8 厘米（图一六，6）。

Ⅶ式：2 件。M17∶12，盘状口，尖唇，矮圈足，平底微凹，腹部有四周凸棱，凸棱间有两行坑点。口径 15、腹径 15.9、底径 9.6、高 25.5 厘米（图一六，7）。

Ⅷ式：2 件。M25∶1，盘口，方唇，颈较细，矮圈足，底内凹，腹部有四道凸棱，凸棱间有一圈刻划小圆圈。口径 12.9、腹径 17.4、底径 9、高 27.6 厘米（图一六，8）。

C 型　皆泥质灰陶，侈口，斜方唇，分二式。

Ⅰ式：2 件。M18∶9，圆腹，腹最大径靠上，平底微内凹，腹下部有一周坑点纹。口径 7.5、底径 6.6、高 19.8 厘米（图一五，3）。

Ⅱ式：1 件。M9∶1，颈较Ⅰ式略细，鼓腹，腹最大径在中部，平底。口径 8.7、腹径 12.9、底径 6.6、高 20.8 厘米（图一五，4）。

D 型　1 件。M19∶3，泥质灰陶。侈口，斜方唇并内凹，短颈，鼓腹，底近平，颈部有数道黑色带状纹，腹下部有数道划纹。口径 12、高 25.3 厘米（图一五，1）。

瓶　3 件。皆泥质灰陶，分二型。

A 型　2 件，分二式。

Ⅰ式：M3∶2，直口，平沿，方唇，溜肩，平底，素面。口径 10.2、底径 9.3、高 15.6 厘米（图一七，2）。

Ⅱ式：M9∶3，侈口，斜方唇，肩没有Ⅰ式明显，腹下部凹凸不平，平底，素面。口径 7.8、底径 6.6、高 12.2 厘米（图一七，1）。

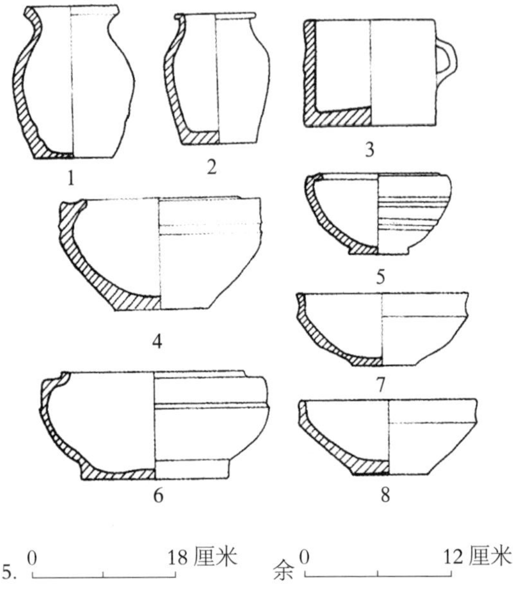

图一七　陶器

1.AⅡ式瓶（M9∶3）　2.AⅠ式瓶（M3∶2）　3. 杯（M22∶10）　4.B 型钵（M22∶15）　5.AⅠ式钵（M1∶2）　6.AⅡ式钵（M6∶4）　7、8. 碗（M3∶3、M2∶5）

B 型　1 件。M3∶1，整体形状较 A 型瘦长，直口，平沿，溜肩，平底，素面。口径 7.6，底径 7.5、高 16.5 厘米（图一五，5）。

碗　4 件。泥质灰陶。M2∶5，直口，圆唇，折腹，平底微内凹。口径 14.8、底径 6.4、高 6 厘米（图一七，8）。M3∶3，直口，平沿，折腹，腹下部内收，平底。口径 14.6、底径 5.2、高 5.7 厘米（图一七，7）。

钵　4 件，分二型。

A 型　分二式。

Ⅰ式：2 件。泥质灰陶。M1∶2，敛口，沿面内凹，弧形腹，小圈足外撇，腹部有四周弦纹。口径 17.5、底径 7、高 8.5 厘米（图一七，5）。

Ⅱ式：1 件。M6∶4，泥质红陶，外罩一层白衣。敛口，平沿，腹微鼓，圈足较Ⅰ式高，腹中部有一道凸棱。口径 15.4、底径 12.2、高 8.6 厘米（图一七，6）。

B 型　1 件。M22∶15，泥质红陶，外施黄色釉。敛口，沿面内凹，折腹，折腹有一道凹弦纹，平底。口径 16.6、底径 8、高 9 厘米（图一七，4）。

杯　1 件。M22∶10，泥质红陶。直口，平沿，直壁，平底，壁靠上部有环形把手。口径 10.6、高 8.3 厘米（图一七，3）。

盆　2 件。皆泥质红陶，分二式。

Ⅰ式：M18∶10，口微敛，平沿，尖唇，深腹，底近平。口径 24、高 9.9 厘米（图一八，2）。

Ⅱ式：M22∶22，外施黄色釉。敞口，平沿内凹，方唇，浅腹，平底。口径 17.3、高 5.4 厘米（图一八，1）。

洗　4 件，皆泥质红陶，除 1 件施酱色釉外，余者皆施黄色釉。分四式。

Ⅰ式：M22∶18，平沿，方唇，腹微弧，腹中部有一道凹弦纹，平底。口径 28.8、底径 17.1、高 6.9 厘米（图一八，5）。

Ⅱ式：M4∶5，敞口，平沿，方唇微下垂，斜直腹，平底内凹。口径 32、底径 20、高 8.8

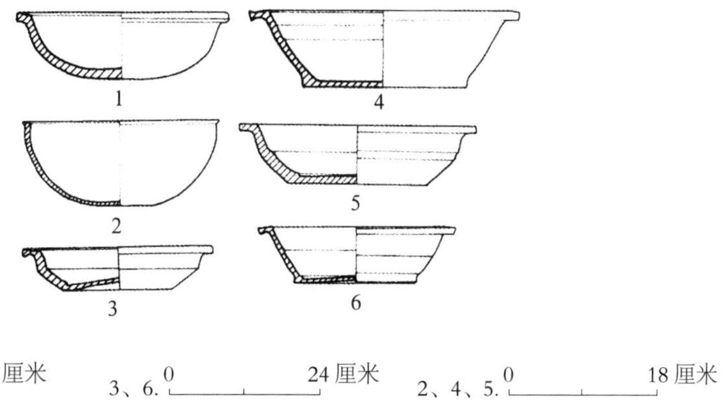

图一八　陶器

1. Ⅱ式盆（M22∶22）　2. Ⅰ式盆（M18∶10）　3. Ⅳ式洗（M24∶10）　4. Ⅲ式洗（M4∶10）　5. Ⅰ式洗（M22∶18）　6. Ⅱ式洗（M4∶5）

厘米（图一八，6）。

Ⅲ式：M4∶10，敞口，平沿，方唇下垂，斜直腹，平底。口径33、底径21.6、高9厘米（图一八，4）。

Ⅳ式：M24∶10，敞口，平沿内凹，方唇下垂，折腹，平底内凹。口径31.6、底径18、高6.8厘米（图一八，3）。

鼎　7件，分三型。

A型　5件，分三式。

Ⅰ式：1件。M6∶1，泥质灰陶，外罩白衣。敛口，沿面内凹，两耳直立，上部外折，立耳下部有长方形穿孔，立耳与鼎身角度呈锐角，折腹平底，三个兽面蹄形足，腹部有二周凸棱，棱上有刻划纹。口径7.8、底径9.6、高10.8厘米（图一九，2）。

Ⅱ式：2件。泥质灰陶，外施黄色釉。M22∶9，敛口，沿面内凹，耳上部外折，立耳与鼎身角度较Ⅰ式大，平底，下部有三个蹄形足，腹中部有一道凸棱。口径8.5、底径9、高14厘米（图一九，5）。M17∶16，敛口，折耳，腹中部有一道凸棱，平底，有三个兽面蹄形足。上部有盖，呈半球状，下部为一周∽纹，内部为四个羊角状纹，羊角状纹间有篦

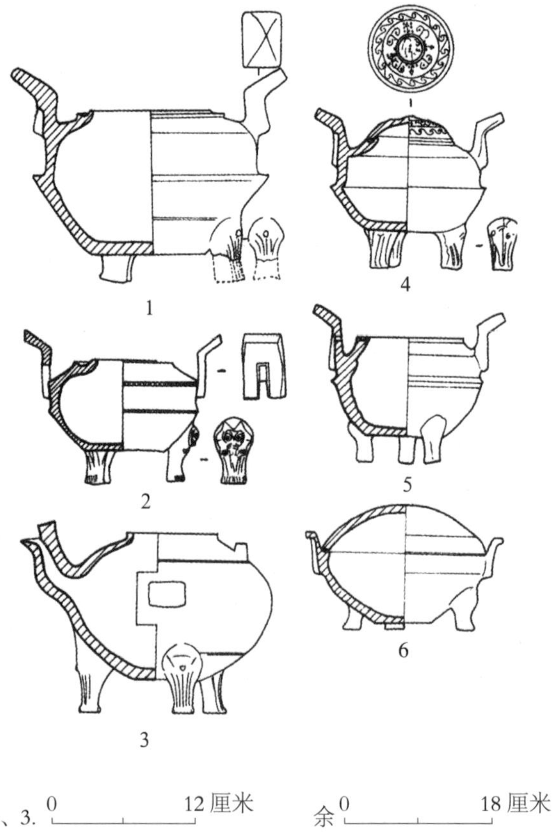

图一九　陶鼎

1.AⅢ式（M24∶5）　2.AⅠ式（M6∶1）　3.C型（M22∶8）　4、5.AⅡ式（M17∶16、M22∶9）　6.B型（M18∶2）

头形纹饰，外侧有乳丁围绕，顶部凸出呈半圆形钮。口径8.5、通高18厘米（图一九，4）。

Ⅲ式：1件。M24∶5，泥质红陶，外施黄色釉。敛口，平沿内凹，直耳外折，外折内侧刻划十字纹，折耳与鼎身角度呈直角，平底，有三个蹄形足，足上有刻划沟槽，腹中部有一周高凸棱。口径10、通高13.7厘米（图一九，1）。

B型　1件。M18∶2，泥质灰陶。敛口，平沿，耳上部平折，小平底，下部有三个蹄形足，上有半球形盖。口径18.9、底径6.9、高15厘米（图一九，6）。

C型　1件。M22∶8，泥质红陶，外施黄色釉。敛口，平沿，圆鼓腹，小平底，三个蹄形足，足上刻划沟槽数道，腹上部一侧有一桥形耳，与桥形耳对称的那一面为一鸭嘴形流。口径7.6、通高14厘米（图一九，3）。

瓮　9件，均泥质灰陶，分三型。

A型　1件。M5∶2，侈口，平沿，方唇，短颈，长圆腹，圜底，腹上部饰数道弦纹，下饰绳纹。口径8.4、腹径15.6、高17.6厘米（图二〇，5）。

B型　1件。M2∶1，口微侈，斜肩，椭圆腹，近底处急收呈小平底，腹中上部饰平行弦纹，下部饰细绳纹。口径19.8、腹径38、底径8.8、高32.8厘米（图二〇，3）。

C型　7件，分三式。

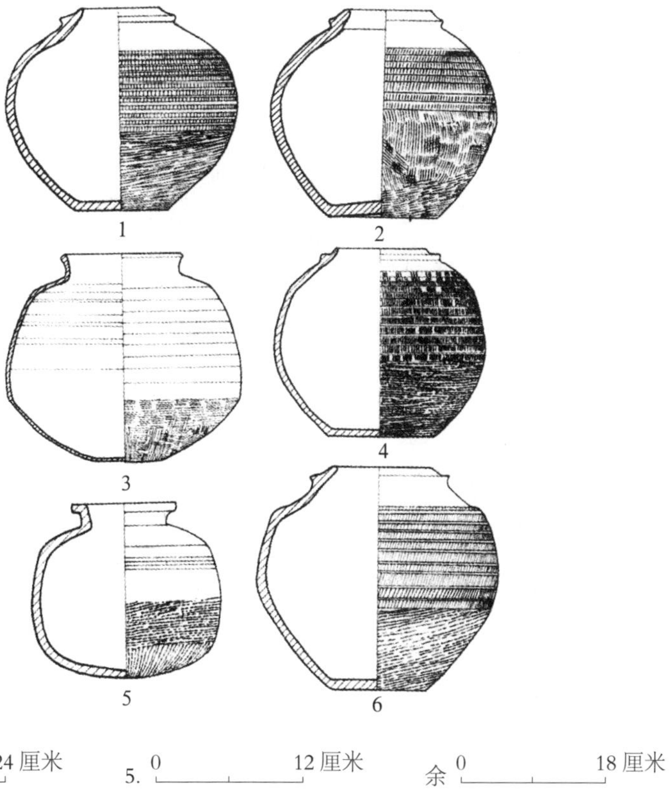

图二〇　陶瓮

1、2.CⅠ式（M22∶25、M22∶23）　3.B型（M2∶1）　4.CⅡ式（M17∶7）　5.A型（M5∶2）　6.CⅢ式（M24∶3）

Ⅰ式：4件。M22∶25，敛口，溜肩，圆鼓腹，小平底，沿下有一周凸棱，腹上部饰数道弦纹和篦纹，下饰绳纹。口径9.6、腹径28.2、底径11.7、高24厘米（图二〇，1）。M22∶23，形制与M22∶25同，只是平底微凹。口径10.2、腹径27.9、底径13.6、高24.3厘米（图二〇，2）。

Ⅱ式：2件。M17∶7，与Ⅰ式相比，Ⅱ式肩部略折。口径10.8、腹径25.8、底径13.6、高22.5厘米（图二〇，4）。

Ⅲ式：1件。M24∶3，折肩明显，肩部明显内凹。口径11.6、腹径29.7、底径11.6、高26.4厘米（图二〇，6）。

盒　4件，分二型。

A型　1件。M18∶1，泥质灰陶，有盖。口微敛，平沿内凹，弧形壁，腹部有二道抹痕，小平底，盖上有数道细弦纹。口径17.2、底径4.4、通高14.2厘米（图二一，3）。

B型　3件。皆泥质红陶，外施黄色釉。下部为一陶钵，敛口，平沿内凹。分三式。

Ⅰ式：M25∶6，弧形腹，腹中部有二道凸棱，小圈足，平底微内凹。盖为覆斗形，外侧有二周凹弦纹，再内是三周波浪纹，其内是一周凸棱，凸棱上有四个等份羊角状纹饰，羊角状纹间有乳丁分布，最顶部是凸出的圆钮，其上饰满乳丁。口径17.7、通高11.4厘米（图二一，4）。

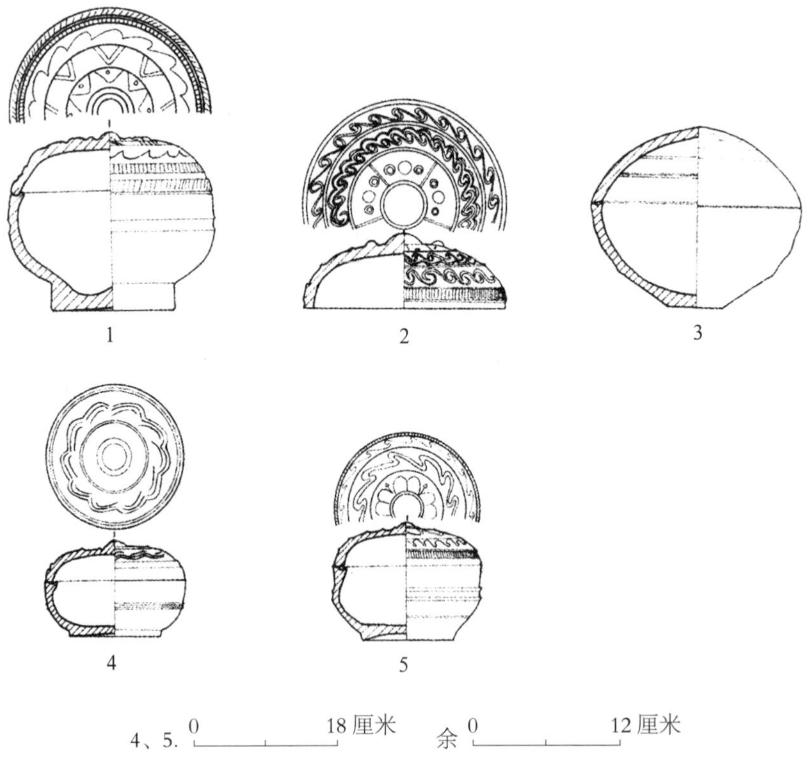

图二一　陶盒

1.BⅡ式（M24∶4）　2.盒盖（M17∶15）　3.A型（M18∶1）　4.BⅠ式（M25∶6）　5.BⅢ式（M22∶8）

Ⅱ式：1件。M24:4，有盖。腹微鼓，腹中部有一凹弦纹，高圈足，平底微内凹。上部为盖，盖外端为两周篦纹，内侧为一周波浪纹，再内是双线、单线双层三角纹，单线三角纹内为一乳丁，盖中间为一凸出圆形钮。口径16.4、通高18厘米（图二一，1）。

Ⅲ式：1件。M22:8，有盖。折腹，矮圈足，腹中部有二道凸棱。盖外端为一周篦纹，然后是一周∽纹，内侧是一周双线∽纹，再内是四个羊角纹，羊角纹间有箭头饰。口径18、通高14.1厘米（图二一，5）。

盒盖 1件，M17:15，泥质红陶，外施黄色釉。盖上纹饰可分五部分：第一部分在最下部，是一周压印的篦纹；第二部分为一周∽纹；第三部分除去有一周∽纹外，其上还分布一周波浪纹；第四部分用凸棱分成四等份，每等份间有一乳丁，乳丁两侧各有一凸出圆圈；第五部分为最顶部，即一凸出的半圆形钮。盖直径16.3、高5.4厘米（图二一，2）。

灯 4件。均为泥质红陶，外施黄色釉。上部浅盘状，喇叭形圈足，柄和圈足都有凸棱，根据盘口变化可分四式。

Ⅰ式：M22:14，直口，平沿，粗柄，中有二道凸棱。口径11.5、通高14.6厘米（图二二，2）。

Ⅱ式：M17:6，口微敞，圆唇，柄较粗，有二道凸棱。口径11.6、通高15.5厘米（图二二，3）。

Ⅲ式：M23:2，敞口，尖圆唇，柄较粗，有四道凸棱。口径14.1、通高23.1厘米（图二二，4）。

Ⅳ式：M24:13，敞口，斜沿下垂，粗柄，有三道凸棱。口径18、通高21.6厘米（图二二，1）。

炉 3件。分二型。

A型 1件。M22:16，泥质红陶，外施黄色釉。敛口，平沿内斜，上腹微鼓，鼓腹处有一道凸棱，下腹斜收，平底，三蹄形足，足上刻划沟槽。口沿上有三个向内倾斜的小钮，腹部四面各分布两个长条孔，底部分布五个长条孔。口径17.6、通高11.4厘米（图二三，3）。

B型 2件。泥质红陶，外施黄色釉。M24:14，盘状底，敞口，平沿，圆唇，盘壁中间有凸棱，小圈足，粗柄，柄中有一道凸棱，棱上部为刻划纹。柄上为钵形，敛口，平沿内凹，折腹，上为博山盖，盖上有四个圆孔。盘径17.6、通高18.4厘米（图二三，1）。M22:12，盘状底，敞口，平沿内凹，方唇，腹微折，内壁有一道凸棱，粗柄，上有一道凸棱，柄上为钵形，博山盖。盘径17.2、通高17.8厘米（图二三，2）。

井 5件。均泥质红陶，外施黄色釉。M22:13，井座呈长方形，上部四面出长檐，边长11厘米，其四面各饰有三行、每行四个菱形方格纹。井座上部竖立重檐井架，井底内有吸水器一个。陶井通高22.8厘米（图二二，5）。M17:17，结构与M22:13基本相同，只是井座上部出檐较短，未饰菱形纹。井座边长10、通高23.6厘米（图二二，6）。

仓 3件。均泥质红陶，外施黄色釉。M24:11，直口，广肩，斜直壁，平底，底部有三个兽面蹄形足。上有仓盖，盖外端是一周篦纹，再内是一周∽纹，其内是四个羊角状纹，

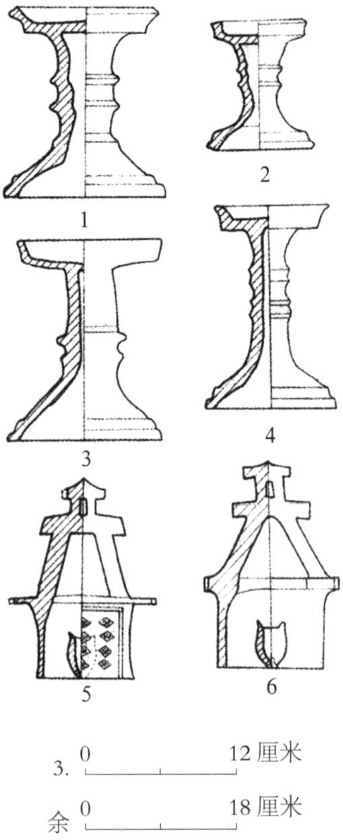

图二二 陶器

1. Ⅳ式灯（M24∶13） 2. Ⅰ式灯（M22∶14）
3. Ⅱ式灯（M17∶6） 4. Ⅲ式灯（M23∶2）
5、6. 井（M22∶13、M17∶17）

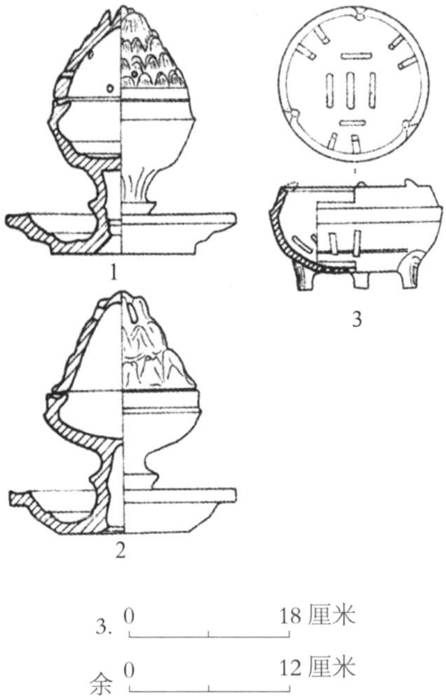

图二三 陶炉

1、2.B 型（M24∶14、M22∶12） 3.A 型（M22∶16）

羊角纹间是箭头饰，盖顶为一周圆形钮。口径 8.7、通高 29.4 厘米（图二四，1）。M22∶2，直口，平沿，肩近平，直壁，平底，下有三个兽面蹄形足，壁上、中、下各有三周凸棱，近底处有一圆形通气孔。口径 9.3、通高 27.3 厘米（图二四，3）。

灶 4 件。均泥质红陶，外施黄色釉。M4∶4，整体呈梯形，前面出沿，后面沿边折起，灶面前后各一灶孔，后面灶孔直径 6 厘米，前面灶孔直径 5.4 厘米。灶孔四周有刻划浅沟纹，把二灶孔围在其间。灶门在前端，呈正方形，宽 6.5、高 4.1 厘米。灶整体长 22.1、前宽 15.4、后宽 11.3、高 8.4 厘米（图二五，1）。M17∶9，整体形状和结构与 M4∶4 相同，只是在灶孔上各置一釜，其中一个釜上还置一甑，两灶孔间一侧覆有一陶勺。整体长 23、前宽 15、后宽 10.5、高 8.8 厘米（图二五，2）。

奁 4 件。均泥质红陶，外施黄色釉。M4∶1，直口，平沿，直壁，平底，三兽面蹄形足，壁上有二周凸棱。口径 18.6、底径 17.7、高 9.9 厘米（图二四，5）。M22∶17，口微敞，平沿，壁近直，平底，三蹄形足，壁上有二周凸棱。口径 18.3、底径 17.1、高 12.3 厘米（图二四，4）。

车轮 2 个。出土于 M1 壁龛内。M1∶11，泥质灰陶。轮内沿涂一层朱红，外沿较薄，

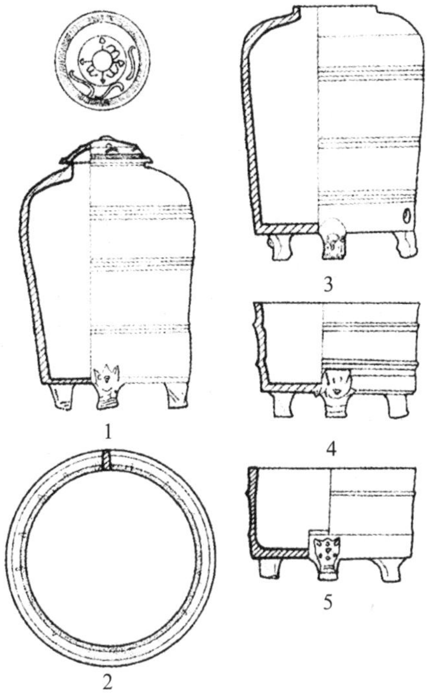

图二四　陶器

1、3. 仓（M24∶11、M22∶2）2. 轮（M1∶11）
4、5. 奁（M22∶17、M4∶1）

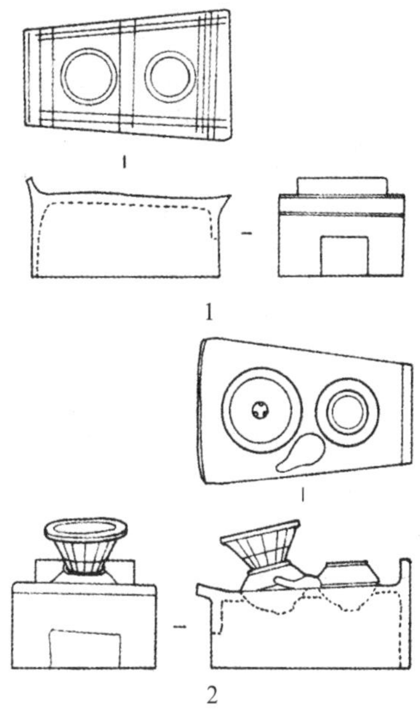

图二五　陶灶

1.M4∶4　2.M17∶9

轮内沿上分布等距离辐孔 16 个，似为穿插辐条之用。外直径 23.7、内直径 20.4 厘米（图二四，2）。

俑　4 件。出土于 M1 壁龛内。其中 2 件女俑，立姿。M1∶6，头发后挽，结垂髻，脸作椭圆形，身着双重右衽交领长衣，笼手，衣袖宽博，内衣朱红色，外衣领、袖、衣缘皆绘棕色。下身作喇叭状，鱼尾形。通高 27 厘米（图二六）。M1∶8 与 M1∶6 相同（图二七）。

另 2 件，男俑。M1∶7，立姿。头着软巾，脸作椭圆形，身着双重右衽交领长衣，拢手，巾呈棕色，外衣领、袖、衣缘呈朱红色。通高 26.4 厘米（图二八）。M1∶9，跪姿。头戴冠，脸作椭圆形，身着双重右衽交领长衣，冠呈棕色，衣领、袖、衣缘呈朱红色，双手部位有二圆孔。通高 17 厘米（图二九）。

2. 玉、石、铁器

石器　2 件。石勺 1 件（M16∶1），勺长 10.4、深 1.2 厘米（图三〇，2）。石凿 1 件（M4∶7），残缺，单面刃。残宽 3.1、残高 3、厚 1.1 厘米（图三〇，3）。

玉器　2 件。M14∶4，残，剖面呈菱形，半圆状。残长 6.2 厘米（图三〇，4）。

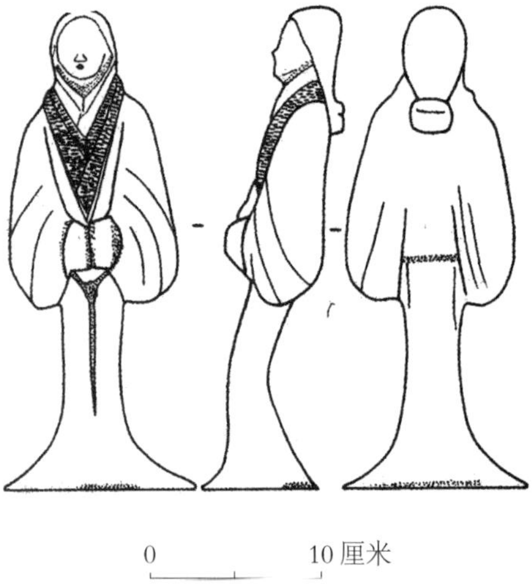

图二六　陶女俑

（M1∶6）

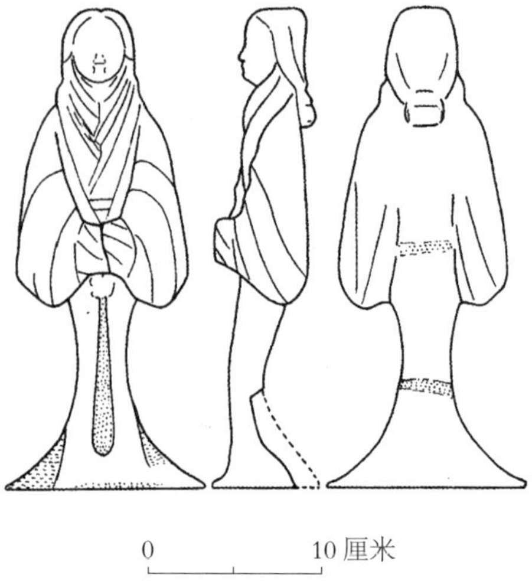

图二七　陶女俑

（M1∶8）

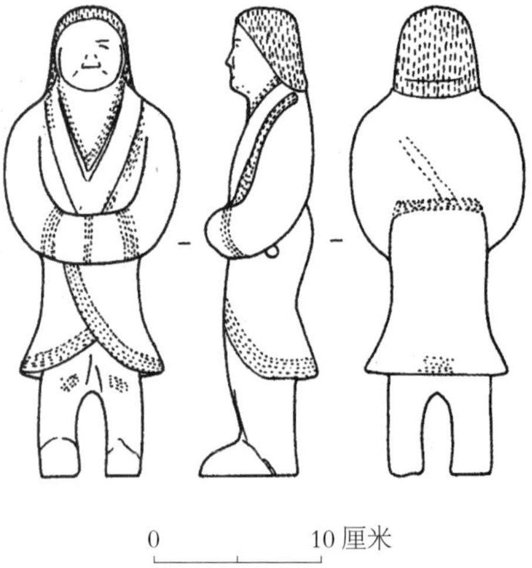

图二八　陶男俑

（M1∶7）

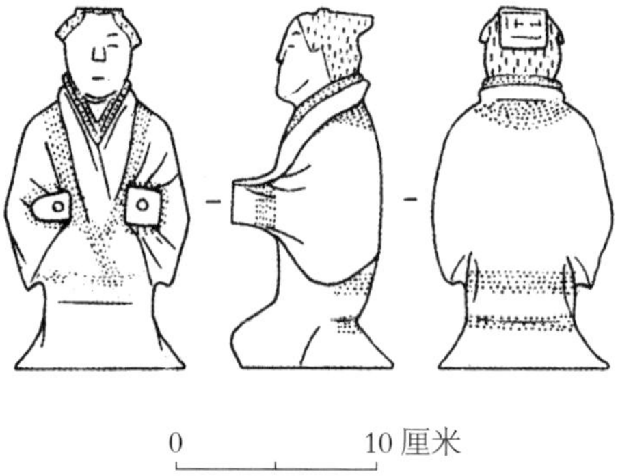

图二九　陶男俑

（M1∶9）

M14∶6，残长 4、宽 1.7 厘米（图三〇，5）。

铁镊　2 件，锈蚀严重，长 8.6、厚 0.3 厘米（图三〇，1）。

3. 铜器

铜镜　5 面，分别出土于 5 个墓中。

素面镜　1 面。M14∶1，桥形钮，直径 12、厚 0.1 厘米。

昭明镜　4 面，大小不一。M11∶2，半球形钮，钮座外有内向连弧纹一周，连弧纹与

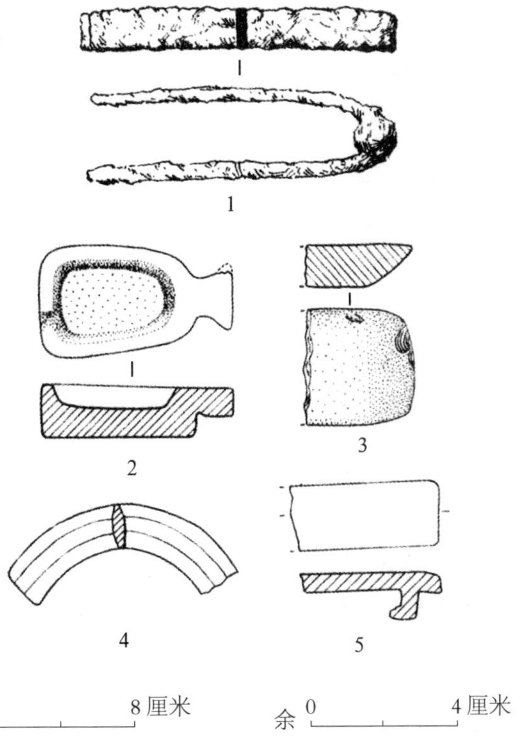

图三〇　玉、石、铁器

1. 铁镊（M17:3）　2. 石勺（M16:1）　3. 石凿（M4:7）　4、5. 残玉器（M14:4、M14:6）

钮座间饰短线纹，外区有铭文“内清以昭明光日月”，铭文间夹“而”字。直径 8.8、厚 0.3 厘米（图三一，1）。M17:4，半球形钮，钮座外有内向连弧纹一周，外区铭文带，铭文为“内清以昭明”，铭文间夹“而”字。镜缘部位有一周三角纹。直径 10.3、厚 0.4 厘米（图三一，2）。M22:19，半球形钮，连弧纹钮座，座外有内向连弧纹一周，钮座与连弧纹间饰草叶纹和圆饼纹，外区有铭文带，铭文为“内清以昭明，光日月，心忽扬而愿忠，塞不泄”。直径 9.8、厚 0.6 厘米（图三一，4）。M24:15，半球形钮，连弧纹钮座，座外有内向连弧纹一周，外区铭文带，铭文为“内清以昭明，光象夫日月”，外缘有二周三角纹。直径 14.4、厚 0.5 厘米（图三一，3）。

铜印章　1 枚。M14:5，桥形钮，边长 1.3 厘米，阳刻印文“张埛”二字（图三二，10）。

半两　1 枚。M7:3，直径 2.4、肉厚 0.1 厘米，无周郭，方形穿，穿边长 1 厘米，穿左右篆文“半两”二字（图三二，1）。

五铢　4 枚。出土于 M9、M10、M18、M19 内。钱径 2.5 厘米，五字交叉两笔缓曲，铢字的金字头作三角形，朱字头方折，篆文工整谨严（图三二，2 ~ 4）。

货泉　45 枚。出土于 M11、M17、M25 内。钱径 2.1 ~ 2.3 厘米，方穿，穿边长 0.8 厘

图三一　铜镜

1.M11∶2　2.M17∶4　3.M24∶15　4.M22∶19

米，穿左右有篆文“货泉”两字（图三二，7、8）。

大泉五十　2枚。出土于M17、M25内。钱径2.6～2.7厘米，方穿，穿边长0.9～1厘米，穿上下有篆文“大泉”两字，左右有“五十”两字，钱文书法工整（图三二，5、6）。

货布　1枚。出土于M17内。M17∶3，通长5.7、足枝长1.8厘米，穿及四周都有周郭，钱的正面有篆文“货布”两字，铜质铸工很精（图三二，9）。

剪轮五铢　3枚。出土于M15内。无郭，钱径1.6厘米，方穿，穿边长0.9厘米。

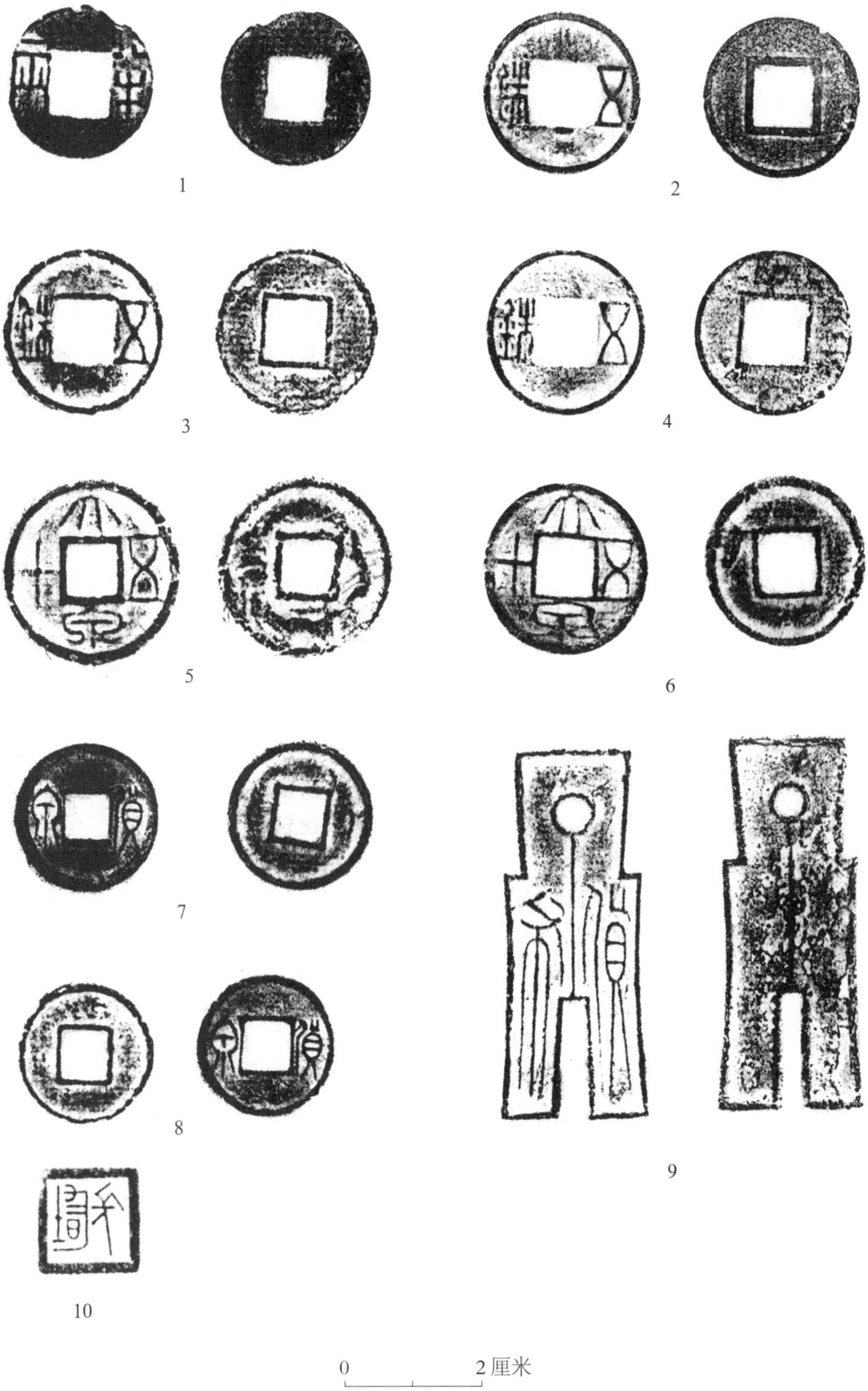

图三二　钱币及铜印拓片

1. 半两（M7∶3）　2、3、4. 五铢（M9∶3、M10∶4、M19∶4）　5、6. 大泉五十（M25∶3、M17∶2）
7、8. 货泉（M17∶2、M11∶1）　9. 货布（M17∶3）　10. 铜印“张均”（M14∶5）

三、分期与断代

这次清理的25座墓葬中，除M20为北宋时期墓葬外，其余皆为汉墓。除M3打破M5、M6打破M5、M13打破M14、M11打破M12外，其余皆没有打破关系。多数墓葬为南北向，极少数墓葬东西向。从墓葬的形式结构、随葬器物的组合变化及共出的半两、五铢和新莽钱来看，这批墓葬在年代上存在着明显的早晚差别。M16只出土一件石勺，M21未出随葬品，这两座墓葬在期别和年代判断上较困难，其余墓葬可根据形制和随葬品特点分为四期。

第一期，包括M2、M3、M5、M7、M8、M13、M14七座墓葬。这期墓葬虽然M13打破M14，但从其墓形制和随葬品看，M14比第一期其他墓时代稍早一些，但不会早到战国，仍归入这一期中。这期墓葬形制全为土坑竖穴墓，墓葬结构简单，墓圹尺寸较小。除M2有简单的木椁结构外，其余墓葬皆一棺，陶器置于棺外一端，小件器物如铜镜和钱币置于棺内。皆为单人葬，仰身直肢。随葬品组合基本为罐、碗、瓶、瓮，其中陶罐数量最多。该期墓葬的陶器自身特点明显，清一色的泥质灰陶，未见其他质地的陶器。其中A型Ⅰ式和E型Ⅰ式高领罐与河南新乡五陵村第二期墓的M10、M11、M13内所出高领罐有相似之处[1]。A型瓮与满城二号汉墓Ⅺ型罐相似[2]。七座墓中M7出土了一枚四铢半两钱，M14内所出的素面铜镜明显具有战国铜镜风格。第一期墓葬与第二、三期随葬品组合、特点和钱币、铜镜等相比较，其时代应为西汉早期或偏晚一些。

第二期，包括M1、M6、M9、M10、M12、M18、M19七座。这期墓葬形制与第一期明显不同，出现了砖室墓，并与第三期一样，砖室墓和土坑墓并存。除M1、M6、M12被严重破坏，无法看出是否有券顶外，其余的砖室墓皆没有券顶。随葬品组合也发生了变化，陶罐从A型到E型和陶瓶都继续发展下来，并新出现了壶、鼎、盆、钵。五铢钱在M9、M10、M18、M19四座墓中出土。其中E型Ⅱ式罐与满城一号汉墓Ⅲ型罐相同，C型Ⅱ式罐和陶盆与满城二号墓Ⅹ型罐和彩绘陶盆相似[3]。B型Ⅱ式陶壶与新乡五陵村Ⅳ式陶壶M24∶6相近，B型Ⅲ式陶壶与烧沟汉墓Ⅰ②式壶相似[4]。C型陶瓮与新乡五陵村M59∶1瓮相似[5]。这期墓葬所出的五铢钱相当于满城汉墓的Ⅱ型五铢，但不像第三期那样出土新莽钱。这期墓葬时代定在西汉中期为宜。

第三期，包括M11、M17、M22、M23、M24、M25六座。其墓葬形制与第二期差别不大，即土坑墓和砖室墓并存，只是在砖室墓中出现了带券顶的墓。器物组合较一、二期复杂，器类增多。除A型罐继续沿袭下来外，其他类型的罐在这一期未见。陶壶大量出现，并绝大部分都施以黄色釉。这期中出现了C型瓮、A型鼎、灯、盒、炉、灶、仓、井、奁、洗等，并出现了带铭文的昭明镜和新莽钱。壶皆是盘口，陶仓与洛阳烧沟汉墓Ⅱ①式仓和新乡Ⅳ式仓M49∶3相同，陶瓮与烧沟汉墓Ⅱ①式瓮相似，这一期随葬品的显著特点是生活模型用器的出现，六座墓中有四座出土昭明铜镜。根据以往的考古发现和研究，日光镜、昭明镜应出现在西汉晚期或新莽时期。从随葬品的总体特征和铜镜、新莽钱来看，这一期的墓葬时代应为西汉晚期到东汉初。

第四期墓葬只有 M15 一座。虽然在 M15 内只出土了三枚剪轮五铢而未出其他随葬品，但剪轮五铢是东汉晚期的特征。所以，暂且把这座墓葬的年代定为东汉晚期。

M16、M21 因只出一件随葬品（石勺）或不出随葬品，其绝对年代难以判定，从其墓葬形制分析，应为西汉中晚期。

我们选出一些典型器物组成分期图（图三三），从分期图上大致可看出各期随葬品的组合变化和同类器物形制上的演变过程。

随葬品组合从第一期的器类简单到第二期器类增多，第三期时众多生活用品模型出现。第一期出土半两而不出五铢，第二期出五铢而不出新莽钱，第三期出现较多的新莽钱。这些变化从一个方面反映了墓葬所属的不同年代。

陶罐有自身的演变序列，如 A 型罐，整体从瘦长向矮胖发展，唇部越来越下垂，腹最大径越来越靠上。E 型罐从侈口变成直口，腹部越来越鼓。第二期开始出现陶壶，壶全部为假圈足，口部从侈口变成盘口，从腹部下垂，最大径在下部嬗变成腹下内收形成鼓腹。第一期 A、B 型瓮到第三期已不见，出现了 C 型瓮。从 A 型瓮和 C 型瓮的整体造型来看，可能是同系器物，由于第二期中未见这种形式的瓮，这里暂且分为二型。

四、结语

这次发掘的汉代墓葬，在邢台地区是规模比较大的一次。从对墓区周围进行钻探的结果和邢台市过去所做的工作来看，这次发掘的墓区周围亦分布着汉代及以后的墓葬，很显然，这是一处比较大的汉代墓葬群。但因该墓群分布在市区内，周围墓葬已被现代建筑所压，墓区的具体范围和数量已无法确定。但从该墓区的墓葬分布密度来分析，该墓群是有一定规模的。

这批墓葬有土坑竖穴墓和砖室墓之分，几乎各占 50%。砖室墓可分平顶和券顶两种，表明墓制是从一种形式向另一种形式发展的过程中产生的。从墓葬形制的特点不难看出，其演变规律明显地带有时代早晚的特征，说明土坑竖穴墓早于砖室墓，平顶砖室墓早于券顶砖室墓。当然它们不是绝对分开的，而是有一定的延续和重叠。

从葬式上看，能够看出葬式除有一座屈肢葬外，皆为仰身直肢葬，没有发现一例夫妻合葬墓，这也是这批墓葬年代特点的一种反映。河南新乡五陵村发现的 130 多座战国至汉代的墓葬中，较流行的夫妻合葬墓都属于 C 型墓葬，其时代为西汉末年到东汉时期。

墓葬的大小及随葬品的种类和多寡反映着墓葬年代和墓主身份等级的差别。这批墓葬中葬具较明显的差别是 M2 为一棺一椁，M25 无棺，并为屈肢葬。其余墓葬（除极少数不清外）皆为一棺。一棺一椁的 M2 内随葬品并不多。这批墓葬从随葬品数量上所反映墓主的等级差别不明显，而更多的是反映了墓葬的时代属性。因此，这批墓葬的主人应该多为平民和一些中小地主。

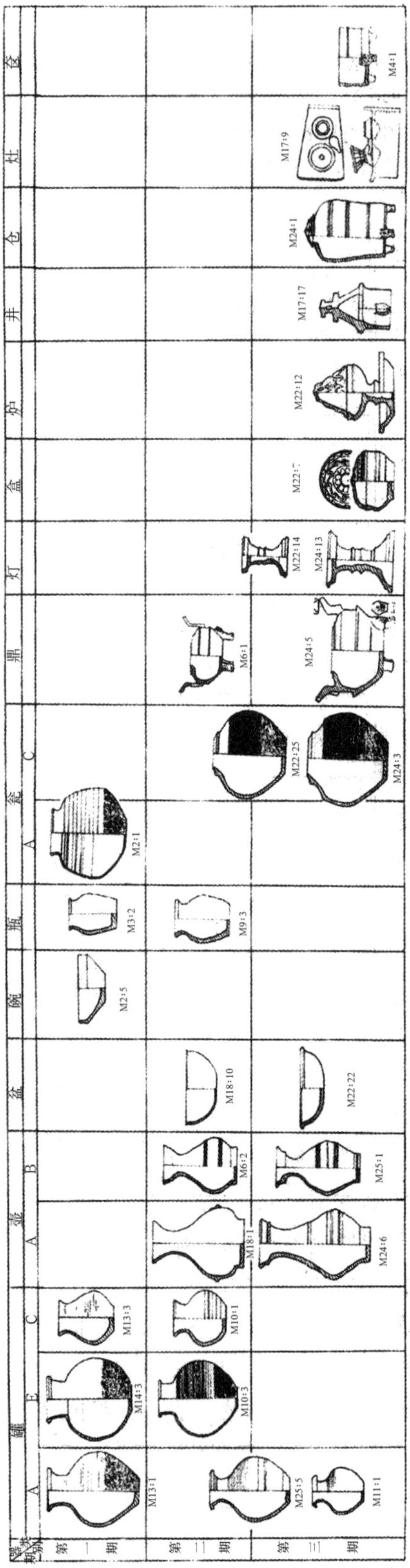

图三三　曹演庄汉墓群主要器物分期图

西汉时期，邢台属于襄国县，邢台一带的汉代墓葬具有中原地区汉代墓葬的共性，在总的方面与洛阳烧沟等同一时期的墓葬形制、器物组合及特征都有相同之处。同时又有因地域、风俗、文化等因素所形成的特性，具有自身的特点。这批墓葬的发掘为我们了解这一地区的平民和中小地主这一阶层的葬制及葬俗提供了一批丰富材料。

执笔　李恩佳
绘图　胡绍衡
拓片　雷金铭

注释

[1] [5] 新乡市博物馆 :《河南新乡五陵村战国两汉墓》,《考古学报》1990 年第 1 期。

[2] [3] 中国社会科学院考古研究所、河北省文物管理处 :《满城汉墓发掘报告》（上、下册），文物出版社，1980 年。

[4] 中国科学院考古研究所 :《洛阳烧沟汉墓》，科学出版社，1959 年。

（原载于《文物春秋》1998 年第 4 期）

附表　邢台曹演庄汉墓登记表

（单位：厘米）

墓号	类型	墓室 （长×宽－高）	方向 （°）	葬式	葬具	随葬器物	分期	备注
1	Ⅱ	320×124－375	88	不清	朽	BⅡ壶2、AⅠ钵2、车轮2、男俑2、女俑2	2	有龛
2	Ⅰ	344×118－432	110	仰身直肢	一棺一椁	碗2、BⅠ罐2、B瓮1	1	
3	Ⅰ	205×60－45	105	仰身直肢	一棺	碗2、AⅠ瓶1、B瓶2	1	
4	Ⅱb	410×124－152	0	不清	一棺	AⅡ壶1、BⅥ壶1、AⅡ鼎1、Ⅰ、Ⅱ洗各1、灶、奁1、仓1、井1、石凿1	3	有棺床
5	Ⅰ	250×120－228	3	仰身直肢	一棺	A瓮1	1	被M3打破
6	Ⅱ	370×140－250	0	不清	不清	BⅡ壶1、AⅠ鼎1、AⅡ钵1、Ⅰ灯1	2	打破M5
7	Ⅰ	245×60－186	10	仰身直肢	一棺	DⅠ罐2、半两钱1	1	
8	Ⅰ	280×68－115	10	仰身直肢	一棺	AⅠ罐1、BⅠ罐2	1	
9	Ⅰ	250×100－152	20	仰身直肢	一棺	CⅡ壶1、AⅡ瓶1、五铢钱1	2	
10	Ⅱa	281×90－102	355	仰身直肢	一棺	CⅡ罐2、EⅡ罐1、五铢钱1	2	
11	Ⅰ	234×58－108	2	仰身直肢	一棺	AⅣ罐1、铜镜1、货泉2	3	
12	Ⅱ	250×80－300	0	不清	不清	BⅠ壶1	2	被M11打破
13	Ⅰ	280×90－200	300	仰身直肢	一棺	CⅠ罐2、AⅡ罐1	1	
14	Ⅰ	264×126－280	0	仰身直肢	一棺	EⅠ罐1、铜印1、铜镜1、残玉器2、石料1、残贝币1	1	有生土二层台 被M13打破

续表

墓号	类型	墓室（长×宽－高）	方向（°）	葬式	葬具	随葬器物	分期	备注
15	Ⅲ	190×108 － 106	5	不清	一棺	剪轮五铢 3	4	斜坡墓道土洞墓
16	Ⅰ	360×130 － 260	0	不清	一棺	石勺 1	?	
17	Ⅰ	330×120 － 240	0	仰身直肢	一棺	AⅡ鼎 1、BⅦ壶 2、CⅡ瓮 2、Ⅱ灯 1、井 1、灶 1、奁 1、盒盖 1、铁镊 1、货泉 39、大泉五十 1、铜镜 1	3	
18	Ⅱa	330×120 － 78	0	仰身直肢	一棺	B 鼎 1、BⅡ罐 2、CⅠ壶 2、AⅠ壶 1、A 盒 1、Ⅰ盆 1、Ⅰ洗 1、五铢钱 1	2	
19	Ⅱa	340×120 － 350	0	仰身直肢	一棺	DⅡ罐 2、D 壶 1、五铢钱 1	2	
21	Ⅰ	282×76 － 130	354	仰身直肢	一棺	不清	?	被 M20 打破
22	Ⅱb	422×156 － 174	0	不清	一棺	AⅡ鼎 1、C 鼎 1、B 钵 1、AⅡ壶 1、AⅣ壶 1、BⅣ壶 2、CⅠ瓮 4、BⅢ盒 1、灶 1、Ⅱ盆 1、杯 1、Ⅰ灯 1、奁 1、仓 1、A 炉 1、B 炉 1、井 1、铜镜 1	3	有棺床
23	Ⅱa	350×106 － 162	355	仰身直肢	一棺	Ⅲ灯 1、井 1	3	
24	Ⅱa	380×140 － 190	355	仰身直肢	一棺	AⅢ鼎 1、AⅢ壶 1、AⅤ壶 2、BⅤ壶 1、BⅡ盒 1、Ⅳ洗 1、CⅢ瓮 1、B 炉 1、奁 1、Ⅳ灯 1、仓 1、灶 1、井 1、镜 1	3	有棺床
25	Ⅰ	310×1（残）－ 0.6	355	仰身直肢	无棺	AⅢ罐 1、BⅦ壶 2、BⅠ盒 1、铁镊 1、货泉 2、大泉五十 1	3	被 M20 打破

注：M20 为宋墓，未列入。

临城山下金代瓷窑遗址试掘简报

河北省文物研究所　临城县文物保管所

山下瓷窑遗址是河北省文物保护单位，位于邢台市临城县治南4.5千米处，分布在山下村的东面和东北面。其中村东部分遗物散布面积约1.8万平方米，村东北部分遗物散布面积约1万平方米。两处遗物相同。

为了解该遗址的内涵以及邢窑在唐、五代以后的发展情况，1992年8月河北省文物研究所邢窑考古队在遗址区内进行了钻探，根据钻探情况选择在村东约400米处的东西向土路南侧作了探方试掘（图一）。试掘共开方两个，编号T1（4米×4米，扩方2米×5米）、T2（7米×8米，扩方4米×3米），两探方东西相距6米，发掘面积共94平方米，清理出窑炉2座、灰坑4个，出土一批瓷器和窑具。现将试掘情况简报如下。

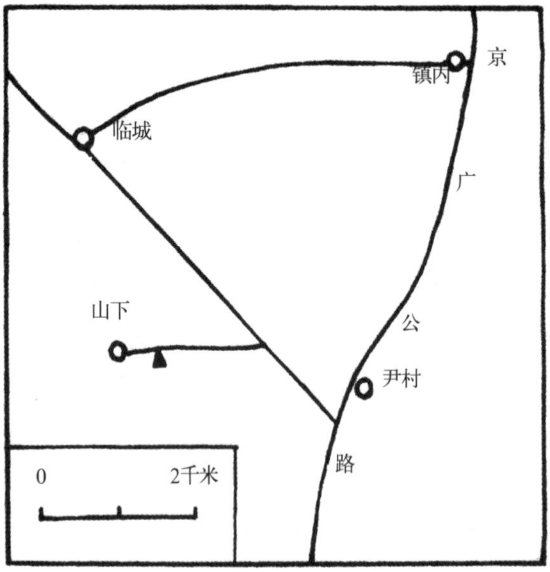

图一　山下窑址试掘位置示意图

一、地层堆积

因 T2 只发掘了第 1 层下的窑炉，未往下进行，地层情况不明。以 T1 北壁为例说明如下（图二）。

第 1 层：耕土，厚 0.2 米。

第 2 层：灰褐土，厚 0.05 ~ 0.6 米，煤渣较多。出土有筒形匣钵，豆把形、盒形、圆形托座，锥形支钉、垫圈等窑具残件。瓷片以白瓷为多，器型有碗、盘、罐、盒、盆、器盖等，其中也有一些印花器残片。另有青、黑、酱等色瓷。此层系金代层，Y1 开口此层下。

第 3 层：黄褐土，厚 0.6 米，结构较紧密。包含物少且碎，皆青瓷、黄釉瓷碗类器残片，为唐代层。

二、遗迹

1. 窑炉

共清理 2 座，分别出于 T1 和 T2 内。

Y1　大部分位于 T1 中部，只有出渣道一部分延伸出探方北壁，经扩方全部清理。整体由窑室、窑道组成，总长 5.3、残高 1.9 米，窑道方向约 20°（图三）。

窑室　平面呈圆形，直径 2 米，残存最高处 0.28 米。窑壁周缘砌耐火砖，砖长 0.25 ~ 0.3、宽 0.25 ~ 0.28、厚 0.075 米。窑床平底，上有一层薄白灰，中部因有向下孔道而塌陷。孔道呈圆形漏斗状，下与火膛相通，底径 0.2、高 0.95 米。

窑道　掏窑室形成的斜坡通道，南部大致成平底，可能是灶膛。北端为出口，平面呈圆角。通长 3.3、最宽 1.65、高 1.85 米。在靠近窑室部分东西两壁上各有两道对应的竖凹槽，似支撑洞顶用柱的遗留。槽宽 0.2 ~ 0.3、高 1.35 米，两道凹槽间距 0.65 米。

窑道内堆积分三层。第 1 层，乱土厚约 0.7 米，含较多的煤渣、红烧土块、石块。第 2 层，

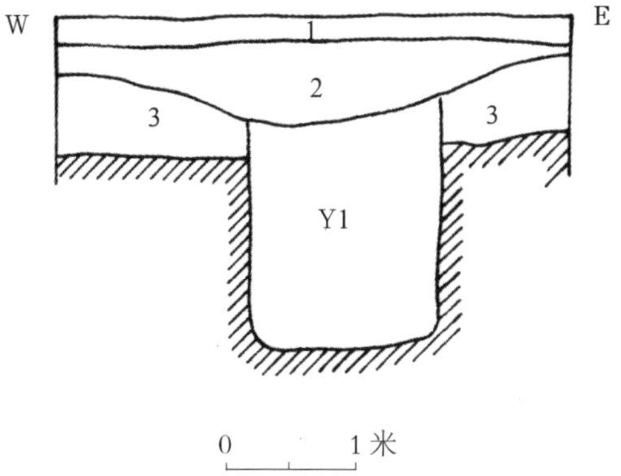

图二　T1 北壁剖面图

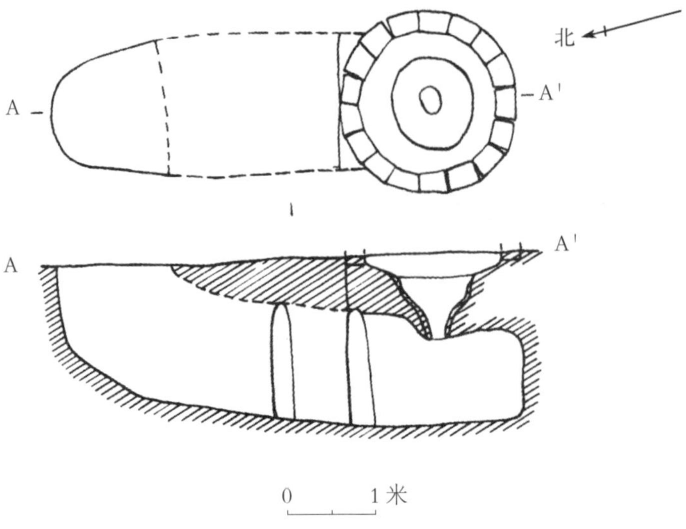

图三　Y1 平、剖面图

煤渣层，厚 0.35 ～ 0.7 米。上两层内皆出有一些筒形匣钵、线轴状窑戗、锥形支钉等窑具和少量白瓷碗、黑瓷缸、瓮的残片。第 3 层，以凹槽为界分南北两部分，凹槽以南是黑灰土，厚 0.1 ～ 0.2 米，凹槽以北是较硬的黄褐土，厚 0 ～ 0.4 米。

Y2 上部亦被破坏，窑床及烟囱仅余烧土痕。平面呈马蹄形，由出渣道、火膛、窑床、烟囱四部分组成。总长 11.5、宽 6.6、火膛方向 114°（图四）。

出渣道　长 4.2、宽 0.8 ～ 2.25 米，分两部分。东部为竖穴式，深 2.5 米，上面是一近似圆角长方形的土坑，长 2.7、宽 2.1、深 0.6 米，弧壁，平底，宽于出渣道。因此形成出渣道外口处的二层台，台宽 0.3 ～ 0.9 米。台东壁随形砌 6 件倒扣的筒形匣钵，另两壁砌不规则形石块。向西掏洞通火膛，洞顶高 1.1 ～ 1.6 米。洞室与火膛相接处有窑门，窑门两边用不规则石块砌起，上横置木板，门宽 0.6 ～ 0.8 米，高 1.4 米（图五）。

火膛　平面呈半月形，长 1.75、宽 4.9 米，底低于窑床面 2.45 米。从膛底向上 1.5 米周壁外扩成一宽 0.3 ～ 0.4、高 0.95 米的二层台，台上砌砖与土坯。其中西壁内侧平铺叠砌 10 行砖至窑床面，外侧炉栅下为一层平坯、一层立坯，最下一层平砖。其余弧壁部分炉栅下为三层平坯、一层立坯，最下一层平砖。砖、坯皆素面，大小相同，长 30.5 ～ 31.5、宽 15 ～ 16、厚 5 ～ 6 厘米。其上搭置炉条，炉条用草泥固定，间隔约 6 厘米。弧壁部分现存炉条印痕 56 个。

火膛的底部保存有炉栅三柱，是由倒扣的筒形匣钵叠摞而成，其中北面的一柱残存匣钵五个，南面的两柱各残存匣钵两个，匣钵内底皆划有“石”或“石 ×”字样。这种炉栅原来就有多柱，柱高在 1.9 米左右，上面搭置炉条。出土的一根炉条，断面呈梯形，平底，两端较圆。长 24.5、中部宽 4.3、高 5 厘米，灰黄色粗砂胎，用耐火土做成。

火膛底部堆积为柴灰和煤渣依次数层间隔，证明以煤为燃料，而且烧几窑才出一次渣。

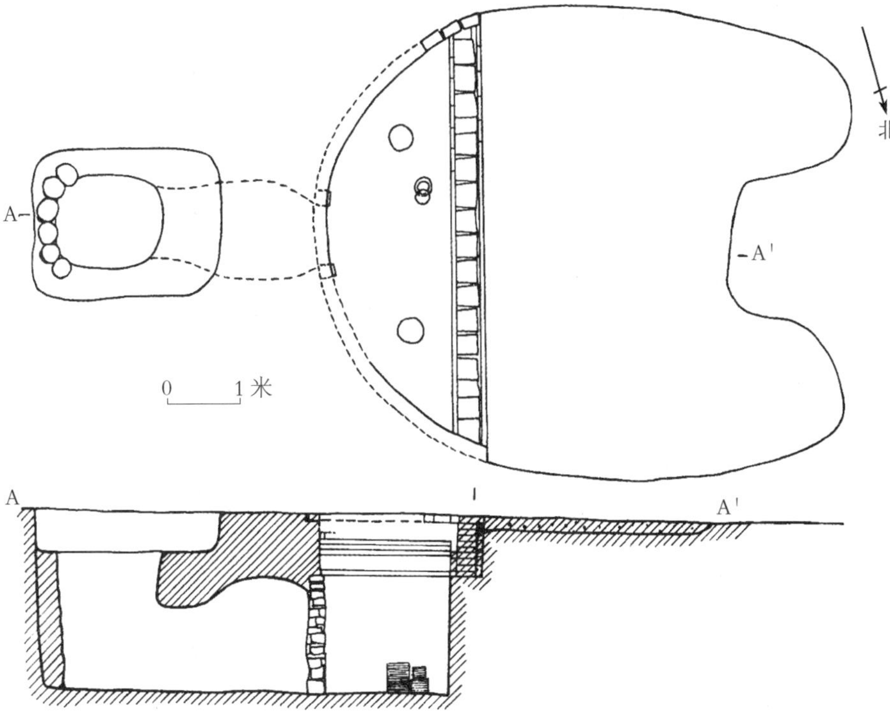

图四　Y2平、剖面图

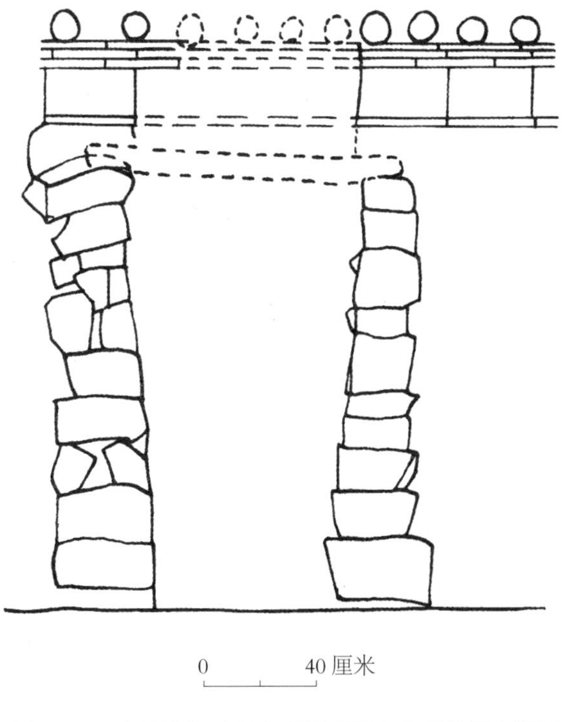

图五　Y2出渣道门及门上草拌泥炉条位置局部内视图

窑床　底面平坦，横长 6.6、宽 3.4 米。

烟囱　两个。呈半圆形，长约 1.5、宽 2 米。

2. 灰坑

4 个。其中 T1 有 3 个（H1 ~ H3），T2 有 1 个（H4）。

H1　开口在第 2 层下，位于 T1 东南角，部分伸入探方以外，清理部分为弧壁，平底。填土杂有红烧土、黄褐土、瓷片、窑具等。长 2.3、宽 1.05、深 0.75 米（图六，2）。

H2　开口在第 2 层下，位于探方西南部，平面近瓢形，瓢把部分被 Y1 打破。坑为直壁，平底。填土为较松软的灰土，内含少量唐代黄釉瓷片。直径 0.5、深 0.15 米。

H3　叠压在 H1 下，上口距地表 1.05 米，部分伸入探方东壁以外。清理部分平面呈半圆形，斜壁，平底，内填黄褐土。长 1、宽 1.75、深 0.45 米。

H4　开口在第 1 层下，位于 T2 西南部，打破 Y2 南烟囱角。平面近似圆形，斜壁，平底。内杂较多的红烧土块和煤渣，出土不少瓷片和窑具。直径约 3.55、深 0.95 米（图六，1）。

4 个灰坑中，H2 为唐代坑，余皆金代坑。

三、出土遗物

由于发掘面积较小，又是选择在窑炉的部位布方，地层比较简单，内含物较碎，标本较少。

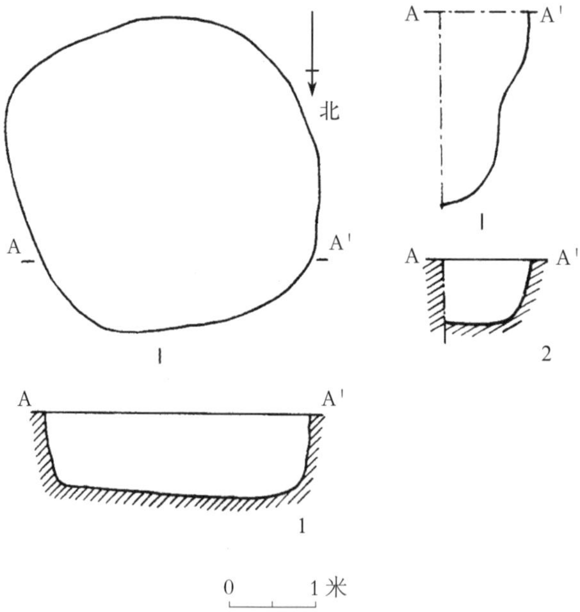

图六　H1、H4 平、剖面图

1.T2H2　2.T1H1

而两座窑炉尤其是火膛及 H4 中则较多地出土了窑具和瓷器，且完整的或接近完整的较多，选能够反映山下窑址产品和窑具状况的，现分别介绍如下。

1. 瓷器

瓷器中以白瓷为大宗，另有少量黑釉、酱釉瓷，釉下多施化妆土。白瓷器胎较薄，胎多灰白，一些器胎因生烧而呈灰黄色。釉多泛青灰。器物多正烧，碗盘类器物多芒口，部分有涩圈，也有一些花口和印花。

碗　出土较多。皆薄胎，圈足，分四型。

A 型　敞口撇沿碗，腹壁弧曲。T2Y2 火膛: 1，芒口，胎色灰白，通体施白釉，釉层薄而光亮，未施化妆土。口径 10.8、高 4.6 厘米（图七，1）。

B 型　敞口唇沿碗，浅腹，壁较斜直。T2Y2 火膛: 2，釉色灰白，外施半釉，内底有涩

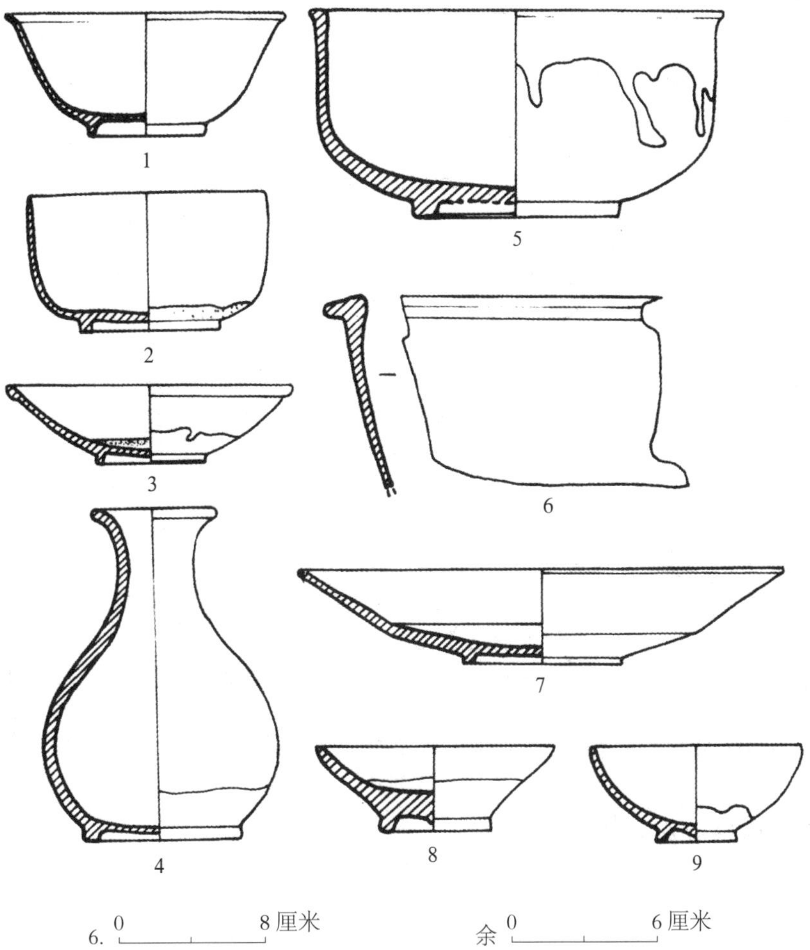

图七　瓷器

1.A 型碗（T2Y2 火膛: 1）　2、5.D 型碗（T2Y2 火膛: 3、T2H4: 1）　3.B 型碗（T2Y2 火膛: 2）　4.A 型瓶（T2Y2 火膛: 5）　6. 盆（T1Y1: 2）　7. 盘（T2Y2 火膛: 4）　8. 碟（T1Y1: 1）　9.C 型碗（T2H4: 2）

圈。口径 11、高 3 厘米（图七，3）。

C 型　敞口弧腹碗，圆唇，外施半釉。T2H4∶2，釉色黑酱，口径 8.3、高 3.8 厘米（图七，9）。

D 型　直口深腹碗，腹壁弧曲。T2Y2 火膛∶3，尖唇，芒口，白釉光而不润，釉下施化妆土，口径 9.2、高 5.2 厘米（图七，2）。T2H4∶1，小折沿，白釉干而无光。口径 16、高 7.8 厘米（图七，5）。

印花碗　皆白瓷，一般内壁满饰花纹，花纹较浅。T2H4∶13，至少为 7 件残片粘连，沿上一周云雷纹，其下为鸳鸯和荷叶、莲花纹（图版一，1）。T2Y2 火膛∶19，涩圈外一周云雷纹，其余饰莲花、荷叶纹（图版一，2）。

盘　以折腰盘为多。T2Y2 火膛∶4，内底有涩圈，釉色白中泛灰，器内釉下施化妆土，器外未施化妆土部位有较多的铁黑斑点，系胎料中杂质较多的原因。口径 18.8、高 3.6 厘米（图七，7）。

盆　多黑釉、酱釉瓷。大口，折沿，斜直壁。T1Y1∶2，酱釉，沿上无釉。残高 11 厘米（图七，6）。T1Y1∶3，圆唇，宽折沿，黑釉。残高 6 厘米（图八，4）。

碟　斜直壁，圈足，半釉，多黑釉、酱釉瓷。T1Y1∶1，黑瓷，灰白胎。口径 9.2、高 3.2 厘米（图七，8）

瓶　多黑瓷，分二型。

A 型　侈口鼓腹瓶，圆唇，溜肩，大圈足。T2Y2 火膛∶5，釉乌黑光润，灰白胎，质稍粗。口径 4.8、最大腹径 9、高 12.4 厘米（图七，4；图版一，5）。

B 型　鸡腿瓶，不多，皆残。T2Y2 火膛∶6，隐圈足，器内壁有明显的宽弦纹。残高

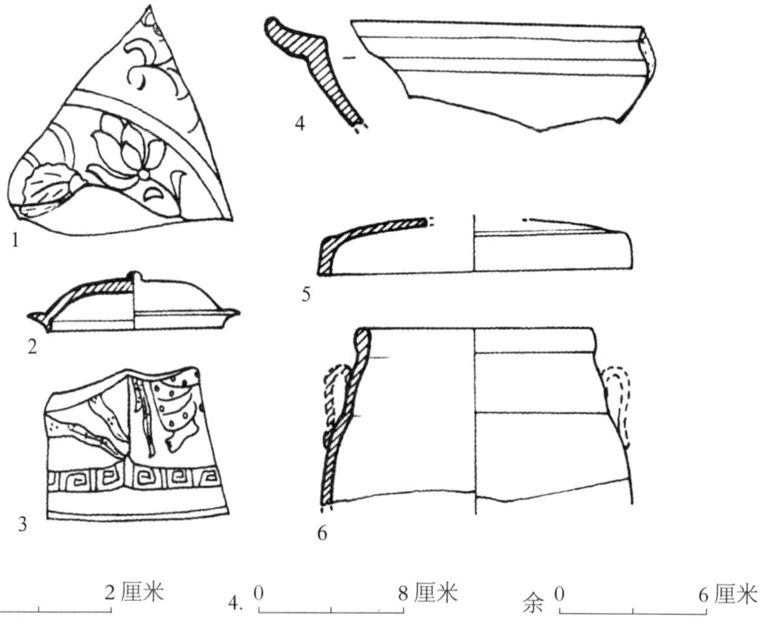

图八　瓷器、印花模

1、3. 印花模（T2H4∶6、T2H4∶5）　2、5. 器盖（T2H4∶7、T2H4∶8）　4. 盆（T1Y1∶3）　6.A 型罐（T2Y2 火膛∶7）

20.3、足径 7.2 厘米（图九，4）。

罐　皆黑瓷，有双系，分两型。

A 型　高领罐，圆唇，大口，扁泥条系。T2Y2 火膛:7，灰白胎。口径 10、残高 7 厘米（图八，6）。

B 型　鼓腹罐，圆唇，鸡冠形系。T2Y2 火膛:8，灰白胎。残高 7 厘米（图九，6）。

缸　厚唇，多直壁，多黑瓷。T2Y2 火膛:9，上壁有附加堆纹一周，粗灰胎，黑釉，口唇无釉。残高 15 厘米（图九，3）。T2Y2 火膛:10，灰白胎黑釉，口唇无釉。残高 13.8 厘米（图九，2）。

釜　仅见，残。T2H4:4，敛口，斜壁，平底，残存有一耳，完整器可能有三耳，器小，应为明器。口径 6、高 3 厘米（图九，1）。

甑　1 件。T2H4:3，残存为圈足。足径 7.6 厘米（图九，5）。

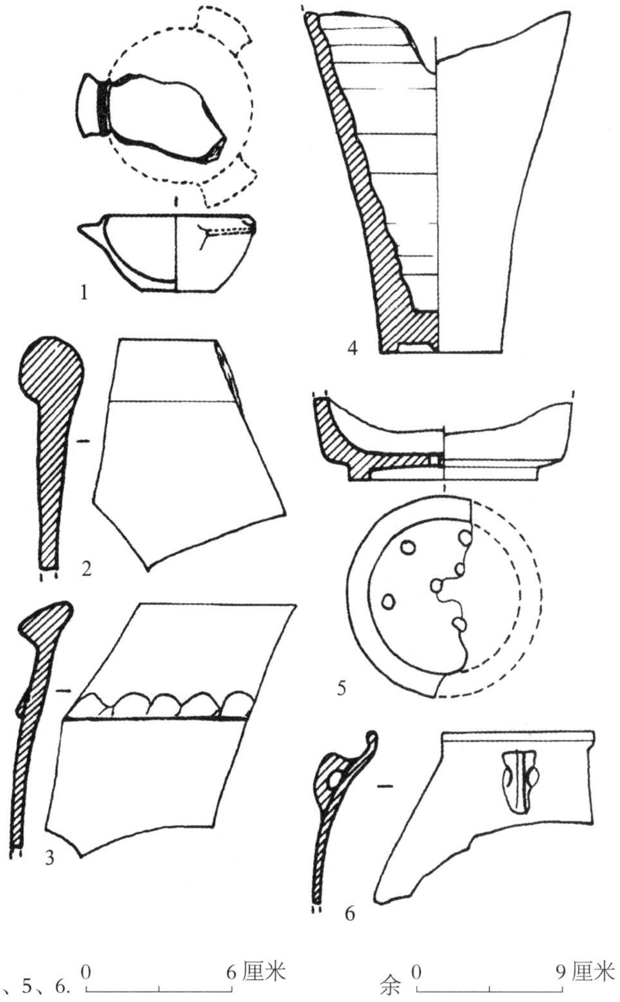

图九　瓷器

1. 釜（T2H4:4）　2、3. 缸（T2Y2 火膛:10、9）　4.B 型瓶（T2Y2 火膛:6）　5. 甑（T2H4:3）　6.B 型罐（T2Y2 火膛:8）

器盖　所见有两种：一种为直口，弧顶。T2H4：8，灰白胎，酱釉。口径 13.2、高 2.2 厘米（图八，5）。一种为直口，折沿，弧顶。T2H4：7，白瓷，顶中心一圆钮。口径 7.2、高 2.3 厘米（图八，2）。

盘形器座　1 件。T2Y2 火膛：11，黑瓷，口底无釉。直口，圈足，外壁有凹弦纹三道。口径 14、高 6 厘米（图一〇，4）。

印花模　出土不多，皆残。T2H4：5，胎色浅黄，上刻云雷纹、戳印纹、博衣赤足人物图案等（图八，3；图版一，6）。T2H4：6，灰白胎，上刻弦纹、荷花等（图八，1）。

2. 窑具

山下窑址中出土的窑具数量多，品种也比较丰富，有筒形、漏斗形、盒形、碗形匣钵及圆形托具、垫圈、垫珠、窑戗等。

筒形匣钵　复原 7 件。上面多黏有耐火砂，外壁皆饰满弦纹，分两型。

A 型　直筒型，6 件。平底，口底大小基本相同，高低不同，内底皆刻有一“石”字。T2Y2 火膛：12，底中心微凸。口径 34.8、高 34.2 厘米（图一〇，1）。T2Y2 火膛：14，近底

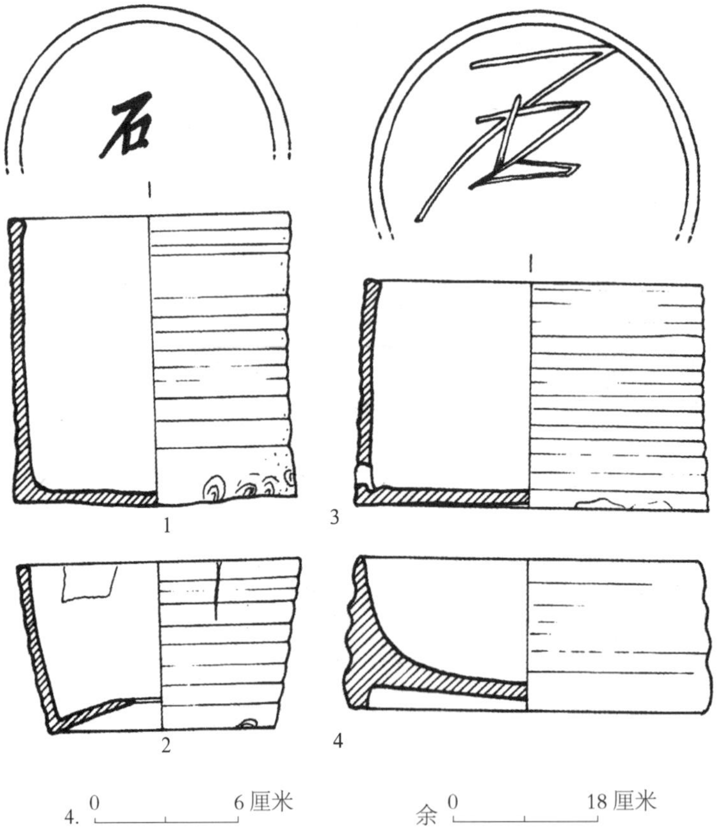

图一〇　窑具、瓷器

1、3.A 型筒形匣钵（T2Y2 火膛：12、T2Y2 火膛：14）　2.B 型筒形匣钵（T2Y2 火膛：13）　4. 盘形器座（T2Y2 火膛：11）

处有对应的径约 3 厘米的圆孔两个。口径 40.8、高 27 厘米（图一○，3；图版一，4）。

B 型　口大底小型，1 件。T2Y2 火膛∶13，底上凸，中心有一不甚规则形圆孔。口径 35.5、底径 28.6、孔径约 7.2、高 19.8 厘米（图一○，2）。

漏斗形匣钵　数量较多，为烧制碗、盘类器物的窑具。厚胎，直口，折腹，上腹较短，下腹斜直内收，折腹处有一平台，无底。T2H4∶9，胎色灰白。口径 14.4、高 4.4 厘米（图一一，4）。

盒形匣钵　数量较多，为烧制碗、钵类器物的窑具。圆唇，敛口，有肩，腹下内收，无底。T2H4∶11，灰白胎。口径 20.4、高 8.4 厘米（图一一，5）。

碗形匣钵　复原 1 件，为烧制碗类器物的窑具。小平沿，弧壁，平底，底中心有一圆孔。T2H4∶10，灰白胎。口径 12.8、孔径 2 ~ 2.8、高 6.8 厘米（图一一，7）。

圆形托具　出土较多，应是盆类等大件器物的底座或叠烧器的间隔物。圈足，上为圆饼形托座，足不同，分二型。

A 型　足断面兽蹄形，较多。T2Y2 火膛∶16，胎较粗，托面中间稍凸，内底刻一“石”字。托面直径 26.4、高 36 厘米（图一一，1）。T2Y2 火膛∶15，圈足上粘连有锥形支钉一周，内底亦刻“石 ×”。直径 26、高 5 厘米（图版一，3）。

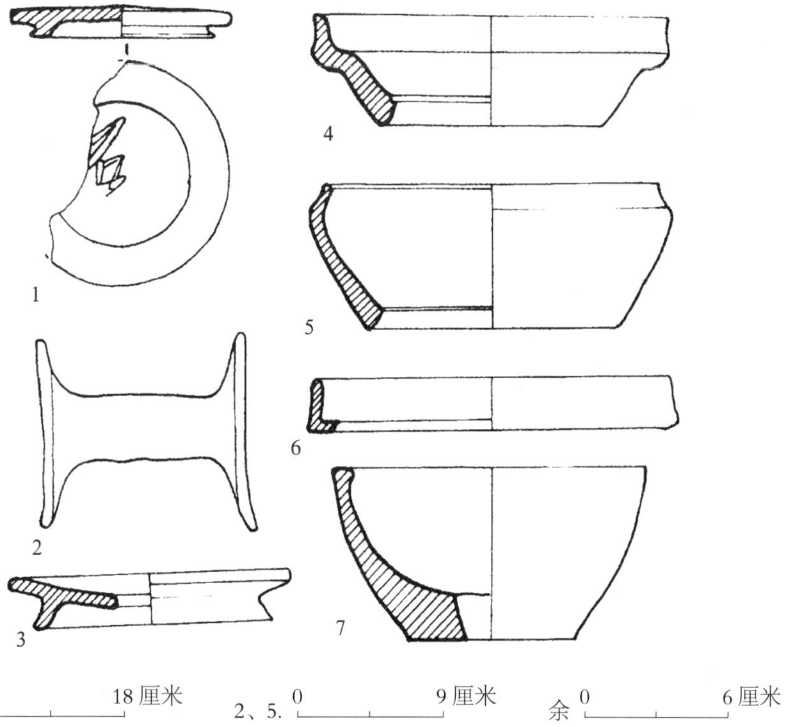

图一一　窑具

1.A 型托具（T2Y2 火膛∶16）2. 线轴状窑戗（T2Y2 火膛∶18）3.B 型托具（T2Y2 火膛∶17）
4. 漏斗形匣钵（T2H4∶9）5. 盒形匣钵（T2H4∶11）6. 垫圈（T2H4∶12）7. 碗形匣钵（T2H4∶10）

B 型　足断面锥形，不多。T2Y2 火膛∶17，足较高，托面变形下凹。托面直径 33.6、高 6 厘米（图一一，3）。

垫圈　数量较多，直口，浅腹，平底，底有圈孔。T2H4∶12，灰白胎。口径 14.4、孔径 12.4 ～ 13、高 2 厘米（图一一，6）。

线轴状窑戗　出土较多，手工捏制，灰白胎，使用时横放在倒扣的缸类器物中间，随器胎的收缩或膨胀而起间隔和支撑作用。T2Y2 火膛∶18，长 12.6、高 11.7 厘米（图一一，2）。

垫珠　数量较多，皆圆锥形，瓷土模制而成，大部分锥尖上粘有黑釉，也有的与托座粘在一起。

泥条　瓷土手工制成，没有固定形状，大小不等，有的单独作为间隔支具或与匣钵等窑具配合使用，可使器物和窑具平稳，也可封死孔隙，防止产生火刺与烟熏落灰。

四、小结

通过对山下瓷窑址的调查试掘，我们认为这是一处规模较大的金代民用窑场。这次试掘虽然面积小，出土遗迹、遗物并不丰富，但也能基本反映山下窑址的窑炉及产品状况。

Y1 火膛为圆形，体积小，形状特殊，未见有过报道。但其位置位于山下金代瓷窑址的范围内，出土时窑床上有一层白灰，距烧瓷窑炉 Y2 很近，因而推测当与烧瓷有关，或可能是烧制釉料的窑炉。Y2 及其周围出土了较多的圆形托座、线轴状窑戗和一端被压扁一端呈锥状的支具，说明 Y2 有可能较多地烧制过缸一类的器物。Y2 的大火膛、大窑床、大烟囱包括用匣钵柱搭建炉栅的做法都较常见，但出渣道掏洞的形制少见。另外 Y2 内出土的筒形匣钵等窑具上多刻划有“石”字，证明这是“石”姓人家拥有的窑场。

山下窑址位于隋唐邢窑的烧造区域内，其烧造方式、窑具的使用以及产品种类特征仍能看出其继承和发展的痕迹，如馒头形双烟囱窑炉、筒形匣钵和漏斗形匣钵的使用、釉下化妆土的使用等。但另一方面，窑炉的大型化、燃料煤的普遍使用、窑具的厚重和无底匣钵、垫圈以及大量圆形托座的使用，还有器物芒口、涩圈的流行、釉色的变化、印花等装饰方法的较多出现等，虽然是历史发展到一定阶段的产物，但也反映出这一时期我国北方瓷器烧造方面的一致性。下层出土的青釉、黄釉瓷表明，至少在唐朝这里已有人居住。

发掘　刘来成　张志中
樊书海　王会民
绘图　王会民　张志中
执笔　王会民　樊书海

（原载于《文物春秋》1999 年第 6 期）

河北邢台葛家庄遗址 1996 年发掘简报

河北省文物局第一期考古发掘领队培训班
河北省文物研究所　邢台市文物管理处

葛家庄村位于邢台市区西南，隶属于桥西区南大郭乡，其南 4 千米为七里河，西距太行山山脉约 10 千米，北邻河北轮胎厂，东靠太行路（图一）。

葛家庄遗址位于葛家庄村北 100 米，地势略高于四周。遗址的地理坐标为东经 113°58′，北纬 37°06′，海拔约 70 米。遗址于 1993 年河北轮胎厂扩建工程中发现，以后河北省文物研究所和邢台市文物管理处对该遗址进行了大规模的发掘，获得一批珍贵的实物资料，已初步确定该遗址是一处内涵丰富的先商时期遗址，墓地为周代邢侯贵族墓地。1996 年 9 月至 11 月，河北省文物局首届考古领队培训班对该遗址再次进行了发掘。发掘区位于遗址的西南部，分南北两区，共布 5 米 ×5 米探方

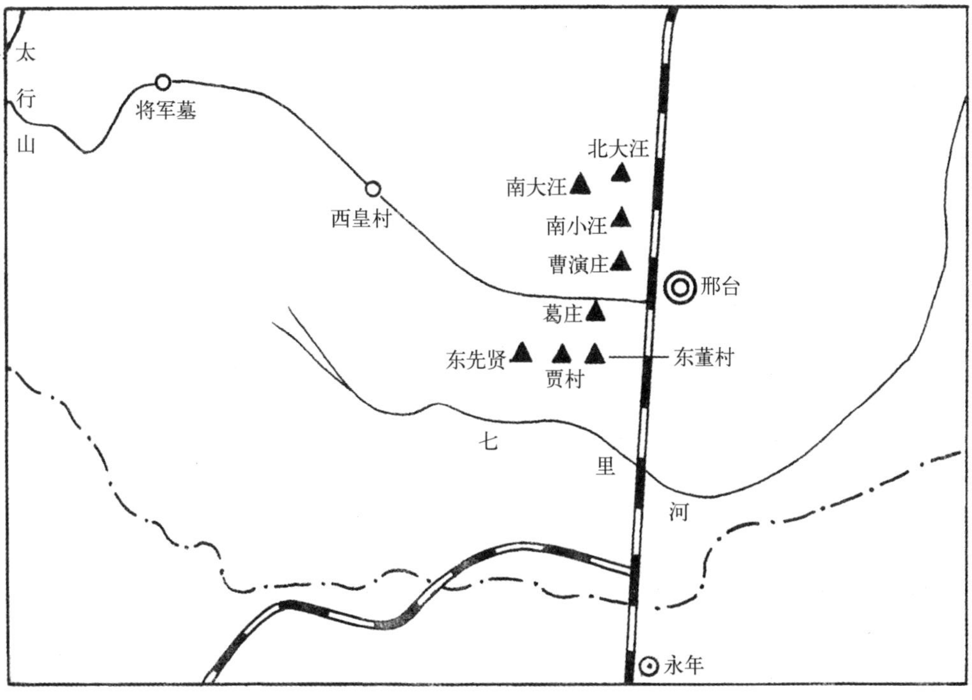

图一　葛家庄遗址位置及周围遗址分布示意图

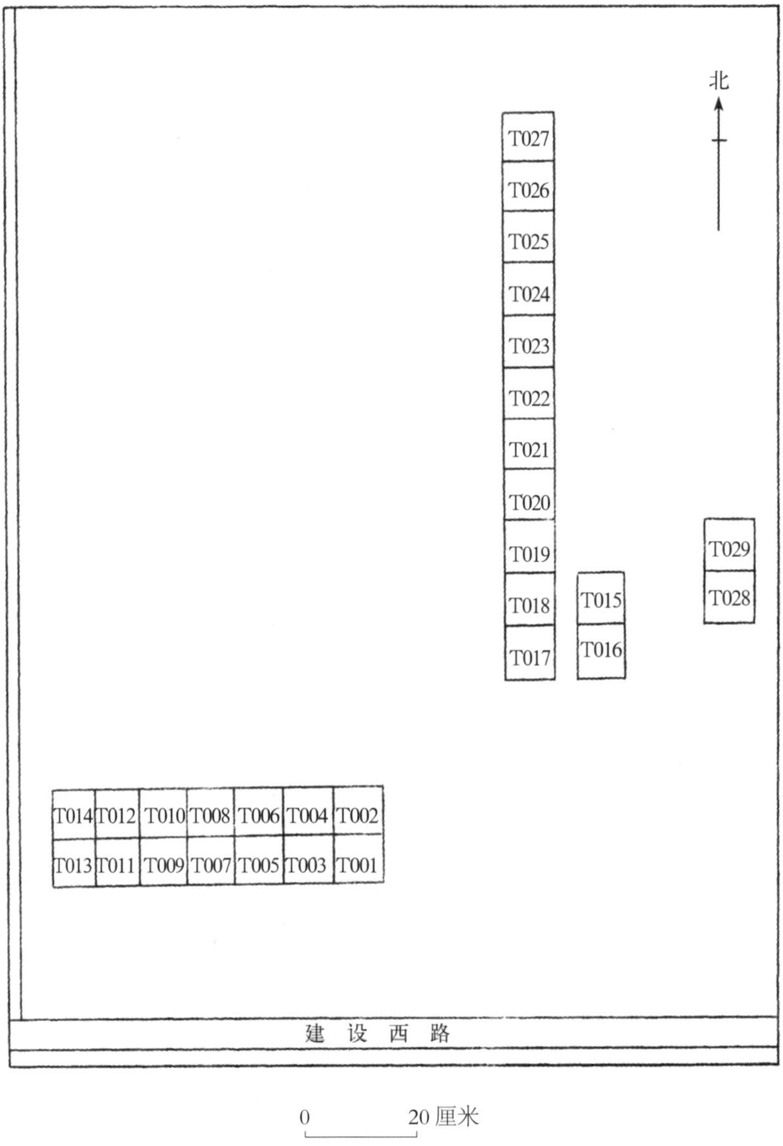

图二　葛家庄遗址 1996 年发掘探方分布图

28 个，编号为 96XG001 ～ 96XG028，发掘面积 700 平方米（图二）。

一、地堆积和分期

1. 地层堆积

该发掘区地层堆积比较简单，现以 T022、T023 西壁剖面为例说明如下（图三）。

第 1 层：耕土层，深褐色，土质松散，厚 0.18 ～ 0.25 米。

第 2 层：浅黄色含细沙，土质绵软，厚 0.25 ～ 0.3 米，含少量宋元白瓷片等，属宋元文化层。

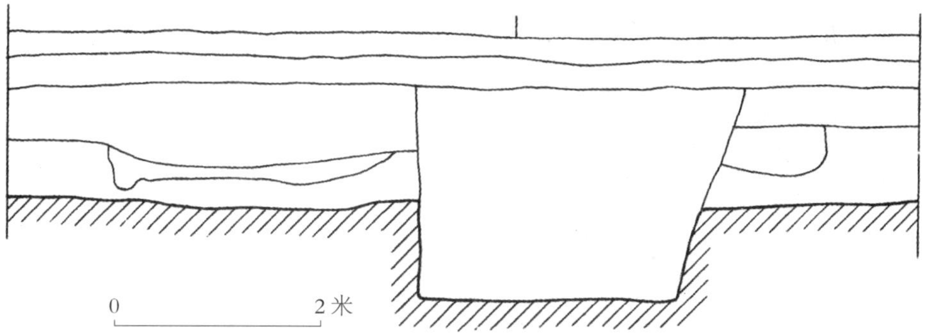

图三　T022、T023 西壁剖面图

本层下开口的遗迹有：H26、H66、H67、H68、W1 等。

第 3 层：深褐色，土质硬而紧密，厚 0.32 ~ 0.55 米，包含物有石器和陶器残片，可辨器型有鬲，罐，盆，瓮等。此层下开口的遗迹有：H33、H40、H54、H56 ~ H58、H61、H62、H64、H65、F1、G104 等。

第 4 层：灰褐色，土质紧密，较第 3 层软，厚 0.3 ~ 0.5 米，包含物多为陶器残片，可辨器型有鬲、瓮、豆、盆、甗、罐等。

2. 分期

根据地层和遗迹间的层位关系，结合文化内涵的异同，本年度古文化遗存可分为两期：

一期文化遗存，包括各探方第 4 层及 3 层下开口的灰坑 H27 ~ H29、H31、H33 ~ H39、H41、H42、H44 ~ H48、H51、H54、H56 ~ H58、H61、H62、H64、H65 和 F1、G1 ~ G3、G104 等单位。

二期文化遗存，包括各探方的第 3 层和 2 层下开口的 H26、H30、H32、H40、H43、H66 ~ H68、W1 等遗迹单位。

二、第一期文化遗存

（一）遗迹

该期共发现灰坑 29 座，灰沟 4 条，房基 1 座（附表一）。

1. 灰坑

30 座。根据坑口形状可分为圆形、椭圆形、长方形（方形）和不规则形，以不规则形居多。按坑体形态又可分为筒状、锅底状等形式。

H35　圆形，直壁，平底。位于T013内，3层下开口，打破G3。坑口直径1.1米，距地表0.8米，距坑底0.5米。坑底平整，坑壁未见加工痕迹。坑内堆积为黑灰色土，土质松软。包含物有木炭、兽骨及陶器残片，可辨器型的陶片有鬲、罐、敛口瓮、盆等（图四，1）。

H61　椭圆形，斜壁平底。位于T023中部，开口于3层下。坑口长径1.1米，短径0.65米，坑口距地表0.93米，距坑底0.2米。坑壁及坑底未见加工痕迹。坑内填土呈灰色，土质疏松，包含物有烧土块、陶器残片等（图四，2）。

H27　方形，直壁，平底。位于T001内，开口于3层下，打破H28。坑口南北长1.4米，东西宽1.35米，坑口距地表0.85米，距坑底0.5米。坑底平整，坑壁未见加工痕迹。坑内堆积为灰褐色土，土质松软。包含物主要是陶片，可辨器型有瓮、罐、盆等（图四，3）。

H33　不规则形。位于T004东部，开口于3层下，打破4层。坑东西长3.1米，南北宽1.2米，坑深0.6米。坑南壁呈斜坡状，坑底较平。坑内填土灰黑色，土质松软。包含物有烧土块、碎兽骨、残石器及陶片等。陶器可辨器型有鬲、鼎、甗、盆、瓮等（图四，4）。

2. 灰沟

4条。

G104　位于T013、T014两个探方内，开口于3层下，打破4层，斜壁平底。南北长

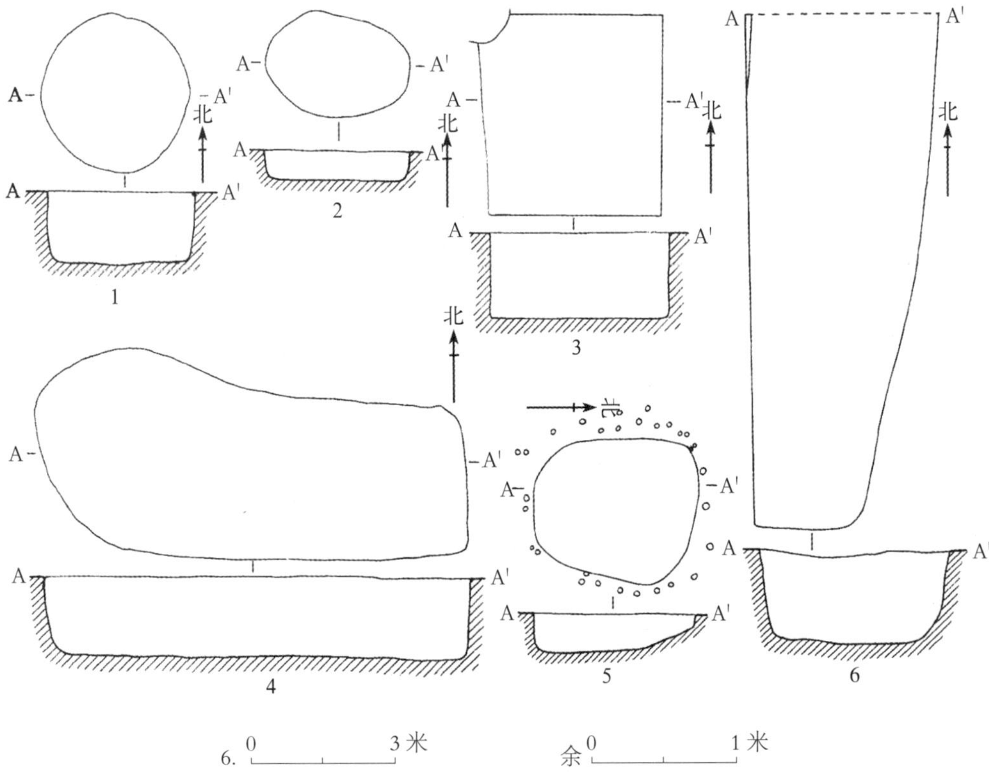

图四　灰坑、房基平、剖面图

1.H35　2.H61　3.H27　4.H33　5.F6　6.G104

9米，东西宽3.33米，开口距地表0.85米，距沟底1.6米。沟内填土呈灰黑色，土质较松软。包含物有木炭、烧土块、碎骨片、陶片以及石镰、石锤、石铲、石刀、骨锥、骨簪、卜骨、铜刀等。陶器可辨器型有盆、器盖、豆、敛口瓮、甗、鬲、罐等（图四，6）。

3. 房基

1座。

F6　位于T022西部，开口于3层下，被2层下开口的MK5、H66、H67、H68打破。平面近圆形，斜直壁，南北长2.7米，东西宽2.25米，深0.55米。门道向南，房子周围分布有大小不等的30个柱洞，柱洞直径0.05～0.07米。房内堆积可分两层，上层为灰色，土质松软，厚0.3米；下层呈青灰色，土质硬，厚0.25米。地面凹凸不平，门道及其南部一定范围有人踩过的痕迹，厚薄不一。四壁及地面无加工痕迹，无灶坑。包含物有盆、罐、豆等陶器残片（图四，5）。

（二）遗物

多为陶器，另有少量石器、骨器以及极少量的小件铜器。

1. 陶器

完整和可复原的器物较少，多为陶器残片。陶质有泥制、夹砂两类。其中夹砂陶居多，泥质陶次之；陶色有灰、黑、褐三种，以灰陶居多，黑陶次之，褐陶较少。其中部分陶器因烧制氧化不足而使器表与陶胎颜色不同，多黑皮褐陶或灰皮褐陶（附表二）。

制作工艺方面多为手制，口部经慢轮修整。夹砂陶内壁颈下多存有手指按捏痕迹。泥质陶大多经磨光。

器型有盆、罐、甗、鬲、瓮、钵、豆等，其中以各种类型的盆类最多，罐类次之。以平底器为大宗，三足器次之，极少见圜底器、尖底器和圈足器。

器表纹饰以绳纹为主，常见的是纹理松散的粗绳纹，另有部分弦断粗绳纹，极少细绳纹。泥质陶多磨光，器表多饰凹弦纹，部分饰楔形点纹、指甲纹，附加堆纹一般多施于甗腰和瓮、盆的腹部（图五）。

下面按器型分别介绍：

鬲　26件。均为夹砂灰陶。标本G104∶57，尖圆唇，侈口，束颈，翻沿，分裆较高，腹部饰交错绳纹。口径14厘米（图六，1）。标本H56∶5，卷沿，尖圆唇，唇上饰压印绳纹，短颈，腹部饰粗绳纹。口径12.5、残高4.5厘米（图六，2）。标本G104∶45，翻沿微折，尖圆管，微鼓腹。口径17、残高9厘米（图六，3）。

鬲足　2件。标本H56∶7，夹砂褐陶，实心，呈锥状，略向内弯，饰绳纹，器表有四道竖向凹槽。残高6.6厘米（图六，5）。

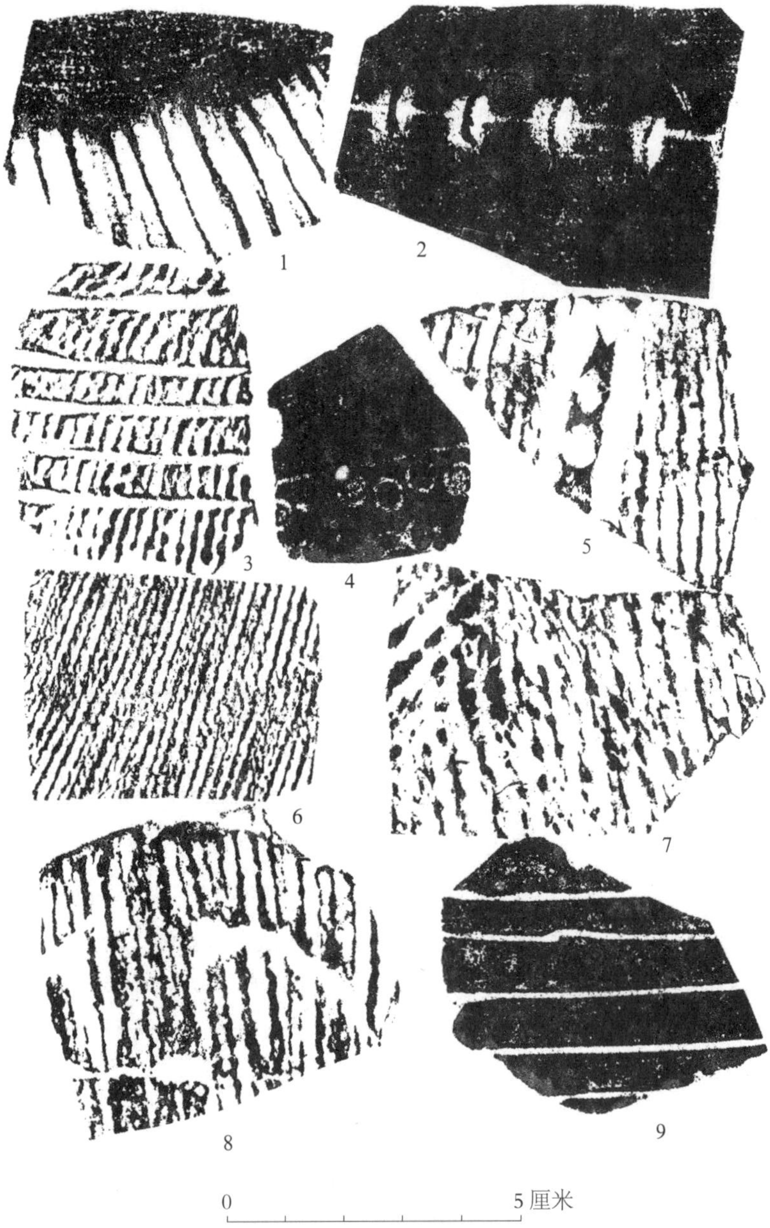

图五　葛家庄一期陶器纹饰

1. 篮纹（H58∶12）　2. 指甲纹（G104∶53）　3. 弦断绳纹（H62∶10）　4. 戳印圆圈纹（G104∶26）　5. 附加堆纹（G104∶56）　6. 细绳纹（H33∶10）　7. 粗绳纹（H33∶20）　8. 绳纹附加堆纹（G104∶5）　9. 弦纹（H64∶10）

橄榄罐　11 件。唇上饰压印绳纹，翻沿，腹部饰粗绳纹。标本 G104∶5，圆唇，斜腹。口径 15、残高 6 厘米（图六，4）。标本 H56∶2，侈口，圆唇，鼓腹，腹部饰中粗绳纹。口径 17.8、残高 8 厘米（图六，6）。

盆　32 件。依陶质可分二型。

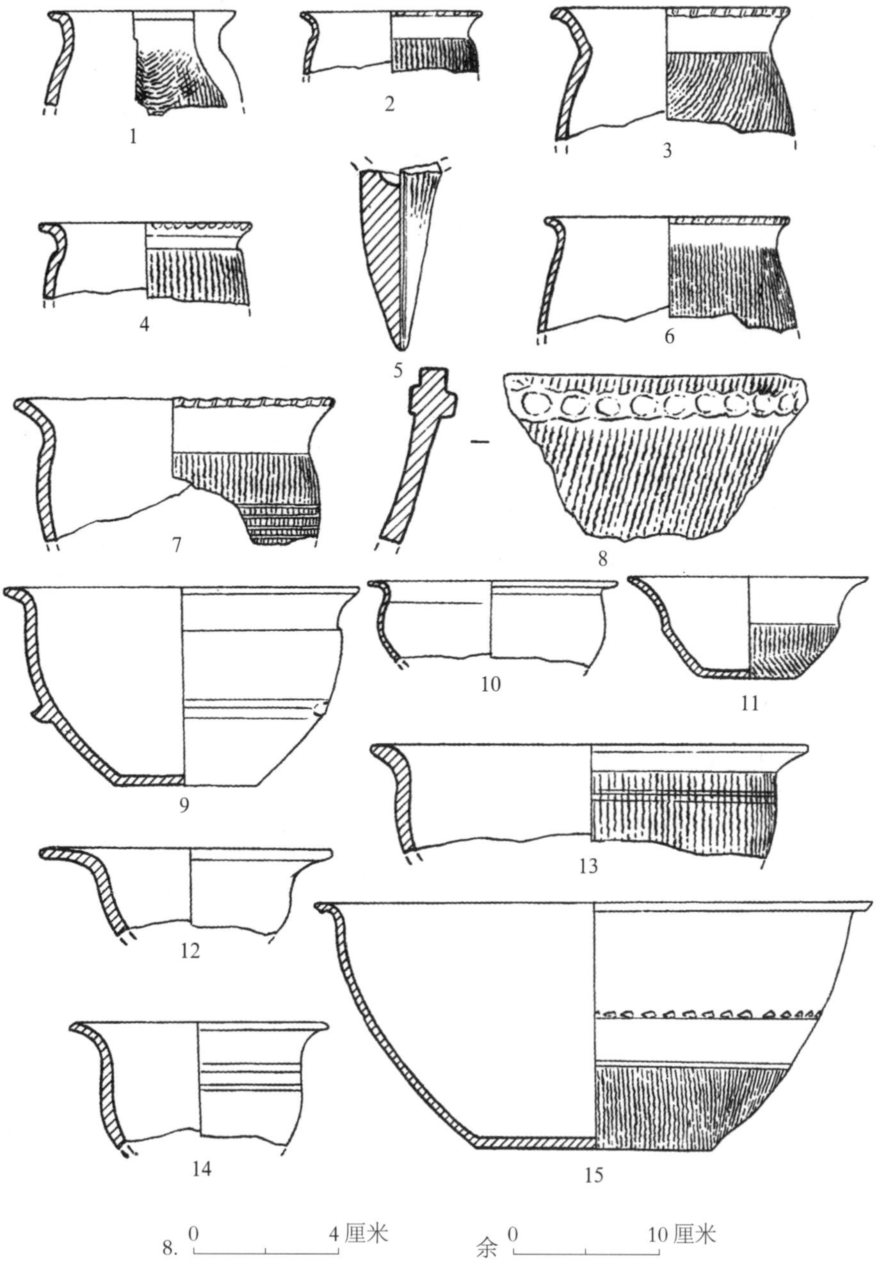

图六　葛家庄遗址一期陶器

1～3. 鬲（G104:57、H56:5、G104:45） 4、6. 橄榄罐（G104:5、H56:2） 5. 鬲足（H56:7） 7. 甗（G104:43） 8. 甗腰（G104:30） 9、10、14、15.Aa型盆（G104:13、H64:2、T003④:12、H62:1） 11.Bb型盆（H56:1） 12.Ab型盆（G104:7） 13.Ba型盆（H54:2）

A型　26件，泥质磨光，可分二亚型。

Aa型　19件，深腹。标本G104:13，黑皮陶，翻沿，圆唇，矮颈，微鼓腹，平底，腹部饰三道凹弦纹，弦带区内饰两个对称的“鸡冠耳”。口径26、底径10、高14厘米（图六，

9)。标本 H62∶1，灰陶，圆唇，唇下缘加厚，侈口，微鼓腹，平底。上腹部饰一周楔形点纹，中腹部饰两道凹弦纹，弦纹以下至器底饰中粗绳纹。口径 40、底径 17、高 16.8 厘米（图六，15)。标本 H64∶2，黑皮陶，尖圆唇，鼓腹，素面。口径 18、残高 5.5 厘米（图六，10)。标本 T003 ④∶12，灰陶，尖唇，侈口，腹部饰四道不规矩的凹弦纹。口径 17.6、残高 9 厘米（图六，14)。

Ab 型　7 件，浅腹。标本 G104∶7，褐陶，圆唇，侈口，翻沿，弧腹，素面。口径 22、残高 5.5 厘米（图六，12)。

B 型　6 件。夹砂。分二亚型。

Ba 型　4 件，深腹。标本 H54∶2，尖圆唇，侈口，沿以下饰弦断绳纹。口径 31.6、残高 7.5 厘米（图六，13)。

Bb 型　2 件，浅腹。标本 H56∶1，圆唇，敞口，沿以下饰交错绳纹。口径 17.6、底径 6.8、高 7 厘米（图六，11)。

小口广肩罐　6 件。标本 H37∶4，夹砂灰陶，尖唇，有领，广肩，颈部以下饰粗绳纹。口径 18、残高 5 厘米（图七，8)。

泥质大口罐　11 件。标本 H57∶1，磨光褐陶，圆唇，侈口，折沿，鼓腹，平底，器表饰三弦纹带。口径 30、底径 13.2、高 36 厘米（图七，16)。

敛口瓮　17 件。陶质分夹砂、泥质两类。

夹砂类　9 件，分二型。

A 型　6 件。折沿向内平折。标本 G104∶59，弧腹，沿面及器表饰粗绳纹。口径 28、残高 5.5 厘米（图七，2)。标本 H62∶3，沿面平宽，鼓腹，沿面及器表饰粗绳纹。口径 28、残高 5 厘米（图七，1)。

B 型　3 件。斜直沿。标本 H36∶1，敛口，方唇，腹微鼓。口径 30、残高 6 厘米（图七，4)。标本 G104∶21，敛口，方唇，唇面及器表饰粗绳纹。口径 32、残高 5.5 厘米（图七，5)。

泥质类　6 件，分二型。

A 型　4 件。沿部向内平折。标本 H37∶1，泥质黑皮陶，圆唇，斜腹，上部饰楔形点纹，磨光。口径 40、残高 6 厘米（图七，7)。标本 H37∶2，黑皮陶，弧腹，素面磨光。口径 32、残高 11 厘米（图七，3)。

B 型　2 件。斜直口。标本 H58∶12，敛口，圆唇，微鼓腹，肩部饰鸡冠形耳及绳纹（图七，6)。

甗　13 件。标本 G104∶43，甑口部，尖圆唇，唇部饰压印绳纹，翻沿，侈口，溜肩，微鼓腹，腹部饰弦断粗绳纹。口径 23、残高 10 厘米（图六，7)。标本 G104∶30，甗腰部，有腰隔，饰附加堆纹，器身饰粗绳纹（图六，8)。

豆　6 件。标本 T025∶1，泥质灰陶，浅盘，圆唇小平沿，唇部有一周凹槽。口径 14、残高 2 厘米（图七，10)。标本 G104∶38，豆座，细柄，喇叭口状，柄部呈竹节状。残高 9 厘米（图七，13)。

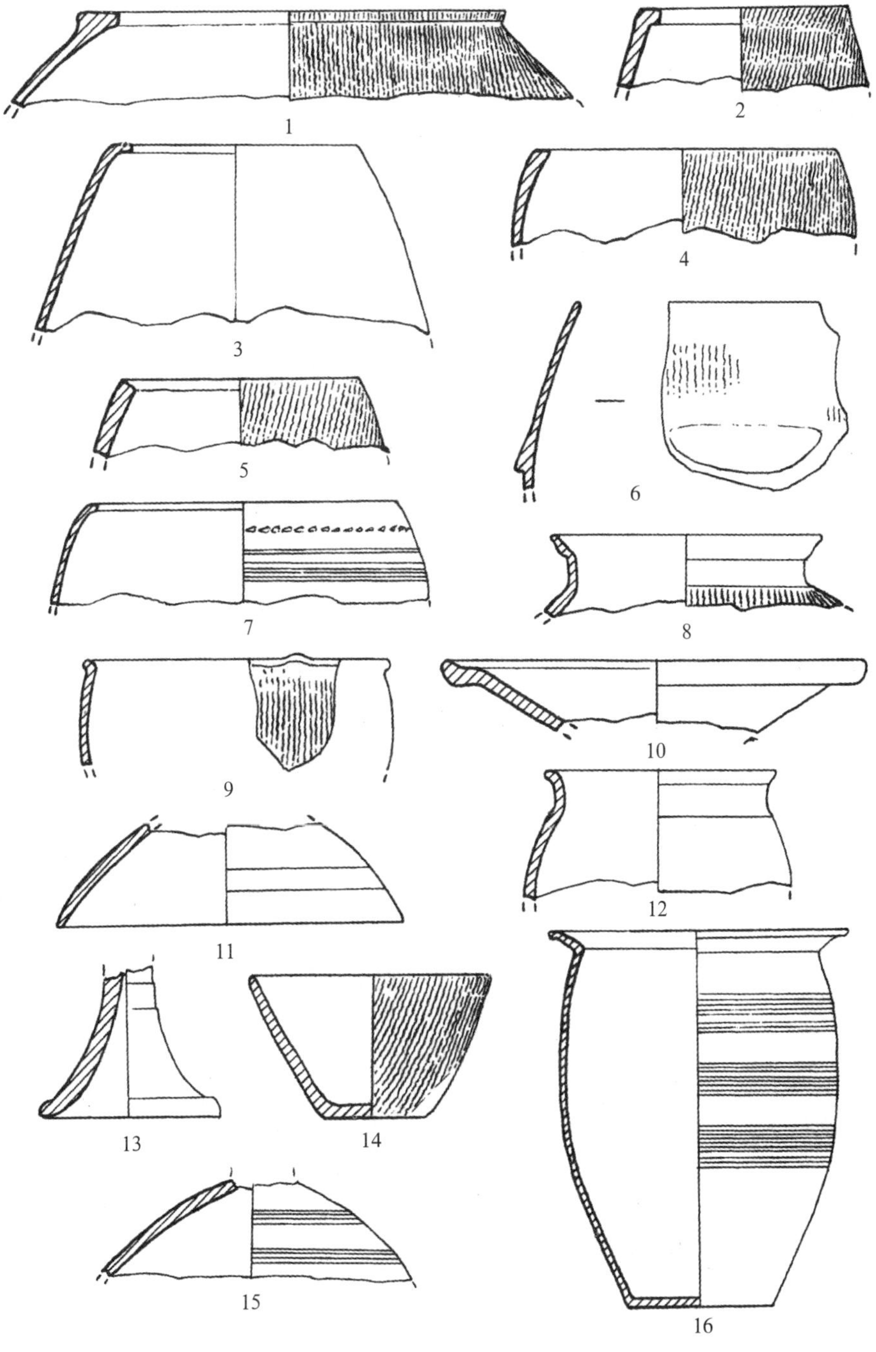

1、6、8~15. 0 8厘米　4、16. 0 12厘米　余 0 16厘米

图七　葛家庄遗址一期陶器

1、2.A 型夹砂敛口瓮（H62∶3、G104∶59）3、7.A 型泥质敛口瓮（H37∶2、H37∶1）
4、5.B 型夹砂敛口瓮（H36∶1、G104∶21）6.B 型泥质敛口瓮（H58∶12）8. 广肩罐（H37∶4）9. 捏口罐（H47∶13）
10. 豆盘（T025 ④∶1）11. 器盖（G104∶32）12. 捏口罐（G104∶31）13. 豆座（G104∶38）14. 钵（G104∶15）
15. 器盖（H57∶2）16. 泥质大口罐（H57∶1）

器盖　13 件。标本 H57∶2，泥质磨光褐陶，拱顶，钮及口部均残，器表饰两组弦纹（图七，15）。标本 G104∶32，泥质磨光黑陶，拱顶，尖圆唇，器表饰两周凹弦纹。口部直径 23、残高 9 厘米（图七，11）。

捏口罐　2 件。标本 H47∶13，泥质灰陶，圆唇，侈口，器表饰较细绳纹。口径 12、残高 6.5 厘米（图七，9）。标本 G104∶31，泥质灰陶，圆唇，侈口，矮颈，微鼓腹，素面。口径 15.5、残高 8 厘来（图七，12）。

钵　2 件。标本 G104∶15，泥质灰陶，圆唇，敞口，斜腹，平底，器身饰中粗绳纹。口径 16、底径 7、通高 10 厘米（图七，14）。

纺轮　5 件。标本 H62∶2，泥质褐陶，圆饼状，中间孔两面穿。直径 5.3、孔径 0.9、厚 0.8 厘米（图八，1）。标本 G104∶16，泥质灰陶，圆饼状。直径 5.2、孔径 0.8、厚 1.5 厘米（图八，2）。

2. 石器

有铲、镰、斧、刀等。

石铲　5 件。标本 G104∶2，青砂岩磨制而成，残，侧锋，弧刃。残长 7.8、宽 7.3 厘米（图八，7）。标本 H58∶2，砂岩，扁长方形，上部残，正锋。残长 7.2、宽 5.5、厚 0.6 厘米（图八，8）。

石镰　5 件。标本 G104∶4，页岩磨制而成，偏锋，直刃，中间穿孔两面钻。长 8.6、宽 5.6 厘米（图八，10）。

石刀　2 件。标本 G104∶3，弧背，正锋。残长 8.4、宽 5.2 厘米（图八，11）。标本 G104∶5，残长 8.2、宽 3 厘米（图八，9）。

石斧　1 件。标本 G104∶6，青砂岩磨琢而成。正锋，直刃。长 13.6、宽 5.6、厚 3.9 厘米（图八，12）。

3. 骨器

有锥、匕等。

骨锥　5 件。标本 G104∶10，动物肢骨加工而成。长 10.5 厘米（图八，4）。

骨匕　2 件。标本 H64∶4，平顶，弧刃。长 9.9 厘米（图八，5）。

4. 其他

有青铜小刀、卜骨等。

青铜小刀　1 件。标本 G104∶12，残，曲背，弧刃，正锋。残长 5.2、宽 1.9 厘米（图八，3）。

卜骨　2 件。标本 H64∶5，残，为牛的肩胛骨加工而成。臼部经切割。只见灼痕，无钻、凿现象。残长 19 厘米（图八，6）。

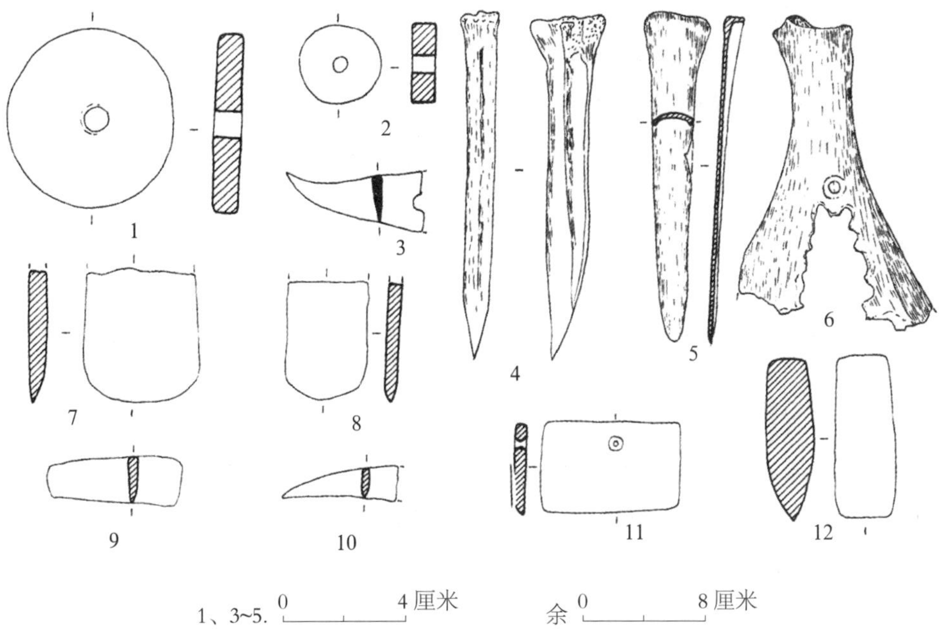

图八　葛家庄遗址一期器物

1、2. 陶纺轮（H62∶2、G104∶16） 3. 铜刀（G104∶12） 4. 骨锥（G104∶10） 5. 骨匕（H64∶4） 6. 卜骨（H64∶6） 7、8. 石铲（G104∶2、H58∶2） 9. 石刀（G104∶5） 10. 石镰（G104∶4） 11. 石刀（G104∶3） 12. 石斧（G104∶6）

三、第二期文化遗存

（一）遗迹

有灰坑、瓮棺葬等。

1. 灰坑

7座。从坑口形状可分为不规则形、长方形、椭圆形等几种。

H66　位于T023的西南部，开口于第2层下，打破H67。坑口形状为椭圆形，坑体形状为锅底形。坑口长径5、短径3、深2米。坑内堆积呈灰褐色，土质疏松，包含物有烧土块和陶器残片。陶器可辨器型有鬲、罐、盆、瓮等（图九）。

H40　位于T008的北部，开口于第2层下。坑口形状为不规则形，斜壁，底部凹凸不平。坑口长4、宽3、深1.55米。坑内填土灰褐色，质硬。包含物主要为陶器残片，可辨器型有盆、罐、鬲、瓮等（图一〇）。

2. 瓮棺

1座。W1，位于T020北部，开口于2层下。埋瓮棺的墓坑为圆角长方形，直壁，平底。坑口距地表0.5米，坑深0.3米，坑口长1.12、宽1.1米，填土为五花土，质硬。葬具为一残碎的夹砂灰陶敛口瓮。小儿骨已碎，其葬式、头向及年龄均不详（图一一）。

（二）遗物

主要为陶器，另有骨器、石器等。

1. 陶器

完整和可复原器较少，绝大多数为陶器残片。

陶质分泥质和夹砂两大类，以泥质陶为主，夹砂陶居次。陶色有红褐、灰、灰褐、黑等几种，其中灰陶居多，褐陶次之，黑陶及红陶较少（附表三）。

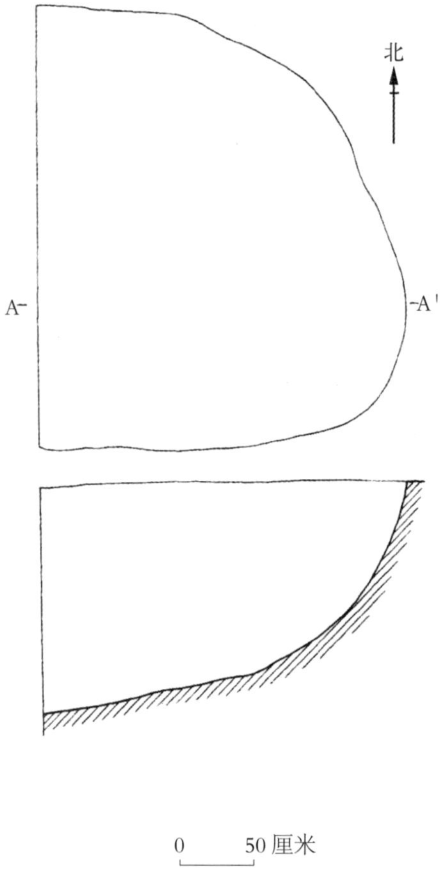

图九　H66平、剖面图

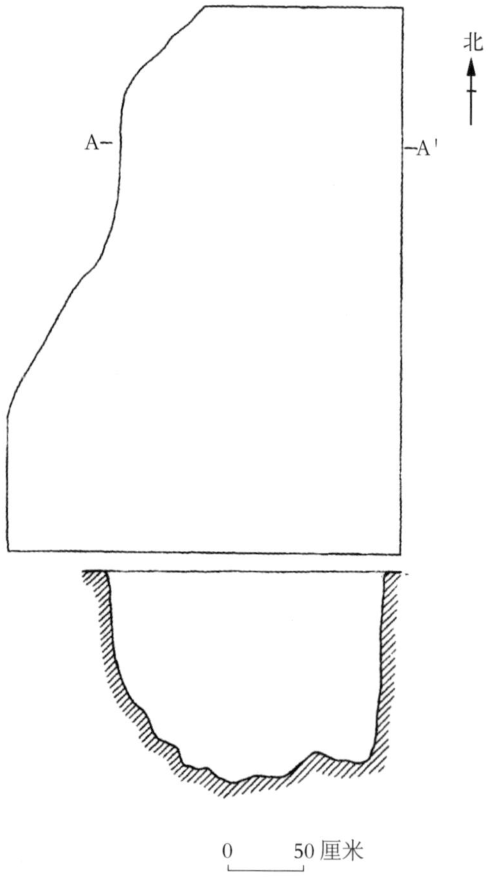

图一〇　H40平、剖面图

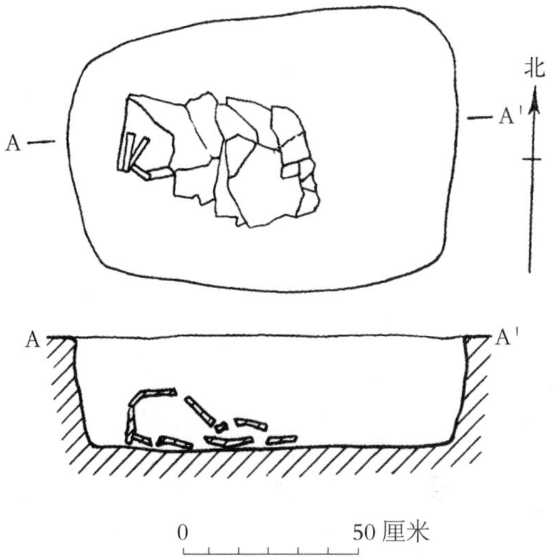

图一一　W1 平、剖面图

制作工艺方面，泥质陶多为轮制，器表多磨光；夹砂陶多为手制，口部经轮修。

纹饰以绳纹为主，绳纹细而规整；素面磨光及弦纹占相当比例，另有少量的弦断绳纹、附加堆纹、楔形点纹等（图一二）。

器型有鬲、甗、盆、瓮、豆、杯、器盖等。其中以盆、罐、瓮、鬲数量较多。

以下按器型分别介绍。

盆　65 件。均为泥质。可分二型。

A 型　51 件。深腹。依沿部可分二亚型。

Aa 型　45 件，宽沿。标本 H30∶82，泥质黑褐陶，圆唇，唇下缘加厚，侈口，折沿，微鼓腹，下腹斜内收，平底，器上部磨光，下部素面，中腹部饰一组 5 道弦纹。口径 32、底径 14、高 16.8 厘米（图一三，10）。标本 H40∶26，磨光黑陶，圆唇，折沿，鼓腹，腹部饰一组弦纹。口径 20.5、残高 12.5 厘米（图一三，1）。标本 H30∶8，圆唇，折沿，鼓腹，肩部饰楔形点纹，腹部饰弦纹。口径 30、残高 9 厘米（图一三，4）。标本 H30∶33，圆唇，卷沿，弧腹，腹部饰一组弦纹。口径 22、残高 9 厘米（图一三，3）。

Ab 型　6 件，窄沿。标本 H30∶2，褐陶，尖圆唇，唇面有浅凹槽，侈口，弧腹，腹部饰一组弦纹。口径 33、残高 10 厘米（图一三，5）。

B 型　14 件。浅腹。分二亚型。

Ba 型　9 件，宽沿。标本 H30∶37，灰陶，尖圆唇，束颈，斜腹。口径 16、残高 6 厘米（图一三，2）。标本 H30∶32，灰陶，敞口，圆唇，卷沿，微曲腹，平底。口径 24、高 7.2 厘米（图一三，6）。

Bb 型　5 件，窄沿或无沿。标本 H40∶14，泥质灰陶，敞口，圆唇，无沿，斜腹，平底，近口部有一周凹槽。口径 26、底径 12、高 9 厘米（图一三，9）。标本 H40∶18，磨光黑陶，

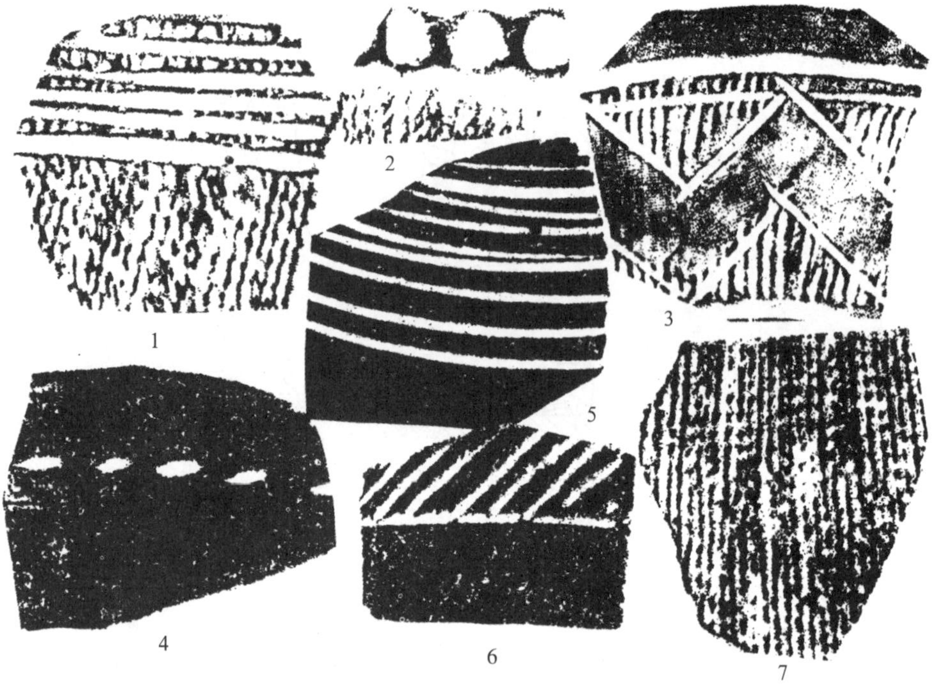

图一二　葛家庄二期陶器纹饰

1. 弦断绳纹（T022 ③:1）　2. 附加堆纹（T022 ③:2）　3. 三角划纹、绳纹复合纹（T024 ③:1）　4. 指甲纹（T022 ③:3）　5. 弦纹（H30:2）　6. 划纹（T018 ③:1）　7. 细绳纹（T022 ③:4）

圆唇，敛口，小窄折沿，斜腹，腹部饰一组弦纹（图一三，7）。标本 H40:21，泥质褐陶，尖圆唇，窄折沿，弧腹，腹部饰弦纹。口径 26、残高 5 厘米（图一三，8）。

橄榄罐　9 件。均为夹砂灰陶，薄胎。标本 H40:10，翻沿，圆唇，侈口，束颈，鼓腹。通体饰细绳纹，颈部绳纹被抹掉。口径 17.2、底径 10、高 32 厘米（图一三，15）。标本 H40:4，尖圆唇，束颈，微鼓腹，器身饰细绳纹。口径 17.5、残高 8.2 厘米（图一三，11）。标本 H30:23，翻沿，圆唇，侈口，通体饰细绳纹。口径 18、残高 6 厘米（图一三，12）。

鬲　30 件。均夹砂灰陶，薄胎，器身饰细绳纹。标本 H40:25，尖圆唇，翻沿，侈口，器身饰细绳纹。口径 17.6 厘米（图一三，13）。标本 H30:20，圆唇，翻沿，颈部以下饰细绳纹。口径 20、残高 6 厘米（图一三，14）。

敛口瓮　64 件。分泥质、夹砂两类。

夹砂类　20 件。分二型。

A 型　15 件。沿部向内平折。标本 H40:19，胎厚，方唇，沿部及器身饰细绳纹。口径 28、残高 7 厘米（图一三，20）。标本 H40:27，胎较薄，尖圆，敛口，鼓腹，器身遍饰规整的细绳纹，腹部另饰两组弦纹。口径 28、残高 38 厘米（图一三，16）。

B 型　5 件。敛口，唇部加厚。标本 H30:24，夹砂红褐陶，圆唇，深腹略鼓，沿以下饰细绳纹。口径 33.5、残高 6 厘米（图一三，17）。

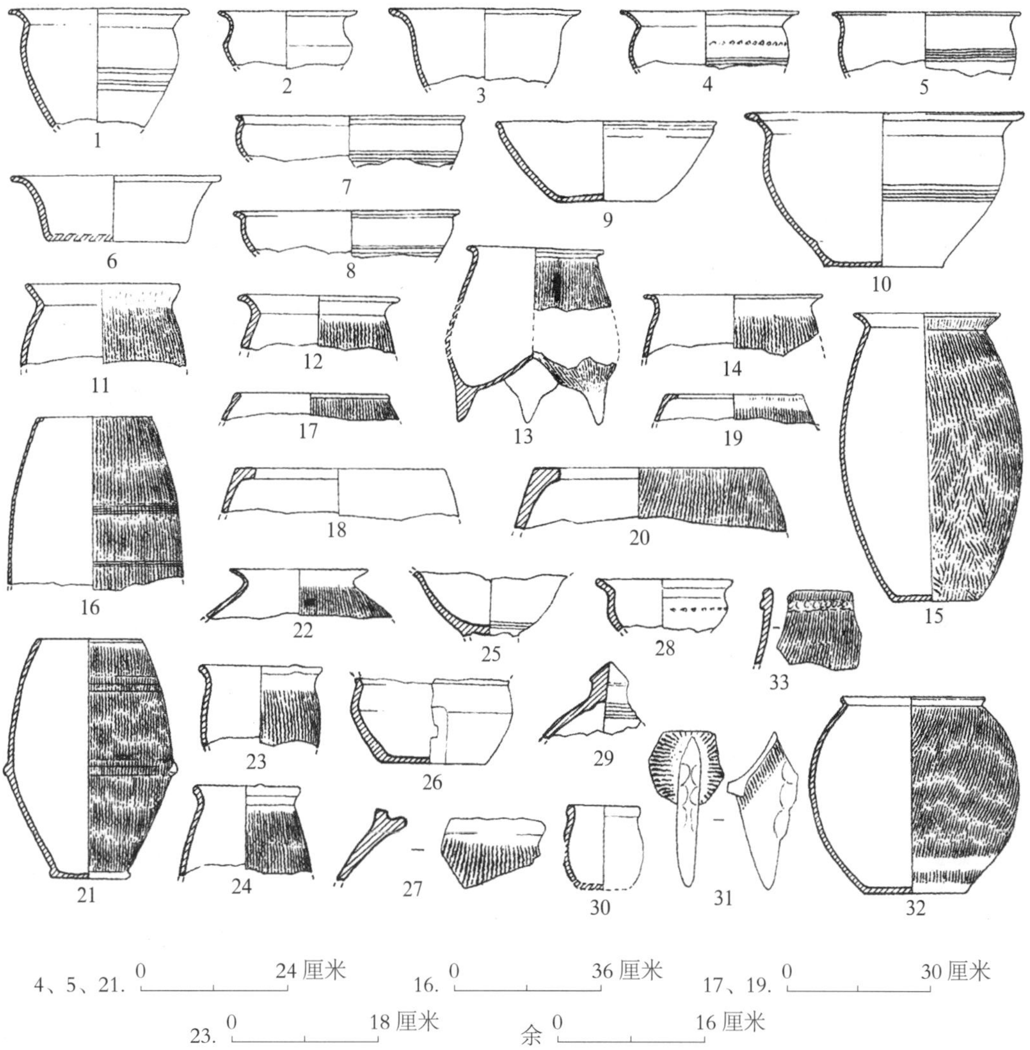

图一三　葛家庄二期陶器

1、3、4、10.Aa 型盆（H40：26、H30：33、H30：8、H30：82）　2、6.Ba 型盆（H30：37、H30：32）　5.Ab 型盆（H30：2）　7、8、9.Bb 型盆（H40：18、H40：21、H40：14）　11、12、15. 橄榄罐（H40：4、H30：23、H40：10）　13、14. 鬲（H40：25、H30：20）　16、20. 夹砂 A 型敛口瓮（H40：27、H40：19）　18、19. 泥质 A 型敛口罐（H66：1、H66：5）　17. 夹砂 B 型敛口瓮（H30：24）　21. 泥质 B 型敛口罐（W1：1）　22. 广肩罐（H30：38）　23、24. 捏口罐（T011 ③：1、H30：16）　25. 豆（H30：53）　26、28. 鼎（H30：9、H40：17）　27、33. 甗（H40：28、H40：11）　29. 器盖（H30：26）　30. 小罐（H30：36）　31. 鼎足（T014 ③：3）　32. 鼓腹罐（H40：12）

泥质类　44 件。分二型。

A 型　35 件，沿部向内平折。标本 H66：1，方唇，素面磨光。口径 24、残高 4 厘米（图一三，18）。标本 H66：5，敛口，方唇，通体饰绳纹，沿下绳纹被抹去。口径 31.2、残高 6 厘米（图一三，19）。

B 型　9 件。敛口或直口。标本 W1：1，敛口，尖圆唇，鼓腹，平底，假圈足，肩部和腹部饰两组弦纹，腹部饰有两对称的鸡冠耳。口径 18、底径 12、高 39 厘米（图一三，21）。

敛口瓮的底从出土的残片看可分为两种类型，平底和假圈足。

广肩罐　5 件。标本 H30∶38，泥质褐陶，尖唇，卷沿，束颈，沿部以下饰细绳纹。口径 16、残高 5 厘米（图一三，22）。

大口鼓腹罐　3 件。均为夹砂灰陶。标本 H40∶12，圆唇，折沿，鼓肩，鼓腹，平底。沿部以下通饰细绳纹，近底部的绳纹被抹掉。口径 16.5、底径 12、高 22 厘米（图一三，32）。

捏口罐　4 件。标本 T011∶1，夹砂灰陶，圆唇，侈口，卷沿，弧腹，沿以下饰中粗绳纹。口径 16、残高 9 厘米（图一三，23）。标本 H30∶16，夹砂灰陶，尖圆唇，束颈，斜腹，颈部以下饰规整的细绳纹。口径 12、残高 10 厘米（图一三，24）。

甗　只残存腰部和器足。甗腰一部分饰以附加堆纹。标本 H40∶11，厚胎，器腰部饰附加堆纹，器身饰中粗绳纹（图一三，33）。标本 H40∶28，器身饰细绳纹（图一三，27）。

鼎　2 件。盆形。标本 H40∶17，泥质磨光黑皮陶，尖圆唇，侈口，腹部近折，腹部饰一周楔形点纹。口径 15、残高 6 厘米（图一三，28）。标本 H30∶9，泥质黑皮陶，口沿部分残，折腹，平底，下腹部有安鼎足的长方形孔，素面。残高 9 厘米（图一三，26）。

鼎足　2 件。标本 T014∶3，侧三角形，近器底部有手捏纹。高 8.5 厘米（图一三，31）。

豆　2 件。标本 H30∶53，泥质黑皮陶，深腹，敞口，沿部残，近柄部饰一组弦纹（图三，25）。

器盖　7 件。标本 H30∶26，器身呈斗笠状，捉手呈苔状，器身近捉手处饰一组弦纹（图一三，29）。

泥质小罐　2 件。标本 H30∶36，厚圆唇，敛口，微鼓腹，素面。口径 8、残高 8 厘米（图一三，30）。

另外还有部分陶纺轮、陶垫等小件器物。

陶纺轮　5 件。标本 H40∶1，直径 5.9、孔径 0.8、厚 1.4 厘米（图一四，2）。标本 H30∶62，泥质黑皮陶，中间穿孔为两面钻。器表遍饰规整的戳印三角形纹。直径 4.2、孔径 0.7、厚 0.9 厘米（图一四，1）。

陶垫　1 件。标本 H30∶51，截面呈近半椭圆状，顶端和器中有圆形孔（图一五，9）。

2. 石器

有石铲、石镰、石刀、石纺轮等。

石铲　7 件。标本 T014∶2，弧刃，正锋，器中有穿孔，为两面钻。残长 11、宽 7.2 厘米（图一四，6）。

石刀　2 件。标本 H40∶4，砂岩，弧背，直刃，正锋。残长 8、宽 5.4 厘米（图一四，5）。

石镰　1 件。标本 H40∶6，青砂岩，残断处有对钻穿孔，直背，弧刃，正锋。残长 4.6、宽 4.1 厘米（图一四，3）。

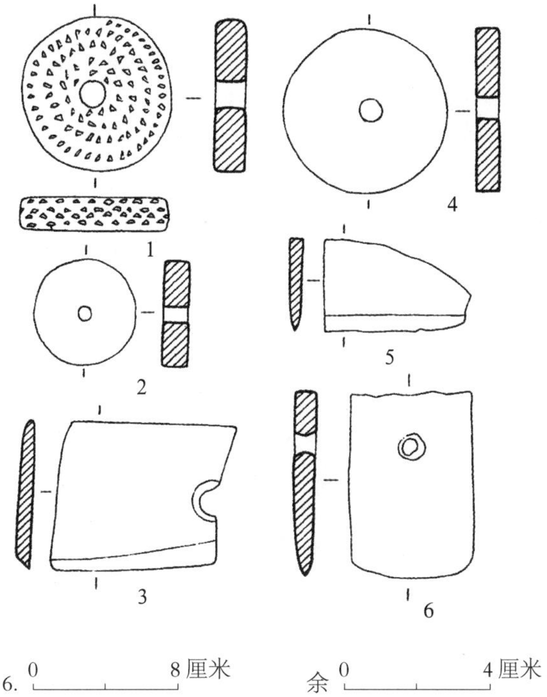

图一四　葛家庄二期遗物

1、2. 陶纺轮（H30∶62、H40∶1）　3. 石镰（H40∶6）　4. 石纺轮（H40∶2）　5. 石刀（H40∶4）　6. 石铲（T014∶2）

石纺轮　1件。标本H40∶2，青砂岩磨制而成。圆饼状，中部穿孔为单面钻。直径4.5、孔径0.7、厚0.6厘米（图一四，4）。

3. 骨器

有骨锥、匕、针、簪、镞等。

骨锥　5件。标本H30∶59，残长11.3厘米（图一五，1）。标本H40∶16，长8.1厘米（图一五，6）。

骨匕　2件。标本H30∶63，动物肢骨磨制而成。长6.8厘米（图一五，5）。

骨针　2件。标本H30∶79，截面呈圆形。长4.6厘米（图一五，8）。标本H30∶68，顶端有穿孔，长10厘米（图一五，4）。

骨簪　2件。标本H40∶7，近锥状。长11.2厘米（图一五，2）。标本H40∶15，长9.3厘米（图一五，3）。

骨镞　1件。标本H30∶67，动物角磨制而成。双翼，双面刃，尾部内凹。长3厘米（图一五，7）。

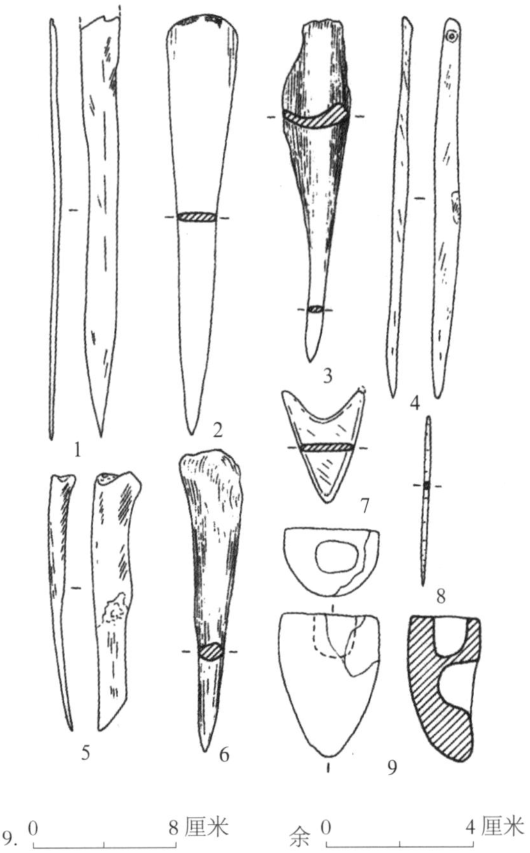

图一五 葛家庄二期遗物

1. 骨锥（H30∶59） 2、3. 骨簪（H40∶7、H40∶15） 4、8. 骨针（H30∶68、H30∶79） 5. 骨匕（H30∶63） 6. 骨锥（H40∶16） 7. 骨镞（H30∶76） 9. 陶垫（H30∶51）

四、结语

本次发掘遗址面积大，文化内涵丰富，无疑为冀南地区的先商文化研究增添了一批新的实物资料。

1. 文化特征

一期文化遗存的遗迹有灰坑、灰沟及房基等，其中灰坑以不规则形居多，另有圆形、椭圆形、方形等；房基发现较少，多为圆形或椭圆形。二期文化遗存的遗迹有灰坑、瓮棺葬等，灰坑多为不规则形，另有椭圆形、长方形等形制。

两期文化遗存的遗物均以陶器为主，主要器型有盆、橄榄罐、瓮、鬲、甗、豆、器盖、鼎等。但两期遗存的文化内涵有较明显的差别，一期陶器以夹砂陶为主，陶色多为褐色或深灰色，泥质陶多素面磨光。陶器烧制火候低，制作较粗糙，陶胎厚。纹饰有绳纹、弦断绳纹，素面磨光为主，另有少量弦纹、楔形点纹、附加堆纹、篮纹等，绳纹较粗散，深浅不一，花边口器较多。以平底器居多，三足器次之，三足器主要见于鬲、甗、鼎等器型，未见圜底器。以各种形制的盆数量最多。二期文化遗存的陶器泥质陶多于夹砂陶，泥质陶约占 61.5%。陶色以灰陶居多，颜色较一期略浅。陶器制作较精细，烧制火候高，陶胎较薄。纹饰仍以绳纹素面磨光居多，绳纹细而规整，纹理清晰；未见篮纹，花边口器少见。器型和一期相比差别不大，盆的数量明显增加。比较两期陶器几种器型，可以看出以下变化规律：鬲由花边高领、高裆向翻沿、薄胎、低裆发展；盆由卷沿侈口变为折沿或平卷沿，腹部由鼓变为微鼓腹或弧腹；橄榄形罐口部变化如鬲，腹最大径向下发展；器盖的钮由粗矮变为瘦高。尽管两期文化遗存之间存在着某些差异，但其文化内涵构成大体相同，且存在着一脉相承的发展关系，二者的差异正是同一文化不同发展阶段的客观反映。

2. 性质和年代

有关葛家庄遗址的性质以前曾有专文论及[1]。葛家庄先商文化遗存的总体文化面貌如以弧腹鬲、橄榄罐、卵形瓮、卷沿深腹盆、甗、敛口瓮为代表的陶器群与漳河型先商文化的陶器组合基本近同，陶器的形制也非常相近，说明葛家庄遗址的总体文化面貌属漳河型先商文化，但也存在很大的地区差异，应是同一文化不同地方类型的具体反映。

关于两期文化遗存的年代，我们认为其相对年代应相当于对葛家庄遗址整体分期的第 1、2 段[2]。

葛家庄遗址是近年来发掘的先商时期遗址中面积较大、文化内涵较为丰富的遗址之一，通过今年的发掘，大大增加了先商文化研究的资料，为本地区夏商时期时空框架的建立提供了实物材料。

附记：参加本次发掘工作的有郭瑞海、任亚珊、张文瑞、刘福山、贾金标以及河北省文物局第一届考古发掘领队培训班学员李恩玮、李军、富国、李伦、康玉震、樊瑞平、郑志利、李文龙、于宝全、刘德英、刘化成、张兆祥、王兴明、隆立新等同志，此次发掘得到了邢台市文化局的大力支持，在此深表谢意。

执笔 郭瑞海 任亚珊 贾金标
绘图 郝建文

注释

[1] 任亚珊、郭瑞海、贾金标：《1993 ～ 1997 年邢台葛家庄先商遗址、两周贵族墓地考古工作

的主要收获》；郭瑞海、任亚珊、贾金标：《邢台葛家庄先商文化遗存分析》，均见《三代文明研究》编辑委员会：《三代文明研究（一）》，科学出版社，1999 年。

[2] 郭瑞海、任亚珊、贾金标：《葛家庄先商遗存的几个问题》，张忠培、许倬云：《中国考古学跨世纪的回顾和前瞻（1999 年西陵国际学术研讨会文集）》，科学出版社，2000 年；贾金标、朱永刚等：《葛家庄遗址北区遗存的几点认识》（待刊）。

[原载于《河北省考古文集》（二），科学出版社，2001 年]

附表一　葛家庄遗址灰坑（沟）统计表

编号	所在探方	开口层位	期	坑口形状	尺寸（米）	出土遗物
H27	T011	3 层下	一期	方形	长 1.4、宽 1.35、深 0.5	敛口瓮、鬲、泥质灰陶盆等
H28	T001	3 层下	一期	椭圆形	长径 1.5、短径 1.05、深 1.1	鬲、罐、泥质灰陶盆
H29	T001	3 层下	一期	椭圆形	长径 1.5、短径 0.9、深 0.55	泥质褐陶盆、夹砂黑褐陶罐
H31	T009	3 层下	一期	不规则形	长 4、宽 1.4、深 0.75	泥质瓮、鬲、磨光黑陶盆
H33	T004	3 层下	一期	不规则形	长 2.75、宽 0.9、深 0.57	盆、罐、甗、敛口瓮、杯
H34	T013	3 层下	一期	不规则形	长 1、宽 0.4、深 0.5	鬲、罐
H35	T013	3 层下	一期	圆形	直径 1.1、深 0.5	罐
H36	T011	3 层下	一期	圆形	直径 1.75、深 1.95	豆、钵、瓮、鬲、磨光黑陶盆
H37	T011	3 层下	一期	不规则形	长 2.3、宽 0.8、深 1.1	泥质灰陶瓮、罐、鬲、甗、磨光黑陶盆
H38	T005	3 层下	一期	不规则形	长 3.05、宽 2.6、深 0.75	鬲、甗、泥质灰陶盆、罐
H39	T013	3 层下	一期	椭圆形	长径 1.5、短径 1.14、深 0.76	鬲、甗、豆、磨光黑陶盆
H41	T014	3 层下	一期	圆形	直径 0.7、深 0.45	敛口瓮
H42	T005	3 层下	一期	不规则形	长 2.9、宽 2.1、深 0.7	鬲、泥质灰陶盆、罐
H44	T006	3 层下	一期	不规则形	长 2.1、宽 1.3、深 0.9	陶鬲、鼎、甗、盆、瓮、石铲
H45	T001	3 层下	一期	不规则形	长 1.5、宽 0.85 ~ 2.2、深 0.5	泥质灰陶盆、罐
H46	T007	3 层下	一期	不规则形	长 3.8、宽 0.6、深 0.5	鬲、器盖、盆、罐
H47	T007	3 层下	一期	不规则形	长 4、宽 2.74、深 0.65	蛋形瓮、鬲、甗、泥质灰陶盆
H48	T007	3 层下	一期	不规则形	长 3、宽 2.05、深 0.6	鬲、甗、杯、泥质灰陶盆、罐
H49	T011	3 层下	一期	方形	长 1.2、宽 1.05、深 0.3	磨光黑陶盆、鼎、瓮
H50	T001	3 层下	一期	圆形	直径 1.5、深 0.7	蛋形瓮、鬲、磨光黑陶盆
H51	T001	3 层下	一期	不规则形	长 2.3、宽 1.3、深 1.6	盆
H54	T019	3 层下	一期	不规则	长 1.9、宽 1.45、深 0.73	陶器残片、石镰
H56	T018、T019	3 层下	一期	椭圆形	长径 2.4、短径 1.8、深 1.63	陶鬲、罐、瓮等残片，石铲、石纺轮
H57	T023	3 层下	一期	不规则形	长 1.6、宽 1.3、深 0.58	盆、罐等残片
H58	T018、T019	3 层下	一期	圆形	直径 2.4、深 0.6	陶鬲、罐、豆、鼎等残片，石镰、石刀等

续表

编号	所在探方	开口层位	期	坑口形状	尺寸（米）	出土遗物
H61	T023	3层下	一期	椭圆形	长径1.10、短径0.65、深0.25	盆、罐等残片
H62	T023	3层下	一期	椭圆形	长径1.3、短径0.75、深0.65	鬲、盆、罐等残片
H64	T022、T023	3层下	一期	不规则形	长2.8、宽2.1、深1.6	鬲、罐、盆、器盖，石刀、石镰、卜骨
H65	T025	3层下	一期	不规则形	长1.8、宽1.1、深0.4	罐、盆等残片
G1	T009	3层下	一期		长3.9、宽0.2～1、深0.5	鬲、甗、盆
G2	T011	3层下	一期		长1.34、宽0.34～0.65、深0.08～0.14	罐
G3	T013	3层下	一期		长4、宽2.6～3.7、深1.75	鬲、甗、盆、器盖
G104	T013、T014	3层下	一期		长9、宽3.33、深1.6	陶盆、器盖、豆、瓮、甗、鬲、罐，石镰、铲、刀，骨锥、簪、卜骨，铜刀
H30	T011	2层下	二期	不规则形	长2.45、宽1.2、深0.65	鬲、甗、盆、钵等
H32	T011	2层下	二期	长方形	长1.6、宽1、深1.12	罐、瓮、豆、盆、器盖
H40	T008	2层下	二期	长方形	长4、宽3、深1.55	盆、罐、鬲、瓮
H43	T006	2层下	二期	不规则形	长1.8、宽1.3、深0.5	罐、盆、瓮
H66	T022、H023	2层下	二期	不规则形	长1.7、宽1.2、深0.6	鬲、罐残片
H67	T021、T022	2层下	二期	不规则形	长2.1、宽1.3、深0.8	罐、盆，兽骨
H68	T021	2层下	二期	不规则形	长1.2、宽1、深0.9	盆、罐残片

附表二　邢台葛家庄遗址一期典型单位陶片统计表　（单位：G104）

纹饰＼陶质	夹砂			泥质			合计	百分比（%）
	灰	黑皮陶	褐	磨光黑陶	褐	灰		
附加堆纹	2	5	2	1		1	11	0.62
粗绳纹	399	344			1	12	756	43.03
细绳纹	276	38	147				461	26.24
弦断绳纹	30	46	6				132	7.51
篮纹						1	1	0.06
素面				216	20	94	33	18.78
指甲纹				2		1	3	0.17
弦纹				47	2	10	59	3.36
楔形点纹				3			3	0.17
圆圈纹				1			1	0.16
合计	757	433	155	270	23	119	1757	
百分比（%）	43.1	24.61	8.83	15.36	1.32	6.78		100
	76.54			23.46				

附表三　邢台葛家庄遗址二期典型单位陶片统计表　（单位：H30）

纹饰＼陶质	泥质						夹砂				合计	百分比（%）
	灰	黑	褐	黑皮	红褐	灰褐	灰	褐	灰褐	黑皮红褐		
细绳纹	27			2		2	141	96	39	46	353	25.3
中粗绳纹			4				62	27	24	18	135	9.6
弦断绳纹							32	24	18	12	86	6.3
弦纹	22	40	64	48	8	21					203	14.6
楔形点纹	1	11	6	4							22	1.8
附加堆纹			1								1	0.07
素面	46		123	138		151					458	32.4
磨光	10	99	22		9						140	9.9
合计	106	150	220	192	17	184	235	147	81	76	1408	
百分比（%）	7.5	10.6	15.6	13.6	1.2	13	16.8	10.6	5.7	5.5		100
	61.4						38.6					

河北邢台市葛家庄10号墓的发掘

河北省文物研究所　邢台市文物管理处

邢台葛家庄两周墓地是1993年邢台市河北轮胎厂在扩建工程中发现的。经钻探，该墓地有墓葬近千座，其中包括几座带墓道的大型墓葬。1993年11月至1994年5月，河北省文物研究所和邢台市文物管理处对墓地东区的两周墓葬进行了发掘，其中清理春秋时期墓葬15座，除一座大型墓外，其余均为小型墓。此次发掘以前有过专文论及[1]，本文仅对其中的大型墓（编号为M10）简报如下。

一、墓葬形制

10号墓开口于第2层下，墓口上为耕土层和扰土层，打破部分西周墓葬。该墓为刀形竖穴土坑墓，墓向180°（图一）。

墓道为斜坡形，水平长度47.2、宽4.6米，坡度为13°。墓道两壁经过加工，抹以草拌泥。填土为五花土，夯打结实。至墓道口近8米处有一道由砾石砌成的宽约2米的石墙，再往里3米有一道宽近0.7米的砾石堆积。在墓道距墓室5.3米处置一车。车为单辕双轮方形舆车，保存较差。未见衡，辕长2.4米；车轮直径1.6、轴长2.3、轴径0.08、牙厚0.6米；舆

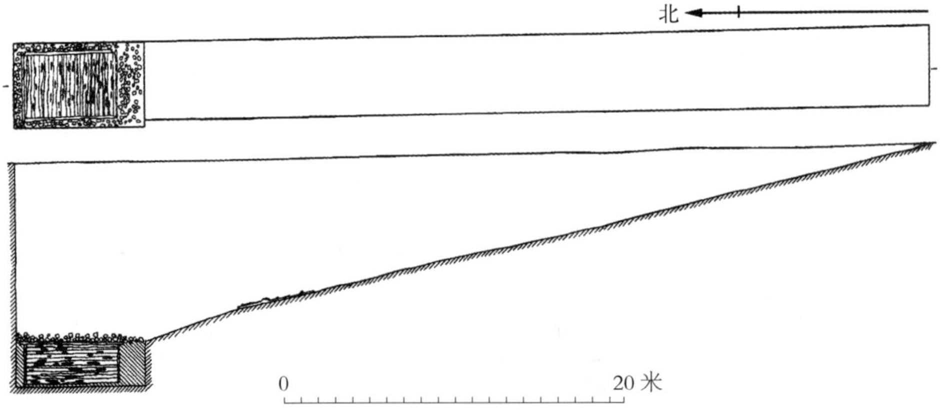

图一　葛家庄10号墓平、剖面图

部只残存底部。出土有軎、銮铃、圆蚌饰、铜泡等车饰件。墓道与墓室连接处也出有一车，因腐朽较甚无法清理，仅发现几件车器。

墓室为长方形竖穴，南北长 7.8、宽 5、深 13.2 米，墓四壁加工规整，并抹以 0.5 厘米厚的草拌细泥。填土夯实，夯窝直径 0.08 ~ 0.1、深 0.04 ~ 0.06 米。墓室底部中央有椁室，南北长 5.6、东西宽 4、高 2 米。椁的顶部堆置一层砾石。椁壁由方木垒成，椁盖用木板横铺，中部被压塌，木板宽 0.2 ~ 0.3、厚 0.15 米。椁室内置三层木棺，三重棺均髹漆，外棺镶以石、蚌饰件。三棺北部均为盗坑所毁。外棺残长 2.65、宽 2.15 米，高不详；二重棺长 2.1、宽 1.75 米；内棺残长 1.86、宽 1.23 米，高度不详。在内棺顶部置一带匣铜剑，匣为皮质，外髹漆，漆片上饰云雷纹。骨架仅存骨盆以下，经辨认葬式应为仰身直肢，男性，成年。随葬品的放置情况大致为：椁与外棺之间东侧置车马器和漆器，西侧置兵器及用于放置物品如铜贝、蚌贝、骨贝等的大、小漆箱；在椁室西壁置两根髹红漆饰盘龙纹的木棍尤其引人注目；制作精美的错金鸟篆文铜戈紧靠椁室北壁；矛置于椁室南壁；二重棺和内棺之间西侧置编钟、磬等乐器，东侧因被盗情况不详（图二）。

此墓共发现 10 个盗坑，盗坑为圆角长方形。

二、随葬品

由于被盗掘严重，铜礼器已大多无存，只残存少量的器盖、足、耳等。出土的随葬品主要有兵器、乐器、生产工具、装饰品及车马器等。从质地上分为铜、玉、石、骨、漆器及包金铜器等几类，共 127 件（组）。

1. 铜器

可分为容器、乐器、兵器、工具、车马器及杂器等。

（1）容器

6 件。仅存器盖、器耳、器足等。

器盖　1 件。M10∶119，覆碗状，圆捉手。捉手饰蟠螭纹，盖面饰蟠虺纹。盖直径 24 厘米，捉手直径 9 厘米（图三，2；彩版一，3）。

器耳　1 件。M10∶97，兽形。器表饰阴刻线纹。残长 9.7 厘米（图四，8）。

鼎足　2 件。M10∶30，兽蹄形足，内有泥芯。残高 14 厘米（图四，6）。

（2）乐器

6 件（组）。器类有甬钟、钮钟、编镈、铃等。

编镈　1 件。M10∶7，只残存钮部，为带角、带翼的飞虎形。虎身、尾部饰鱼鳞状纹。残长 18.9、宽 14 厘米（图四，12）。

钮钟　2 件。M10∶6，合瓦形。桥形扁钮较长、薄，表面平整。舞部椭圆形，饰蟠螭纹；钲部有长方形框 5 层，中间两层为篆部，饰蟠螭纹；乳丁状枚，每组 3 个，共 36 个，枚顶

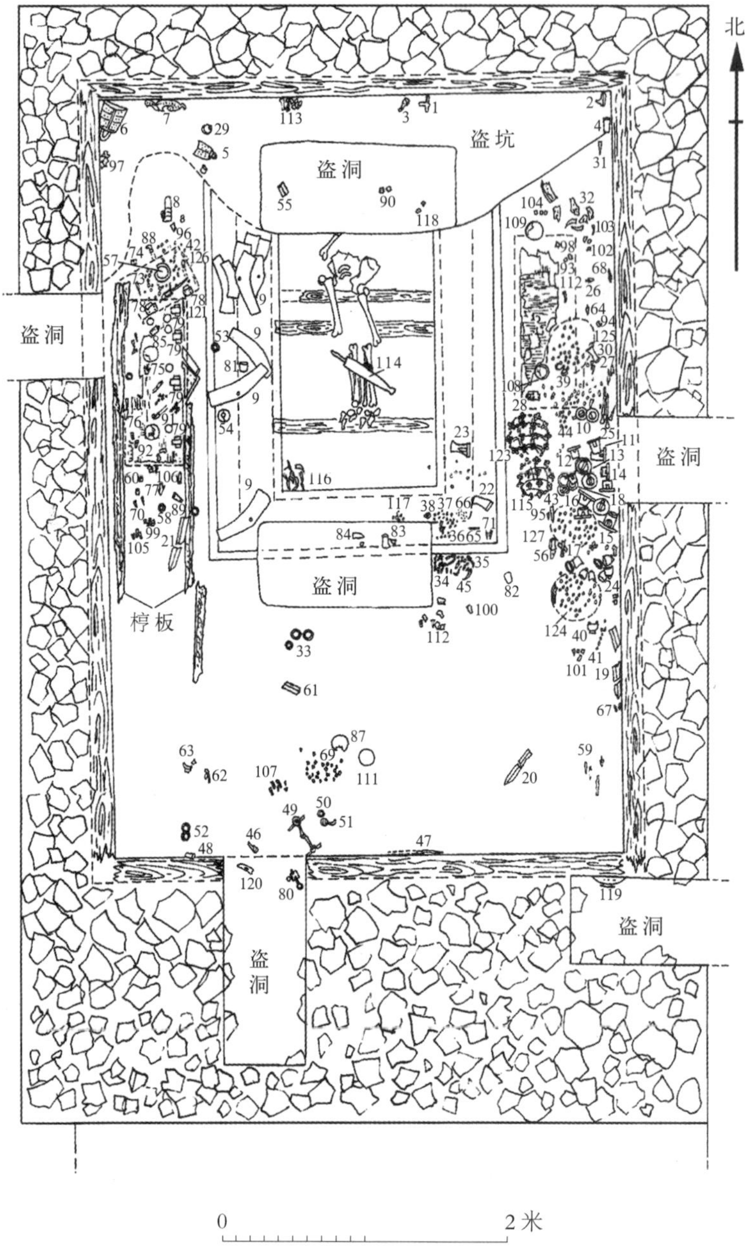

图二　M10墓室平面图

1、2. 铜戈　3、4、31、46、48、89. 铜镈　5、6. 铜钮钟　7、铜编镈钮　8. 铜甬钟　9. 石磬　10 ~ 16、18、43. 铜车軎　17、95. 玉柄形器　19 ~ 21、61. 玉戈　22. 铜锛　23. 铜斧　24. 铜明器钮钟　25 ~ 27、59、64、68、71、75. 铜镞　28、78、79. 铜合页　29. 铜铃　30、83. 铜鼎足　32、112. 铜器残片　33、39、50、53. 铜环　34. 玛瑙串珠　35. 角觿　36、42. 骨贝　37、44、99、117、118. 蚌贝　38、60、63、73、77、86、91 ~ 93、98、106. 铜饰件　40. 铜镬形器　41、66、90. 包金铜贝　45、55、82、96、100 ~ 102、105. 石饰件　47. 铜矛　49、52. 铜马衔　51、62. 铜带钩　54. 玉璧　56. 骨管　57、85、87、108 ~ 111. 包金泡饰　58、67、84. 玉饰件　65. 石条　69. 铜串珠　70. 玉璜　74、80. 铜带扣　76. 铜削　81. 铜管　88. 铜穿饰　94. 铜片　97. 铜器耳　103. 玉觿　104. 石环　107. 铜泡饰　113. 骨尺　114. 铜剑　115、123 ~ 125、127. 漆器　116. 蚌鱼　119. 铜器盖耳　120. 角镳　121、122、126. 漆箱

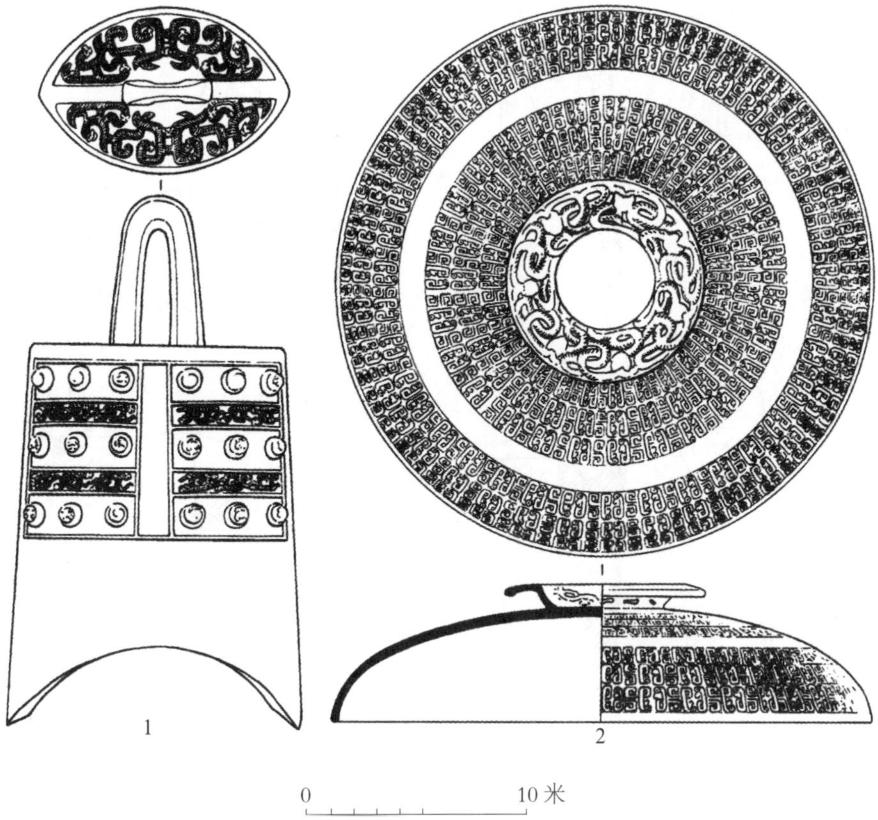

图三　铜器

1. 钮钟（M10∶6）　2. 器盖（M10∶119）

部饰以兽面形纹饰，但较模糊；鼓部宽，素面；曲于，铣间素面。通高23.4厘米（图三，1；彩版一，6）。

明器钮钟　1组（8件）。大小不一，含铅量较高。均为合瓦形，素面（图版二，6）。最大的1件为M10∶24-1，桥形钮，舞部呈椭圆形。通高10.8厘米（图四，4）。最小的1件为M10∶24-8，通高5.4厘米（图四，2）。

甬钟钮　1件（M10∶8）。钮长13.4厘米（图四，10）。

(3) 兵器

19件（组）。器类有戈、剑、削、矛、镞、镈等。

戈　2件。狭援阔胡式。M10∶1，锋作弧形，尖削，援上锋较平直，下锋弧，无脊，阑三穿，内部长条形，后端燕尾式，中间有圭形穿。援部正、背面有错金鸟篆文文字8个“玄镠赤镛之用戈辟”（图五，2、3；彩版一，1）。M10∶2，长援，尖锋，长胡，阑侧长方形，四穿，援与内不在一条直线上，背凸起，剖面呈菱形，内长方形，中部有一长方形穿。援长15.7、内长7.4、阑长11.8厘米（图五，1）。

镈　6件，分三型。

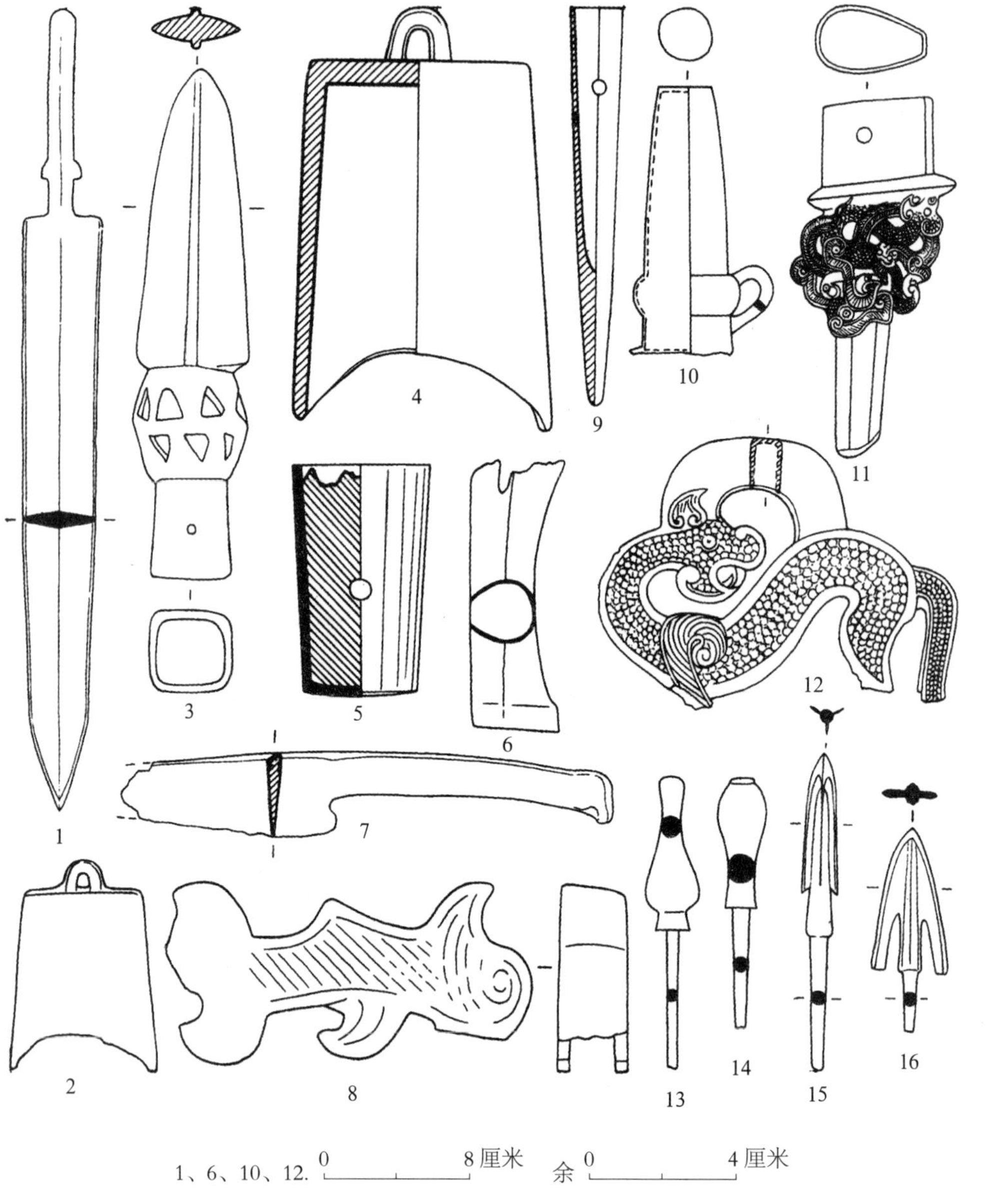

图四 铜器

1. 剑（M10∶114） 2、4. 明器钮钟（M10∶24-8、M10∶24-1） 3. 矛（M10∶47） 5.C 型镈（M10∶48） 6. 鼎足（M10∶30） 7. 削（M10∶76） 8. 器耳（M10∶97） 9.A 型镈（M10∶31） 10. 甬钟钮（M10∶8） 11.B 型镈（M10∶3） 12. 编镈钮（M10∶7） 13、14.C 型镞（M10∶25-1、M10∶25-2） 15.B 型镞（M10∶59-1） 16.A 型镞（M10∶26-1）

A 型　2 件。锥形，表面有一圆形穿。素面。M10∶31，高 10 厘米（图四，9）。

B 型　2 件。M10∶3，近椭圆形銎，柱状底，近銎口处有一周凸棱。棱下两面饰镂空蟠螭纹。通高 9.1 厘米（图四，11；彩版一，2）。

C 型　2 件。M10∶48，口部略大于底部。器表为多棱形，中部一侧有穿孔，器内仍残存一段柲。口径 3.7、通高 5.9 厘米（图四，5）。

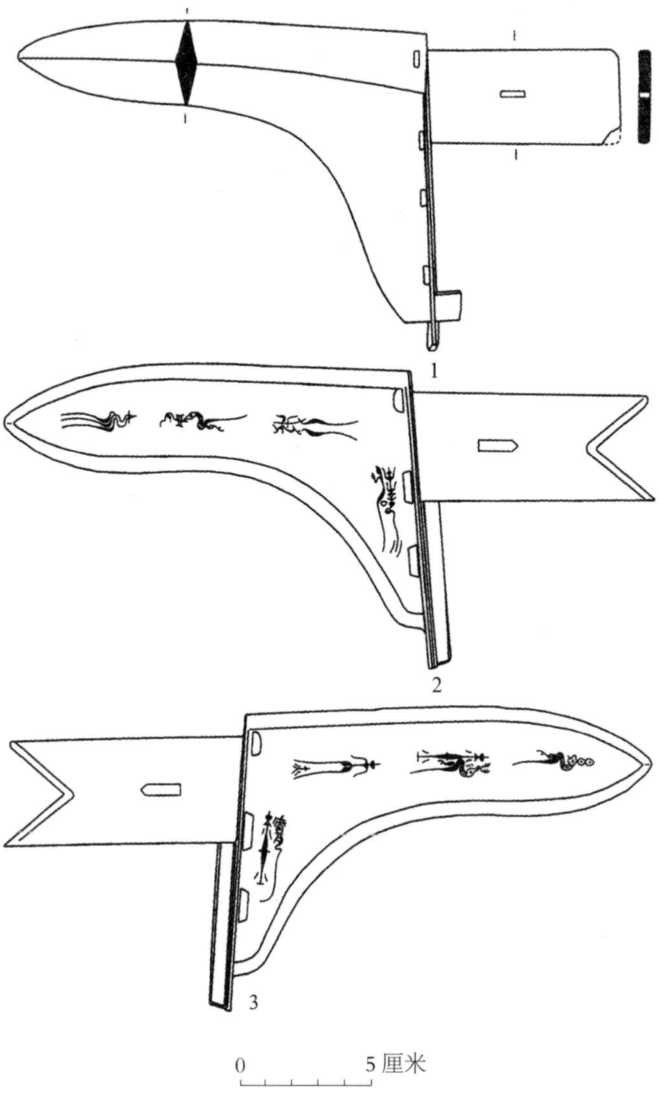

图五　铜戈

1.M10∶2　2、3.M10∶1（正面、背面）

剑　1件。M10∶114，有匣，匣为皮质，已腐烂。剑身呈柳叶形，锋刃锐利；中脊凸起，横断面呈菱形；有格，格为木质，已朽；茎部扁平，无首，茎部原来所包东西已无存。通长41厘米（图四，1；彩版一，5）。

削　1件。M10∶76，已残。截面呈倒三角形。偏锋，双刃，长柄，柄的剖面呈倒梯形，刃部锋利。残长13厘米（图四，7）。

矛　1件。M10∶47，双刃，双脊，断面呈菱形，中脊起棱窄而高；两叶面略宽，叶底钝转角，两刃略弧，锋端圆钝；銎部呈近方形，中腰以上近叶端镂空，镂孔呈三角形；骹下端有一圆形穿，穿径0.3厘米。长13厘米（图四，3；彩版一，4）。

镞　8 组（15 件）。部分锡质，分三型。

A 型　10 件。双翼式。M10∶26-1，尖锋，体扁平，双翼中脊有棱，脊两侧有血槽，尾翼向外分离，下接圆柱形铤，连接处有关阑。镞身长 3.6、两翼间宽 2.1、铤长 1.6 厘米（图四，16）。

B 型　2 件。三棱式。M10∶59-1，镞身修长，截面呈等腰三角形。三棱三刃，带有血槽，尖锋，利刃，细长铤。镞身长 4.7、铤长 3.4 厘米（图四，15）。

C 型　3 件。圆柱式。无锋，无刃，上端平齐，下有长铤。M10∶25-1，平顶，上小底大，有关阑，下接长铤。镞身长 3.9、铤长 3.5 厘米（图四，13）。M10∶25-2，平顶，首大，腰细，宽阑，下接长铤。镞身长 3.3、铤长 3.1 厘米（图四，14）。

（4）工具

2 件。器类为斧、锛。

斧　1 件。M10∶23，形体扁平，上宽下窄，两面刃，銎呈长方形，口外侧有加厚的凸棱。器体中部有较大的方形穿。长 16.4 厘米（图六，2）。

锛　1 件。M10∶22，形体厚而大，刃部残，长方形銎，銎口外侧饰一周箍状凸棱。残长 16.8、銎口宽 6 厘米（图六，1）。

（5）车马器

12 件（组）。器类有軎、衔、铜泡等。

軎　9 组（18 件），分二型。

A 型　12 件。軎圆筒形。M10∶14，衡端外侧有一箍状的半圆凸棱。直壁，近缘处两面有长方形穿，穿中有辖。辖首简单粗糙，辖身长条形，末端有长方孔。軎筒口端大，衡端小。衡端直径 5、口端直径 9、軎长 8、辖长 9.2 厘米（图六，6）。M10∶15，衡端外侧有一箍状凸棱，軎筒周壁近箍端饰贝形纹饰，以下饰蟠螭纹；辖首兽面，辖身长条形，辖尾端有长方形孔。軎长 4.9、衡端直径 5.4、口端直径 8、辖长 8.5 厘米（图六，7）。M10∶16，軎筒周壁饰蟠螭纹，辖首兽面，辖身长条形。軎长 4.6、辖长 8.6、衡端直径 5、口端直径 8 厘米（图六，10）。

B 型　6 件。衡端封闭形。M10∶13，素面。軎筒直壁十二棱式，衡端封闭，较细，口端大，折沿。直筒近沿的穿辖孔处两侧宽大，凸起，有一对长方形孔以置车辖。辖呈“1”形，头、尾均有椭圆形穿孔。軎长 10.6、衡端直径 4.6、口端直径 8.6、辖长 7.2 厘米（图六，9）。

马衔　2 件。M10∶49，衔细杆状，两端有环，一端环大向外，一端环小向内，两杆向内的两小环，一侧斜一侧平互套，组成中央可以活动的全衔。外端大环呈绞索状。长 11.3 厘米（图六，8）。

（6）其他

37 件（组）。器类有带扣、合页、铜环、包金泡饰、包金铜贝等。

包金泡饰　8 件。M10∶108，圆形，器表有大小不一的长方形镂孔。外包一层薄金箔，

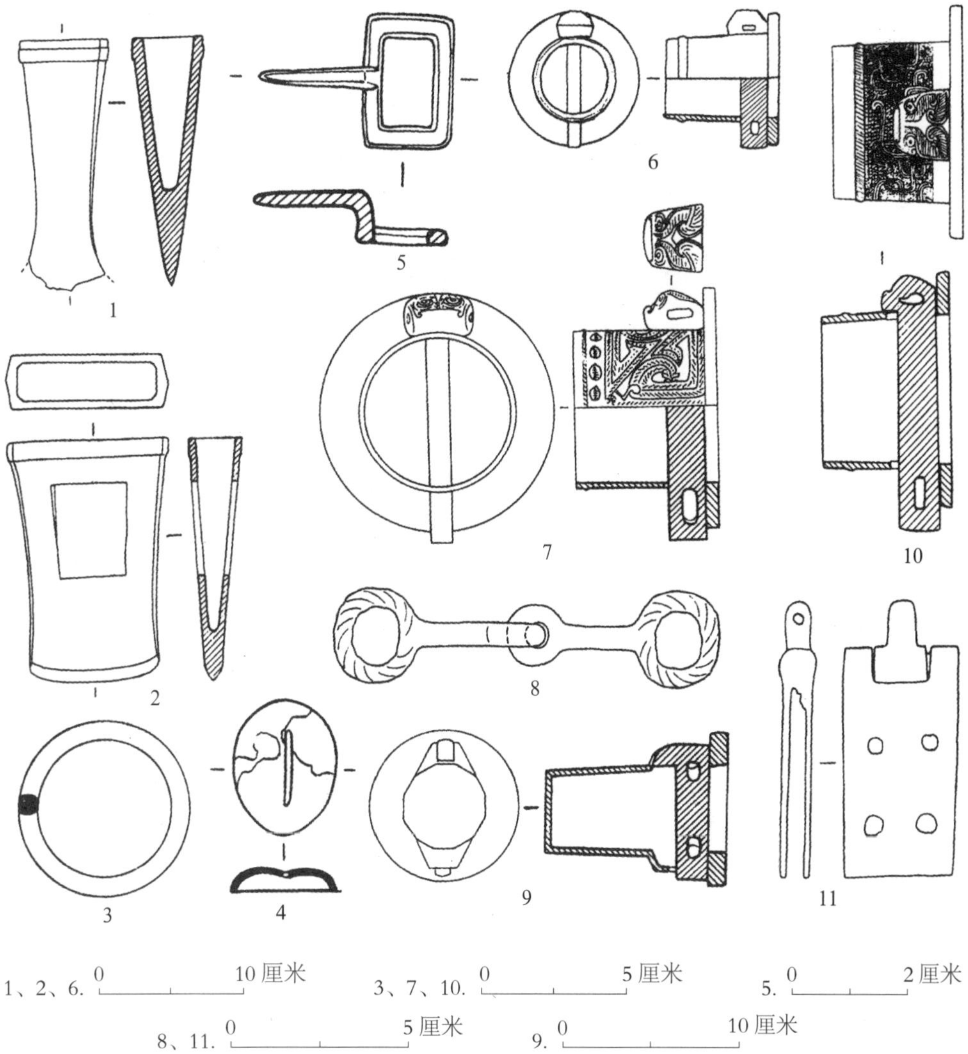

图六　铜器

1. 锛（M10∶22）　2. 斧（M10∶23）　3. 环（M10∶53）　4. 包金铜贝（M10∶41-1）　5. 带扣（M10∶74）
6、7、10.A 型车軎（M10∶14~M10∶16）　8. 马衔（M10∶49）　9.B 型车軎（M10∶13）　11. 合页（M10∶79）

金箔上压印蟠螭纹。直径 13.5 厘米（图七）。

带扣　2 件。M10∶74，长方形框，截面呈长方体。一侧有锥形带扣卡（图六，5）。

合页　3 组（8 件）。M10∶79，平面呈长方形，有 4 个穿孔。边端中空圆形，中间有插轴，可活动。通高 7.8、宽 3.4 厘米（图六，11）。

环　4 组（6 件），形制大小相同。M10∶53，外径 3 厘米（图六，3）。

包金铜贝　5 组（532 枚）。M10∶41，15 件，形制相同。包金，器中部内凹且有长条形穿孔，素面。长 2.3 厘米（图六，4；图版二，3）。

串珠　1 串。M10∶69，共 34 枚珠。

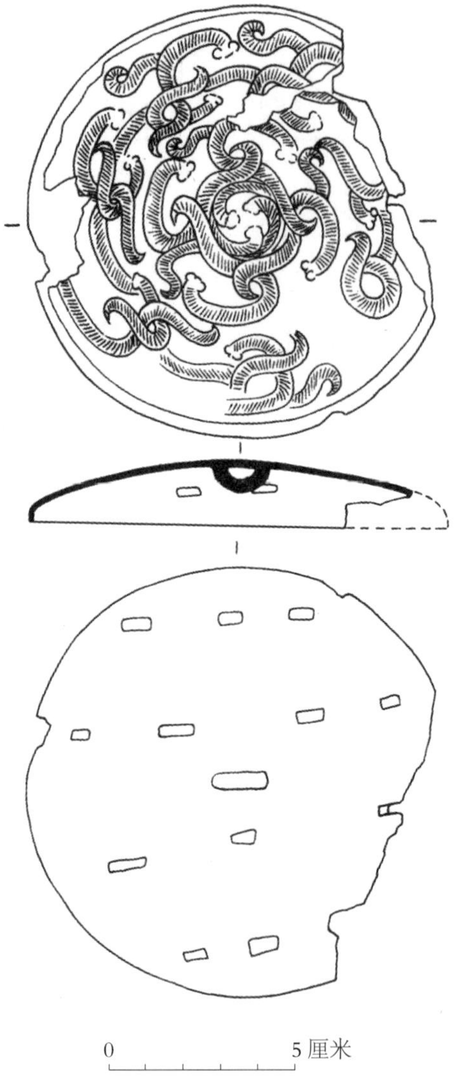

图七　包金泡饰
（M10：108）

2. 玉、石器

24件（组）。器类有石磬、玉戈、玉柄形器、玉璧、玉璜、玛瑙串珠及玉、石饰件等。

石磬　1组（10件）。均为浅灰色石灰岩磨制加工而成。大小有差别，形制大体相同。鼓、股、博较窄，弧近低平。最大的1件为M10：9-1，长52、宽16厘米；股部长19.5厘米，上角83°、下角108°；鼓部长27厘米，上角81°、下角110°。倨句132°，孔径前1.8、后1.2厘米（图八，6）。最小的1件为M10：9-10，已残。通长25.3、宽10.5、厚2.1厘米；股部长11.5、博9厘米，上角85°、下角96°；鼓部长14.8、博7厘米，上角76°、下角104°；倨句132°，倨孔径前1.8、后1.2厘米（图八，12）。

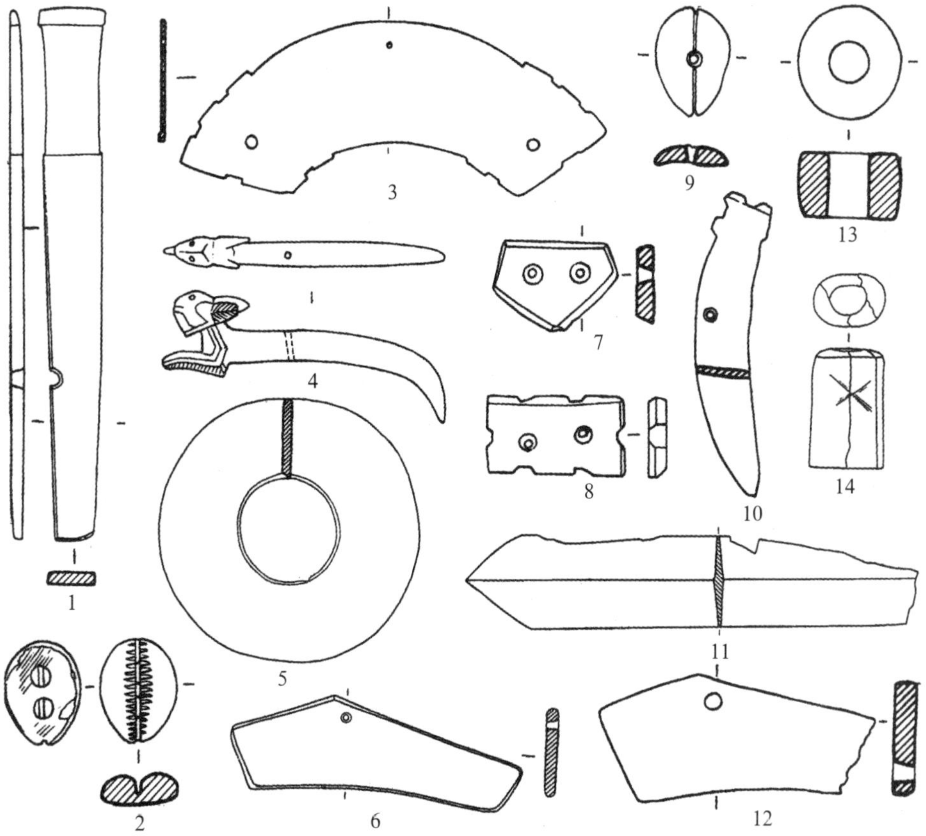

图八　遗物

1. 玉柄形器（M10∶17） 2. 骨贝（M10∶42-1） 3. 玉璜（M10∶72） 4. 角觿（M10∶35） 5. 玉璧（M10∶54）
6、12. 石磬（M10∶9-1、M10∶9-10） 7.B 型石饰件（M10∶102-1） 8.A 型石饰件（M10∶101-1）
9. 蚌贝（M10∶44） 10. 玉觿（M10∶103） 11. 玉戈（M10∶20） 13. 石环（M10∶104） 14. 骨管（M10∶56）

玉戈　4 件，均残。深灰色，玉质较次。M10∶20。尖首，两面有锋，中间起脊。残长 41 厘米（图八，11）。

玉柄形器　2 件。M10∶17，浅青色，质地较佳。长 23.3 厘米（图八，1；图版二，5）。

玉璧　1 件。M10∶54，深褐色，有斑点，玉质较次，加工粗糙。中部穿孔呈斜壁状。直径 11.7、厚 0.5 厘米（图八，5）。

玉璜　1 件。M10∶72，器表光滑细腻，有斑。顶部和两端有单面穿的小孔，两端及侧面有锯齿状凸棱。素面。长 9.6、厚 0.1 厘米（图八，3）。

玉觿　1 件。M10∶103，中腰上有一穿孔，尾部有近齿状饰。素面。长 6.5 厘米（图八，10）。

玛瑙串珠　1 串。M10∶34，由扁圆珠和短管相串而成（图版二，4）。

石环　1 件。M10∶104，磨制细腻，壁厚。直径 2.4、孔径 0.9 厘米（图八，13）。

石饰件　8 组（400 余件），分方形、三角形两类。

A 型　300 余件。方形。M10∶101-1，器中间有两单面钻穿孔，四边均有较浅凹槽。长 3、宽 1.7 厘米（图八，8）。

B 型　100 余件。三角形。M10∶102-1，器中间有两单面穿圆孔，器边平直。长 2.8、宽 2 厘米（图八，7）。

3. 骨、角、蚌器

12 件（组）。器类有骨管、尺、贝，角觿、镳、蚌鱼、贝等。

角觿　1 件。M10∶35，柄部兔形，尖尾，器中有一小圆形孔。长 6.5 厘米（图八，4；图版二，1）。

骨管　1 件。M10∶56，动物肢骨磨制加工而成，截面呈椭圆形。长 5.2 厘米（图八，14）。

骨贝　2 组（620 枚）。M10∶42-1，动物肢骨磨制而成。器表正中为一深凹槽，其两侧有锯齿状浅槽。背面有两圆形未透钻穿孔，穿孔仅钻至正面凹槽处以便穿绳。长 2.3 厘米（图八，2）。

蚌鱼　1 组（118 件）。M10∶116-1，蚌壳加工而成（图版二，2）。

蚌贝　5 组（328 枚）。M10∶44，器中部有一周凹槽，中间有一单面穿钻孔。长 2.4 厘米（图八，9）。

4. 漆、木器

9 件。大多已朽，很难辨其形状。根据现场观察，器类主要有盘龙棍、漆箱、镶蚌漆器等。

盘龙棍　1 件。置于椁室西壁。木质，髹红漆，器表绘黑色龙纹图案。出土时残长近 2 米。

漆箱　3 件。位于椁与外棺之间的东、西两侧。根据漆片及附近整齐排列的铜合页分析，应为形制较大的漆箱，其用途当为放置小件随葬物品。M10∶121，器表髹漆为白地黑彩的雷云纹，箱盖镶有铜圆泡饰，箱盖与箱体有 4 个合页相连。器长 1.14、宽 0.43 米，高度不详。M10∶126，器表髹漆为红地黑彩的变形蟠虺纹，箱盖与箱体有两合页相连。器长 0.5、宽 0.33 米。

漆器　5 件。只残存漆器上镶嵌的蚌饰。M10∶123，器表蚌饰呈花瓣状。

此外，在 M10 南部和东部还发现数十座同时代的中、小型墓葬，已在其南部发掘 14 座，均为长方形竖穴土坑墓。随葬品多为陶器，有的墓还出有铜戈。陶器组合为鼎、豆、罐、鬲、豆、罐、豆、罐、盒，个别墓葬还出有彩绘陶壶等。

三、结语

1. 年代

虽然 M10 未出土有明确纪年的资料及判断年代的青铜礼器、陶器等，为墓葬的时代推断带来一定的困难，但从器物的纹饰、部分器物的形制、鸟篆文铜戈等方面综合来看，可将该墓的年代定在春秋晚期晚段或战国早期早段。

其一，器物纹饰方面，残存青铜器多饰蟠虺、细虺纹以及蟠螭纹等，均为春秋中晚期铜器上的典型纹样。与其他几处典型墓地出土的器物纹饰比较，包金泡饰（M10∶12）与上马墓地 M1005∶32 [2]、器盖与上马 M5218∶2 鼎腹部纹饰及太原赵卿墓簋、舟纹饰 [3] 近同，上述器物的年代被确定为春秋战国之际，M10 的年代也应大概与之相当。

其二，器物形制方面，戈、剑、镞等兵器和軎等车马器与赵卿墓出土的同类器相近。B 型镈和长治分水岭 M269∶73 [4]、上马墓地 M2008∶20 的镈近同；铜钮钟与长治分水岭 M269∶34 无论形制还是纹饰均非常相近，编磬与赵卿墓出土的也近同。因此，M10 时代也应与上述几处墓地大体相同。

其三，鸟篆文是春秋晚期吴越地区青铜器铭文的一种风格。有关 M10 所出铜戈，李学勤先生曾撰文论及，认为此戈为吴器 [5]，葛家庄 M10 鸟篆文铜戈与中原地区铜戈形制有别，文字与山西万荣贾家崖的“王子于戈” [6] 等相近，时代应为春秋末年。

根据以上分析，我们认为葛家庄 M10 的年代为春秋战国之际。

2. 墓主人身份

如此大型的春秋战国之际墓葬在河北地区尚不多见，而从其规模、用棺制度分析，此墓应为一座高级贵族墓葬。《礼记·檀弓上》载“天子之棺四重”，郑注“尚深邃也，诸公三重，诸侯再重，大夫一重，士不重”。10 号墓主人享用三层棺，应为标准的诸侯之礼。

春秋末年，邢台地区属晋地，李学勤先生认为此墓为晋墓 [7]，这无疑是十分正确的。从该墓的规模、用棺制度、随葬品来看，该墓主人应为晋国重卿。《汉书 · 地理志》河南郡中牟县条称“赵献侯自耿徙此”，《水经注 · 渻水》称“‘沫水’东北流，迳中牟县故城，昔赵献侯自耿都此”。可见赵国在献侯迁都中牟之前曾立都于耿。而就“耿”的地望有的学者曾专门著文认为是位于今河北邢台的古邢之地，赵都之耿迁自晋阳，时在赵襄子统治期间 [8]。可以推断邢台在战国早期曾短期作为赵国都城。该墓的埋藏习俗、随葬品等诸多方面与太原赵卿墓十分接近，因此，我们推测此墓主人和赵氏家族有着千丝万缕的关系，但由于缺乏文字和实物材料，究竟为何人尚待今后的考古工作和研究进一步考证。

总之，此墓的发掘，对探讨和研究春秋战国之际的埋葬制度、习俗等无疑有着十分重要的意义。

执笔　贾金标　任亚珊　郭瑞海

绘图　郝建文　任　涛

摄影　张　羽

注释

[1] 任亚珊、郭瑞海、贾金标：《1993 ~ 1997 年邢台葛家庄先商遗址、两周贵族墓地考古工作的主要收获》，《三代文明研究》编辑委员会：《三代文明研究（一）》，科学出版社，1999 年。

[2] 山西省考古研究所：《上马墓地》，文物出版社，1994 年。

[3] 山西省考古研究所：《太原晋国赵卿墓》，文物出版社，1996 年。

[4] 山西省文物工作委员会晋东南工作组、山西省长治市博物院：《长治分水岭 269、270 号东周墓》，《考古学报》1974 年第 2 期。

[5] [7] 李学勤：《论邢台葛家庄玄镠戈》，《三代文明研究》编辑委员会：《三代文明研究（一）》，科学出版社，1999 年。

[6] 张颔：《万荣出土错金鸟书戈铭文考释》，《文物》1962 年第 Z1 期。

[8] 孙继民：《战国赵都迁耿管见》，《邢台历史文化论丛》，河北人民出版社，1989 年。

（原载于《考古》2001 年第 2 期）

河北邢台县东先贤遗址发掘简报

河北省文物研究所

1995年冬，邢台县东先贤村村民在砖场取土时发现大量陶片。河北省文物研究所随即派人对现场进行调查，采集了大量标本，并于1996年3～4月对该遗址进行了抢救性发掘。

东先贤村位于邢台市西南3.5千米，隶属于邢台县南石门镇。这里地处太行山东麓的山前丘陵与华北平原的交接地带，水资源丰富。遗址位于东先贤村西南1千米的岗上，七里河由西向东从遗址南侧流过。遗址地理坐标为东经117°20′，北纬37°1′，海拔高度为82米（图一）。20世纪50年代，考古工作者在文物普查中发现此遗址并对其进行试掘，由于当时发掘材料所限，发掘者认为遗址年代为商代晚期[1]。本次发掘共布5米×5米探方22个，发掘面积550平方米，出土遗物450余件。

由于砖窑场历年取土，遗址遭严重破坏，耕土层以下即为部分遗迹，这些遗迹均打破生土。部分遗迹间有互相打破叠压关系，比较典型的有：H4→H6，H7、H14、M1→H3，H2→H1，H12→H10、H11，H19、H20→H18。以下按遗迹、遗物分别叙述。

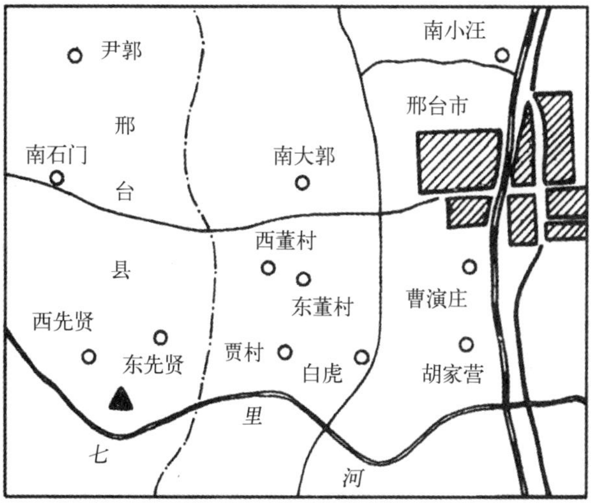

图一　东先贤遗址位置示意图

一、遗迹

遗迹以灰坑为主，还有陶窑、墓葬等（图二）。

1. 灰坑

共 23 座，编号分别为 96XDH1 ～ 96XDH23（以下简称为 H1 ～ H23）。按口部形状，可分为圆形、椭圆形、长方形及不规则形四类，坑壁有直壁、斜壁内收、斜壁外张三种，底部为平底、圜底及底部不平三种。

H4　打破 H6。坑口呈圆形，直壁，平底。口径 2.3、距地表 0.25、深 0.65 米。填土为黄灰土，质地松软，夹杂大量烧土块。坑内所出遗物有鬲、罐、瓮、盆等陶器及骨、角、蚌器等（图三）。

H3　被 H7、H14 及 M1 打破。坑口呈圆角长方形，直壁，平底。坑口长 5.4、宽 4.7、坑口距地表 0.25、深 3.5 米。坑四壁加工规整，底部四周有木板痕迹，板厚 0.03 ～ 0.04、

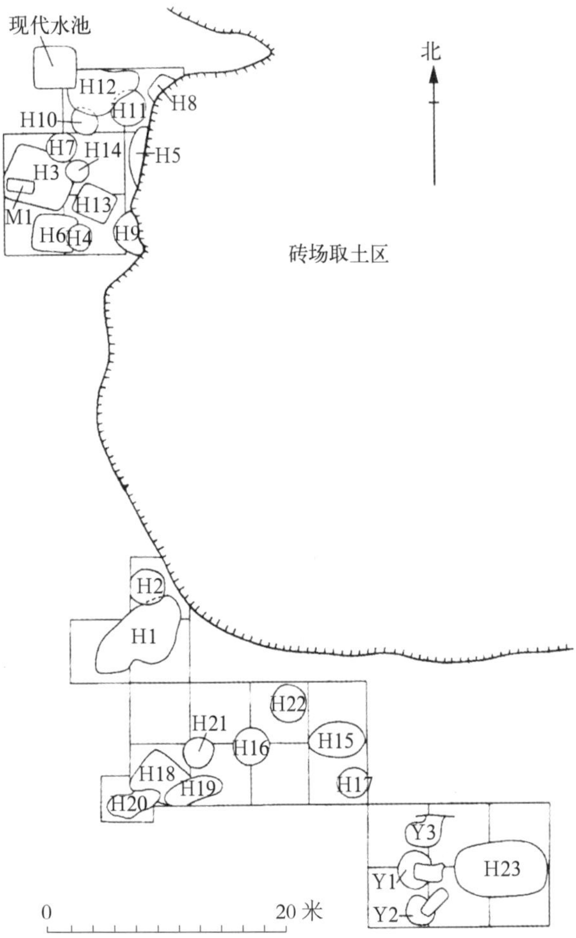

图二　东先贤遗址遗迹平面分布图

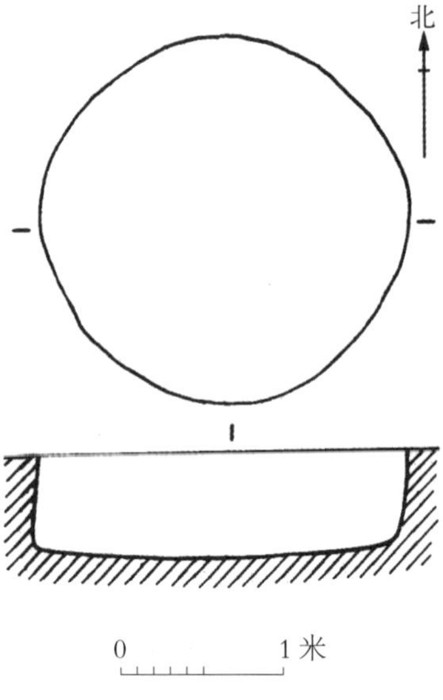

图三　H4 平、剖面图

残高 0.25 米。底部平整，有白色锈痕，估计当时可能铺一层植物秸秆等物用以防潮。填土分二层：下层为黄灰土，厚 1.5 米，土质较软；上层为灰黑土，厚 2 米，土质较软。坑内所出遗物较丰富，有鬲、罐、盆、瓮、簋、陶拍等陶器及少量石器。估计此坑原用作储藏物品，后来废弃用来堆放垃圾（图四）。

H2 坑口近圆形，斜壁内收，平底。口径 2.35、距地表 0.45、深 1.5 米。坑四壁加工规整，未见工具痕，坑底平整且有硬面。填土为灰黑土，土质较软。坑内所出遗物有鬲、盆、瓮、罐、等陶器及少量骨、角、蚌、石器等（图五）。

H15 坑口呈椭圆形，斜壁内收，平底，坑口长径 5、短径 3.5、深 2.1 米。坑壁及底加工较规整。填土为灰褐色，土质较软。坑内所出遗物以陶片为主，器型有鬲、盆、罐等，另外还有少量鹅卵石、兽骨等（图六）。

2. 陶窑

共 3 座，均被破坏，仅存窑床的一部分。

Y2 由窑门通道、火膛、圆形窑室等部分组成，平面呈圆形。火膛在窑室中部，低于窑床。通道呈斜坡状，由外向内倾斜与火膛相连。窑床平整，顶部及窑壁无存。窑室平面直径 1.8 米，火膛及通道长 2.8、宽 0.65 ～ 0.67 米，火膛深 0.45 米。窑内堆积为灰黑土，内含鬲、簋、罐、瓮等陶器残片（图七）。

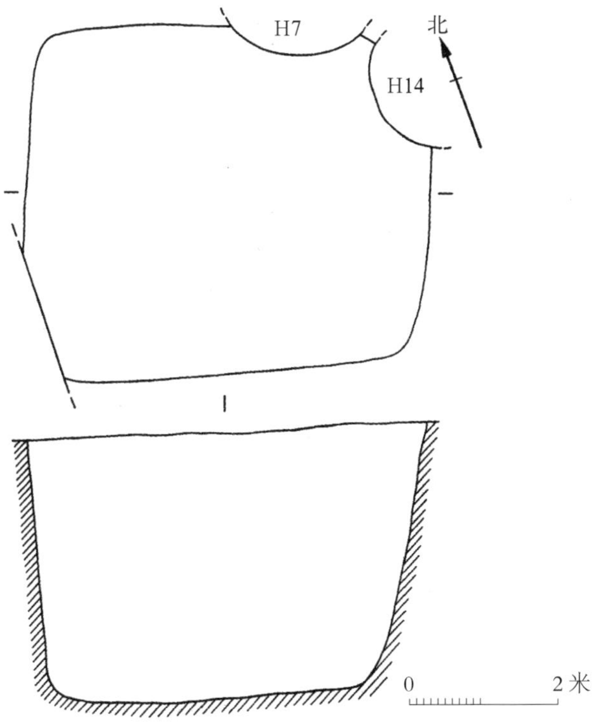

图四 H3 平、剖面图

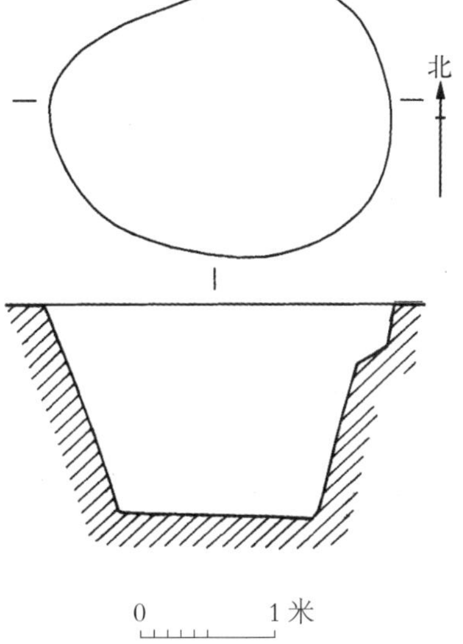

图五 H2 平、剖面图

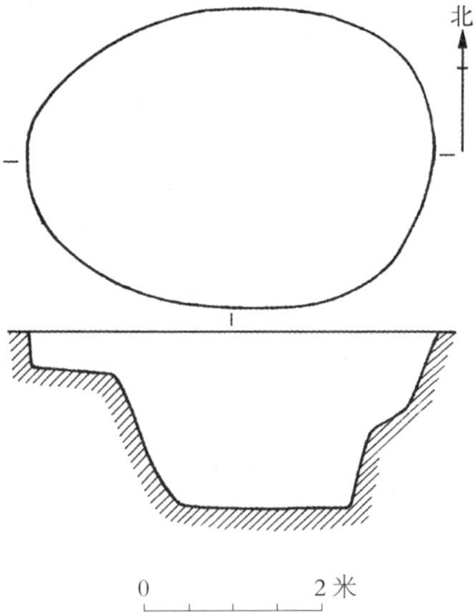

图六　H15 平、剖面图

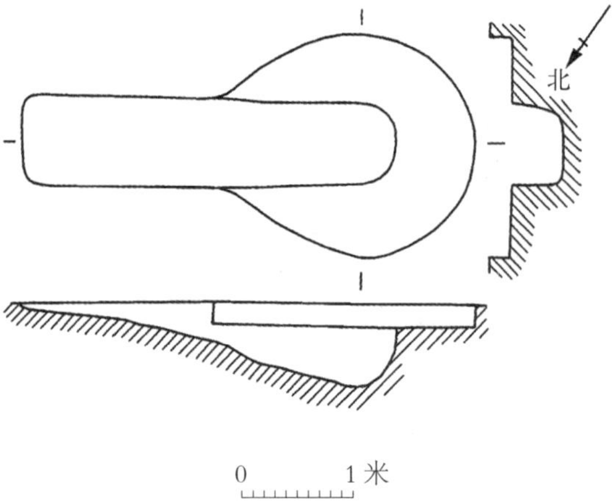

图七　Y2 平、剖面图

3. 墓葬

仅发现 1 座（M1）。开口于耕土层之下，打破 H3。长方形土坑竖穴墓，方向 270°。墓圹长 2.1、宽 1 米，墓坑口距地表 0.2、深 0.8 米。单棺长 1.6、宽 0.4 米，板灰厚度不明显。人骨保存完整，仰身直肢，两手臂置于腹部，男性，年龄约 35 ～ 40 岁。随葬品为 1 件夹砂陶鬲，置于头部棺外侧（图八）。

二、遗物

以陶器为主，另有少量石器、骨角器、蚌器等。

1. 陶器

以夹砂灰陶为大宗，泥质灰陶次之，另有少量夹砂褐陶及泥质褐陶。纹饰以绳纹为主，有少量附加堆纹、弦纹、三角划纹等。制法多为手制，个别器物如簋、瓮、罐等口部有轮修痕迹。器物种类较多，主要有鬲、簋、盆、罐、瓮、斝、甑、甗、器盖、豆、陶拍、陶垫等。

鬲　出土数量最多，共 209 件，其中可复原 118 件。均夹砂陶。依裆部不同，分两类。

甲类　167 件。分裆鬲。依据足部的不同，可分二型。

A 型　161 件。无实足根。多为宽扁体，器宽大于器高，饰粗绳纹。依据口沿形态，可分为二亚型。

Aa 型　153 件。宽折沿，分二式。

Ⅰ式：95 件。斜折沿，沿下夹角较大，沿相对较薄，沿面多无弦纹，裆较低。H6∶27，灰陶。尖圆唇，侈口，沿内有倒钩状沟槽。通体饰粗绳纹。口径30、高21厘米（图九，14）。H3∶29，灰陶。侈口，尖圆唇。袋足饰交叉绳纹。口径31.2、高21.5厘米（图九，15）。H6∶37，侈口，圆唇，沿内有凹槽。通体饰粗绳纹，肩部饰一周附加堆纹。口径40、高28厘米（图九，6）。

Ⅱ式：58件。折沿近平，沿下夹角小，沿相对较厚，有的沿面饰弦纹，低裆。H11∶8，灰陶。侈口，圆唇。通体饰粗绳纹。口径38、高21厘米（图九，5）。H4∶10，灰陶。圆唇，侈口，沿外侧有凹槽。通体饰粗绳纹，肩部饰两周附加堆纹。口径40厘米（图九，18）。H4∶11，灰陶。圆唇，侈口，沿外侧有一道、内侧有数道凹槽。通体饰粗绳纹。口径36厘米（图九，11）。

Ab型　8件。卷沿。H6∶10，灰陶，侈口，圆唇，沿外侧有凹槽，低裆。通体饰粗绳纹。口径22、高14厘米（图九，2）。H3∶48，灰陶。侈口，尖圆唇，低裆。袋足饰交叉绳纹。口径22.4、高14厘米（图九，1）。

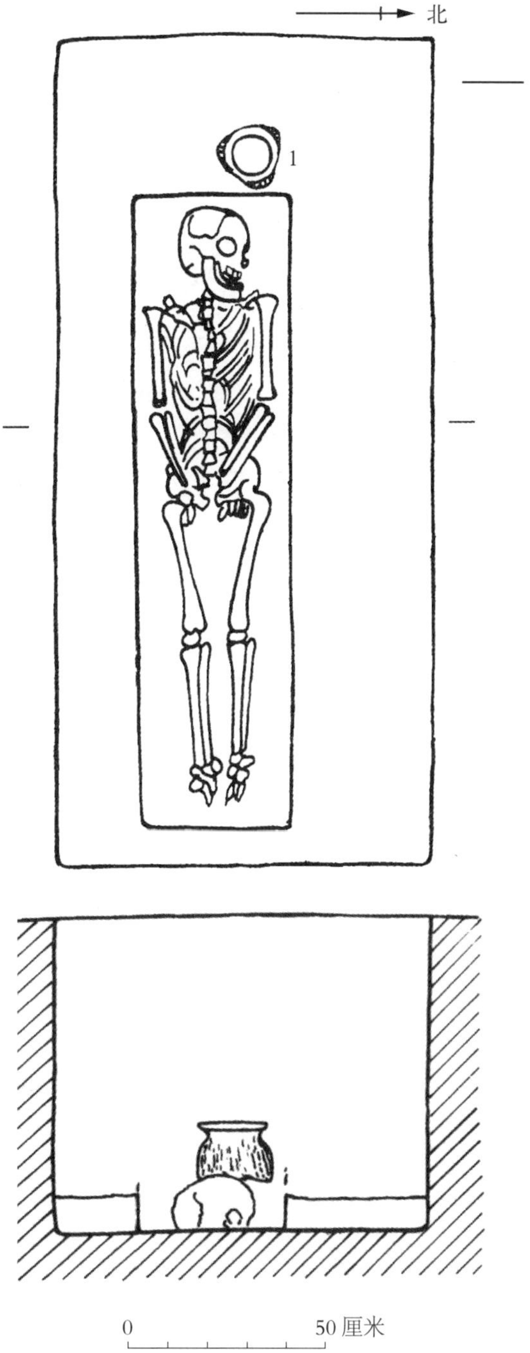

图八　M1平、剖面图

1. 陶鬲

B型　6件。有实足根。口径与通高相近，分二式。

Ⅰ式：4件。沿较斜，裆较高。H3∶38，灰陶。口微敛，圆唇，折沿部有沟槽，斜腹。器表饰粗绳纹，实足根素面。口径22、高18.4厘米（图九，4）。

图九　陶器

1、2. 甲类Ab型鬲（H3∶48、H6∶10） 3. 甲类BⅡ式鬲（Y2∶4） 4. 甲类BⅠ式鬲（H3∶38） 5、11、18. 甲类AaⅡ式鬲（H11∶8、H4∶11、H4∶10） 6、14、15. 甲类AaⅠ式鬲（H6∶37、H6∶27、H3∶29） 7. 乙类B型鬲（H12∶1） 8. 乙类AaⅠ式鬲（H5∶5） 9、16. 乙类AaⅡ式鬲（H8∶2、H17∶4） 10、17. 甲类Ab型鬲（M1∶1、H9∶3） 12、19.A型簋（H6∶36、H1∶11） 13.B型簋（H1∶10） 20～22. 甗（H1∶13、H3∶26、H16∶3） 23.B型甑（H1∶3）

Ⅱ式：2件。沿相对较平，低裆。Y2∶4，灰陶。圆唇，沿外缘微内凹。通体饰粗绳纹。口径25、高16厘米（图九，3）。

乙类　42件。联裆鬲，有实足根。根据其足部形态，可分二型。

A型　40件。柱状足。依口沿形态，分二亚型。

Aa型　36件。折沿，分二式。

Ⅰ式：15 件。沿较斜，有领，沿下夹角大。H5∶5，灰陶。侈口，尖圆唇，沿内侧有凹槽，鼓腹，弧裆，三实足根较高。器表饰细绳纹，实足根素面。口径 22、高 13.6 厘米（图九，8）。

Ⅱ式：21 件。沿近平，沿下夹角小。H17∶4，灰陶。侈口，尖圆唇，裆部近平，三实足根相对较矮。肩及腹部饰细绳纹，实足根素面。口径 27、高 19.5 厘米（图九，16）。H8∶2，灰陶。尖圆唇，侈口，鼓腹，裆部近平，三实足根较矮。肩部饰戳印纹，以下饰细绳纹，实足根素面。口径 22、高 12.4 厘米（图九，9）。

Ab 型　4 件。卷沿。H9∶3，灰陶。侈口，圆唇，鼓腹，裆近平，三实足根较高。沿外侧有凹槽，内侧饰两周弦纹，肩部饰小戳印三角纹，以下饰细绳纹，实足根素面。口径 26、高 21 厘米（图九，17）。M1∶1，灰陶。侈口，圆唇，斜腹，三实足根较矮。肩部饰戳印纹，以下饰细绳纹。口径 17.5、高 10.4 厘米（图九，10）。

B 型　2 件。锥状足。H15∶1，灰陶。口部残，鼓腹。腹部饰绳纹，三足素面。残高 9.6 厘米。H12∶1，尖圆唇，折沿，腹微鼓。上腹饰竖绳纹，下腹饰横绳纹，三足素面。口径 20、高 14 厘米（图九，7）。

簋　42 件。泥质灰陶。依据口部及器表纹饰，可分二型。

A 型　36 件。尖圆唇，腹部饰细绳纹及三角纹。H6∶36，敞口，垂腹。口腹相接处饰一周弦纹，腹部绳纹部分被抹掉成三角纹。口径 24、残高 15 厘米（图九，12）。H1∶11，敞口，沿外侧微内凹，斜腹。器表纹饰同上。口径 28、残高 15 厘米（图九，19）。

B 型　6 件。素面。H1∶10，敞口，圆唇，沿面有凹槽，腹微鼓。器表磨光。口径 24、残高 11.6 厘米（图九，13）。

甗　6 件。夹砂灰陶，均残。H1∶13，仅存甑部。侈口，尖唇，卷沿。腹部饰绳纹。口径 34、残高 17.6 厘米（图九，20）。H16∶3，仅存鬲部，裆相对较高。器表饰粗绳纹。残高 12.8 厘米（图九，22）。H3∶26，仅存鬲部，裆相对较低。器表饰粗绳纹。残高 13.6 厘米（图九，21）。

甑　4 件。夹砂灰陶。根据器底孔的形状，可分二型。

A 型　1 件。H6∶22，底部孔为三角形。侈口，圆唇，折沿，领较高，腹微鼓。肩部饰戳印方块纹，以下交叉细绳纹。口径 32、底径 17.6、高 25.2 厘米（图一〇，3）。

B 型　3 件。底部孔为圆形。H1∶3，仅存底部。器表饰绳纹。底径 16、残高 13 厘米（图九，23）。

盆　30 件。依陶质，分夹砂、泥质两类。

夹砂盆　13 件，分二型。

A 型　8 件。深腹。H6∶30，侈口，圆唇，折沿，高领，腹微鼓，底微内凹。肩部饰一周附加堆纹，以下饰细绳纹。口径 38.4、底径 14.6、高 25.2 厘米（图一〇，10）。

B 型　5 件。浅腹。依口沿形态，分二亚型。

Ba 型　4 件。折沿，分二式。

Ⅰ式：3 件。折沿较斜。H1∶8，灰陶。侈口，圆唇，沿内侧微凹，腹微鼓，平底。器表饰不太明显的绳纹。口径34、底径12、高12厘米（图一〇，5）。

Ⅱ式：1件。H2∶10，折沿近平。灰陶。侈口，圆唇，沿内侧微凹，斜腹，底微内凹。肩部饰一周附加堆纹，腹部饰不太明显的绳纹。口径40、底径16、高16厘米（图一〇，2）。

Bb型　1件。H20∶4，卷沿。灰陶。侈口，尖圆唇，沿内侧微凹，斜腹，平底。肩部以下饰绳纹。口径32、底径14.8、高12.8厘米（图一〇，6）。

泥质盆　17件，分二型。

A型　13件。深腹。采∶19，灰陶。侈口，方唇，卷沿，斜腹，平底。肩部饰一周附加堆纹，腹部饰弦断绳纹。口径28、底径14、高15.2厘米（图一〇，8）。

B型　4件。浅腹。H17∶6，灰陶。已残。侈口，圆唇，折沿，斜腹。肩部饰一周附加堆纹，腹部饰交叉绳纹。口径28、残高11厘米（图一〇，7）。

罐　77件，依陶质，分夹砂、泥质两类。

夹砂罐　34件，分二型。

A型　13件。直口。H11∶10，灰陶。方唇，直领，溜肩，深腹。器表饰绳纹，肩部饰一周附加堆纹，附加堆纹上压印绳纹。口径16、底径11.6、高30.4厘米（图一〇，11）。

B型　21件。侈口。依肩部变化，分二式。

Ⅰ式：5件。广肩。H3∶9，灰陶。尖圆唇，窄折沿，鼓腹，近圜底。器表饰细绳纹。口径16、高28厘米（图一〇，13）。

Ⅱ式：16件。溜肩。H11∶9，灰陶。侈口，方唇，窄折沿，鼓腹，平底。肩部饰弦断绳纹，颈部绳纹被抹掉，腹部饰细绳纹。口径16.8、高28厘米（图一〇，12）。H11∶5，灰陶。侈口，尖圆唇，小窄沿近平折，溜肩，鼓腹，平底。肩及上腹部饰细绳纹，下腹部素面。口径18、底径14.8、高32.5厘米（图一〇，4）。

泥质罐　43件，分二型。

A型　32件。直领。H23∶1，灰陶。已残。口微侈，圆唇，领较高，溜肩。肩部饰交叉细绳纹。口径21.6、残高12厘米（图一〇，1）。H3∶27，已残。圆唇，平折沿，领较矮，鼓肩，鼓腹。肩部饰交叉细绳纹，上腹部饰一周附加堆纹，以下饰细绳纹。口径20.4、残高26厘米（图一〇，9）。

B型　11件。斜领。H6∶38，灰陶。已残。侈口，尖圆唇，小窄折沿，领较高，广肩，鼓腹。肩部饰弦断绳纹，腹部饰细绳纹。口径17.2、残高21厘米（图一〇，14）。

小罐　2件。H3∶1，夹砂褐陶。圆唇，高领，领部外侧微鼓，鼓肩，斜腹，平底。素面。口径9、底径7.5、高13厘米（图一一，2）。

斝　2件。夹砂褐陶，形体较小。H3∶35，侈口，圆唇，折沿，腹微鼓，高实足。素面。口径10.8、高12.4厘米（图一一，4）。

盂　3件。泥质灰陶。H6∶8，圆唇，腹微鼓，平底。素面。口径14.8、底径7、高8.4厘米（图一一，1）。

豆　均残。H17∶7，仅存豆盘。敛口，斜腹。素面。口径22、残高7厘米（图一一，11）。

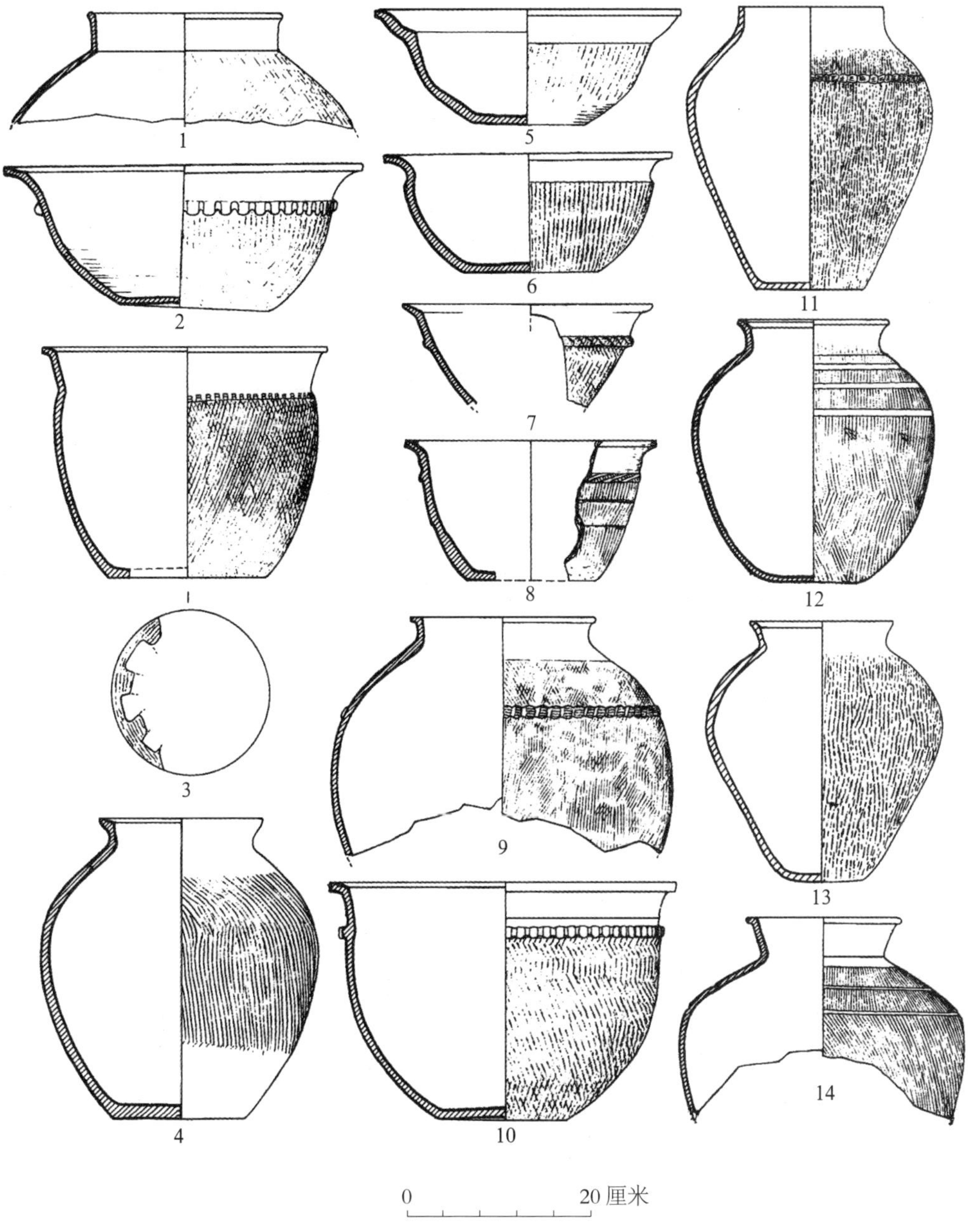

图一〇 陶器

1、9.A 型泥质罐（H23∶1、H3∶27） 2.Ba Ⅱ式夹砂盆（H6∶22） 3.A 型甑（H6∶22） 4、12.B Ⅱ式夹砂罐（H11∶5、H11∶9） 5.Ba Ⅰ式夹砂盆（H11∶8） 6.Bb 型夹砂盆（H20∶4） 7.B 型泥质盆（H17∶6） 8.A 型泥质盆（采∶19） 10.A 型夹砂盆（H6∶30） 11.A 型夹砂罐（H11∶10） 13.B Ⅰ式夹砂罐（H3∶9） 14.B 型泥质罐（H6∶38）

鼎 数量较少，仅见 2 件鼎足。

器盖 夹砂陶，均残。

陶垫 11 件。夹砂陶。口呈椭圆形，圜底。H3∶6，灰陶。厚壁，顶部有两个刻划符号。

口长径 10.2、短径 6.2、高 10.4 厘米（图一一，8）。采:1，褐陶。厚壁，顶部有一刻划符号。口长径 9、短径 6.4、高 9 厘米（图一一，5）。H7:2，灰陶。体较小，壁薄。口长径 4.6、短径 3.6、高 5.6 厘米（图一一，9）。

陶拍　4 件。H18:1，夹砂灰陶。上部为一桥形把手，底部为长方形的凸面，面上饰“之”字形纹饰（图一一，7）。采:12，泥质灰陶。近半圆形，中部一圆形孔用作把手。底径 6、高 5.5 厘米（图一一，10）。H3:24，夹砂灰陶。形似器耳，上部面平，底部为方形凸面，中部有椭圆形孔。素面。底径 9.9、高 5.4 厘米（图一一，6）。

纺轮　6 件。H1:1，截面呈圆角长方形，中部圆孔为两面钻。直径 6.4、厚 1.6 厘米（图一一，3）。H6:34，截面呈圆角长方形，中部圆孔为两面钻。直径 6.1、厚 1.2 厘米（图一一，12）。

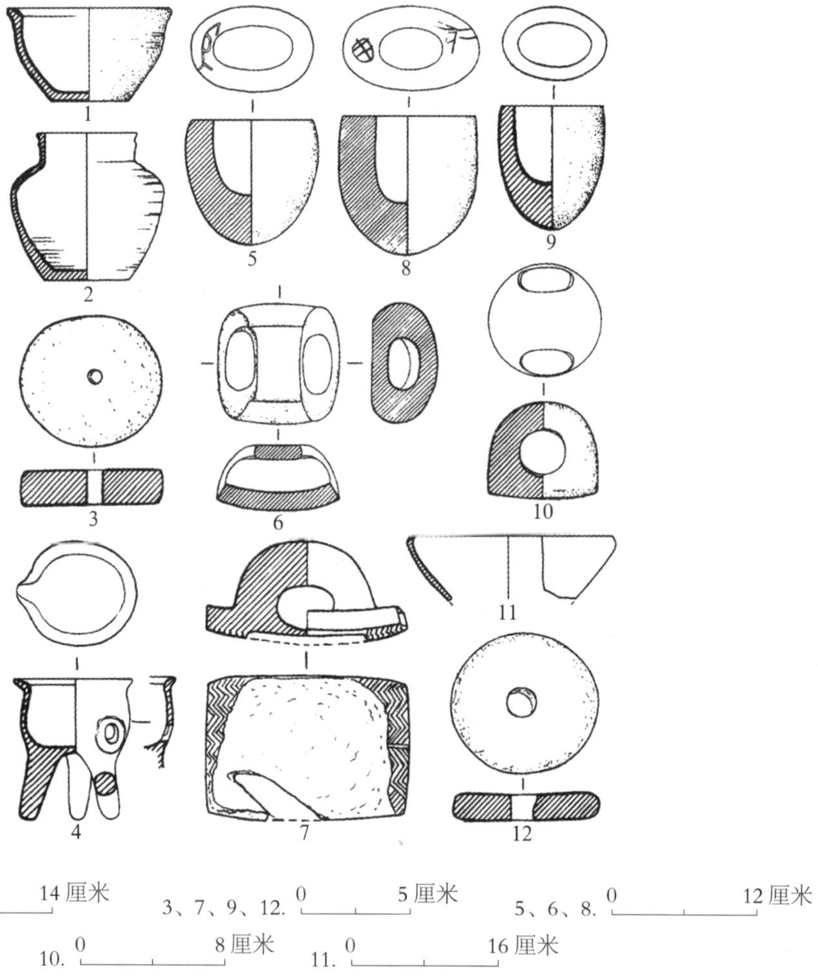

图一一　陶器

1. 盂（H6:8）　2. 小罐（H3:1）　3、12. 纺轮（H1:1、H6:34）　4. 斝（H3:35）　5、8、9. 垫（采:1、H3:6、H7:2）　6、7、10. 拍（H3:24、H18:1、采:12）　11. 豆（H17:7）

2. 石器

11件。器类有斧、铲、刀、镰及石球等。

斧　3件。H2∶1，磨制。斧身厚，刃部有崩疤，顶部残，断面近椭圆形。长10.3、宽5.2、厚4厘米（图一二，7）。H3∶40，磨制。顶部残，偏锋，刃部有崩疤。长9.6、宽4.8、厚2.6厘米（图一二，23）。

铲　1件。H3∶4，器身磨制，正锋。长9、宽8、厚1.6厘米（图一二，14）。

刀　4件。H3∶45，近长方形，弧顶，平刃，正锋，器身中部有一圆形穿孔。长10.4、宽4、厚1.4厘米（图一二，4）。H6∶35，正锋，无穿孔。长10、宽5、厚0.4厘米（图一二，6）。

镰　2件。采∶23，磨制。已残。正锋，中部有一穿孔，两面穿。残长9.6、宽5、厚0.8厘米（图一二，5）。

石球　1件。H3∶14，磨制。器物中部有琢制圆窝，边沿有崩疤。直径4厘米（图一二，21）。

3. 骨、角、蚌器

36件。器类有骨锥、笄、匕、环、凿、镳、镢、角形器，以及蚌锯、刀等。

骨锥　13件。H3∶13。通体磨光，锥身断面近三角形。长10.5厘米（图一二，20）。H3∶5。器表磨光。长9厘米（图一二，15）。H3∶19。断面近长方形。长6厘米（图一二，11）。

骨笄　7件。H10∶3，已残。磨光，断面呈椭圆形。残长5.8厘米（图一二，9）。H7∶3，已残。断面呈圆形。残长5.8厘米（图一二，10）。

骨环　1件。H10∶4，一侧有小缺口。内径0.8、外径2.5厘米（图一二，17）。

骨镞　1件。H3∶50，断面近圆形，器身有刻划符号。长5厘米（图一二，8）。

骨匕　2件。H2∶4，骨片磨制而成。残长9.9厘米（图一二，16）。

骨镢　1件。H2∶6，刃部残，偏锋，方形銎。残长16.5厘米（图一二，12）。

骨凿　1件。H3∶15，偏锋，断面呈椭圆形。残长3.1厘米（图一二，22）。

骨镳　1件。H6∶5，器身上、下部各有一方形穿孔。长11厘米（图一二，18）。

角形器　1件。H4∶4，断面呈椭圆形。长17厘米（图一二，19）。

蚌锯　4件。采∶11，弧背，锯身中部有一圆形穿孔。残长10.5厘米（图一二，1）。H3∶16，齿密。残长8.6厘米（图一二，2）。

蚌刀　3件。H6∶11，弧背。残长14厘米（图一二，3）。

4. 其他

仅1件卜骨。H18∶1，已残。钻、凿、灼并施。臼部经切割修整。钻孔圆形，底较平，孔径1.4厘米，中部有灼痕。凿呈梭形。残长7.7、宽7厘米（图一二，13）。

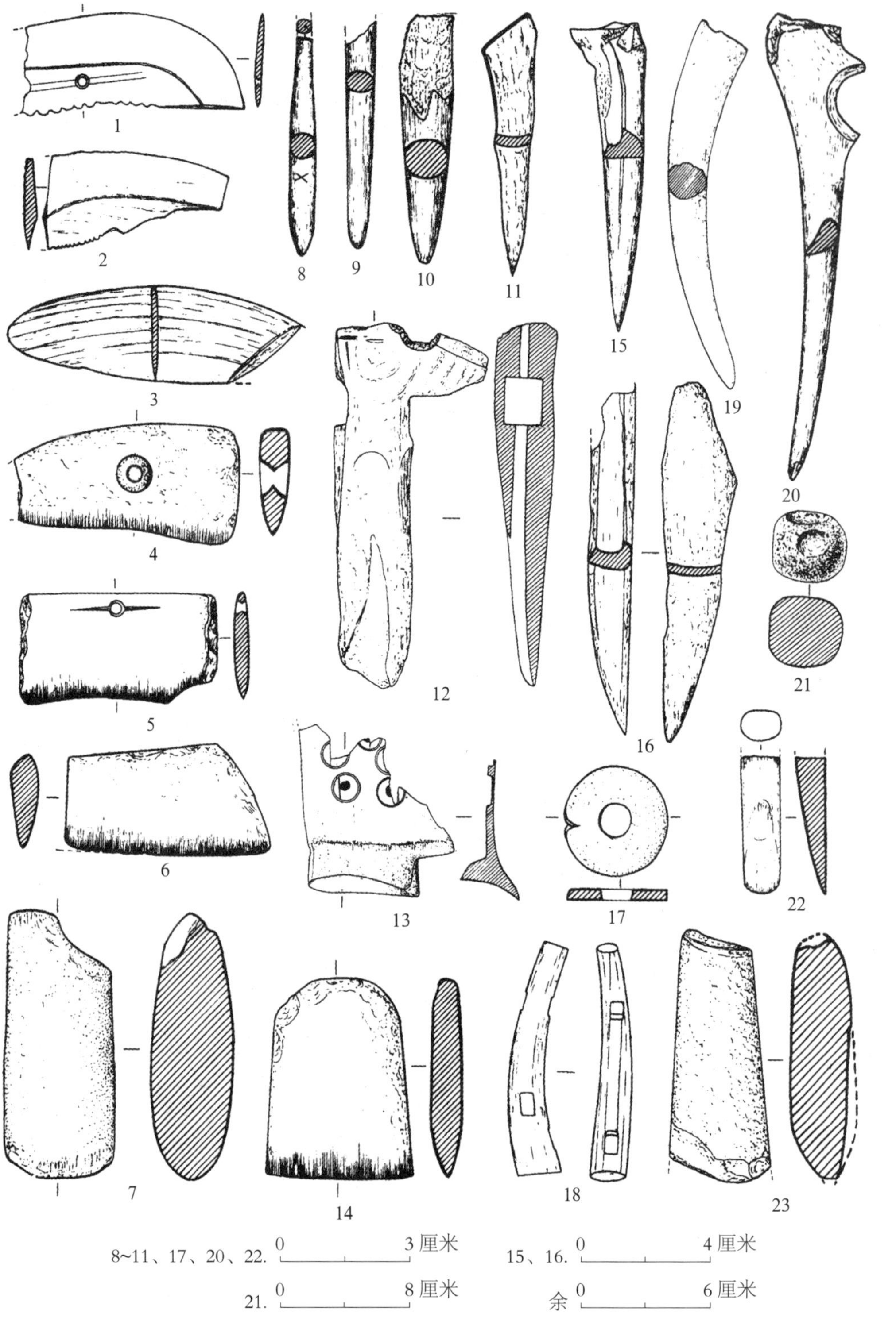

图一二　出土遗物

1、2. 蚌锯（采:11、H3:16） 3. 蚌刀（H6:11） 4、6. 石刀（H3:45、H6:35） 7、23. 石斧（H2:1、H3:40） 5. 石镰（采:23） 8. 骨镞（H3:50） 9、10. 骨笄（H10:3、H7:3） 11、15、20. 骨锥（H3:19、H3:5、H3:13） 12. 骨镢（H2:6） 13. 卜骨（H18:1） 14. 石铲（H3:4） 16. 骨匕（H2:4） 17. 骨环（H10:4） 18. 骨镳（H6:5） 19. 角形器（H4:4） 21. 石球（H3:14） 22. 骨凿（H3:15）

三、结语

自20世纪50年代以来，邢台市周围地区特别是七里河以北，东西一线区域发现了多处商周时期文化遗存，如曹演庄[2]、南大郭[3]、南小汪[4]、东董村[5]、尹郭村[6]、贾村[7]、西关外[8]等遗址，为研究邢台市历史文化，特别是西周邢国历史研究提供了丰富的实物材料。通过这次对东先贤遗址的发掘，不仅大大丰富了邢台西周历史文化的内涵，也为邢台地区邢文化分期研究提供了地层学和类型学方面的实物依据。

1. 分期及年代

根据遗迹间相互关系和典型器物的形制特征，我们可以把东先贤遗址分为早晚两期。

第一期：以H6、H3、H1、H10、H18等为代表。陶器以夹砂灰陶为主，少量泥质灰陶。纹饰以绳纹为主，另有附加堆纹、弦纹等。多为手制，口部轮修。器型有鬲、簋、盆、瓮、罐等。鬲主要是分裆袋足鬲，裆相对较高。簋数量较多，以饰细绳纹及三角划纹为主，多垂腹，腹深。典型陶器如甲AaⅠ式、乙AaⅠ式鬲，A、B型簋，BaⅠ式夹砂盆等，与殷墟四期文化[9]、隆尧双碑遗址[10]同类陶器特征一致，时代当为商周之际。

第二期：以H11、H4、H7、H2、H12、H19、H20等为代表。陶器仍以夹砂灰陶为主，泥质灰陶次之，少量夹砂陶胎呈褐色。纹饰仍以绳纹为主，绳纹较粗。器型和第一期差别不大，鬲仍以分裆袋足鬲为主，但较第一期有所减少，联裆鬲数量增加。簋数量减少，和第一期相比腹部略瘦、圈足略高。深腹、浅腹盆的口沿由斜折变为近平。典型陶器如甲AaⅡ式鬲、乙AaⅡ式鬲、BaⅡ式夹砂盆等，与琉璃河遗址早期[11]、满城要庄[12]、洛阳北窑早期[13]的同类遗物相近，时代应为西周早期。

2. 经济类型

东先贤遗址所出生产工具数量较少，且多数与制陶有关，如陶拍、垫、骨锥等，据此推断该遗址应为一处制陶作坊，而非居民区。但由于受发掘面积所限，对整个遗址区的具体布局情况尚不清楚。

3. 关于“邢”

邢国是西周王朝封建的诸侯国之一，在当时我国北方占有重要地位。《左传·僖公二十四年》载：“昔周公吊二叔之不咸，故封建亲戚，以藩屏周。……凡、蒋、邢、茅、胙、祭、周公之胤也。”但由于文献记载不足，且历代注疏互有出入，故有关邢之分封地等学术问题长期以来始终是人们争论的焦点。近年来，随着邢台地区西周考古工作的广泛开展，特别是葛家庄邢侯墓地、南小汪西周遗址及东先贤遗址等西周遗存的发掘无疑解决了这一学术问题。东先贤遗址的发掘不仅极大地补充了本地区西周考古特别是邢国历史研究的实物资料，同时也为商、周断代这一跨世纪的学术课题提供了一丝线索。

附记：本文线图由刘福山、刘缀生绘制。

执笔 贾金标 郭瑞海 任亚珊

注释

[1] 唐云明：《河北邢台东先贤村商代遗址调查》，《考古》1959 年第 2 期。

[2] 河北省文物管理委员会：《邢台曹演庄遗址发掘报告》，《考古学报》1958 年第 4 期。

[3] 唐云明：《邢台南大郭村商代遗址探掘简报》，《文物参考资料》1957 年第 3 期。

[4] 河北省文物研究所等：《邢台南小汪周代遗址西周遗存的发掘》，《文物春秋》1992 年增刊。

[5] 河北省文物管理委员会：《邢国战国墓葬发掘报告》，内部油印本。

[6] 河北省文化局文物工作队：《邢台尹郭村商代遗址及战国墓葬试掘简报》，《文物》1960 年第 4 期。

[7] 河北省文物管理委员会：《邢台贾村商代遗址试掘简报》，《文物参考资料》1958 年第 10 期。

[8] 唐云明：《邢台西关外遗址试掘》，《文物》1960 年第 7 期。

[9] 邹衡：《论殷墟文化分期》，《夏商周考古学论文集》，文物出版社，1980 年。

[10] 河北省文物研究所、隆尧县文物保管所：《隆尧县双碑遗址发掘报告》，河北省文物研究所：《河北省考古文集》，东方出版社，1998 年。

[11] 北京大学考古学系、北京市文物研究所：《1995 年琉璃河周代居址发掘简报》，《文物》1996 年第 6 期。

[12] 河北省文物研究所：《河北满城要庄发掘简报》，《文物春秋》1992 年增刊。

[13] 叶万松、余扶危：《洛阳北窑西周遗址陶器的分期研究》，《考古》1985 年第 9 期。

（原载于《考古》2002 年第 3 期）

河北邢台市东先贤遗址1998年的发掘

东先贤考古队

东先贤遗址位于河北省邢台市西南郊七里河北岸的东先贤村附近，东北距邢台市区约3千米（图一）。这里西距太行山余脉约3千米，属山前平原地带，地势较平，海拔高度为90余米。1957年，河北省文物工作队曾在东先贤村南的岗地上做过试掘，发现了商代和战国时期的文化遗存[1]。1998年10月，"夏商周断代工程"所设置的"邢台东先贤的分期与年代"研究专题启动，河北省文物研究所、中国社会科学院考古研究所和北京大学考古文博院联合对邢台市周围的商代遗址进行了调查和复查，最后选定东先贤遗址作为试掘地点。全面调查和初步钻探的结果表明，东先贤村北地区的文化堆积远较村南丰富，已知面积近10万平方米，特别是采集到一些时代相当于商王祖乙前后的陶器。据此，我们将发掘地点选在村北。1998年11～12月，对该遗址进行为期40余天的发掘，共发掘探方6个，清理面积达80余平方米，发现了丰富的商代文化遗存。现将此次发掘的主要收获简报如下。

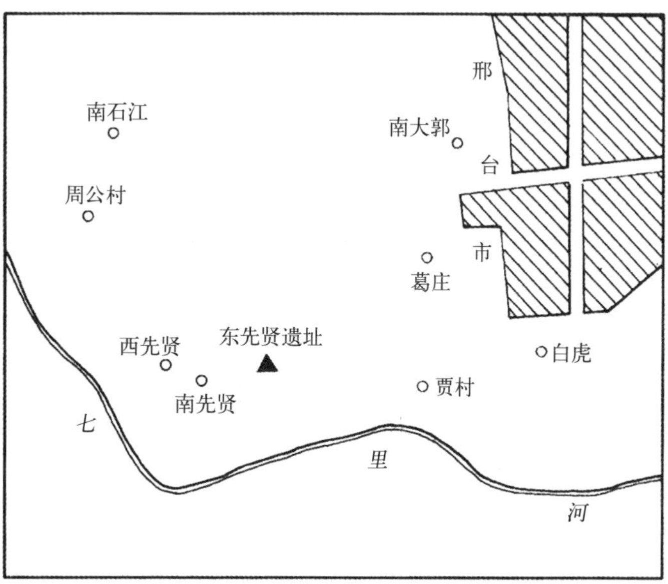

图一　东先贤遗址位置示意图

一、地层堆积

遗址区现为平坦的农田，地势稍高于周围地区。从所发掘的几个探方观察，遗址中除有少量汉代堆积外，主要为商代堆积。商代文化堆积厚约 0.5 ～ 2 米，发现房址、灰坑等多种遗迹。下面以 T3（图二）和 T2（图三）的地层堆积情况为例加以介绍。

1．T3 西、北壁剖面的地层堆积

第 1 层：耕土层，厚 0.15 ～ 0.2 米。

第 2 层：黄色沙土，土质较软且纯净，厚 0.2 ～ 0.35 米。包含遗物极少。该层下发现商代灰坑 H14、H16，出土有陶鬲、盆、小口瓮和卜甲等遗物。

第 3 层：商代文化层。灰褐色土，土质较硬，厚 0.1 ～ 0.3 米。包含遗物很少，主要为商代陶器碎片。该层下发现商代灰坑 H10、H12、H13、H15、H17 等，其中 H10 打破 H13，H12、H17 打破 H15。H15 是一个深达 2.2 米的大坑，这次仅发掘了三分之一，出土遗物丰富，仅陶片即达 3000 余片。H10、H12、H14、H17 所出陶器特征一致，而与 H15 的出土物有明显区别。前者常见饰粗绳纹、沿内有深凹槽的分裆鬲等器物，后者以饰中绳纹、上腹近颈部饰凹弦纹的分裆鬲等器物为主。

第 4 层：商代文化层。红褐色土，土质坚硬而较纯净，厚 0.25 ～ 0.7 米。此层出土遗物极少。

第 4 层以下为黄褐色生土。

2．T2 西壁剖面的地层堆积

第 1 层：耕土层，厚 0.15 ～ 0.25 米。

第 2 层：黄色沙土，土质较软且纯净，厚 0.2 ～ 0.5 米。此层包含遗物极少。

第 3 层：汉代文化层。灰褐色土，土质松软，厚 0.15 ～ 0.9 米。出土遗物包括汉代的陶盆、绳纹板瓦以及大量商代陶片。该层下发现商代灰坑 H2。

第 4 层：商代文化层。灰色花土，土质松软，厚 0.2 ～ 0.7 米。出土遗物较多，主要是商代陶片，另有骨器、卜骨等。该层下发现商代灰坑 H4、H5。

第 5 层：商代文化层。深灰色花土，土质松软，厚 0.2 ～ 0.55 米。包含遗物较少。该层下发现有商代房址 F1 和灰坑 H6，所出遗物的特征与 H2、H4、H5 相同，均常见饰中粗绳纹、沿面饰宽而浅的凹弦纹的束颈鬲等器物。

第 5 层以下为黄褐色生土。

根据遗址中商代文化堆积的地层关系，结合对出土遗物特别是陶器的形制分析，并对照其他典型商代遗址的分期，我们可将东先贤遗址的商代文化遗存分为五期。其中，一至三期的文化遗存最丰富，前三期中各种器类的比例也大体相近，四、五期文化遗存则发现较少。需要说明的是，第五期遗存在本次发掘中基本未见，分期时主要参考了遗址北部断崖处的地层堆积状况和所采集的陶器。

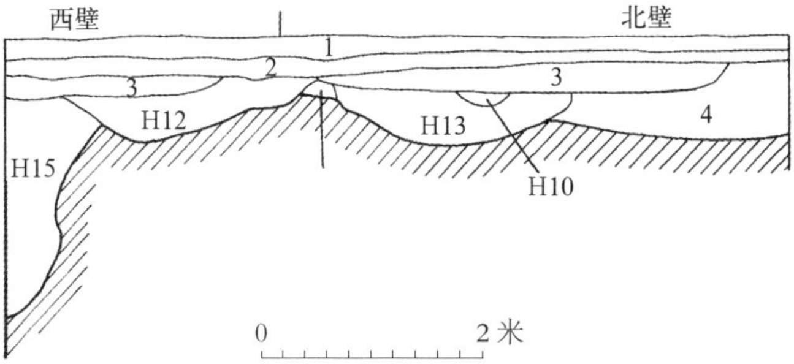

图二　T3 西壁、北壁剖面图

1. 耕土　2. 黄色沙土　3. 灰褐色土　4. 红褐色土

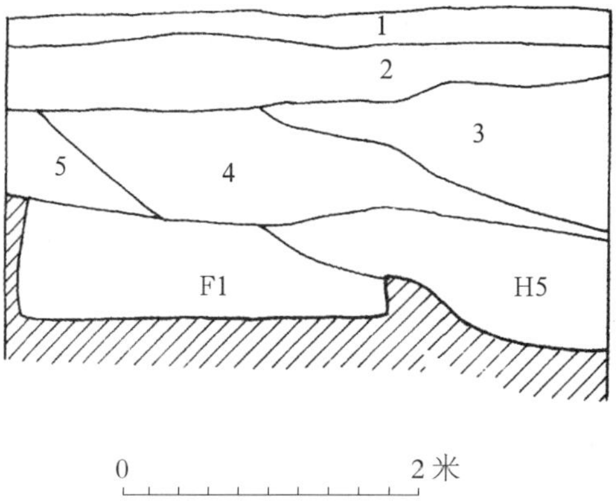

图三　T2 西壁剖面图

1. 耕土　2. 黄色沙土　3. 灰褐色土　4. 灰色花土　5. 深灰色花土

二、第一期文化遗存

主要发现于 T3 和 T6，典型单位包括 H9、H15、H31 和 H34 等。

（一）遗迹

均为灰坑，坑口呈圆形、椭圆形、不规则形等。

H9　位于 T6 中部偏东，被 H8 和 H31 打破，此坑又打破 H34。在探方内露出的部分坑口略呈五边形，南北最长 2.55、东西最宽 1.5 米。坑底南部较浅，自南向北逐渐变深而呈斜坡状，最深处为 0.7 米。填土上部为灰色土，下部为黄褐色花土。坑内出土遗物较多，主要为陶器，器类有鬲、盆、豆、小口圆腹罐、小口瓮、纺轮等，其他还有骨镞、锥、笄及卜骨等（图四）。

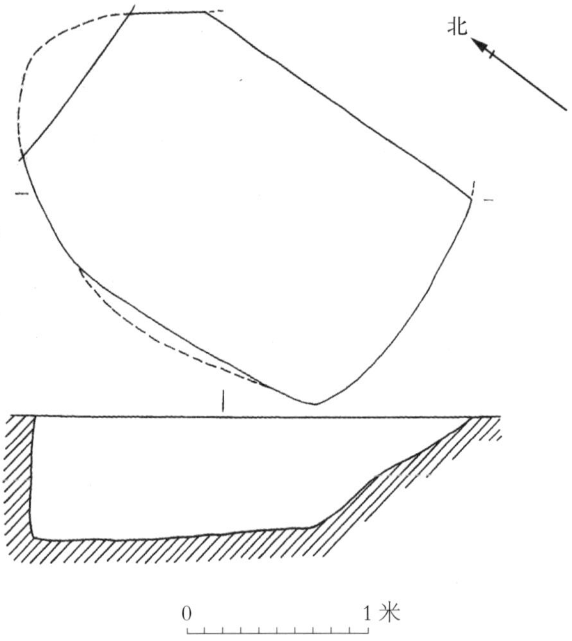

图四　H9平、剖面图

（二）遗物

主要为陶器，其他还有石、骨器等。

1. 陶器

绝大多数属生活用器，生产工具仅有陶垫和纺轮。主要为泥质陶，夹砂陶较少。据H15、H9等单位出土的陶片统计，泥质陶占80% ~ 87%，夹砂陶只占12% ~ 16%。陶色基本为灰陶，占90%左右，多呈深灰色，其次为褐陶，还有少量黑、红陶。陶器制作较规整，胎壁普遍较薄。器表大多有纹饰，单纯的磨光或素面陶器极少见。纹饰主要为绳纹，其他还有弦纹、附加堆纹、云雷纹、云雷乳丁纹等。所饰绳纹主要为中绳纹或中粗绳纹，也有相当数量的细绳纹，印痕较深而整齐。以平底器最多，其次为三足器，圈足器较少。平底器的器类主要有盆、罐、小口瓮和钵，以盆、小口瓮最为常见，约占出土陶器总数的60%；三足器主要为鬲，甗少见，斝则更少；圈足器的器类主要为豆和簋。其中，三足器皆为夹砂陶，其他器类基本上为泥质陶。

（1）鬲

数量较多。均夹砂陶。长方体，斜折沿，方唇，唇下缘勾棱明显，腹最大径靠下，裆较高，锥足也较高且直立，足与器腹间界限比较清晰。腹部饰绳纹。按形体大小和纹饰特点可分三类。

大型鬲　数量较少。沿较宽，器壁较厚。主要是圜络纹鬲，器表除饰绳纹外，还用附加堆纹加固器体。口径一般在24厘米以上，高者达35厘米以上。H34∶1，腹饰中绳纹。口径29.2、高35.6厘米（图五，1；图版三，1）。H15∶70，腹饰稀疏的中绳纹。口径24、残高16厘米（图五，8）。

中型鬲　数量最多，是本期的典型陶鬲。普遍为翻沿，方唇，上腹近颈部常饰一道凹弦纹，个别饰两道凹弦纹，弦纹以上有的残留未被抹去的绳纹，腹饰中绳纹。口径一般为20～22、高20～30厘米。H15∶14，沿面微凹。上腹部弦纹以上饰有绳纹。口径21.6、高22.8厘米（图五，2；图版三，3）。H15∶39，腹部饰稀疏的中绳纹，上腹饰两道凹弦纹，其上有未被抹去的绳纹。口径22.4、残高8.8厘米（图五，9）。H15∶35，方唇较厚，唇下缘勾棱明显。上腹弦纹以上无绳纹。口径21.2、残高9.6厘米（图五，10）。H9∶16，斜方唇较宽。口径24.5、残高11.4厘米（图五，11）。

小型鬲　数量少。器形较小。口径10～16、高15～20厘米。H15∶41，短沿，唇较窄。上腹部饰一道凹弦纹。口径14、高17.6厘米（图五，3）。H15∶15，腹较直。口径16、高18.8厘米（图五，4）。

（2）甗

数量很少。夹砂陶。均为残片，甗体上腹近颈处饰一道附加堆纹。

（3）盆

数量很多。绝大多数为泥质陶。斜折沿较宽，方唇或近圆唇，唇缘多外翻，唇部较腹壁明显加厚，平底较小。沿面普遍磨光，沿近内、外缘处有的饰一道凹弦纹。按腹部特征，可分两类。

深腹盆　上腹较直，下腹斜收。上腹部多饰一两道凹弦纹，弦纹以上部分器表磨光，以下则饰绳纹，下腹近底部为素面。H15∶18，近圆唇。器表饰整齐的细绳纹。口径29.6、残高21.2厘米（图五，18）。H15∶49，鼓腹。上腹饰有附加堆纹，其下饰绳纹。口径41.6、残高12厘米（图五，12）。H15∶62，斜领，短折沿外撇，尖圆唇。腹饰较粗的中绳纹。口径28.8、残高8.4厘米（图五，6）。H34∶106，方唇，腹较鼓。腹部饰中绳纹，上腹近颈处有两道凹弦纹。口径37.5、残高18厘米（图五，19）。H34∶13，方唇。腹饰细绳纹，上腹近颈处有两道凹弦纹。口径29.6、底径11.2、高20.4厘米（图五，21；图版三，4）。H34∶14，近圆唇，斜折沿，束颈。腹饰中绳纹，并有三道凹弦纹。口径29.8、底径12.4、高20.8厘米（图五，20）。

浅腹盆　数量较深腹盆略少。形体较矮，斜腹。腹部一般满饰绳纹，少见凹弦纹，下腹近底处为素面。H15∶16，沿面饰两道凹弦纹，腹饰细绳纹，腹中部还有三道凹弦纹。口径33.6、底径10.4、高11.6厘米（图五，17）。H15∶65，方唇，腹部满饰中绳纹。口径32、残高6.8厘米（图五，13）。

（4）豆

数量少。泥质褐陶或灰陶，通体磨光。可分两类。

真腹豆　数量很少。豆盘较深，圈足较矮。H34∶16，灰陶。圆唇。圈足上有三个椭圆

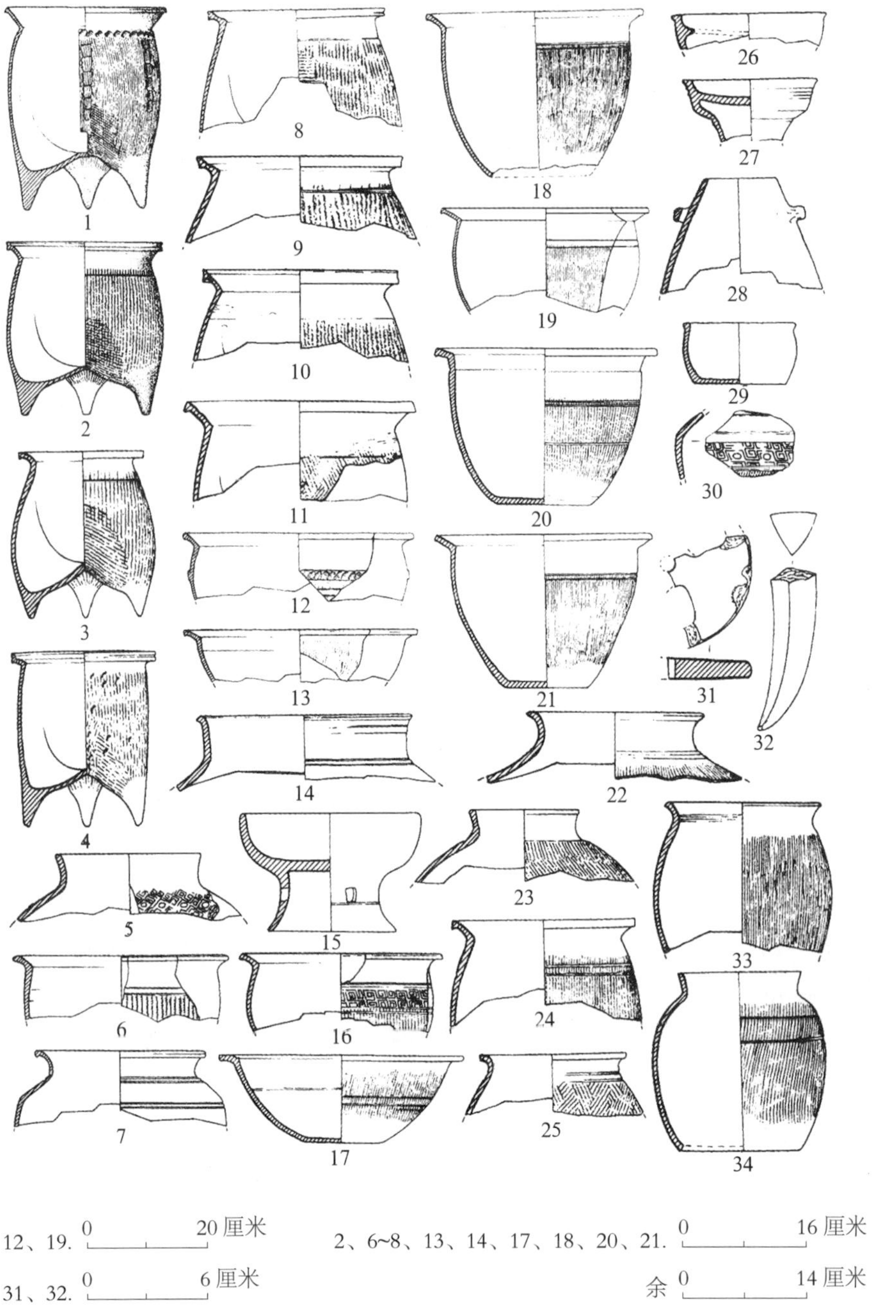

图五　第一期文化遗存陶器

1、8. 大型鬲（H34∶1、H15∶70）　2、9 ~ 11. 中型鬲（H15∶14、H15∶39、H15∶35、H9∶16）
3、4. 小型鬲（H15∶41、H15∶15）　5、30. 罍（H9∶20、H33∶11）
6、12、18 ~ 21. 深腹盆（H15∶62、H15∶49、H15∶18、H34∶106、H34∶14、H34∶13）　7、14. 尊（H9∶18、H9∶19）
13、17. 浅腹盆（H15∶65、H15∶16）　15. 真腹豆（H34∶16）　16. 簋（H31∶12）　22、23. 小口瓮（H15∶21、H15∶26）
24. 中口深腹罐（H15∶69）　25、33、34. 小口圆腹罐（H34∶20、H15∶23、H15∶25）
26、27. 假腹豆（H34∶17、H19∶17）　28. 壶（H15∶36）　29. 钵（H34∶15）　31. 器箅（H15∶20）　32. 斝（H34∶23）

形镂孔，其下饰凹弦纹一道。口径 19.2、盘深 5、高 12.4 厘米（图五，15；图版三，6）。

假腹豆　数量较多。沿极短，圆唇，豆盘浅，高圈足。H34∶17，褐陶。口径 17、盘深 1.5、残高 3.6 厘米（图五，26）。H9∶17，灰陶。豆盘外饰数道凹弦纹。口径 14.5、盘深 1.8、残高 6.5 厘米（图五，27）。

（5）簋

数量很少。均为泥质陶。H31∶12，窄方唇，腹微鼓。上腹饰两道凹弦纹，中腹饰云雷纹带，以下饰绳纹。口径 21.6、残高 8.2 厘米（图五，16）。

（6）尊

数量较少。口较大，高领，斜肩，上腹较直。H9∶19，斜方唇，腹部残。器表磨光并饰数道凹弦纹。口径 28.6、残高 10.1 厘米（图五，14）。H9∶18，圆唇。器表磨光并饰数道凹弦纹。口径 23.5、残高 10 厘米（图五，7）。

（7）罍

数量很少。均为泥质陶。H9∶20，高领，圆唇，斜肩。肩部饰云雷纹及乳丁。口径 16.4、残高 7.2 厘米（图五，5）。H33∶11，仅存肩部。肩部磨光并饰弦纹，肩以下饰云雷纹及乳丁，再向下则饰绳纹（图五，30）。

（8）壶

数量极少。均为泥质灰陶。H15∶36，敛口，圆唇，上腹斜直，口沿下有横置的半环状耳。器身偏下部饰稀疏的细绳纹。口径 7.9、残高 12 厘米（图五，28）。

（9）斝

数量极少。H34∶23，夹砂灰陶。仅残存足，器形仿自铜器，足尖外撇。残高 9 厘米（图五，32）。

（10）钵

数量少。泥质灰陶或黑陶。H34∶15，窄平沿，圆唇，腹微鼓，平底。口径 12、高 6.4 厘米（图五，29）。

（11）器箅

数量很少。均为泥质陶。H15∶20，可复原，圆形，中间有一圆孔，边缘残留两椭圆形孔，周边应共有四孔。厚 1.6 ～ 2.1 厘米（图五，31）。

（12）罐

数量很多。多为泥质陶，夹砂陶较少。可分两类。

中口深腹罐　数量很少。均为夹砂陶。口径及腹径基本相同，侈口，方唇，折沿较短，深腹。腹部饰绳纹。H15∶69，灰陶。腹部较鼓。腹饰中绳纹，上腹有两道凹弦纹。口径 20、残高 11.2 厘米（图五，24）。

小口圆腹罐　数量很多。大多为泥质陶。形体较矮，侈口，斜沿，腹较鼓，平底。腹部饰绳纹。H15∶25，泥质陶。口径 13.2、底径 13、高 18.6 厘米（图五，34）。H15∶23，泥质陶。圆唇。腹饰细绳纹。口径 16.2、残高 16 厘米（图五，33）。H34∶20，泥质陶。卷沿，方唇。腹饰斜行中绳纹，颈部有两道凹弦纹。口径16、残高6.4厘米（图五，25）。

（13）小口瓮

数量很多。均为泥质陶。小口，卷沿，圆唇，领较高，领中部略束，斜肩，平底。肩、腹部饰绳纹，肩下有的饰凹弦纹。H15∶21，尖圆唇，器身饰中绳纹，肩下有两道凹弦纹。口径19.6、残高7.6厘米（图五，22）。H15∶26，近圆唇。肩部饰中绳纹。口径12、残高7.9厘米（图五，23）。

（14）陶垫

数量少。均为泥质陶。H34∶2，正面微鼓，背面隆起，正中有一圆孔通连前后。长8.5、宽8.8、厚5.6厘米（图六，2）。

（15）纺轮

泥质灰陶或褐陶。H15∶6，圆饼形。直径4、厚0.8、孔径0.7厘米（图六，1）。

2．石器

均为生产工具，种类有镰、刀、铲等。

镰　数量较多。弧刃，拱背，一般通体磨光。H15∶5，刃部有使用痕迹。长19.8、宽6.2、厚0.6厘米（图六，8）。

刀　数量少。呈半月形，直刃，弧背，器身磨光。H15∶9，残长9.2、宽6.6、厚0.8厘米（图六，11）。

铲　数量少。长条形，弧刃，通体磨光。H9∶9，残长13.8、宽7.5厘米（图六，3）。

3．骨器

多用动物肢骨制成，包括生产工具、生活用具和武器，器类有锥、笄、镞和卜骨等。

锥　数量较多，均磨制而成。H31∶14，顶端横断面呈椭圆形，中间为圆柱形。长9.5厘米（图六，17）。H15∶8，锥身呈条形。长8.2厘米（图六，6）。H15∶4，体呈长三角形。最长8、宽9厘米（图六，7）。

笄　数量多。尾部较粗，头呈锥状，通体磨光。H34∶3，尾端呈钉帽状，尖较钝。长11.4厘米（图六，16）。H15∶11，尾端呈扁钉帽状，笄身略扁。长8.8厘米（图六，15）。H9∶13，尾端较粗，呈钉帽状，尖圆钝。长7.6厘米（图六，5）。

镞　数量很多，器形常见三棱式、双翼式、扁柱式等。H34∶5，三棱式，镞身横断面呈三角形，前锋长而尖锐，铤呈扁柱状。长7.2厘米（图六，4）。H34∶6，双翼式，前锋尖锐，铤尾收聚成细尖状。长8厘米（图六，13）。H15∶1，扁柱式，镞身横断面呈扁柱形，铤较短而呈圆柱状。长5.6厘米（图六，10）。

卜骨　均以动物肩胛骨制成，皆残。骨臼半切，未去臼角。卜骨上多见圆坑，少数既有圆坑，也有梭形坑，坑边或有灼痕。H9∶1，背面坑分圆形、梭形两种。圆形者为圜底，口边有灼痕。梭形坑的两壁向下相交至底而成一线，应系挖制而成。这种坑有横、竖

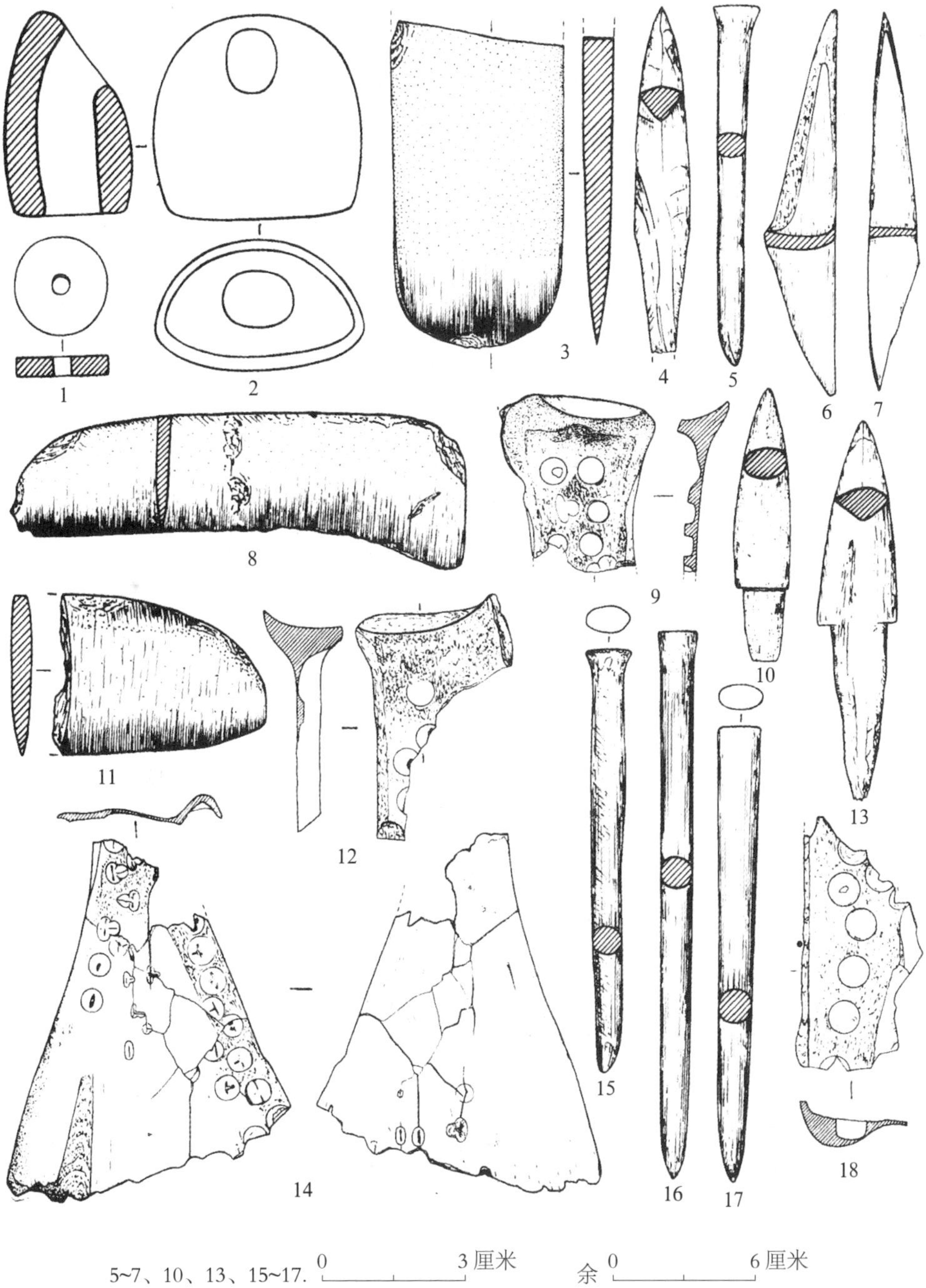

图六　第一期文化遗存器物

1. 陶纺轮（H15∶6）2. 陶垫（H34∶2）3. 石铲（H9∶9）4、10、13. 骨镞（H34∶5、H15∶1、H34∶6）
5、15、16. 骨笄（H9∶13、H15∶11、H34∶3）6、7、17. 骨锥（H15∶8、H15∶4、H31∶14）8. 石镰（H15∶5）
9、12、14、18. 卜骨（H9∶1、H34∶1、H33∶4、H33∶10）11. 石刀（H15∶9）

之分，竖坑长且深，横坑短且浅，并由一竖一横两坑组成一个较大的坑。残长 7.6、臼端宽 6.4 厘米（图六，9）。H34∶1，背面残留圆坑数个。残长 9、臼端宽 5.5 厘米（图六，12）。H33∶10，背面的圆坑较深。残长 10.4 厘米（图六，18）。H33∶4，两面都有坑，也分圆形、棱形两种。残长 15 厘米（图六，14）。

三、第二期文化遗存

主要发现于 T2、T1 和 T4，典型单位包括 F1、H2、H6 等。

（一）遗迹

发现有房址和灰坑。房址均为半地穴式，灰坑口部呈椭圆形、圆形、不规则形等。

F1　位于 T2 南部，开口于第 5 层下，被 H5 打破，它又打破 H6 和生土。半地穴式，口小底大，均呈圆形，口径 2.1、底径 2.23、深 1 米。直壁微外弧，表面抹有三层黄色细泥，较光滑。此房址共存在三个活动面。最下部为生土面，平整坚硬，为第一个活动面；其上垫一层灰褐色花土，土质坚硬，西南部表面散布着灰烬和烧土块，并发现一个边缘清晰的烧土坑，应为第二个活动面；此层之上又垫有黄褐色花土，在东半部表面上散布有灰烬和烧土块，并发现两个烧土坑，应是第三个活动面。在房址西南壁距底部高 0.47 米处有一个横向圆柱洞，直径 0.1、深 0.17 米。因房址被严重破坏，门道已不清。房内填土呈灰色，出土较多遗物（图七）。

（二）遗物

主要为陶器，其他还有石、骨器等。

1．陶器

本期陶器仍以泥质陶占绝大多数，夹砂陶较少。以灰陶为主，褐陶、红陶较少。与第一期相比，纹饰中的粗绳纹增加，特别是夹砂陶器基本饰粗绳纹，印痕较浅；中绳纹数量大减，细绳纹已不见。

（1）鬲

均为长方体。沿微卷，沿面常有一道宽而浅的凹弦纹，方唇略斜，唇下缘无勾棱，束颈。腹最大径在中部，裆及锥足也较高，足内收。上腹已不见凹弦纹，腹部所饰绳纹粗而浅。器高略大于口径。按形体大小可分两类。

大型鬲　数量很少。形体较大，器壁厚。口径在 25 厘米以上，高 30 厘米以上。H2∶1，灰陶。方唇较宽，鼓腹。口径 25.6、高 30.2 厘米（图八，1）。

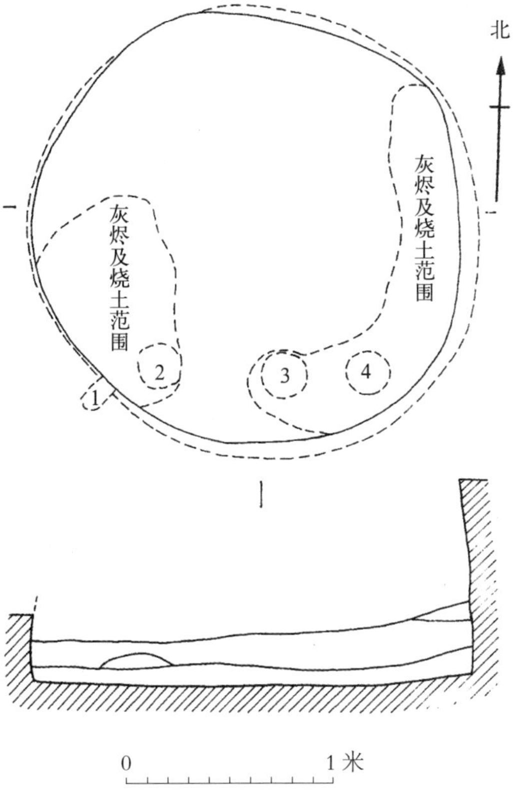

图七 F1平、剖面图

1. 柱洞 2～4. 烧土坑

中型鬲 数量很多。F1②:6，褐陶。斜方唇，鼓腹。口径19.3、高21.5厘米（图八，2；图版三，2）。F1:17，灰陶。方唇，足跟较矮。沿面所饰凹弦纹较深。口径19.5、高20.7厘米（图八，4）。F1②:16，灰陶。器形与F1②:6相似。口径19、残高11.9厘米（图八，3）。

（2）甗

仅存腰部。H6:4，夹砂灰陶。甑体表面抹光，鬲身饰中绳纹。残高8.2厘米（图八，12）。

（3）盆

数量较多，均为泥质灰陶。折沿变短，沿面近平，唇变薄，平底。沿面少见凹弦纹。可分两类。

深腹盆 器形较大。F1:8，方唇，腹壁较直。沿面上有一道浅凹弦纹，上腹部饰三道凹弦纹，其下饰中绳纹。口径28.2、残高10.1厘米（图八，5）。H8:9，圆唇，腹微鼓。上腹部饰两道凹弦纹，其下饰中绳纹。口径27.2、残高7.4厘米（图八，6）。H5:4，近圆唇，弧腹内收。腹部饰中绳纹并加两道凹弦纹。口径27.6、残高11.3厘米（图八，8）。

浅腹盆 体较深腹盆略小且矮，平沿或近平沿。H6:5，圆方唇，窄平沿，斜腹。上腹近颈处饰两道凹弦纹，腹饰较粗的中绳纹。口径31.8、残高8厘米（图八，16）。F1∶12，方唇。沿面上有一道凹弦纹，腹饰中绳纹。口径28、残高6.1厘米（图八，18）。

（4）假腹豆

均为泥质陶。F1②∶7，泥质灰陶。宽平沿外撇，豆盘浅，斜腹，高圈足下部收束。器表磨光，并饰有多道弦纹。口径18、盘深2.1、圈足径11.6、高14.8厘米（图八，24；图版三，5）。

（5）簋

泥质灰陶。仅存圈足。H6∶2，矮圈足外撇。圈足径13.6、残高3厘米（图八，15）。

（6）器盖

仅存盖钮。T2④∶3，泥质灰陶。蘑菇形。残高4.9厘米（图八，22）。

（7）钵

数量较少。F1∶24，侈口，圆唇，腹微鼓。器表饰中绳纹。口径14、残高6.2厘米（图八，14）。

（8）罐

数量较多。按口沿及腹部特征，可分两类。

中口深腹罐　均为夹砂陶。折沿，腹壁较直。F1②∶18，夹砂灰陶。沿面上有一道浅凹弦纹，腹饰中绳纹。口径24.8、残高12.5厘米（图八，9）。

小口圆腹罐　大多为泥质陶。卷沿或折沿，鼓腹，小平底。F1②∶15，泥质灰陶。矮领，斜方唇，溜肩。腹饰中绳纹。口径14.6、残高6厘米（图八，13）。F1②∶22，泥质灰陶。矮领，束颈。腹饰中绳纹。口径14.4、残高5.6厘米（图八，11）。H4∶3，泥质灰陶。沿略卷，斜方唇较窄，矮领，束颈，上腹较鼓。腹部饰中绳纹，中腹偏上处有两道凹弦纹。口径14.5、底径13.6、高20.4厘米（图八，10）。

（9）小口瓮

领较短，领下部略束，广肩较平。器身多饰整齐的中绳纹，有的肩部饰交错绳纹。H2∶4，圆唇。肩部饰交错中绳纹。口径18.4、残高8.5厘米（图八，17）。F1②∶21，器形与H2∶4相同。器表饰细绳纹，肩下有两道凹弦纹。口径19、残高12厘米（图八，7）。

2. 其他

包括石镰、骨匕、卜甲等。

石镰　数量较多。H5∶2，弧刃，拱背。残长8.6、宽4.3厘米（图八，21）。H6∶1，直刃，背略拱。残长10.1、宽4.5厘米（图八，19）。

骨匕　F1∶2，用动物肋骨制成。体呈条状，刃端微弧。残长13.9、宽2.6厘米（图八，23）。

卜甲　1片。H8∶3，背面有坑，在每一竖向梭形坑旁有一方形凿坑，坑边有灼痕。残长6.3、残宽4.3厘米（图八，20）。

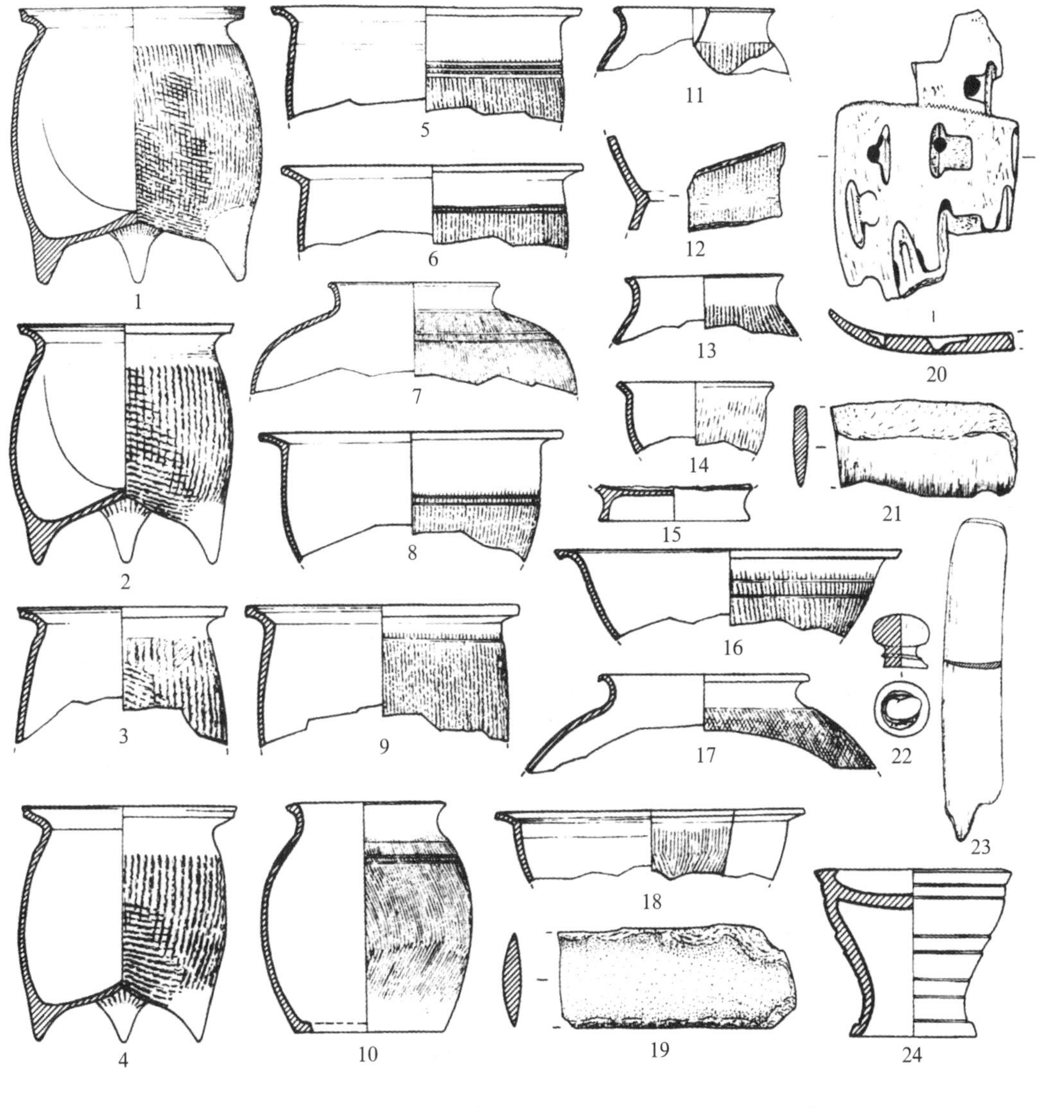

图八　第二期文化遗存器物

1. 大型陶鬲（H2∶1）　2 ~ 4. 中型陶鬲（F1 ②∶6、F1 ②∶16、F1∶17）　5、6、8. 深腹陶盆（F1∶8、H8∶9、H5∶4）
7、17. 小口陶瓮（F1 ②∶21、H2∶4）　9. 中口深腹陶罐（F1 ②∶18）　10、11、13. 小口圆腹陶罐（H4∶3、F1 ②∶22、F1 ②∶15）
12. 陶甗（H6∶4）　14. 陶钵（F1∶24）　15. 陶簋（H6∶2）　16、18. 浅腹陶盆（H6∶5、F1∶12）
19、21. 石镰（H6∶1、H5∶2）　20. 卜甲（H8∶3）　22. 陶器盖（T2 ④∶3）　23. 骨匕（F1∶2）　24. 陶假腹豆（F1 ②∶7）

四、第三期文化遗存

主要发现于T1、T3和T5，典型单位包括H10、H26及T1第9～11层等。

（一）遗迹

主要为灰坑，形状与第一、二期的灰坑大体相同。

H10　位于T3北部，开口于第3层下。坑口近圆形，壁较直，平底，口径1.2、底径0.85、深0.9米。坑内填土为灰色，出土有陶器残片、兽骨等（图九）。

（二）遗物

主要为陶器，另有少量卜甲等。

1．陶器

与第一、二期相比，本期文化遗存出土陶器中褐陶的比例明显上升，黑陶也有增加，灰陶普遍呈浅灰色。泥质陶以饰中绳纹为主，粗绳纹增多，交错绳纹的比例也有上升；夹砂陶基本饰粗绳纹，且比前期更粗。绳纹的印痕较浅。

（1）鬲

均不能复原。大多为夹砂灰陶，胎壁普遍较厚。厚方唇，卷沿，沿内多有较深的凹槽，中腹微鼓，裆较矮，锥足比前期显得粗且矮，足与腹部间的界限不清。器表饰粗绳纹。按形体大小可分两类。

大型鬲　数量很少。H26∶10，灰陶。斜方唇。口径28.4、残高7.6厘米（图一〇，5）。

中型鬲　数量较多。H10∶3，灰陶。唇部有一道凹槽，颈微束。口径21.8、残高16.2厘米（图一〇，1）。H14∶6，裆较低，足较矮。残高13.4厘米（图一〇，2）。T1⑪∶8，灰陶。唇部有一道凹槽，束颈。口径21.8、残高6.2厘米（图一〇，7）。

（2）甑

仅见底部残片。泥质灰陶。H26∶11，底上有数个椭圆形孔。腹部饰中绳纹。底径12厘米（图一〇，11）。

（3）深腹盆

数量较多。折沿更短，圆唇或近方唇，弧腹，平底。沿面基本不见凹弦纹。其他特征与前期的同类器相似。H26∶13，泥质灰陶。近方唇。中腹饰中绳纹，并有两道凹弦纹。口径30.8、底径12.8、高24厘米（图一〇，10）。H26∶14，泥质灰陶。圆唇。腹饰中绳纹，并有两道凹弦纹。口径31.4、残高10.7厘米（图一〇，8）。H26∶15，泥质灰陶。圆唇。腹饰中绳纹，并有两道凹弦纹。口径26.5、残高12.6厘米（图一〇，3）。T1⑩∶9，泥质灰陶。圆唇，沿以

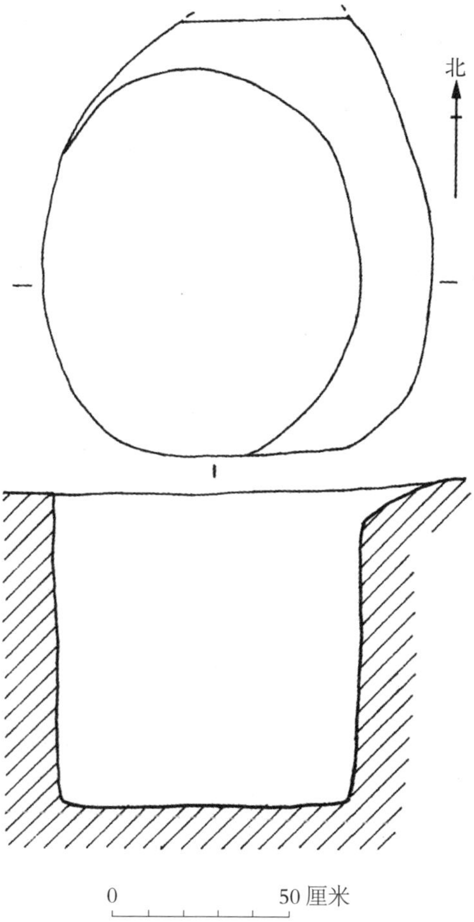

图九　H10 平、剖面图

下器身满饰竖绳纹，上腹近颈处有一周斜行绳纹带。口径 28.2、残高 8.6 厘米（图一〇，6）。

（4）小口圆腹罐

均为泥质陶。侈口，卷沿较短，鼓腹，平底。T5 ⑥:9，灰陶。窄沿，方唇，束颈，溜肩。腹饰中绳纹，颈下有一道凹弦纹。口径 14.5、残高 6.5 厘米（图一〇，16）。T5 ⑥:8，灰陶。颈微束，溜肩。腹饰中绳纹和凹弦纹。口径 16、残高 6.8 厘米（图一〇，12）。H10:4，灰陶。圆唇，短颈，溜肩。腹饰中绳纹。口径 15.8、残高 6 厘米（图一〇，13）。

（5）小口瓮

均为泥质陶。矮领，平沿极短，圆唇，束颈，圆肩较平，平底。器表多饰交错绳纹，肩下有凹弦纹。H10:2，浅灰陶。沿面内凹。口径 15.2、底径 12.8、高 30.8 厘米（图一〇，4）。H10:5，浅灰陶。肩近平。口径 16、残高 12.5 厘米（图一〇，9）。

（6）陶垫

H26:17，泥质灰陶。背面隆起并刻有图案，中央有一圆形竖向穿孔。长 7.1、宽 7.3、高 4.3 厘米（图一〇，15）。

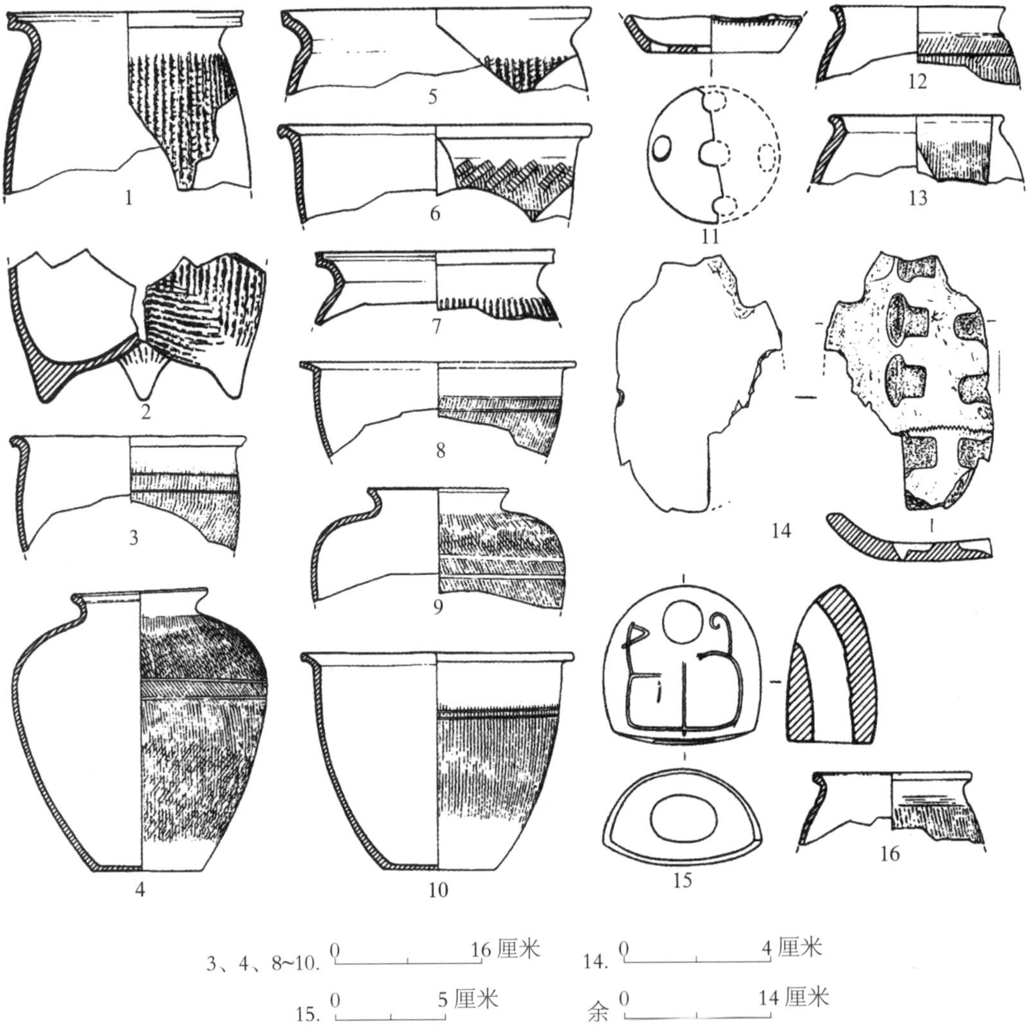

图一〇　第三期文化遗存器物

1、2、7. 中型陶鬲（H10:3、H14:6、T1 ⑪:8）　3、6、8、10. 深腹陶盆（H26:15、T1 ⑩:9、H26:14、H26:13）
4、9. 小口陶瓮（H10:2、H10:5）　5. 大型陶鬲（H26:10）　11. 陶甑（H26:11）
12、13、16. 小口圆腹陶罐（T5 ⑥:8、H10:4、T5 ⑥:9）　14. 卜甲（H16:1）　15. 陶垫（H26:17）

2．其他

仅见卜甲 1 片。H16:1，背面每一梭形坑旁有一方形浅坑。残长 6.9、残宽 4.5 厘米（图一〇，14）。

五、第四、五期文化遗存

第四期文化遗存发现很少，仅见于个别探方，典型单位包括 T1 的第 4 ~ 6 层等。第五期文化遗存在本次发掘中基本未见，但在遗址北部的断崖处采集到一些属此期的陶器。这两期的遗物发现较少，但为了尽可能全面反映遗址的文化面貌，在此一并加以简要介绍。

1．第四期文化遗存

主要发现有部分陶鬲残片，皆为短折沿，方唇，上腹壁较直，矮足跟。T1⑥:1，灰陶。沿近平，沿内凹槽较深，斜方唇，唇部有浅凹槽，上腹壁较直。腹饰粗绳纹。口径24.2、残高10.2厘米（图一一，1）。采:06，灰褐陶。斜方唇，沿内凹槽较深。腹饰粗绳纹。口径23、残高10厘米（图一一，2）。T5④:7，为鬲足。灰陶。锥足粗且矮，实足跟几乎不见。器表饰粗绳纹。残高4.8厘米(图一一,6)。T5④:8,为鬲足。灰陶。矮足跟。器表饰细绳纹。残高6.4厘米（图一一，7）。T1⑥:3，为鬲足。夹砂灰陶。足根粗且矮，略有尖。器表饰较粗绳纹。残高6.4厘米（图一一，8）。

2．第五期文化遗存

仅见部分陶鬲残片，器体较扁，宽折沿，方唇，低裆，无实足根。采:033，灰陶。斜折沿很宽,圆唇。沿面上端压印一周绳纹,腹饰中绳纹。口径26、残高8.5厘米（图一一,3)。采:036,灰陶。宽沿斜立。沿面上端压印一周绳纹,腹饰粗绳纹。口径20、残高9.1厘米（图一一，4)。采:018，灰陶。仅存袋足，低裆，肥袋足，实足根极矮。器表饰粗绳纹。残高5.6厘米（图一一，5）。采:035，灰陶。体较矮，低裆，肥袋足，无实足根。器表饰粗绳纹。残高12.4厘米（图一一，9）。

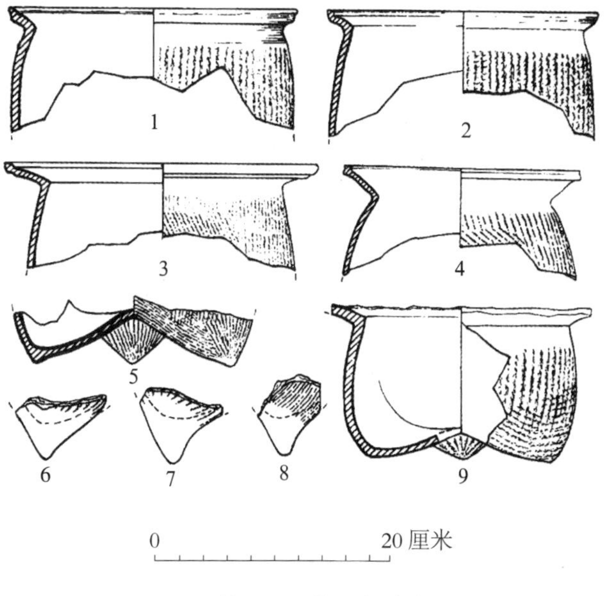

图一一　第四、五期文化遗存陶鬲

1.T1⑥:1　2.采:06　3.采:033　4.采:036　5.采:018　6.T5④:7　7.T5④:8　8.T1⑥:3　9.采:035
（1、2、6～8属第四期文化遗存，其他属第五期文化遗存）

六、结语

1．各期文化遗存的年代

东先贤遗址发现的商代遗存与分布在郑州、安阳等地的商文化遗存有很强的可比性，因此本遗址的分期完全可与上述两地商文化的分期相比较和对应。通过比较可知，东先贤遗址商文化遗存第一期应晚于郑州二里冈阶段白家庄期，而与安阳洹北花园庄 G4[2] 的年代基本相同，但此期的上限可能比后者略晚；此期也相当于邹衡先生关于商文化分期的“早商文化第四段第Ⅶ组”[3]。第二期应与安阳 YH226[4]、87XH1[5] 及洹北花园庄 H2 年代相近，相当于郑振香先生关于殷墟文化分期的一期早段[6]，也相当于邹衡先生所分的殷墟文化一期。第三、四、五期应分别相当于殷墟文化二、三、四期。

值得注意的是，商代工畿地区相当于东先贤一期的文化遗存主要发现于豫北和冀南地区，这类遗址除上文提到的安阳洹北花园庄外，还有藁城台西[7]，邢台南大郭[8]、曹演庄[9]、贾村[10]、西关[11]、尹郭[12]，磁县下七垣[13]，内丘小驿头[14]，藁城北龙宫[15]等，分布范围广泛。其时代上承郑州白家庄期，下接安阳殷墟一期，应属一个承前启后而且相对独立的文化期。因此，我们建议将以东先贤一期为代表的这一特定时期的商文化遗存称为“东先贤期”。

还需要说明的是，东先贤第四、五期文化遗存各自仍有早、晚之别，但由于本次发掘所获资料有限，这里不做进一步划分。

2．本遗址商代遗存的特点

本遗址商代遗存的总体特征与郑州、安阳等商代王畿地区的商文化无疑是大体一致的，但同时也具有自身的特点。与郑州地区相比，本遗址盛行平底器，少见圜底器，而郑州正好相反。如这里发现的盆、罐、瓮等为平底，郑州的同类器物则为圜底或凹圜底。这里常见的小口圆腹罐少见于郑州地区，郑州常见的中口深腹罐、大口尊等器类在本遗址也很少见。与安阳比较，两者的区别主要体现在盆、小口圆腹罐等的形制差异，东先贤的盆为斜折沿、小平底，安阳的盆多为折领、短折沿；这里常见的小口圆腹罐等器类也少见于安阳地区。相比之下，东先贤遗址商代遗存与冀中南地区以藁城台西遗址为代表的商文化最为相似，这些特点可能反映了当地的文化传统。

3．关于祖乙迁邢的地望问题

据有关文献记载，商王祖乙迁邢是商代数次迁都之一。邢墟的地望，历来有多种说法，河北邢台说即为其中之一。20 世纪 50 年代发掘邢台曹演庄商代遗址之后，邹衡先生据以论证祖乙之邢都在今邢台附近[16]，此说愈加受到学术界重视。随着邢台市商代和西周考古工作的进展，特别是西周邢侯墓地的发现[17]和邢国始封地的确认，商王祖乙之邢都应位于今邢台附近这一观点已得到学术界的逐渐认同。

东先贤遗址第一期遗存，上限晚于商文化的郑州白家庄期，即晚于商王仲丁迁隞；下限早于殷墟一期，即早于商王盘庚迁殷。那么，介于商王仲丁和盘庚之间的祖乙居邢之时当不会超出东先贤一期这个阶段。近数十年来，在邢台市附近发现了许多商文化遗址，分布也很密集，其中一些遗址具有相当大的规模。例如东先贤遗址已知面积近 10 万平方米。曹演庄遗址现压在邢台市城区下，面积已难以估计。20 世纪 50 年代曾发掘了 2500 余平方米，发现的商代遗存相当丰富，其中以相当于东先贤一、二期的遗存为主。在附近其他很多遗址的历次调查中也发现有大量殷墟一期前后的遗物。可见，东先贤遗址第一、二期存在的阶段，正是邢台附近一批商代遗址的繁盛时期，这正好与有关商王祖乙迁邢的记载相互印证。此次发掘的成果，为今后全面开展相关工作，最终确定祖乙邢都的地望打下了坚实的基础。

附记：此次工作得到河北省文物局、河北省文物研究所、邢台县人民政府、邢台市文化局、邢台市文物管理处、邢台县文化局和文物保管所的大力支持，本文经李伯谦、刘绪先生审阅，在此深表谢意。参加东先贤遗址调查的人员有李伯谦、刘绪、徐天进、郭瑞海、任亚珊、段宏振、刘龙启、李恩玮、白梅先、沈震、李军等，参加发掘的有段宏振、牛世山、何元洪。本文插图由刘缀生绘制，焦志华负责器物修复。

执笔　段宏振　牛世山　何元洪

注释

[1] 唐云明：《河北邢台东先贤村商代遗址调查》，《考古》1959 年第 2 期。

[2] 中国社会科学院考古研究所安阳工作队：《河南安阳市洹北花园庄遗址 1997 年发掘简报》，《考古》1998 年第 10 期。

[3] 邹衡：《试论夏文化》，《夏商周考古学论文集》，第 113 页，文物出版社，1980 年。

[4] 李济：《殷墟陶器图录》，中国科学院图书馆藏，1947 年。

[5] 中国社会科学院考古研究所安阳工作队：《1987 年安阳小屯村东北地的发掘》，《考古》1989 年第 10 期。

[6] 郑振香：《论殷墟文化分期及其相关问题》，《中国考古学研究》编委会：《中国考古学研究——夏鼐先生考古五十年纪念论文集》，科学出版社，1986 年。

[7] 河北省博物馆、文管处台西考古队等：《藁城台西商代遗址》，文物出版社，1977 年。

[8] 唐云明：《邢台南大郭村商代遗址探掘简报》，《文物参考资料》1957 年第 3 期。

[9] 河北省文物管理委员会：《邢台曹演庄遗址发掘报告》，《考古学报》1958 年第 4 期。

[10] 河北省文物管理委员会：《邢台贾村商代遗址试掘简报》，《文物参考资料》1958 年第 10 期。

[11] 唐云明：《邢台西关外遗址试掘》，《文物》1960 年第 7 期。

[12] 河北省文化局文物工作队：《邢台尹郭村商代遗址及战国墓葬试掘简报》，《文物》1960 年

第 4 期。

[13] 河北省文物管理处：《磁县下七垣遗址发掘报告》，《考古学报》1979 年第 2 期。

[14] 河北省文物研究所：《内丘小驿头遗址发掘报告》，河北省文物研究所：《河北省考古文集》，东方出版社，1998 年。

[15] 河北省文物研究所：《藁城北龙宫商代遗址的调查》，《文物》1985 年第 10 期。

[16] 邹衡：《论汤都郑亳及其前后的迁徙》，《夏商周考古学论文集》，第 207 页，文物出版社，1980 年。

[17] 河北省文物研究所：《邢台葛庄先商遗址及两周墓地》，中国考古学会：《考古学年鉴（1995 年）》，第 98 页，文物出版社，1997 年；河北省文物研究所：《邢台葛庄先商遗址及西周墓地》，中国考古学会：《考古学年鉴（1996 年）》，第 98 页，文物出版社，1998 年。

（原载于《考古》2003 年第 11 期）

河北邢台市唐墓的清理

邢台市文物管理处

1995年以来，邢台市文物管理处在配合基建过程中，于市区陆续发掘了一批唐墓（图一）。这些墓葬的发掘，为研究唐代的政治、经济、文化及邢台的历史，提供了一些实物资料。现将这批唐墓的发掘情况介绍如下。

一、桥东区北部唐墓

邢台市汽车改装总厂四分厂在邢台市桥东区北部进行基建时，发现3座唐墓。墓葬位于东围城路北段与北外环路连接点北侧，南邻翟村，北靠长信村，编号95QDM1、95QDM2、95QDM3。

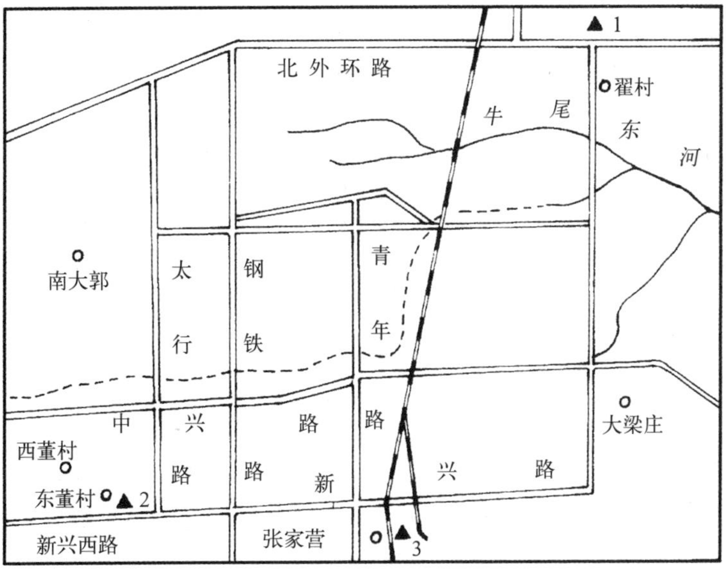

图一　邢台市唐墓分布示意图

1. 桥东区北部唐墓　2. 桥西区唐墓　3. 桥东区西南部唐墓

1．95QDM1

该墓为南北向单室砖墓。方向176°。平面呈“甲”字形，由墓道、甬道和墓室三部分组成。墓道位于墓室之南稍偏东处，平面呈梯形，底距地表1.5、宽0.6～0.9米，墓道未做全部清理，故长度不详。墓道底部呈斜坡状，南高北低，坡度约15°。甬道为过洞式，长1、宽0.4、残高1米。其东西两壁，先平铺五层砖，再立砌一层砖，然后三顺一丁起券。顶部早年被破坏。甬道北接墓室南壁的中偏东处，南端有封门墙与墓道隔开。封门墙呈弧形，系单面绳纹砖砌筑而成，宽0.6、残高0.8、厚0.16米。

墓室平面略呈梯形，东西长1.95、南北宽1.45、残高1米。墓室四壁略向外弧，1米以上起券，顶部早年已被破坏。墓室营造方式同甬道，均用单面绳纹砖砌筑。墓砖有青灰、褐红两种胎色，一面拍印粗绳纹，砖长31、宽16、厚6厘米。靠北壁、西壁有用青灰砖铺作的曲尺形棺床，床沿长1.8、宽0.78、高0.26米。棺床上并排放置两具人骨，死者头西脚东，北侧为女性，仰身屈肢；南侧为男性，仰身直肢。未发现棺椁痕迹。女性头骨旁随葬铜镜、钗各1件，男性右盆骨外侧斜置陶罐1件，墓室西南角棺床上放置瓷瓶1件（图二）。

陶罐　1件。95QDM1∶3，泥质灰陶。侈口，圆唇，短颈，圆肩，鼓腹，平底。肩部饰六圈戳点纹。口径17.4、底径15.6、高34.2厘米（图三，2）。

瓷瓶　1件。95QDM1∶1，灰白粗瓷，胎厚薄不一。钵形口，尖圆唇，细颈，椭圆腹，

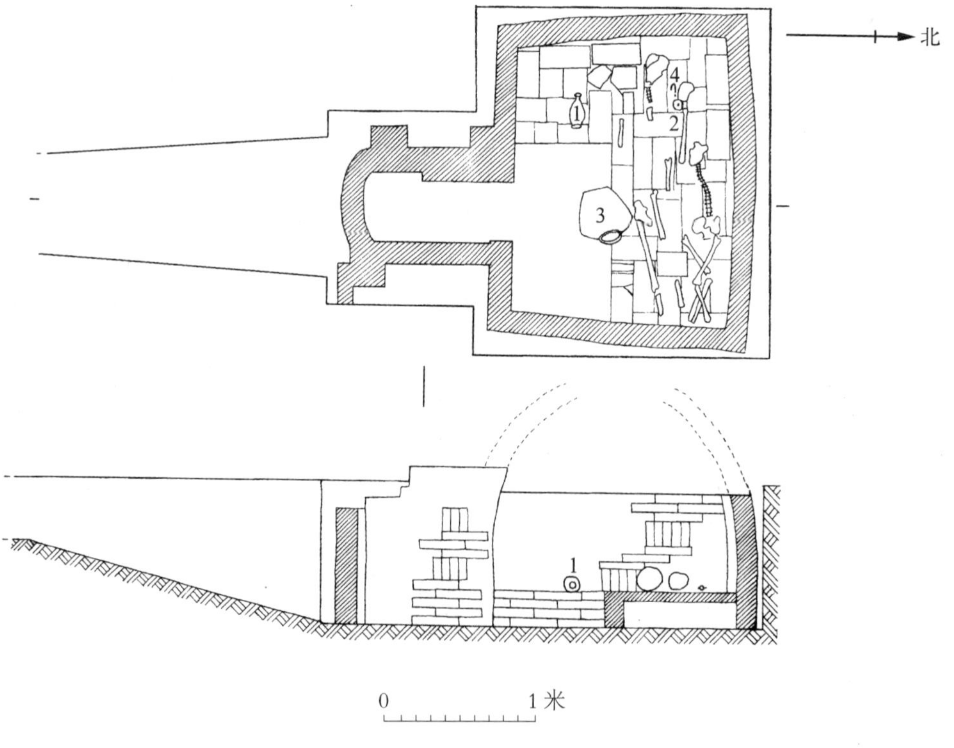

图二　95QDM1平、剖面图

1. 瓷瓶　2. 铜镜　3. 陶罐　4. 铜钗

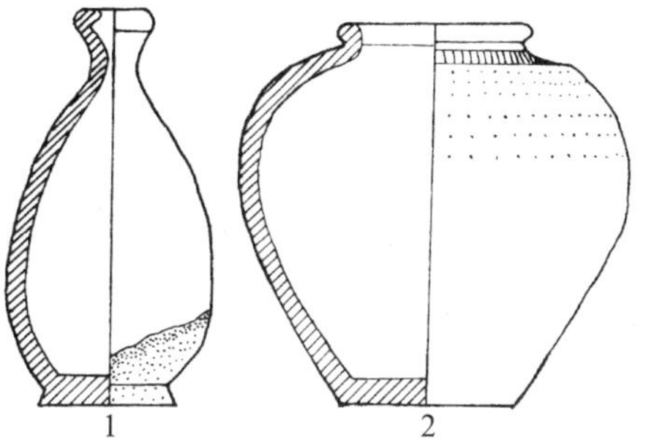

图三　95QDM1 出土遗物

1. 瓷瓶（95QDM1∶1）　2. 陶罐（95QDM1∶3）

假圈足。通体施酱色釉，釉中泛青，有腊泪痕。器物内壁施釉至细颈处，外壁施釉不到底，局部施釉不匀，有裸露的白色化妆土。口径 5.3、高 23.3 厘米（图三，1）。

铜镜　1 件。95QDM1∶2，圆形钮座，座外浮雕四只瑞兽。内外区以凸弦纹为界，外区饰草叶纹，边缘饰栉齿纹；外沿凸起较厚。直径 9.8 厘米。

铜钗　1 件。95QDM1∶4，锈蚀严重，已残。截面呈椭圆形。一端呈弧形，微外凸。残长 2.8 厘米。

2．95QDM2

该墓为南北向单室砖墓。方向 185°。由墓道、墓门和墓室三部分组成。斜坡式墓道，南高北低，坡度约 15°。墓道南窄北宽，底距地表 1.25、宽 0.58 ～ 0.86 米，墓道未做全部清理，长度不详。墓门略呈弧形，宽 1、残高 0.8 米，用残砖错缝平砌封堵。

墓室平面似梭状，南北长 2.4、东西宽 0.6 ～ 1.1 米。室内地面用单面绳纹灰陶砖东西平铺，东壁外弧，0.5 米以上逐层上收。顶部大部分已坍塌。墓砖长 31、宽 16、厚 6 厘米。墓室底部呈斜坡状，坡度 5°，南高北低。近墓门处平铺两排灰陶砖，上置黄褐釉瓷罐 1 件。墓室内无棺，有一具人骨，头南脚北，仰身直肢。死者腰部右侧有泥质红陶罐 1 件，右臂下置河蚌 1 片（图四）。

陶罐　1 件。95QDM2∶2，泥质灰陶。侈口，圆唇，矮颈，弧肩，鼓腹，平底。肩部对称附双耳，底部不规整。口径 13.2、底径 9、高 20 厘米（图五，2）。

瓷罐　1 件。95QDM2∶1，灰白胎，胎较厚重。侈口，圆唇，矮颈，圆鼓腹，假圈足。肩部附对称双泥条耳，一耳稍残。器内壁有明显的轮制痕迹。施黄褐釉，釉面有小冰裂纹。器内壁施全釉，局部施釉不匀；外壁施半釉，有积釉现象。口径 4.8、底径 5.7、高 9.4 厘米（图五，1；图版四，2）。

蚌片　1 件。95QDM2∶3，系自然河蚌制作而成，周边圆润。

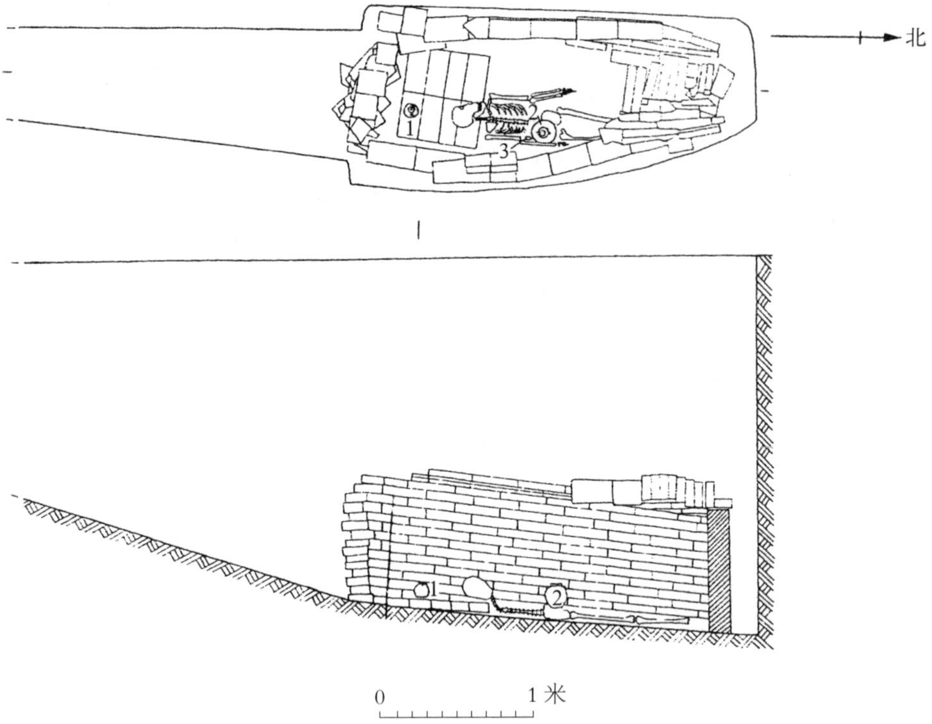

图四　95QDM2 平、剖面图

1. 瓷罐　2. 陶罐　3. 蚌片

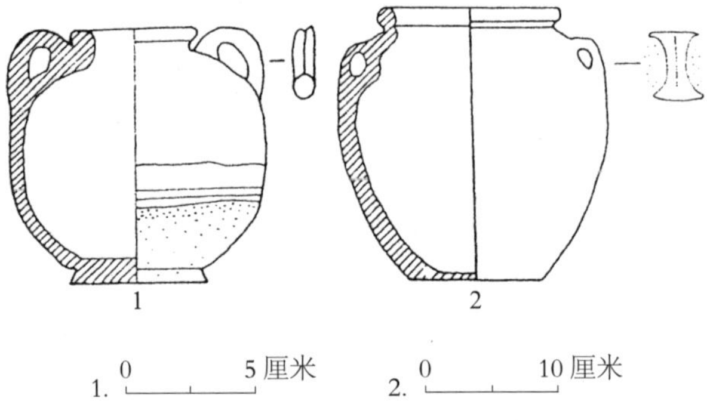

图五　95QDM2 出土遗物

1. 瓷罐（95QDM2∶1）　2. 陶罐（95QDM2∶2）

3．95QDM3

南北向单室砖墓。墓向 175°。平面呈“甲”字形，分墓道和墓室两部分。墓道为斜坡式，南高北低，坡度约 15°，底部距地表 1.2、长 2.4、宽 0.98 ~ 1.2 米。

墓室平面近方形，东西长 2.4 ~ 2.48、南北宽 2.18 米。顶部以及部分墓壁已被破坏，残留墓壁用双砖错缝平铺顺砌 14 层。棺床呈“凹”字形，系单面绳纹砖砌成，约占墓室的三分之二，与四壁均相连。床沿长 2.4、最宽 1.34、高 0.2 米。墓砖长 31、宽 16、厚 6 厘米。棺床上放置相叠压的两具人骨，头向西，仰身直肢。上层为男性，约 45 岁；下层为女性，约 40 岁。附近未发现棺椁痕迹。女性颈部有铜镜、钗各 1 件，人骨附近有铜手镯、陶罐、瓷碗、开元通宝等随葬品，其余集中出自棺床西南角，主要有瓷罐、壶等（图六）。

陶罐　1 件。95QDM3∶5，泥质红陶。侈口，圆唇，矮颈，鼓腹，平底。肩部原附对称双耳，耳已残。素面。口径 13.6、底径 10、高 21.5 厘米（图七，5）。

陶碗　1 件。95QDM3∶8，泥质红陶。圆唇，口微敛，平沿，斜壁，平底。口径 19、底径 7.5、高 8 厘米（图七，8）。

瓷罐　2 件。胎质较粗，色赭红。侈口，圆唇，矮颈，圆肩，球形腹或下腹微收，假圈足。肩部附对称泥条耳，一耳已残。通体施青褐釉，釉色褐中泛青，薄厚不一，有腊泪痕。器物内壁施满釉，局部露胎，外壁施半釉不到底。95QDM3∶1，口径 4.8、底径 6.3、高 11.1 厘米（图七，4）。95QDM3∶2，口径 4.2、底径 5.1、高 8.9 厘米（图七，2；图版四，6）。

瓷独流壶　1 件。95QDM3∶3，胎体黄白色，胎质较细腻、轻薄。敛口，扁圆唇，溜肩，柱形短流，扁圆腹，假圈足。器内壁施全釉，外壁施半釉，无釉处露出白衣。釉面有小冰裂纹，

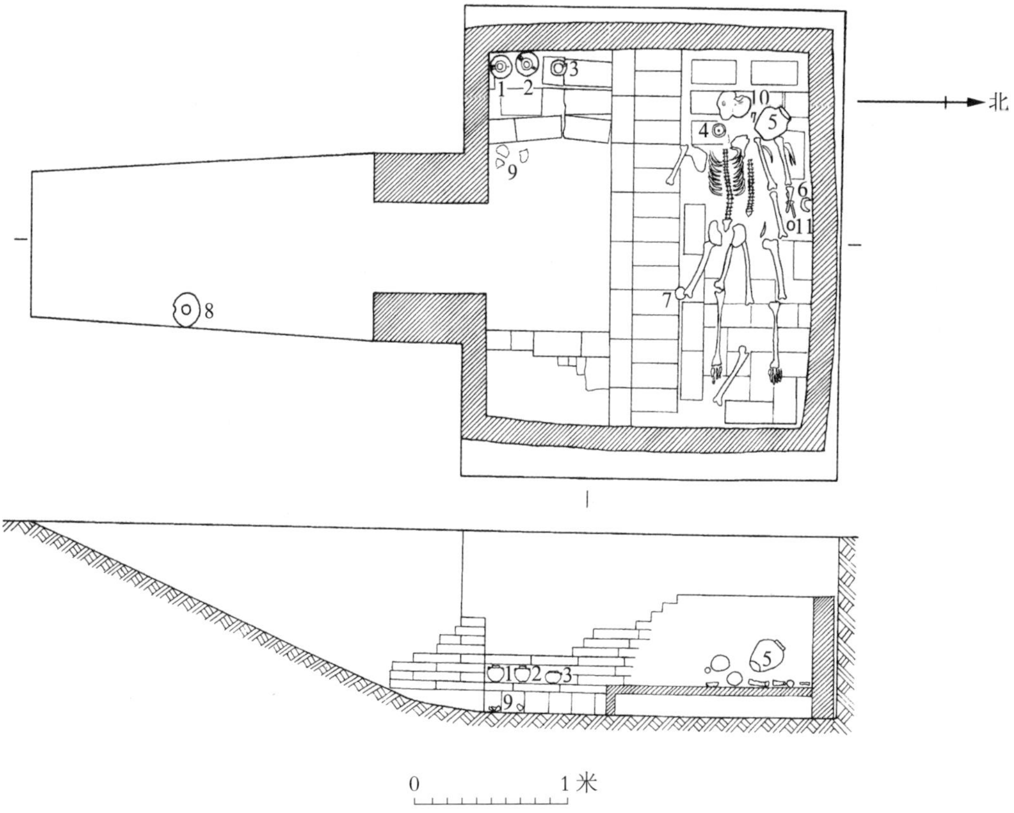

图六　95QDM3 平、剖面图

1、2. 瓷罐　3. 瓷独流壶　4. 铜镜　5. 陶罐　6. 铜手镯　7、9. 瓷碗　8. 陶碗　10. 铜钗　11. 开元通宝

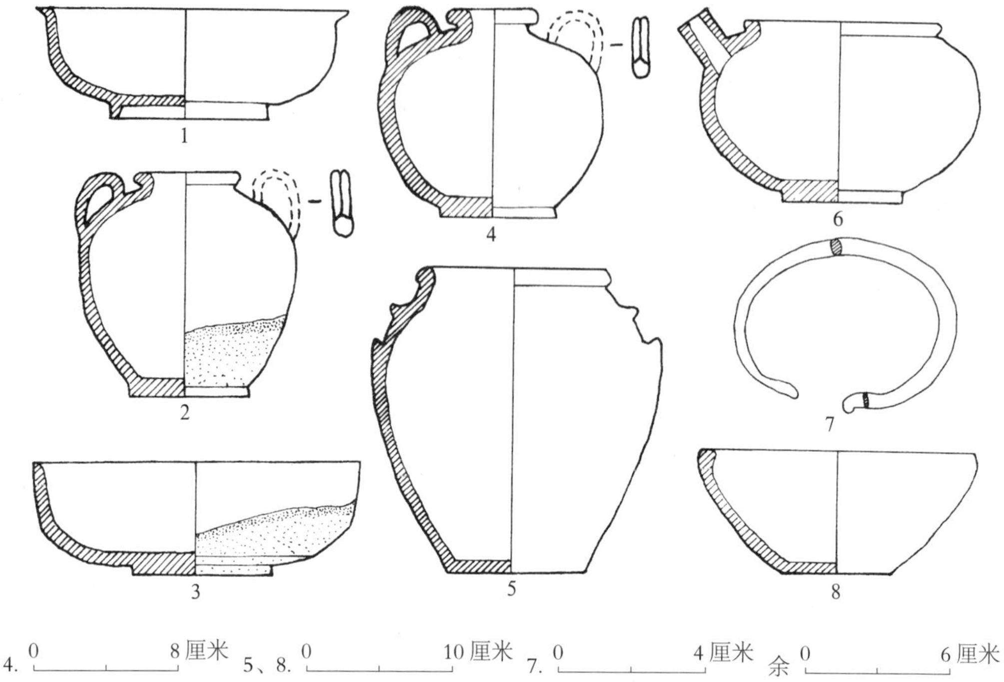

图七 95QDM3 出土遗物

1、3. 瓷碗（95QDM3∶7、95QDM3∶9） 2、4. 瓷罐（95QDM3∶2、95QDM3∶1） 5. 陶罐（95QDM3∶5） 6. 瓷独流壶（95QDM3∶3） 7. 铜手镯（95QDM3∶6） 8. 陶碗（95QDM3∶8）

釉色正黄，晶莹透明。唇部有叠烧粘连痕迹。口径 7、底径 4.2、高 7 厘米（图七，6；图版四，1）。

瓷碗 2 件。95QDM3∶7，胎色洁白，胎质细腻，轻薄。尖唇，敞口，弧壁，矮圈足。内处通体施白色釉，有少量冰裂纹。口径 11.2、圈足径 5.9、高 4 厘米（图七，1）。95QDM3∶9，胎色蓝灰，胎质较粗。口微侈，弧壁，下腹稍折，假圈足。通体施姜黄釉，釉黄中泛青、厚薄不一，有腊泪痕。器内壁施满釉，有积釉现象，外壁施半釉。口径 11.6、底径 5.1、高 4 厘米（图七，3）。

铜镜 1 件。95QDM3∶4，银白色。桥形钮，圆钮座。内外区以凸纹弦为界，边缘起较高凸棱。直径 8.7、厚 0.8 厘米（图八）。

铜手镯 1 件。95QDM3∶6，锈蚀严重。较完整，椭圆形。直径 4.1 ～ 6 厘米（图七，7）。

开元通宝 1 枚。95QDM3∶11，武德开元钱。钱文正面对读“开元通宝”，字迹端庄工整。素背。直径 2.4、厚 0.15 厘米（图九）。

二、桥东区西南部唐墓

京郑铁路变电所在邢台市桥东区西南部进行基建时，发现 2 座唐墓（编号为 96QDM16、96QDM32）。墓葬位于车站南街西侧，北临市联运公司，西为张家营村。

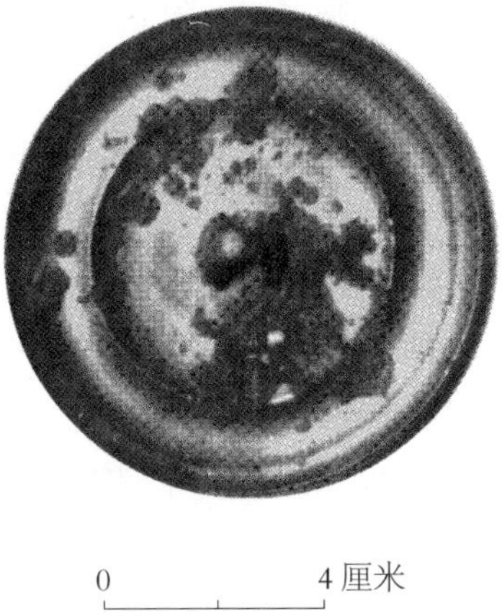

图八　铜镜

（95QDM3∶4）

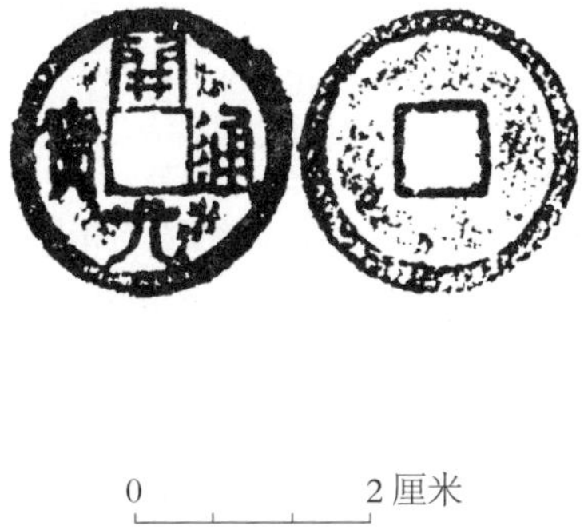

图九　开元通宝拓本

（95QDM3∶11）

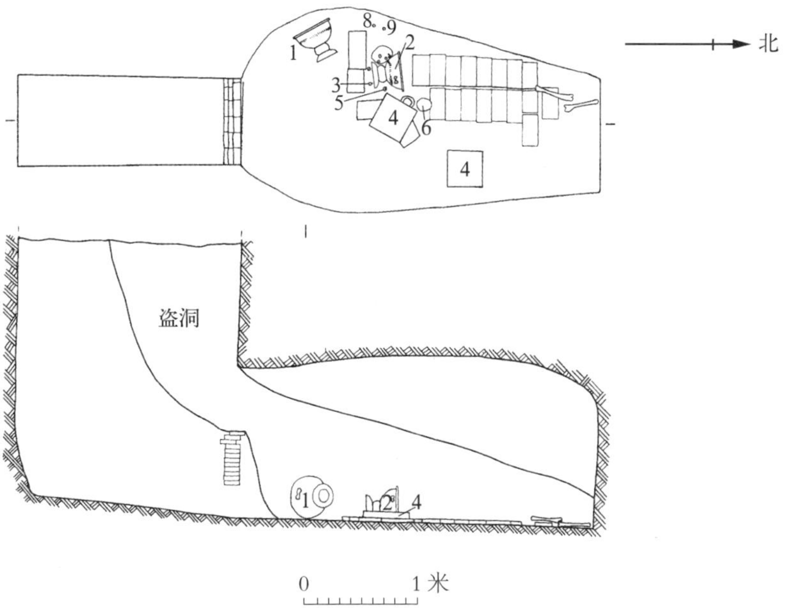

图一〇　96QDM16 平、剖面图

1、2. 陶器座　3. 瓷俑　4. 墓志　5. 陶器盖　6、7. 陶盖罐　8、9. 开元通宝

1．96QDM16

该墓为南北向土洞墓（图一〇）。方向 180°。分墓道、甬道和墓室三部分。墓道近长方形，底距地表 4.65、长 2、宽 0.7 ～ 0.8 米。墓道底部呈斜坡状，坡度 5°。甬道呈过洞式，与墓室南壁中部相接，长 1、宽 0.8 ～ 1、高 1.3 米。

墓室呈不规则六边形，南北长 2.3、东西宽 1 ～ 1.8 米，起拱高 1.3 米。墓室底部用单面绳纹灰陶砖平摆顺铺。砖长 31、宽 16、厚 5 厘米。因被盗扰，墓室内散见人头骨和肢骨，没有发现棺木痕迹。随葬品多分布在头骨附近，有瓷俑、陶器盖、陶器座、墓志、开元通宝等。

陶盖罐　2件。大小、形制基本相同。96QDM16∶6，泥质灰陶。宝珠式顶盖。子母口，圆唇，矮颈，鼓腹，小平底。器表施红彩。口径15.2、底径10.5、通高36厘米（图一一，1；图版五，2）。

陶器座　2件。大小、形制基本相同。96QDM16∶2，泥质灰陶，外施红彩。圆盘状口，中部呈圆球状，下承大喇叭口形高圈足，中空。沿外饰一周堆塑的波浪纹，圈足饰一周附加堆纹，其下对称分列三组镂空的双联圈孔。口径16.8、圈足径29、高24厘米（图一一，2；图版六，1）。

瓷俑　1件。96QDM16∶3，细白胎。瓷俑为长眉细眼，八字胡，两手抚膝，对足而坐，作哀悼状。器表施青白釉不到底。高4.2厘米（图一二；图版四，3）。

开元通宝　2枚。出自墓室底部。均锈蚀严重，字迹漫漶。96QDM16∶8，直径2.3、厚0.15厘米。

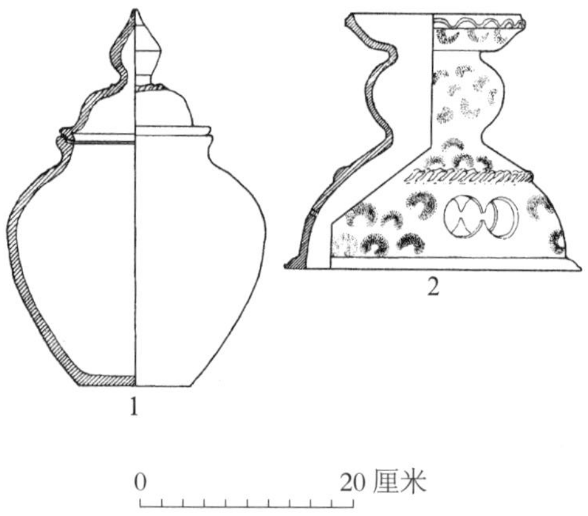

图一一　96QDM16出土陶器

1. 盖罐（96QDM16∶16）　2. 器座（96QDM16∶2）

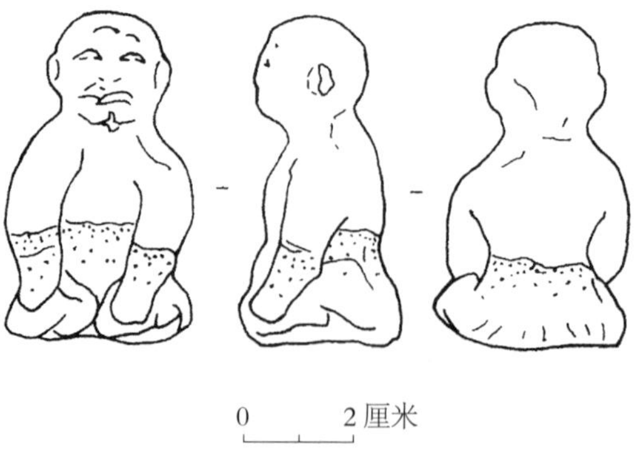

图一二　96QDM16出土瓷俑

（96QDM16∶3）

墓志　1 合。96QDM16∶4，灰陶。志盖为盝顶，方形，底面满饰粗绳纹。长 36、宽 36、厚 6 厘米。志为方形，长 36、宽 36、厚 5 厘米。墓志通高 11 厘米。志文墨书，字迹模糊，不能辨认。

2. 96QDM32

南北向土洞墓（图一三）。方向 186°。分墓道、墓门和墓室三部分。墓道平面呈梯形，底部距地表 6.7、长 2.2、宽 0.58 ~ 0.76 米。南部东西两壁各有一组脚窝，脚窝立面近三角形。底部南端有二级生土台阶，长 0.76、宽 0.18、高 0.38 米。墓门位于墓室南壁偏东处，长 0.7、宽 0.56 ~ 0.84、高 1.6 米，用单面绳纹灰陶砖呈犬牙交错状平铺垒砌封堵。砖长 33、宽 18、厚 6 厘米。墓门上方有明显的盗洞。

墓室平面近不规则长方形，南北长 3.24 ~ 3.72、东西宽 1.6 ~ 2.4 米，起拱高 1.5 米。木棺置于墓室西北部，长 1.96、宽 0.68 ~ 0.9、残高 0.4 ~ 0.54 米。上盖板前后两端均用铁皮包裹，底板下用五根垫木加固。棺内有一具男性人骨和六段下肢骨，疑为迁葬。随葬品多分布于棺前，主要有铜鹤饰、帽钉、饰件和陶器座、盖罐等。

陶盖罐　1 件。96QDM32∶11，泥质灰陶。宝珠顶式盖。侈口，圆唇，圆肩，鼓腹，平底。素面。口径 11、底径 9.5、通高 30.8 厘米（图一四，1）。

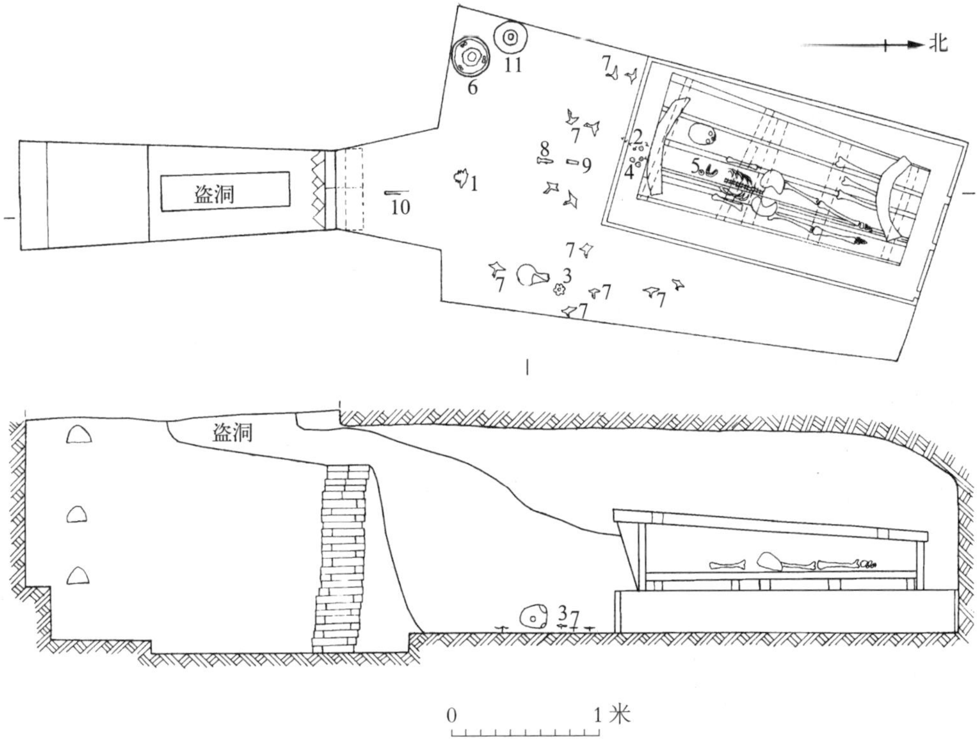

图一三　96QDM32 平、剖面图

1. 飞鸟状铜饰　2 ~ 4. 铜帽钉　5. 开元通宝　6. 陶器座　7. 铜鹤饰　8. 异形铜饰　9. 管状铜饰　10. 铜钗　11. 陶盖罐

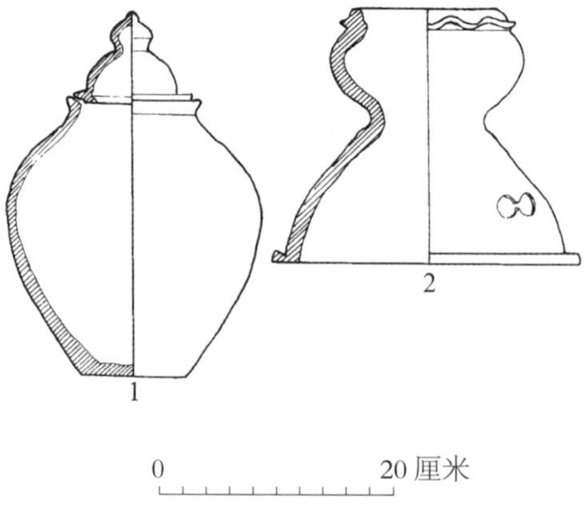

图一四　96QDM32 出土陶器

1. 盖罐（96QDM32∶11）　2. 器座（96QDM32∶6）

陶器座　1 件。96QDM32∶6，泥质灰陶。口微侈，鼓腹，束腰，大喇叭口形高圈足，中空。沿外饰堆塑波浪纹，圈足饰三组双联圈孔；器物外壁原绘有黑色花卉图案，多脱落。口径 11.8、圈足径 26.5、高 20.8 厘米（图一四，2；图版六，6）。

铜鹤饰　14 件，3 件已残。大小、形制及制作工艺基本相同。尖喙，昂首引颈，双翅展开，作飞翔状。翅、尾部为錾刻羽翎纹，眼睛周围饰细羽毛纹，腹部背面有柱状方钉。有的表面施蓝漆。96QDM32∶7，头尾长 6.8、两翅宽 9.1、腹部厚 0.5 ～ 0.6 厘米（图一五，6）。96QDM32∶14，头尾长 6.5、两翅宽 8.6 厘米（图一五，7；图版五，1）。

铜帽钉　16 枚，分三型。

A 型　6 枚。大小基本相同。六出梅花形，中间作圆形凸起，背部中央有一柱状圆钉。96QDM32∶3，帽径 7.4 厘米（图一五，9）。

B 型　2 枚。大小基本相同。五出梅花形，中间圆形凸起上有一方形穿孔钮，背部有柱状方钉。96QDM32∶2，帽径 2.5 厘米（图一五，1）。

C 型　8 枚。大小基本相同。五出梅花状，中部作圆形凸起，背部有柱状方钉，有的钉已残。96QDM32∶13，帽钉下端残。帽径 2.5 厘米（图一五，2）。96QDM32∶4，帽径 4.7 厘米（图一五，4）。

铜管状饰　1 件。96QDM32∶9，管状，一端封闭，另一端开一小口。长 3.8、宽 1.2、内径 0.9 厘米（图一五，5）。

飞鸟状铜饰　1 件。96QDM32∶1，飞鸟两翼展开，背部有柱状铜钉，钉已残。两翼长 10.5、宽 4.2 厘米（图一五，8）。

异形铜饰　1 件。96QDM32∶8，长 7.2 厘米（图一五，3）。

铜钗　1 件。96QDM32∶10，钗尾一股已残。残长 19.6 厘米（图一五，10）。

开元通宝　1 枚。96QDM32∶5，武德开元，字迹端庄工整。最大径 2.4、厚 0.15 厘米。

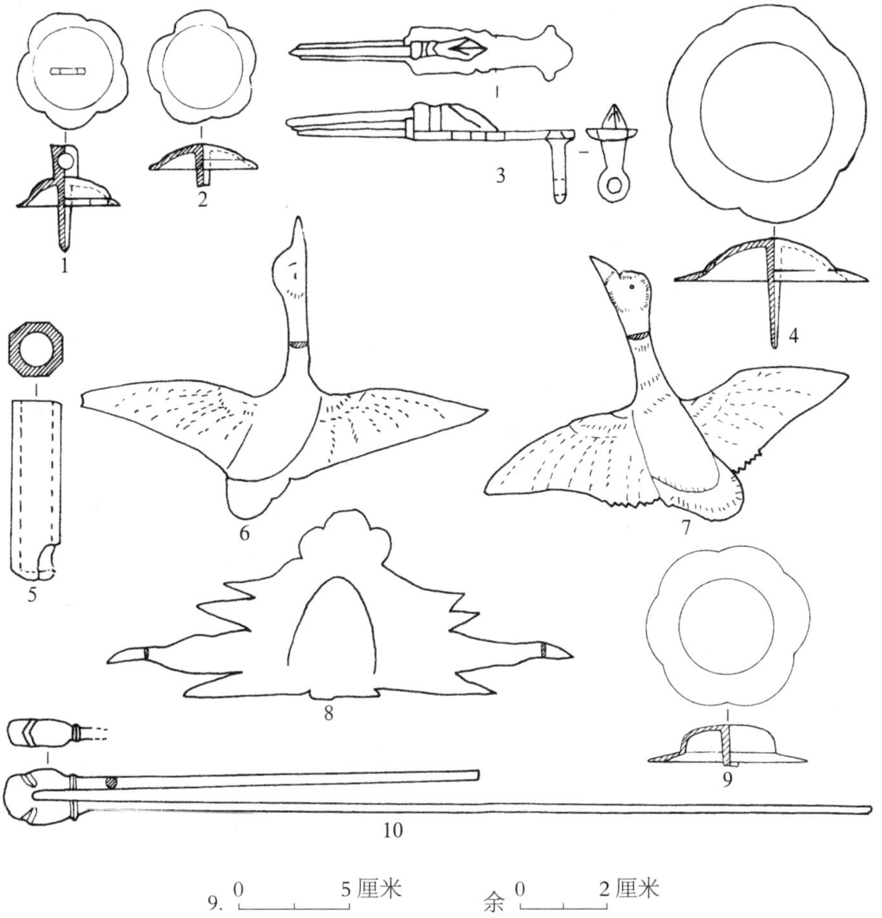

图一五　96QDM32 出土遗物

1.B 型铜帽钉（96QDM32∶2）　2、4.C 型铜帽钉（96QDM32∶13、96QDM32∶4）　3. 异形铜饰（96QDM32∶8）
5. 铜管状饰（96QDM32∶9）　6、7. 铜鹤饰（96QDM32∶7、96QDM32∶14）　8. 飞鸟状铜饰（96QDM32∶1）
9.A 型铜帽钉（96QDM32∶3）　10. 铜钗（96QDM32∶10）

三、桥西区唐墓

墓地位于邢台市桥西区西南部，南临新兴西路，东依太行路，西靠东董村和葛庄。在建设董村水厂时共发现唐至清代墓葬 50 余座，其中唐墓 5 座，编号分别为 95QXM27、95QXM33、95QXM37、95QXM42 和 95QXM47。

1．95QXM27

该墓为南北向土洞墓。方向 179°。由墓道、墓门和墓室三部分组成。墓道平面近长方形，竖井状，底部距地表 4.6、长 2.45、宽 0.85 ~ 1 米。墓道南部东西两壁各有一组脚窝，脚窝立面近三角形。墓道底部有一生土台阶，长 0.9、宽 0.55、高 0.4 米。在填土中发现 1 件残铜镜。墓门呈圆拱形，与墓室南壁偏东处相接，高 1.3、宽 0.95 米。用单面绳纹灰陶砖平铺顺砌封堵，共 23 层。砖呈青灰色，长 32、宽 20、厚 4 厘米。

墓室平面近梯形，南北长 3.2、东西宽 1.4 ～ 1.98 米，起拱高 1.4 米。墓室北部偏西处有人骨两具，头向南，仰身直肢。其中一具人骨较乱，疑为二次葬。人骨下有板灰痕迹。由于墓室坍塌严重，棺椁形制不详。头骨前方散见铜帽钉、铺首和锁等遗物。其他随葬品分布在棺前、靠近墓室西部附近，主要有瓷执壶和陶罐、器座等。墓室东北角还发现 1 件陶器盖（图一六）。

陶罐　1 件。95QXM27∶2，泥质灰陶。侈口，圆唇，矮颈，溜肩，鼓腹，平底。外施彩绘，多脱落。口径 13.2、底径 11.8、高 30 厘米（图一七，2）。

陶器座　2 件。泥质灰陶。形制、大小相同。95QXM27∶3，口呈花边圆盘状，中部呈圆球形，下承大喇叭口高圈足，底边外卷，中空。圈足饰一周堆塑附加堆纹，其下对称分列四组镂空的双联圈孔。圆盘口径 18.4、圈足径 28、高 27.2 厘米（图一七，4 ；图版六，2）。

陶器盖　1 件。95QXM27∶5，泥质灰陶。上部为宝塔形钮，内空，下承圆形子母口。外施红彩。口径 7.8、高 16.5 厘米（图一七，1 ；图版六，4）。

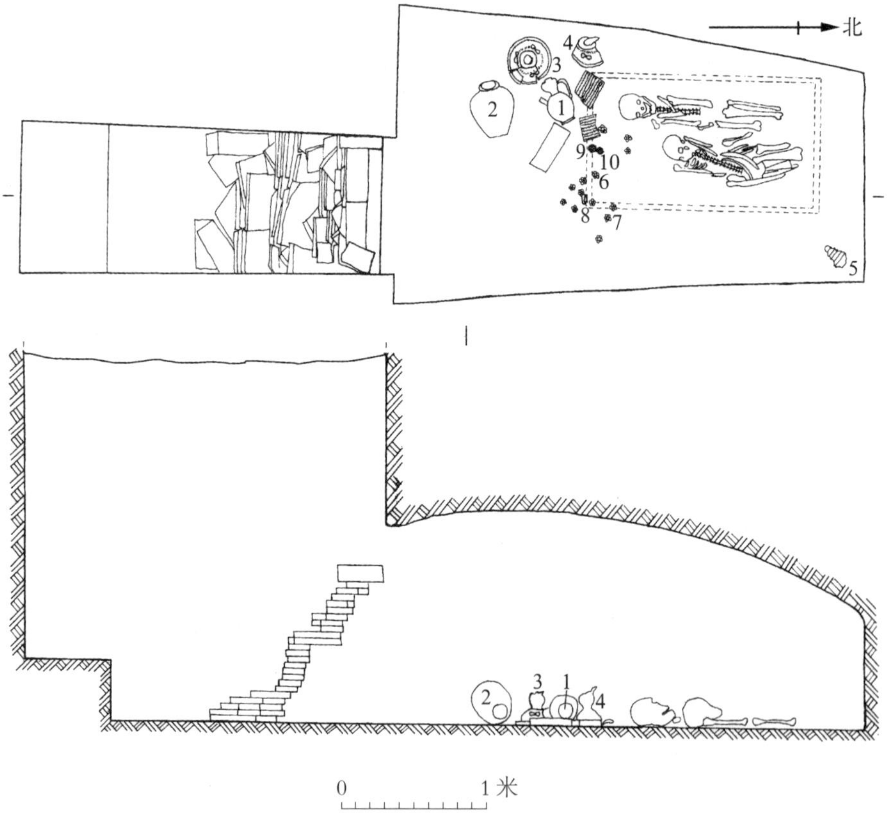

图一六　95QXM27 平、剖面图

1. 瓷执壶　2. 陶罐　3、4. 陶器座　5. 陶器盖　6、7. 铜帽钉　8. 铜锁　9、10. 铜铺首

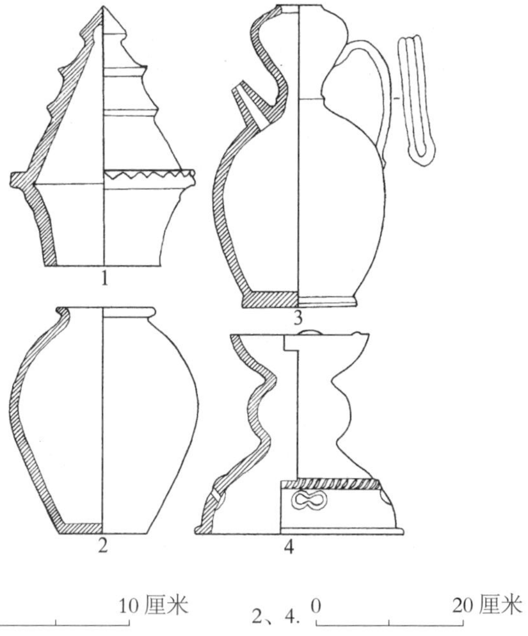

图一七　95QXM27 出土遗物

1. 陶器盖（95QXM27∶5） 2. 陶罐（95QXM27∶2） 3. 瓷执壶（95QXM27∶1） 4. 陶器座（95QXM27∶3）

瓷执壶　1 件。95QXM27∶1，灰白胎，着白色化妆土。葫芦形。小口，尖圆唇，细颈，溜肩，有一短流，颈肩间有环状錾手，鼓腹，假圈足。内外通体施白釉，外壁施釉不到底，底足心有两周圆圈刻线。口径 3、底径 7.6、高 20.1 厘米（图一七，3；图版六，3）。

铜帽钉　15 件。大小、形制基本相同。其中 2 件凸起上有穿孔钮，1 件出土时与铜锁相连。95QXM27∶6，六出梅花状，中间作圆形凸起，其上有一穿孔，背面有柱状方钉。长 3.2、帽径 2.8 厘米（图一八，4）。95QXM27∶7，长 2.1、帽径 2.9 厘米（图一八，5）。

铜铺首　2 件。大小、形制基本相同。95QXM27∶9，兽首外缘有三个圆形孔，其中两孔内附带铁锈（图一八，3）。95QXM27∶10，背面有柱状方钉。长 4、宽 3.6 厘米（图一八，2）。

铜锁　1 件。95QXM27∶8，出土时与 1 件铜帽钉穿在一起。锁长 10.5、宽 2.1 厘米；锁柱被斜截成两段，直径 0.2 厘米。钥匙略呈匕首形，长 4.8 厘米（图一八，1）。

2．95QXM33

南北向土洞墓。方向 179°。由墓道、墓门及墓室三部分组成。墓道平面近长方形，底距地表 3.8、长 2、宽 0.8 ～ 0.9 米。墓门呈圆拱形，高 1.4、宽 0.8 米，用单面绳纹灰陶砖平铺顺砌 15 层封门。砖长 33、宽 18、厚 5 厘米。

墓室平面略呈椭圆形，底距地表 3.8、南北长 2.6、东西宽 0.6 ～ 1.4 米。墓室偏西部有 2 具杂乱的人骨，头向南。人骨下及周围有木板灰痕迹，但木棺形制不详。随葬品为瓷罐和铜帽钉各 1 件，置于棺前（图一九）。从遗迹现象分析，此墓应是一座二次迁葬墓。

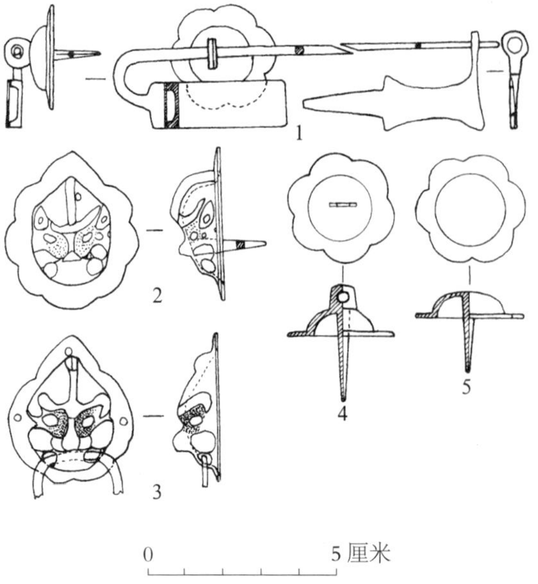

图一八　95QXM27出土铜器

1. 锁（95QXM27:8）　2、3. 铺首（95QXM27:10、95QXM27:9）　4、5. 帽钉（95QXM27:6、95QXM27:7）

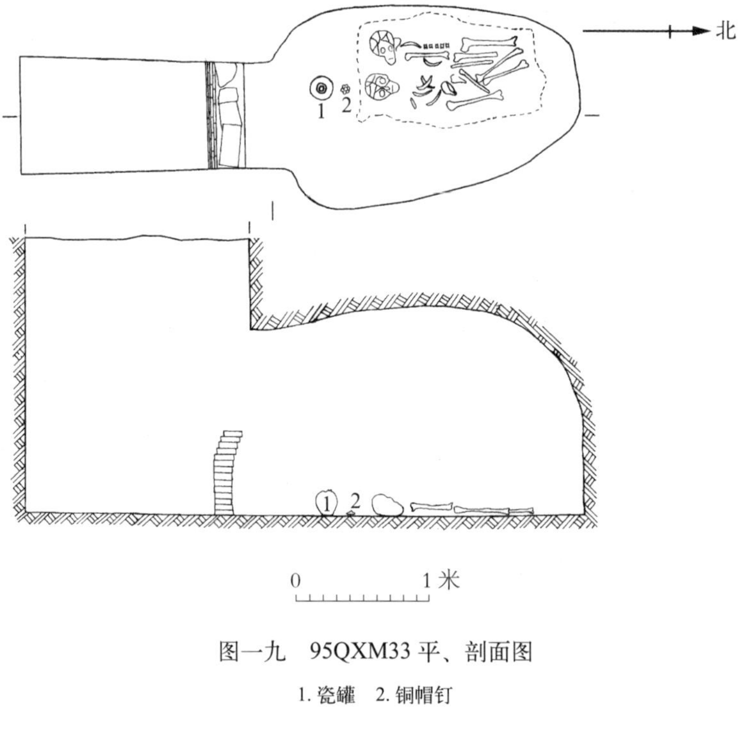

图一九　95QXM33平、剖面图

1. 瓷罐　2. 铜帽钉

瓷罐　1件。95QDXM33∶1，胎质洁白、细腻。侈口，圆唇，短颈，圆肩，鼓腹，平底。通体施青白色釉，莹润光亮，一侧颜色较深。口径9.6、底径7.6、高20.9厘米（图二〇，1）。

铜帽钉　1件。95QXM33∶2，六出梅花形，中部作圆形凸起，背部中央有一柱状方钉。长1.9、帽径2.9厘米（图二〇，2）。

3．95QXM37

南北向竖穴土坑墓。方向175°。平面呈“甲”字形，由墓道和墓室两部分组成。墓道为长方形斜坡式，底距地表2.9、长2、宽1米。墓道底部除南端有一生土台阶外，大部分底面呈斜坡状，坡度5°。台阶长1、宽0.4、高0.6米。填土中出有碎陶片等遗物。

墓室平面基本呈正方形，底距地表3.1、长2.7、宽2.7米。墓室上层填土中出土较多的碎砖和陶片。棺床呈“凹”字形，占墓室大部分，四壁均与之相连，高0.2米。用砖砌棺床边，因被盗扰，仅存棺床中部的五块平砖。砖呈青灰色，一面模制粗绳纹，长31、宽16、厚5厘米。棺床上无木棺、人骨和随葬品，仅在棺床前置三彩钵1件（图二一）。

三彩钵　1件。95QXM37∶1，敛口，鼓腹，平底。器内壁无釉，外壁黄、绿、红釉相间，釉色晶莹闪亮，釉层有细密的小开片，有垂釉现象，底部无釉。口径12.8、底径8、高12厘米（图二二；图版四，5）。

4．95QXM42

南北向土洞墓。方向179°。由墓道、墓门和墓室三部分组成。墓道为竖井式，平面近长方形，底距地表4.1、长2、宽0.5～0.7米。墓道南部东西两壁各有脚窝一组，脚窝立面近三角形。墓道底部与墓门交接处有一方形凹坑，长、宽均为0.6米，坑底距墓道底部0.1米。墓门呈圆拱形，宽0.8、高1.4米。没有发现封门砖。

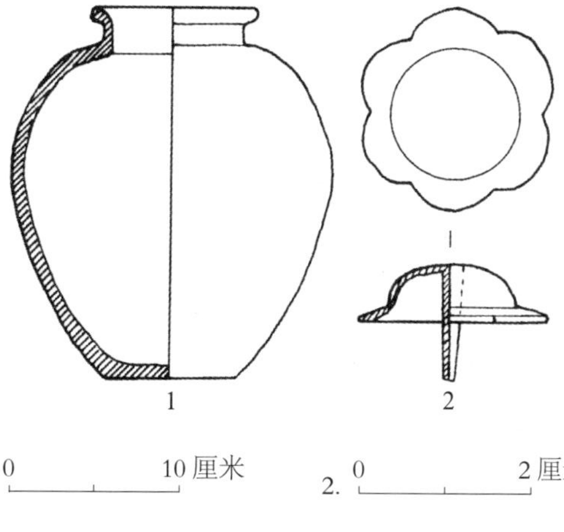

图二〇　95QXM33出土遗物

1. 瓷罐（95QXM33∶1）　2. 铜帽钉（95QXM33∶2）

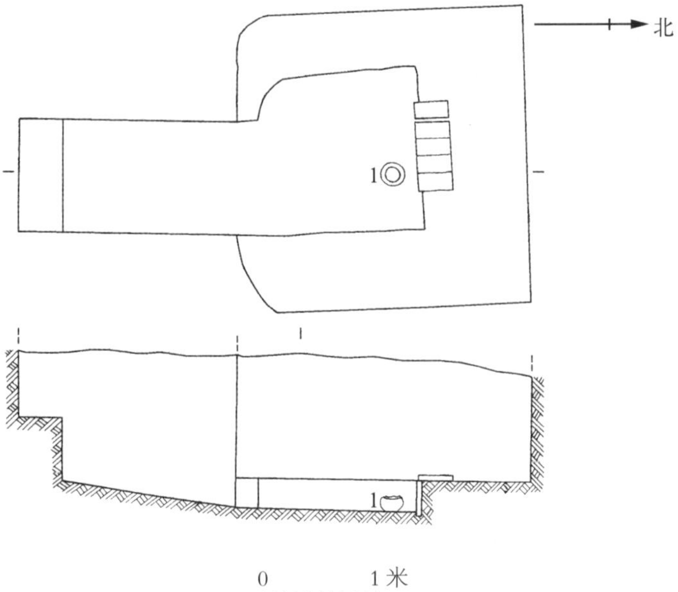

图二一　95QXM37 平、剖面图

1. 三彩钵

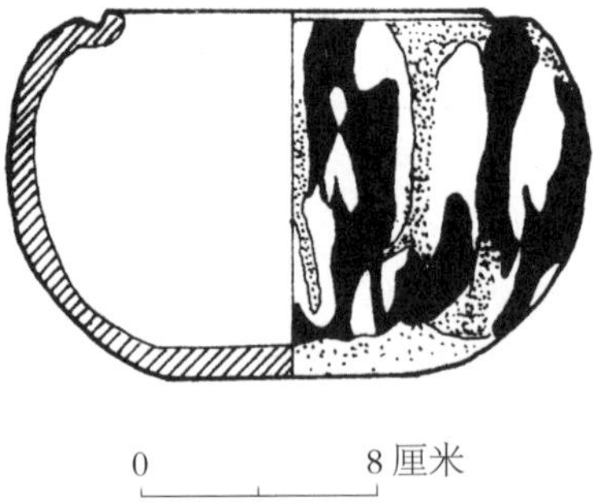

图二二　95QXM37 出土三彩钵

（95QXM37∶1）

墓室平面略呈梯形，南北长 2.9、东西宽 0.95 ～ 1.5 米。靠西壁有人骨 1 具，头南足北，仰身直肢。人骨下有黑灰色棺板灰。从板灰范围测量，木棺长 1.9、宽 0.35 ～ 0.55 米。死者口含两枚铜钱，左臂上放 1 件河蚌片，头部西侧有 1 件铜镜。其余随葬品多置于棺前，主要有陶罐、瓷执壶等。正对墓门处还有墓志 1 合（图二三）。

陶罐　3 件。95QXM42∶4，泥质灰陶。侈口，矮颈，圆肩，平底。口径 9、底径 6、高 15.5 厘米（图二四，1）。95QXM42∶5，泥质灰陶。圆唇，侈口，溜肩，平底。口径 9、底径 7、高 15 厘米（图二四，4）。95QXM42∶2，白陶胎，硬度较高，外壁施灰色陶衣。侈口，短颈，圆肩，下腹斜收，平底。口径 10、底径 6.8、高 17 厘米（图二四，2）。

瓷执壶　1 件。95QXM42∶3，白胎。侈口，圆唇，束颈，溜肩，有一柱形短流，颈肩附双泥条单錾手，圆腹，假圈足。内外通体施青白釉，釉面不匀。口径 6.8、底径 7.5、高

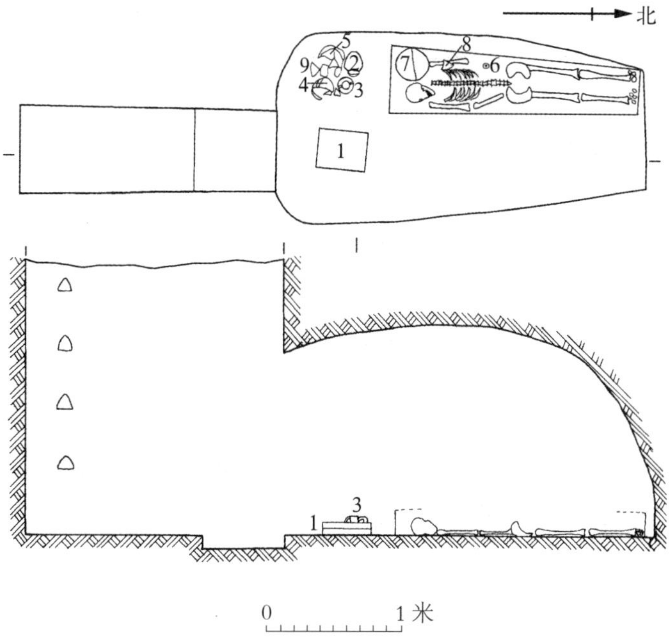

图二三　95QXM42 平、剖面图

1. 墓志　2、4、5. 陶罐　3. 瓷执壶　6. 铜钱　7. 铜镜　8. 蚌片　9. 漆器　10、11. 铜钱（出自墓主口中）

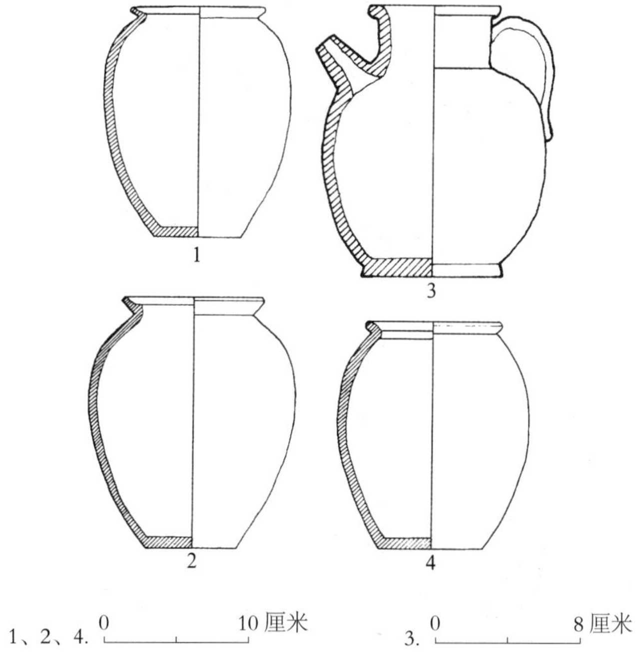

图二四　95QXM42 出土遗物

1、2、4. 陶罐（95QXM42∶4、95QXM42∶2、95QXM42∶5）　3. 瓷执壶（95QXM42∶3）

14.5 厘米（图二四，3；图版六，5）。

铜镜　1 件。95QXM42∶7，银灰色。八出葵花形，桥形钮，圆钮座。座周围饰六朵花蕾，间一周联珠纹，外区饰六朵折枝花纹。铜镜中间被锯开，疑有破镜重圆之意。直径 24.5、厚 0.6 厘米（图二五；图版五，5）。

开元通宝　3 枚。95QXM42∶6，武德开元，字迹端庄工整。直径 2.5、厚 0.15 厘米（图二六，2）。95QXM42∶10，字迹工整，笔画清秀。“元”字首笔明显加长，背面上侧有一凸起的月痕。直径 2.4、厚 0.15 厘米（图二六，1）。

漆器　1 件。95QXM42∶9，圆形，仅余红色漆皮和黑色胎灰。

蚌片　1 件。95QXM42∶8，天然河蚌，扇形，周边较圆润。

墓志　1 合。95QXM42∶1，陶质，蓝灰色。志盖为方形，长 38、宽 38、厚 5 厘米。盖面用七组双横线和四组双竖线打出界格。界格内有墨书字，但字迹模糊，不能辨认。志呈方形，长 38、宽 38、厚 5 厘米。志文墨书，字迹漫漶。

5．95QXM47

南北向竖穴土洞墓。方向 175°。由墓道、墓门、甬道和墓室四部分组成。墓道平面近

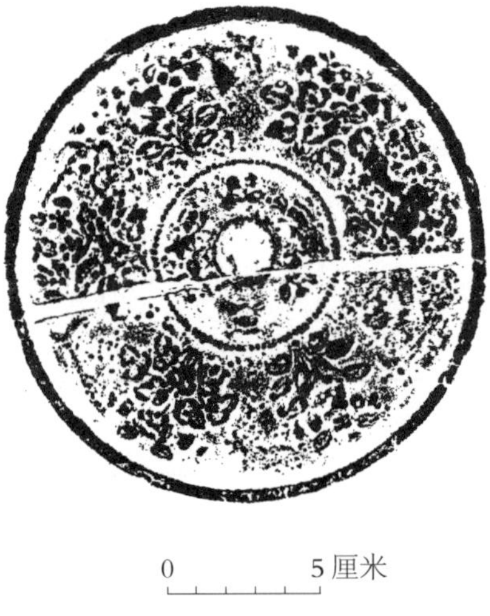

图二五　95QXM42 出土铜镜

（95QXM42∶7）

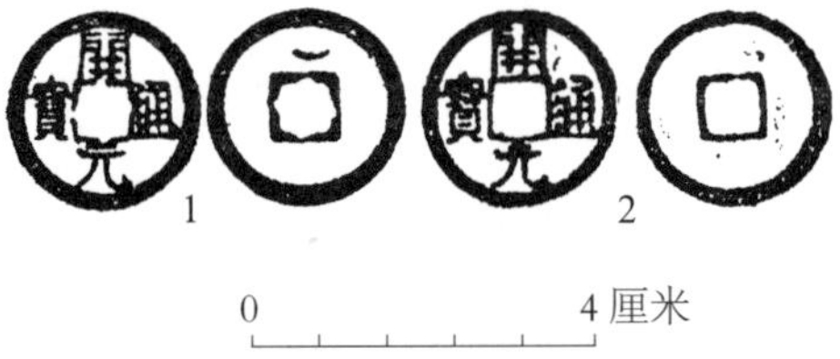

图二六　95QXM42 出土铜钱拓本

1、2. 开元通宝（95QXM42∶10、95QXM42∶6）

长方形，底距地表6.9、长3、宽0.95～1.05米。墓壁规整平滑，墓道底部呈斜坡状，坡度15°。墓门呈圆拱形，宽0.95、高1.4米，以单面绳纹灰陶砖呈犬牙交错状平铺封堵。砖长32、宽14、厚6厘米。甬道为过洞式，与墓室南壁中部相接，长1.05、宽0.95、高1.4米。墓门偏西处置墓志1合。

墓室平面呈梯形，南北长2.9、东西宽1.5～2米。木棺置于墓室西部，已腐朽成灰。从残存板灰范围可知，木棺约长2.2、宽0.5～0.8米，人骨腐朽较甚，仅余头部朽骨。随葬品多分布在棺前及棺东侧，主要有陶罐、瓷罐、漆器和铜饰件、镊、镜等。近甬道口还发现一块猪肩胛骨（图二七）。

陶罐　1件。95QXM47∶4，泥质灰陶。盘形口，方唇，短颈，圆肩，鼓腹，平底。口径16、底径17.6、高39.2厘米（图二八，1）。

彩绘罐　3件。大小、形制基本相同。泥质红陶。95QXM47∶11，侈口，圆唇，矮颈，圆肩，鼓腹，平底。外壁用黑白两色绘制花卉图案。口径11.6、底径10.4、高16.6厘米（图二八，4）。

瓷罐　1件。95QXM47∶3，侈口，圆唇，矮颈，腹近直，柿饼足。颈肩处附对称双耳，耳已残。内外通体施黑釉，外壁施釉不到底。口径10.5、底径12.5、高23.4厘米（图二八，3）。

绿釉水盂　1件。95QXM47∶15，小口，卷沿，矮颈，鼓腹，圜底，三兽蹄足。内外通体施翠绿色釉，局部施釉不匀，积釉处呈墨绿色，无釉处露出白衣。口径4.2、高4.8厘米（图二八，2；图版四，4）。

银钗　1件。95QXM47∶8，银灰色，钗顶作岐头状。长25.2厘米（图二九，6）。

铜镊　1件。95QXM47∶16，镊首稍残，分为两叉，尾部扁宽，向内弯钩。残长10厘米（图二九，9）。

铜铺首　4件。兽首衔环，其中2件环缺。兽首两侧有穿孔或背面有柱状方钉，钉已残。95QXM47∶24，长5.2、宽3.8厘米（图二九，2）。95QXM47∶25，长4.1、宽3.1厘米（图二九，3）。

铜帽钉　20件，分二型。

A型　12件。六出梅花形，中间作圆形凸起，背部有柱状方钉。95QXM47∶19，帽径2.9、钉长1.6厘米（图二九，12）。

B型　8件。圆形，背部原有钉，钉均残。95QXM47∶20，帽径2.7厘米（图二九，13）。

铜折页　5件，分二式。

Ⅰ式：4件，2件已残。大小及制作工艺基本相同。表面鎏金，已大部分脱落。蝴蝶形，中部转动轴为铁质，表面錾刻翎形纹。背部有六个柱状铆钉，个别在铆钉顶端连带有“心”形铆接片。95QXM47∶5，通长5.5、宽3.8、厚0.2厘米（图二九，5；图版五，3）。

Ⅱ式：1件。95QXM47∶6，表面鎏金，已大部分脱落。折页两翼分别錾刻花草纹和双联纹菱形几何纹，背部有六个柱状圆铆钉，顶端有一“心”状铆合片。长5.2、宽4.6、厚0.2厘米（图二九，1；图版五，4）。

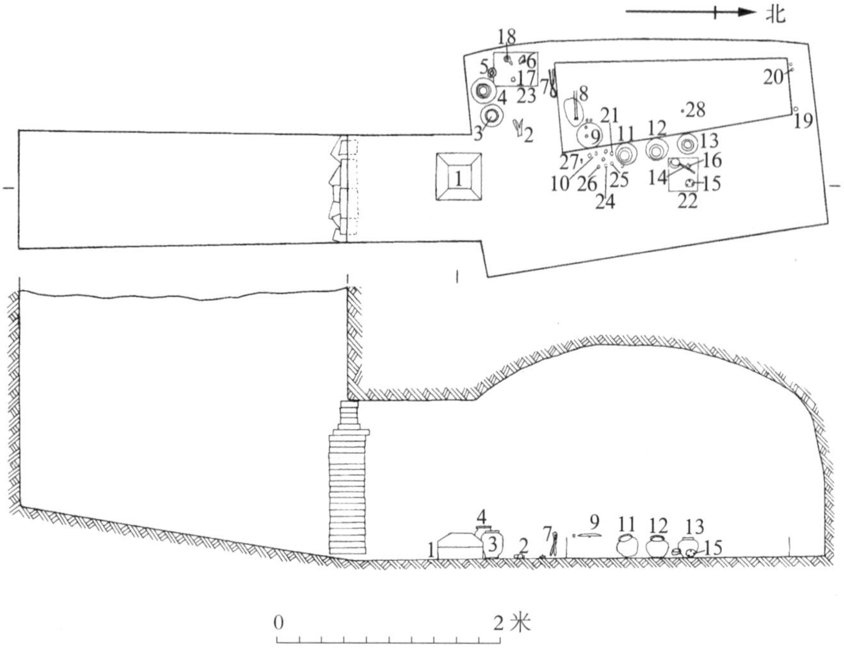

图二七　95QXM47平、剖面图

1. 墓志　2. 猪肩胛骨　3. 瓷罐　4. 陶罐　5、6. 铜折页　7. 铁剪　8. 银钗　9. 铜镜　10、19、20、26. 铜帽钉　11～13. 彩绘陶罐　14. 骨钗　15. 绿釉水盂　16. 铜镊　17、27. 异形铜饰　18. 象鼻形铜饰　21、24、25. 铜铺首　22. 漆梳妆匣　23. 漆木箱　28. 石球

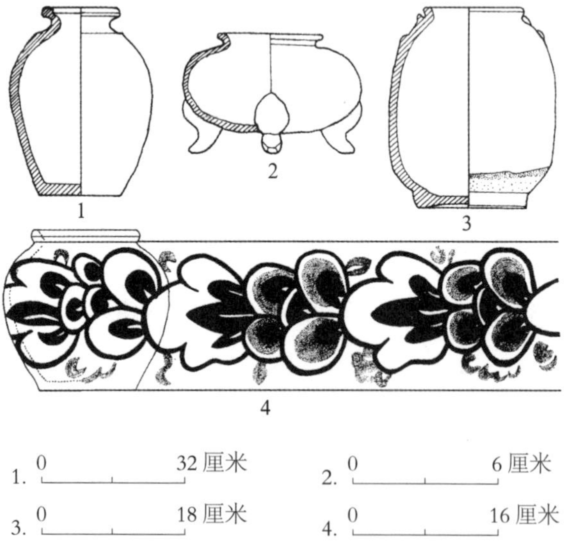

图二八　95QXM47出土遗物

1. 陶罐（95QXM47:4）　2. 绿釉水盂（95QXM47:15）　3. 瓷罐（95QXM47:3）　4. 彩绘罐（95QXM47:11）

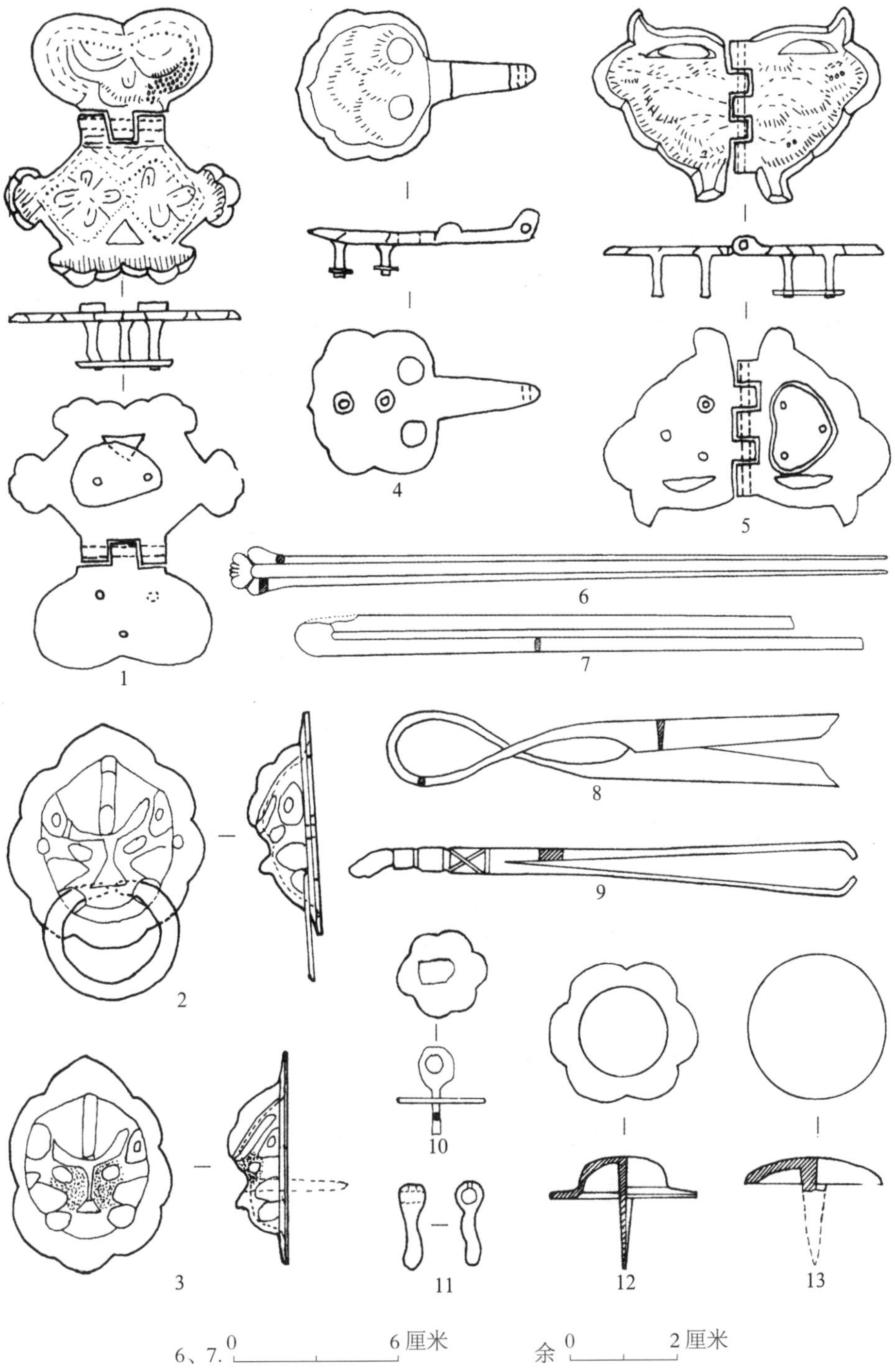

图二九　95QXM47 出土遗物

1. Ⅱ式铜折页（95QXM47∶6）　2、3. 铜铺首（95QXM47∶24、95QXM47∶25）　4. 象鼻形铜饰（95QXM47∶18）　5. Ⅰ式铜折页（95QXM47∶5）　6. 银钗（95QXM47∶8）　7. 骨钗（95QXM47∶14）　8. 铁剪（95QXM47∶7）　9. 铜镊（95QXM47∶16）　10、11. 异形铜饰（95QXM47∶17、95QXM47∶27）　12.A 型铜帽钉（95QXM47∶19）　13.B 型铜帽钉（95QXM47∶20）

象鼻形铜饰　1件。95QXM47∶18，表面鎏金，錾刻鳞形纹。背部有两个柱状圆钉，钉头有铆。长4.5、宽2.6厘米（图二九，4）。

异形铜饰　2件。鎏金。95QXM47∶17，梅花状，中间有穿钉。直径1.6、钉长1.6厘米（图二九，10）。95QXM47∶27，小圆锤状，锤头有穿。长1.5厘米（图二九，11）。

铜镜　1件。95QXM47∶9，通体银灰色。八瓣葵花状。桥形钮，圆座。座周围饰八朵花蕾，间一周联珠纹，外区浮雕八朵折枝花。直径21.5厘米（图三〇；图版五，6）。

漆木匣　1件。95QXM47∶23，仅剩红色漆皮和黑色胎灰。墓中的铜折页和几件铜饰件即出自此匣体上。从漆迹范围测量，匣长48、宽28厘米。

漆梳妆匣　1件。95QXM47∶22，匣体腐朽，仅剩红色漆皮和黑色胎灰。墓内出土的铜镊、绿釉水盂、骨钗等应存放于此奁匣中。从残存胎灰范围，可知漆匣约长28、宽20厘米。

铁剪　1件。95QXM47∶7，锈蚀严重。弹压式，环曲柄，交股回环，环呈扁圆形。全长36厘米（图二九，8）。

骨钗　1件。95QXM47∶14，残长21.8厘米（图二九，7）。

石球　1件。95QXM47∶28，扁圆形，表面光滑。

墓志　1合。95QXM47∶1，青石质。志盖为方形，盝顶，长41、宽41、高15厘米。盖顶中心阴刻篆书“唐故史夫人志”两行六字。字行距间及其左右两侧细线阴刻网格纹，上下两侧刻麻点纹。四刹单线浅刻牡丹花及莲花图案，刻工不甚精细。志石为方形，长41、宽41、高10厘米，墓志通高25厘米。周边单线浅刻网格纹，四侧刻双壶门图案。志文楷书，共20行，满行25字。首行题“唐会稽故康氏夫人墓志铭并序”（图三一）。

图三〇　95QXM47出土铜镜拓片

（95QXM47∶9）

图三一　95QXM47 出土墓志铭文拓本

（95QXM47:1）

四、结语

桥东区北部发现的 3 座唐墓均属小型砖室墓，墓葬位置又相距不远，可能属于同一时代的家族墓地。从墓葬形制看，均是由单面绳纹灰陶砖砌筑的南北向单室砖墓；从出土器物观察，随葬品多为质地、釉色、造型相似的陶瓷器，并多为实用器。故这 3 座墓葬当属同一时代。

95QDM1 和 95QDM3 和墓葬形制与郑州地区西陈庄唐墓[1]及北京丰台唐墓[2]十分近似，95QDM2 的墓室结构则与陕西商洛市商州区的 M3[3] 相近。95QDM2 和 95QDM3 所出瓷罐均与郑州地区大岗刘唐墓[4]所出瓷罐相近。3 座墓葬所出陶罐均流行于唐代早期。所出瓷器也可在内丘、临城窑口所出器物中找到类似器物[5]，它们都为唐代早期的邢窑产品。因此，这 3 座墓葬的时代最早为唐代早期，不晚于唐代中期。

桥东区西南部发现的 2 座唐墓均为土洞墓，虽被盗扰，但仍出土了较多的随葬品。

96QDM16 所出陶器座基本上类似于沧县前营村 1 号唐墓所出的塔形罐底座[6]，具有中唐时期器物的特点。墓中出土的2枚开元通宝，也可作为断代的依据。此墓应为中晚期唐时期。

96QDM32的墓葬形制接近于桥西区95QXM47。墓中所出陶器座与96QDM16、95QXM27所出器座类似，但座较低，故其年代应早于这两座墓葬。此外，96QDM32还出土了1枚开元通宝。因此，该墓时代应为中晚唐时期。

桥西区唐墓中，除95QXM37外，余皆为唐代中原地区流行的土洞墓。95QXM47是有墓志的纪年墓，时代为唐文宗大和五年（831年）。其墓葬形制完整，随葬品较为丰富，可为晚唐时期墓葬的断代提供参考依据。

95QXM27与偃师杏园村YD1902号墓的墓葬形制十分接近[7]。墓中所出铜帽钉、铺首与95QXM47所出大体一致，铜锁与唐代初年李徽、阎婉墓[8]出土的铜锁类似。另外，墓中出土的塔式罐具有晚唐时期的特点。据此，95QXM27应为晚唐时期的墓葬。

95QXM33出土的铜帽钉与95QXM47所出相同，白瓷罐最大径靠肩部，这种形制的罐流行于中唐时期。因此，此墓时代应与95QXM47年代一致。

95QXM37为平面呈“甲”字形的土坑墓，虽被盗扰，但仍出土了1件具有明显盛唐时代特征的三彩钵。因此，该墓时代应不晚于中唐时期。

95QXM42墓葬形制类似于95QXM47，出土的白瓷执壶与郑州制药厂唐墓[9]所出瓷注子基本相同。陶罐同文安县西关唐墓[10]出土的黑陶罐类似。所出铜镜为花枝镜，同时墓中还出土了3枚开元通宝。据此判断，这座墓的时代应为中晚唐时期。

邢台为唐代邢窑所在地，因此，上述10座唐墓中所出瓷器大都具有邢窑瓷器的特点。桥东区北部唐墓中出土的几件瓷器除1件白釉瓷碗外，余皆造型笨拙，质地粗糙，釉色不匀，有腊泪痕，为早期邢窑粗白瓷产品。而95QDM3出土的白釉瓷碗和桥西区唐墓出土的白瓷执壶、白釉瓷罐则属于邢窑细白瓷系列。它们造型规整，质地坚细洁白，釉色明亮光润，与史书上所记载的“邢瓷类银类雪”十分相符。这些瓷器的出土，使我们对唐代邢州制瓷生产工艺及其在唐代的历史、经济、文化中的地位有了进一步认识和了解。

这10座唐墓的发掘，对研究唐代制瓷工艺和瓷器的使用都是很有价值的。它们在一定程度上反映了河北一带的唐墓面貌，为研究邢台之唐代历史提供了可贵的实物资料。

附记：本文线图由李军、柴永红、柴红亮绘制。

执笔 石从枝　李　军

注释

[1]［4］［9］郑州市文物工作队：《郑州地区发现的几座唐墓》，《文物》1995年第5期。

[2] 北京市文物工作队：《北京市发现的几座唐墓》，《考古》1980 年第 6 期。

[3] 王昌富、陈良和：《陕西商州市发现唐代墓葬群》，《考古》1996 年第 12 期。

[5] 内丘县文物保管所：《河北省内丘县邢窑调查简报》，《文物》1987 年第 9 期。

[6] 沧州市文物保护管理所、沧县文化馆：《河北沧县前营村唐墓》，《考古》1991 年第 5 期。

[7] 中国社会科学院考古研究所河南二队：《河南偃师市杏园村唐墓的发掘》，《考古》1996 年第 12 期。

[8] 湖北省博物馆、郧县博物馆：《湖北郧县唐李徽、阎婉墓发掘简报》，《文物》1987 年第 8 期。

[10] 廊坊市文物管理所：《河北文安县西关唐墓清理简报》，《文物春秋》1997 年第 3 期。

（原载于《考古》2004 第 5 期）

河北邢台市葛家庄遗址1999年发掘简报

河北省文物研究所　吉林大学边疆考古研究中心
邢台市文物管理处

邢台市葛家庄遗址是冀南地区一处重要的古文化遗址。1993～1998年，考古工作者对该遗址连续进行了多次发掘，取得了重要收获。在以往工作的基础上，为了进一步了解遗址的平面布局、地层堆积状况和文化内涵，解决遗址的分期、年代及遗存的文化性质等学术课题，河北省文物研究所和吉林大学边疆考古研究中心等单位，于1999年上半年联合对该遗址北区进行了第一次较大规模的发掘。遗址的北区位于河北轮胎厂南墙外，区域内地势平坦，不存在明显的地形分界。考虑到今后工作的连续性，故将整个遗址北区都纳入了布方范围，采用直角坐标法统一进行编号。而本次发掘范围集中在布方区域的东部，共开5米×5米的探方34个（T1101～T1901、T1202～T1902、T1203、T1204～T1804、T1205～T1905、T0605），揭露面积为850平方米（图版七，1）。发掘中清理出大量的灰坑、窖穴和祭祀坑等重要遗迹，出土一批陶、石、骨、角、蚌、铜等不同质地的生产工具、生活工具和卜骨、卜甲等遗物。现将此次工作的主要收获简报如下。

一、文化层堆积与分期

发掘区内南、北部的堆积情况不尽相同，南部的文化遗存较丰富，堆积一般厚2～2.5米，部分区域达到3.5米；而北部的地层堆积仅厚1米左右。现以T1301和T1804北壁剖面为例，简要说明如下。

1．T1301北壁剖面

此处的地层堆积可分为三层（图一）。

第1层：耕土层。灰黄色土，质地疏松，厚0.25米。

第2A层：浅黄色土，质地细密且较硬，厚0.05～0.1米。此层包含有近代瓷片、玻璃和碎陶片。

第3层：黄褐色土，质地紧密，呈颗粒状，厚0.35～0.5米。此层内含红烧土、灰渣和夹砂粗绳纹陶片，陶片中可辨器型的有方唇翻沿鬲和深腹盆。本层下开口的H49和H104出土了大量陶片，复原的器物有方唇盘口翻沿鬲、侈口盆、碗，可辨认器型的还有鼓腹

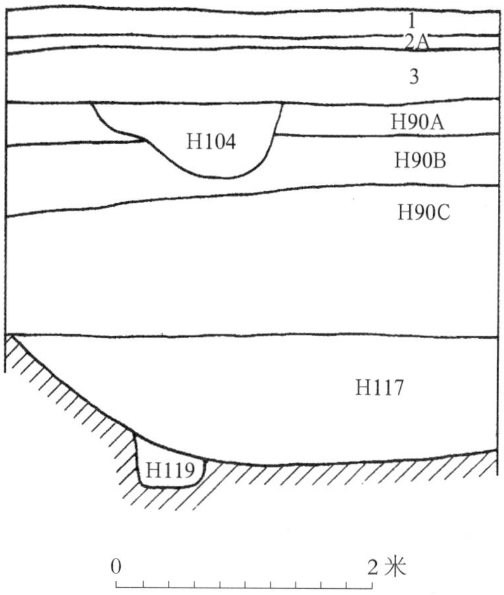

图一　T1301 北壁地层剖面图

1. 灰黄色土　2A. 浅黄色土　3. 黄褐色土

罐、假腹豆、臼等。而被 H49、H104 打破的 H90 和 H117，出土陶器包括方唇折沿弧腹鬲、翻沿小鬲、大口尊、鼓腹罐、浅腹豆、兽目纹鼎足、圜底鼎、将军盔等。被 H117 打破的 H119 中出土陶片不多，但陶系和纹饰与上述遗迹单位有明显的年代差别，复原的器物有弦纹敛口瓮，可辨认器型包括细绳纹卷沿鬲、橄榄形罐等。

2. T1804 北壁剖面

此处的地层堆积可分为四层（图二）。

第 1 层：耕土层。灰褐色土，质地松软，厚 0.2 ～ 0.4 米。

第 2A 层：浅黄色土，土质较硬，厚 0.05 ～ 0.17 米。此层包含有青花瓷片和少量碎陶片。

第 2B 层：黄褐色土，土质细密而坚硬，厚 0.4 ～ 0.5 米。此层中出土陶片以夹砂细绳纹陶为主，其次为泥质素面陶，器壁均较薄；可辨认的器型包括花边口高领鬲、花边口罐、甗、卷沿盆、卵形瓮等。开口于本层下的 H18 中包含物基本相同。

第 3 层：黑灰色土，夹杂有黄色土块，质地稍硬，厚 0.2 ～ 0.3 米。此层中出土陶片以夹砂或泥质灰陶为主，夹砂陶多饰绳纹或方格纹，并有少量线纹；泥质陶主要饰纵向篮纹，或为素面。可辨认的器型有绳纹罐等。

依据地层关系及文化内涵的差别，可以把葛家庄遗址北区发掘所见的文化遗存分为四期六段。其中，第一期文化遗存以 T1804 第 3 层为代表；第二期文化遗存第一段以 T1804 第 2B 层和 H18 为代表，第二段则以 H119 为代表；第三期文化遗存的典型单位包括 H90、H117 等；第四期文化遗存也分为两段，H49、H104 属第一段，T1301 第 3 层及相邻探方中部分开口于第 3 层下的灰坑（如 H71、H72）则属第二段。

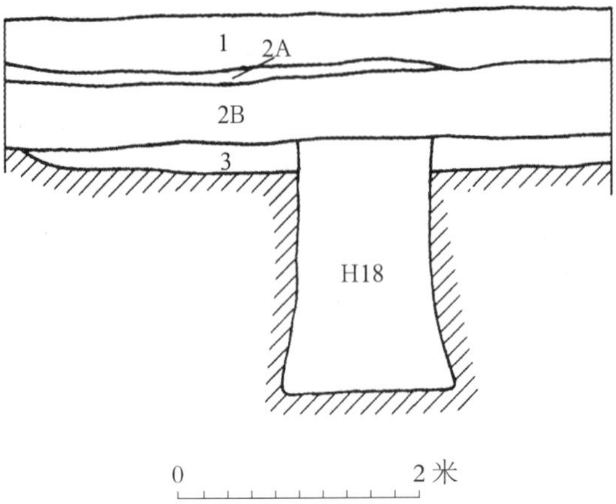

图二　T1804北壁地层剖面图

1. 灰褐色土　2A. 浅黄色土　2B. 黄褐色土　3. 黑灰色土

二、第一期文化遗存

（一）遗迹

共发现4个灰坑（H34、H53、H69、H70），分别位于T1504和T1604内。坑口为圆形或圆角方形，坑体形状则有锅状、袋状、筒状三种。

H53　圆形袋状坑。上部被第四期第一段的灰坑打破，底部挖至生土，口径约1.75、底径1.9、残深0.75米。坑内堆积分二层，上层为松软的黑灰色土；下层为纯净黄色土，质地较硬，不含遗物。坑内出土遗物主要为陶片及石、骨、蚌器等，陶片中可辨认器型的包括绳纹或方格纹罐以及碗、豆、器盖等。

H70　圆角方形筒状坑。上部被H34、H69打破，底部挖至生土，直壁较为平整，底部不甚平整，边长2.1、残深0.6米。坑内堆积为松软的灰色土，包含物有少量兽骨、蚌壳及陶片，陶器可辨认的器型有钵、豆、盆、罐、器盖等（图三）。

（二）遗物

1. 陶器

可分夹砂陶、泥质陶和薄胎细泥陶三类，以前两者为主，细泥陶仅见个别标本。陶器普遍呈褐色或灰色，另有一定数量的褐胎黑皮陶。夹砂陶器的表面多有纹饰，主要是绳纹、方格纹及少量线纹；绳纹的纹理松散，粗约0.2厘米，印痕较浅，呈榆树皮状。泥质陶器的表面多经磨光处理，纹饰包括竖篮纹、方格纹、弦纹，其中篮纹和方格纹的纹理较清晰

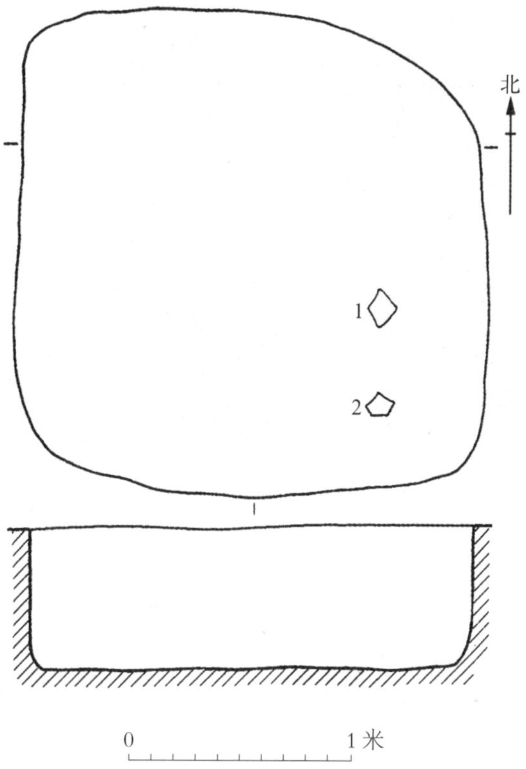

图三　H70 平、剖面图
1、2. 石块

(图四)。陶器以轮制为主，器形较规整，器类有甗、斝、鼎、罐、盆、豆、钵、器盖等。

(1) 夹砂陶器

种类包括鼎、罐、盆、器盖等。

鼎　H34∶7，宽折沿，侈口，尖唇，深腹，圜底，侧装三角形扁足已残。器表饰绳纹及弦纹。口径 16.8、残高 17.2 厘米（图五，1；图版七，3）。

罐　H69∶3，制作较粗糙。侈口，圆唇，深腹，底残。器表饰散乱线纹。口径 19.5、残高 21 厘米（图五，2）。T1804③∶2，侈口，方唇，唇面有浅凹槽，腹微鼓，下部残。器表饰绳纹。口径 25.6、残高 10.4 厘米（图五，10）。H70∶8，侈口，方唇，窄折沿，沿内侧微凹，腹微鼓，下部残。器表饰菱格纹。口径 16.8、残高 11.2 厘米（图五，8）。H69∶2，侈口，圆唇，深鼓腹，底残。器表饰较粗绳纹。口径 10.4、残高 14.8 厘米（图五，4）。H53∶4，口残，深鼓腹，最大腹径偏上部，平底。器表饰长方格纹。腹径 17.6、底径 8.4、残高 20 厘米（图五，3）。

盆　H34∶5，器形较小。侈口，圆唇，上腹壁较直，下腹内收明显，小平底微内凹。口径 12.8、底径 5.6、高 7.6 厘米（图五，5）。

器盖　H69∶4，斜壁，顶部残，盖面中部附有鸡冠形耳。器表不平整，局部饰细

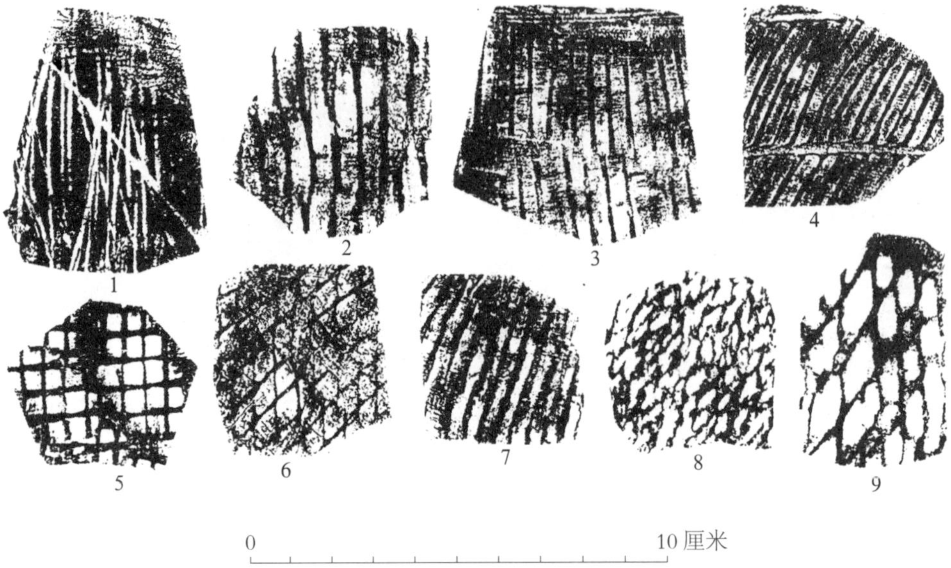

图四　第一期文化遗存陶器纹饰拓本

1.H69∶3　2.H53∶8　3.H53∶9　4.H53∶6　5.H70∶10　6.H61∶2　7.H53∶11　8.H70∶9　9.H70∶8

绳纹（图五，7）。

（2）泥质陶器

种类包括罐、盆、豆、钵、器盖等。

罐　H69∶1，颈以上及下腹部均残，圆肩，鼓腹，腹部有对称两个鸡冠形耳，器表饰竖篮纹及弦纹。残高 14.4 厘米（图五，11）。H34∶10，侈口，圆唇，沿外侧稍凸起，沿内侧凹，广肩，肩以下皆残。器表饰篮纹。口径 15.2、残高 5.6 厘米（图五，18）。H70∶11，黑皮陶。为口沿残片，侈口，沿外缘有凹槽。口径 18.8 厘米（图五，17）。H34∶8，上部残，鼓腹，平底微内凹。器表饰篮纹及弦纹。底径 8.4、残高 16.4 厘米（图五，6）。T1804③∶3，侈口，圆唇，唇下缘凸出，短颈，鼓肩，下部残。器表饰篮纹。残高 6.4 厘米（图五，15）。

盆　H34∶3，大敞口，圆唇，浅腹，腹壁内曲，大平底。素面。口径 22、底径 16、高 6.4 厘米（图五，14）。

豆　均为素面。H70∶7，敞口，圆唇，浅盘，喇叭状柄，下部残。口径 12.4、残高 9.3 厘米（图五，20）。采∶04，黑皮陶，表面不甚平整。豆盘已残。粗柱状柄，喇叭形座。底径 10.8、残高 10 厘米（图五，9）。

钵　H70∶2，黑皮陶。口微敛，尖唇，下腹内曲，平底。口径 11.2、底径 6.8、高 4 厘米（图五，16）。

器盖　H53∶5，黑皮陶。仅见残片。盖顶微鼓，壁较直，底缘外凸。残高 6 厘米（图五，19）。采∶03，盖顶微鼓，斜壁。残高 7.2 厘米（图五，12）。

小罐　H34∶6，细泥薄胎白陶，胎厚 0.2 厘米。圆唇，翻沿，鼓肩，下部残。器表打磨光亮。残高 3 厘米（图五，13）。

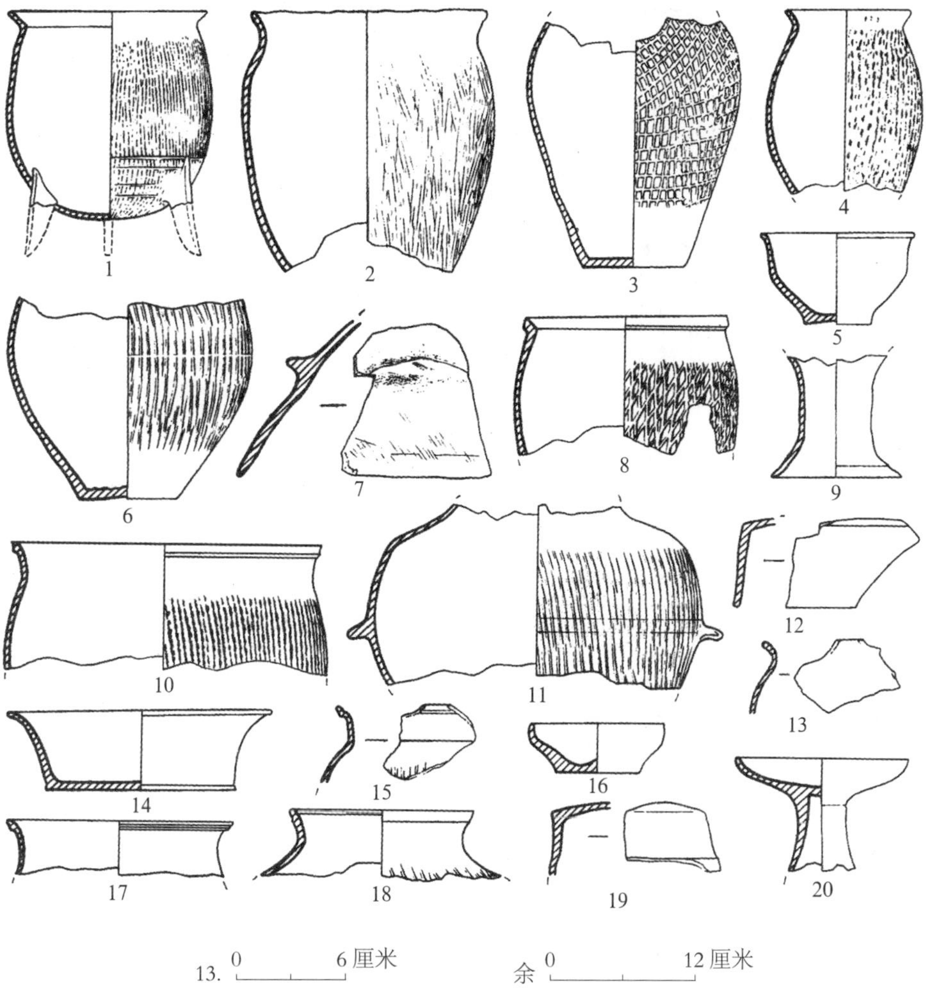

图五　第一期文化遗存陶器

1. 夹砂鼎（H34∶7） 2~4、8、10. 夹砂罐（H69∶3、H53∶4、H69∶2、H70∶8、T1804 ③∶2） 5. 夹砂盆（H34∶5） 6、11、15、17、18. 泥质罐（H34∶8、H69∶1、T1804 ③∶3、H70∶11、H34∶10） 7. 夹砂器盖（H69∶4） 9、20. 泥质豆（采∶04、H70∶7） 12、19. 泥质器盖（采∶03、H53∶5） 13. 泥质小罐（H34∶6） 14. 泥质盆（H34∶3） 16. 泥质钵（H70∶2）

2. 其他

包括骨、蚌、陶等不同质料的生产工具、装饰品等。

骨凿　H70∶3，用动物肢骨加工而成。偏锋，刃部有火烧痕迹。残长 13 厘米（图六，1）。

骨镞　H34∶2，镞身呈三棱形，圆铤，铤部见有火烧痕迹。长 7 厘米（图六，3）。H53∶3，镞身横截面呈菱形，铤残。残长 5.4 厘米（图六，4）。

蚌镰　H53∶2，弧刃，刃部有使用疤痕。残长 6.5、宽 4.6 厘米（图六，5）。

陶环　泥质灰陶，均残。H70∶1，环身横截面呈三角形，锯齿状外缘。外径 6.2、内径 4.3 厘米（图六，2）。H34∶4，环身横截面呈长方形。外径 7、内径 5.4 厘米（图六，6）。

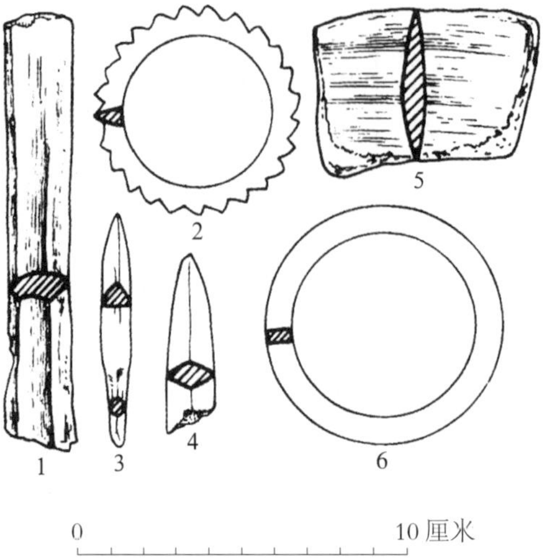

图六　第一期文化遗存遗物

1. 骨凿（H70：3）　2、6. 陶环（H70：1、H34：4）　3、4. 骨镞（H34：2、H53：3）　5. 蚌镰（H53：2）

三、第二期文化遗存

（一）遗迹

共发现 27 个灰坑，其中约 74% 分布在发掘区东部。位于发掘区东北部的灰坑均开口于第 2B 层下，位于南部的均开口于第 3 层下，且多被属于第三期遗存的灰坑打破。坑口呈圆形、椭圆形或不规则形，以前两种为主；坑体形状则可分为筒状、两级筒状、锅状和两级洞室结构等四类。

H57　属本期遗存第二段，位于 T1502 北部，开口于第 3 层下，东部被第三期的灰坑打破，坑底挖至生土。为两级筒状结构，第一级坑口呈椭圆形，口径 2.2 ～ 2.5、深 1.76 米，下部稍内收；沿西北壁下挖的第二级坑口呈圆形，直径 1.68、深 1 米。在与第二级坑口平行的西壁上留有一凹槽，推测可能是为了插入支撑第二级坑口的横木而挖设的。此灰坑底部中央还有一个直径 0.5、深 0.18 米的浅穴。两级坑壁均较平整，部分壁面遗留有铲形工具加工痕迹。坑内的堆积分为两层，上层为 1.9 米厚的较硬黄色土，下部为 1.5 米厚的松软灰色土。填土中夹杂有红烧土块、炭屑、木炭、兽骨，出土陶片中可辨认器型的有鬲、甗、橄榄形罐、敛口瓮、钵等（图七）。

H82　属本期遗存第二段，位于 T1402 东南部，开口于第 3 层下，坑底挖至生土。为两级洞室结构。第一级坑呈圆形筒状，斜壁较直，口径 2.5、底径 2.2、深 2.6 米。第二级坑口位于第一级坑底的西北缘，宽 0.84，高 0.8 米；坑体为穹隆顶洞室状，进深 1.9、高 2.4、

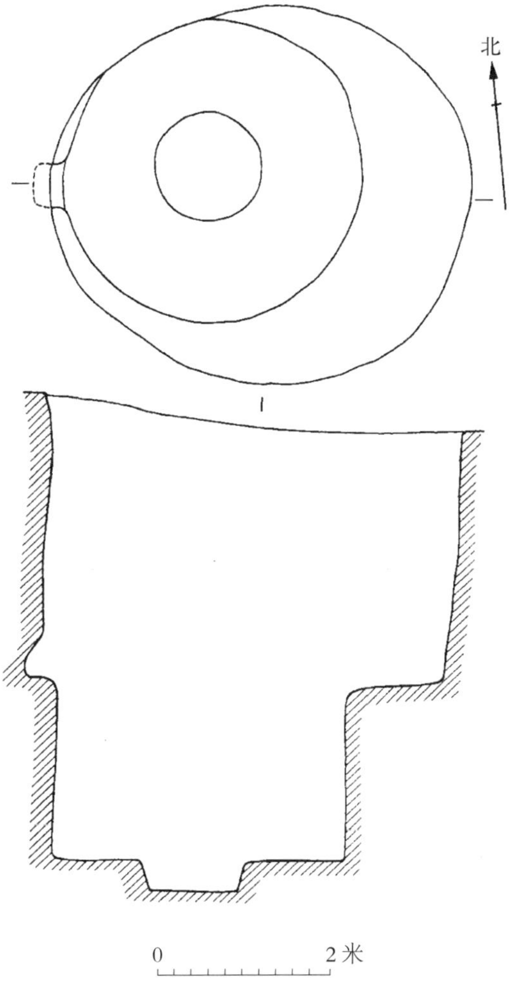

图七　H57 平、剖面图

底径 1.9 ～ 2.1 米。两级坑壁均较平整，部分还保留 0.5 ～ 1 厘米厚的抹泥壁面，洞室内南壁则有烟熏痕迹。坑内填土灰褐色土，第一级坑内的土质较硬，第二级洞室内土质松软，含沙量较大。在洞室底部清理出一具人骨，头东脚西，侧身屈肢，上肢骨骼较凌乱，腰部放置一件石镰；人骨上覆盖有灰白色的秸秆类植物，已腐烂，身下铺有一层细沙。坑内出土遗物丰富，石器有镰、铲、石垫、打磨器、砺石、刮削器等，陶器种类包括鬲、甗、橄榄形罐、捏口罐、卵形瓮、深腹盆、高柄豆等（图八）。

（二）遗物

1．陶器

本期遗存第一段陶器可分为夹砂陶、泥质陶两类。以褐陶为主，灰陶次之，另有少量红陶，夹砂陶约占陶片总数的 60% ～ 70%，其中夹粗砂者居多，胎较厚；绝大多数器表饰有绳纹，

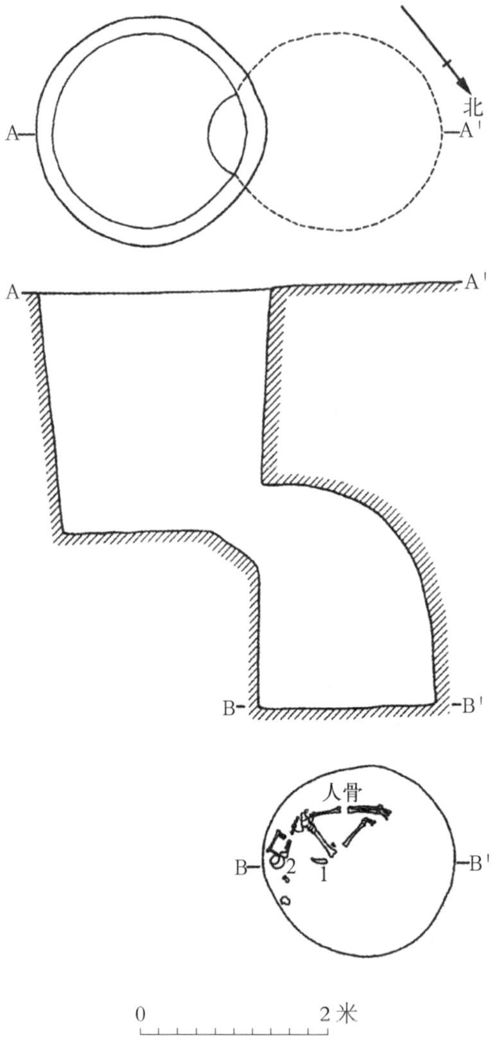

图八　H82 平、剖面图

1. 石镰　2. 石铲

粗 0.2 ～ 0.3 厘米，印痕深浅不一。泥质陶器多为素面，器表经打磨处理。第二段则以颜色纯正的深灰陶为主。泥质陶约占陶片总数的 55% ～ 65%；夹砂陶器表面所饰绳纹较细，仅粗约 0.15 厘米，且排列整齐，纹理清晰，部分绳纹与弦纹相结合。泥质陶器表面除经过打磨、压光外，还多饰有成组的弦纹（图九）。第一段的陶器以平底器为主，袋状三足器较少，口沿压印绳纹的高领鬲和罐具有时代特征。第二段陶器中袋状三足器明显增加，各种子样式的盆取代罐成为数量最多的器类。

（1）第一段夹砂陶器

种类包括鬲、甗、斝、瓮、罐、盘等。

鬲　高领。器表均饰绳纹。H30∶1，侈口，圆唇，领外翻，鼓腹，下部残。口沿也压

图九　第二期文化遗存陶器纹饰拓本

1.H16∶6　2.H67∶2　3.H57∶28　4.H57∶28　5.H57∶26　6.H57∶27

印有绳纹。口径16.4、残高10.5厘米（图一〇，5）。H22∶1，侈口，圆唇，高领。残高10.2厘米（图一〇，1）。采∶06，侈口，圆唇，高领微向外翻折。残高9.2厘米（图一〇，8）。

鬲足根　H31∶4，表面绳纹被抹去，有三道竖向刻划凹槽及横向绑扎痕迹。高7.8厘米（图一〇，11）。H22∶2，与袋状足相接处有抹压痕迹。残高8厘米（图一〇，6）。

甗　H30∶2，仅存腰部，内壁有腰隔。器表在绳纹之上按压附加堆纹（图一〇，9）。

斝　H74∶2，敛口，斜肩，鼓腹，下部残。口沿至肩部的绳纹被涂抹，肩部另有一周附加堆纹，腹部饰连续的三角形附加堆纹。残高12.4厘米（图一〇，13）。

卵形瓮　H31∶3，红陶。平沿，方唇内折，直腹略斜。沿面及器表均饰绳纹。残高11.2厘米（图一〇，7）。

罐　H31∶2，翻沿，圆唇，斜腹。唇上压印绳纹，器身的绳纹交错呈坑点状。口径18、残高10.2厘米（图一〇，2）。

小盘　H18∶1，红陶。敞口，圆唇，斜壁，平底。素面，器表较粗糙。口径7、底径4、高2.2厘米（图一〇，10）。

（2）第一段泥质陶器

种类包括双耳罐、盆、碗等。

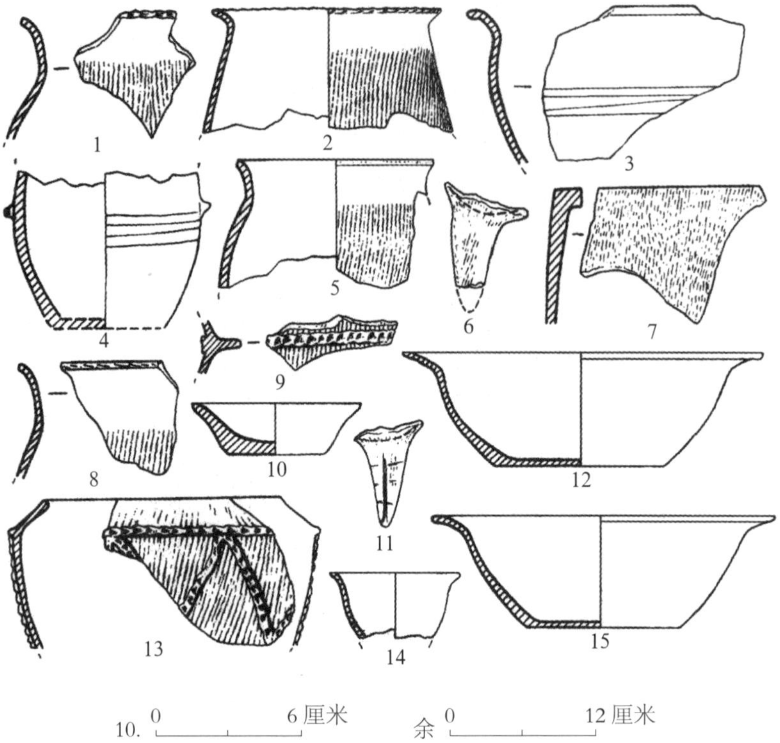

图一〇　第二期文化遗存第一段陶器

1、5、8. 夹砂鬲（H22∶1、H30∶1、采∶06）　2. 夹砂罐（H31∶2）　3.A 型泥质盆（H42∶2）　4. 泥质双耳罐（H31∶5）　6、11. 夹砂鬲足根（H22∶2、H31∶4）　7. 夹砂卵形瓮（H31∶3）　9. 夹砂甗（H30∶2）　10. 夹砂小盘（H18∶1）　12、15.B 型泥质盆（H18∶2、H18∶3）　13. 夹砂斝（H74∶2）　14. 泥质碗（H31∶6）

双耳罐　H31∶5，上部及底均残。腹壁弧曲，有对称的两个半月形贯耳。耳下饰弦纹。残高 12 厘米（图一〇，4）。

盆　器表多经过打磨。可分二型。

A 型　深腹。H42∶2，卷沿，圆唇，颈部微内敛，鼓腹，近底部残。器身有不规整弦纹。残高 12.6 厘米（图一〇，3）。

B 型　浅腹。H18∶2，敞口，翻沿，圆唇，斜腹，平底。口径 30、底径 14、高 9.6 厘米（图一〇，12）。H18∶3，折沿略外翻，圆唇，微鼓腹，平底。口径 28.4、底径 12.8、高 9.2 厘米（图一〇，15）。

碗　H31∶6，侈口，圆唇，弧壁，底残。口径 10.8、残高 5.6 厘米（图一〇，14）。

（3）第二段夹砂陶器

种类包括鬲、甗、罐、瓮等。

鬲　翻沿，尖唇。腹部饰竖绳纹。H54∶5，直腹略斜，裆沟较深。口径 23.2、残高 16.5 厘米（图一一，1）。H57∶20，束颈。沿面经磨压而较光亮。口径 17.6、残高 11.2 厘米（图一一，7）。

鬲足根　H17∶3，体呈锥状。器表饰绳纹，有刮抹痕（图一一，13）。

甗　器表均饰绳纹。H82∶19，卷沿，尖唇，深鼓腹，内壁的腰隔宽约1厘米。沿面边缘处有两周细凹弦纹。口径32.4、残高30.4厘米（图一一，4；图版七，4）。H57∶11，翻沿较平，尖唇，束颈，腹壁较直。残高15.2厘米（图一一，11）。

罐　器表均饰绳纹。可分三型。

A型　大口。H16∶1，翻沿，方唇，唇面有浅凹槽。口径31.6、残高5.4厘米（图一一，14）。H29∶4，翻沿，方唇，束颈，颈与肩相接处在外壁形成一小台面。口径18、残高4.6厘米（图一一，9）。H57∶14，口部残，深腹，平底。底径9.2、残高16.4厘米（图一一，18）。

B型　口较小。H57∶12，侈口，方唇，束颈，鼓腹，器身下部残。唇面见有较深的绳纹印窝。口径15.6、残高7.6厘米（图一一，17）。

C型　矮领，广肩。H76∶1，侈口，方唇，唇外缘稍凸起。口径15、残高5.6厘米（图一一，8）。

敛口瓮　薄胎，器表饰绳纹。H95∶1，平沿，沿面内凹。器表在绳纹之上另饰数组弦纹。口径19.2、残高15.4厘米（图一一，2）。T1704② B∶2，斜平沿。口沿下的绳纹被涂抹后另饰一周枣核形戳印纹。口径20.5、残高11厘米（图一一，3）。

卵形瓮　H82∶14，仅存假圈足底。表面饰较粗疏的绳纹（图一一，10）。

（4）第二段泥质陶器

种类包括罐、瓮、盆、豆、钵、鼎、器盖等。

罐　器表均素面磨光。可分二型。

A型　大口，深弧腹。H82∶21，卷沿，尖唇。器身饰数组弦纹。口径36、残高21厘米（图一一，6）。H82∶23，卷沿，圆唇，内沿有明显折棱。器身饰有数组弦纹。口径29.5、残高19.2厘米（图一一，24）。

B型　侈口，圆鼓腹。H82∶25，器口被捏压，圆唇。残高16.8厘米（图一一，23）。

小罐　H57∶9，侈口，卷沿，尖唇，束颈。器表经压磨而较光亮。口径6.8、残高5.6厘米（图一一，21）。

瓮　H119∶1，敛口，唇外缘凸起，斜肩，鼓腹，小平底。肩部有三个饼状泥钉，器身饰五组弦纹。口径25、底径16、高46.6厘米（图一一，22；图版七，2）。

盆　沿面经仔细磨光。可分二型。

A型　深腹。腹部饰成组弦纹。H57∶3，卷沿，圆唇，鼓腹，平底。口径39、底径16、高17厘米（图一一，16）。H57∶8，卷沿，尖唇，内沿有不明显的折棱，弧腹。口径27.5、残高10.2厘米（图一一，5）。

B型　浅腹。H82∶24，卷沿，尖圆唇，上腹壁较直，底残。口径28.5、残高8.2厘米（图一一，26）。H82∶22，卷沿，圆唇，底残。口径36、残高5.6厘米（图一一，15）。

小盆　H82∶18，卷沿，圆唇，束颈，浅腹。素面，器表磨光。口径19.2、残高5.6厘米（图一一，25）。

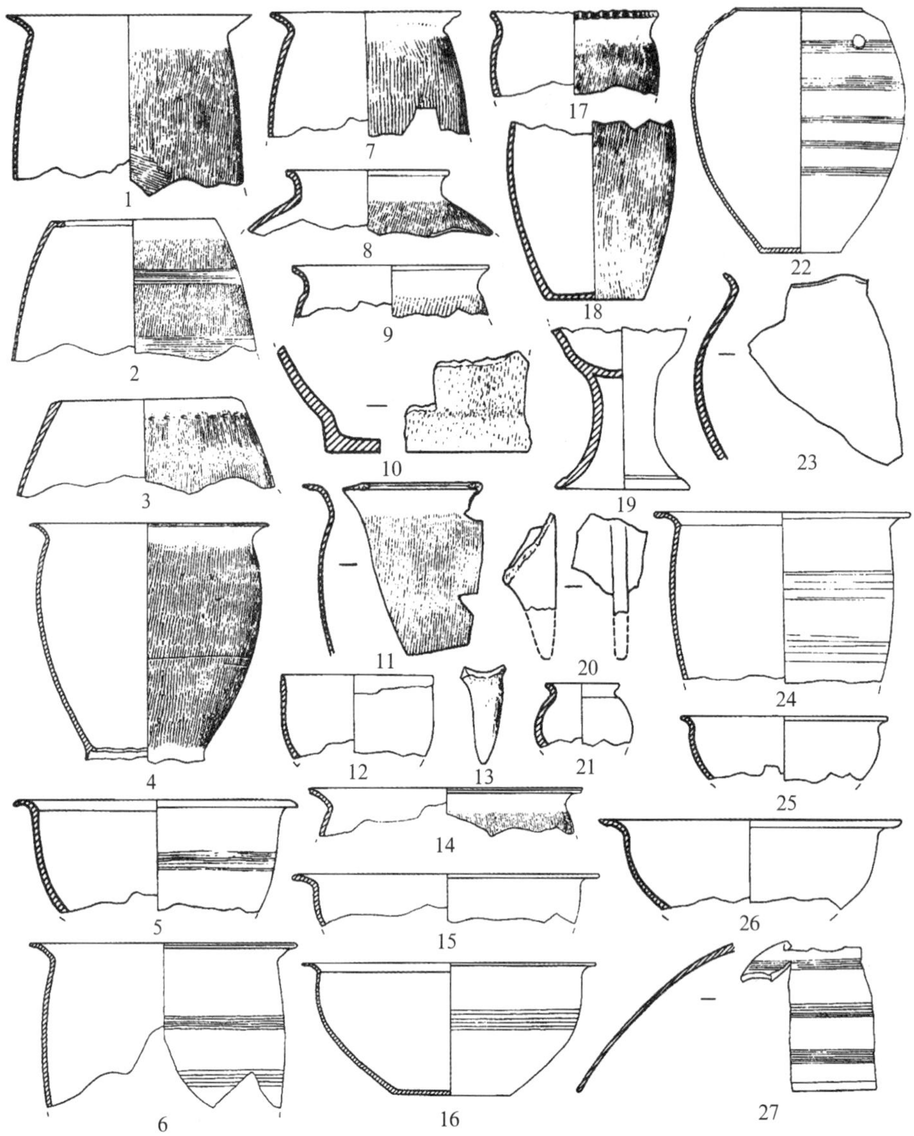

图一一　第二期文化遗存第二段陶器

1、7. 夹砂鬲（H54∶5、H57∶20）　2、3. 夹砂敛口瓮（H95∶1、T1704 ② B∶2）　4、11. 夹砂甗（H82∶19、H57∶11）　5、16.A 型泥质盆（H57∶8、H57∶3）　6、24.A 型泥质罐（H82∶21、H82∶23）　8.C 型夹砂罐（H76∶1）　9、14、18.A 型夹砂罐（H29∶4、H16∶1、H57∶14）　10. 夹砂卵形瓮（H82∶14）　12. 泥质钵（H91∶9）　13. 夹砂鬲足根（H17∶3）　15、26.B 型泥质盆（H82∶22、H82∶24）　17.B 型夹砂罐（H57∶12）　19. 泥质豆（H82∶10）　20. 泥质鼎足（采∶01）　21. 泥质小罐（H57∶9）　22. 泥质瓮（H119∶1）　23.B 型泥质罐（H82∶25）　25. 泥质小盆（H82∶18）　27. 泥质器盖（H91∶8）

豆 H82:10，口沿残，碗状豆盘，细柄，喇叭形座。素面，器表磨光。残高 14.4 厘米（图一一，19）。

钵 H91:9，直口，尖唇，底残，器表稍加磨光。口径 14、残高 7.5 厘米（图一一，12）。

鼎足 采:01，扁三角形，边缘棱角分明（图一一，20）。

器盖 H91:8，钮残，拱形顶，口沿稍凸起，器表饰三组弦纹。残高 16.5 厘米（图一一，27）。

2. 其他

包括石、骨、蚌、陶等不同质料的生产工具等。以石器为主，其中铲的数量最多，此外还镰、刀、锛、磨石、磨盘、制陶工具等，均磨制而成。很多器物因使用而残损，或在器身、刃部留的崩疤。

石铲 H82:3，有双肩，顶部残，肩部系打制，铲身为磨制，偏锋，直刃。残长 19.8、刃宽 9、肩宽 6.7、厚 1.1 厘米（图一二，1）H82:7，通体磨光，长条形，窄顶，两侧边较斜，偏锋，宽弧刃。长 20.7、宽 7.5、厚 1.3 厘米（图一二，2）。

石凿 T1705 ② B:1，器身为琢制。长方形，偏锋，弧刃。长 5.8 厘米（图一二，7）。

石镰 H91:3，弧背，直刃，锋尖圆钝，刃部有崩疤。残长 8.6、宽 2.5 厘米（图一二，4）。H82:10，直背，尖锋，弧刃。长 18.5、宽 5.5 厘米（图一二，9）。

石打磨器 H82:8，为制陶工具。体近蘑菇状，打磨面光滑。拍身直径 9.5、捉手直径 7.5 厘米（图一二，3）。

骨锥 H2:5，利用动物肢骨加工而成，做工粗糙，仅在一端磨出锥尖。残长 10.2 厘米（图一二，8）。

骨雕刻器 H52:6，制作较精致，器身光滑，两端刃部均近似三角形。长 12.2 厘米（图一二，10）。

骨匕 H82:2，前端呈半圆形，后部已残。残长 4、宽约 2 厘米（图一二，5）。

陶拍 H31:1，夹砂褐陶。拍面呈圆角长方形，捉手为桥状。拍面有绳纹图案。残长 7.6、宽 7.6 厘米（图一二，11）。

陶纺轮 H91:1，泥质灰陶。纵剖面呈半圆形，中间穿孔。直径 2.7、厚 1.6 厘米（图一二，6）。

四、第三期文化遗存

（一）遗迹

共发现灰坑 45 个、墓葬 1 座。灰坑口呈圆形、椭圆形或不规则形，以圆形和椭圆形为主；

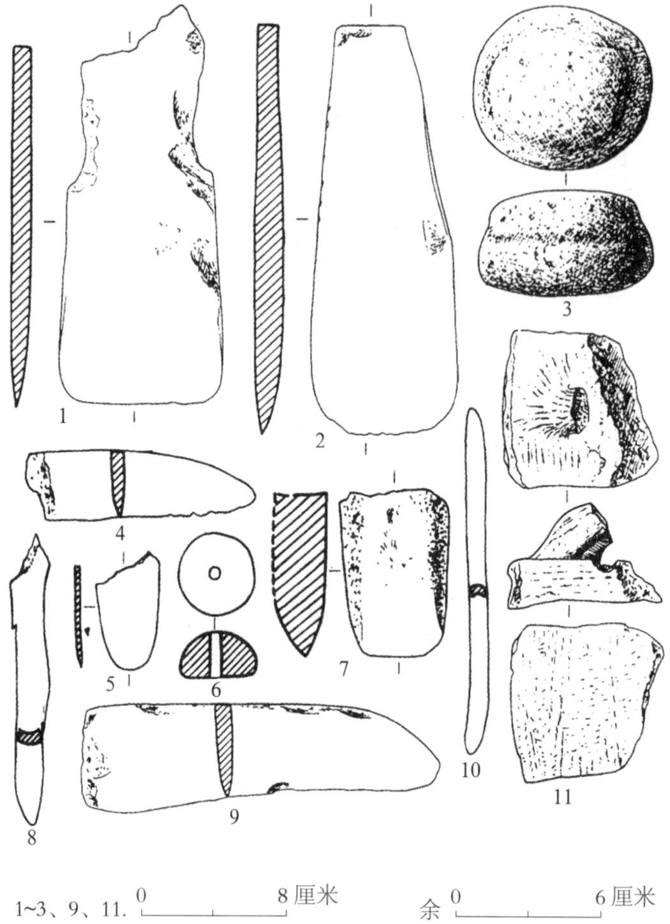

图一二　第二期文化遗存遗物

1、2. 石铲（H82∶3、H82∶7）3. 石打磨器（H82∶8）4、9. 石镰（H91∶3、H82∶10）5. 骨匕（H82∶2）6. 陶纺轮（H91∶1）7. 石凿（T1705②B∶1）8. 骨锥（H2∶5）10. 骨雕刻器（H52∶6）11. 陶拍（H31∶1）

坑体多为锅状，少数为筒状或袋状。灰坑大小不一，大者口长达 6 米；一般长、宽均为 2 ~ 3、深 1 ~ 1.5 米，个别深者达 3 米；小者走直径约 1、深 0.5 米。

H118　位于 T1202 的北部偏西，开口于第 3 层下，上部被第四期第一段的灰坑打破。坑口呈椭圆形，坑壁陡直，壁面较平整，局部保存有抹泥痕迹，口径 1.85 ~ 2 米。此坑只发掘到深 0.54 米处，在这里清理出一具保存非常完整的牛骨，头向西南，尾朝东北，前肢蜷屈，后肢并拢伸展，颈部扭曲；在近髋骨处还有一具尚未分娩的小牛骨骸。整个牛骨架放置规整，似经捆绑后殉葬入坑内，其上肢处和西北、东南两侧各摆放有一块磨光石块。坑内填土呈灰褐色，质地较硬，包含有少量陶片（图一三）。

H5　位于 T1805 和 T1905 内，开口于第 2A 层下，打破第 2B 层并挖至生土。坑体为两级锅状结构，第一级坑体东侧呈舌状凸出，坑口呈不规则椭圆形，东西长 6.3、南北宽 3.9、深 0.6 米；第二级坑口呈椭圆形，口径 3.1 ~ 3.6，深 1.05 米，在坑底中部有一片长 1.1、宽 0.8

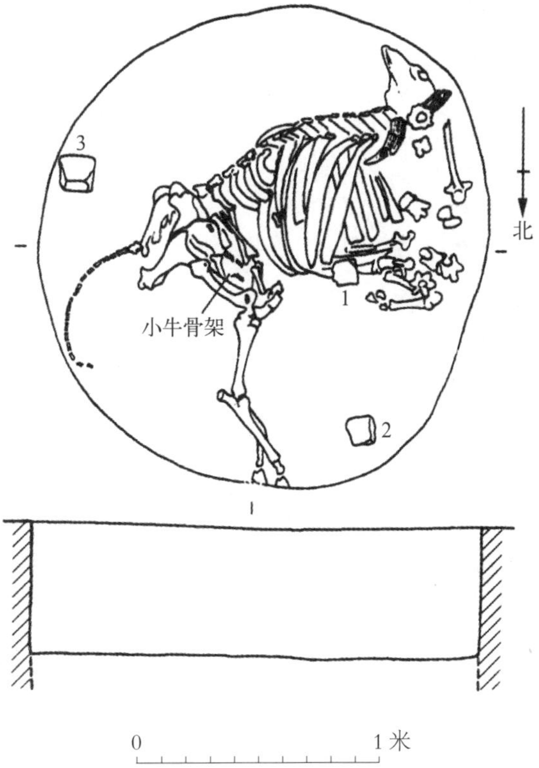

图一三 H118平、剖面图

1～3. 磨光石块

米的烧火遗迹，呈红褐色，烧结形成的红烧土厚2～8厘米，在其周围发现大量炭屑、烧土渣，并夹杂少量烧骨、石块和陶片。坑内堆积为松软的黑灰色土，内含大量陶片，可复原的陶器包括鬲、罐、豆、盆、臼等（图一四）。

M1　位于H5南侧，二者相距仅0.5米，开口于第2层下，打破第二期的灰坑。墓口呈椭圆形，浅穴，直壁，墓底近平，口径1.9～2.2、深0.6米。墓内发现一具人骨，头向西南，颅骨受到严重挤压而变形，左臂肱骨在约二分之一处折断，腰椎以下缺失，下肢几乎相叠在一起，屈肢较甚；墓中无随葬品（图一五）。

（二）遗物

1. 陶器

包括泥质陶和夹砂陶两大类，其中夹砂陶在各遗迹单位中占出土陶片总数的58%～85%。陶色主要是灰陶和红褐陶，夹砂或泥质灰陶约占陶片总数的60%～93%，其次为褐陶或红褐陶，另有极少量的褐胎黑皮陶。器表纹饰主要是绳纹，在所统计的遗迹单

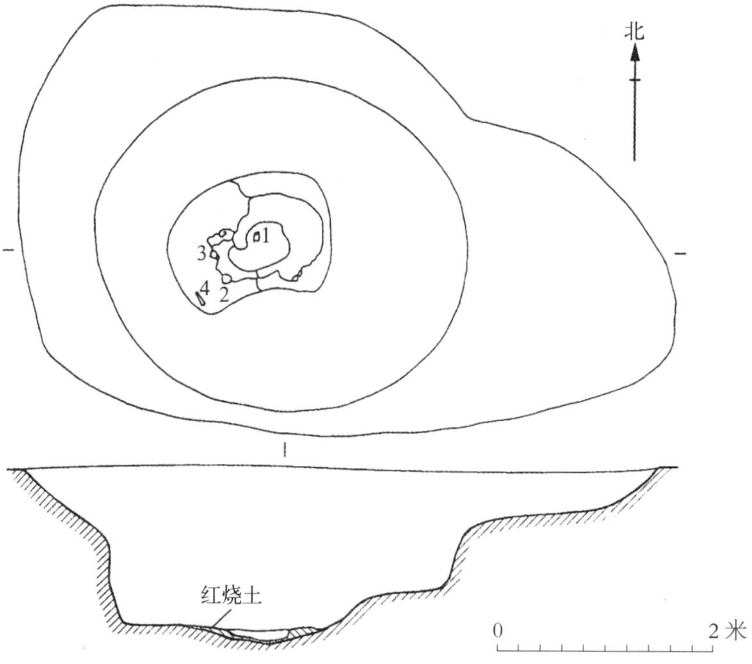

图一四　H5平、剖面图

1、2. 磨光石块　3、4. 烧骨

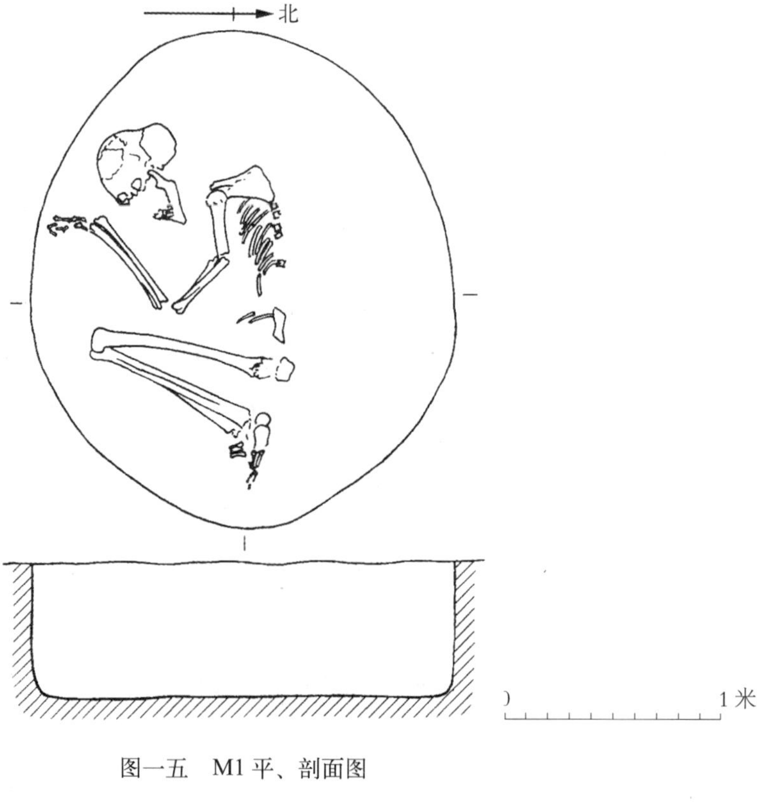

图一五　M1平、剖面图

位中约占总数的50%～80%，部分绳纹与附加堆纹和弦纹相结合；其他纹饰0.2～0.3厘米，个别达0.4厘米，多数饰于鬲、罐、盆等器类上（图一六）。大多数陶器为手制，仅口部经轮修。一般火候较高，质地坚硬，制作较规整。经复原及可辨认的器型有鬲、罐、大口尊、盆、壶、豆、鼎、盂、钵、器盖、臼等。

（1）夹砂陶器

种类包括鬲、大口尊、罐、盆、鼎、盂、钵、器盖、将军盔、臼等。

鬲　器表均饰绳纹。可分三型。

A型　器形较大，口径多在30厘米以上。H5∶50，口沿外翻，厚方唇，沿面有凹槽，束颈，深腹，腹腔以下残。颈部饰附加堆纹。口径33、残高20.7厘米（图一七，6）。H5∶49，宽折沿，厚方唇。颈部饰附加堆纹。口径36、残高6.2厘米（图一七，30）。

B型　体较高，器形稍小，口径一般为20～25厘米。可分四亚型。

Ba型　弧腹，折沿，方唇，唇面内凹，唇上下缘棱角尖锐。H5∶40，分裆较高，锥状实足根外撇。沿内面有两道弦纹，颈部、裆部上方和袋足外侧施附加堆纹。口径24.5、高28.3厘米（图一七，2）。H5∶44，分裆较高，三袋足下的锥状足根直立。口径18.5、高22.6厘米（图一七，1；图版八，1）。H117∶25，颈下有一周弦纹。口径21、残高11.7厘米（图一七，7）。

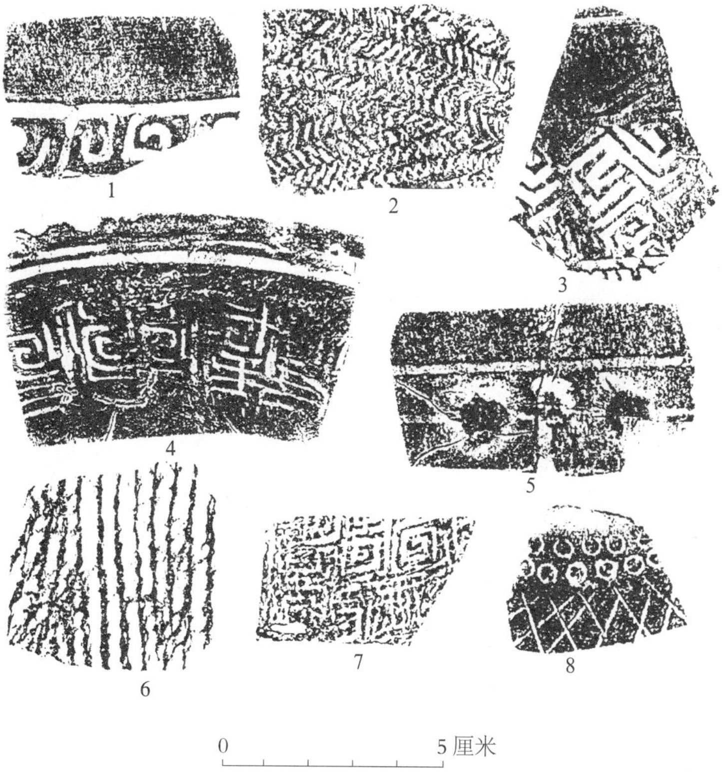

图一六　第三期文化遗存陶器纹饰拓本

1.H33∶4　2.H33∶1　3.H41∶3　4.H100∶6　5.H32∶11　6.H28∶15　7.H11∶22　8.H32∶11

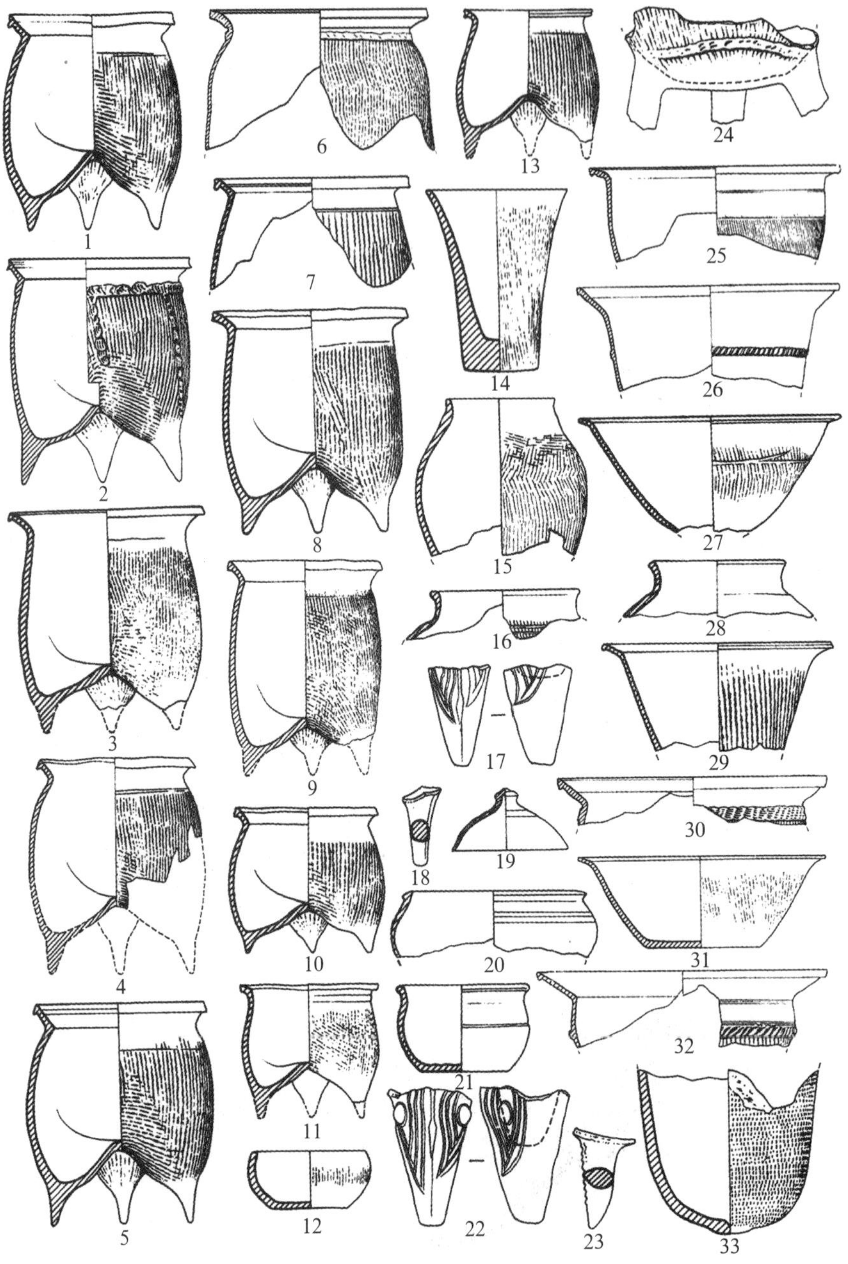

2、4、9、24、25、30~32. 0 16 厘米　6、26. 0 20 厘米　余 0 14 厘米

图一七　第三期文化遗存夹砂陶器

1、2、7.Ba 型鬲（H5:44、H5:40、H117:25）3、8.Bc 型鬲（H5:43、H117:23）4、5.Bb 型鬲（H5:46、H5:42）6、30.A 型鬲（H5:50、H5:49）9.Bb 型鬲（H5:47）10、11、13.C 型鬲（H117:18、H117:22、H97:1）12. 钵（H10:1）14. 臼（H5:24）15.B 型罐（H13:11）16、28.A 型罐（H117:29、H5:54）17、18、22、23. 鼎足（H117:32-2、H36:1、H117:32-1、H117:33）19. 器盖（H5:55）20.B 型盂（H117:6）21.A 型盂（H96:4）24. 鼎（H117:34）25.A 型盆（H5:56）26.B 型大口尊（H117:26）27、29、31.B 型盆（H117:24、H5:48、H5:21）32.A 型大口尊（H81:10）33. 将军盔（H117:31）

Bb 型　束颈，鼓腹。H5∶42，折沿，方唇，唇下缘棱角尖锐，分裆较高，三袋足下的锥状足根直立。沿面有两道弦纹，颈下饰一道弦纹。口径 19、高 23.4 厘米（图一七，5；图版九，1）。H5∶46，翻沿，方唇，唇面斜平且略内勾，唇上缘与沿面相交处形成一道沟槽，颈下饰两周弦纹。口径 21、高 27.5 厘米（图一七，4；图版八，2）。

Bc 型　斜腹。H5∶43，翻沿，方唇，唇上缘与沿面相交处形成一道浅凹槽，分裆较低，三袋足下附短实足根。裆沟两侧所饰绳纹不对称，右侧向裆沟斜施，左侧向斜下方直展。口径 20.5、高 23 厘米（图一七，3；图版八，4）。H117∶23，造型和纹饰风格与 H5∶43 大体相近，三袋足下的实足稍外撇。口径 21、高 23 厘米（图一七，8；图版七，5）。

Bd 型　筒腹，腹腔较深。H5∶47，折沿，方唇，唇下缘有凸棱，分裆较低，三袋足较浅，下附短实足根。颈下饰一道弦纹，裆沟两侧的绳纹不对称。口径 20、高 28 厘米（图一七,9）。

C 型　体较矮，器形最小，口径约 15 厘米。H117∶18，折沿，方唇，唇面有凹槽，弧腹，分裆较低，三袋足下附短实足根，袋足与足根间分界明显，沿面饰一周弦纹。口径 16、高 15 厘米（图一七，10；图版八，6）。H117∶22，翻沿，方唇，分裆较低，三袋足下附锥状实足根。器表有烟垢痕迹。口径 14.8、高 16 厘米（图一七，11）。H97∶1，口沿外翻，方唇，束颈，弧腹，分裆较高，三袋足下附锥状实足根。口径 13.8、高 15.4 厘米（图一七，13；图版八，5）。

大口尊　可分二型。

A 型　有肩。H81∶10，敞口，宽折沿，方唇，唇缘下凸。肩上有一周附加堆纹，其下饰绳纹。口径 39、残高 10 厘米（图一七，32）。

B 型　无肩。H117∶26，敞口，宽沿外翻，口沿内有凹槽，唇缘下凸。上腹部饰附加堆纹，器表稍加打磨。口径 40、残高 15.2 厘米（图一七，26）。

罐　器表多饰绳纹。可分二型。

A 型　侈口，矮领，鼓肩。H5∶54，黑皮陶，方唇。口径 16、残高 5.3 厘米（图一七，28）。H117∶29，圆唇。口径 16、残高 5.4 厘米（图一七，16）。

B 型　无领。H13∶11，胎呈红褐色。侈口，圆唇，溜肩，圆鼓腹。口径 11.5、残高 16.5 厘米（图一七，15）。

盆　器表均饰绳纹。可分二型。

A 型　弧壁，深腹。H5∶56，胎呈红褐色，宽折沿略外翻，方唇，唇缘下凸，上缘与沿面相交处形成凹槽。口径 34、高 12 厘米（图一七，25）。

B 型　斜壁，浅腹。H5∶21，胎呈红褐色，宽折沿，方唇，平底。口径 33.2、底径 14.8、高 11.6 厘米（图一七，31；图版九，6）。H117∶24，折沿，圆唇，近圜底。口径 28、残高 11.8 厘米（图一七，27）。H5∶48，折沿，方唇，唇面内凹，唇缘下凸，沿面有两道凹槽。口径 24.8、残高 11.2 厘米（图一七，29）。

鼎　H117∶34,厚胎,器形较大。器身上部及足均残,圜底,三柱状足外撇,器表饰粗绳纹,在圜底处有一周附加堆纹。残高 15.6 厘米（图一七，24）。

鼎足　H117:32-1，楔形柱状足，中空，整体较粗壮。器表刻划、堆塑有对称的兽目纹。残高14厘米（图一七，22）。H117:32-2，器表饰兽目纹。残高10.8厘米（图一七，17）。H117:33，扁锥状实足。外侧饰有齿状按压纹。高10.2厘米（图一七，23）。H36:1，柱状实足，周边起棱。高7.5厘米（图一七，18）。

盂　均素面，器表磨光。可分二型。

A型　侈口。H96:4，圆唇，鼓腹，平底。腹中部饰弦纹。口径14.4、底径9.4、高9厘米（图一七，21）。

B型　敛口。H117:36,尖唇,鼓腹,下部残。腹部饰有弦纹。口径20,残高6.9厘米（图一七，20）。

钵　H10:1，敛口，弧腹，平底。腹部饰较细绳纹。口径12、底径8、高6厘米（图一七，12）。

器盖　H5:55，体呈斗笠状，顶部有一钮。盖面饰有弦纹。口径12.4、残高6厘米（图一七，19）。

将军盔　H117:31,红陶,厚胎,器身上部残,圜底,器表饰小方格纹。残高17.5厘米（图一七，33）。

臼　H5:24，红褐陶，厚胎，喇叭形口，平底。器表饰有细密绳纹，口径15、底径8、高18.8厘米（图一七，14；图版九，3）。

（2）泥质陶器

种类包括罐、盆、壶、豆、钵、杯等。

罐　器表多饰绳纹。可分二型。

A型　侈口，方唇，矮领。H5:53，唇面有凹槽，圆肩，鼓腹。肩部饰弦纹。口径14、底径10、高24.4厘米（图一八，1）。H90Ⓑ:7，唇缘下凸，斜肩，器身下部残。颈部饰弦纹。口径16、残高7.3厘米（图一八，3）。

B型　直口。H5:41，红褐陶。方唇，圆肩，鼓腹，底残。口径16.8、残高29.6厘米（图一八，2）。H5:45，红褐陶。圆肩，鼓腹，器身下部残。口径17.2、残高16厘米（图一八，7）。

盆　器表多饰绳纹。可分二型。

A型　深腹。H5:58，翻沿，方唇，弧壁，器身下部残。口径34、残高9.1厘米（图一八，15）。H80:1，窄平沿，圆唇，弧壁，底残。口径36、残高11.2厘米（图一八，6）。

B型　浅腹。H81:11，平折沿略外翻，方唇，斜壁，器身下部残，器内壁有浅凹槽。口径36、残高6.1厘米（图一八，5）。H5:57，红褐陶，翻沿，方唇。斜壁较直，器身下部残。口径37、残高9厘米（图一八，4）。

壶　H5:51，直领，贯耳，斜壁较直，器身下部残。领部饰有弦纹，器表磨光。口径10.24、残高12厘米（图一八，17）。

豆　多数器表及口沿内面经磨光。可分二型。

A型　假腹豆。可分二亚型。

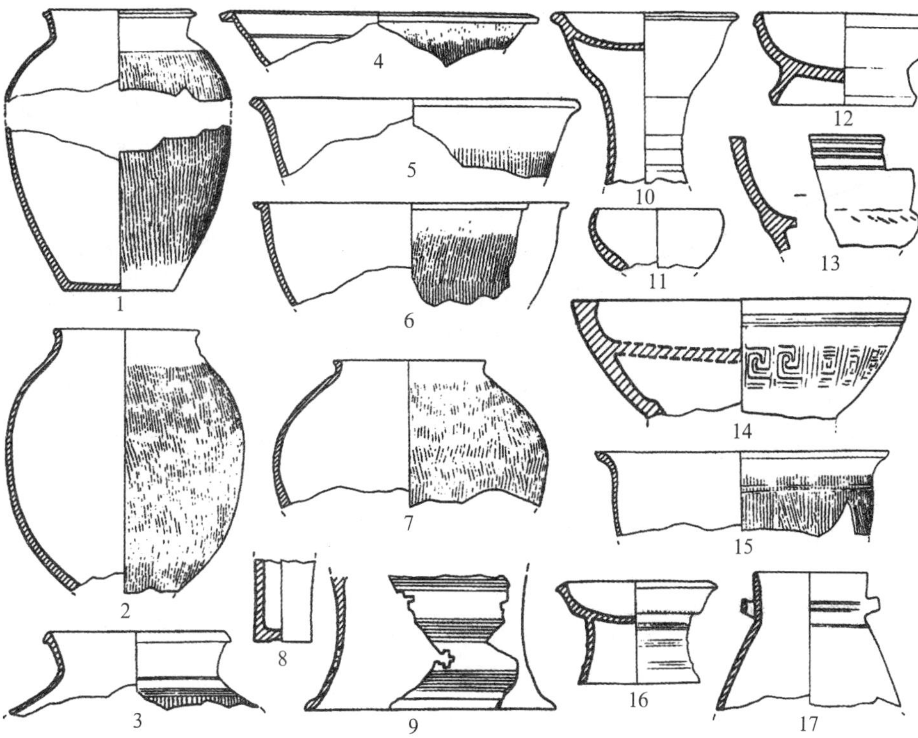

图一八 第三期文化遗存泥质陶器

1、3.A 型罐（H5:53、H90Ⓑ:7） 2、7.B 型罐（H5:41、H5:45） 4、5.B 型盆（H5:57、H81:11） 6、15.A 型盆（H80:1、H5:58） 8. 杯（H60:7） 9、16.Ba 型豆（H5:52、H5:20） 10、14.Ab 型豆（H11:23、H100:6） 11. 钵（H11:24） 12.Bb 型豆（H117:4） 13.Aa 型豆（H117:28） 17. 壶（H5:51）

Aa 型 深盘。H117:28，黑皮陶，胎呈红褐色。平沿，斜壁，盘与柄相接处有一周凸棱。盘外壁近口部饰弦纹。残高 10.8 厘米（图一八，13）。

Ab 型 浅盘。H11:23，平沿略斜，圆唇，弧壁，粗柄。柄部饰弦纹。口径 17.2、残高 14.8 厘米（图一八，10）。H100:6，平沿，口微敛，弧壁略斜，柄残。豆盘上饰有弦纹和压印云雷纹。口径 15.6、残高 5.7 厘米（图一八，14）。

B 型 真腹豆。可分二亚型。

Ba 型 高圈足较粗。H5:20，平沿略斜，尖唇，斜壁，圈足上有三周凸棱。口径 14.8、底径 11.4、高 9 厘米（图一八，16）。H5:52，圈足上饰三组密集弦纹，其间有两排十字形镂孔。底径 23、残高 11.7 厘米（图一八，9）。

Bb 型 矮圈足。H117:4，厚圆唇，弧壁，粗圈足外撇。口径 16.8、底径 13、高 8 厘米（图一八，12；图版九，5）。

钵 H11:24，敛口，弧腹略折，底残。口径 16、残高 5.3 厘米（图一八，11）。

杯　H60:7,口部已残,器身近圆柱体,平底稍内凹。底径5.4、残高7.3厘米(图一八,8)。

2. 其他

包括石、骨、角、蚌、陶等不同质料的生产工具、装饰品及卜骨等。石器均磨制而成，多有使用痕迹，铲和镰的数量最多，还有锛、楔、刀、铚等。其他遗物的数量不多，多因使用而残损。

石铲　H5:17,顶较窄,双肩,正锋,弧刃,刃部有明显的使用痕迹。长15、刃宽8厘米(图一九，1)。H5:20，器身上部残，两侧平直，正锋，弧刃，刃部有使用痕迹。残长6.8、宽10厘米（图一九，15）。

石锛　H11:21，器体厚重，横截面略呈梯形，偏锋，直刃。长8.5、刃宽4.5厘米（图一九，6）。H11:12，器体扁薄，正锋，直刃，无使用痕迹。长5.8、宽3.8厘米（图一九，25）。

石楔　H61:2，器体厚重，一侧已崩残，顶较窄，刃较宽，正锋，直刃。长12.4、刃宽4.5厘米（图一九，2）。

石刀　H11:6，已残，弧背，正锋，直刃。残长7.5、宽5.4厘米（图一九，18）。

石镰　H100:2，首端残，直背，弧刃，刃部有使用痕迹。残长14.5、宽6厘米（图一九，12）。H60:5，首端残，直背，弧刃。残长8.9、宽4.2厘米（图一九，30）。H5:3，尾端残，尖首，弧背，直刃。残长13.8、宽5.4厘米（图一九，19）。

石铚　H11:13，用残石铲改制成。偏锋，直刃，中部偏上有一两面对钻圆孔。残长6、宽8.8厘米（图一九，5）。H32:7，已残，直背，弧刃，中部有一两面对钻圆孔。残长4.9、宽4.5厘米（图一九，16）。

骨铲　H10:13，用牛下颌骨磨制而成，器体被火烘烤。靴形，偏锋，斜刃，中部偏下有一穿孔。残长11.6、刃宽8.2、孔径1厘米（图一九，29）。H100:4，用牛肩胛骨磨制而成。偏锋，直刃，刃部有使用痕迹。残长8.8、刃宽5.4厘米（图一九，4）。

骨笄　H21:1,细长柱状体,首端平。长16厘米(图一九,21)。H2:2,细柱状体,首端平。长14.7厘米（图一九，7）。

骨锥　H11:8，横截面呈椭圆形，一端为自然面，另一端磨出尖。长9.6厘米（图九，17）。

骨镞　H10:11，镞身为三棱锥形，铤横截面呈圆形。长9.6厘米（图一九，22）。H11:9，镞身呈菱锥形，铤较粗，锋已残。残长8厘米（图一九，23）。

骨端刃器　H32:3，用动物下颌骨磨制而成，一端为偏锋，弧刃。残长10.5、刃宽2.4厘米（图一九，20）。

卜骨　H11:14，为牛肩胛骨，臼端无存。残存有圆形钻窝11个，右侧一排钻窝略深，窝内见灼痕。残长18厘米(图一九,3)。H33:1,为牛肩胛骨,臼端经修整,共保存钻窝17个,右侧的钻窝略深，窝内均施灼。残长12厘米（图一九，28）。

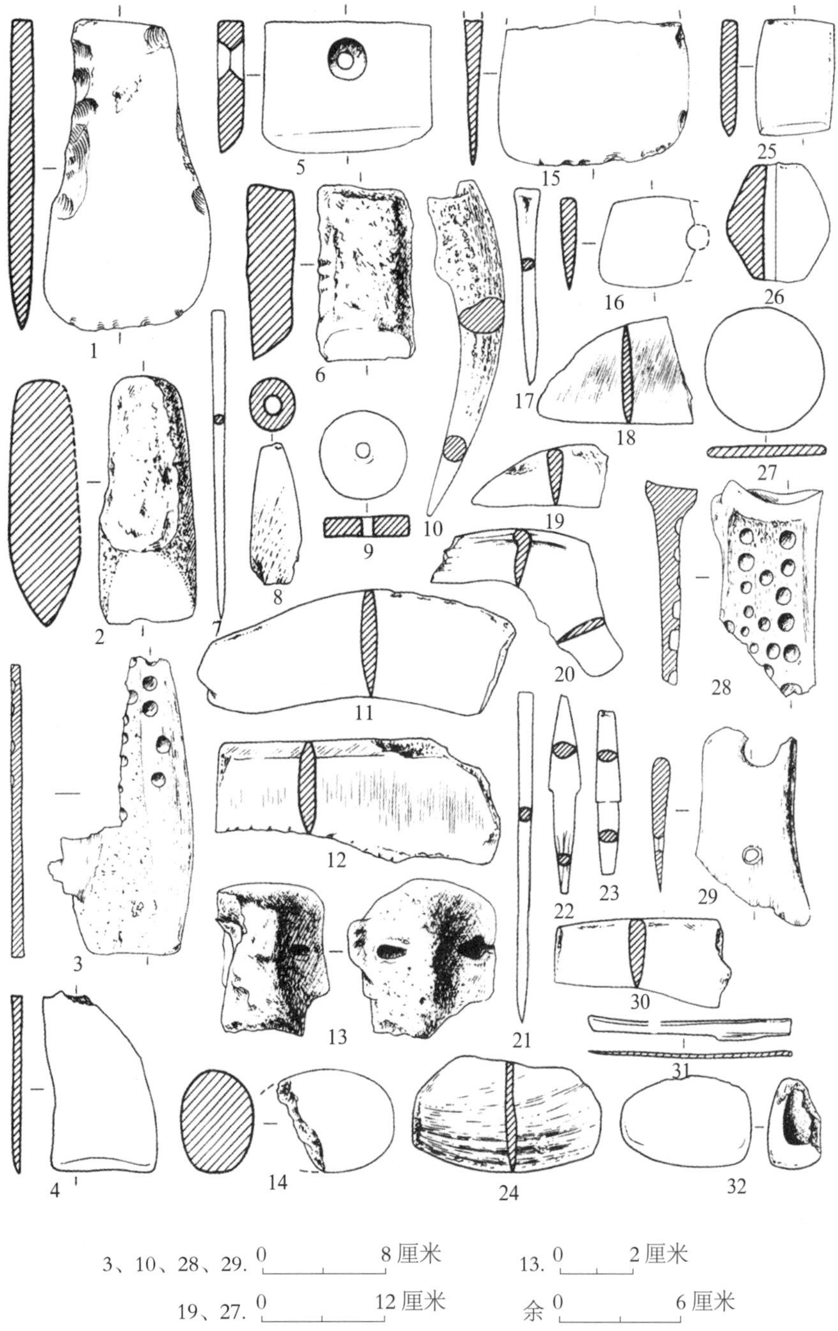

图一九　第三期文化遗存遗物

1、15. 石铲（H5∶17、H5∶20） 2. 石楔（H61∶2） 3、28. 卜骨（H11∶14、H33∶1） 4、29. 骨铲（H100∶4、H10∶13） 5、16. 石铚（H11∶13、H32∶7） 6、25. 石锛（H11∶21、H11∶12） 7、21. 骨笄（H2∶2、H21∶1） 8、26. 陶网坠（H5∶38、H100∶5） 9. 陶纺轮（H60∶2） 10. 角器（H96∶1） 11. 蚌镰（H90∶6） 12、19、30. 石镰（H100∶2、H5∶3、H60∶5） 13. 陶人面塑像（H39∶2） 14. 陶打磨器（H11∶3） 17. 骨锥（H11∶8） 18. 石刀（H11∶6） 20. 骨端刃器（H32∶3） 22、23. 骨镞（H10∶11、H11∶9） 24. 蚌刀（H61∶7） 27. 陶饼（H41∶4） 31. 铜削（H10∶5） 32. 陶垫（H10∶2）

角器　H96∶1，用鹿角磨制而成。长 20 厘米（图一九，10）。

蚌镰　H90∶6，已残，拱背，弧刃，刃部有使用痕迹。残长 16.5、宽 5.8 厘米（图一九，11）。

蚌刀　H61∶7，已残，直背，弧刃，刃部有使用痕迹。残长 9.6、宽 5.5 厘米（图一九，24）。

铜削　H10∶5，刃部残，柄端经磨制。残长 10.6 厘米（图一九，31）。

陶饼　H41∶4，夹砂灰陶。圆饼形。素面。直径 12.4、厚 1.2 厘米（图一九，27）。

陶垫　H10∶2，泥质灰陶。垫身略呈三角形，把上的指窝未穿透。长 6.8、残宽 4.5 厘米（图一九，32）。

陶打磨器　H11∶3，泥质灰陶。整体呈椭圆形。一面磨光。残长 6、残宽 5.2 厘米（图一九，14）。

陶网坠　H5∶38，泥质灰陶。体近橄榄状，中间穿孔。器表饰细绳纹。残长 6.8、孔径 0.9 厘米（图一九，8）。H100∶5，夹砂褐陶，体近算珠状，中间穿孔。直径 5.5、高 5.5、孔径 1.6 厘米（图一九，26）。

陶纺轮　H60∶2，泥质灰陶。圆饼状。直径 4.3、厚 0.9 厘米（图一九，9）。

陶人面塑像　H39∶2，夹砂灰陶。高 4、宽 3.7 厘米（图一九，13）。

五、第四期文化遗存

（一）遗迹

共发现灰坑 21 个、瓮棺墓 1 座。本期遗存的灰坑主要分布在发掘区西部，在形制上两个时段没有明显差异。坑口几乎都是圆形或椭圆形，坑体分筒状、袋状、锅状三种，一般口径为 1.5 ～ 2.5、深 0.7 ～ 1.5 米。

H49　椭圆形袋状坑，属第一段。位于 T1301 中部偏北，开口于第 3 层下，打破第三期的灰坑，口径 1.7 ～ 2.1、底径 1.95 ～ 2.3、深 1.1 米。坑内堆积为松软的黑灰色土，夹杂红烧土块及兽骨。出土遗物较多，陶器包括鬲、罐、盆、假腹豆、碗、臼等，另有石镰、石镞、骨镞、蚌器、卜甲、陶拍等（图二〇）。

H72　圆形筒状坑，属第二段。位于 T1202 中部偏南，开口于第 3 层下，打破第三期的灰坑，口径 2.3、深 1.3 米。坑内填土较硬，似经夯打。坑内堆积依据出土兽骨的情况可分为三个层面。第 1 层面距坑口深 0.7 米，发现一具鹿骨，位于坑东部，头向西北侧卧，四肢似经捆绑。第 2 层面距坑口深 0.8 米，地坑西南部发现一具羊骨，颈部扭曲，头向北，呈卧姿，四肢压于腹下，其下铺有一层已碳化的粟；羊骨向东 0.4 米处放置一个牛头，面

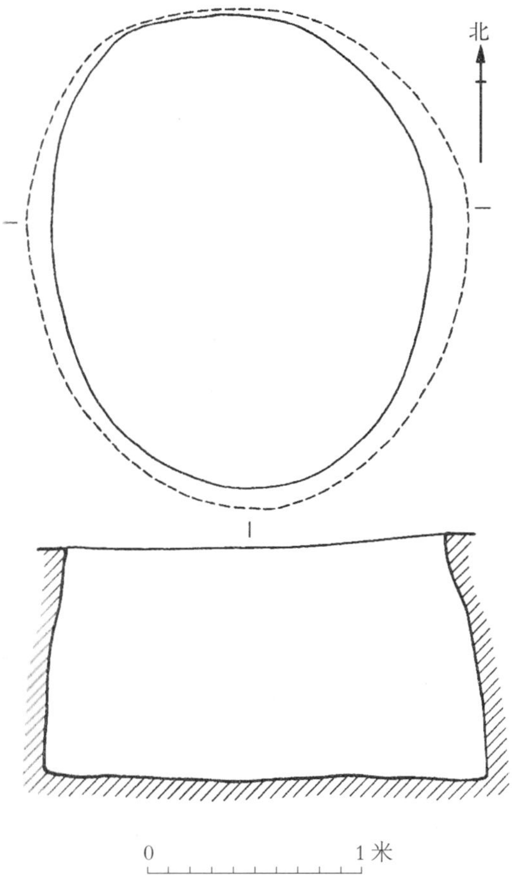

图二〇 H49平、剖面图

向西北，附近摆放着三块大小不等的石块。第3层距坑口深0.9米，在坑的东南部发现一具狗骨，头向东北，身体呈侧卧状，四肢似经捆绑（图二一）。

（二）遗物

1．陶器

本期遗存第一段的陶器以夹砂陶为主，泥质陶次之，夹砂和泥质灰陶约占出土陶片总数的80%，其余为夹砂褐陶或泥质红褐陶。陶器纹饰以绳纹为主，在所统计的遗迹单位中占总数的60%～90%，另外还有少量弦纹、附加堆纹和戳印纹。其中，夹砂陶多饰粗绳纹，一般粗0.4～0.5厘米；泥质陶则饰较细绳纹，粗0.25～0.3厘米。第二段的陶器中夹砂陶和泥质陶所占比例大体相等，陶色与第一段没有大的区别。纹饰中绳纹约占各遗迹单位所出陶片总数的70%～90%，且粗绳纹（粗0.4～0.55厘米）的比例有所增加，细绳纹（粗0.2～0.3厘米）中包括一定数量的交错绳纹，另还见有饰圆圈状戳印纹、方格纹的硬陶片（图

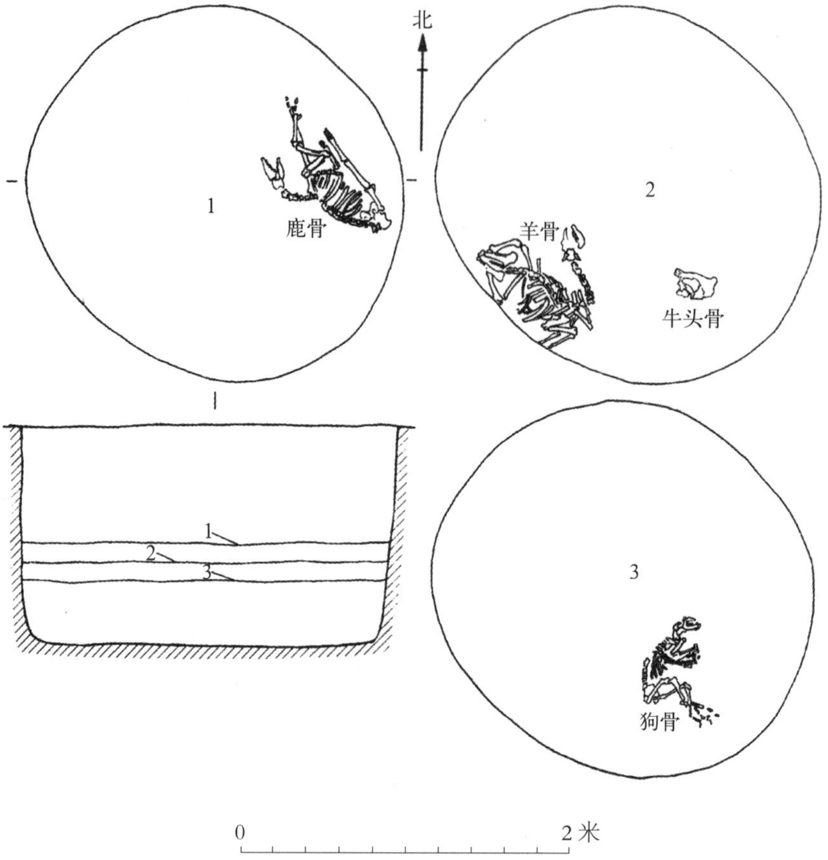

图二一　H72平、剖面图

1. 第1层面　2. 第2层面　3. 第3层面

二二）。第一、二段的陶器均为手制，兼用轮修，火候较高；主要器类包括鬲、罐、盆、瓮、豆，还有簋、钵、器盖、臼等。

（1）第一段夹砂陶器

种类包括鬲、罐、盆、臼、器盖等。

鬲　器表均饰绳纹。可分二型。

A型　体略高，器形较大，口呈盘状，口径约20厘米。可分二亚型。

Aa型　H49∶2，宽翻沿，方唇，唇上缘直立，口沿面有一周凹槽，束颈，斜腹，分裆较低，三袋足之下的实足根短而粗。口径20.5、高19.8厘米（图二三，1；图版九，2）。

Ab型　H8∶15，窄翻沿，方唇，唇上缘外展，口沿面有一周凹槽，束颈，鼓腹，下部残。口径21，残高19厘米（图二三，9）。

B型　器体高宽一致，器形稍小。口径约15厘米。可分二亚型。

Ba型　H49∶8，宽翻沿，方唇，唇面微凹，唇上缘与口沿与相交处有一周凹槽，斜腹，分裆较低，三袋足之下附短实足根，袋足与足根之间分界明显。口径17.3、高17.5厘米（图

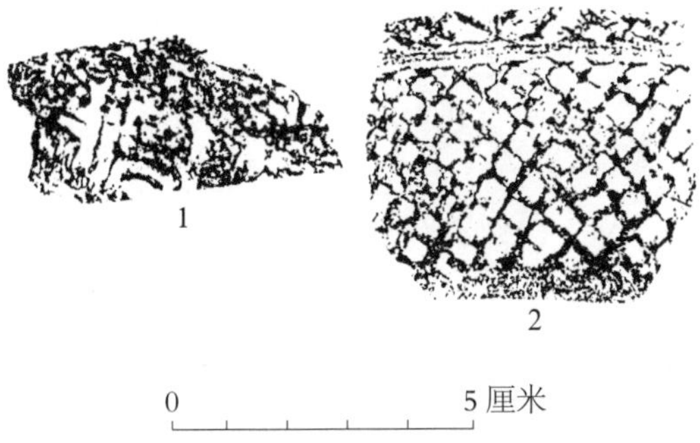

图二二　第四期文化遗存陶器纹饰拓本

1.H72：11　2.T1201③A：3

二三，4；图版九，4）。

Bb型　H8∶6，窄翻沿，方唇，沿面有一周浅凹槽，束颈，鼓腹，分裆低，三袋足下的实足根短而粗。口径14.8、高15.5厘米（图二三，2；图版八，3）。H8∶14，器形与H8∶6基本相同，袋足与足根间分界明显。口径14.4、高15厘米（图二三，5）。

罐　器表多饰绳纹。可分二型。

A型　大口。H28∶10，宽折沿，方唇，唇缘下凸，弧腹，下部残。器表饰绳纹，口沿下饰一周附加堆纹。口径40、残高21.5厘米（图二三，29）。H28∶8，翻沿折口，厚方唇，唇面有两道凹槽，唇下缘外凸，肩部有对称两个贯耳。器表饰弦纹。口径29、残高8.4厘米（图二三，16）。

B型　侈口，短颈。W1∶1，圆唇，唇上缘内侧有一道凹槽，鼓肩。口径25.2、残高27.2厘米（图二三，20）。

盆　器表饰绳纹。可分二型。

A型　均为折口。H28∶9，唇上缘直立，口微敛，沿内侧有凹槽，斜壁。口径28、残高10.2厘米（图二三，15）。

B型　均为侈口。H49∶6，圆唇，腹壁微曲，平底。口径19.2、底径12.6、高11.6厘米（图二三，3）。

臼　H49∶12，红陶，厚胎。器身呈筒状。器表饰绳纹。残高9厘米（图二三，13）。

器盖　H8∶5，覆碗形，盖顶有桥状把手。器表磨光并饰弦纹。盖径14.8、高7.8厘米（图二三，33）。

器箅　T1701③∶4，圆形，边缘抹斜，中部有密集小孔。直径约16、厚0.18厘米（图二三，32）。

（2）第一段泥质陶器

种类包括罐、瓮、盆、豆、钵等。

罐　H49∶14，侈口，圆唇，矮直领，鼓肩，器身下部残。颈下饰一周弦纹，器表饰有交错绳纹。口径14.2、残高11.6厘米（图二三，14）。

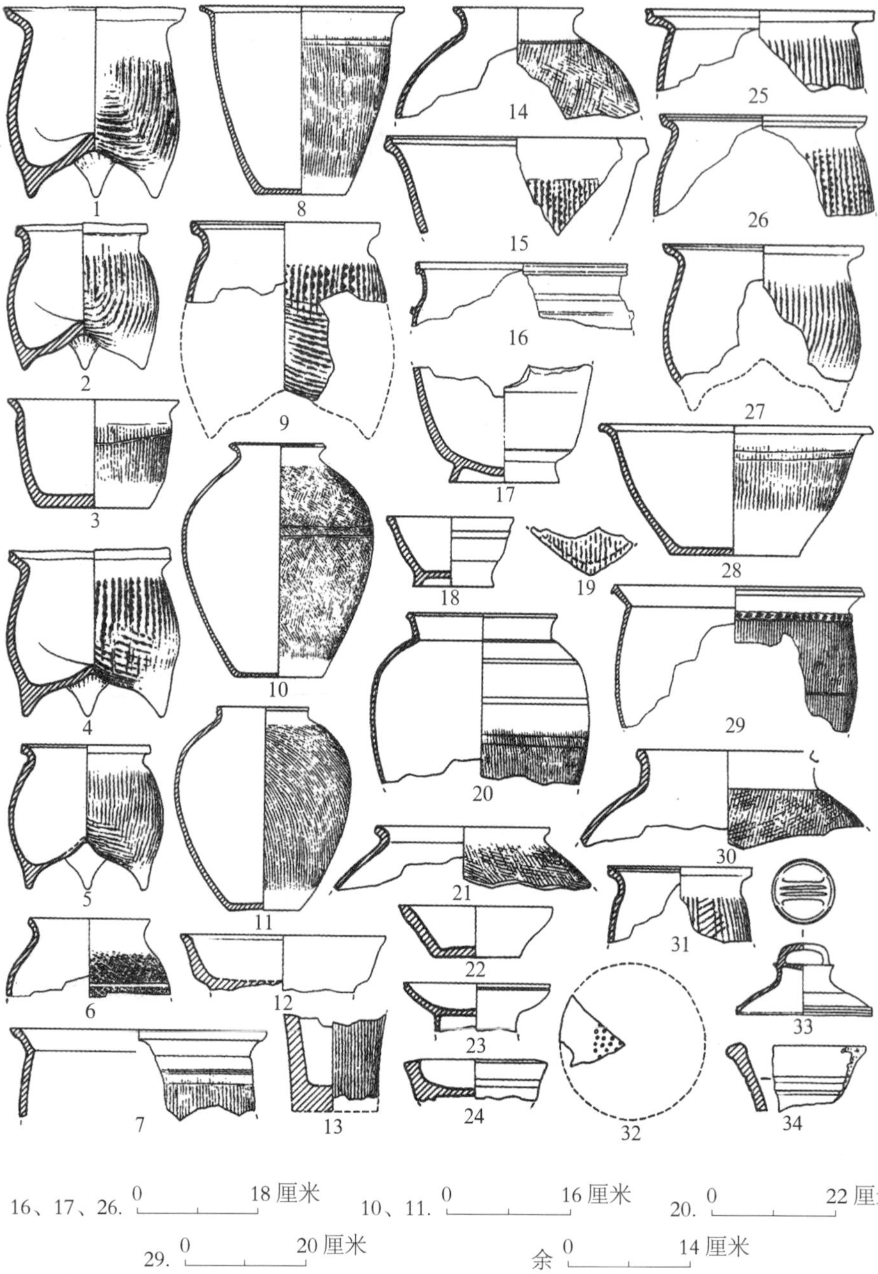

图二三　第四期文化遗存陶器

1.Aa 型夹砂鬲（H49：2）　2、5.Bb 型夹砂鬲（H8：6、H8：14）　3.B 型夹砂盆（H49：6）　4.Ba 型夹砂鬲（H49：8）
6、30. 泥质罐（T1201 ③ A：3、T1201 ③ A：2）　7、8. 泥质盆（H28：6、T1701 ③：2）　9.Ab 型夹砂鬲（H8：15）
10.A 型泥质瓮（H28：5）　11.B 型泥质瓮（H28：4）　12、23.B 型泥质豆（H99：3、T1701 ③：3）　13. 夹砂臼（H49：12）
14. 泥质罐（H49：14）　15.A 型夹砂盆（H28：9）　16、29.A 型夹砂罐（H28：8、H28：10）
17、18、34. 泥质簋（H71：3、H72：6、H71：10）　19. 夹砂鬲足（T1101 ③：4）　20.B 型夹砂罐（W1：1）　21. 泥质瓮（H71：9）
22. 泥质钵（H49：9）　24.A 型泥质豆（H49：13）　25 ～ 27.A 型夹砂鬲（T1101 ③：6、H71：4、H72：7）　28. 泥质盆（T1602 ②：1）
31.B 型夹砂鬲（T1201 ③ A：1）　32. 夹砂器箅（T1701 ③：4）　33. 夹砂器盖（H8：5）
（1 ～ 5、7 ～ 16、20、22、24、29、32、33 属第一段，余均属第二段）

瓮　器表均饰绳纹。可分二型。

A型　侈口，束颈。H28∶5，圆唇，唇上有浅凹槽，沿内侧亦有凹槽，圆肩，鼓腹，平底。器腹最宽处有两道弦纹。口径12、底径10.4、高27.2厘米（图二三，10；图版九，7）。

B型　直口，矮直领。H28∶4，圆肩，鼓腹，平底。口径11.2、底径8、高24厘米（图二三，11）。

盆　器表均饰绳纹。T1701③∶2，平折沿，方唇，深弧腹，平底。上腹部饰两道弦纹。口径28.2、底径12.4、高24.8厘米（图二三，8）。T28∶6，折沿，方唇。上腹部饰三道弦纹。口径29、残高9.7厘米（图二三，7）。

豆　器表及口沿皆磨光。可分二型。

A型　假腹豆。H49∶13，平沿略斜，浅盘，下部残。器表饰两道弦纹。口径15.5厘米（图二三，24）。

B型　真腹豆。T1701③∶3，子母口，浅盘，粗柄，下部残。口径16、残高5.3厘米（图二三，23）。H99∶3，口沿抹斜，尖唇，粗柄。口径22.8、残高6厘米（图二三，12）。

钵　H49∶9，平沿，口微敛，平底。素面。口径16.8、底径9.6、高5.6厘米（图二三，22）。

（3）第二段夹砂陶器

可辨认出器型的仅有鬲一种。

鬲　器表均饰绳纹。可分二型。

A型　器体高小于宽，器形较大，口径在20厘米以上。H71∶4，器口呈盘状，翻沿，方唇，唇上缘外展，内沿面有较深的凹槽。口径28、残高13.7厘米（图二三，26）。H72∶7，翻沿，方唇，口沿面有凹槽，领内敛，弧腹，袋足以下残。口径22、残高14.3厘米（图二三，27）。T1101③∶6，胎呈红褐色。器口呈盘状，宽翻沿，厚方唇，唇面有凹槽，唇上缘直立。口径25、残高8.4厘米（图二三，25）。

B型　器形稍小，口径约15厘米。T1201③A∶1，翻沿，方唇，唇上缘直立，内沿面有凹槽，束颈。口径16、残高8厘米（图二三，31）。

鬲足　T1101③∶4，袋足，无实足根。器表饰较粗绳纹（图二三，19）。

（4）第二段泥质陶器

种类包括罐、瓮、盆、簋等。

罐　T1201③A∶2，侈口，圆唇，短直颈，鼓肩。器表饰交错绳纹。口径20、残高10.2厘米（图二三，30）。T1201③A∶3，侈口，圆唇，矮领，圆肩。器表饰拍印方格纹。口径13、残高8.4厘米（图二三，6）。

瓮　H71∶9，翻沿，圆唇，斜肩。器表饰有交错绳纹。口径19、残高7厘米（图二三，21）。

盆　T1602②∶1，折沿，方唇，上腹微鼓，平底。器表饰较粗的绳纹，其上另有两道弦纹。口径30、残高13.4厘米（图二三，28）。

簋　H71∶3，口残，深腹，圜底，圈足。器表磨光并饰有弦纹。残高15.6厘米（图二三，17）。H71∶10，为口沿残片。器表饰弦纹（图二三，34）。H72∶6，敞口，平沿，圆唇，深腹，平底，圈足。器表饰弦纹。口径13.6、底径9.2、高7.6厘米（图二三，18）。

2．其他

包括石、骨、蚌、陶等不同质料的生产工具、装饰品及卜骨、卜甲等。

石刀　H101∶1，拱背，直刃。残长5.5、宽5.5厘米（图二四，4）。

石镰　H49∶1，首端尖，直背，正锋，弧刃，刃部有明显的使用痕迹。长13.6、柄端宽4.6（图二四，5）。H101∶2，首端尖，弧背，直刃，偏锋，刃部有使用痕迹。残长7.3、宽3厘米（图二四，11）。

骨铲　H28∶3，用动物肩胛骨削磨而成。偏锋，斜刃。残长6、宽3.5厘米（图二四，12）。

骨镞　H49∶3，镞身横截面呈棱形，身、铤之间无明显分界。长9.8厘米（图二四，7）。

骨匕　H8∶9，用牛肋骨磨削而成，加工精致。一端有刃。长30、宽3.5厘米（图二四，13）

骨笄　H14∶2，细长柱状体，首端平，尖残。残长10.3厘米（图二四，6）。H8∶7，仅存器尖端。残长4厘米。

骨饰件　T1902③∶1，圆形，纵截面呈梯形，上部有一未钻透的圆孔。直径2.5、厚0.6厘米（图二四，9）。

卜骨　T1701②∶1，为牛肩胛骨。残存8个圆形钻窝，其中2个略大，窝内均施灼。残长10、宽2.4厘米（图二四，8）。

卜甲　H49∶5，为龟腹甲，其上钻、凿、灼并施。钻窝为圆形，窝内施灼；凿多偏于钻窝一侧，由两边向下斜凿，呈枣核形。施卜程序为先钻、再灼、后凿。长13.3、宽8厘米（图二四，3）。

蚌镰　H8∶10，弧背，直刃，刃部有使用痕迹。残长12.5、宽5厘米（图二四，1）。

穿孔蚌器　H8∶4，用完整蚌壳加工而成，部分已残，中部有一圆形穿孔。残长12.5、宽11厘米（图二四，14）。

陶垫　H49∶10，泥质灰陶。垫身略呈三角形，指窝穿透，弧形面。残长6.2、宽4.2厘米（图二四，2）。

陶纺轮　H14∶1，泥质褐陶。圆饼状，器身中部略厚。直径6、厚2.3厘米（图二四，10）。

六、结语

本次在葛家庄遗址北区发掘的面积较大，所发现的文化遗存堆积较厚、时代跨度较长、文化内涵丰富，为研究邢台乃至豫北、冀南地区的龙山文化晚期至夏商时期的考古学文化增添了一批新的实物资料。

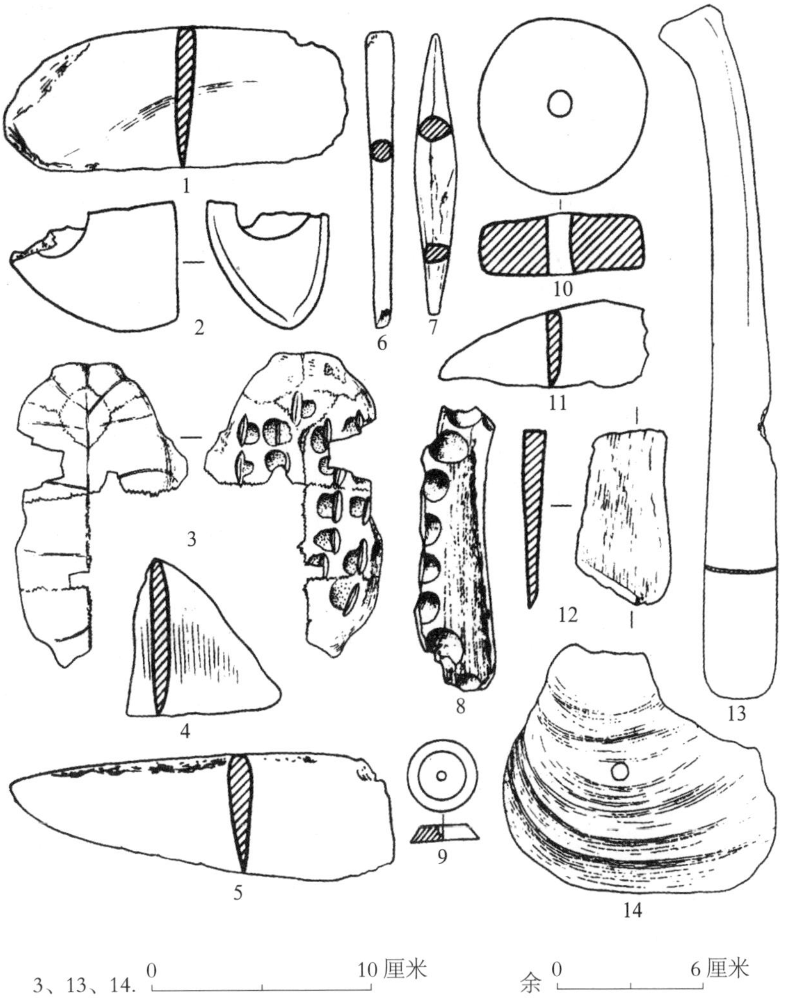

图二四　第四期文化遗存遗物

1. 蚌镰（H8：10）　2. 陶垫（H49：10）　3. 卜骨（H49：5）　4. 石刀（H101：1）　5、11. 石镰（H49：1、H101：2）　6. 骨笄（H14：2）　7. 骨镞（H49：3）　8. 卜骨（T1701 ②：1）　9. 骨饰件（T1902 ③：1）　10. 陶纺轮（H14：1）　12. 骨铲（H28：3）　13. 骨匕（H8：9）　14. 穿孔蚌器（H8：4）

1. 年代及文化性质

本次发掘所见到的文化遗存可划分为四期六段。

第一期文化遗存的陶器以夹砂灰陶为主，泥质灰陶次之，有少量磨光黑陶和白陶。纹饰有绳纹、篮纹、方格纹、线纹和附加堆纹等。器类以夹砂深腹罐为主，另有器盖、豆、敞口平底盆、鼓腹瓮、鼎及少量鬲、甗残片。其中，H34 所出鼎与郑州出土的龙山文化时期陶鼎[1]器形相近，H34、H70、H69 中出土的深腹罐、器盖、浅盘豆、浅腹敞口平底盆等，特征与后冈二期文化[2]以及淇县宋窑遗址一期遗存[3]的同类遗物相近。因此，我们认为第一期文化遗存的相对年代约为龙山文化晚期。

第二期文化遗存分为两段。第一段的陶器以夹砂灰陶为主，泥质灰陶次之，陶胎较厚。

纹饰以绳纹为主，有一定数量的磨光陶，花边口器较多；所饰绳纹较粗，散乱且深浅不一。器类以橄榄形罐、高领花边口鬲、卵形瓮、敛口瓮、甗、泥质深腹或浅腹盆、豆、器盖为主。第二段所出陶器中泥质陶的比例高于夹砂陶，陶胎较薄。纹饰仍以绳纹为主，但施纹细密而规整；花边口器少见，磨光陶的数量较多。器类与第一段相比较，高领花边口鬲被薄胎翻沿鬲取代；各种样式的盆明显增多，由卷沿变为折沿，上腹部圆鼓；橄榄形罐的口沿也近于平折。对比 1993 ～ 1997 年葛家庄遗址的发掘资料[4]，此次发现的第二期文化遗存应属先商文化。其中第一段的部分陶器与大寒南岗遗址 H8[5]、界段营遗址 H8[6] 等出土的同类遗物类似，第二段的陶器如橄榄形罐、鬲、盆、卵形瓮等与下七垣遗址第 3 层[7] 及永年何庄遗址 H1、H6、H4[8] 等出土的同类器相近。因此，第一、二段的年代约相当于漳河型先商文化的中、晚期。另据观察，第二段若干灰坑所出陶器的特征已接近于早商文化，如甗的上腹部变鼓，口沿平卷，唇缘下垂，且见有细刻划痕；橄榄形罐出现小方唇；鬲口沿近折，足根处绳纹消失等；它们与第二段的大多数陶器应有年代差别，但因材料所限，目前只能暂归入第二段。

第三期文化遗存以 H5、H117 等遗迹单位为代表，所出陶器以鬲、罐、盆、豆、大口尊为基本组合。其中，Aa、Ab、Ba、Bb 型鬲和 A、B 型罐等，形制与安阳洹北花园庄遗址[9] H4、G4 等出土的同类遗物相近，年代也大体相当。就陶器的风格而言，也接近于郑州小双桥遗址[10]G3、H57、H43 及葛家庄遗址 98XGH22[11] 的同类遗物，如鬲的方唇下缘仍较凸显，口沿内面多有浅凹槽，肩部多饰一周规整的弦纹，实足根较高且外撇，所饰绳纹相对较粗等。因此，第三期遗存的年代，整体上要晚于二里冈上层文化晚段的白家庄期，而早于殷墟文化一期。

第四期文化遗存可以粗略分为两段。第一段的陶器种类以粗绳纹鬲为主，另有盆、瓮、罐等。鬲的器身高略大于宽，实足根低矮而且粗大，颈部的弦纹多已消失，器口沿呈盘状。其中，H8 所出 Ba 型鬲及 A、B 型盆等与殷墟大司空 I 期的 H317[12] 出土器物相近。第一段的年代相当于殷墟文化一期晚段。第二段的陶鬲近正方体或器身宽大于高，实足根变得更加矮粗甚至近于消失，低裆，宽翻沿外展，盘口变平。其中，A 型鬲已消失。由此分析，第二段的年代大体不早于殷墟文化二期，下限可至殷墟文化四期。

2．发掘的主要收获

第一，龙山文化时期的遗存过去在冀南地区经正式发掘的遗址中比较少见。葛家庄遗址的龙山文化晚期遗存虽然并不丰富，但部分陶器如深腹罐、盆、豆等，与先商遗存中的同类器存在某些共有的谱系特点。这对于揭示本地区龙山文化晚期遗存的文化面貌，探讨其与先商文化的关系等问题，具有重要的意义。

第二，此次发掘到的先商时期和商代文化遗存内涵丰富，一脉相承，据此基本上可以确立本地区夏、商时期的考古学文化序列和编年，即先商文化→中商文化→晚商文化。本遗址的先商文化以第二期遗存一段、二段为代表，相当于先商文化的中、晚期，其中第二段的年代下限可能已延至早商时期。中商文化以第三期遗存为代表，略晚于二里冈上层文化的白家庄期，而早于殷墟文化一期。属晚商文化的第四期一、二段，约相当于殷墟文化一至四期。

第三，此次发现的第三期文化遗存最为丰富，属中商时期。以往在葛家庄遗址周围的邢台西部，已发现同时期遗存的曹演庄、西关外、东先贤、贾村、南大郭、尹郭村等遗址，构成了一个较密集的分布区域。此次在葛家庄遗址的发掘中，不仅出土了大型仿铜陶礼器、冶铜器皿、卜骨、卜甲等重要遗物，同时还揭露出一批与祭祀有关的兽祭坑、人祭坑、燎祭坑等重要遗迹。另外，在发掘区西部还勘探出大面积的夯土遗迹。史书记载商代中期时祖乙曾“迁都于邢”，上述发现为探讨这一重大历史事件提供了重要线索。

总之，1999年在葛家庄遗址北区进行的发掘，对探索商族起源，研究夏、商文化分界和商史纪年等，都具有重要的学术意义。

附记：本次发掘得到了河北省文物局和邢台文化局文物管理处的大力支持，谨致谢忱。参加发掘人员主要有朱永刚、任亚珊、李伊萍、张志强、刘福山、严志斌等。吉林大学考古学系97级大专班学生和河北省文物局第二届考古领队班学员，结合田野考古教学在此参加实习。本文插图由任涛绘制，照片由张羽拍摄，拓片由冀艳坤制作。

执笔 朱永刚 李伊萍
任亚珊 贾金标

注释

[1] 邹衡：《试论郑州新发现的殷商文化遗址》，《夏商周考古学论文集》，第8页图四中C5·1H142:3，文物出版社，1980年。

[2] 中国社会科学院考古研究所：《1979年安阳后冈遗址发掘报告》，《考古学报》1985年第1期。

[3] 北京大学考古系商周组：《河南淇县宋窑遗址发掘报告》，《考古学集刊》(10)，地质出版社，1996年。

[4] 任亚珊、郭海瑞、贾金标：《1993～1997年邢台葛家庄先商遗址、两周贵族墓地考古工作的主要收获》，《三代文明研究》编辑委员会：《三代文明研究（一）》，科学出版社，1999年。

[5] 中国社会科学院考古研究所安阳队：《安阳大寒村南岗遗址》，《考古学报》1990年第1期。

[6] 河北省文物管理处：《磁县界段营发掘简报》，《考古》1974年第6期。

[7] 河北省文物管理处：《磁县下七垣遗址发掘报告》，《考古学报》1979年第2期。

[8] 邯郸地区文物保管所、永年县文物保管所：《河北省永年县何庄遗址发掘报告》，《华夏考古》1992年第4期。

[9] 中国社会科学院考古研究所安阳工作队：《河南安阳市洹北花园庄遗址1997发掘简报》，《考

古》1998 年第 10 期。

[10] 河南省文物考古研究所、郑州大学文博学院考古系等:《1995 年郑州小双桥遗址的发掘》,《华夏考古》1996 年第 3 期。

[11] 河北省文物研究所:《河北邢台市葛家庄遗址北区 1998 年发掘简报》,《考古》2000 年第 11 期。

[12] 中国社会科学院考古研究所 :《殷墟发掘报告（1958 ~ 1961)》，文物出版社，1987 年。

（原载于《考古》2005 年第 2 期）

邢台南小汪 28 号西周墓

李　军
（邢台市文物管理处）

1992 年 6 月，邢台市文物管理处在邢台市公园东街西侧，配合旧房开发公司七号楼建设工程进行考古发掘工作中，发现一座西周墓葬，编号为 92XNDVM28（以下简称 M28），现将发掘情况报告如下。

一、墓葬位置与形制

该墓位于邢台市桥西区公园东街西侧的南小汪西周遗址区（图一），周围地势平坦，在其东部是西周墓 M23[1]。

墓葬所处地层情况为：第 1 层为现代文化层，厚约 0.3 米；第 2 层为唐宋以后的黄土层，厚约 1 米；第 3 层为战国文化层，厚约 0.4 米；第 4 层为西周文化层，厚约 0.5 米；第 5 层为生土层。

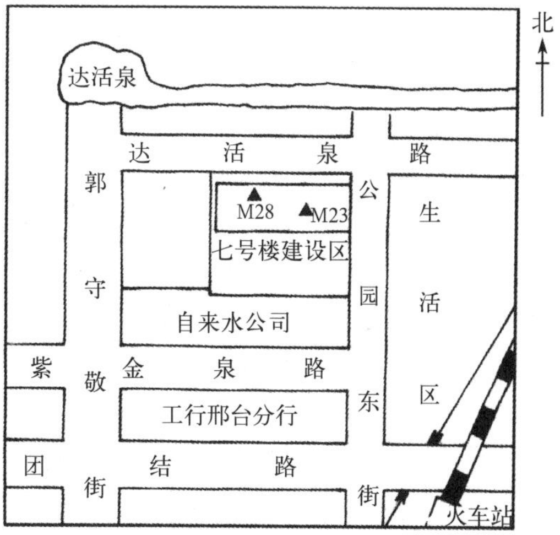

图一　墓葬位置示意图

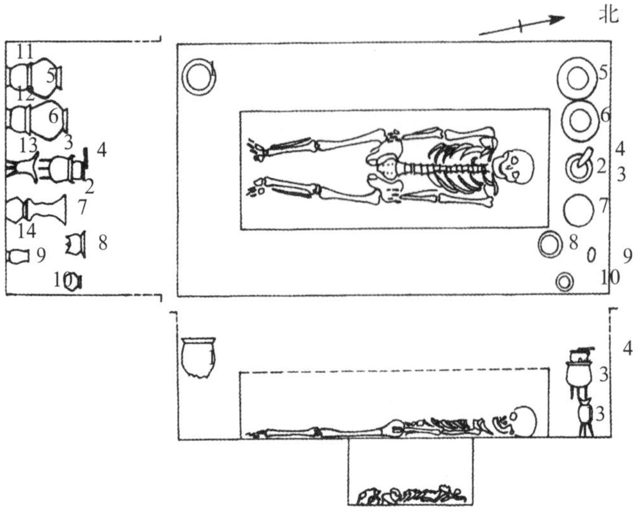

图二　M28 平、剖面图

1、11、12. 陶簋　2、3. 铜鼎　4. 骨匕　5、6、10、14. 陶罐　7. 铜罐　8. 陶鬲　9. 铜觯　13. 铜爵

M28 为开口于第 3 层下的竖穴土坑墓，墓圹呈长方形，长 2.8、宽 1.5、深 1.7 米，墓底距地表深 3.2 米。墓向 10°（图二）。墓圹壁较直，内填灰褐色花土，土质松软，置一棺，已朽，棺长 2、宽 0.7、高 0.4 米。棺内葬一人，头向北，仰身直肢，双手平放于胯骨两侧。棺下有一腰坑，长 0.8、宽 0.4、深 0.4 米，坑内葬一狗，头向南，屈肢，颈部有一铜铃。随葬器物多叠放在棺前，有铜爵 1 件、铜尊 1 件、铜觯 1 件、铜鼎 2 件、陶簋 2 件、陶罐 4 件、骨匕 1 件，在距墓底 40 厘米处的棺外东北角有陶鬲、乳丁纹陶罐各 1 件，西南角有乳丁纹陶簋 1 件。

二、出土器物

1. 铜器

铜鼎　2 件，分二式。

Ⅰ式：1 件。M28∶3，圜底鼎。立耳，窄平沿，口微敛，浅腹垂鼓，圜底。柱形足，中空。上腹部饰一周四瓣花与圆涡纹相间排列的花纹，余为素面。有烟炱，其中一足经修补。高 23、口径 19 ～ 19.5 厘米（图三，1；彩版二，1）。

Ⅱ式：1 件。M28∶2，分裆鼎。立耳，斜折沿，口略呈三角形，浅腹，底部分裆甚浅，柱状三足较高，中空，一足有焊接痕。腹部饰兽面纹。高 16、口径 12 ～ 13 厘米（图三，4；彩版二，2）。

铜尊　1 件。M28∶7，侈口，高领，腹微鼓，圜底，高圈足。腹部浮雕两组由兽面和

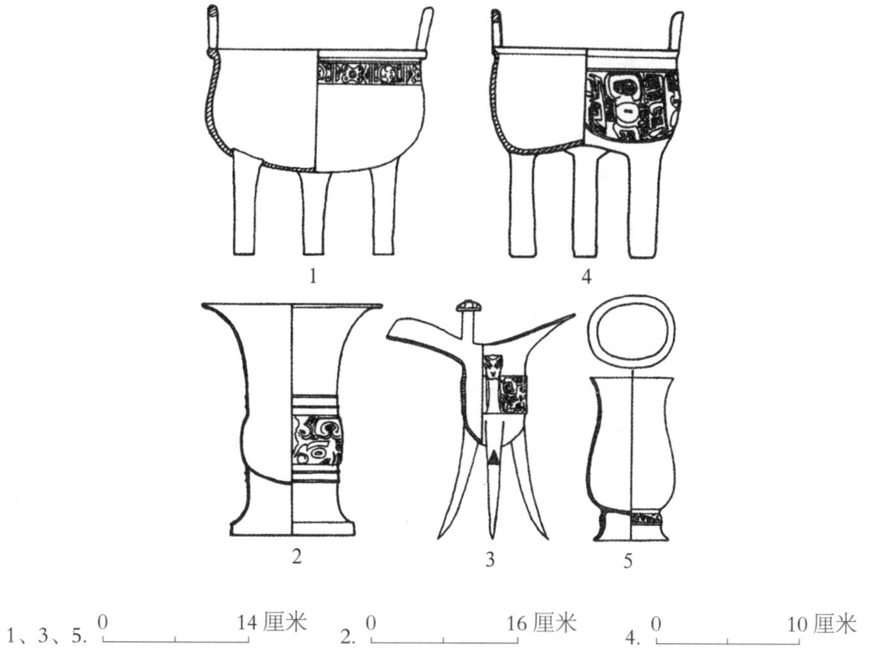

图三　出土铜器

1. Ⅰ式铜鼎（M28∶3）　2. 铜尊（M28∶7）　3. 铜爵（M28∶13）　4. Ⅱ式铜鼎（M28∶2）　5. 铜觯（M28∶9）

凤鸟组成的纹饰，其上下各饰两周凸弦纹。高 24.3、口径 19.7 厘米（图三，2；彩版二，3）。

铜爵　1 件。M28∶13，长流短尾，深腹圜底，双柱较高。刀形三足较长，一足尖残缺。腹部饰云雷纹、兽面纹。牛首鋬。一柱外侧有铭文四字，杜迺松先生释为：“日为父癸。”高 22、流尾距 17.7 厘米（图三，3；彩版二，4）。

铜觯　1 件。M28∶9，为椭圆体，侈口，束颈，垂腹，高圈足。圈足上部饰目雷纹。高 14.5、口径 7 ~ 8 厘米（图三，5）。

铜铃　1 件。M28∶15，器壁较薄，残破严重。

2．骨器

骨匕　1 件。M28∶4，片状，前端弧形。残长 14、宽 4 厘米（图四，3）。

3．陶器

陶鬲　1 件。M28∶8，夹砂灰陶。圆唇斜折沿，束颈，弧腹，弧裆，圆锥状尖足。腹部饰绳纹。高 12、口径 16.5 厘米（图四，8）。

陶簋　3 件。均泥质灰陶，分二式。

Ⅰ式：1 件。M28∶1，圆唇卷沿，垂腹微鼓，圜底。高圈足，已残。器表磨光，腹部饰三组凹弦纹和两组乳丁纹（每组两个乳丁）。残高 20.4、口径 20 厘米（图四，6）。

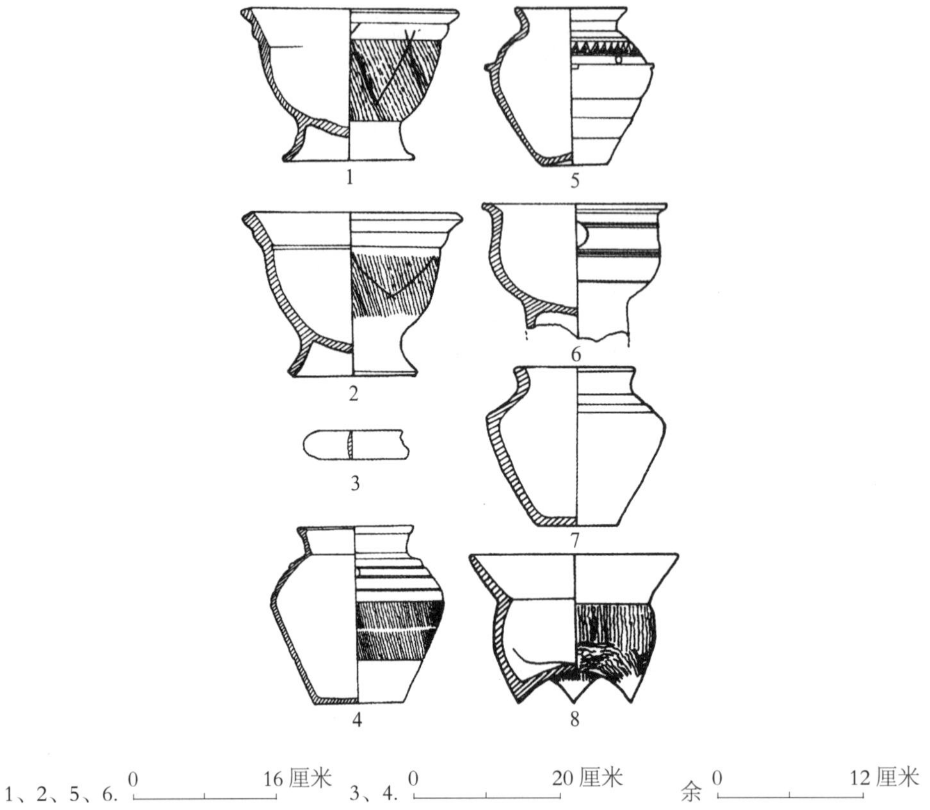

图四　出土器物

1、2. Ⅱ式陶簋（M28∶11、M28∶12）3. 骨匕（M28∶4）4. Ⅰ式陶罐（M28∶5）5. Ⅲ式陶罐（M28∶10）
6. Ⅰ式陶簋（M28∶1）7. Ⅱ式陶罐（M28∶14）8. 陶鬲（M28∶8）

Ⅱ式：2 件。均侈口，方唇，弧腹，圜底，喇叭口状圈足，腹部饰绳纹、刻划纹。M28∶11，口径 17.6、高 16.3 厘米（图四，1）。M28∶12，腹内有浅凹槽一周，口径 20、高 17.2 厘米（图四，2）。

陶罐　4 件。均泥质灰陶，分三式。

Ⅰ式：2 件。M28∶5、M28∶6，形制大小均相同。平沿，近方唇，深腹，折肩，平底。肩部饰凹弦纹、乳丁纹，腹部饰弦断绳纹。M28∶5，口径 12.8 ～ 13.6、高 23.6 厘米（图四，4）。

Ⅱ式：1 件。M28∶14，圆唇，口微侈，束颈，折肩，斜腹微外弧，平底。肩部饰弦纹。口径 9.6、高 12.8 厘米（图四，7）。

Ⅲ式：1 件。M28∶10，平沿，尖圆唇，侈口，束颈，弧腹，底微内凹。肩部饰弦纹、三角刻划纹、乳丁纹，上腹部对称安长方形小鋬耳两组，下腹部饰弦纹三道。口径 10.4、高 16.8 厘米（图四，5）。

三、结语

该墓葬保存较好，在邢台南小汪遗址发现的同类墓葬中，其随葬品是较为丰富的，且器物组合以及置放方式在南小汪遗址墓葬中及其他地区不多见。所出铜器中，爵具有商代晚期的风格，鼎、觯、尊具有西周早期特点，尤其Ⅱ式鼎的口部呈近三角形，更为典型。尊、觯与洛阳东车站 M567 出土铜尊、铜觯 [2] 相近。Ⅰ式鼎有烟炱，一足经过修补；Ⅱ式鼎一足有焊接痕，说明这些铜器应是实用器。陶器中Ⅱ式簋与张家坡Ⅰ式簋（M33∶1）[3]、洛阳东车站 M566 出土的 BⅠ式簋 [4] 形制大体相同，陶鬲与张家坡 81 号墓出土的Ⅴ式鬲、72 号墓出土的Ⅲ式鬲 [5] 接近，Ⅱ式罐与山东刘台子 6 号墓出土的陶罐（M6∶17）[6] 基本类同，Ⅲ式罐与洛阳东车站 M567 出土的 A 型罐 [7] 近同。因此，该墓葬的时代应在西周早期。

本文在整理过程中得到杜金鹏等先生的悉心指导，在此一并表示感谢。

摄影　柴红亮

注释

[1] 石从枝：《河北邢台市出土一件嵌青铜兽首玉戈》，《文物》1997 年第 11 期；石从枝、李军：《河北邢台市南小汪发现西周墓》，《考古》2003 年第 12 期。

[2] [4] [7] 洛阳市文物工作队：《洛阳东车站两周墓发掘简报》，《文物》2003 年第 12 期。

[3] [5] 中国社会科学院考古研究所沣西发掘队：《1967 年长安张家坡西周墓葬的发掘》，《考古学报》1980 年第 4 期。

[6] 山东省文物考古研究所：《山东济阳刘台子西周六号墓清理报告》，《文物》1996 年第 12 期。

（原载于《文物春秋》2005 年第 2 期）

邢台市邢钢东生活区唐墓发掘简报

李恩玮
（邢台市文物管理处）

2003 年 12 月，邢台市文物管理处在配合邢台钢铁有限责任公司东生活区七号楼建设工程中，发现 4 座唐墓。现将墓葬发掘情况简报如下。

一、地理位置

邢钢东生活区位于邢台市桥西区南部，西邻钢铁路，北邻建设东路。其七号楼施工区即位于东生活区中部偏南，墓葬则位于七号楼施工区内，坐北朝南，东西一字排列（图一），编号为 03XGM19、03XGM27、03XGM28、03XGM29（以下简称 M19、M27 ~ M29）。

二、墓葬形制

墓葬 4 座。均为带竖井式墓道的土洞墓。竖井式墓道南宽北窄，平面呈梯形，底部南端有一级或二级生土台阶。墓道四壁较直。葬具均为单棺，葬式为仰身直肢。M27、M29

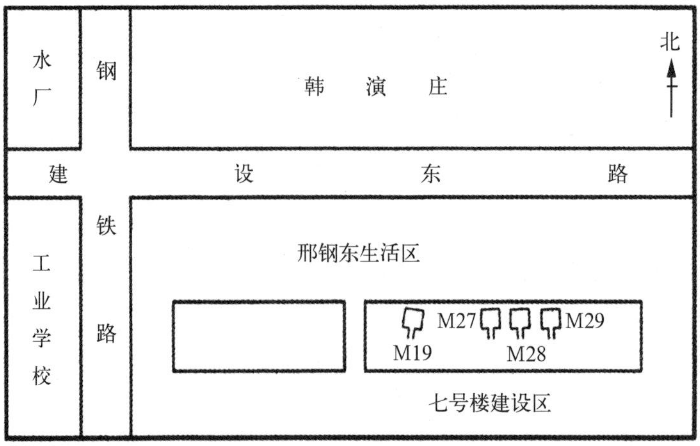

图一　墓葬位置示意图

盗扰严重，各出彩绘陶塔式罐1套，两墓形制不再赘述。

M19　位于发掘区西北部，全长5.2、距地表深5米，打破战国墓葬。墓向175°。该墓由墓道和土洞室两部分组成。墓道长1.8、宽0.78～0.84、深4.2米。底部南端有生土台阶一级，宽0.18、高0.9米。墓道底部堆积的碎砖间有能拼对复原的瓷碗1件（M19:17）。墓门弧形顶，宽0.78、高1.24米，用长方形砖棱角对外封堵。洞室拱顶，平面呈椭圆形，长3.4、最宽处2.2、最高处1.4米。墓底平铺长方形砖，南高北低。砖长28、宽14、厚5厘米。墓室中部偏西并排两棺，西棺一部分叠压在东棺上，均已朽。西棺长1.6、宽0.6、高不详。棺主人仰身直肢，骨架已朽，头前有铜簪2件，腰腹部上方0.3米处横躺陶罐1件，颈部、右手有开元通宝铜钱。东棺长1.8、宽0.6米，高不详。内有仰身直肢成骨粉状骨架一具，腰间有铜带具及铜钱。两棺前随葬孔雀瑞兽葡萄镜1件、“盈”字款盏托1件、铁剪1件、器座2件、陶罐1件、葫芦形执壶1件、“盈”字款平底碗1件、白釉玉璧底碗1件（图二、图三）。

M28　位于发掘区中部偏北，西邻M27，东邻M29，全长5.4、距地表深4.6米。墓向177°。该墓由墓道、甬道、土洞室三部分组成。墓道长2.1、宽0.6～0.8、深3.1米。墓道底部南端有台阶两级，第一级宽0.36、高0.4米；第二级宽0.3、高0.6米。甬道弧形顶，宽0.62、进深0.3、高1.3米。甬道南口用长方形砖封堵，封堵方法为棱角对外平砌12层，然后顺砖平砌6层，再棱角对外平砌。砖形制同M19。洞室呈长椭圆形，拱形顶，长3、宽1.66、高1.4米。木棺已朽，长1.64、宽0.44米。骨架腐朽严重，仅存部分头骨。棺内北端平置长方形砖1块，

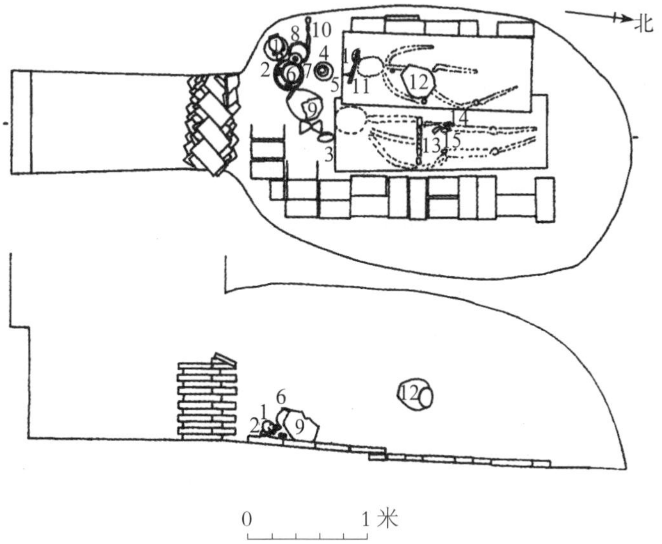

图二　M19平、剖面图

1.葫芦形执壶　2.平底碗　3.瓷碗　4.盏托　5.铜镜　6、8.器座　7.器盖　9、12.陶罐　10.铁剪　11、16.铜簪　13.带具　14.铜钱　15.贝壳

图三 M19墓室情况（由东向西）

南端有铁剪1件、双鸾奔马云纹镜1件。棺前及棺下平铺长方形砖5块。墓室西南角随葬彩绘陶罐2件、白釉短流执壶1件、墨书砖志1合（图四）。

三、出土器物

1. 瓷器

白釉短流执壶 1件。M28∶3，敞口，短颈，弧肩，鼓腹，实饼足微外撇，底缘微斜削一周，饼足与腹部交接处有旋削痕迹。一侧肩部有管状短流，另一侧颈腹部有双泥条曲柄。细白

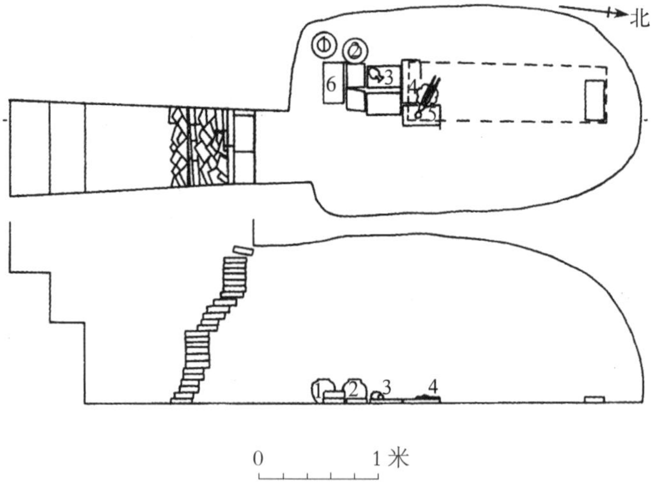

图四 M28平、剖面图

1、2. 彩绘陶罐 3. 白釉短流执壶 4. 铜镜 5. 铁剪 6. 砖志

胎微灰，外挂青白釉至下腹部，肩部有冰裂纹，颈肩间釉厚处闪水绿色。口径 5.4、腹径 7.5、底径 4.2、通高 11.4 厘米（图五，2；彩版三，1）。

葫芦形执壶　1 件。M19∶1，小口微侈，分上下腹。上腹丰肩，鼓腹；下腹溜肩，弧腹。圈足微外撇。上下腹交接处有凸弦纹一周，圈足与下腹交接处旋削一周，足端有明显切割和加工痕迹。下腹肩部一侧有管状短流，另一侧肩腹部有双泥条曲柄。细白胎，外挂乳白釉至足底，局部釉薄处呈色较暗。器形优雅大方，釉色润泽明亮。口径 3.6、上腹最大径 6.8、下腹最大径 11.2、底径 7.2、器高 20 厘米（图六，7；彩版三，2）。

盏托　1 件。M19∶4，托沿缺失，仅余托圈及底部，残断处有明显锉磨加工痕迹。托圈圆唇微侈，斜直腹，圈足微外撇。胎体坚硬细腻洁白，通体白釉，釉面光洁莹亮，足墙底无釉，有刮釉现象。器底刻一“盈”字。口径 17.2、底径 13.6、高 8 厘米（图六，1；图八）。

平底碗　1 件。M19∶2，圆唇，敞口微敛，斜直腹，小平底。平底外圈斜削一周。胎白细腻，器内外施白釉。底无釉，刻一“盈”字。口径 14.2、底径 5.2、高 4.7 厘米（图六，6；图七；彩版三，3）。

瓷碗　2 件。均圆唇，玉璧底。M19∶3，敞口，斜直腹，足与腹交接处旋削一周，足墙外缘有旋削加工痕迹，底部有旋削线，在中部留有一锥状尖。白胎微泛红，胎质细腻，施白釉不到底，釉色发青、干涩，薄厚不均。口径 14、底径 6、高 4.4 厘米（图六，4）。M19∶17，斜直腹，足墙外缘斜削。灰白胎，局部有黑点，施白釉至足底缘，釉色发青，底心有釉，器内外有开片现象。口径 12.8、底径 6、高 3.6 厘米（图六，5）。

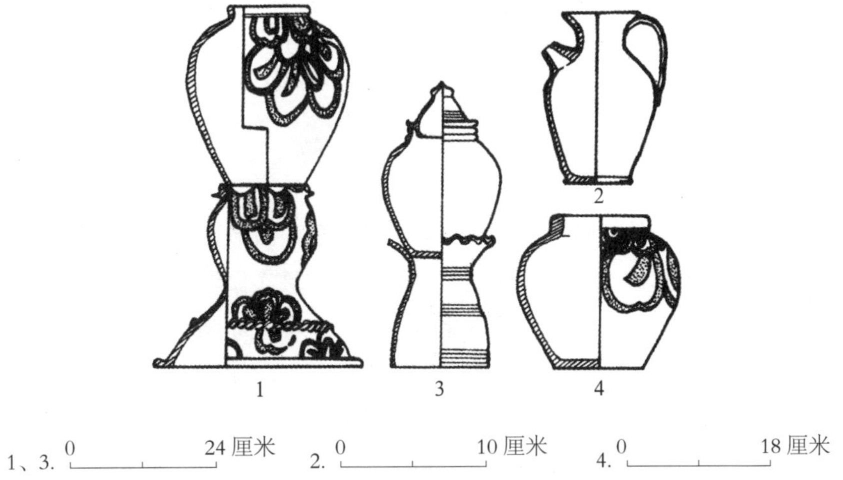

图五　M27 ~ M29 出土器物

1. Ⅱ型陶塔式罐（M29∶1）　2. 白釉短流执壶（M28∶3）　3. Ⅲ型陶塔式罐（M27∶1）　4. 陶罐（M28∶1）

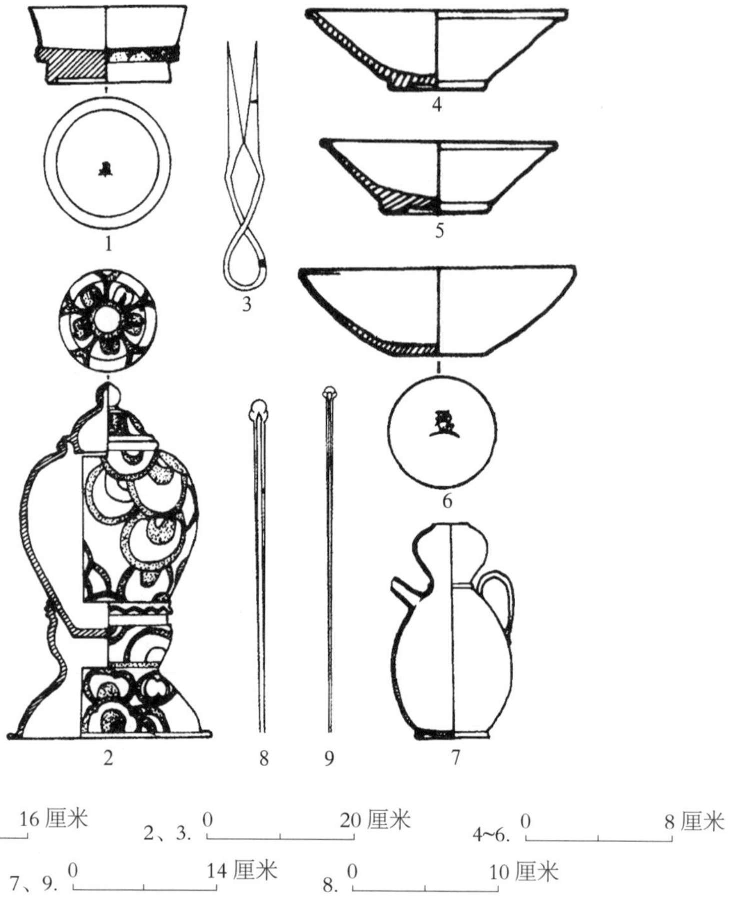

图六 M19 出土器物

1. 盏托（M19 ∶ 4） 2. Ⅰ型陶塔式罐（M19 ∶ 12） 3. 铁剪（M19 ∶ 10） 4、5. 瓷碗（M19 ∶ 3、M19 ∶ 17） 6. 平底碗（M19 ∶ 2） 7. 葫芦形执壶（M19 ∶ 1） 8、9. 铜簪（M19 ∶ 11、M19 ∶ 16）

2．铜器

孔雀瑞兽葡萄镜　1 件。M19∶5，青铜质，银白色。圆形，伏兽钮，镜背中间由素面凸棱将纹饰分为内外两区。内区枝蔓缠绕，叶脉舒展，果实累累，11 串葡萄环列于凸棱边缘，两只孔雀间以四瑞兽，孔雀覆羽摇曳尾屏于背上。外区为不同姿态的禽鸟 8 只及蜻蜓、蜂蝶等。云纹缘。纹饰繁缛，刻画工巧。直径 13.9、缘厚 1.1 厘米（彩版三，4）

双鸾奔马云纹镜　1 件。M28∶4，青铜质，八出葵花形。圆钮，钮左右两侧各立一鸾鸟，两鸾鸟曲颈相对，头上有花冠，振翅翘尾，一足着地，一足微曲。钮下有一曲颈向前、四肢腾空飞奔的骏马（或称天马），颈上系一枝荷花瓣。镜边缘为两两相对的流云、折枝花及展翅飞翔的蜻蜓和蝴蝶。直径 18.3、缘厚 0.4 厘米（彩版三，5）。

铜簪　2 件。形制基本相同，双股。M19∶11，长 22 厘米（图六，8）。M19∶16，长 32 厘米（图六，9）

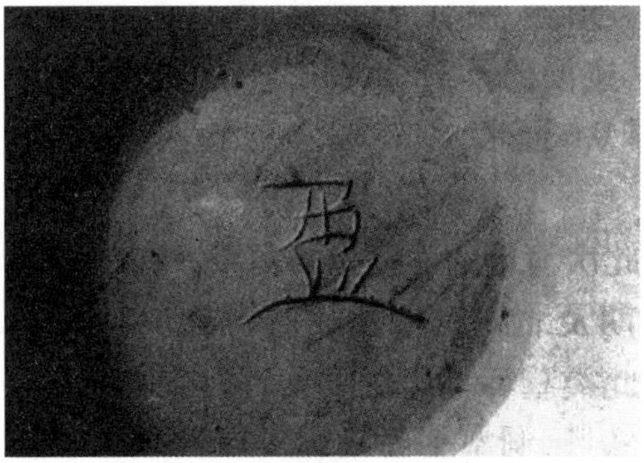

图七　平底碗“盈”字款

（M19∶2）

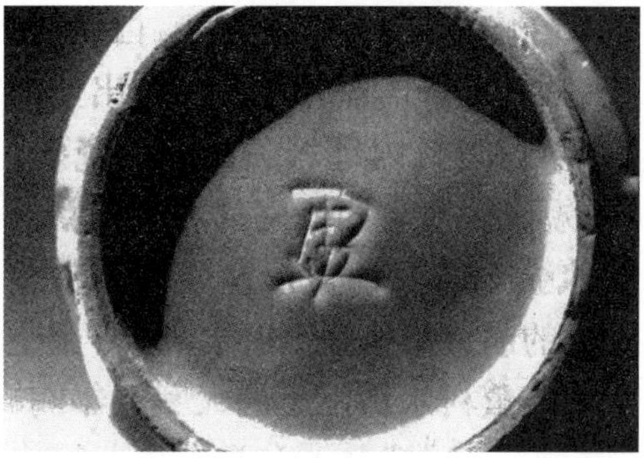

图八　盏托“盈”字款

（M19∶4）

1　　2

图九　M19 出土铜钱拓片

1. 开元通宝　2. 乾元重宝

铜钱　25 枚。其中开元通宝 23 枚，均隶书，制作规矩，直径 2.3 ～ 2.4 厘米（图九，1）乾元重宝 2 枚。均隶书，制作规矩，直径 2.2 ～ 2.4 厘米（图九，2）。

3．铁器

铁剪　2 件。形制相同，均为弹压式，环曲柄，交股回环，环呈扁圆形。M19∶10，长 32.8 厘米（图六，3）。

4．陶器

彩绘陶罐　2 件。均泥质红陶，形制相同。口微剑，圆唇，弧肩，鼓腹斜收，平底。器外施白衣，白衣外用黑彩绘覆莲一周，腹部绘牡丹花。M28∶1，口径 12.4、底径 11.2、高 18.4 厘米（图五，4）。

塔式罐　4 件。依器座形制可分为三型。

1 型　2 件。泥质灰陶，形制大小均同。M19∶12，由器盖、罐、器座三部分组成。器盖子口，宽沿，中部隆起，顶部有宝珠形钮，钮中空。罐口微侈，圆唇，弧肩，鼓腹，平底。器座圆唇，口微侈，束颈，颈部附加变形仰莲一周，溜肩，鼓腹，束腰，喇叭口底，底沿反卷，中腹部有双环形镂孔 4 个。通体施白衣，衣外绘花卉。器盖口径 6.4、高 19.2 厘米，罐口径 12、底径10.4、高24.4厘米，器座口径16、底径24、高18厘米，通高47.6厘米（图六，2）。

Ⅱ型　1件。M29∶1，泥质灰陶。缺盖。罐略显瘦高，鼓腹，小平底。器座侈口，圆唇，束颈，溜肩弧腹，束腰，喇叭口底，宽折沿。唇下附加变形仰莲纹，底腰部贴附加堆纹一周，器表通体施白衣，罐、器座肩部用黑彩绘覆莲，腹部绘牡丹花，喇叭口底部绘花草纹。罐口径12、底径11、高30厘米，器座口径13.2、底径30、高28.8厘米，通高57厘米（图五，1）。

Ⅲ型　1件。M27∶1，泥质灰陶。器盖、器座烧制火候较高，呈色较深。陶罐火候较低，呈色稍浅。器盖子口，宽平沿，中部隆起，顶部有菌状钮，隆起部分有一圆孔及凹弦纹两周。罐体圆唇，溜肩，鼓腹，小平底。仰莲座侈口，变形莲花边口沿、束颈、喇叭状口。颈部、腹部、底部有凹弦纹数周。器盖口径7、高10厘米，罐口径10.8、底径11、高20.5厘米，仰莲座口径18、底径17、高21厘米，通高46厘米（图五，3）。

5．砖志

砖志　1合。M29∶6，盖与志形制相同，均长方形，一面有绳纹，另一面磨光。志文墨书，字迹漫漶不清。均长34、宽17.5、厚0.6厘米。

四、结语

此次清理的4座土洞室墓，在邢台属唐中晚期及北宋时期比较流行的一种墓葬形制。此类墓葬均坐北朝南，墓道平面南宽北窄呈梯形，洞室平面呈梯形或长椭圆形。唐代墓道较窄长，宋代墓变短、变宽。器物组合以泥质红陶或灰陶罐、白瓷罐、白瓷执壶、白瓷碗、彩绘陶塔式罐为主。M19出土的玉璧底瓷碗与祁村、内丘城关出土的瓷碗类同，白釉短流执壶与西安南郊唐长安新昌坊出土的执壶相同。M28出土的彩绘陶罐与董村水厂出土的大和五年陶罐相同，Ⅰ型陶塔式罐与邢台旅馆出土的B型塔式罐器形及彩绘风格相同。塔式罐是受印度佛教影响的产物，而用陶制作佛教器皿是中国佛教的特点，此类器形在邢台一带多在唐中期至宋代的墓葬内出土，其中以唐晚期及五代最为盛行。

此4座墓葬出土瓷器的胎质、釉色均与邢窑址出土的瓷器相同，“盈”字款为内丘城关一带窑址所特有，因此这批瓷器大多数应为内丘城关唐代邢窑的产品。吕成龙先生认为“盈”字款“始烧年代不早于开元，唐朝灭亡后即不复烧造”。另陕西西安唐青龙寺曾出土墨书“大中十三年三月”的“盈”字款白釉执壶。综上所述，这批墓葬时代大至当在唐代中晚期。

“盈”字款白瓷器于在邢台市区唐代墓葬内出土尚属首次。《旧唐书》《新唐书》均记载“盈”字款白瓷器属于邢窑专门为“大盈库”烧造的贡品。大盈库是皇帝直接支取的“私库”。文献记载大盈库之物，主要用于紧急国情下的支出和赏赐给嫔妃大臣。“盈”字款平底碗在唐代也较为少见。这批唐代墓葬的发现的“盈”字款瓷器的出土，为邢台一带唐代丧葬制度以及邢白瓷的研究提供了非常珍贵的实物资料。

本文在整理断代过程中得到穆青、张志中两位先生的指导，在此一并表示感谢。

发掘 李 军 柴红亮 柴秋兰 柴新路

绘图 柴秋兰 柴新路

拓片 柴红亮

摄影 李 军

（原载于《文物春秋》2005 年第 2 期）

邢台旅馆唐、金墓葬

李　军
（邢台市文物管理处）

2002 年 8 月，邢台市文物管理处在配合邢台旅馆基建中清理发掘了一批汉至宋、金的墓葬。汉代墓葬共 32 座，其中 25 座被严重盗扰，仅 7 座小型竖穴土坑墓较完整，但出土遗物不多。唐、宋、金墓葬共 10 座，除 3 座被盗扰破坏外，其余墓葬形制较完整，出土随葬品亦较丰富，颇具地方特点。现将唐、金墓葬发掘情况介绍如下。

一、地理位置

墓葬区位于邢台市桥西区中兴西大街北侧邢台旅馆区域内，西邻市委家属院，东邻市中级人民法院（图一）。

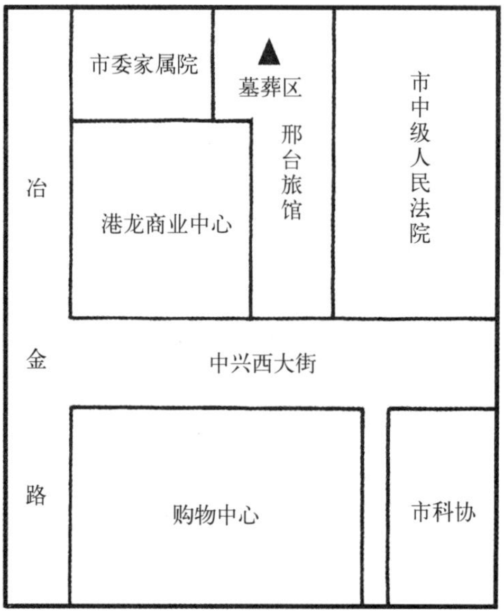

图一　墓葬区位置示意图

二、墓葬形制

此次发掘唐代墓葬共 7 座，编号分别为 M4、M7、M12、M13、M27、M28、M33，均为坐北朝南的洞室墓，大部分墓葬排列间距不等，唯 M12、M13 相近且并排。这批唐墓分单人葬和双人合葬两类。双人合葬墓 2 座（M12、M13），此类墓随葬器物较丰富，器物组合以瓷碗、陶盏、陶罐为主，间或增加瓷执壶、瓷盏托以及陶塔式罐等。单人墓 4 座（M4、M7、M27、M28），此类墓葬随葬器物较少，一般随葬 1 ～ 3 件，个别随葬 4 件，随葬品以瓷执壶为主，间或增加陶罐、瓷碗。此外，M33 被严重盗扰，仅出土瓷碗 1 件。金代墓葬 3 座，编号分别为 M23、M24、M38，均为竖穴土坑墓，排列也没有规律，其中 2 座盗扰严重，无遗物（图二）。现将唐墓中具有代表性的 M4、M12 和金代 M38 墓葬结构分别叙述如下。

M4　位于发掘区北部，东距 M7 为 9 米，南距 M24 为 14.5 米，墓向 170°。由墓道和土洞室组成。墓道平面南宽北窄呈梯形，长 1.6、宽 0.84 ～ 0.8 米，墓道底部有呈南高北低的缓坡，深 2.1 米。墓门弧形顶，宽 0.8、高 0.9 米，用土坯封堵。墓室平面南宽北窄，长 2.3、宽 0.8 ～ 1.1、高 0.9 米。墓室内有一木棺痕迹，长 1.8、宽 0.5 米，高度不详。棺内有一约 45 岁的男性骨架，头向南，仰身直肢，口含铜钱 1 枚，腰间有铜带具 1 副。随葬品置于棺前，有黄釉瓷执壶、陶罐各 1 件，在头部下出土铜合页 1 件（图三）。

M12　位于发掘区中部偏东，西与 M13 并排，相距 2 米，墓向 185°。由墓道、洞室、甬道三部分组成。墓道位于墓葬南部，平面南宽北窄，长 2.5、宽 0.86 ～ 1、深 3.2 ～ 3.4、距地表深 4.6 ～ 4.8 米。甬道弧形顶，进深 0.7、宽 0.84、高 1.3 米，南口用残砖错缝封堵，封门墙高 0.5 米，底层平置砖志一合，盖东志西，封门墙上部东侧口向东南有彩绘陶罐 1 件，甬道内有陶罐 4 件、砖志 1 合。洞室底略呈长方形，长 2.4、宽 1.4 米，拱形顶，高 1.3 米。洞室内置两棺，已朽。东棺长 1.88、宽 1.45 米，高度不详，棺内有男性骨架一具，仰身直肢葬，年龄约 50 岁，其头前有瓷碗 1 件、陶罐 2 件、陶盏 3 件。西棺斜放，其北端叠压在东棺及男墓主左小腿上，棺长 1.74、宽 0.54、高 0.4 米，内有一仰身直肢的女性骨架，其头部东侧有铁剪 1 把（图四、图六）。

M38　位于发掘区中部偏南，东北距 M28 为 7.8 米。长方形竖穴土坑墓，墓向 175°，长 2.5、宽 1、深 2 米，距地表深 3.5 米。墓室有长方形木棺痕迹，长 1.86、宽 0.8 米，高度为详。棺内有一约 50 岁的女性骨架，头向南，面向上，仰身，两腿向外弯曲呈弓形。头部西侧有绿釉瓷枕 1 件（图五、图七）。

三、出土遗物

1. 唐代

（1）瓷器

瓷碗　4 件，分三型。

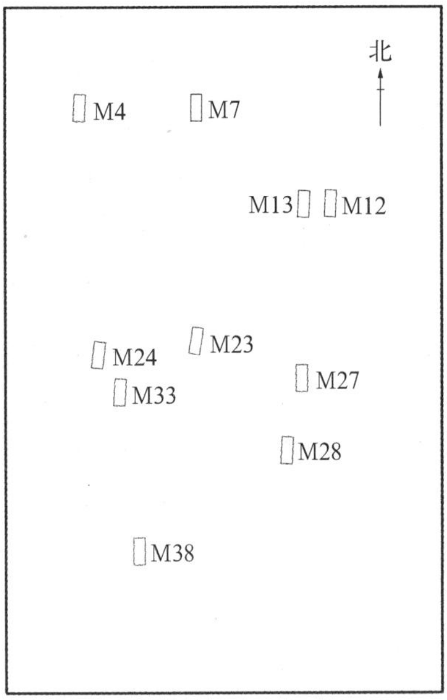

图二　唐、金墓葬分布示意图

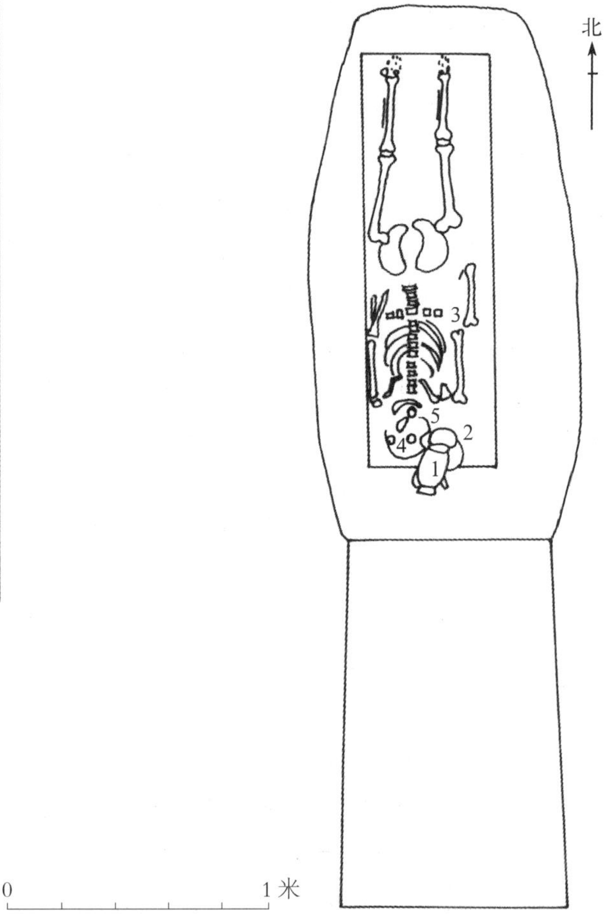

图三　M4 平面图

1. 瓷执壶　2. 陶罐　3. 铜带具
4. 铜合页　5. 铜钱

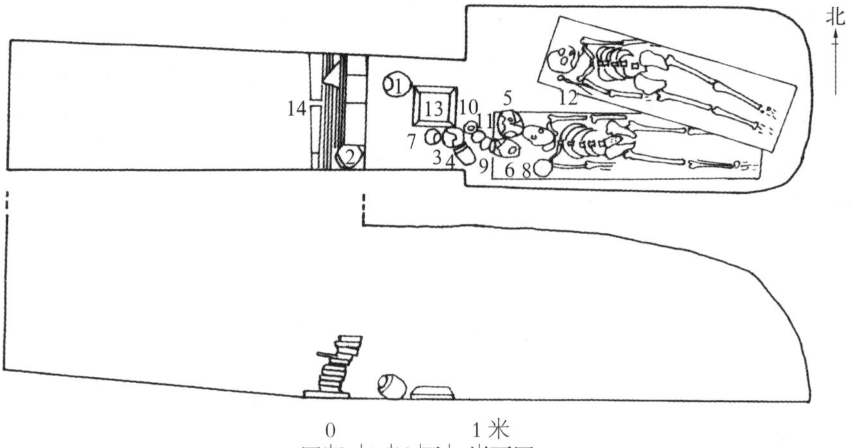

图四　M12 平、剖面图

1、3、4、6、7. 灰陶罐　2、5. 彩绘陶罐　8. 瓷碗　9～11. 陶盏　12. 铁剪　13、14. 砖志

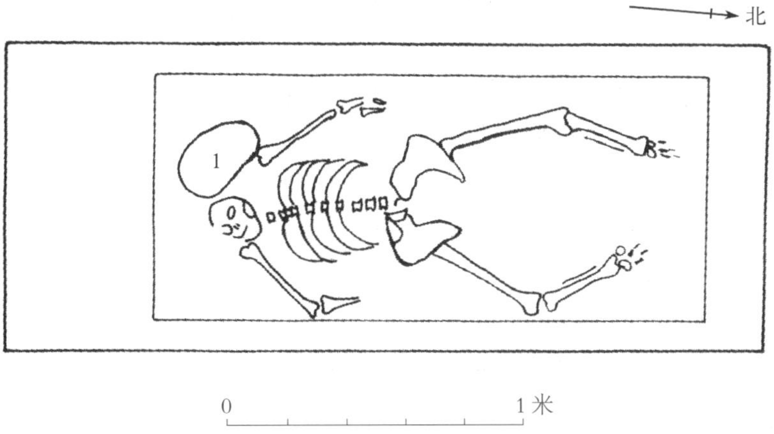

图五　M38平面图

1.绿釉瓷枕

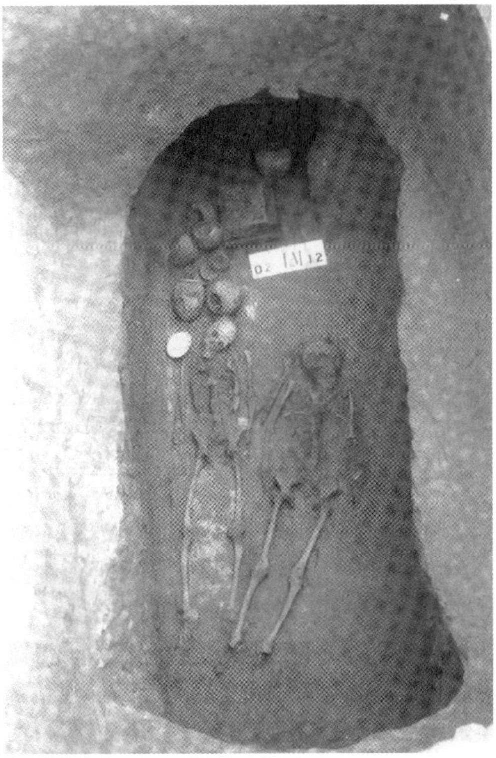

图六　M12墓室情况（北→南）

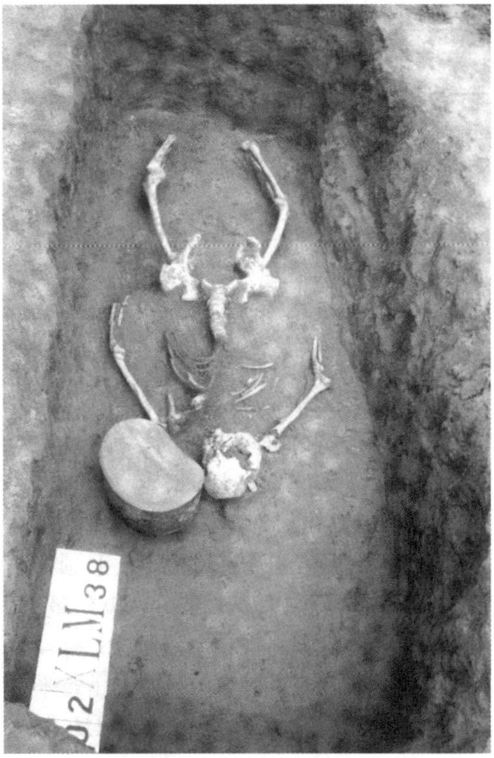

图七　M38墓室情况（南→北）

A型　1件。M33∶1，侈口，方唇，腹微弧，假圈足，足底缘斜削一周，内底有三叉形支钉支烧痕迹。胎体厚重，器内满施白釉，外挂半釉，釉下施化妆土。下腹露胎处有水石红现象。口径12.8、底径6.5、高4厘米（图八，3）。

B型　1件。M13∶16，敞口，斜直腹，玉璧底。细白胎，胎质坚硬。内外满施乳青色釉，底足无釉，釉色润泽明亮，器外局部施釉不到底，有积釉现象。口径13.6、底径6.4、高3.2厘米（图八，4）。

C型　2件。圆唇，弧腹，假圈足。粗白胎，胎体厚重。M12:8，器表施白色化妆土，外挂白釉，器内施满釉，外施半釉，有流釉现象，下腹部及底部有褐色斑点。口径14.4、底径7.3、高4.2厘米（图八，5）。

盏托　1件。M13:15,圆唇,葵口。托圈圆唇,微敛,圈足。内墙稍斜,底心微凸。细白胎,底足有黏沙现象。器内满施乳白釉,器外施釉至底足,足内无釉。口径14.4、底径4.8、高2.8厘米（图八，1；彩版四，1）。

执壶　5件。分黄色和黑色釉两种。

黄釉执壶　4件，可分二型。

A型　2件。器形显瘦高，圆唇，口微侈，颈长近直，丰肩，直腹，下腹稍内收，底部微外撇，平底，底缘斜削一周。肩部前有管状短流，后有双泥条曲柄，颈肩之间左右两侧安双泥条提系。细白胎。器内外均挂半釉，釉下施化妆土。M4:1，施姜黄釉，釉色润泽明亮，局部露化妆土，釉面有细小冰裂纹，化妆土上有数周戳点纹，管状短流上饰数周凹弦纹。口径6.4、底径7.5、高21.6厘米（图八，7；彩版四，4）。

B型　2件。器形显浑圆短胖，圆唇，口较A型更外侈，斜直颈，丰肩，弧腹，假圈足。足底外缘斜削一周，肩部安管状短流，颈肩之间安双泥条曲柄和双泥条提系。器内外施黄釉至下腹部，釉下施白色化妆土，粗白胎略含杂质。M7:3，已残。黄釉较深，上腹部有流釉现象，积釉处呈色较黑，釉下刻划席纹，下腹局部过火泛红。口径6.5、底径6.8、高

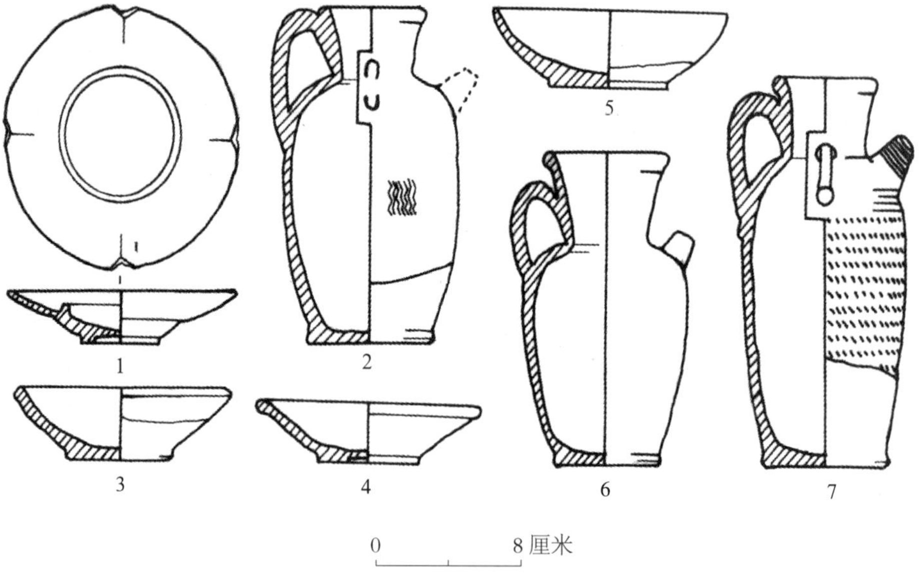

图八　出土瓷器

1.盏托(M13:15)　2.B型黄釉执壶(M7:3)　3.A型瓷碗(M33:1)　4.B型瓷碗(M13:16)　5.C型瓷碗(M12:8)　6.黑釉执壶（M13:14）　7.A型黄釉执壶（M4:1）

18.4 厘米（图八，2）。

黑釉执壶　1 件。M13∶14，圆唇，近喇叭状口，长颈，鼓肩，弧腹，假圈足，足底外缘斜削一周。肩部安一管状短流，双泥条曲柄。粗胎，胎质泛红。器内施半釉，器外挂黑釉至下腹部，釉下施白色化妆土。口径 7.2、底径 6.4、高 17.2 厘米（图八，6；彩版四，3）。

（2）铜器

铜带具　2 副。M4∶3，青铜质，正面鎏金。由带扣 2 件、方形銙 4 件、拱形銙 7 件组成；方形銙、拱形銙中下部均有一长方形孔；方形銙边长 3.5、孔长 1.8、宽 0.2 厘米；拱形銙长 3.6、宽 3.4、孔长 1.4、宽 0.2 厘米；带扣拱形，其中一件长 6.6、宽 3.8、另一件长 5、宽 3.8 厘米（图九，2）。M27∶3，形制基本同 M4∶3，由带扣 2 件、方形銙 4 件、拱形銙 4 件组成。背面为青铜质。正面为铁质，出土时铁质部分严重锈蚀。带扣 2 件，一件长 7.6、宽 4 厘米；另一件长 6.4、宽 4 厘米。拱形銙、方形銙中下部均有长方形孔，方形銙长 4、宽 3.4 厘米，孔长 1.8、宽 0.2 厘米；拱形銙长 3.4、宽 2.6 厘米，孔长 1.5、宽 0.2 厘米（图九，1）。

铜钱　6 枚。开元通宝 5 枚，形制相同，钱文隶体，直径 2.4 厘米（图一〇，9）。乾元重宝 1 枚，钱文隶体，直径 2.4 厘米（图一〇，10）。

（3）陶器

陶塔式罐　4 套，分二型。

A 型　2 套。均泥质灰陶，形制大小基本相同，由盖、罐、座三部分组成。盖为子口宽沿，盖面微弧，顶端有圆钮，中空。罐为圆唇，丰肩，上鼓腹，下腹斜收，平底。座为覆盆状。器盖、器座表面绘花卉，罐肩膀部绘覆莲一周，腹部绘牡丹花，通体施白衣。M13∶5，罐口径 10.4、底径 10.8 厘米；座底径 17.6 厘米，通高 34.8 厘米（图一一，3）。

B 型　2 套。均泥质灰陶，由罐、器座组成，形制大小基本相同。罐圆唇，口微侈，丰肩，上鼓腹，下腹内收，平底。器座侈口，圆唇，束颈，鼓腹，束腰，喇叭口底。罐肩部绘覆莲瓣一周，腹部绘花卉，器座绘花卉大部分脱落。M13∶1，罐口径 12、底径 10.8、高 24.4 厘米，器座口径 13.4、底径 23、高 18.2 厘米，通高 42.5 厘米（图一一，2）。

器盖　1 件。M13∶18，泥质灰陶，宽折沿，盖面隆起，圆钮。器表彩绘脱落。口径 10.4、高 6.8 厘米（图一一，1）。

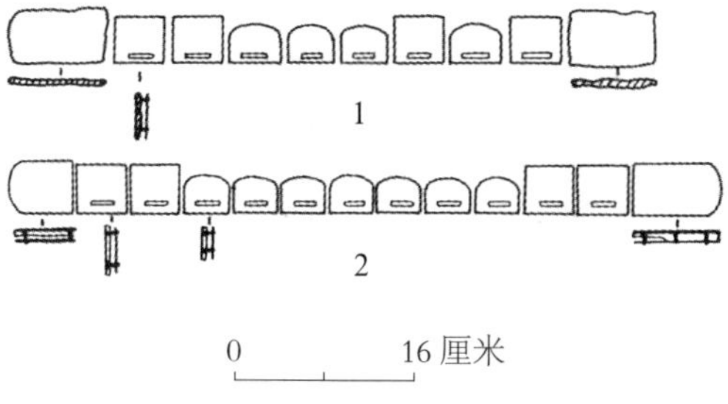

图九　出土铜带具

1.M27∶3　2.M4∶3

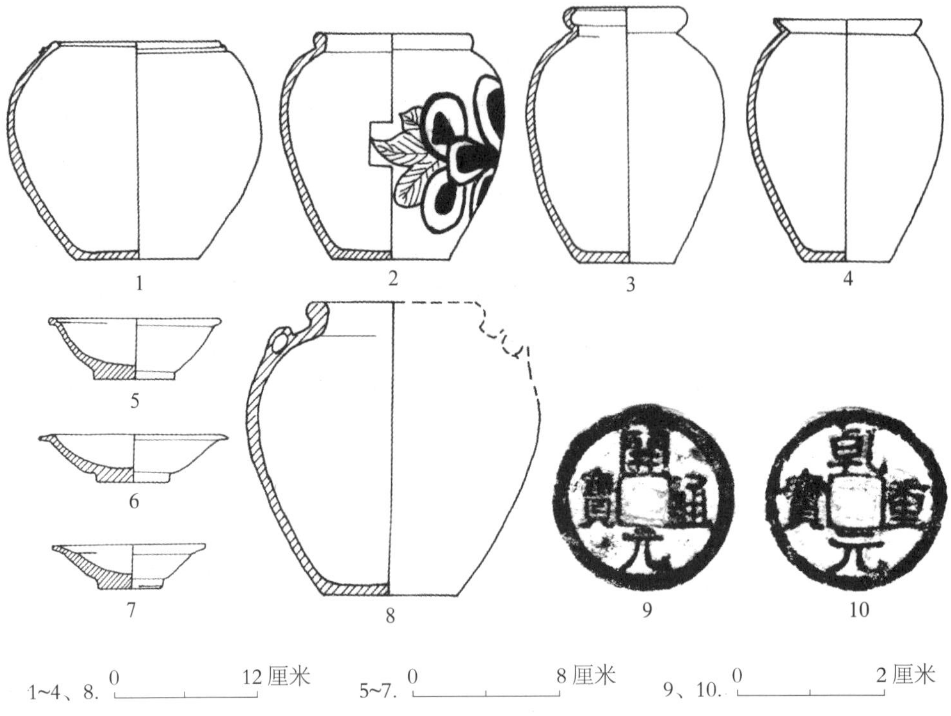

图一〇　出土器物

1. 夹砂罐（M12∶1） 2. 彩绘罐（M12∶5） 3. 卷沿罐（M12∶6） 4. 折沿罐（M4∶2）
5 ~ 7. 陶盏（M12∶11，M12∶10，M12∶9） 8. 双耳罐（M7∶1） 9、10. 铜钱（M4∶5，M28∶2）

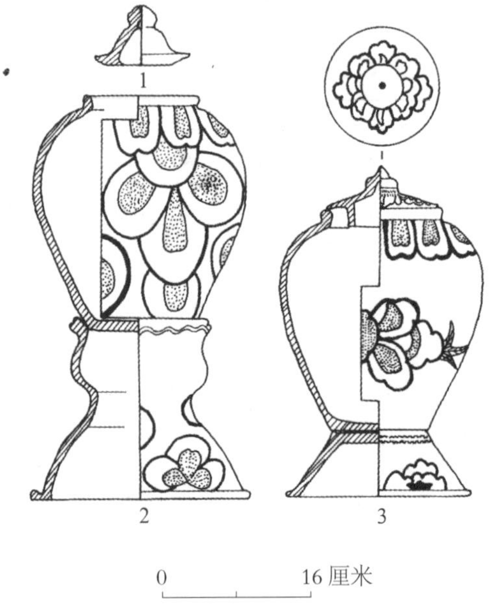

图一一　出土陶罐

1. 器盖（M13∶18） 2.B 型塔式罐（M13∶1） 3.A 型塔式罐（M13∶5）

盏　3件。均为泥质灰陶，敞口，斜直腹，假圈足。M12∶11，圆唇，内口有凹槽，口径10、高3.4厘米（图一〇，5）。M12∶10，尖圆唇，平折沿，口径10.8、高2.6厘米（图一〇，6）。M12∶9，方唇，斜折沿，口径8.9、高2.5厘米（图一〇，7）。

卷沿罐　1件。M12∶6，泥质灰陶，圆唇，反卷内敛，溜肩弧腹，下腹内收，平底。口径8.4、底径8、高20.4厘米（图一〇，3）。

折沿罐　3件。均为泥质灰陶，斜折沿，尖圆唇，弧肩，上鼓腹，下腹内收，平底。M4∶2，口径11.2、底径7.2、高18.8厘米（图一〇，4）。

彩绘罐　1件。M12∶5，泥质红陶，圆唇，丰肩，上鼓腹，下腹斜内收，平底。腹部彩绘牡丹花，大部分脱落。口径12.2、底径9.6、高18厘米（图一〇，2）。

双耳罐　2件。均泥质红陶，圆唇，丰肩，上鼓腹，下腹内收，平底。肩部左右两侧对称饰提系，系残缺。M7∶1，下腹部有一直径0.4厘米的圆孔，口径13.6、底径11.2、高23.2厘米（图一〇，8）。

夹砂罐　1件。M12∶1，敛口，鼓腹，平底。口径13.2、底径10、高17.2厘米（图一〇，1）。

（4）砖志

砖志　2合。均方形，志盖盝顶，素面。M12∶13，盖、志无字，边长30、厚均为4厘米。M12∶14，盖面有墨迹，字迹不清。志文墨书，可辨字迹仅为“……四月三日……十二月……李白（自）居墓志铭”。

2. 金代

瓷枕　1件。M38∶1，呈椭圆形，枕面左右两端微翘，中部稍凹，且前低后高。灰白胎，胎土有杂质。枕面、侧墙施绿釉，局部露胎。枕墙模印缠枝纹，前印一不十分清晰的“福”字；后墙有一仰头飞奔的雄鹿，背上驮一“福”字。枕面刻划缠枝牡丹纹，周围及花叶间用工具刻划篦划纹填实。枕面、侧墙、枕底接合处有明显接合线，底面中部有一长1、宽0.3厘米的通气孔，枕面厚1.1～1.2、底面厚1～1.4厘米；枕长26.8、宽19.9、高10.6～12.6厘米（图一二；彩版四，2）。

四、结语

唐代洞室墓没有出土纪年器物，M12墓内出土的砖志文字漫漶多不可辨，但所出瓷器多数与邢窑址出土的瓷器器型类同。M4、M28的黄釉执壶，M13∶15细白瓷盏托、M13∶16细白瓷玉璧底碗等与临城祁村、内丘城关第四期的同类器物[1]相同，临城祁村、内丘城关第四期属于唐代中期。M28出土乾元重宝铜钱1枚。另外，M7出土的双耳罐与邯郸市中华大街电业局南院综合办公楼M201∶1Ⅲ式双系罐[2]相同，邯郸M201的时代为武周初年或唐玄宗后期。因此，这批洞室墓的上限应在武周初年或唐玄宗后期，下限不晚于唐代中期。

M38出土的绿釉瓷枕，枕面划花，此工艺在磁县观台二期前段有类似风格，尤其流畅

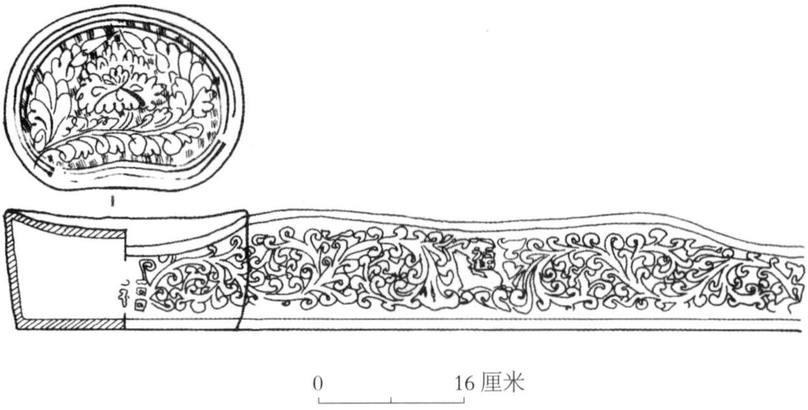

图一二　M38出土瓷枕

（M37∶1）

的花叶轮廓线与表现叶尖的方式极为相似；侧墙模制纹饰在观台二期后段有类似纹饰[3]，福、鹿以及缠枝纹与观台镇出土的金代瓷枕相同[4]。观台二期前段为1068～1100年，后段为1101～1148年，因此M38的时代上限为北宋末年，下限为金初或稍晚。

摄影、绘图　柴红亮　柴秋兰

注释

[1] 王会民、张志中：《邢窑调查试掘主要收获》，《文物春秋》1997年增刊。

[2] 邯郸市文物保护研究所：《邯郸城区唐代墓群发掘简报》，《文物春秋》2004年第6期。

[3] 秦大树：《白釉剔花装饰的产生、发展及相关问题》，《文物》2001年第11期。

[4] 张子英：《磁州窑瓷枕》，图版94，人民美术出版社，2000年。

（原载于《文物春秋》2006年第6期）

内丘县交通局家属楼邢窑遗址的发掘

李 军
（邢台市文物管理处）

1998 年 3 月，内丘县文物保管所进行文物普查工作中，在本县交通局家属楼建设区，发现有大面积烧土，随即报邢台市文物管理处，经现场调查，确认红烧土范围为一唐代窑炉。邢台市文物管理处、内丘县文物保管所随即对该窑址进行了考古发掘，在发掘过程中出土鎏金铜造像、白釉瓷碗以及橘红硬质陶盆、陶马、陶镇墓兽和陶罐、窑柱、三叉形支架、垫片等一批具有代表性的器物及部分陶、瓷残片。现将发掘工作情况总结报告如下。

一、地理位置及形势

内丘县交通局家属楼建设区位于内丘县西关，南临胜利西路，西为交通局机关，北临西关村。家属楼建设区地势平坦（图一）。

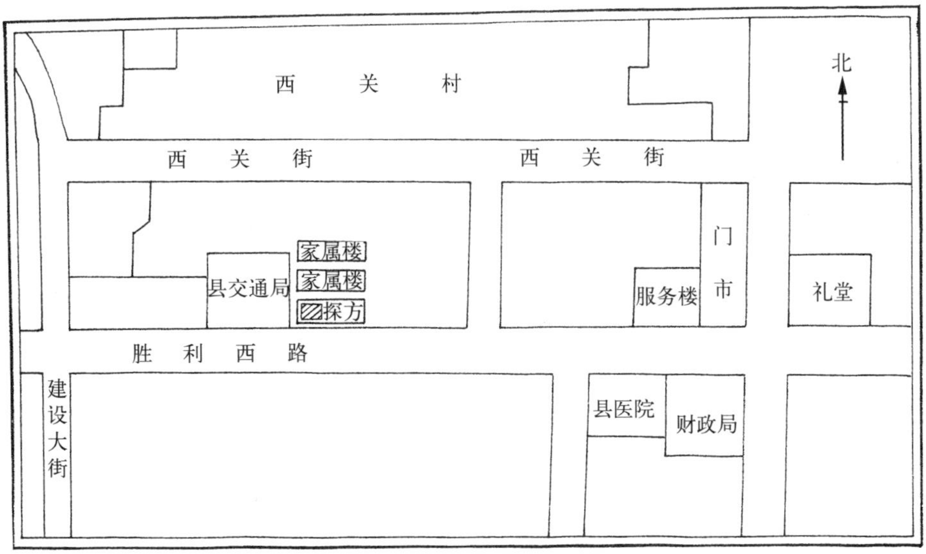

图一 内丘县交通局家属楼建设区探方位置示意图

二、地层堆积与遗迹

此次发掘主要集中于内丘县交通局家属楼建设区中部偏西，遗址在发现时已遭严重破坏。该建设区大部分下挖1米，遗迹和窑炉均已暴露。根据建设区的实际情况以及对遗址发掘的要求，本次发掘在建设区内开探方一个。

1．文化堆积

第1层：为现代文化层。土质坚硬，厚约0.3米。部分地面铺有地面方砖等，方砖下为白灰、沙垫层。

第2层：为黄色冲积层。该层较纯净。厚0～0.2米，局部被近现代坑打破。在该层下发现灰坑1座，编号为H1。

第3层：为唐代文化层。土质稍硬，色灰褐，厚约0.6厘米。该层出土器物较多，以陶器为主，主要有陶板瓦、筒瓦、残陶罐、陶盆等，并有白釉瓷碗、白釉钵、黄釉碗等。在一残罐内出土“开元通宝”2枚。该层下发现陶窑1座。

第4层：为唐代文化层。土质硬，褐色土，土层包含较多大块红烧土，出土少量陶片、瓷片。由于此次发掘主题为窑炉，因此该层未发掘到底，故深度不详（图二）。

2．灰坑

发现1个，位于探方东部，编号H1，开口于第2层下，打破第3层。大部分叠压在隔梁下，在探方内呈半圆形。坑口长0.65、深0.3米。坑内土质松散，呈黑褐色，含有大量炭灰（图三、图四）。出土鎏金铜像一件及部分不辨器型的白釉、黑釉、黄釉瓷片和陶片等。

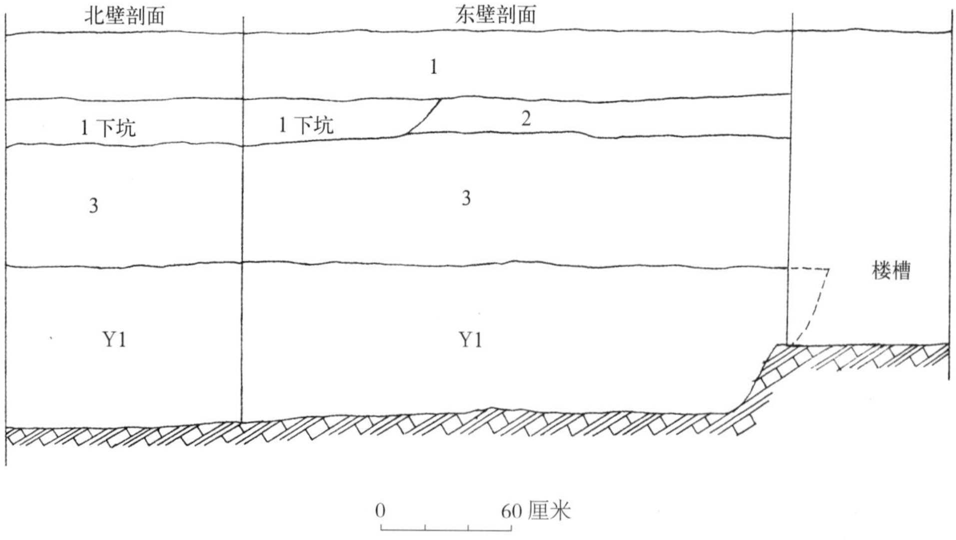

图二　T1北、东壁剖面图

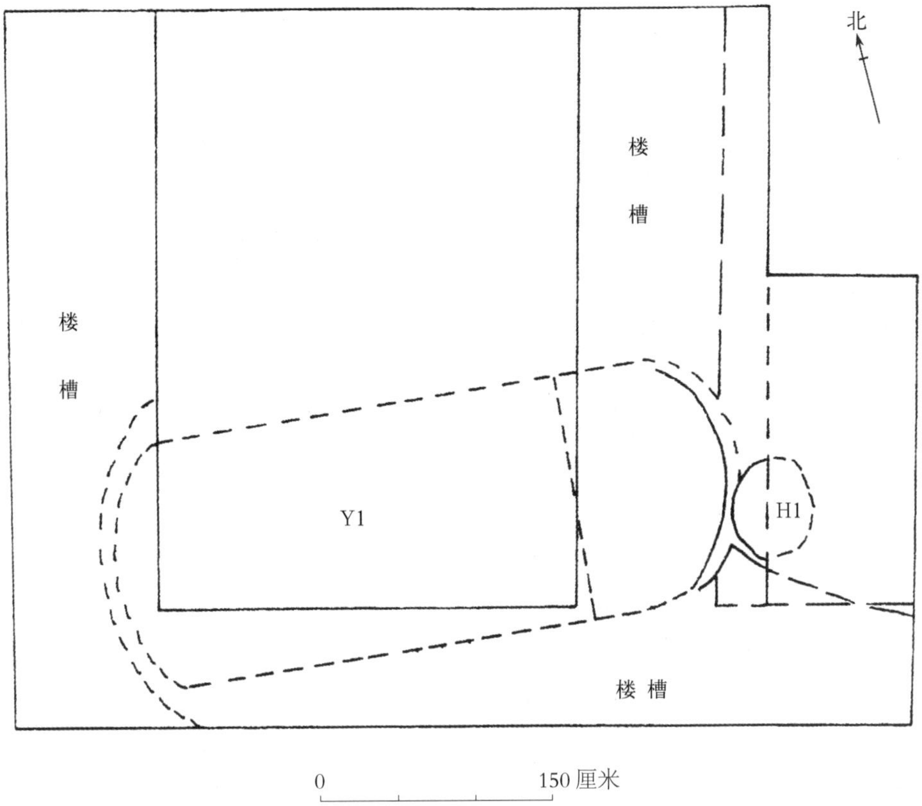

图三　T1 遗迹平面图

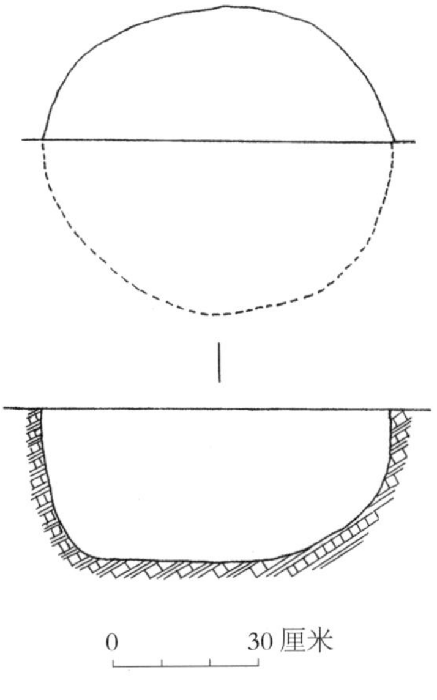

图四　H1 平、剖面图

3．陶窑

发现1座，编号为Y1，位于探方南部，开口于第3层下，打破第4层及生土层，呈近长方形。窑室由火膛、窑床、烟道三部分组成（图三、图五）。

烟道位于窑室最西端，呈弧形，烟道西、南部在施工中被破坏，烟道残长1.3、宽0.35、残高0.7米。烟道与窑床间有坯墙相隔。坯墙单行错缝平摆顺砌，坯间用泥实缝，坯墙残留8行，高0.7、墙宽0.24米，坯间泥缝厚0.2厘米，墙内壁薄施细泥抹平，大部分脱落，坯墙下残留三个近方形排烟口，口宽0.25、高0.27米。土坯呈长方形，长0.4、宽0.25、厚0.06米，个别土坯中夹杂有白瓷片。

烟道内土层堆积多为红烧土及杂乱的窑壁土。出土有白瓷碗、白瓷钵、三叉形支架等。

窑床位于窑室中部，近长方形，长2.2米，窑床南部在施工中破坏，残宽1.4、深0.7米。窑床大部分为烧结的红烧土硬面，近火膛处有约0.4米的呈黑灰色的烧结硬面。窑床北壁较平直，在与火膛交接处有烧溜的呈黑灰色的烧结硬面。

窑床上土层堆积多为窑顶及窑壁坍塌下来的红烧土。下层红烧土、窑渣等较多，同时有白瓷碗、钵及白陶、红陶器残片等，上层红烧土及坍塌的窑壁较少，亦有瓷碗、瓷钵、残窑柱等出土。

火膛位于窑室东端，呈兽蹄形，平底，长1.5、宽1、残深1.3米。四壁有黑灰色的烧结硬面。火膛位于施工基槽正下方，填土被清理殆尽，火膛少部分被破坏，故土层堆积及包含物不详。

窑前工作面。因为工期所限，没有完全揭露，从发掘现场分析，工作面呈近似梯形，距地表深0.7米。出土器物较多，有瓷碗、瓷钵、硬质陶马、陶盆、残陶瓦、窑柱、烧制陶器的垫片等。

三、出土遗物

此次发掘出土遗物主要以橘红硬陶、红陶器及其残片为主，瓷器、瓷片次之，间有不辨器型的三彩残片出土。现将有代表性的器物分别叙述如下。

1．铜器

铜器仅出土1件。

铜造像　通体鎏金，赤足直立于椭圆形平台上，下带榫，戴巾帽，头微向右侧，两手虚握拳，似双手握物。面部丰满，剑眉虎目，高鼻梁，目视右前方，胸部及臂膀透过衣衫显出肌肉发达及力感，左臂微抬，右臂抬起，挺胸，身着长衫，腰系丝带，飘带下垂，腰身挺直。铜像造型逼真，惟妙惟肖，体现出一种特有的气质。通高5.7、人像高4.7厘米(图六)。

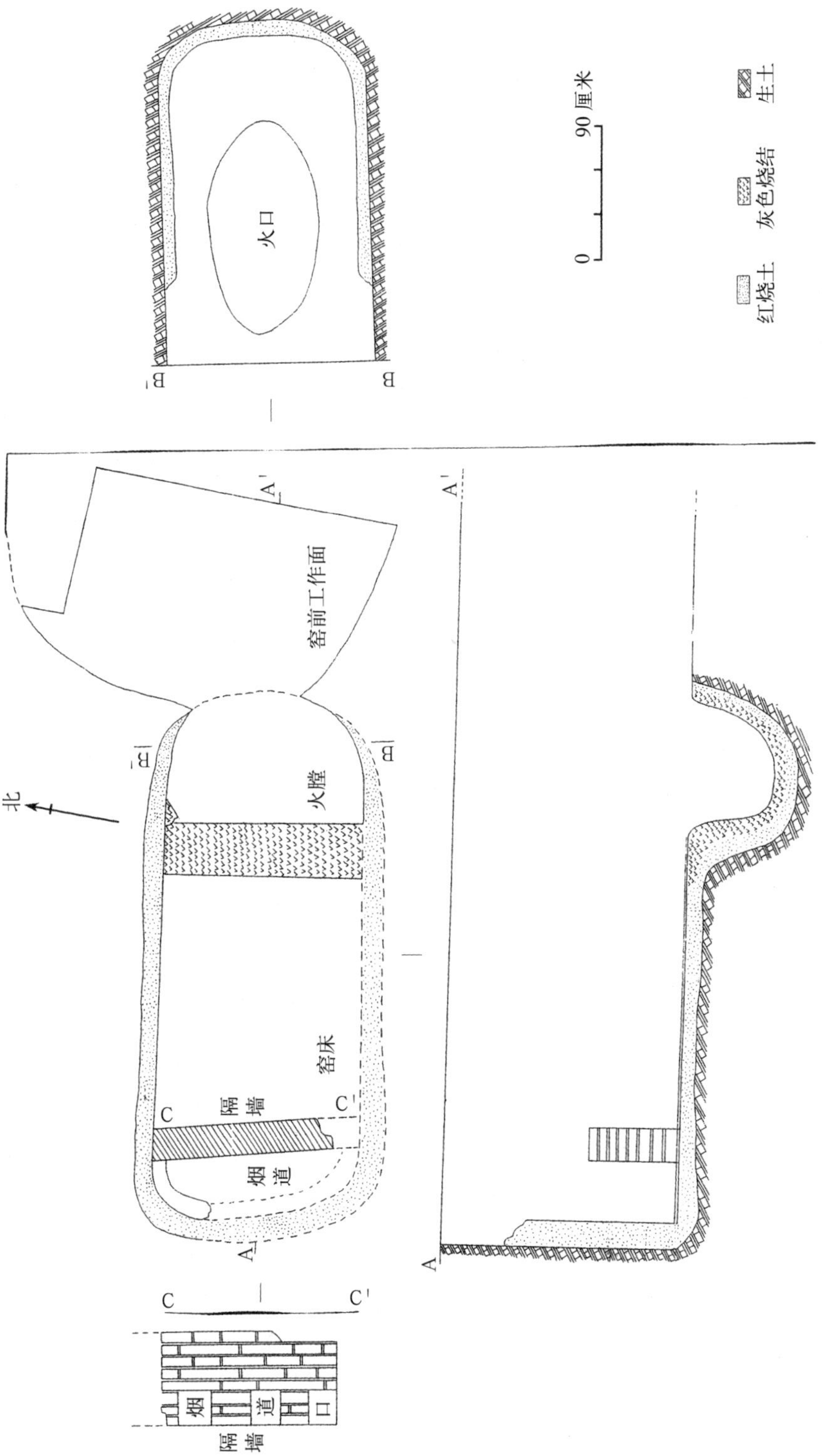

图五 Y1平、剖面图

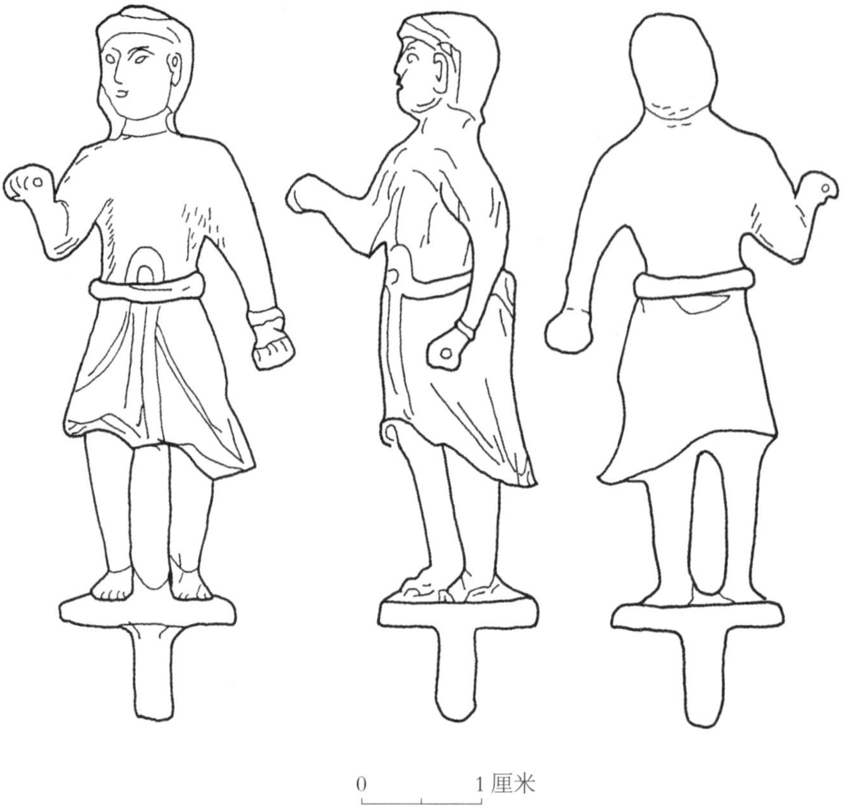

图六　铜造像

2．瓷器

釉色有黑、白、黄三色，器型有碗、钵、盘、罐等。

瓷碗　13件。标本1，侈口，尖唇，饼足，底缘斜修一周。胎色浅黄，胎体厚重。器表施化妆土，外挂青釉不到底。口径7、器高4厘米（图七，7）。标本2，侈口，尖唇，饼足，底缘斜修一周。灰胎，胎体厚重。外施黄釉不到底。口径7.5、器高3.5厘米（图七，2）。标本3，侈口，尖圆唇，饼足，灰胎，胎体厚重。施化妆土，外挂白釉不到底。口径12、器高5.1厘米（图七，1）。标本4，侈口，尖圆唇，饼足，近底处有旋削痕迹。灰白胎，胎体厚重。外施黑釉不到底。口径10、器高3.6厘米（图七，4）。标本5，侈口，尖圆唇，饼足微外撇。灰胎。施化妆土，外挂白釉不到底。口径11、器高4厘米（图七，5）。标本6，侈口，尖圆唇，饼足，微外撇。灰胎，胎体厚重。器表施化妆土，外挂白釉不到底，有冰裂纹。器内有三叉形支架支烧痕。口径17、器高7.4厘米（图七，8）。标本7，侈口，圆唇外翻，底残。器表施化妆土，外挂白釉不到底。外腰饰一圈凸弦纹。口径18、残高15厘米（图七，6）。标本8，撇口，尖圆唇，饼足。外施黄釉不到底，有垂釉现象。器内有三叉形支架支烧痕。口径12、器高7.8厘米（图七，3）。

瓷盘　1件。尖唇，平底。外施黑釉不到底。口径14、器高3.2厘米（图八，6）。

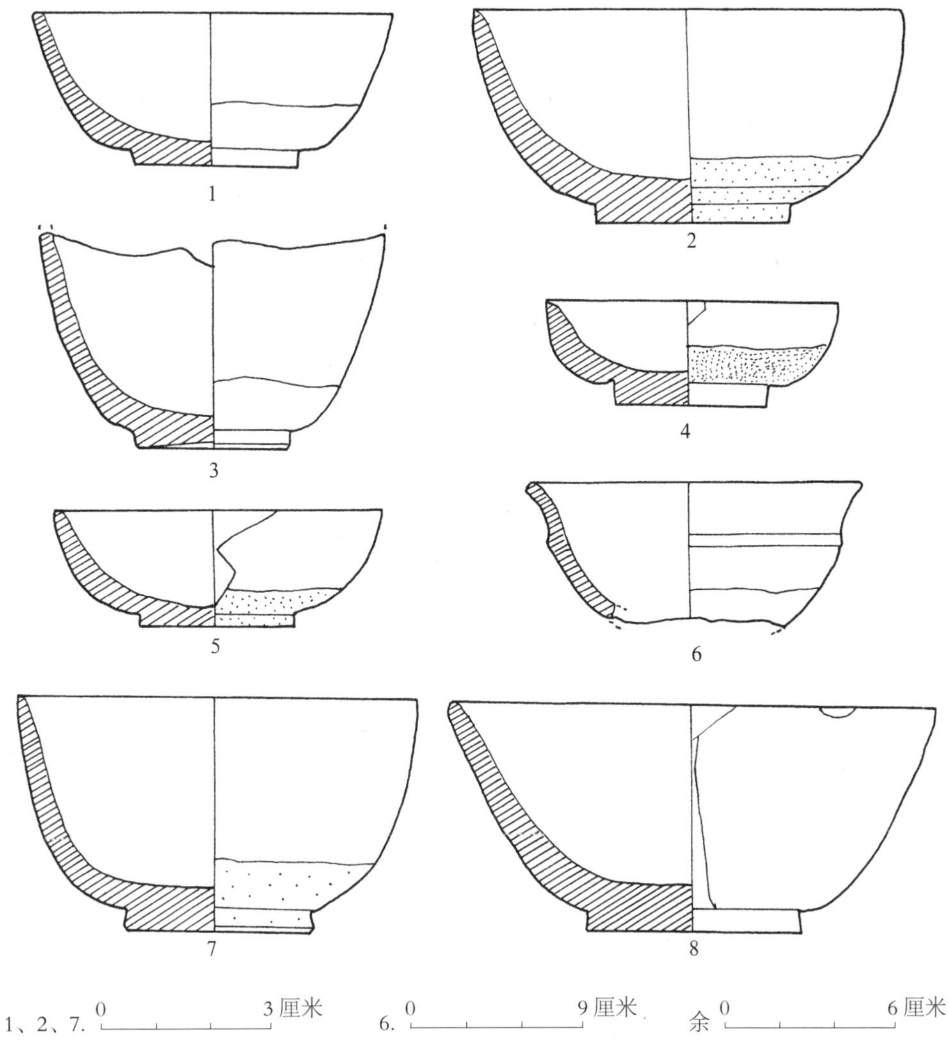

图七　出土瓷碗

（1、3、6 为窑前工作面出土器物；2、4、5、7 为窑室出土；8 为灰坑出土）

瓷钵　3 件。标本 1，直口方唇，弧腹，小平底。灰白胎。内外施白釉，外施釉不到底。口径 28、器高 12 厘米（图八，5）。标本 2，敛口，方唇，弧腹，底残。灰白胎。器内满施白釉，外施白釉不到底，有冰裂纹。口径 14、残高 10 厘米（图八，3）。标本 3，敛口，圆唇，弧腹，平底。灰胎。器内满施白釉，外挂白釉不到底，有垂釉现象。口径 15、器高 13.2 厘米（图八，7）。

瓷瓶　1 件。口残，溜肩弧腹。施化妆土，外挂黄釉。残高 14 厘米（图八，2）。

瓷罐　1 件。小口圆唇，双泥条耳，腹残。口径 7.6 厘米（图八，4）。

瓷盆　1 件。平折沿，方唇，弧腹，底残。器表施化妆土，外挂白釉。口径 26、残高 10.4 厘米（图八，1）。

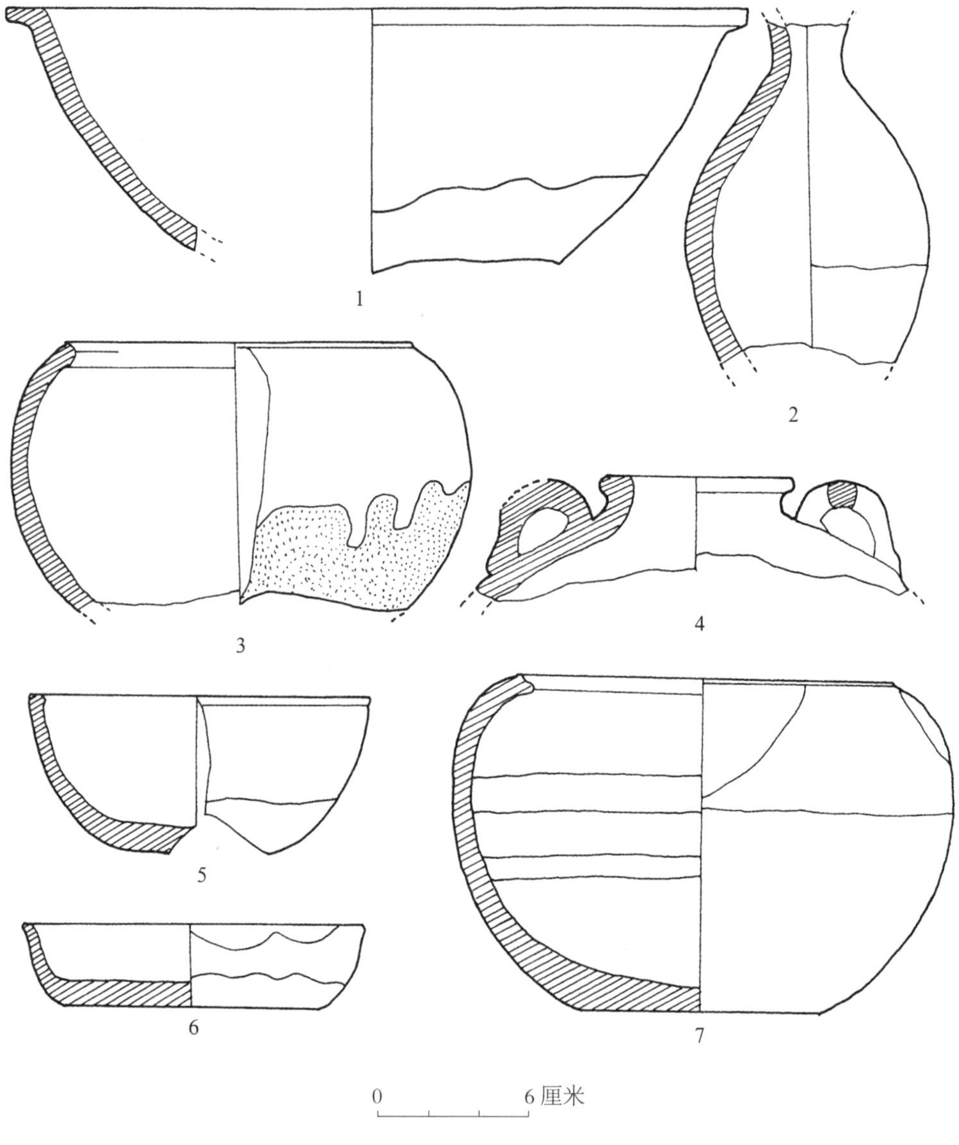

图八　出土瓷器

1. 盆　2. 瓶　3、5、7. 钵　4. 罐　6. 盘（5为窑前出土，余为窑室出土）

3．陶器

器型有盆、盘、俑、马等。择部分有代表性的器物介绍如下。

白陶盆　尖圆唇，直腹平底。口径12、器高5厘米（图九，2）。

陶盘　泥质灰陶。尖圆唇，斜直腹，平底。器高2.2、口径12.6厘米（图九，1）。

陶俑头　橘红硬质陶。人面鸟吻。残高5.2厘米（图九，4）。

陶造像　橘红硬质陶。头残，直立于平台上，上身穿交襟长衣，腰系丝带，两手袖于胸前。下身着拖地长裙，脚蹬圆头鞋。残高21厘米（图九，5）。

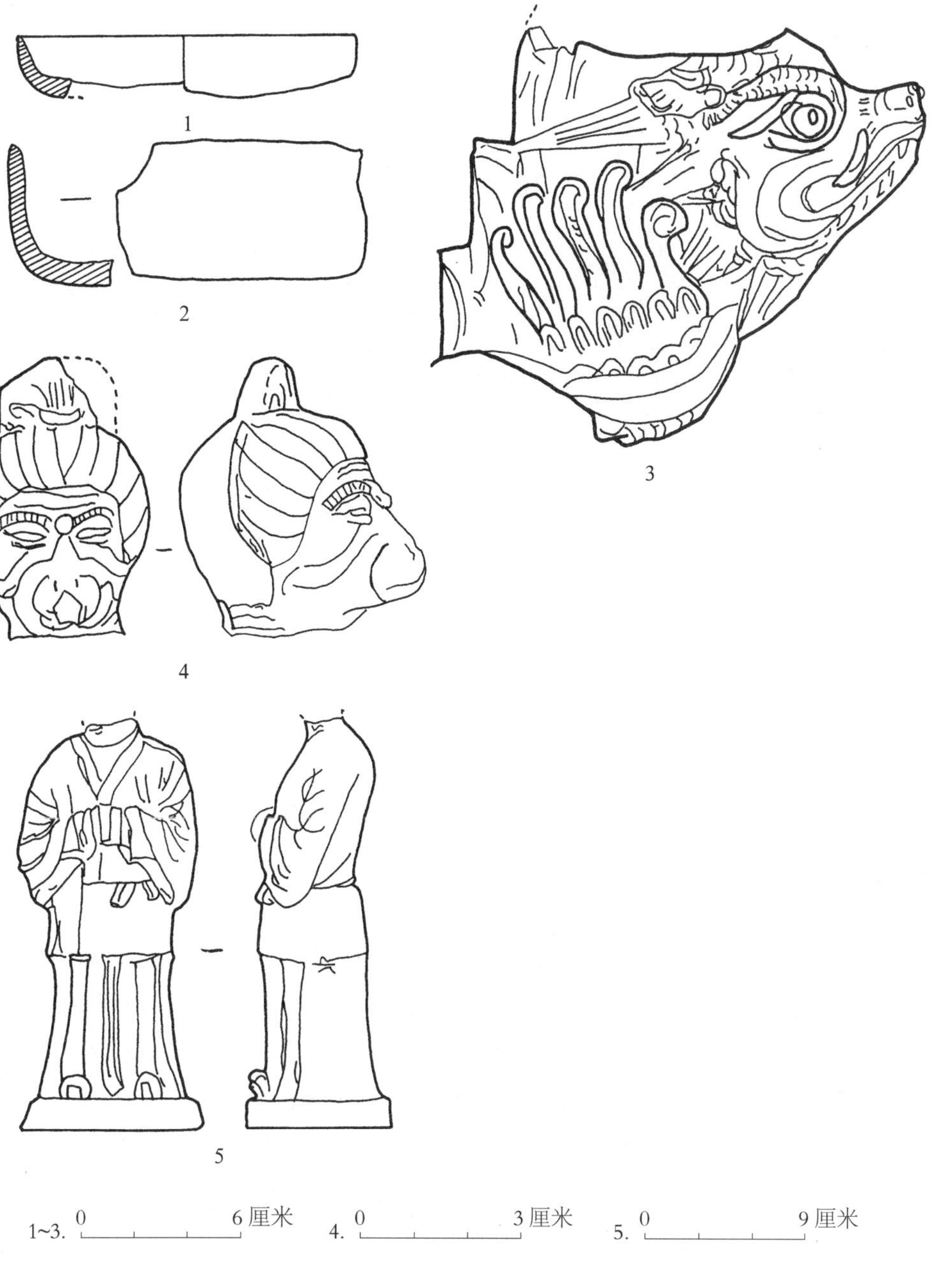

图九　窑前出土陶器

1、2. 盘　3. 兽头　4. 俑头　5. 陶俑

兽头　泥质灰陶。龇牙咧嘴，双目前视，双耳斜向上翘，耳毛后侈，颈间鬃毛上扬。身残。残高 28.5、残长 26.7 厘米（图九，3）。

陶马　橘红硬质陶。四肢及头尾残缺，胸前和股后均饰以皮带，马背鞍勒辔饰俱全，鞍下足蹬、障泥悬于马身两侧。残高 28、残长 40 厘米（图一〇）。

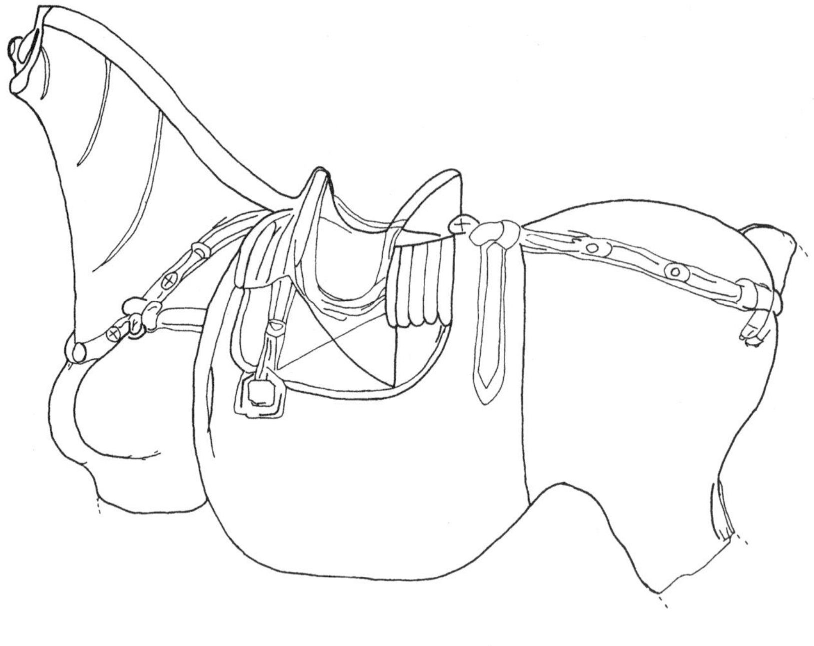

图一〇　窑前工作面出土硬质陶马

四、结语

这次配合基本建设进行抢救性清理，出土器物种类较多，有深、浅腹碗，侈口碗，撇口碗以及盘、罐、瓶、三彩残片等。从釉色上分有黄、黑、白三种，其中以白釉碗片出土较多，釉色光亮。此次发掘出土的器物多与邢窑四期相同，如瓷碗杯本5、瓷钵标本2以及瓷盘[1]等，因此陶窑为中唐或稍晚建造。第2层下坑的时代应为晚唐。

这次发掘面积较小，出土器物数量不多，但也反映了当时的一部分情况，对邢窑有了进一步的认识：①从出土瓷器方面看，多数为粗瓷，个别胎质较粗糙、厚重有气孔，胎色呈深灰或灰白色，胎体致密者较少。②从釉色分析，此窑址瓷器釉色工艺较好，无论碗、盘、罐很少见鼓泡，用放大镜看釉面气泡小而均匀，致密，釉面光亮，发涩、发干者少。大多施半釉，个别有蜡泪痕。早期有冰裂纹。③从出土陶器看，出土陶器多数为泥质红陶，胎质细腻，做工精细，器形规整。出土的硬陶镇墓兽头、陶马、陶俑、陶佛塑像等。都与内丘、临城、邢台等地唐墓所出器物的造型及塑造工作艺相同，说明这些器物多在本地烧制。

从发掘窑炉分析，这座窑炉先向下挖坑，铲直左右两壁，将底面生土铲平作窑床，以置放要烧制的器物。窑室左右两壁及窑床，在接近火膛处，温度烧结呈灰色，坚硬，有窑汗，渐向排烟道口处逐渐呈红色，隔墙呈暗红色，整体温度较低，不足以烧制瓷器，应为烧制陶器或三彩的陶窑。这座陶窑窑床宽大，一改先秦少量生产的方式，大批量烧制陶俑、陶兽等，同时进一步说明这时期社会安定，国富民强。

清理发掘陶窑过程中，在窑室及窑前工作面出土部分瓷器及窑柱、垫圈等，个别瓷器还粘连有大块窑汗，从这些出土器物分析，附近应有烧制瓷器的窑炉，表明在这一窑址内既有烧制瓷器的窑炉，也有烧制陶器的窑炉，即瓷、陶分窑烧制，唐代陶窑在内丘发现较少，为探索邢窑烧制三彩器及陶器提供了依据。同时也为研究唐代的制陶、制瓷业发展状况提供了不可多得的资料，为研究唐代邢窑发展，提供了实物依据。

附记：参加发掘工作人员有李军、张志忠、贾忠敏、贾成惠、贾永禄、苏杭、柴红亮；绘图工作由贾成惠与柴红亮完成。

注释

[1] 王会民、张志忠：《邢窑调查试掘主要收获》，《文物春秋》1997年增刊。

（原载于《邢窑遗址研究》，科学出版社，2007年）

河北邢台西晋墓发掘简报

李　军　李恩玮
（邢台市文物管理处）

1999 年 11 月，邢台市文物处在邢台市西南约 10 千米处，发现一座西晋时期砖室墓，编号为 99XWM8（以下简称 M8）。该墓位于邢台煤矿工人村北部偏西。现将发掘情况简报如下。

一、墓葬形制

M8 为穹隆顶砖墓室，由墓道、甬道、墓室三部分组成（图一），墓向 10°。墓口距地表 0.3

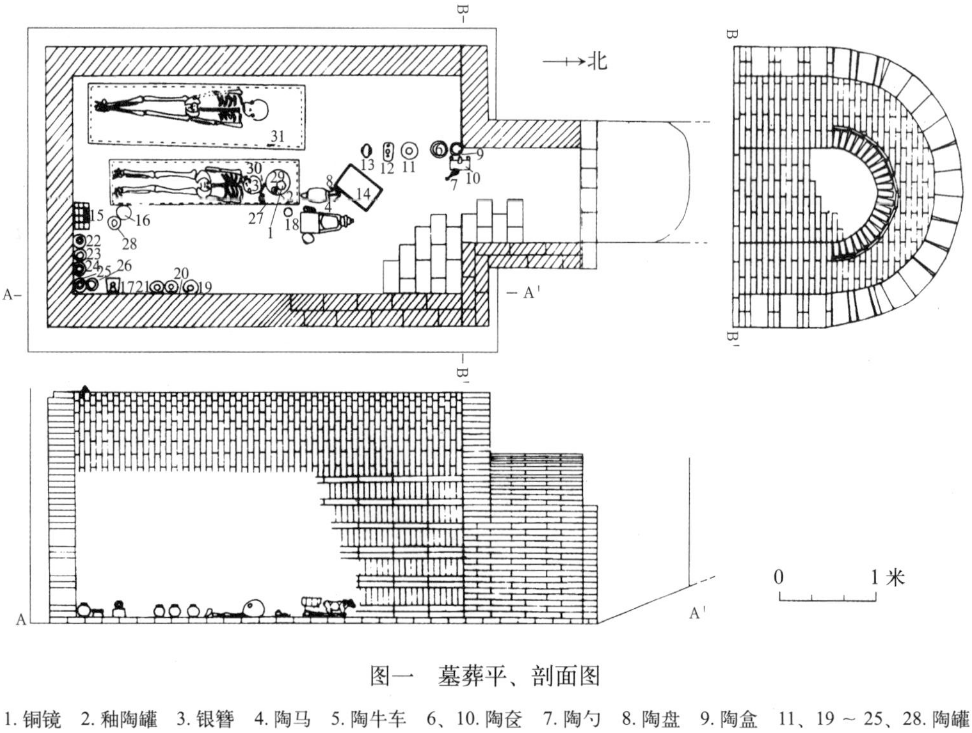

图一　墓葬平、剖面图

1. 铜镜　2. 釉陶罐　3. 银簪　4. 陶马　5. 陶牛车　6、10. 陶奁　7. 陶勺　8. 陶盘　9. 陶盒　11、19 ~ 25、28. 陶罐　12. 陶背壶　13. 陶耳杯　14、15. 陶多子盒　16. 陶盆　17. 陶灶　18. 陶碗　26. 陶井　27. 铜钱　29. 漆器　30. 铜簪　31. 铁镜

米，通长17米，甬道和墓室均用青灰砖砌成，砖有长方形和楔形两种，其中长方形砖又有大小之分，单面饰绳纹。大砖长36、宽18、厚8厘米，小砖长34、宽17、厚3厘米。楔形砖长35、宽21～25、厚8厘米。大长方形砖主要用于垒砌四壁，小长方形砖主要用于平铺墓底，楔形砖则主要用来券砌墓顶。

墓道平面呈长方形，长12.6、宽1.2米。墓道先垂直下挖1.4米，然后自北而南挖成斜坡，坡度25°，最深处距地表5米。墓道填土为五花土，含少量碎砖。在墓道南端有一盗洞，略呈长方形，长1.2、宽0.92米。

甬道位于墓道南端，与墓室等深。平面呈长方形，长1.2、宽1.44米。东西两壁错缝顺砌，至1米处起券。穹隆顶，高1.67米。甬道与墓道之间为墓门，其宽度及营造方式基本与甬道相同。门楣为丁砖单券，券顶高1.5米。墓门用砖封堵，封门墙上部偏西有一处被盗墓者拆毁的缺口。

墓室平面呈长方形，与甬道相通。长4、宽2.2米，至2米高处起券。穹隆顶，高2.35米。东西两壁的砌法相同，均为自下而上两顺一丁砌3组，然后一顺一丁砌4组，再砌一行顺砖，接着用楔形砖起券。南壁与东西两壁的砌法不尽相同，自下向上两顺一丁砌3组，然后平砖错缝垒砌至顶部。距墓底2.2米处，发现了垒砌券顶时事先划好的券线。墓室底部用单砖错缝横铺。

墓室内南部偏西，南北向并排放置二棺。根据残存痕迹推测，西棺长2.24、宽0.6、高0.5米，棺板厚约4厘米，棺底平铺厚约4厘米的白灰。东棺长1.94、宽0.64、高0.4米，板厚约4厘米。棺内各有骨架一具，男性居西，女性在东侧。葬式仰身直肢，头向均朝北。

二、随葬器物

M8出土器物30件，还有30枚铜钱。随葬品主要放置在墓室北部偏西和室内东南角。墓室北部自北向南放置奁、勺、盒、罐、背壶、耳杯等陶器。女棺北侧放置牛车1辆、马1匹，头均朝北，马俑前有陶盘、多子盒各1件。女棺内随葬铜镜、银簪、小釉陶罐、铜钱等。男棺内竖置铁镜一面。在墓室东南角葬有陶罐8、灶1、井1、盆1件。

1．陶器

釉陶罐　1件。M8∶2，泥质红陶。小口微侈，卷沿，高领，广肩微折，弧腹下收，小平底。颈肩饰一周凹弦。器内外满施酱红釉，有冰裂纹。口径4.6、高9.5厘米（图二，1；图三）。

马　1匹。M8∶4，泥质灰陶。呈站立状，头微抬，颈短粗，立耳瞋目，口微张，腿粗壮，垂尾侧甩。马头装饰璎珞，马鬃最前面的一绺被梳成尖锥状，马背上搭有马鞍和障泥。除了腿和尾巴处，遍施白粉。其制作工艺为左右两半分开模制，然后合二为一，抹平接缝，马体中空。通长34.6、通高30厘米（图四，2；图五）。

牛车　1件。M8∶5，双辕车，一牛驾辕。牛呈站立状，体态雄健，除四足外，遍施白粉。

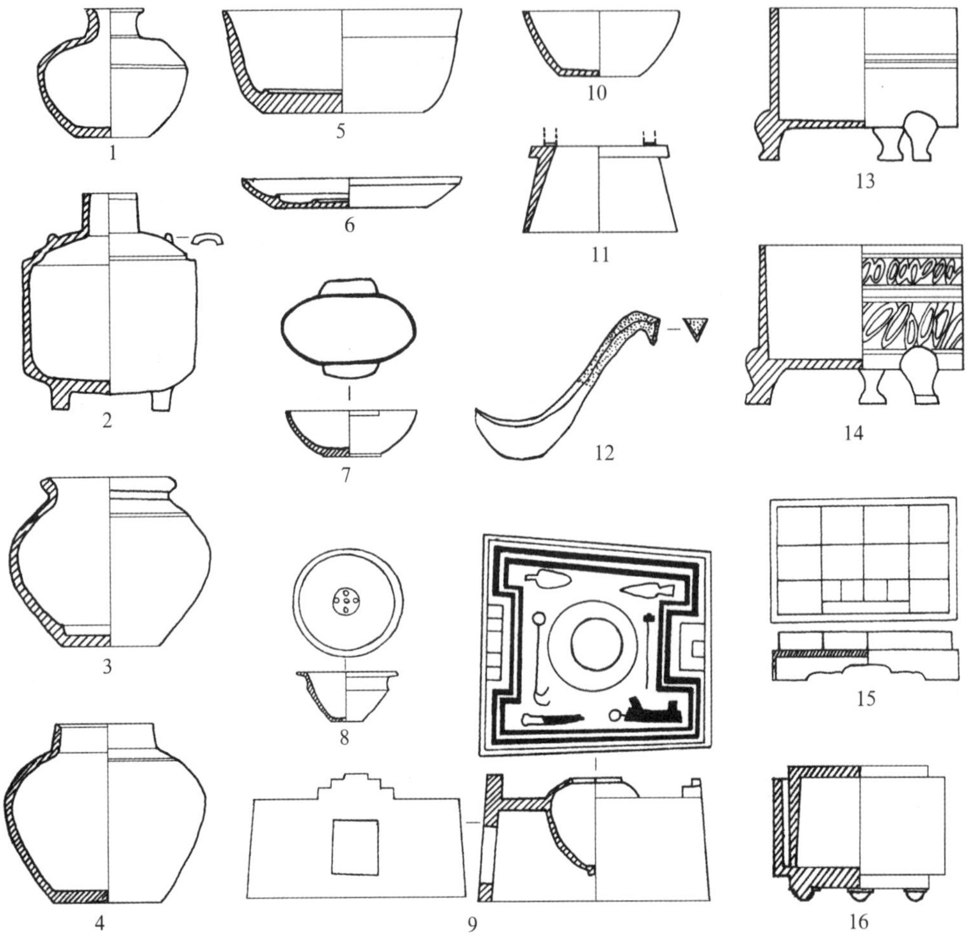

15. 0 20厘米 余 0 10厘米

图二 陶器

1. 釉陶罐（M8∶2） 2. 背壶（M8∶12） 3. 卷沿罐（M8∶28） 4. 敛口罐（M8∶25） 5. 盆（M8∶16） 6. 盘（M8∶8） 7. 耳杯（M8∶13） 8. 甑（M8∶17） 9. 灶（M8∶17） 10. 碗（M8∶18） 11. 井（M8∶26） 12. 勺（M8∶7） 13、14. 奁（M8∶6、M8∶10） 15. 多子盒（M8∶14） 16. 盒（M8∶9）

图三 釉陶罐
（M8∶2）

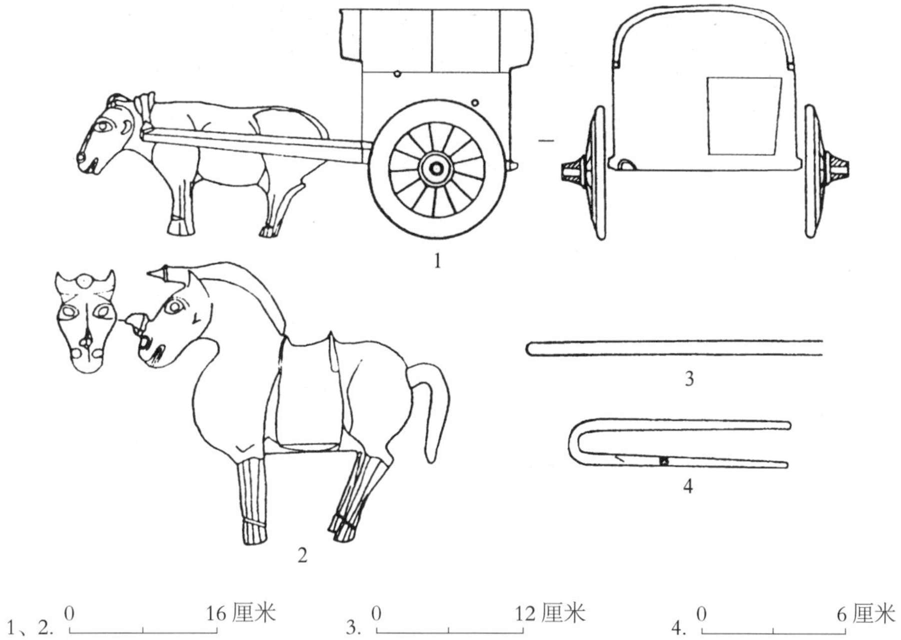

图四　出土器物

1. 陶牛车（M8∶5）　2. 陶马（M8∶4）　3. 银簪（M8∶3）　4. 铜簪（M8∶30）

图五　陶马

（M8∶4）

牛的制作工艺与陶马相同，牛体中空。长26、高14.5厘米。车为卷棚式顶，前、后檐凸出，车后右侧有门，车厢两侧有通气孔。车轮高大，上面模印辐条、车牙和车毂。车厢内及双辕均施彩绘，顶棚施白粉，上绘墨线。车通长41、通高27厘米。牛车长47厘米（图四，1；图六）。

图六　陶牛车

（M8:5）

奁　2件。均为泥质灰陶。圆筒状，直壁平底，下承3个兽蹄足。腹部饰凹弦纹2周，外壁及三足施红色彩绘。标本M8:6，口径16.2、通高11.5厘米（图二，13）。标本M8:10，彩绘大部分已经脱落。口径14.2、通高11厘米（图二，14；图七）。

盒　1件。M8:9，泥质灰陶。盒身呈圆筒状，直壁，平底。口径10.5、高7.4厘米。器盖呈覆筒状。顶部有3个乳状捉手。口径12.5、通高10.4厘米（图二，16）。

背壶　1件。M8:12，泥质灰陶。小直口，高领，广肩，腹扁圆，平底微圜，下承2个条状足。两肩各有一个可以穿绳的桥形系。口径4、通高16厘米（图二，2；图八）。

多子盒　2件。均为泥质陶。平面长方形，子口，盒内分成15格。下部为圈足，每面均有一个“凸”字形缺口。标本M8:14，长32、宽17厘米（图二，15；图九）。标本M8:15，长27、宽18、高7厘米。

盘　1件。M8:8，泥质灰陶。尖圆唇，敞口，平底。腹内饰凸弦纹2周，盘内底施一周红色彩绘。口径16.5、高2厘米（图二，6）。

勺　1件。M8:7，泥质灰陶。勺口平面呈椭圆形，圜底，长柄上翘，顶端下勾。勺内及柄末端施红彩。长14厘米（图二，12）。

灶　1件。M8:17，泥质灰陶。平面呈梯形，灶的前、后沿均有阶梯挡火墙，前有长方形火门（图二，9；图一〇）。灶面与灶体联塑一釜，釜上放置一甑。甑为敞口，宽沿，斜腹，小平底，底部有5个箅孔（图二，8）。灶面釜的四周模印火钩、刀、俎等。甑口径9.9、高6.5厘米，灶长16.2、前宽15.5、后宽13.5、高7.2厘米，灶、甑通高13.4厘米。

耳杯　1件。M8:13，泥质灰陶。椭圆形口，斜腹，小平底，口沿两侧各附一半月形耳。口径3.6～10.2、高3.4厘米（图二，7）。

卷沿罐　4件。均为泥质灰陶，大小及形状基本相同。大口微侈，圆唇，束颈，扁鼓腹，小平底。口径8.8～9、高12.6～12.9厘米。标本M8:28，口径8.8、高12.6厘米（图二，3）。

图七　陶奁

（M8∶10）

图八　陶背壶

（M8∶12）

图九　陶多子盒

（M8∶14）

图一〇　陶灶

（M8∶17）

敛口罐　5件。泥质灰陶，大小及形状基本相同。直口微敛，圆唇，扁鼓腹，小平底。口径8.2～8.5、高13.4～13.8厘米。标本M8∶25，口径8.2、高13.4厘米（图二，4）。

盆　1件。M8∶16，泥质灰陶。口微侈，尖唇，斜腹，平底。腹内饰凸弦纹一周。口径19.4、高8.3厘米（图二，5）。

碗　1件。M8∶18，泥质灰陶。敞口，圆唇，斜腹，平底。腹内饰凸弦纹一周。口径12、高4.8厘米（图二，10）。

井　1件。M8∶26，泥质灰陶，仅残存下半部。圆形井栏，宽井沿。井沿直径10.2、底径12、残高6.4厘米（图二，11）。

2. 其他

银簪　1件。M8∶3，呈“U”形。长25.6、直径0.1～0.2厘米（图四，3）。

铜簪　1件。M8∶30，呈“U”形。残长10、直径0.2～0.3厘米（图四，4）。

铜镜　1件。M8∶1，圆形，圆钮，圆钮座。钮上下各有2条平行短线，内有竖书铭文“位至三公”。铭文两侧饰简化凤鸟纹，其外饰弦纹2周、栉齿纹一周。直径8.3、厚3厘米（图一一）。

铜钱　30枚。M8∶27，其中五铢27枚（包括12枚剪轮五铢、2枚綖环五铢），直百五铢1枚、货泉2枚（包括剪轮货泉1枚）。五铢钱直径多为2.5～2.6厘米（图一二，1、2），最小的剪轮五铢直径1.6厘米。货泉直径2.3厘米，剪轮货泉直径1.4～1.6厘米（图一二，3）。直百五铢钱直径2.6厘米（图一二，4）。

铁镜　1面。M8∶31，圆形，锈蚀严重。直径约11厘米。

漆器　1件。M8∶29，出土于女棺内头部北侧，已朽，仅残留黑色胎灰。似为圆奁，直径14厘米。内置铜镜1件、红釉小陶罐1件、五铢钱5枚、直百五铢1枚。

图一一　铜镜

（M8∶1）

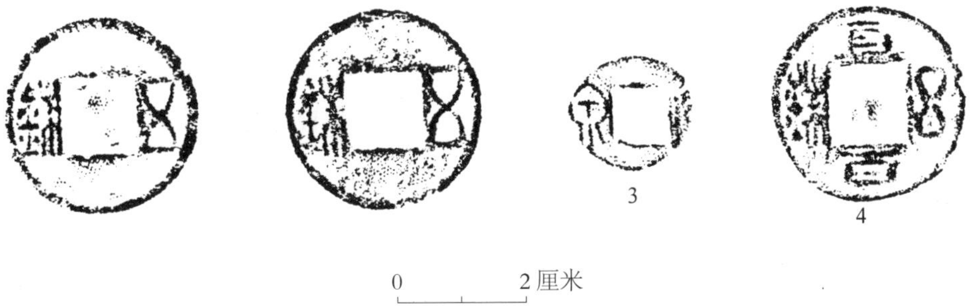

图一二　铜钱拓片

1、2. 五铢　3. 货泉　4. 直百五铢

三、结语

M8保存较好，墓室内积存淤土1.5米。根据发掘现场分析，墓主在葬入后不久，该墓即被盗，盗墓者破封门墙而入，将贵重物品盗走，但没有破坏棺室。

从残存的陶器看，该墓出土的陶马和多子盒，与洛阳春都路西晋墓[1]、洛阳北郊西晋墓[2]出土的同类器形制近同。陶牛车则与春都路西晋墓出土的牛车十分相似。M8出土的陶盘、灶、奁、杯、勺、井虽大体承袭汉制，但已加以创新、发展。但是，陶多子盒、陶马则为汉墓所不见，“特别是牛车的随葬，更具有西晋生活的现实意义”[3]。综上所述，我们将M8的年代定为西晋时期。

摄影　李　军

绘图　柴红亮

注释

[1] 洛阳市第二文物工作队：《洛阳春都路西晋墓发掘简报》，《文物》2000年第10期。

[2] 洛阳市文物工作队：《洛阳北郊西晋墓》，《文物》1992年第3期。

[3] 河南省文化局文物工作队第二队：《洛阳晋墓的发掘》，《考古学报》1957年第1期。

（原载于《文物》2006年第1期）

邢台旅馆汉唐宋墓葬的发掘

李 敏 李恩玮 李 军 李淑芹

邢台旅馆位于邢台市桥西区中兴西大街北侧（图一），冶金路东侧。2001 年曾在该区西南部进行过考古发掘，发现汉代、唐代至宋代墓葬，出土部分汉至宋代文物。2002 年 8 月，邢台市文物管理处再次配合邢台旅馆建设工程，在勘探过程中发现墓葬 42 座，经发掘出土汉代、唐代、宋末金初至清代的铜镜、铜铃和陶鼎、陶壶、陶盘、陶盒、陶灶、玛瑙环以及瓷执壶、瓷碗、瓷盏托、瓷枕、铜合页、铜带具、铜线、陶塔式罐、彩绘泥质红陶罐等器物。现将出土文物较丰富的 2002 年度汉至宋金墓葬的发掘情况介绍如下。

墓区地面原有建筑，因此在进行文物工作前建设单位将发掘区整体下挖 1.5 米。从断面及其他相关现象分析，该区第 1 层为现代文化层，0.45 ～ 0.5 米；第 2 层为多次冲积形

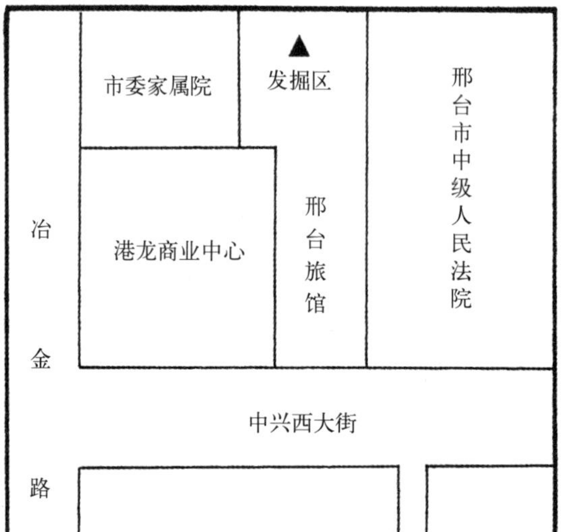

图一　发掘区位置示意图

▲为墓葬发掘位置

成的黄色淤土，厚0.7 ~ 1米；第3层为生土层。清代墓葬即开口于1层下，汉至宋金墓葬均开口于2层下。

一、汉代墓葬

1. 墓葬形制

该区汉代墓葬共计发现27座，分砖室墓和竖穴土坑墓两种。

砖室墓均被盗扰、破坏，没有出土遗物。但是从遗迹现象分析，砖室墓分单室卷棚顶和单砖室墓两类，均南北向，时代为西汉早期至西汉中期。

土坑墓均为单人单室，随葬器物较少。择保存较好、具有代表性的墓葬简述如下。

02XLM1　位于发掘区北部，西距02XLM2有1.5米，南距02XLM3、02XLM25有2.8米。墓向355°（图二）。

墓室平面呈长方形，长2.46、宽0.8、深2、距地表深2.5米。墓室填土为花土，四壁较规整，葬具已朽，据遗迹分析应为一木棺，棺长1.8、宽0.54、高0.4米，棺内有骨架1具，保存完整，约50岁的男性，头北脚南，仰身直肢。棺前随葬铜铃23枚、骨器85件、玛瑙环1件、陶罐2件（彩版五，1）。

02XLM5　位于发掘区北部，西距02XLM9有2米，东距02XLM3有3.1米，被02XLM4打破，为长方形竖穴土坑墓。墓向29°（图三；彩版五，2）。

墓室平面呈长方形，长2.66、宽1、深2.1、距地表深3.4米。墓室内填土为花土，四壁修饰较规整。葬具已朽，据遗迹应为一木棺，棺长1.8、宽0.6、高0.4米，棺内有一头北脚南、仰身直肢、年约45岁的男性骨架。棺外北侧随葬陶壶2件、陶鼎1件、陶盆2件、陶罐2件、陶盒1件。

02XLM6　位于发掘区北部，东距02XLM9有1米，为竖穴土坑墓。墓向5°。

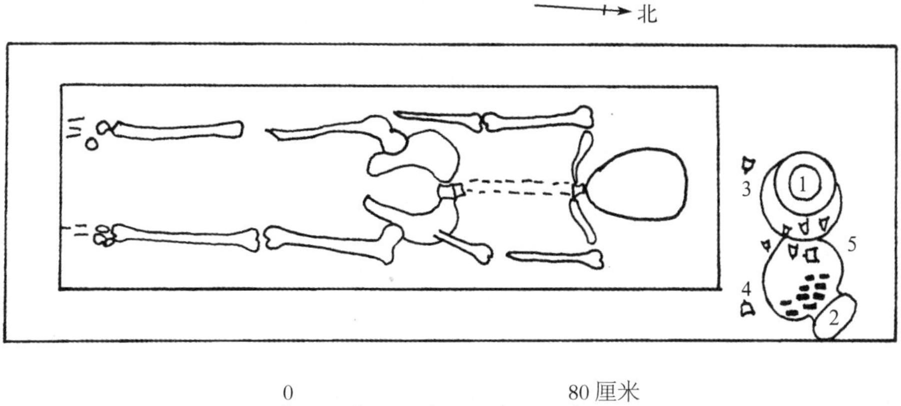

图二　02XLM1平面图

1、2. 陶罐　3~5. 铜铃

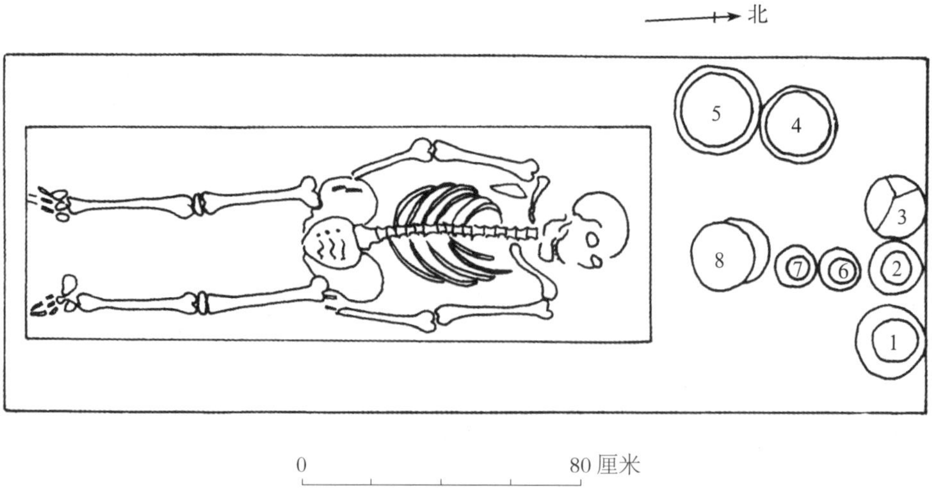

图三　02XL5 平面图

1、2. 陶壶　3. 陶盒　4. 陶盆　5 ~ 7. 陶罐　8. 陶鼎

墓室平面呈长方形，长 2.3、宽 0.84、深 3.2、距地表深 4.3 米。填土为花土，四壁修饰较规整。室内葬具已朽，据遗迹应为一木棺，长 2.14、宽 0.46、残高 0.45 米。棺内有一具头北脚南、仰身直肢、年约 50 岁的男性骨架。头前随葬陶罐 3 件。

02XLM10　位于发掘区北部，东距 02XLM4 有 1.5 米，打破 02XLM9 西北角，为竖穴土坑墓。墓向 355°（图四）。

墓室为长方形，长 2.44、宽 1.06、深 2.4、距地表深 3.95 米。四壁规整，墓室底部东西两侧有宽 0.25、高 0.3 米的生土台。室内葬具已朽，据遗迹现象分析为一木棺，棺呈长方形，长 1.66、宽 0.56、高 0.4 米。棺内骨架杂乱，性别不详，应为二次葬。头前有宽 0.3、高 0.46 米的生土台，台上放灰陶罐 1 件。

02XLM11　位于发掘区东北部，叠压在洞室墓 02XLM13 墓室上。方向 355°。

墓室近似梯形，北宽南窄，长 2.7、深 1.7、宽 0.9 ~ 0.96、距地表深 2.85 米。墓室四壁较平滑，填土为花土，墓室内有一开口于第 2 层下的盗洞，墓内有一木棺遗迹，部分被盗扰破坏，残长 2.4、残宽 0.96、残高 0.4 米。棺内有骨架 1 具，下肢被盗乱，头北脚南，面向上，约为 40 岁的女性。头前有陶鼎 1 件、陶灶 1 件、陶盆 1 件，右臂下出土铜镜 1 面。

02XLM34　位于发掘区西南部，东侧被 02XLM33 打破，南距 02XLM35 有 1 米，为长方形竖穴土坑墓。方向 2°（图五）。

墓室长 2.6、宽 1.06、深 1.6、距地表深 2.8 米。室内填土为花土，四壁较规整，葬具已朽，据遗迹现象分析应为一木棺，棺长 1.8、宽 0.52、高 0.45 米。棺内有骨架一具，头北脚南，面向上，仰身直肢，约为 40 岁的男性。墓室北部棺前东侧随葬灰陶罐 1 件。

02XLM35　位于发掘区西南部，东距 02XLM33 有 0.4 米，北距 02XLM34 有 1 米，为长方形竖穴土坑墓。方向 85°。

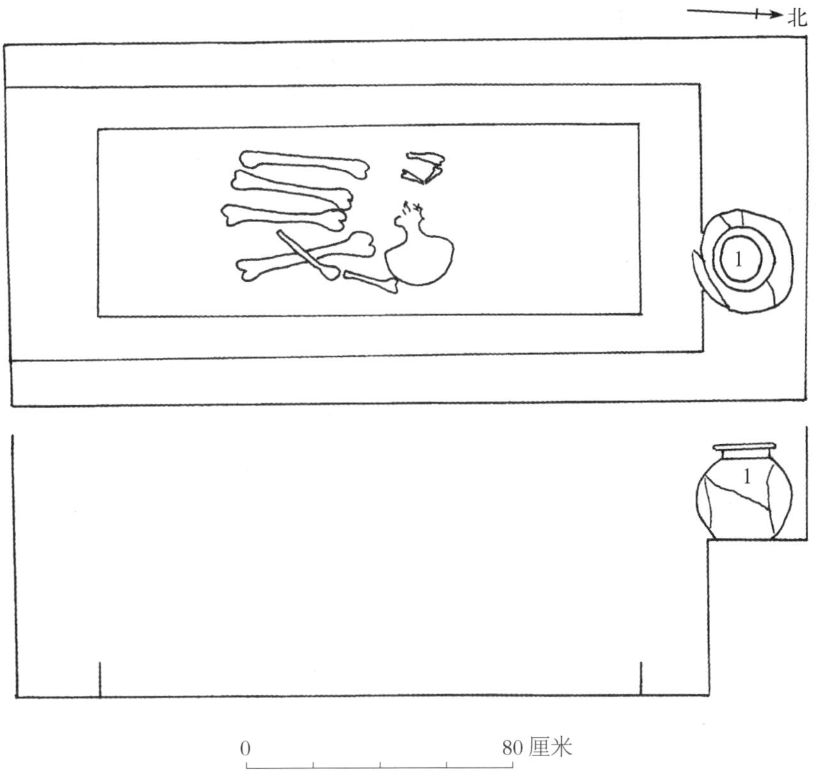

图四　02XLM10 平、剖面图

1. 陶罐

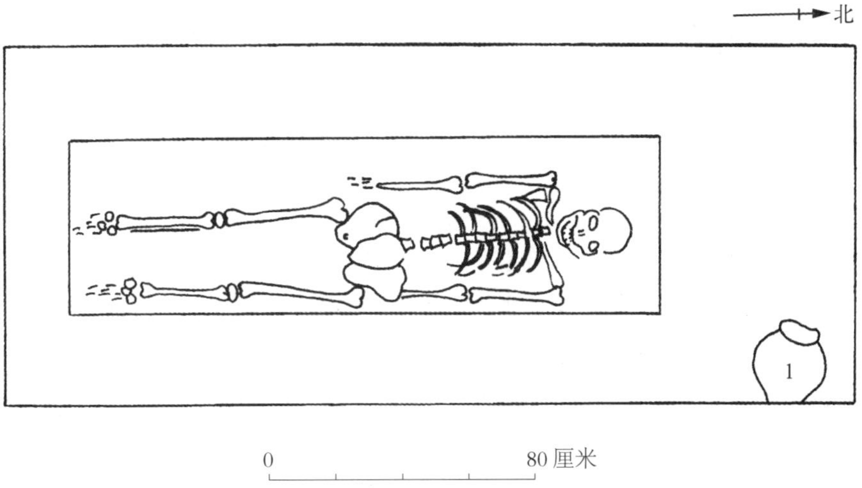

图五　02XLM34 平面图

1. 陶罐

墓室东西长 2.2、宽 1、深 1.7、距地表深 2.8 米。墓室四壁修饰较平滑，填土为花土。葬具已朽，据遗迹分析为一木棺，棺长 1.74、宽 0.6、高 0.4 米。棺内有一头东脚西、面向上、仰身直肢、年约 45 岁的男性骨架，无随葬器物。

2. 汉代器物

（1）铜器

器类有镜、铃。

铜镜　1 面。02XLM11∶4，圆形，圆钮，圆钮座。外区两短斜线纹饰带之间有铭文，铭文锈蚀多不可辨。宽素缘。直径 7.4 厘米（图六，5）。

铜铃　23 枚。02XLM1∶4，形制基本相同，均为合瓦形，顶部桥形系，铃身模铸乳丁纹、网格纹，内穿有吊舌（图七，11、13）。

（2）陶器

器类有鼎、壶、盒、灶、盆、罐等。

鼎　2 件。分二型。

A 型　1 件。02XLM5∶8，盒形。盖面有弦纹。鼎平沿，折腹，小平底，口沿两侧对称附两立耳。口径 16、两耳宽 21.2、高 13.6 厘米（图七，5；彩版六，5）。

B 型　1 件。02XLM11∶2，缺盖。直口，折腹，平底，三蹄状足。口部对称附双耳。口径 16、高 14 厘米（图六，3）。

壶　2 件。均为侈口，颈较长，溜肩，鼓腹。02XLM5∶2，假圈足。口径 3.8、腹径 14.2、底径 11.2、高 22.4 厘米（图七，8）。02XLM5∶1，平底。口径 16.6、腹径 23.6、底径 15.6、高 32 厘米（图七，9）。

盒　1 件。02XLM5∶3，盖弧形，平沿。盒平沿，敛口，鼓腹，小平底。口径 16.4、底径 8、通高 13.2 厘米（图七，4）。

碗　1 件。02XLM11∶1，夹砂红陶。平沿，直口，折腹，圜底。口径 22、高 8 厘米（图六，2）。

盆　2 件。02XLM5∶5，平沿，斜腹，平底。口径 18.8、底径 8.8、高 10.4 厘米（图七，10）。02XLM5∶4，折沿，直口，尖圜底。口径 20、高 8.4 厘米（图七，6）。

灶　1 件。02XLM11∶3，缺甑。主体梯形，中空无底，前有长方形火门。灶面上有与灶相连釜 2 个，灶尾有一挡火墙。釜为敛口折腹。长 22、宽 13.4 ～ 15.6、高 4.4 厘米（图六，1）。

罐　11 件。依口沿、颈部可分为四型。

A 型　3 件。侈口，折沿，长直颈，溜肩，圆腹。02XLM1∶1，底微内凹。下腹部饰绳纹。口径 11.6、底径 8、高 24.8 厘米（图八，1；彩版六，1）。02XLM1∶2，小平底，上腹部饰刻划纹及旋断刻划纹。口径 13.2、底径 10.8、高 25.2 厘米（图八，2；彩版六，2）。02XLM34∶1，底内凹。肩部有一印章（图八，3；彩版六，4）。口径 12、底径 8.8、高 28.4 厘米（图八，5；彩版六，3）。

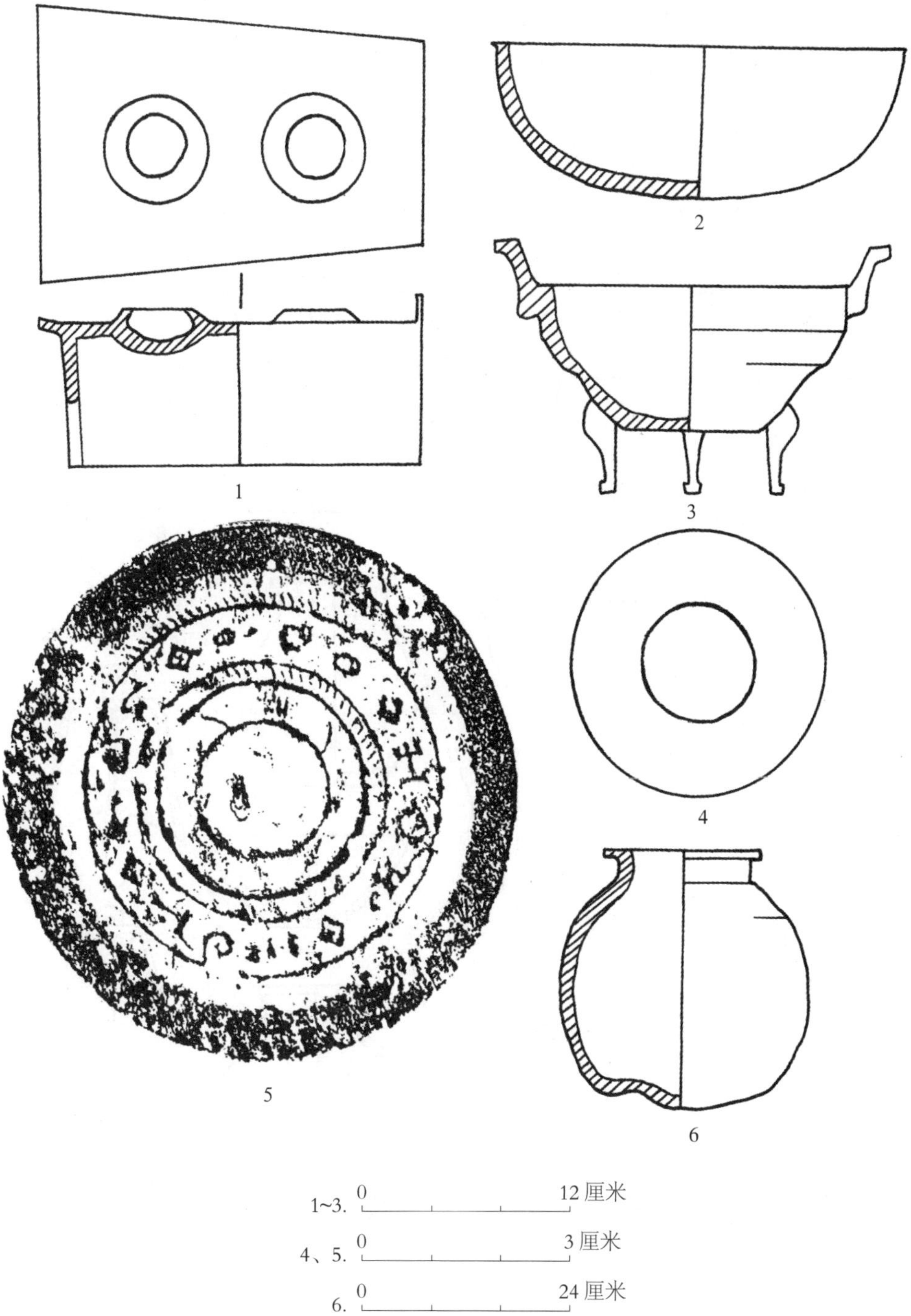

图六　02XLM1、02XLM10、02XLM11 出土器物

1. 陶灶（02XLM11∶3）　2. 陶盆（02XLM11∶1）　3.B 型陶鼎（02XLM11∶2）　4. 玛瑙环（02XLM1∶3）　5. 铜镜（02XLM11∶4）　6.B 型陶罐（02XLM10∶1）

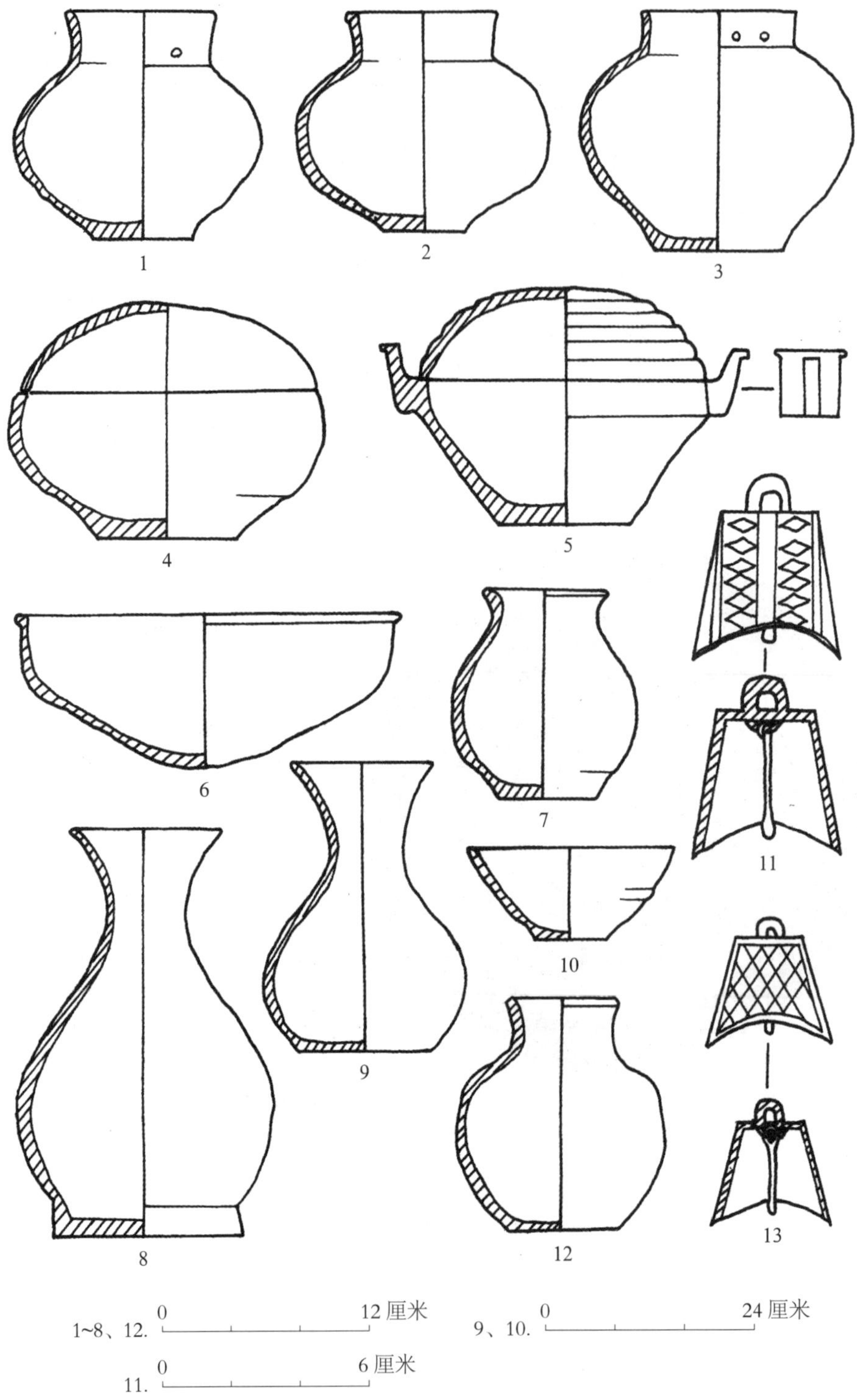

图七　02XLM1、02XLM5、02XLM6 出土陶器、铜器

1 ~ 3.C 型陶罐（02XLM6∶3、02XLM6∶2、02XLM6∶1）4. 陶盒（02XLM5∶3）5.A 型陶鼎（02XLM5∶8）6. 陶盆（02XLM5∶4）7、12.D 型陶罐（02XLM5∶6、02XLM5∶7）8、9. 陶壶（02XLM5∶2、02XLM5∶1）10. 陶碗（02XLM5∶5）11、13. 铜铃（02XLM1∶4）

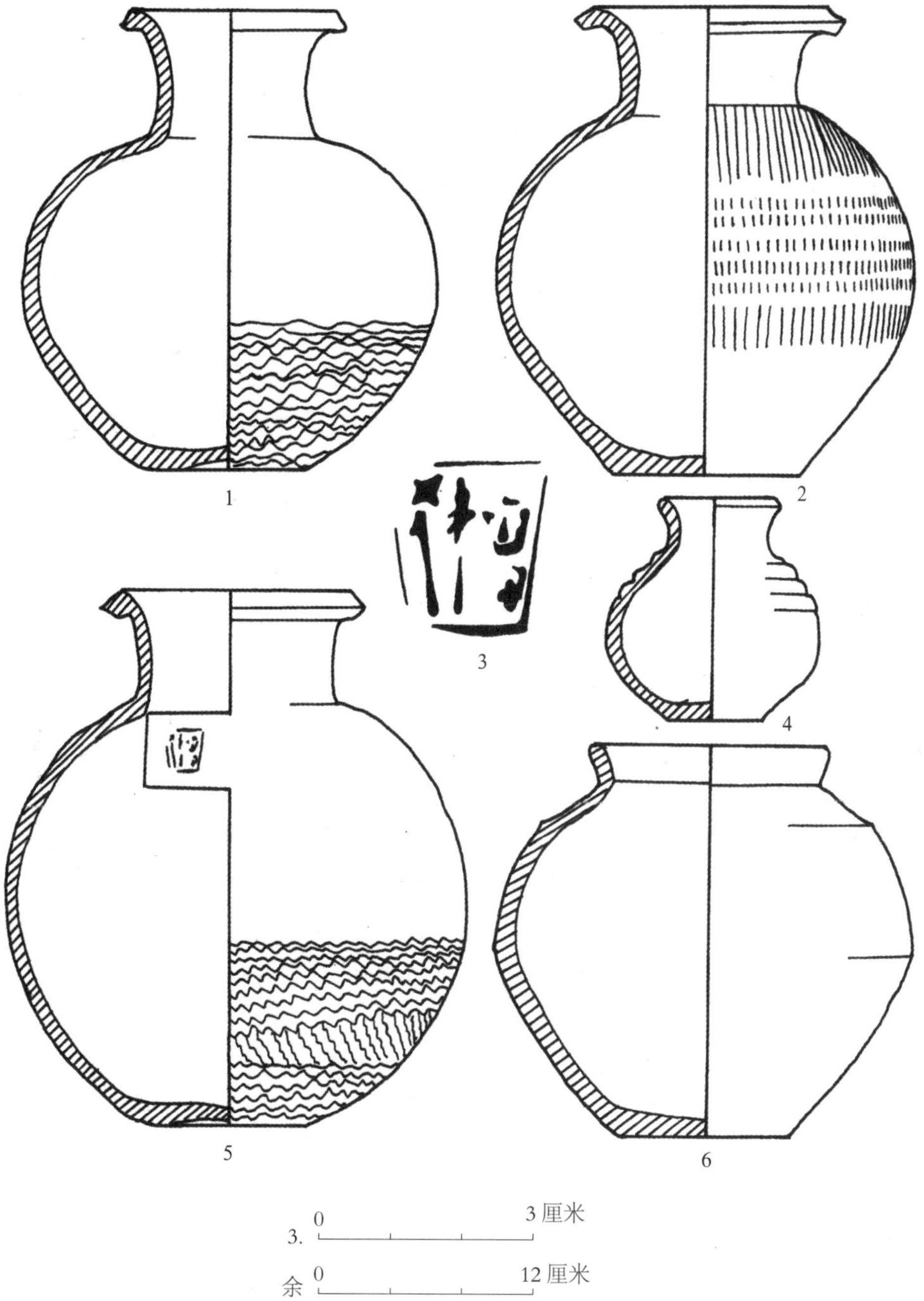

图八　02XLM1、02XLM9、02XLM34出土陶器

1、2.A型陶罐（02XLM1：1、02XLM1：2）　3.陶罐章款（02XLM34：1）　4.D型陶罐（02XLM9：1）　5.A型陶罐（02XLM34：1）　6.C型陶罐（02XLM9：2）

B 型　1 件。02XLM10∶1，方唇，直口，平折沿，长颈，溜肩，弧腹，底部有凹槽。口径 12、底径 9.6、高 28.8 厘米（图六，6；彩版六，6）。

C 型　4 件。圆唇，口微侈，溜肩，鼓腹，小平底。02XLM6∶1，颈部两侧各有一对圆孔。口径 8.4、底 72、高 12.8 厘米(图七,3)。02XLM6∶2,口径 8.8、底径 4.8、高 12.4 厘米(图七,2)。02XLM6∶3，口径 8.8、底径 5.6、高 13.6 厘米（图七，1）。02XLM9∶2，口径 13.6、底径 9.6、高 21.2 厘米（图八，6）。

D 型　3 件。侈口，方唇，颈稍短。溜肩，鼓腹，小平底。02XLM5∶6，肩部稍丰。口径 6.8、底径 5.6、高 12.8 厘米（图七，7）。02XLM5∶7，口径 7.2、底径 6、高 11.6 厘米（图七，12）。02XLM9∶1，肩部有数条弦纹。口径 6.8、底径 5.6、高 12 厘米（图八，4）。

二、唐宋墓葬

（一）墓葬形制

唐代墓葬共计发现 10 座，其中 3 座被严重盗扰。择未被盗扰的 7 座墓葬简述如下。

02XLM4　位于发掘区北部，东距 02XLM7 有 9 米，南距 02XLM20 有 14.5 米，打破 02XLM5（汉墓）。墓向 170°。

由墓道和洞室两部分组成，墓道平面南宽北窄呈梯形，长 1.6、宽 0.8 ～ 0.84 米，墓道底部有呈南高北低的缓坡，深 2.1 米；墓门弧形顶，宽 0.8、高 0.9 米，用土坯封堵；北部墓室平面南宽北窄，长 2.3、宽 0.8 ～ 1.1、高 0.9 米。墓室内有一木棺遗迹，长 1.8、宽 0.5 米，高度不详。棺内有一约 45 岁男性骨架，头向南，仰身直肢。棺前随葬黄釉瓷执壶、陶罐各 1 件，棺内墓主人腰间有铜带具 1 副，头部西侧出土铜合页 1 件，口含铜钱 1 枚(图九)。

02XLM7　位于发掘区北部偏东，西距 02XLM4 有 9 米，东南距 02XLM13 有 4.5 米。墓向 179°。

由墓道和洞室两部分组成，墓道平面南宽北窄呈梯形，长 1.1、宽 0.54 ～ 0.58 米，底部南端略高，墓道深 2 ～ 2.4、距地表深 3.5 ～ 39 米；墓门弧形顶，宽 0.6、高 0.9 米，用土坯封堵；墓室南宽北窄，长 2.2、宽 0.4 ～ 0.74、高 0.5 ～ 0.9 米。葬具为一木棺，遗迹长 1.6、宽 0.48、高 0.4 米，棺内有一头南脚北、仰身直肢、年约 40 岁的女性骨架。棺前葬黄釉瓷执壶两件、陶罐 1 件、瓷碗 1 件，左肩处有铜钱 3 枚（图一〇；彩版七，1）。

02XLM12　位于发掘区中部偏东，西与 02XLM13 并排，相距 2 米。墓向 185°。

由墓道、洞室、甬道三部分组成。墓道位于墓葬南部，平面南宽北窄，长 2.5、宽 0.86 ～ 1 米，底部南高北低，深 3.2 ～ 3.4、距地表深 4.6 ～ 4.8 米。甬道拱形顶，进深 0.7、宽 0.84、高 1.3 米，南口用残砖错缝封墙，封门墙高 0.5 米，底层平置砖志一合，盖东志西，封门墙上部东侧口向东南有彩绘陶罐 1 件，甬道内有陶罐 4 件、砖志 1 合；洞室底面略呈长方形，

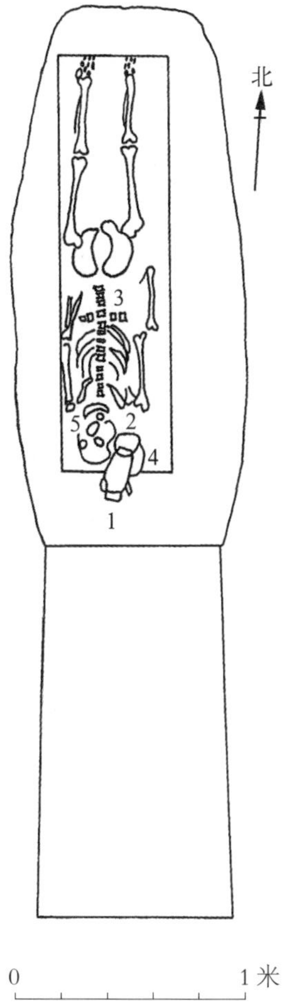

图九　02XLM4 平、剖面图

1. 瓷执壶　2. 陶罐　3. 铜带具　4. 铜合页　5. 铜钱

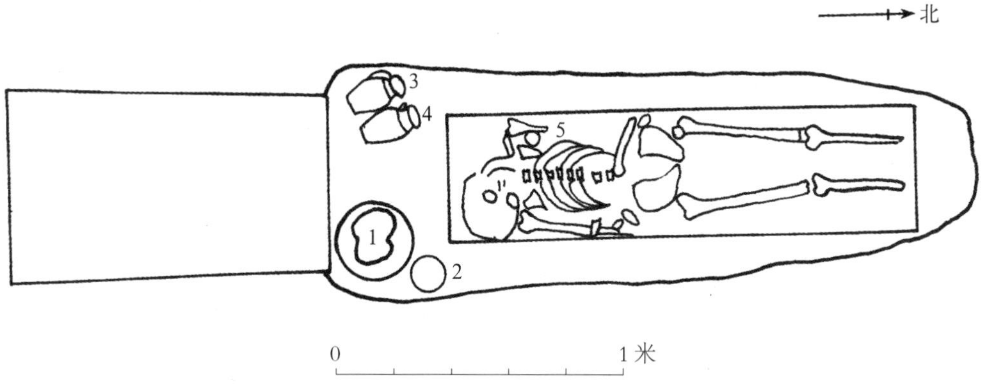

图一〇　02XLM7 平、剖面图

1. 陶罐　2. 瓷碗　3、4. 瓷执壶　5. 铜钱

拱形顶，长 2.4、宽 1.4、高 1.3 米。洞室内置两棺，已朽，东棺长 1.88、宽 1.45 米，高不详，棺内有一头南脚北、面向上、仰身直肢、年约 50 岁的男性骨架，其头前有瓷碗 1 件、陶罐 2 件、陶盏 3 件；西棺斜放其北端压在东棺及男墓主人左小腿上，棺长 1.74、宽 0.54、高 0.4 米，内有一头南脚北、面向上、仰身直肢的女性骨架，其头部东侧有铁剪 1 把（图一一；彩版七，2、3）。

02XLM13　位于发掘区中部偏东，东距 02XLM12 有 2 米。墓向 180°。

由墓道、甬道、洞室三部分组成。墓道南宽北窄，长 1.93、宽 0.84 ~ 1.93 米，底部南高北低有缓坡，深 3.9 ~ 4.1 米，距地表深 5 ~ 5.2 米。甬道拱形顶，进深 0.54、宽 0.8、高 1 米，南口用长方形砖棱角对外平砌 11 层，然后再单砖错缝平砌 15 层封堵。洞室拱形顶，底南宽北窄，长 2.6、宽 1.3 ~ 1.72、高 1 米，室内有棺 2 具，已朽。东棺叠压在西棺上，且高于西棺 0.3 米，形制长方形，长 1.66、宽 0.5、高 0.5 米，骨架保存较好，为一年约 55 岁的男性，头向南，面向上，仰身直肢，右肩下叠压陶罐 1 件，口含铜钱 1 枚。西棺长 1.7、宽 0.45、高 0.45 米，棺内有一年约 45 岁、头向南、面向上、仰身直肢的女性骨架，腰间有一器盖。墓室南部棺前叠放彩绘陶罐、器座、执壶、瓷碗、瓷盏托、陶器盖等（图一二；彩版七，4；彩版八，1）。

02XLM27　位于发掘区南部偏东，西南距 02XLM28 约 5 米。墓向 175°。

由墓道、洞室组成。墓道南部稍宽于北端，长 2.1、宽 0.68 ~ 0.84 米，底部南侧略高呈斜坡状，深 2.2 ~ 2.3 米，距地表深 3.7 ~ 3.8 米。墓门弧形顶，宽 0.66、高 0.8 米，用土坯封堵。墓室拱形顶，底部南高北低呈斜坡状，距地表深 3.8 ~ 4.08 米，墓室长 2.2、宽 0.6 ~ 0.8 米。葬具已朽，遗迹长 1.9、宽 0.54、高 0.4 米，棺内有一头向南、面向上、仰身直肢、年约 35 岁的男性骨架。墓主人左肩部有陶罐 1 件、腰部有铜带具 1 副。

02XLM28　位于发掘区东南部，东北距 02XLM27 有 5 米。墓向 183°。

由墓道、洞室组成。墓道南端略宽，长 2、宽 0.8 ~ 0.98 米，底部南端高于北部，距地表深 4.2 ~ 4.74。墓门弧形顶，宽 0.8、高 1 米。墓室拱形顶，底部南端稍高于北端，距地表深 4.74 ~ 4.9 米，墓室长 2.4、宽 1.1 ~ 1.3、高 0.34 ~ 1 米。墓内葬具已朽，遗迹长 1.8、宽 0.6、高 0.45 米，棺内有一年约 40 岁，仰身直肢、面向西、头向南的男性骨架。头骨东侧有黄釉执壶 1 件，口含铜钱 1 枚。

宋至宋末金初墓葬 3 座，均为单室竖穴土坑墓，其中两座被严重盗扰无遗物，兹不赘述。

02XLM38　位于发掘区中部偏南，东距 02XLM28 有 7.8 米。墓向 175°。该墓葬为长方形竖穴土坑墓，长 2.5、宽 1、深 2 米，距地表深 3.5 米。墓室北部有长方形木棺遗迹，长 1.86、宽 0.8 米，高度不详，棺内有一头向南、面向上、仰身、两腿向外弯曲呈弓形、年约 50 岁的女性骨架。头骨西侧有绿釉瓷枕 1 件，无其他遗物（图一三；彩版九，3）。

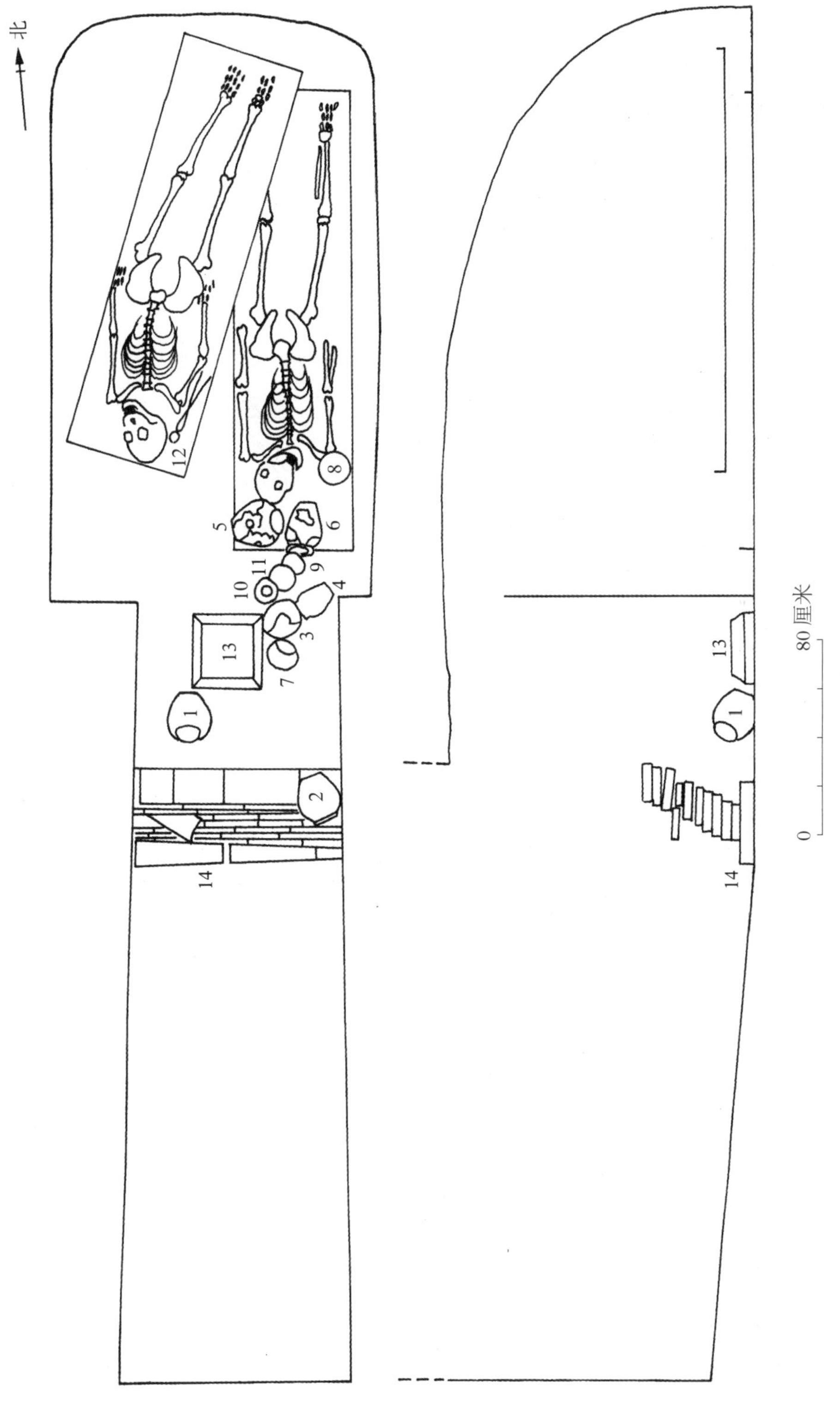

图一一　02XLM12 平、剖面图

1、3、4、6、7. 灰陶罐　2、5. 彩绘陶罐　8. 瓷碗　9～11. 陶盏　12. 铁剪　13、14. 砖志

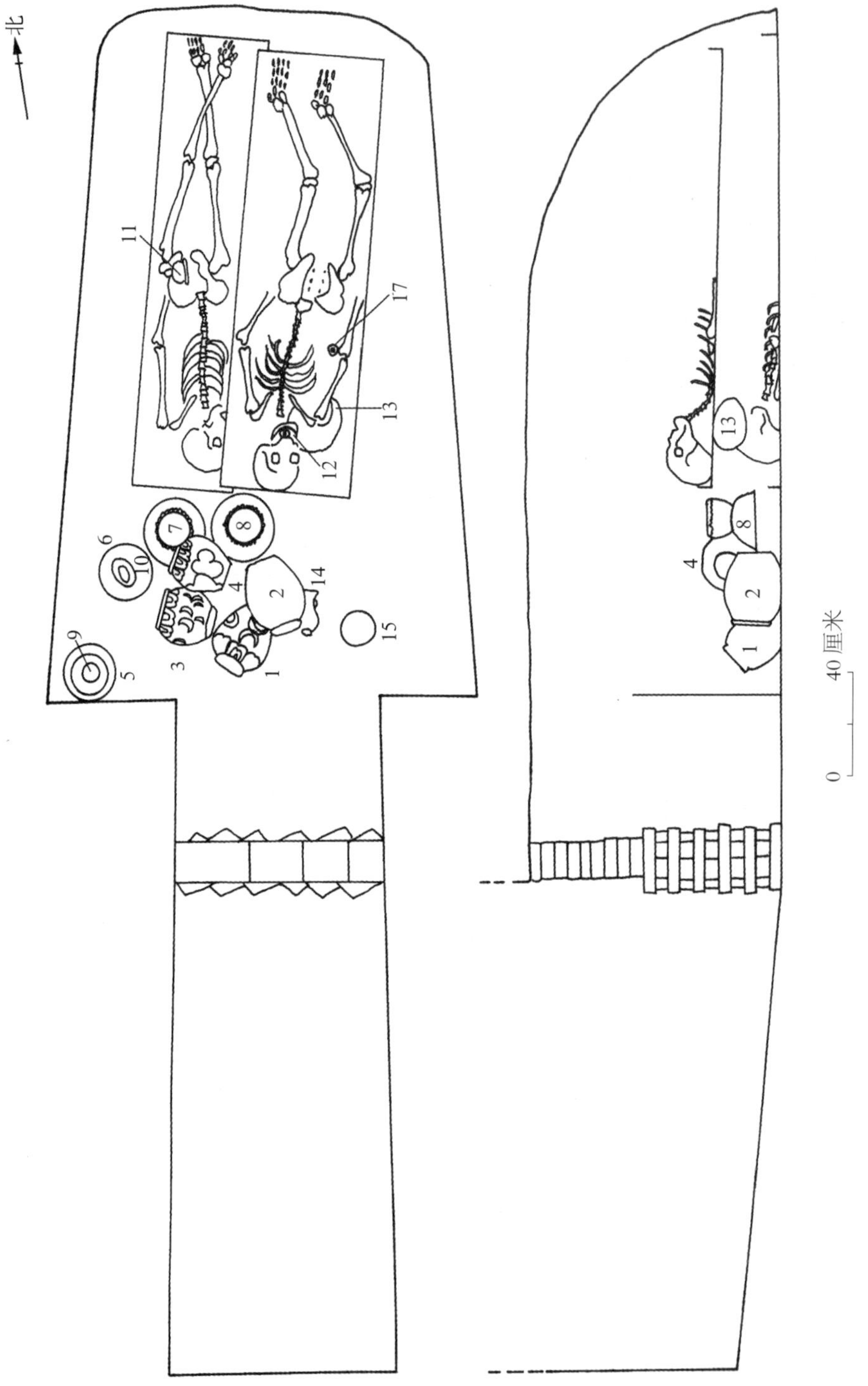

图一二　02XLM13平、剖面图

1～4、13. 陶罐　5～8. 器座　9～11、18. 陶器盖　12、17. 铜钱　14. 瓷执壶　15. 瓷盏托　16. 瓷碗

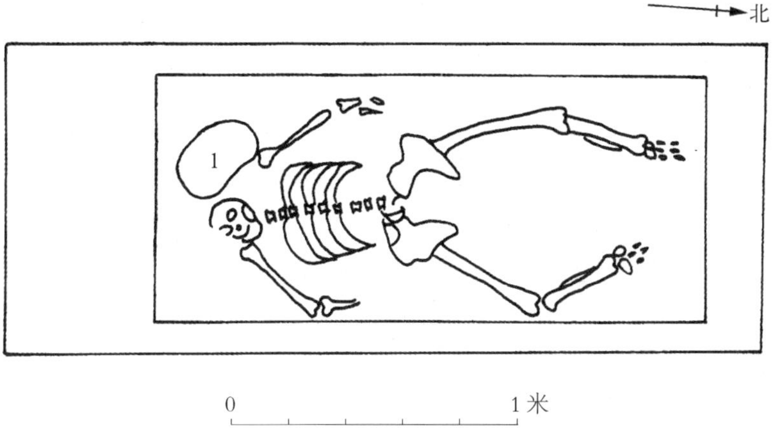

图一三 02XLM38 平面图

1. 绿釉瓷枕

（二）唐宋器物

1. 瓷器

器类有执壶、瓷碗、瓷盏托、瓷枕等。

瓷碗 4 件。依口沿可分二型。

A 型 1 件。02XLM33∶1，侈口，方唇，腹微弧，实饼足。足底斜前一周，内底有三支钉痕，胎体厚重。白胎微泛红。器外施化妆土至腹部，器内施全釉，外挂白釉至腹部，釉面稍显干燥，有流釉和积釉现象。口径 13.6、底径 6.4、高 4 厘米（图一四，5）。

B 型 1 件。02XLM13∶16，唇口，斜直腹，玉璧底。细白胎，胎厚坚硬。器内满施乳青色釉，底足无釉，釉色润泽、明亮，器内略有棕眼，器外局部施釉不到底，有积釉现象。口径 13.6、底径 6.4、高 3.2 厘米（图一四，8）。

C 型 2 件。侈口，圆唇，弧腹，实饼足。粗白胎，胎体厚重。02XLM12∶8，器满施白釉，釉面比较干燥，器外挂半釉，有流釉现象，下腹部及底部有褐色斑点，釉下施白色化妆土。口径 12.4、底径 7.3、高 4 厘米（图一四，10）。02XLM7∶2，足底微内凹，饼足与腹交接处有旋削痕迹，器内有三支钉痕。器内满施白釉，有细小冰裂纹，外挂半釉。口径 12.4、底径 6、高 4 厘米（图一四，4）。

盏托 1 件。02XLM13∶15，圆唇，葵口，宽撇沿。托圈圆唇，微敛。圈足，内墙稍斜，底心微凸。细白胎。器内满施乳白釉，器外施釉至足底，足内无釉。底足有粘沙现象。口径 14.4、底径 4.8、高 3.2 厘米（图一四，6；彩版九，1）。

黄釉执壶 4 件，依外形可分为二式。

Ⅰ式：2 件。器形显瘦高，圆唇，口微侈，颈长近直，丰肩，下腹稍内收，肩部前有短流，后有双泥条曲柄，颈肩之间安双泥条提系，细白胎。器内外均施半釉，釉下施化妆土

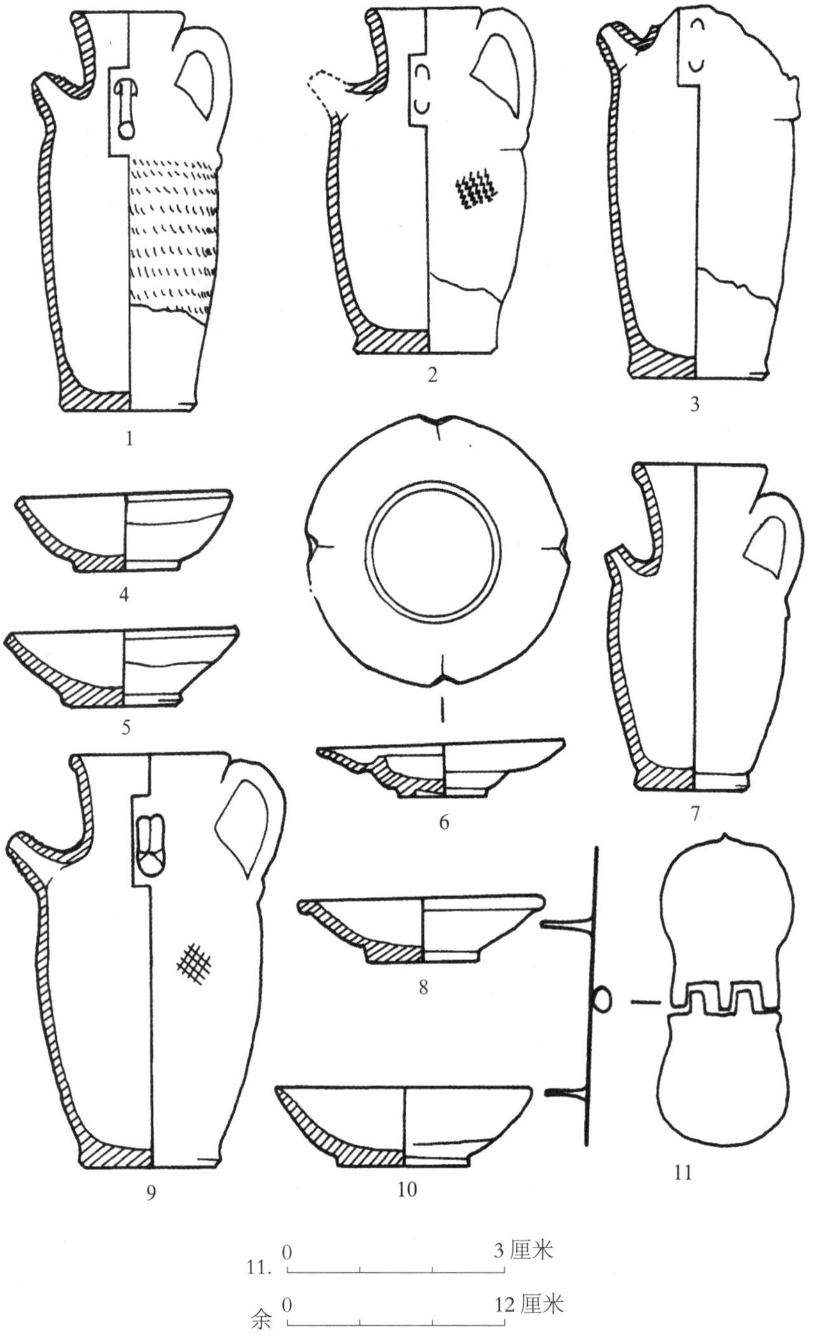

图一四　02XLM4、02XLM7、02XLM12、02XLM13、02XLM28、02XLM33 出土器物

1、3. Ⅰ式瓷执壶（02XLM4：1、02XLM7：4）　2. Ⅱ式瓷执壶（02XLM7：3）
4、10.C 型瓷碗（02XLM7：2、02XLM12：8）　5.A 型瓷碗（02XLM33：1）　6. 瓷盏托（02XLM13：15）
7. 黑釉执壶（02XLM13：14）　8 .B 型瓷碗（02XLM13：16）　9. Ⅱ式执壶（02XLM28：1）　11. 铜合页（02XLM4：4）

护胎。02XLM4∶1，施姜黄釉，釉色润泽、明亮，局部露化妆土，釉面有细小冰裂纹，化妆土上有数周戳点纹，管状短流上饰数周弦纹。口径6.4、底径7.2、高23.4厘米（图一四，1）。02XLM7∶4，黄釉较深，釉层稍厚，釉面有冰裂纹，施釉不匀，局部露化妆土。白胎，局部过火泛红。口、提系、曲柄残缺。底径8、残高20厘米（图一四，3）。

Ⅱ式：2件。器形显浑圆矮胖，圆唇，口较Ⅰ式更外侈，斜直颈，丰肩。假圈足。足底外缘斜削一周，肩部安管状短流，颈肩之间安双泥条曲柄和双泥条提系，器内外施黄釉至下腹部，釉下施白色化妆土护胎。粗白胎，有杂质。02XLM7∶3，黄釉较深，上腹部有流釉现象，积釉处色较黑，釉下刻划席纹，下腹局部过火泛红，短流、提系残。口径8、底径6.8、高18.4厘米（图一四，2；彩版一〇，4）。02XLM28∶1，局部有流釉现象，釉下刻划网格纹。釉层被土浸蚀严重，下腹局部过火泛红。口径8.8、底径8、高22厘米（图一四，9；彩版一〇，3）。

黑釉执壶　1件。02XLM13∶14，圆唇，近喇叭状口，长颈，鼓肩，弧腹，假圈足，足底外缘斜削一周。肩部安一管状短流，双泥条曲柄。粗白胎，胎质微红。器内施半釉，器外挂釉至下腹部，器外釉下通体施白色化妆土，短流及口沿局部有脱釉现象。口径7.2、底径6.4、高17.2厘米（图一四，7）。

瓷枕　1件。02XLM38∶1，呈椭圆形，枕面左右两端较高，中部微凹且前低后高。灰白胎，胎中有杂质。枕面、侧墙施绿釉，局部露胎。枕墙模印缠枝纹，前墙模印一不十分清晰的“福”字；后墙中部枝叶间模印一仰头飞奔的雄鹿，鹿背驮一“福”字。枕面刻划牡丹纹，周围刻划篦划纹，枕面、侧墙、底面接合处有明显接合线，底面中部有一长1、宽0.03厘米的近长方形通气孔，枕面厚1.1～1.2、底面厚1～1.4、枕长26.8、宽19.9、高12.6厘米（图一五，3；彩版九，2）。

2. 铜器

器类有带具、合页、钱币等。

铜带具　2副。02XLM4∶3，青铜质正面鎏金，由带扣2件、方形銙4件、拱形銙7件组成。方形銙、拱形銙中下部均有一长方形孔。方形銙边长3.5、孔长1.8、宽0.2厘米。拱形銙长3.4、宽3.6、孔长1.4、宽0.2厘米。带扣拱形，其中一件长6.6、宽3.8厘米，另一件长5、宽3.8厘米。带具出土时排列顺序为拱形銙1、方形銙2、拱形銙7、方形銙2、拱形銙1（图一五，1）。02XLM27∶3，由带扣2件、方形带銙4件、拱形带銙4件组成。背面为青铜质，正面为铁质，出土时铁质部分严重朽蚀无法保存。带扣2件，均为铁质，朽蚀严重，形制相同，一件长7.6、宽4厘米，另一件长6.4、宽4厘米。拱形銙、方形銙中下方有一长方形孔，方形銙长4、宽3.4、孔长1.8、宽0.2厘米；拱形銙长3.4、宽2.6、孔长1.5、宽0.2厘米。出土时排列顺序为拱形带扣1、方形銙2、拱形銙3、方形銙1、拱形銙1、方形銙1、带扣1（图一五，2）。

铜钱　6枚。其中“开元通宝”5枚、“乾元重宝”1枚。

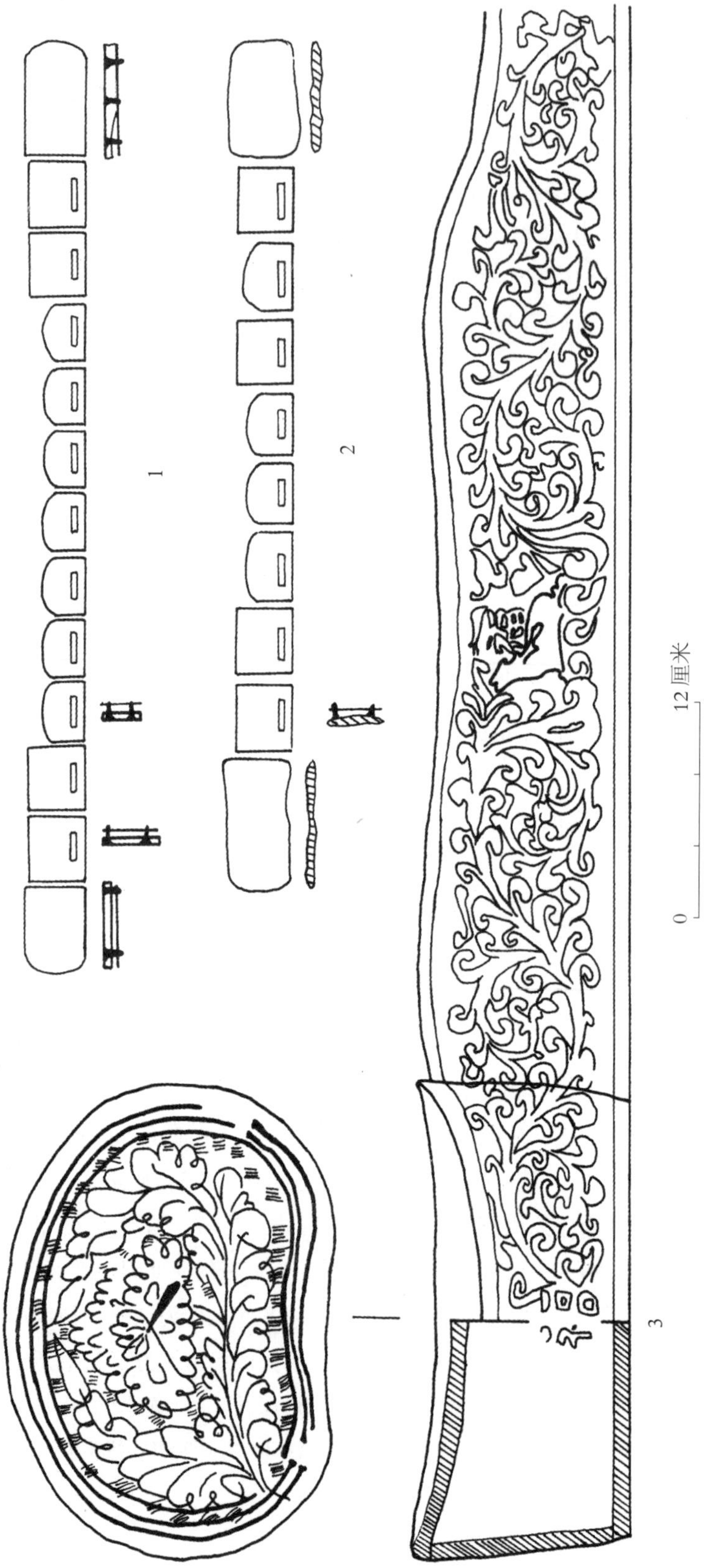

图一五　墓葬出土铜带具、瓷枕

1、2. 铜带具（02XLM4:3、02XLM27:3）　3. 绿釉瓷枕（02XLM38:1）

开元通宝　形制大小相同，钱文隶体。直径 2.4 厘米（图一六，5）。

乾元重宝　钱文隶体，直径 2.2 里米（图一六，4）。

铜合页　1 件。02XLM4∶4，对称半圆叶形，中间穿有铁轴以供传动，铁轴锈蚀。长 4.2、宽 1.8 厘米（图一四，11）。

3. 陶器

分泥质红陶、泥质灰陶及夹砂灰陶三类。器型有塔式罐、器盖、盏、罐等。

（1）泥质红陶器

双耳罐　2 件。圆唇，丰肩，上鼓腹，下腹内收，平底。肩部左右两侧对称饰提系。02XLM7∶1，肩部两侧捏饰环形提系，口残，下腹部有一圆孔，直径 0.4 厘米。口径 13.6、底径 11.2、高 23.2 厘米（图一六，3）。02XLM27∶2，肩部两侧捏饰环形提系，系残。口径 9.2、底径 8.4、高 17 厘米（图一六，2）。

彩绘罐　1 件。02XLM12∶5，圆唇，丰肩，上鼓腹，下腹斜内收，平底。腹部彩绘牡丹花，大部分脱落。口径 15.2、底径 10.5、高 21 厘米（图一七，3）。

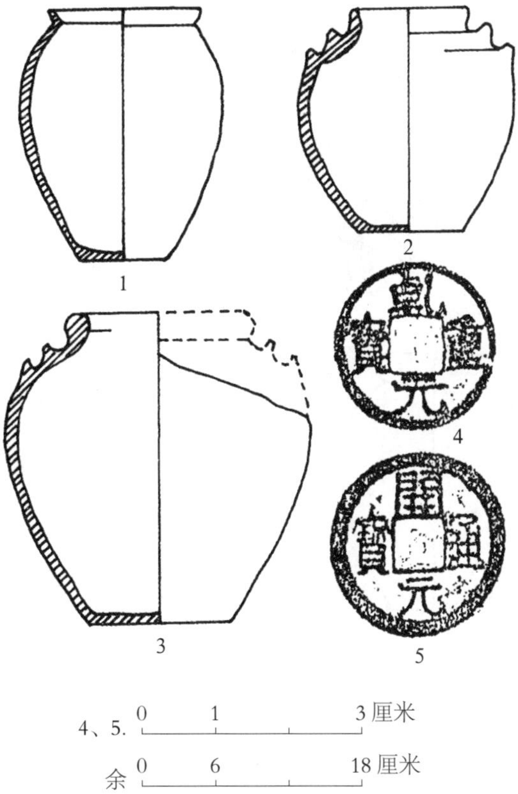

图一六　02XLM4、02XLM7、02XLM27 出土陶罐、铜钱

1. 折沿罐（02XLM4∶2）　2、3. 双耳罐（02XLM27∶2、02XLM7∶1）　4. 乾元重宝　5. 开元通宝

(2) 夹砂灰陶器

夹砂罐　1件。02XLM12:1，敛口，鼓腹，平底。口径13.2、底径10、高20厘米（图一七，1）。

(3) 泥质灰陶器

陶罐　2件。

折沿罐　3件。斜折沿，尖圆唇，弧肩，上鼓腹，下腹内收，平底。02XLM4:2，口径11.2、底径6.8、高18.8厘米（图一六，1）。02XLM12:3，口径11.2、底径6.4、高18.6厘米（图一七，8；彩版八，3）。02XLM12:4，口径8.8、底径7.6、高20厘米（图一七，2）。

卷沿罐　1件。02XLM12:6，圆唇反卷内敛，溜肩，上鼓腹，平底。口径13.2、底径7.6、高24厘米（图一七，7；彩版八，2）。

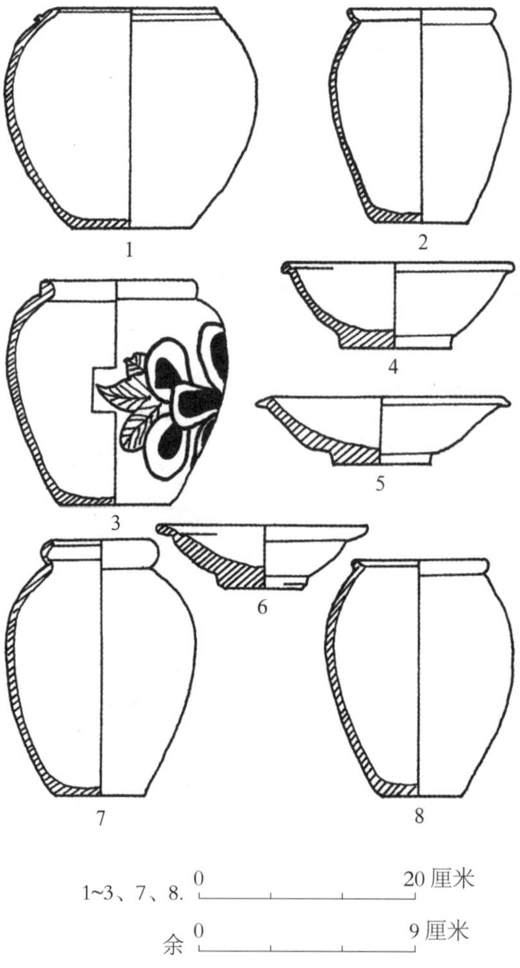

图一七　02XLM12出土陶器

1. 夹砂罐（02XLM12:1）　2、8. 折沿罐（02XLM12:4、02XLM12:3）　3. 彩绘罐（02XLM12:5）
4～6. 盏（02XLM12:9、02XLM12:11、02XLM12:10）　7. 卷沿罐（02XLM12:6）

盏　3件。敞口，斜直腹，假圈足。02XLM12∶9，圆唇，内口有凹槽。口径10、高3.4厘米（图一七，4；彩版一〇，2）。02XLM12∶11，尖圆唇，平折沿。口径10.8、高2.6厘米（图一七，5）。02XLM12∶10，方唇，斜沿。口径8.9、底径3.8、高2.5厘米（图一七，6；彩版一〇，1）。

器盖　2件。形制基本相同，宽折沿，盖面隆起，顶有圆钮。中空。02XLM13∶18，口径10.4、高6.4厘米（图一八，5）。02XLM13∶11，口径12.8、高7.4厘米（图一八，1）。

陶塔式罐　4套。依器座的形制可分二型。

A型　2套。形制大小基本相同，由盖、罐、座三部分组成。盖子口，宽沿，盖面微弧，顶端有圆钮。中空。罐圆唇，丰肩，上鼓腹，下腹斜收，平底。器座覆盆状，底部平折沿，中空。器盖、器座表面绘花卉，罐肩部绘覆莲一周，腹部绘牡丹花，塔式罐彩绘下通体施白衣。02XLM13∶9、02XLM13∶5、02XLM13∶3，子口径5.6、罐口径10.4、底径10.8、高23.2、座上口径10、下口径17.6厘米，通高34.4厘米（图一八，3）。02XLM13∶6、02XLM13∶4、02XLM13∶10，子口径5.6、罐口径10.4、底径10.8、底座上口径10、底径16.8厘米，通高34.8厘米（图一八，4）。

B型　2件。形制大小基本相同，由盖罐、器座组成。罐圆唇微侈，丰肩，上鼓腹，下腹内收，平底。器座侈口，圆唇，束颈，鼓腹，束腰，喇叭口底，底卷沿。中空。罐肩部绘覆莲瓣一周，腹部、器座绘花卉，大部分脱落。02XLM13∶1、02XLM13∶7，罐口径5.2、

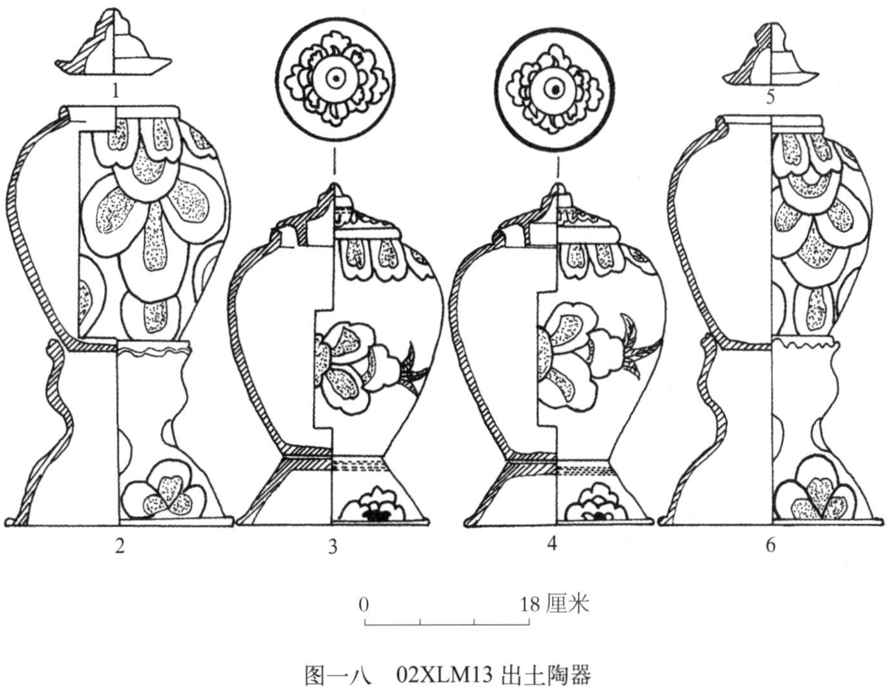

图一八　02XLM13出土陶器

1、5. 器盖（02XLM13∶11、02XLM13∶18）　2、6. B型塔式罐（02XLM13∶1、02XLM13∶7，02XLM13∶13、02XLM13∶8）
3、4.A型塔式罐（02XLM13∶9、02XLM13∶5、02XLM13∶3，02XLM13∶6、02XLM13∶4、02XLM13∶10）

底径 7.2、高 24.4 厘米，器座上口径 12.8、底径 19.2、高 17.2 厘米，通高 42.4 厘米（图一八，2）。02XLM13：13、02XLM13：8，罐口径 9.6、底径 9.2、高 23.6 厘米，器座上口径 12、下口径 20.8 厘米，通高 41.4 厘米（图一八，6）。

4. 砖志

砖志　2 合。方形。志盖盝顶，素面。02XLM12：13，盖、志无字，边长 30 厘米，盖、志均厚 4 厘米。02XLM12：14，盖面有墨迹，字迹不清。志文墨书，可辨字行有 8 行，可辨字迹为“东□□□…四月三日……十二月，李白（自）君墓志铭”。

三、结语

邢台旅馆墓地墓壁修饰光滑平整的竖穴土坑中，个别墓葬带有生土二层台，其上置放器物（02XLM10），可辨葬式均为仰身直肢，陶器中盛储器以泥质灰陶为主，间有夹砂红陶，胎质坚硬。器物以素面为主，间有绳纹及旋断绳纹。

所出陶器中，陶壶（02XLM5：1）与枣庄市临山 A 型 V 式壶 [1] 相似；陶盒与山东滕州市东小宫 M281 出土的陶盒（M281：6）[2] 近似，山东滕州市东小宫 M281 时代为西汉时期，山东枣庄市临山汉墓为东汉早期。02XLM9 出土的 D 型罐与山西广灵北关 M56 出土的Ⅱ式罐 [3] 相近似。02XLM10 出土的 B 型罐与山东微山县墓前村 M2 出土的Ⅰ式陶罐 [4] 相似。02XLM34 出土的 A 型罐与湖北荆州市瓦坟园 M4 所出土的罐（M4：24）[5] 相似。因此，M10 时代应为西汉时期；M34 时代大至应为西汉；邢台旅馆 M5 时代约为西汉末东汉初；M9 时代应为东汉。

洞室墓均为坐北朝南，墓主均头南脚北，仰身直肢，随葬器物多置放于头前，从丧葬情况分析，这批洞室墓应为同一族属。

虽然洞室墓 02XLM12 出土的砖志（03XM12：13）素面无志文，以及封门墙下出土的砖志墨书漫漶多不可辨。但是洞室墓出土的瓷器多数与邢窑址出土的瓷器器型类同。02XLM4：1、02XLM28：1 出土的黄釉执壶与祁村、内丘城关第四期执壶 [6] 相同；02XLM13：16 细白釉瓷盏托与祁村、内丘城关邢窑址第四期盏托 [7] 类同；02XLM13：15 细白瓷玉壁底碗与祁村、内丘城关第四期瓷碗 [8] 相同，并且胎质与邢窑址出土瓷器的胎质相同。02XLM28 出土乾元重宝铜钱 1 枚，乾元重宝始铸于唐肃宗乾元元年（758 年）；祁村、内丘城关第四期属于唐代中期 [9]。因此，这批洞室墓应属于唐代中期或偏晚。

02XLM34：1 绿釉瓷枕，枕面划花，此工艺在观台二期前段有类似风格，尤其流畅的花叶轮廓线与表现叶尖的方式极为相似；侧墙模铸纹饰在观台二期后段有类似纹饰 [10]，福、鹿以及缠枝纹与观台镇出土的金代瓷枕相同 [11]。观台二期段为 1068 ～ 1100 年 [12]，后段为 1101 ～ 1148 年 [13]，因此该墓葬时代上限最早为北宋末年下限到金初或稍晚。瓷枕采用两种工艺进行装饰，这在邢台一带为首次发现，尤其枕面划花线条流畅自如、栩栩如生，充分展示了宋末金初制瓷艺人娴熟的技术。为研究宋金时期工艺水平、装饰技法提供了依据。

绘图　柴红亮　柴秋兰

摄影　李　军

注释

[1] 枣庄市文物管理委员会、枣庄市博物馆 :《山东枣庄市临山汉墓发掘简报》,《考古》2003 年第 11 期。

[2] 山东省文物考古研究所、滕州市博物馆 :《山东滕州市东小宫周代、两汉墓地》,《考古》2000 年第 10 期。

[3] 大同市考古研究所 :《山西广灵北关汉墓发掘简报》,《文物》2001 年第 7 期。

[4] 微山县文物管理所 :《山东微山县墓前村西汉墓》,《考古》1995 年第 11 期。

[5] 荆州博物馆 :《湖北荆州市瓦坟园西汉墓发掘简报》,《考古》1995 年第 11 期。

[6] 王会民、张志中 :《邢窑调查试掘主要收获》,图七 :1,《文物春秋》1997 年增刊。

[7] 王会民、张志中 :《邢窑调查试掘主要收获》,图六 :6,《文物春秋》,1997 年增刊。

[8] 王会民、张志中 :《邢窑调查试掘主要收获》,图六 :7,《文物春秋》,1997 年增刊。

[9] 王会民、张志中 :《邢窑调查试掘主要收获》,《文物春秋》,1997 年增刊。

[10] 秦大树 :《白釉剔花装饰的产生、发展及相关问题》,图五 :5,《文物》2001 年第 11 期。

[11] 张子英 :《磁州窑瓷枕》,图九四,人民美术出版社,2000 年。

[12] [13] 秦大树 :《白釉剔花装饰的产生、发展及相关问题》,《文物》2001 年第 11 期。

[原载于《河北省考古文集》(三),科学出版社,2007 年]

邢台市人民公园古城墙试掘简报

邢台市文物管理处

邢台是一座历史文化底蕴深厚的古城，具有三千多年的城市发展史，被专家誉为“先商之源，祖乙之都，邢侯之国”和“三朝古都”。2004年邢台市启动了历史文化名城的申报工作。今年在申报省级历史文化名城的基础上，将进一步申报国家级历史文化名城。因此，澄清邢台历史文化发展脉络，考证市内现存古城墙的建造年代具有十分重要的意义。我们报批了河北省文物局，由邢台市文物管理处组成考古队，对人民公园内一段古城墙进行考古发掘工作。在不破坏古城墙整体原貌的情况下，我们选定一处较小的断面进行考古发掘。考古发掘工作自2005年6月16日开始至7月31日结束。现将考古发掘情况报告如下。

一、概况

古城墙解剖区位于邢台市人民公园。南邻中兴东大街，西邻邢台市园林处，东邻邢州路，现存城墙平面呈“━┛”形，残高7、宽20米，外形表面呈梯形。为便于工作我们选定东段土城墙的西端为发掘点（图一）。该处城墙西、北、南面原为不规则坡面，高度不一，上面原有松树、柏树、灌木丛、杂草等植被。

二、简史

邢台古城的营建有悠久的历史，古城墙原为夯土式，记载最早者见于《左传》，公元前659年，齐桓公率领齐、宋、卫、曹四国联军，筑起邢都城，现在邢台古城的内城，还保留着先秦时期城市的布局特点，邢侯台遗址就位于今邢台市第一幼儿园附近。沈括在《梦溪笔谈》中记载：“郭进有才略，累有战功，尝刺邢州。今邢州城乃郭进所筑，其厚六丈，至今坚完。”并说城上可卧牛故俗称“卧牛城”。《府志》记载：“旧城围九里三十步厚二丈。隋《图经》谓石勒所筑，号建平大城，岂春秋时卉植公率曹卫所筑，而石勒增之，其由来未可知矣。”邢台城墙修筑最早年代有待今后考古发掘证实。明代那台古城是在原来夯土域墙基础上砌砖石，并增筑了外城，形成了现在保留的古城格局。明天顺四年（1460年），郡守杨浩各增甓城二重，起层楼其上。万历十年（1582年），又对古城墙进行修建；石基高

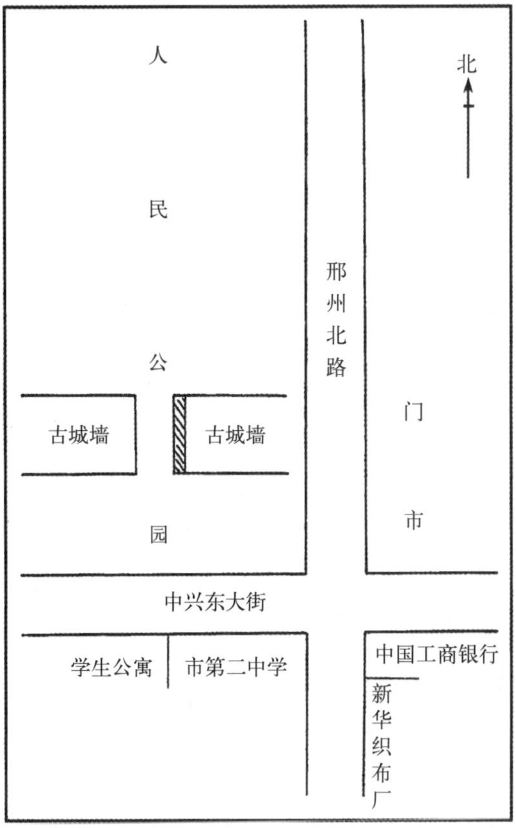

图一　邢台市人民公园古城墙发掘区位置示意图

丈，砖面三复，厚入七进，高三丈五尺，厚五丈有奇。清乾隆十五年（1750 年），知府徐景曾修南北二门。1949 年以后，由于人为破坏，只留下部分残段城墙，即南城门段，东南隅段和一些零星夯土城墙及石基。综上所述，为了考证古城墙的最早夯筑年代及其发展脉络，很有必要在古城墙上选点进行考古发掘。这对我市申报国家级历史文化名城工作大有裨益。

三、遗迹

土城墙上原有的松树、柏树、灌木丛给发掘工作带来不便。在不破坏古城墙原貌的情况下，根据土城墙的现状，采取自上而下的阶梯式发掘方法进行工作。如发现墓葬、灰坑等其他遗迹现象，再做特殊处理。

发掘区内这段古城墙距现存地表残高 7 米。地面基础南北长 20、东西宽 9 米。根据需要及夯土层的厚度，每 0.6 米或 0.8 米或 0.9 米或 1.4 米，南北向留作一步台阶。在接近现存地面时，并排布方 2 个（编号 T1、T2）。T2 因故未能全部解剖至底。探方内地层堆积较简单，T1 发现灰坑（H1）一座。表土层下发现的遗迹现象包括墓葬 1 座、灰坑 1 处、夯土城墙 7 段（其中包括包砖城墙残段）（图二、图三），以及城墙外坡处的晚期石墙遗迹，城墙内坡则被部分现代台阶严重破坏。

1. 城墙

城墙已发掘部分南北长20、东西宽9、高7米。共发现7段夯土（编号1～7），其中夯1至夯3位于城墙内缘，夯4至夯7从墙体内侧向外依次叠压。下面按时代先后顺序，从夯1至夯7分别加以介绍，各段夯土的宽、厚均以东壁的情况为准。

夯1　在两个探方底部。分为上下两部分。下部夯土采用黄褐色黏土和砂土夯筑，土

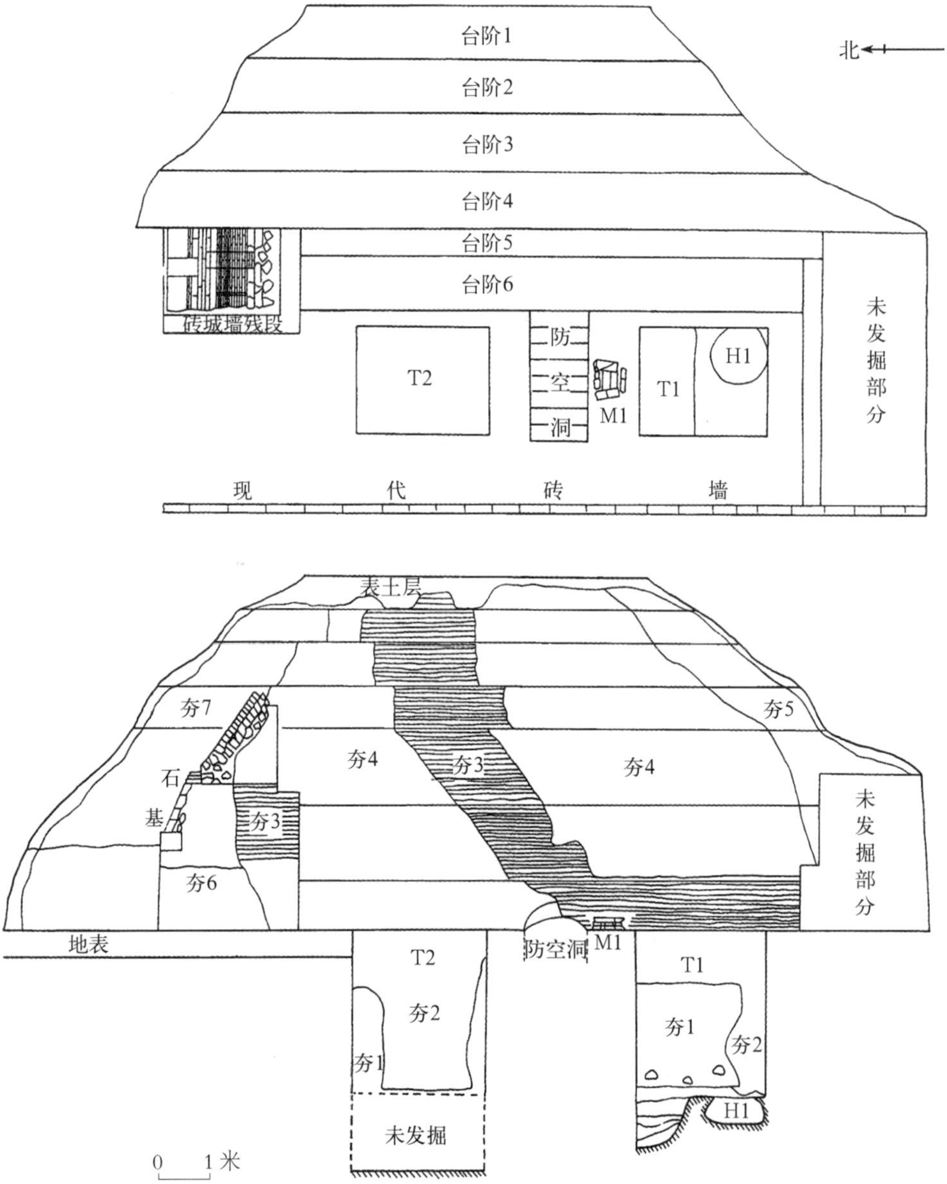

图二　邢台市人民公园古城墙发掘区平、剖面图

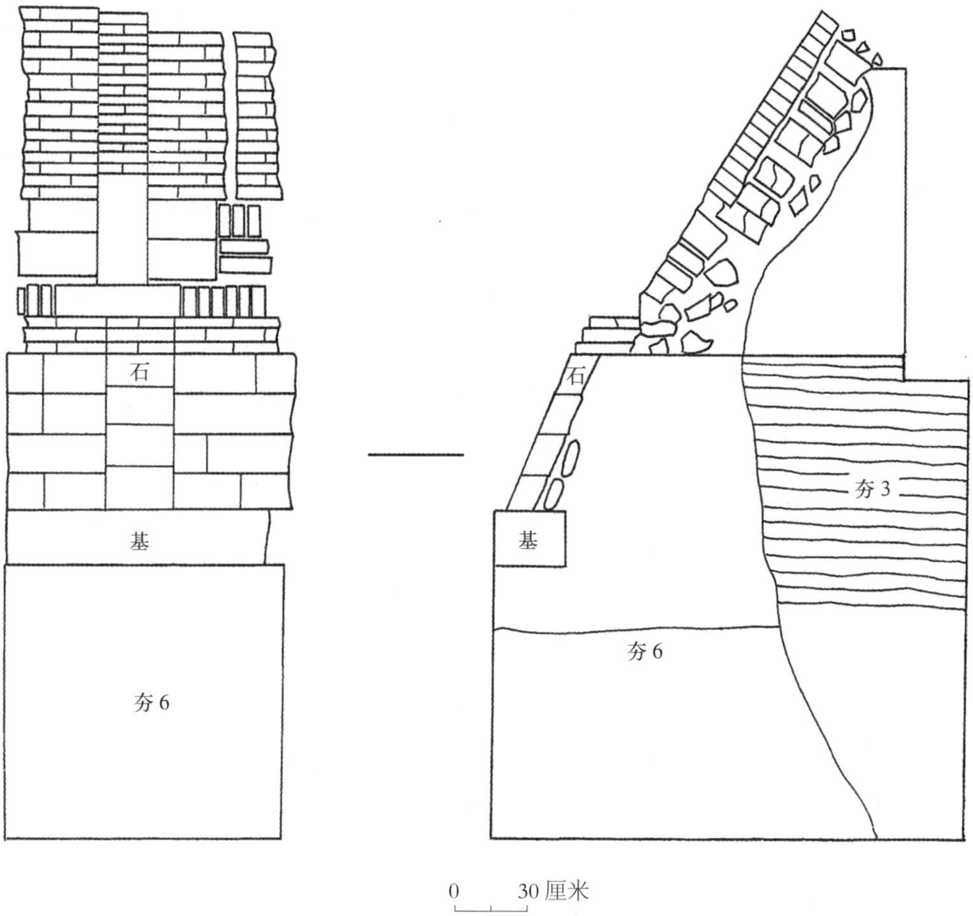

图三　邢台市人民公园古城墙发掘区砖城墙残段平、剖面图

质一般，夯层薄且较纯净，含较多水锈及细淤沙，有 5 个夯层，层厚 10 ～ 30 厘米，未发现夯窝。本部分夯土内无遗物出土。底部打破战国时期灰坑 H1。上部夯土为黑褐色，内含姜石较多，土质较硬，有夯层，夯层较实，层位划分不明。夯 1 残高 1.9 ～ 3 米，宽度不明。在此段夯土中上下共有 3 层穿棍洞，均略呈东北—西南向横置，层间距 0.2 ～ 0.4 米，同排穿棍的间距则为 0.2 ～ 0.5 米，木棍均仅存朽洞，直径 0.1 ～ 0.3 米。包含的遗物较少，有少量战国至汉代的板瓦、筒瓦及盆、罐等器物残片。

夯 2　该段夯土是将夯 1 进行较大规模的修铲后，依附其上夯筑形成。高 0.9 ～ 2.7 米，宽度不详。该段夯土采用黄色和褐色土混合夯打，有夯层，层位划分不明显，每层厚约 7 ～ 9 厘米，层之间有夯窝，呈圆形圜底状，较浅，近似平面。夯 2 包含的遗物中有战国至汉代时期的砖、板瓦、筒瓦及鬲、罐、盆、碗等器物的残片。

夯 3　因被夯 4 打破，墙体被分成不相连的南北两部分。但从层位关系以及夯筑方法、包含物等相一致判断，二者同属一段夯土。北部夯土的南侧被夯 4 打破，残存 14 个夯层，为黄色花土夯打结实，下部夯层不太明显。北侧已遭破坏，被晚期修补部分所叠压。残宽 1.25、高 2.7 米。南部夯土被 M1 及夯 4 打破，被夯 4 叠压，残宽 0.8 ～ 4.65、高 6.15 米，现存 84 个夯层，均以夹砂黄褐色花土夯打结实。南北两部分的夯层均平整而清晰，层厚多在 8 ～ 9 厘米之间，较薄的为 4 ～ 5 厘米，最厚为 10 厘米。层面上撒白灰或砂粒以便夯打。夯窝为圆形圜底状，有大小两种，大者直径 5 ～ 6 厘米，小者直径 3 ～ 4 厘米，深 0.5 ～ 3.5 厘米。夯 3 包含的遗物有战国至汉代时期的铜箭镞、五铢钱、灰陶砖、筒瓦、板瓦及豆、罐、盆、碗等器物的残片。

夯 4　该段夯土是将夯 3 进行大规模的修整后，依附在其上夯筑而成，两侧被城墙的晚期修补部分所叠压。被夯 6 打破。此段夯土分南北两部分。南部残宽 3 ～ 4、高 5.25 米，为棕褐色花土夯筑而成，土层硬度大，但夯层不太明显，层厚在 7 ～ 8 厘米之间，含有姜石、骨、烧土、炭灰等。层面上有夯窝，呈圆形平底状，直径 3 ～ 4、深 0.3 ～ 1.5 厘米，因多重夯打已不明显。北部夯上残宽 0.7 ～ 5、高 6 米，为黄褐色花土夯筑而成，夯层不明显，但土层硬度大。夯 4 包含的遗物中有战国至汉代时期的板瓦、筒瓦、砖及盆、罐等陶器残片和五铢钱以及唐时期的瓷碗、瓷体等器物的残片。

夯 5　该段夯土依附于夯 4 南侧。其南外侧原有松，柏树，底部用青石垒砌，残宽 1.5 ～ 2.5、高 5 米。以黑色黏土夯打筑成，土质坚硬，夯层不太明显，层厚 10 ～ 15 厘米，最厚为 20 厘米，土质较纯净。夯 5 包含物中有少量的碎小陶片，器形不明。

夯 6　该段夯土打破 3、夯 4，其北侧在晚期曾修补过。墙体通宽 1.4 ～ 1.6、高 4.5 米，内部实为夯 3。北外侧包砖，砖长 0.34、宽 0.17、厚 0.07 米。底部用长条青石砌筑加固，共 5 层，条石长 1.44、宽 0.4、厚 0.3 米。夯 6 包含的遗物中有战国至汉代时期的罐、盆等器物残片及明代的长方形灰陶砖等。

夯 7　依附于夯 4 向上夯筑，被北侧的现代台阶破坏了一部分，残宽 2 ～ 2.5、高 6 米，以黄色花土夯筑面成，因长时间风吹日晒，风雪侵蚀，土质较松散，未见明显的旁层。其包含物有少量宋金时期的釉陶壶残片和部分明代灰陶砖，有的一侧刻“城工字”（图七，1）。

根据各段夯土之间及其与墓葬、灰坑等遗迹的叠压关系，以及夯土方法和所包含遗物的时代特征，我们可以将城墙大致分为三期：

第一期为秦汉时期的城墙，包括夯 1、夯 2、夯 3。此时期的城墙夯层较薄，在夯筑方法上使用金属夯具。这与鲁故城第四段战国至汉初城墙特点相同。基础中的夯 1、夯 2 夯层不明显，并且经过两次修筑，地表上的夯 3，夯层平整而清晰，夯筑质量最好。在夯 1 中出现穿棍。包含物中，夯 1、夯 2、夯 3 所出陶片大部分为战国以来的浅灰陶，可辨别的器型如罐、瓮、豆、盆等年代均不晚于西汉中期。夯 3 中出土的五铢铜钱具有西汉中期的特点，夯 3 中还出土了部分西汉时期的板瓦、筒瓦残片，板瓦内面饰布纹。并且夯 1 叠压在战国时期的灰坑 H1 之上，魏晋时期的 M1 打破了夯 3。根据以上分析，本期城墙夯 1 和夯 2 均筑于秦末汉初，夯 3 修筑年代应不晚于西汉中期。

第二期为唐代城墙，包括夯 4、夯 5。此期城墙的夯层明显增厚，夯层不太明显，夯具不明。包含物中，所出陶片大部分较早，可辨器型如罐、瓮、盆、碗等，年代均不晚于西汉中期。

所出五铢钱也不晚于西汉中晚期。同时出土的瓷片较晚，可辨器型如瓷碗、瓷钵等不晚于唐中期。总体上看，本期城墙约筑于唐中期。

第三期为明代城墙，包括夯6、夯7，此期城墙的夯筑质量差，夯具不明。均依附早期城墙修筑而成。包含物中，所出陶片及瓷片均不丰富，且较碎小，器型不可辨。从陶质、陶色及瓷片来看不晚于明。夯7外包的长方形灰陶砖为明代的典型遗物。夯6打破夯3、夯4，且在夯7内部。综合分析，本期城墙中夯6约筑于明代早中期，夯7年代应不晚于明代晚期。

2. 灰坑

H1　位于T1底部东南角，坑口近似圆形，直径1.16、深0.5米，被夯1打破。底部较平，距地表深3.1米。内部填土为灰褐色草木灰土，还有少量烧土。包含的遗物中有较多战国时期的陶片。可辨器类包括豆、盆、壶、罐等器物残片（图四，1）

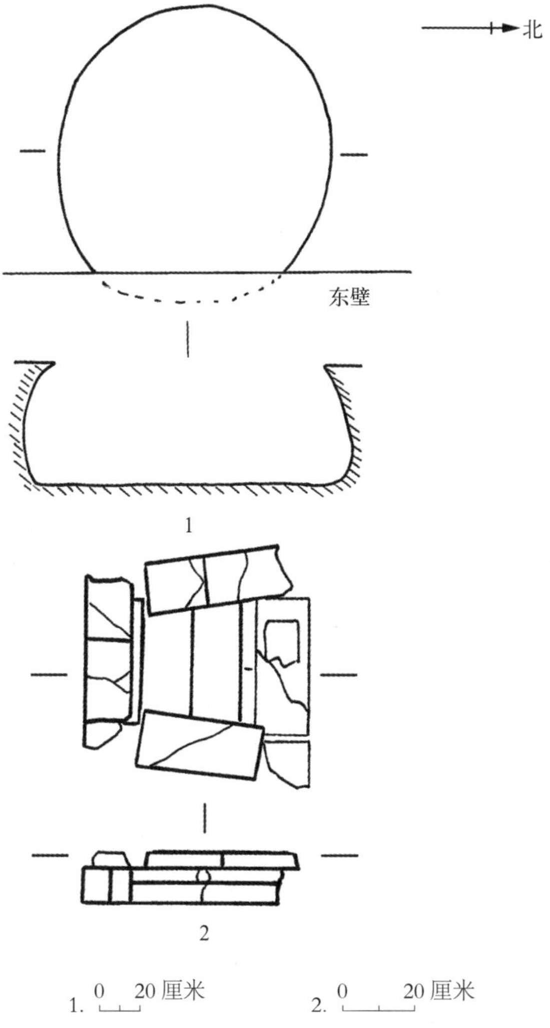

图四　邢台市人民公园古城墙发掘区H1、M1平、剖面图

1. 灰坑（H1）　2. 墓葬（M1）

3．墓葬

仅发现1座。

Ml　打破夯3。距城墙南边沿6米，北侧被现代防空洞打破，为魏晋时期的微型砖砌骨灰墓。南北向，墓向2°。平面呈梯形，北宽南窄。墓南北残长0.66、南宽0.5、北宽0.7米，墓口被扰，残留三层砖，高约0.16米，底部铺砖，墓室内未发现遗物。砖为长方形粗绳纹灰陶砖，砖质火候较低，砖长0.3、宽0.14、厚0.05米（图四，2）。

四、遗物

本次试掘中，城墙夯土、墓葬及探方中出土了各类陶、瓷、铜、骨器，为判断城墙的文化内涵及时提供了直接证据，这里选择了部分典型标本加以介绍。

1．战国至汉代遗物

包括陶器和铜器。大部分从夯土及基础中出土。

（1）陶器

主要是器物的口沿、器身和底足残片等。可复原者仅1件。陶质分夹砂陶和泥质陶两大类。大部分为泥质灰陶，只有少量的夹砂陶和灰陶，许多器物上有轮制痕迹。部分陶片上有文字印记，经初步辨认，应为陶工名字。陶色有灰、红、褐三种。器表以素面为主，所见到的纹饰包括凹或凸弦纹、绳纹、戳印纹、网状纹、布纹、刻划纹等。可辨器型主要包括罐、盆，碗、能、豆等。

陶罐　19件。均为口沿、残足、肩腹部残件，其中口沿9件，底足2件，肩腹部残片8件。夯3:9，泥质灰陶，卷沿、圆唇。残高9、胎厚1.2厘米（图五，15）夯3:7，泥质灰陶，口沿向内侧微卷，唇部有折棱。残高11.6、胎厚0.8厘米（图五，17）。夯4:1，夹砂灰陶，含砂量较小。直口，腹壁较直，壁内侧饰有布纹。残高8、胎厚1.1厘米（图五，2）。夯4:6泥质灰陶，侈口，矮颈，肩饰细绳纹。残高7.5、胎厚1.2厘米（图五，10）。夯3:3，口部残片，泥质灰陶，直口，圆唇，器表饰两道凹弦纹。残高7、胎厚0.8厘米（图五，12）。夯2:1，泥质灰陶，侈口圆唇，矮颈。肩饰有网状纹。残高5.2、口沿厚1.2厘米（图五，3），夯2:2，泥质灰陶，素面，侈口，残高10.6、胎厚1.8厘米（图五，4）。夯2:4，泥质灰陶，器表饰粗绳纹。残高6、胎厚0.8厘米（图五，8）。夯3:2，泥质灰陶，撇口，圆唇，器表饰一道凸弦纹，残高7、胎厚0.7厘米（图五，6）。夯4:9，泥质灰陶，平底，外底部刻“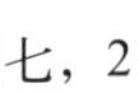”，释为“邸折”二字，人名。残高3.5、复原底径8.2、底厚0.8厘米（图五，11；图七，2）。夯4:10泥质灰陶，柿饼底，微内凹，外底部刻“”，释为“邸眉”二字，人名。残高10、底径8、底厚1厘米（图五，16；图七，3）。夯3:8，泥质灰陶，直壁，腹部饰三周不规则的戳印纹。残高7.6、胎厚0.8厘米（图五，9）。夯3:1，泥质灰陶，器表饰三周绳纹带。残高8、胎厚0.8厘米（图五，5）。夯4:11，泥质灰陶，圆腹，腹部刻“”，释为“眴事”

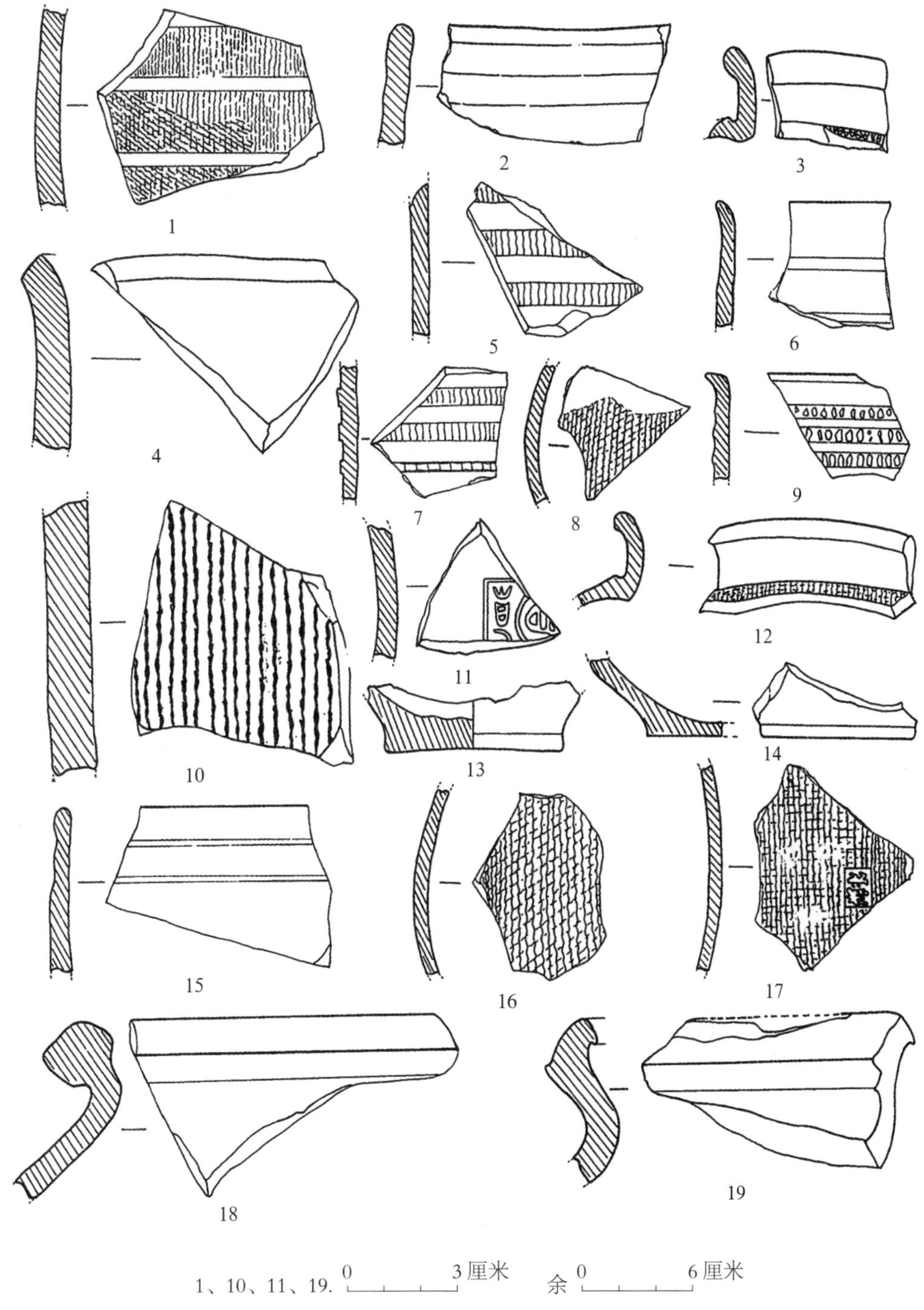

图五　战国至汉代陶罐残片

1.T1H1∶2　2.夯4∶1　3.夯2∶1　4.夯2∶2　5.夯3∶1　6.夯3∶2　7.夯4∶12　8.夯2∶4　9.夯3∶8　10.夯4∶6　11.夯4∶9　12.夯3∶3　13.夯4∶4　14.T1H1∶3　15.夯3∶9　16.夯4∶10　17.夯3∶7　18.夯4∶11　19.夯2∶7

二字，人名。残高10、胎厚1.8厘米（图五，18；图七，6）。夯4:4，泥质灰陶，腹饰细绳纹。残高8、胎厚0.8厘米（图五，13）。夯2:7，泥质灰陶，饰三周戳印纹。残高4.5、胎厚0.9厘米（图五，19）。T1H1:2，泥质灰陶，腹饰三周绳纹带。残高5.4、胎厚0.6厘米（图五，1）。T1H1:3，泥质灰陶，腹饰细绳纹，并刻“”，释为“乐华”二字，人名。残高4.4、胎厚0.4厘米（图五，14；图七，4）。夯4:12，泥质灰陶，肩腹饰细绳纹。残高6、胎厚0.6厘米（图五，7）。

陶盆　4件，均为口沿。夯4:2，泥质灰陶，宽折沿，方唇。残高4、胎厚0.7厘米（图六，1）。夯2:3，泥质灰陶，斜折沿，方唇。残高4.4、胎厚0.7厘米（图六，11）。夯3:6，泥质灰陶，宽折沿，方唇。残高6、胎厚0.7厘米（图六，13）。夯4:5，泥质灰陶，平折沿，方唇，沿面饰数周凹弦纹。残高4.8、胎厚0.6厘米（图六，9）。

陶碗　1件。T1H1:1，口部残片，泥质灰陶，敛口，圆唇，腹中部有一折棱，下腹微收，素面，残高6、胎厚0.5厘米（图六，2）。

陶瓮　1件。夯4:13，泥质灰陶，侈口，唇口残缺，肩部饰二周刻划圆圈纹，其间饰“水”字纹。残高9.6、厚1.2厘米（图六，8）。

陶豆　1件。夯2:6，柄、足残缺，豆盘较浅，弧壁，素面。盘径7.2、残高3厘米（图六，3）。

筒瓦　3件，均残缺。夯4:8，泥质灰陶，瓦身饰绳纹，内侧为素面，尾部饰有抹断绳纹。残长8、宽6、胎厚0.6厘米（图六，5）。夯4:7，泥质灰陶，扣尾残缺，瓦身饰绳纹，尾部饰有抹断绳纹。残长13.3、残宽7、厚0.8厘米（图六，4）。夯2:5，夹砂灰陶，含砂量较小，扣尾短小上翘，与瓦背之间高差大，瓦身饰绳纹，尾部饰有抹断绳纹。残长7.8、残宽4.8、厚0.6厘米（图六，6）。

板瓦　1件，残缺。夯3:5，泥质灰陶，内侧饰布纹，瓦身饰斜竖条纹。残宽9.6、残高12、厚1.7厘米（图六，12）。

瓦当　1件，残缺。夯3:4，宽高缘，近缘处饰三周凸弦纹。缘宽1.2、复原直径14厘米（图六，10）。

（2）铜器

分铜钱、铜箭镞两种，其中铜钱4枚，其中1枚较完整。

五铢钱　4枚，只有1枚较完整。夯4:23，面文五铢，有孔郭、边郭。钱径2.5、穿径1、厚0.12厘米（图七，5）。

铜箭镞　夯4:3，镞为圆锥形，铤圆形，部分残缺，通长3厘米（图六，7）。

2. 骨器

分人骨、兽骨两种，多为骨料。

类型有人头骨、下颌骨、人牙、脊柱骨、桡骨等。兽骨有兽牙、肋骨、腿骨、脚骨等。

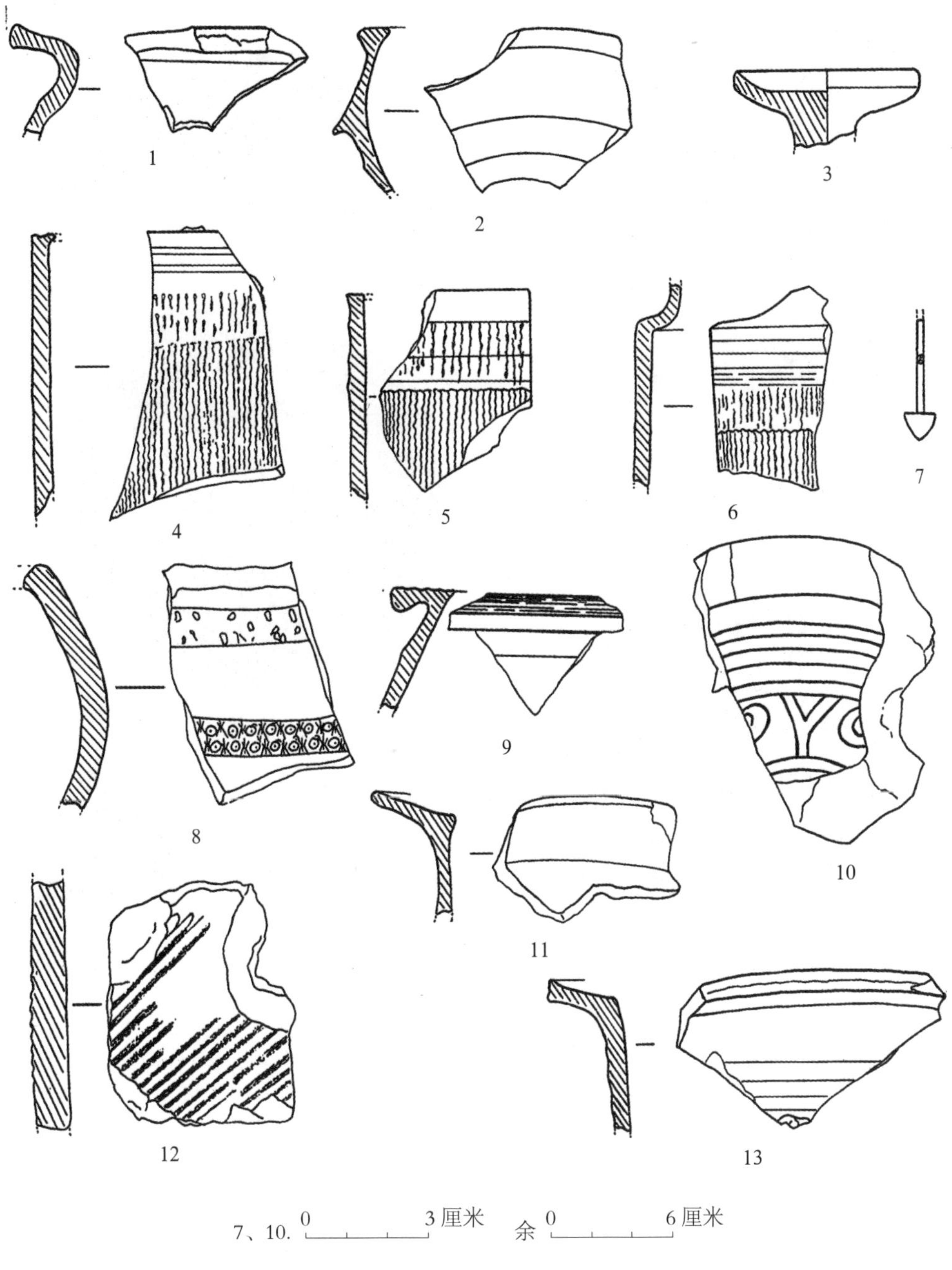

图六　战国至汉代遗物

1、9、11、13. 陶盆（夯4∶2、夯4∶5、夯2∶3、夯3∶6） 2. 陶碗（T1H1∶1） 3. 残豆盘（夯2∶6）
4～6. 筒瓦（夯4∶7、夯4∶8、夯2∶5） 7. 铜箭镞（夯4∶3） 8. 陶瓮（夯4∶13） 10. 陶瓦当（夯3∶4） 12. 板瓦（夯3∶5）

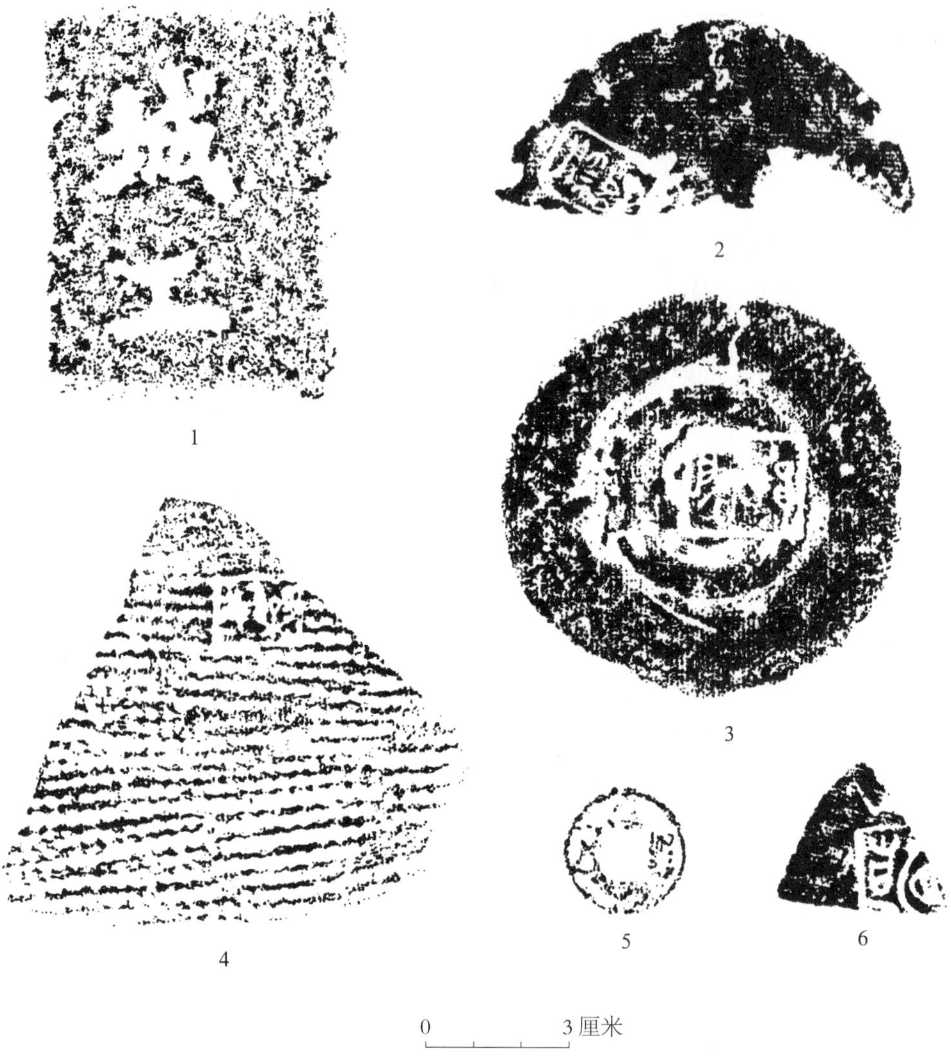

图七　出土陶器、陶砖铭文及铜钱拓本

1. 陶砖（夯 7∶1）　2 ～ 4、6. 陶罐（夯 4∶9、夯 4∶10、T1H1∶3、夯 4∶11）　5. 铜钱（夯 4∶23）

五、结语

此次在对这段古城墙进行的年代考证中，发现了与古城墙有关的灰坑、墓葬及外包砖残段城墙等遗迹，基本澄清了古城墙的结构、性质和年代等问题，获得了较好的地层剖面及地层叠压关系等资料。

从基础下发现的大量战国至汉代的陶片分析，该城墙夯筑年代上限约在西汉中期。本次考古工作中，发现的战国至汉代的遗物比较丰富，说明城墙发展的鼎盛阶段当在这一时期。

唐、宋、明遗物虽然发现较少，但也说明该城墙在唐、宋、明时期多有续修，现存外貌为明代筑造。

执笔　石从枝
绘图　李振杰

[原载于《河北省考古文集》(三)，科学出版社，2007 年]

河北邢台市泽丰园小区宋墓的发掘

李 军 李恩玮

2001年11月25日，河北邢台市文物管理处配合市住宅五公司泽丰园综合楼建设工程，进行文物勘探工作中发现4座洞室墓，编号为01XZM1～01XZM4，简称M1～M4。泽丰园综合楼建设区位于邢台市桥西区东部，茶棚沟及中华路南侧，西接邢台市一中，东近郭守敬大街（图一）。墓葬分布在该建设区西部（图二），没有叠压打破关系。现将这4座洞室墓清理情况简要报道如下。

一、地层堆积

墓葬所在的建设区西部的地层堆积可分为二层。

第1层：现代文化层。厚约40～50厘米。

第2层：宋以后洪水多次冲积形成的黄色淤土层，土质较纯净。厚20～50厘米。出土遗物较少，局部出土陶鬲残片和金、元瓷片。

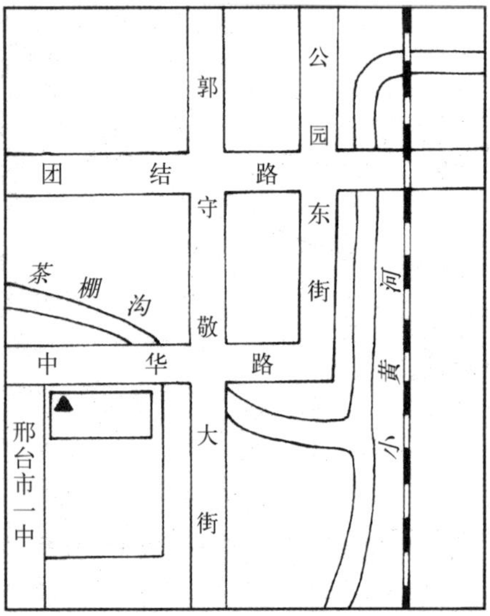

图一 墓葬位置示意图

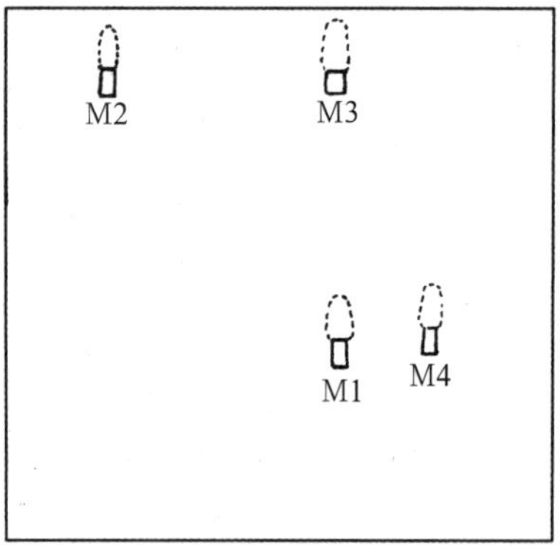

图二 墓葬分布示意图

第 2 层下为生土。

此次发掘的墓葬均开口于第 2 层下，墓口距地表深 0.7 ～ 0.9 米，呈南北向排列。

二、墓葬形制

4 座墓葬均为带竖井式墓道的土洞墓，墓道南宽北窄，平面呈梯形。

M1　墓长 5.1、宽 0.6 ～ 1.6、深 6 米，方向 160°。墓道长 2、宽 0.9 ～ 1 米，底部南端有 3 级台阶，北侧为斜坡底，距地表深 6.8 米。墓道南部东西两壁自上而下各有三角形脚窝 1 排。墓门用素面单砖错缝顺砌 18 层封堵。素面砖长 32、宽 16、厚 5 厘米。洞室平面呈椭圆形，长 3.1、宽 0.6 ～ 1.6、拱形顶高 0.4 ～ 1.1 米。内置一木棺，已朽，据遗迹推测该棺长 2、宽 0.54 ～ 0.8、高 0.4 ～ 0.68 米。棺内有 1 具人骨，经鉴定为男性，年约 45 ～ 50 岁，头向南，面向上，仰身直肢。棺内南侧有白釉瓷碗 1 件；墓主身下有开元通宝铜钱 19 枚；棺前西南角叠放陶塔式罐第一层器座、第二层器座和扶梯，其东侧距墓底 0.46 米处有陶罐 1 件，罐下稍偏东处有器盖 1 件（图三）。墓道内填土为五花土，墓室内填土为细泥淤土。

M2　墓长 4.6、宽 0.5 ～ 1.1、深 5.5 米，方向 170°。墓道长 2、宽 0.9 ～ 1.1、距地表深 6.2 米。墓室呈椭圆形，长 2.6、宽 0.5 ～ 0.9、拱形顶高 0.2 ～ 0.8 米。墓室被盗扰，仅见两下肢骨和陶塔式罐 1 套。

M3　墓长 4.66、宽 0.7 ～ 1.5、深 5.8 米，方向 178°。墓道长 1.64、宽 1.26 ～ 1.33、距地表深 6.5 米。墓门用素面单砖平铺错缝顺砌 16 层封堵。砖的形制与 M1 的相同。墓室呈椭圆形，长 3.02、宽 0.7 ～ 1.5、拱形顶高 0.36 ～ 0.64 米。内置一木棺，已朽，据遗迹推测该棺长 2.1、宽 0.54 ～ 0.7、高 0.34 ～ 0.5 米。棺内有 1 具人骨，经鉴定为男性，年约 40 ～ 45 岁，头向南，面向西，仰身直肢。墓主身下有货泉、开元通宝、乾元重宝、天汉元宝、太平通宝、至道元宝、咸平元宝等铜钱；棺前墓室西南叠放陶塔式罐构件 4 件，其置放方式为下层并排放置桶形器座和器身，中层为第二层器座，上层为第一层器座；其东平置陶罐 1 件、器盖 1 件（图四）。墓道内填土为五花土，墓室内填土为细泥淤土。

M4　墓长 4.76、宽 0.6 ～ 1.4、深 6.1 米，方向 178°。墓道长 1.86、宽 0.8 ～ 1.04 米，墓道底部南端有 1 级台阶，北部呈斜坡状，距地表深 7 米。墓道南端东西两壁自上而下各有三角形脚窝 1 排，间距平均 0.5 米。墓门用素面砖棱角对外交错平砌 15 层，然后用双砖平铺顺砌 4 层封堵。砖的形制与 M1 的相同。墓室平面呈椭圆形，长 2.9、宽 0.6 ～ 1.4、拱形顶高 0.4 ～ 0.8 米。内置一柏木棺，已朽，局部残存厚 0.2 ～ 0.5 厘米的柏木板，棺长 1.9、宽 0.44 ～ 0.72、高 0.3 ～ 0.6 米。棺内有 1 具人骨，经鉴定为男性，年约 50 ～ 55 岁，头骨在木棺中部近东壁处，其他肢骨正常，根据发掘情况分析，葬式应为头向南，仰身直肢。墓主身下有开元通宝 138 枚、乾元重宝 3 枚；棺内西南角有青釉瓷碗 1 件，碗内有开元通宝 1 枚；棺前自西向东放置陶塔式罐的第一层器座、第二层器座、器身、陶罐、罐上置有器盖（图五）。墓道内填土为五花土，墓室内填土为细泥淤土。

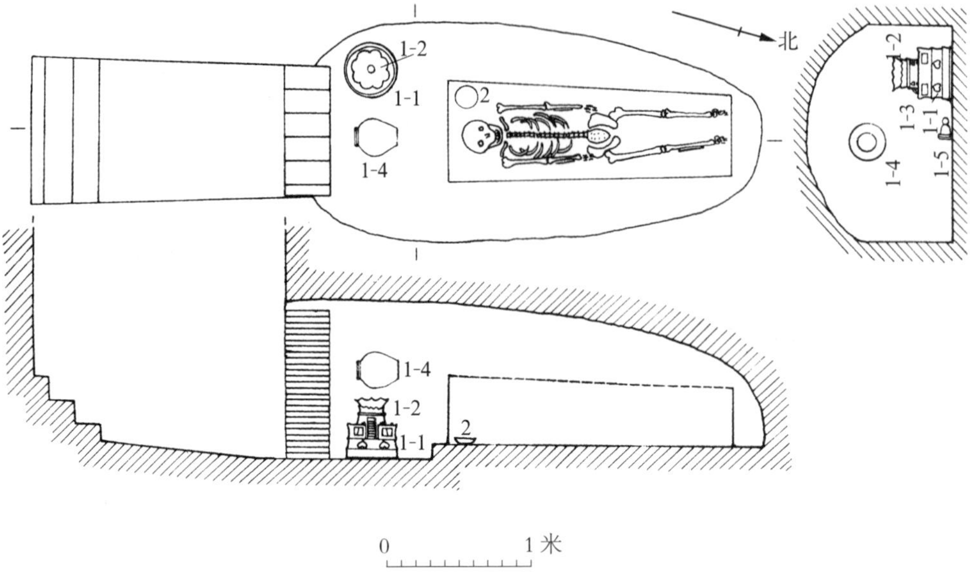

图三　M1平、剖面图

1. 陶塔式罐（1-2. 器座，1-2. 器身，1-3. 扶梯，1-4. 罐，1-5. 器盖）2. 瓷碗

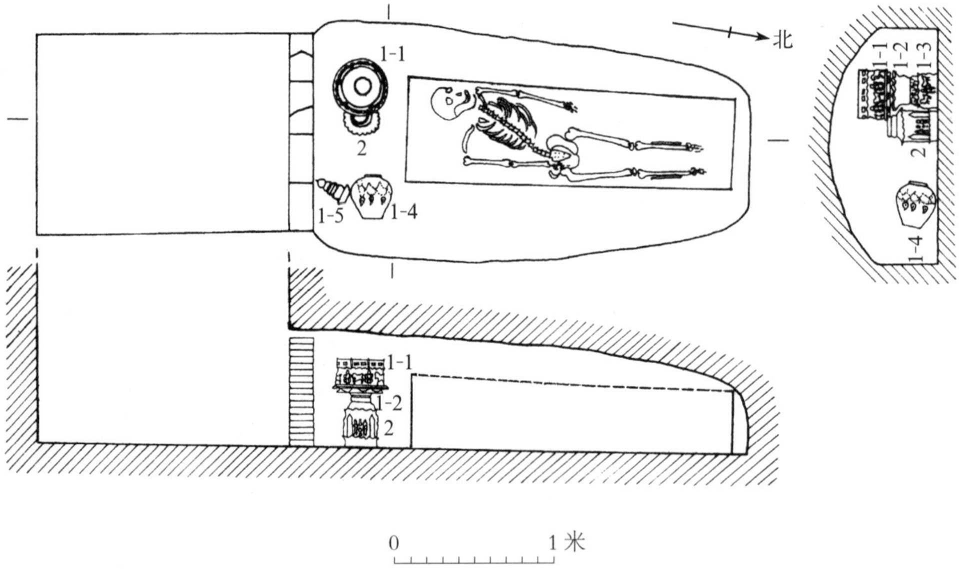

图四　M3平、剖面图

1. 陶塔式罐（1-1、1-2. 器座，1-3. 器身，1-4. 罐，1-5. 器盖）2. 陶桶形器座

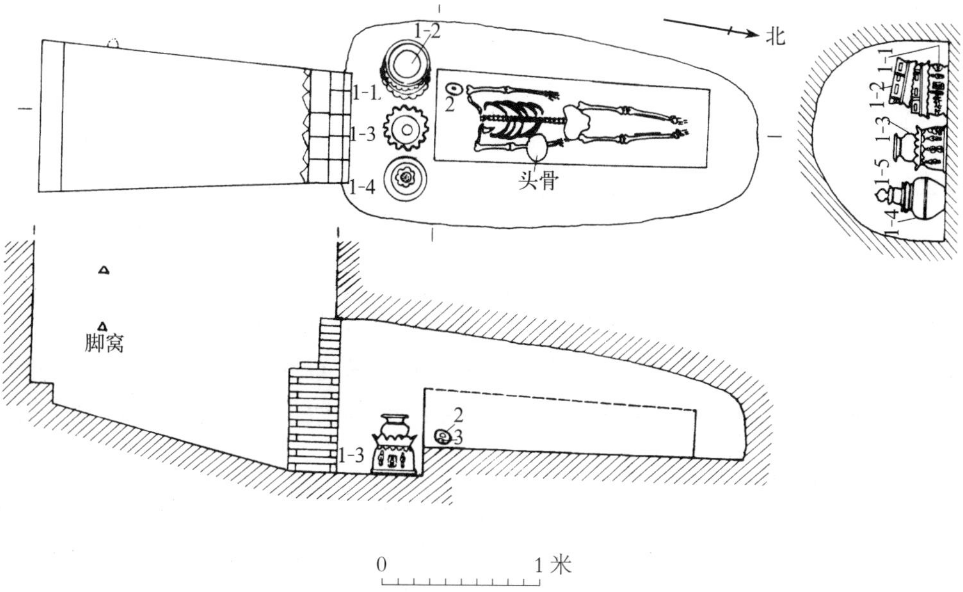

图五　M4平、剖面图

1. 陶塔式罐（1-1、1-2. 器座，1-3. 器身，1-4. 罐，1-5. 器盖） 2. 瓷碗　3. 铜钱

三、出土遗物

（一）瓷器

2件，均为碗。M1∶2，敞口，圆唇，弧腹，矮圈足。器内外施白釉，器外施釉不及底，局部有流釉现象。釉质微泛灰。口径14.6、圈足径5.7、高4.8厘米（图六，1）。M4∶2，微敛口，斜腹，矮圈足。器内外满施青釉，碗心釉下贴一莲花。碗底部有3处支钉眼。口径11.5、圈足径4.2、高5厘米（图六，2；彩版一一，2）。

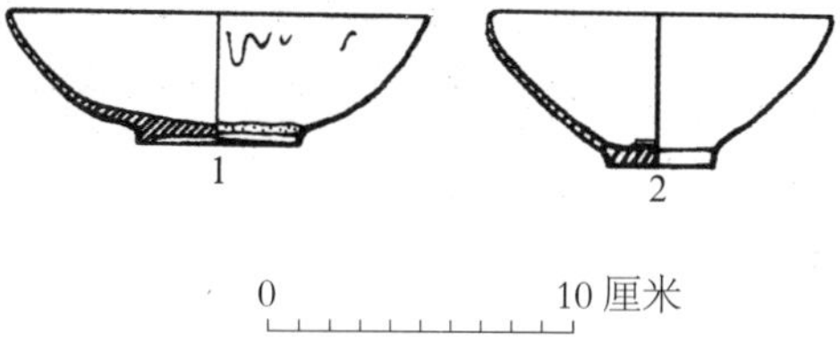

图六　瓷碗

1.M1∶2　2.M4∶2

(二)陶器

共5件(套),均为泥质灰陶。

1. 塔式罐

4套。每座墓葬出土1套。

(1)M1∶1

形似圆形土台式楼阁建筑,由器盖(M1∶1-5)、罐(M1∶1-4)、扶梯(M1∶1-3)和器身(M1∶1-2)、器座(M1∶1-1)五部分组成,通高96厘米(图七;彩版一一,1)分述如下。

器盖 覆钵状。子口,宽折沿,顶部有宝珠形钮。中空。盖上绘有黑色覆莲纹图案。口径10.4、高15.2厘米。

罐 圆唇,颈部稍长,鼓肩,圆腹,下腹内收,小平底。颈部有凹棱一周;罐体满施白衣,肩部白衣外用墨绘莲瓣纹,腹部绘牡丹花,大部分脱落。口径12.8、最大腹径29.6、底径12、高34厘米。

扶梯 梯面、寻杖隆起呈弧形。扶梯共有9级台阶。高13厘米。

器身 圆形束颈仰莲式。敞口,仰莲式花边口沿,束颈,折肩,近直腹,底口稍大,折沿,方唇。中空。颈部有波浪状附加变形莲纹一周;折肩部起箍状凸棱一周,棱上有凹弦纹两周;上腹部镂桃形窗三个和高5.2、宽6厘米的门洞一个;腹部门窗下起箍状凸棱一周,其上饰有凹弦纹;座身局部有黑色彩绘,大部分脱落。口径24、底径24、高25.6厘米。

器座 覆盆状。底口稍大于上口,中空。座内上部有承托器身的平台,台中部有直径17.6厘米的圆孔,台周边有高6.8厘米的拒马叉子,立柱、寻杖齐全,柱头稍高于寻杖,

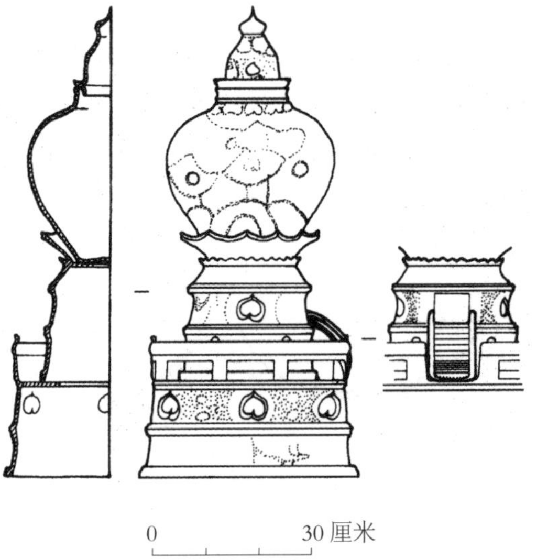

图七 陶塔式罐

(M1∶1)

拒马叉子一侧有一为置放扶梯的梯口；上腹部对称镂桃形窗六个；腹中部起箍状凸棱一周；塔身有黑色彩绘，局部脱落。器座台面拒马叉子与器身之间形成回廊。器座台面直径 33.2、底径 37.6、器座高 24 厘米。

（2）M2∶1

由器盖（M2∶1-3）、罐（M2∶1-2）、器座（M2∶1-1）三部分组成，通高 60 厘米（图八，3；彩版一一，6）。分述如下。

器盖　覆体状。子口，宽折沿，上有宝珠形钮，中空。器盖体状体中部有一圆孔。器盖高 16 厘米。

罐　圆唇，短颈，溜肩，鼓腹，小平底。口径 20、底径 18.8、高 22.3 厘米。

器座　盘口，莲花边口沿，束颈，腹微鼓，底部外撇。中空。颈部和底部施凹弦纹。口径 13.8、底径 10.6、高 24.5 厘米。

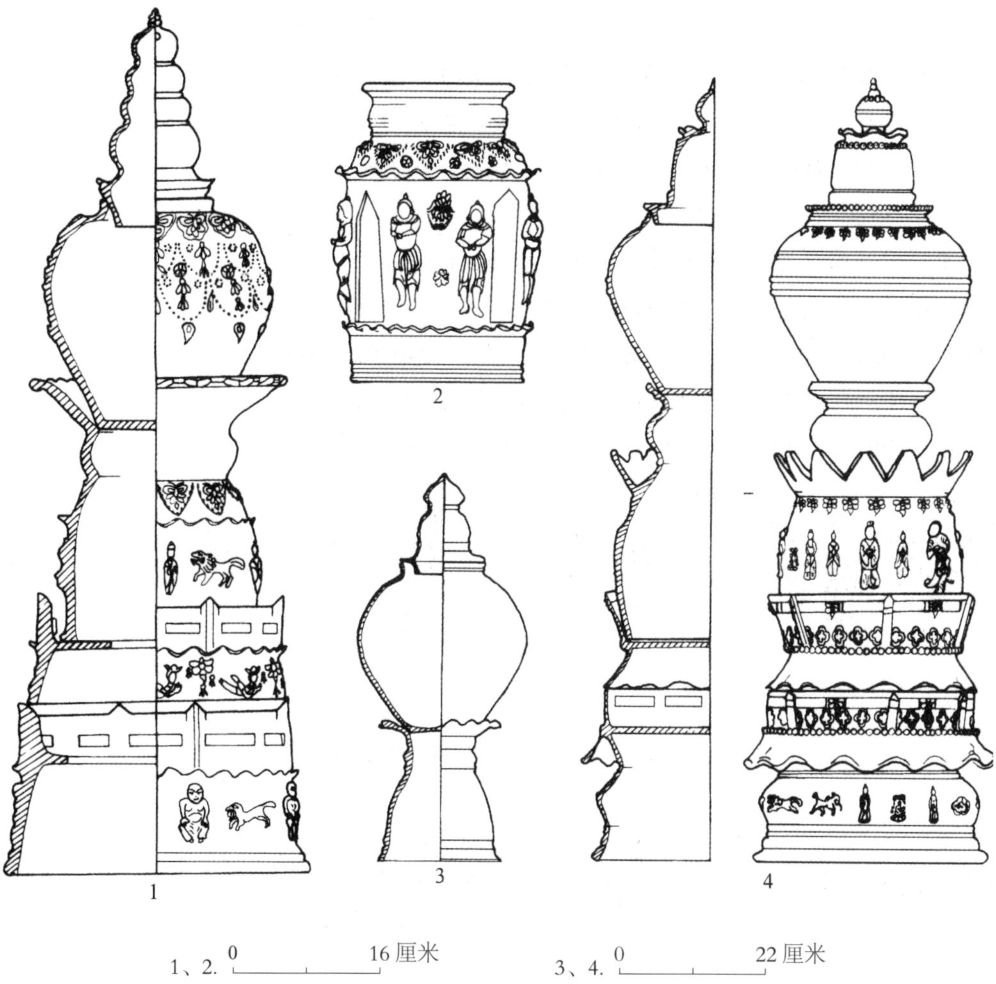

图八　陶器

1、3、4. 塔式罐（M3∶1、M2∶1、M4∶1）　2. 桶形器座（M3∶2）

（3）M3:1

形似圆形多层雕有塑像的佛塔，由器盖（M3:1-5）、罐（M3:1-4）、器身（M3:1-3）和两层器座（M3:1-1、M3:1-2）五部分组成，通高 99 厘米（图八，1；彩版一一，3）。除器盖外，其他部分烧制火候偏低，胎质较软。分述如下。

器盖　形似带有四层相轮的塔刹。子口，折沿微上挑，最上一层有三个小圆孔。中空。烧成火候较高，第一、二、四层陶色微发黄，第三层陶色微偏黑。口径 7.2、高 25.2 厘米。

罐　圆唇，短颈，鼓肩，圆腹，下腹内收，平底。颈肩部贴塑三角形蜂蝶纹；腹部贴塑由连珠组成的双层覆莲纹，莲瓣上饰流苏，上层莲瓣之间贴塑变形团菊纹，下层莲瓣尖垂弯月状坠饰。口径 10.8、腹径 26.7、底径 13.2、高 27.6 厘米。

器身　圆形束颈仰莲式。敞口，莲花边口沿，束颈，颈部较长，溜肩，近直腹。中空。颈中部微凸鼓，肩部贴塑变形蜂蝶纹一周，其下贴塑波浪状附加变形莲纹一周，再下（腹部）贴塑站立佛像、蹲坐像、狮子等（图九）。站立像三尊，均跣足站立于一个三角形台面上，面容祥和，微含笑意，头微向左侧，头绾高髻，双肩平端至胸前，两手下托帔帛下身着裙，露足。双肩敷搭帔帛，交叉于胸前，然后自然垂落于下肢两侧。蹲坐像二尊，均为中分发式，目视前方，着交领宽袖袍，袍内着装不详，两手握拳至胸部两侧，下身有衣纹。狮像五尊，均为雄狮。仰首翘尾，张嘴，站立状，一爪微抬，作吼叫状，局部脱落。口径 28.8、肩部直径 16.8、底径 18、高 30 厘米。

第二层器座　覆盆状。底径稍大于上台面，台面周边有拒马叉子。中空。腹部贴塑飞天像八组，均长发后拢，头戴花冠，脸微向右侧，弯眉秀目，高鼻，双手捧鲜花状物，衣带飘飘，相向飞行。局部脱落。两飞天之间，除一处贴塑三组花卉外，余均贴塑花卉一组，共十组（图一○）。贴塑像与拒马叉子之间有波浪状附加变形莲纹一周。上平面中部有一直径 9 厘米的圆孔，孔周围有凹弦纹二圈。器座台面直径 28.8、底径 27、器座高 12.6 厘米。

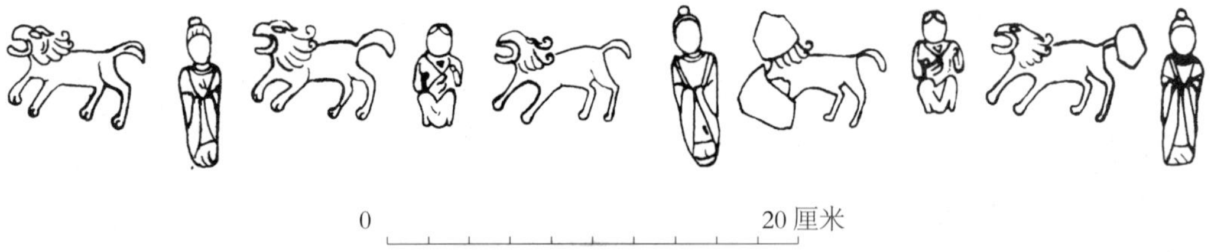

图九　M3:1 器身腹部贴塑展开图

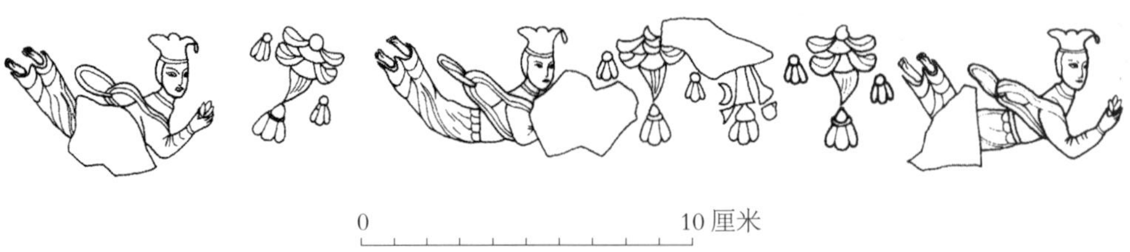

图一○　M3:1 第二层器座贴塑展开图局部

第一层器座　覆盆状。底径稍大于上台面，底沿翻卷，台面周边有拒马叉子。中空。中腹部等距、对称贴塑倚坐像六尊，均身体肥胖，光头，方圆脸，袒胸露腹，倚坐状，下身有衣纹，双臂拄于膝上。每两倚坐像之间贴塑一神兽，共六只，均口含宝珠，扬尾昂首，四肢腾空，作飞奔状（图一一）。倚坐像、神兽局部脱落。贴塑像与拒马叉子之间贴塑波浪状附加变形莲纹一周。台面中部有一直径 14.4 厘米的圆孔。器座台面直径 26.4、器座高 19.8 厘米。

（4）M4∶1

形似雕有造像的多层塔，由器盖（M4∶1-5）、罐（M4∶1-4）、器身（M4∶1-3）和两层器座（M4∶1-1、M4∶1-2）五部分组成，通高 122 厘米（图八，4；彩版一一，5）。分述如下。

器盖　覆钵状。子口，宽折沿，顶部有宝珠形钮。宝珠、覆钵之间及其上部分别饰荷叶纹和由连珠纹组成的宝相花一周，钵体下方有一圆孔。口径 12、高 5.9 厘米。

罐　圆唇，颈部微向外鼓凸，弧肩，鼓腹，下腹内收，平底。颈肩部贴塑花蕊一周，上腹部饰凹弦纹四周，腹部有凸棱两周。口径 15.2、底径 14.4、高 13.6 厘米。

器身　圆形仰莲式。仰莲上托盂形器，侈口，方唇，束颈，溜肩，鼓腹，下腹内收与莲心相接；仰莲下接微呈喇叭口状的器身，器身较高。中空。盂形器颈部有凹弦纹二周，与莲心相接处有凸棱，莲瓣下与器座相接处贴塑花蕊一周，座腹部贴塑自壶门始，向右依次为壶门、一佛二菩萨、一天尊一鹿二真人、一佛二武士、一天尊二真人一士庶等五组。口径 20、底径 32、高 38 厘米。

第一组贴塑　壶门，分上、下两部分，上部为左右平置的两壶门。左侧壶门内贴塑两人：左侧一人，仰身直肢，作静卧状，两臂平置身体两侧，其上方颈肩部有一神鸟，双爪落于静卧者肩部，头向下，似在用尖喙啄其耳部；右侧一人，头戴笠，左腿微弓，足着地，右腿后蹬，左臂后甩，右臂上扬，手持棍状物，作奔跑欲殴静卧者状。右侧壶门内也贴塑两人：左侧一人，两手置腰间，蹲坐于台上；右侧一人，头枕右手，双腿蜷曲，作侧卧状，腰间丝带飞扬，左手上举、后曲，与丝带相接。左侧壶门长 4、宽 3.5 厘米，右侧壶门高 3.1 厘米。下部贴塑一雄狮，张口，立耳，扬尾，前爪前伸，后蹄后蹬，鬃须飞扬，作腾空飞奔状。狮身长 1.8、高 5 厘米（图一二）。

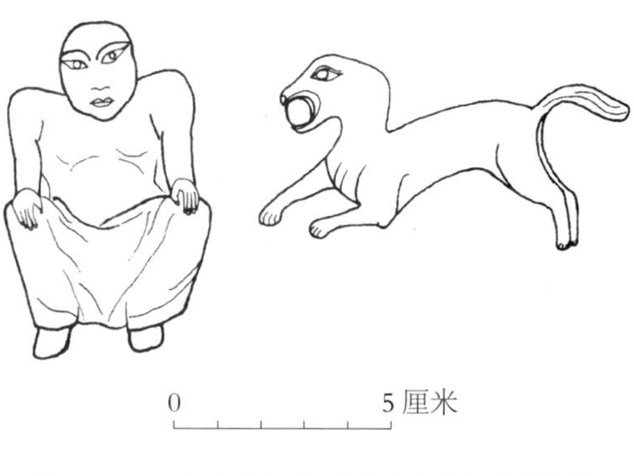

图一一　M3∶1 第一层器座贴塑展开图局部

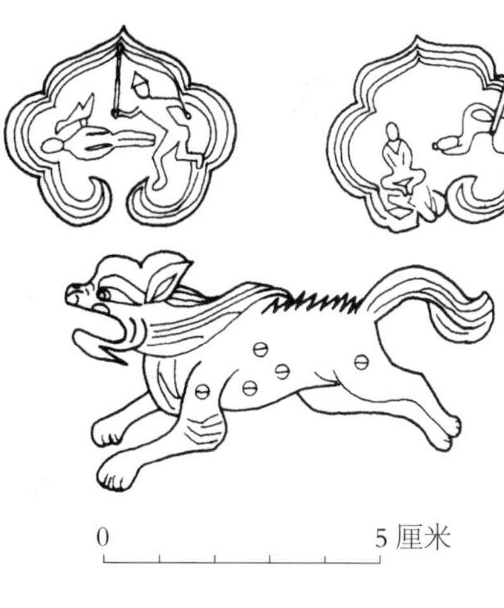

图一二　M4∶1 器身第一组贴塑展开图

第二组贴塑　一佛二菩萨。佛于龛内，挺胸收腹，左手至胸前作手印状，右手扶膝，斜披袈裟，结跏趺坐于覆莲座上。两菩萨之间为帐形龛，覆莲顶，两侧各下垂一帐钩。龛高 3.8、宽 2.8 厘米。菩萨位于龛两侧，均跣足站于一莲台上，头似戴花冠，大耳垂肩，长圆脸，左臂下垂，手执帛带，右臂上举至胸前，作手印状；肩着帐帛，左手帛带经腹前形成“U”字形，然后绕右臂自然而然下垂于身体右侧，下身着裙；由连珠组成的璎珞，自颈部垂挂于胸腹部，双臂带钏环。左侧菩萨高 6 厘米，右侧菩萨高 5.8 厘米（图一三）。

第三组贴塑　一天尊一鹿二真人。天尊束发，戴冠，下颌有髯，双手捧钵状物，直立，外着宽袖交领道袍，腰部下方束带。身高 9.7 厘米。二真人位于天尊和鹿两侧，服饰、手势、站式均相同，束发，双手合十，身着道袍。身高 5.6 厘米。鹿竖颈，仰首，目视前方，角、耳分明。身长 3.4、高 3.5 厘米（图一四）。

第四组贴塑　一佛二武士。佛于龛内，挺胸收腹，左手上举至胸前，右手扶膝，斜披袈裟，结跏趺坐于覆莲座上。龛为帐形，覆莲顶，两侧各垂一帐钩。龛左、右侧各有一武士，均头戴盔，双目圆睁，身穿鱼鳞甲，双手拄剑。左侧武士身高 7.8 厘米，右侧武士身高 6.8 厘米。

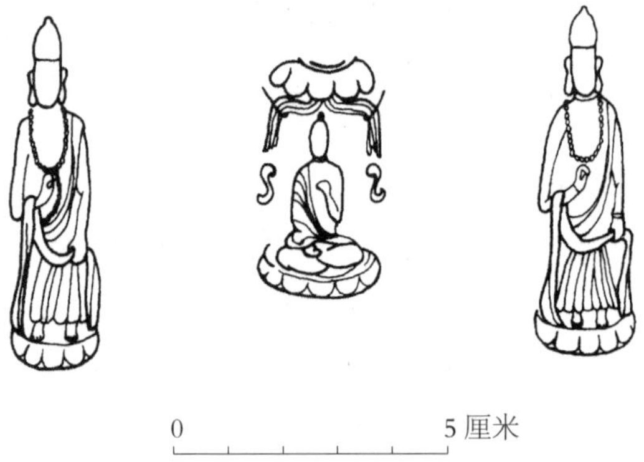

图一三　M4∶1 器身第二组贴塑展开图

图一四　M4∶1 器身第三组贴塑展开图

龛高 3.6、宽 2.5 厘米（图一五）。

第五组贴塑　一天尊二真人一士庶。天尊、二真人的手势、服饰分别与第三组的相同。真人左侧士庶，身材比较高大，头向左侧，头上束巾[1]，圆脸丰腴，微带笑意，左手抱筒状物于胸前，右臂上曲，手置筒状物内，左腿抬起，右腿直立，衣角飞起，作奔走状。身着圆领窄袖紧身衣，腰束革带，双腿裹行缠（图一六）。

第二层器座　圆形，束腰。中空。上部华版、寻杖、望柱齐全，钩栏底部向外斜出覆莲状花边屋檐；器内有承托平台。寻杖素面，华版饰雪花状纹饰带，其下贴塑由连珠组成的宝相花一周。上口径 36.8、底径 36.9、中部承接平台距上口 8.4、中部孔径 16、高 19.2 厘米。

第一层器座　覆盆状。鼓腹。中空。上接钩栏，钩栏形制与第二层的基本相同。器座腹部贴塑自壶门始，向右依次为壶门二、二鹿一狮、一佛二菩萨、二鹿一狮一天马、一佛

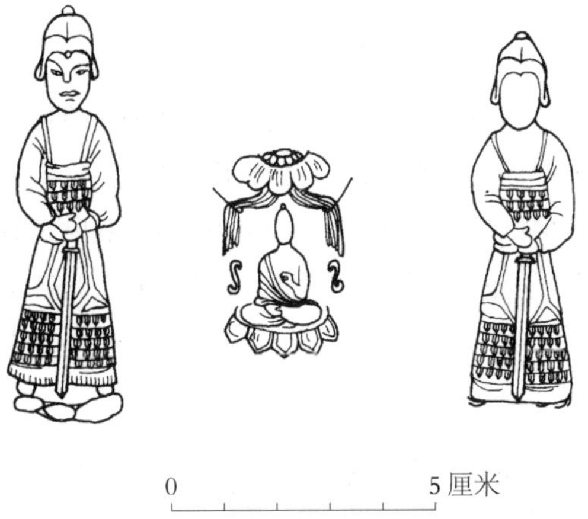

图一五　M4∶1 器身第四组贴塑展开图

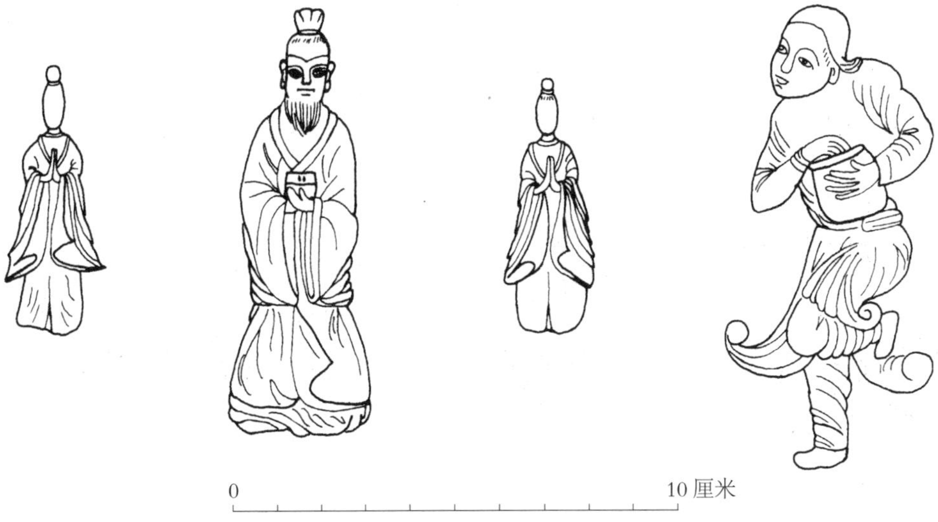

图一六　M4∶1 器身第五组贴塑展开图

二菩萨等五组。上口径35.2、承托平台中部孔径28.2、底径38.4、钩栏高5.2、通高27.2厘米。

第一组贴塑　壶门二（图一七）。与器身第一组上层贴塑相同。

第二组贴塑　二鹿一狮。左侧为成年母鹿，作坐卧状，右前腿弯曲微抬，左前腿着地，嘴微张，扭头回首。高5.3厘米。小鹿竖颈，仰首前视，扬蹄漫步。高3.5厘米。小鹿后方的狮子，仰首，扬尾，目视前方，张嘴，立耳，四肢腾空，鬃须飞扬，作飞奔状。身长7.6、高3.6厘米（图一八）。

第三组贴塑　一佛二菩萨（图一九）。与器身第二组贴塑相同。

第四组贴塑　二鹿一狮一天马。其中二鹿一狮与第二组贴塑大小、形状均相同。天马位于狮子右侧，扬尾，前蹄抬起，展短翅，作展翅欲飞状，与雄狮相背而行。身长4.4、高3厘米（图二〇）。

第五组贴塑　一佛二菩萨。与第三组贴塑相同。

2. 桶形器座

1件。M3∶2，微侈口，圆唇，长颈中部微鼓凸，折肩，直腹。中空。肩部贴塑三角形蜂蝶状图案一周，三角表图案之间空白处以圆形团菊状图案填实；折肩处有波浪状附加变形莲纹一周；腹部对称镂尖拱形门四处。尖拱形门门两侧各贴塑直立武士像一尊，身体肥胖，头戴兜鍪，顶饰红缨，颈部系战巾，肩帔帛，结腰包肚，下穿战裙，两前臂上抬至胸前，左手握右腕或右手握左腕，膝部以下不见衣纹。身高12厘米。两武士间贴塑盛开的鲜花

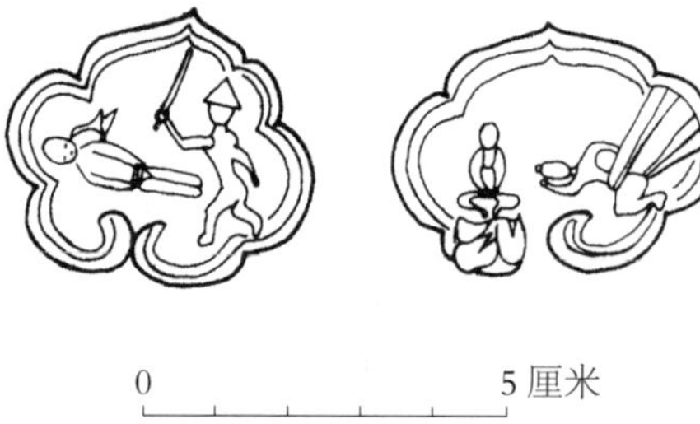

图一七　M4∶1第一层器座第一组贴塑展开图

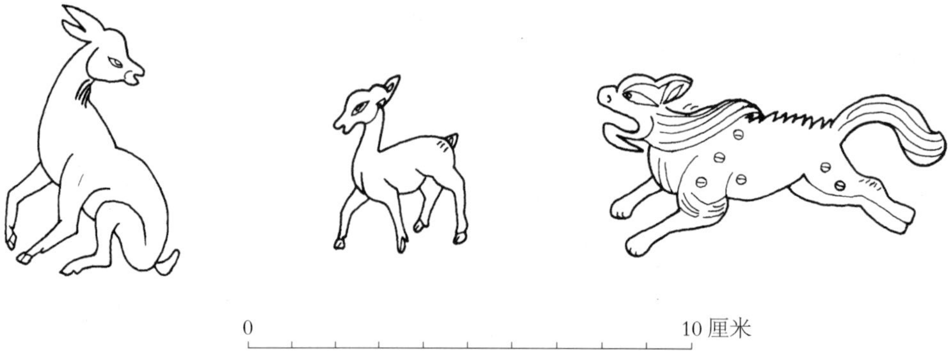

图一八　M4∶1第一层器座第二组贴塑展开图

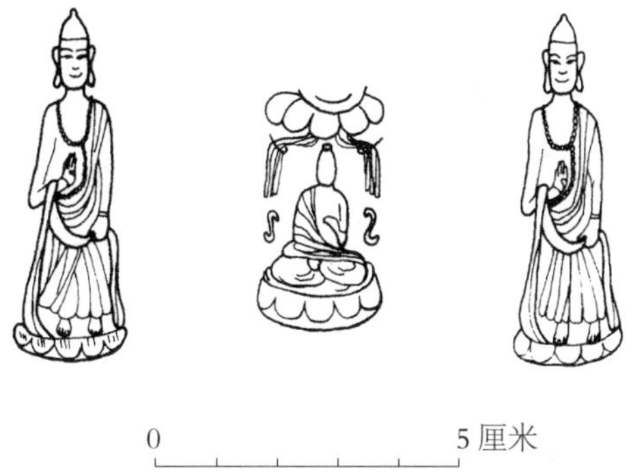

图一九　M4∶1 第一层器座第三组贴塑展开图

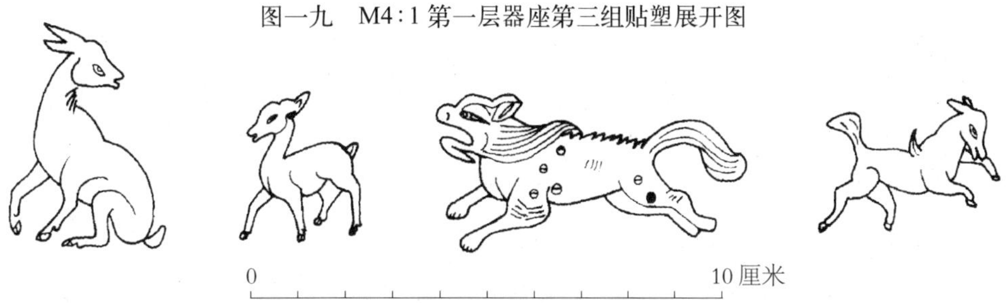

图二〇　M4∶1 第一层器座第四组贴塑展开图

以及团菊、莲花状饰。尖拱门下贴塑波浪状附加变形莲纹一周。口径 22.8、底径 18.6、高 33.9 厘米（图八，2；图二一；彩版一一，4）。

（三）铜钱

共 170 枚。分属汉、唐、五代、北宋各个时期，以五代开元通宝最多，唐开元通宝次之，北宋至道元宝、咸平元宝较少，汉钱仅 1 枚货泉。钱文除 2 枚稍差外，余均制作规整（图二二）。

四、结语

这批墓葬均未发现墓志或其他确切纪年的遗物，出土的唐、五代、北宋铜钱可作为断代参考。同时可结合墓葬形制和典型器物等对墓葬年代加以探讨。

M1 出土铜钱形制规范，制作精美，“元”字第一笔较短，但是其中 8 枚边郭较宽，具有南唐特点。陶塔式罐器座特点与太原小井峪 66 号宋墓 [2] 出土的器座风格相近；罐与 2005 年邢台顺风广场宋墓 M58 [3] 出土的陶罐其本类同。白瓷碗与内丘县邢窑址第五期Ⅱ型碗 [4]（晚唐至五代）、邢窑址第六期碗 [5]（约五代）大致相同。同时，M1 出土的陶塔式罐的陶罐肩部较圆鼓，颇具唐代遗风。因此，我们推定该墓应是具有唐代遗风的宋代墓葬。

图二一　M3∶2 陶桶形器座腹部贴塑展开图

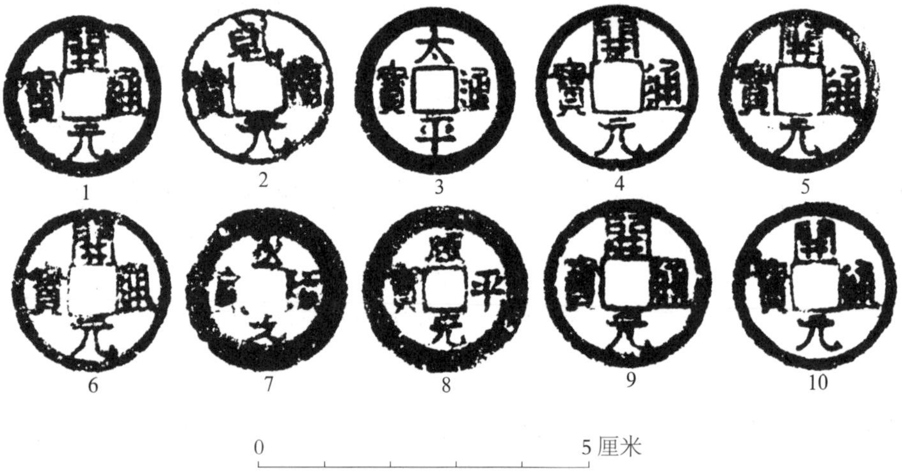

图二二　铜钱拓本

1、4～6、9、10. 开元通宝（M1∶3－1、M4∶3－1、M4∶3－2、M4∶3－3、M4∶3－4）
2. 乾元通宝（M3∶3－1）3. 太平通宝（M3∶3－2）7. 至道元宝（M3∶3－3）8. 咸平元宝（M3∶3－4）

M4 位于 M1 东北侧，时代可能与 M1 相近。M4 出土陶塔式罐的陶罐与河北文安县西关唐代晚期墓[6] M1∶1 陶塔式罐的陶罐相似；陶塔式罐第一层器座、器身贴塑中的帐形龛两侧菩萨与南响堂唐龛[7]中地藏、观音合龛中观音站式、服饰类同。敛口碗造型与顺昌大坪林场宋墓[8]标本 23 黑釉兔毫茶盏（约为北宋元丰时期）相似，釉色、器形还与柏孜克里克千佛洞瓷碗 80TBⅠ8∶3[9]相同，同属北宋耀州窑系瓷碗。因此该墓年代不早于五代，应为宋代。

M3 出土陶塔式罐的陶罐与 M1 出土的风格相同。该墓出土北宋时期的至道元宝和咸平元宝各 1 枚，其中咸平元宝铸于景德咸平年间（998～1003 年）。因此，M3 的年代应为北宋中期偏早，晚于 M1、M4。

M2 位于 M3 西侧，墓葬位置基本上在 M3 正西方向。该墓早年被盗，除陶塔式罐外没有出土其他遗物。陶塔式罐的陶罐溜肩、鼓腹，与海宁宋墓[10] M7∶5 高 28 厘米的陶缸相同；陶塔式罐的器座与 2005 年邢台顺风广场 M50、M58[11]出土的器座风格相同，具有宋代风格。

因此，M2 为宋代墓葬。

这 4 座墓葬排列有序，从出土遗物看，它们应具有特定的内涵。《论衡·薄葬篇》有“谓死如生”。古人把死人当作生人看待，尽量将生人所用器具、物品纳入墓中，甚至将房屋、田地和侍从以及家禽、牲畜等也制成模型一同随葬，以满足死者的物质需要、精神享受和信仰。随葬陶塔式罐应是基于这种思想产生的。塔式罐是地面塔的缩影，是受印度佛教影响的产物。因此，这 4 座墓葬的墓主应是具有宗教信仰的教徒。

随葬的陶塔式罐虽为明器，但造型精美，制作精巧。尤其是M4出土的陶塔式罐最为精致，该塔神兽、佛、道等贴塑像惟妙惟肖，栩栩如生，实为陶器中的精品。塔式罐在邢台一带屡有出土，但多贴塑动物或其他图案，贴塑佛、道像的尚为第一次出土。这批陶塔式罐的出土对研究邢台一带的宗教活动具有重要价值。同时，佛、道像同塑于一器，为探索邢台一带佛道合一情况提供了资料。

附记：参加本次发掘的有李恩玮、李军、柴红亮、焦志勇。本文插图由柴红亮、柴秋兰绘制。照片由李军拍摄。本文整理之初，在宗教方面的研究曾得到少林寺研究所所长温玉成先生的悉心指导，谨致谢忱。

注释

[1] 巾与敦煌五代壁画中的巾相似。参见周锡保：《中国古代服饰史》，中国戏剧出版社，1984 年。

[2] 代尊德：《太原小井峪宋墓第二次发掘记》，《考古》1963 年第 5 期。

[3] [11] M1 的墓葬形制与邢台顺风广场宋墓 M58 相同，M58 出土宋元通宝、太平通宝等宋代钱币，该资料在整理中。

[4] 内丘县文物保管所：《河北省内丘县邢窑调查简报》，《文物》1987 年第 9 期。

[5] 王会民、张志忠：《邢窑调查试掘主要收获》，《文物春秋》1997 年增刊。

[6] 廊坊市文物管理处：《河北文安县西关唐墓清理简报》，《文物春秋》1997 年第 3 期。

[7] 刘东光：《响堂山石窟造像题材》，《文物春秋》1997 年第 2 期。

[8] 曾凡：《福建顺昌大坪林场宋墓》，《文物》1983 年第 8 期。

[9] 吐鲁番地区文物管理所：《柏孜克里克千佛洞遗址清理简记》，《文物》1985 年第 8 期。

[10] 海宁县博物馆：《浙江省海宁县东山宋墓清理简报》，《文物》1983 年第 8 期。

（原载于《考古》2007 年第 5 期）

河北省邢台市鹿城冈城址试掘简报

河北省文物研究所　邢台市文物管理处

鹿城冈城址位于河北邢台市南大郭乡元庄村北（北部居于沙窝村南缘）。地理坐标为北纬 37° 13′ 04″ ，东经 114° 27′ 03″ ，海拔 97 米。地形属太行山东麓丘陵与平原混合地带。城址南距元庄村 150 米，北距沙窝村 200 米，北临一东西向石子路，西接一座废弃的白灰窑。数条田间道南北向穿城址而过（图一、图二）。

应河北省邢台市政协名城办之邀，河北省文物研究所会同邢台市文物管理处组成考古队，自 2006 年 3 月 13 日至 4 月 16 日，对该城址进行了考古勘探和试掘，兹将工作情况简报如下。

一、城址现状

城垣塌毁严重，现存西城垣大部、北城垣西端、南城垣西段，残高 1 ~ 7 米。南城垣中部偏西有一豁口。西城垣南段外侧取土剥落的立面可见清晰的夯层，厚约 5 ~ 8 厘米；局部取土坑穴暴露夯窝，直径约 6 ~ 8 厘米。城内西南部有一自然冈阜，俗称“鹿城冈”，地势最高，遍布爆破取土坑，裸露基岩。北部及东部地势低洼且较平坦，多为农耕地，广植枣树、小麦、棉花等作物。

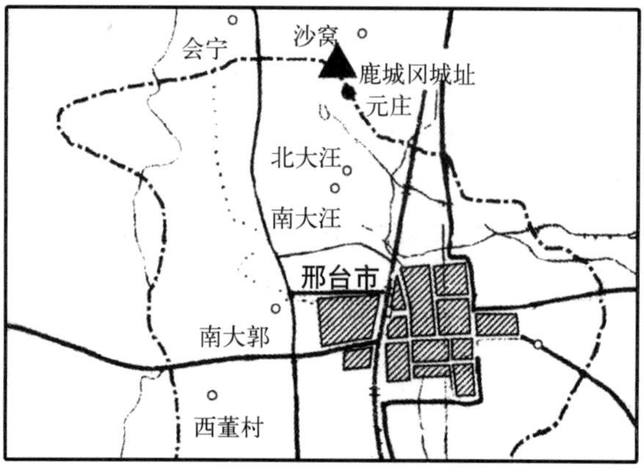

图一　鹿城冈城址位置示意图

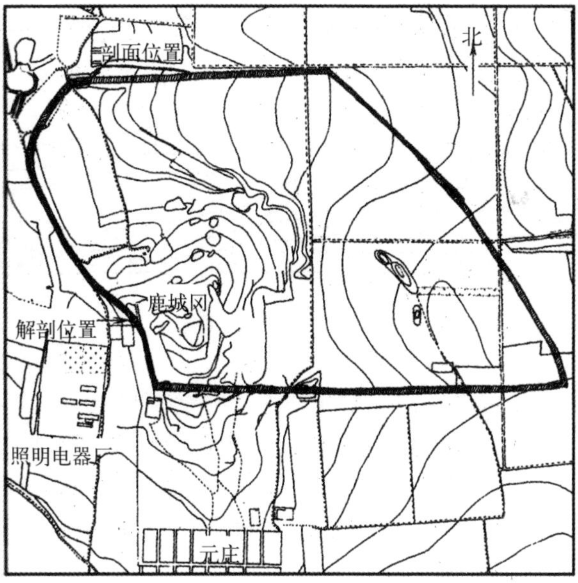

图二　鹿城冈城址平面示意图

根据城址保存现状，我们采用重点区域勘探与局部探沟发掘的方法，共开掘探沟 4 条，实际发掘面积 72 平方米。

二、城垣结构

北城垣西端现已因取土形成南北向断崖，在断崖内（南）外（北）两侧分别布 2 米 ×10 米（编号 2006XLT2）和 2 米 ×7 米（编号 2006XLT1）平方米探沟各一条，以了解城垣结构。在西垣南段内（东）外（西）两侧分别布 2 米 ×9 米（编号 2006XLT4）和 2 米 ×10 米（编号 2006XLT3）探沟各一条。现以 T1、T4 为例将发掘情况报告如下。

1.T1

方向 10°，发掘面积 14 平方米。

（1）地层堆积及包含物（西壁）

共划分为 14 层（图三）：

第 1 层：耕土层，灰褐色，质较松软。厚约 10 ~ 18 厘米。包含有植物根茎炭屑、砖瓦残块等物。普遍分布于 T1 之中。

第 2 层：浅红褐色土层，沙质黏土，颗粒较粗且较硬。深约 10 ~ 18、厚约 0 ~ 115 厘米。掺杂有植物根茎和较多红烧土颗粒等；出土物主要为板瓦和筒瓦，纹饰以绳纹为主，少素面。呈坡状分布于 T1 北半部。

第 3 层：灰褐色土层，沙质黏土，颗粒较粗且硬。深 120 ~ 135、厚 0 ~ 45 厘米。较纯净，

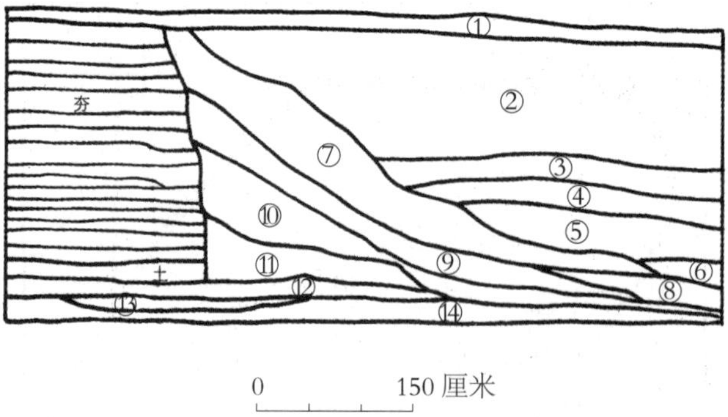

图三　T1 西壁剖面图（北城墙外侧）

①耕土　②浅红褐色　③灰褐色　④浅黄褐色　⑤黄褐色　⑥淤土　⑦灰褐色　⑧淤土　⑨浅灰褐色　⑩黄褐色　⑪灰褐色　⑫黄褐色　⑬浅黄褐色　⑭灰黑褐色

未见包含物。呈坡状分布于 T1 北半部。

第 4 层：浅黄褐色土层，细沙质黏土，颗粒较细，质较松软。深 150 ～ 155、厚 0 ～ 50 厘米。杂有小石子，未见任何遗物。呈坡状分布于 T1 北半部。

第 5 层：黄褐色土层，细沙质黏土，颗粒较细，质较松软。深 175 ～ 185、厚 0 ～ 60 厘米。呈坡状分布于 T1 北半部。

第 6 层 ：淤土层，为浅黄色与灰褐色条带状互层堆积，沙质，极松软。深 215 ～ 218、厚 0 ～ 50 厘米。较纯净，未见任何遗物。呈坡状分布于 T1 北半部。

第 7 层 ：灰褐色，沙质黏土，颗粒较细，较疏松且硬。深 15 ～ 225、厚 0 ～ 55 厘米。杂有较多的小石子、植物根茎和红烧土颗粒。此层堆积较厚，呈坡状分布于 T1 北半部。

第 8 层：淤土层，为浅黄色与灰褐色条带状互层堆积沙质，极松软。深 225 ～ 235、厚 0 ～ 25 厘米。较纯净，未见任何遗物。呈坡状分布于 T1 北半部。

第 9 层 ：上层呈浅灰褐色，质较紧密且硬，沙质黏土。下层为深黄色与灰褐色条带状互层堆积，沙质，极松软。深 70 ～ 255、厚 0 ～ 65 厘米。较纯净，未见任何遗物。呈坡状分布于 T1 北半部。

第 10 层 ：黄褐色土层，粉沙质黏土，质较疏松。深 215 ～ 265、厚 5 ～ 55 厘米。杂有石子和植物根茎，未见任何遗物。呈坡状分布于 T1 北半部

第 11 层 ：灰褐色，质疏松，层表较平整。深 185~255、厚 0 ～ 60 厘米。杂有石子、夯土块和植物根茎，未见任何遗物。呈坡状分布于 T1 北半部。

第 12 层 ：黄褐色，沙质黏土，颗粒较细且疏松。深 250 ～ 255、厚 0 ～ 20 厘米。未见任何遗物。呈坡状分布于 T1 北半部。

第 13 层 ：浅黄褐色土层，质疏松，层表较平整。深 260 ～ 265、厚 0 ～ 10 厘米。未见任何遗物。分布于 T1 中部偏南。

第 14 层 ：灰黑褐色土层，质较紧密，沙质黏土。深 265 ～ 275、厚 10 ～ 25 厘米。杂

有红烧土颗粒，出土有极少量夹砂和泥质红陶片，器形不辨，磨蚀度高。本层堆积普遍分布于 T1 之中。此层下为生土。

第 1 层系现代农耕活动所致；第 2、3、12、13 层为自然堆积所致；第 7、9 ～ 11 为城墙坍塌堆积；第 14 层为当时人类活动与自然力双重作用形成；第 4 ～ 6、8 层为淤积层。

（2）墙体夯层

共分 17 层：夯层清晰，薄厚不均（10 ～ 25 厘米）质地紧密且极硬；夯窝明显，深浅不一（最浅 0.5 厘米，最深 3 厘米，以 1 厘米者居多），排列无序，系圆形平底独木夯（直径 6 ～ 7 厘米）。夯层堆积依次为：①黄褐色，沙质黏土质极硬；②浅黄褐色；③浅红褐色，沙质，致密；④红褐色，沙质，质极硬，内杂石子；⑤浅红褐色；⑥深黄褐色，杂有小石子；⑦黄褐色，杂有小石子；⑧浅黄褐色，杂有较多的石子；⑨灰褐色；⑩红褐色，杂红土块；⑪灰褐色，杂石子；⑫浅灰褐色；⑬黄褐色；⑭浅灰褐色；⑮灰褐色；⑯浅灰褐色；⑰浅红褐色。

通过 T1、T2 剖面观察，北城墙底部未发现基槽，底部宽（南北）13.5、残高 2.9 ～ 3.5 米，系平地略加修整而起夯，外侧底部有夹板痕迹，呈两级收缩阶梯状，也未发现护坡堆积。

2.T4

正方向发掘面积 18 平方米。

（1）地层堆积及包含物（南壁）

共划分为六层（图四）：

第 1 层：耕土层，灰褐色，质较松软，厚约 0 ～ 20 厘米。包含有植物根茎、炭屑等物；出土有塑料纸、砖瓦残块等。呈坡状（东高西底）普遍分布于 T4 之中。

第 2 层：浅灰褐色，质较疏松且软。深 0 ～ 20、厚 0 ～ 30 厘米。杂有石子，未见出土物。

第 3 层：灰褐色土层，质较紧密且硬。深 32 ～ 36、厚 0 ～ 30 厘米。杂有大量红褐色土块和石子；出土有大量筒瓦、板瓦残片，尤以板瓦居多，纹饰有绳纹、素面、弦断绳纹和网格纹，尤以绳纹居多。本层堆积分布于 T4 中部偏东。

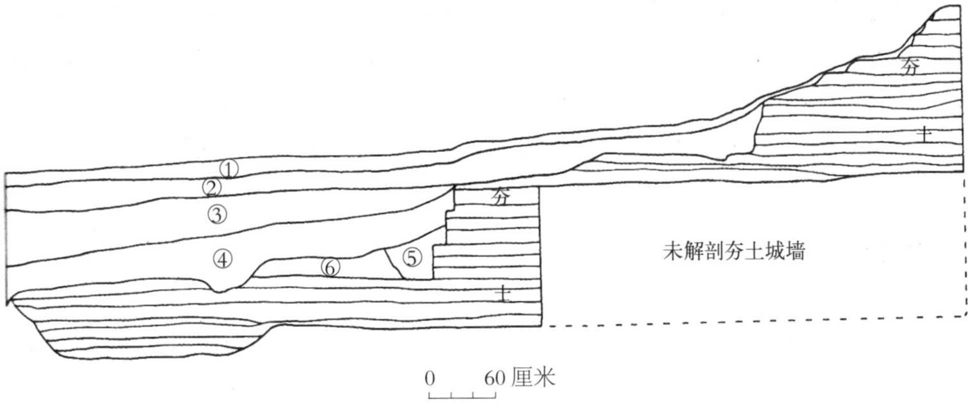

图四 T4 南壁剖面图（西城墙内侧）

①耕土 ②浅灰褐色 ③灰褐色 ④红褐色 ⑤浅灰褐色 ⑥浅红褐色

第 4 层：红褐色土层，质较紧密。深 30 ~ 82、厚 24 ~ 50 厘米。杂有石子、红土块、石块等。其于西墙外延呈坡状（西部较薄，东部较厚）堆积。

第 5 层：浅灰褐色土层，粗沙质，较疏松。深 64 ~ 82、厚 0 ~ 40 厘米。杂有小石子。分布于 T4 中部。

第 6 层：浅红褐色土层，沙质，颗粒较粗，质较硬。深 82 ~ 104、厚 0 ~ 24 厘米。杂有红土块。分布于 T4 中部。此层下为生土。

第 1 层系现代农耕活动所致；第 2 ~ 5 层为城墙坍塌堆积；第 6 层为自然堆积。

（2）墙体夯层

共分为 22 层：夯层清晰，薄厚不均（10 ~ 25 厘米）；夯窝明显，深浅不一（0.5 厘米、1 厘米、3 厘米，以 1 厘米者居多），排列无序，系圆形平底独木夯（直径 6 ~ 7 厘米）。夯层堆积依次为：①红褐色，杂有灰褐土块及大量石子；②灰褐色，杂有较多的石子；③红褐色，杂有灰褐色呈波浪状土层及大量石子；④浅红褐色，杂有两条灰褐色波浪状土层及大量石子；⑤红褐色；⑥浅红褐色；⑦红褐色，杂有较宽的灰色砂土带；⑧红褐色；⑨灰褐色，杂有颗粒状分布的红褐色黏土；⑩浅红褐色，杂有灰褐色黏土；⑪灰褐色；⑫黄褐色，粗沙质，杂有小石子，出土泥质薄胎灰陶片；⑬浅黄褐色，粉沙质，出土泥质薄胎灰陶片；⑭黄褐色；⑮深黄褐色；⑯浅黄褐色；⑰浅黄褐色，沙质黏土；⑱深黄褐色；⑲浅黄褐色；⑳黄褐色；㉑灰褐色；㉒浅灰褐色。

（3）墙基夯层

此段墙基发现有基槽，深 70 厘米。通过解剖观察：先下挖不规则基槽，南窄北宽，宽 1.3 ~ 4 米，然后层层夯筑地基，再于其上起墙。夯层清晰；共七层，北半部已被破坏，现存四层，皆为红褐土，沙质，极硬，薄厚不均（10 ~ 25 厘米）；夯窝明显，深浅不一（0.5 厘米、1 厘米、3 厘米、4 厘米，以 1 厘米者居多），排列无序，亦系圆形平底独木夯（直径 6 ~ 10 厘米）。底部外侧有夹板痕迹（呈两级收缩阶梯状，板宽 29 厘米，厚 10 厘米）。墙基为依冈就势而建，局部则直接坐于基岩之上。

发现西城垣东外沿和西外沿痕迹。东外沿残高 1.6 ~ 3.7 米，西外沿残高 2 ~ 4 米，西城垣顶部残宽 7 米，底部残宽 13.4 米。西垣外侧底部也未发现基槽，城墙系平地略加修整而起夯，底部有夹板痕迹（呈两级收缩阶梯状，板宽 6 ~ 8、厚 40 厘米），没有发现护坡。

另从调查发现，东城垣现存一小段，残高约 0.75 米夯层较明显，厚约 0.1 ~ 0.12 米。

三、城址范围

根据城垣保存现状，采用地面踏查与普探相结合的方式，以 GPS 定点，先沿南城垣西段向东，依次确定城垣东南角（GPS 坐标：0276292/4113010）、东北角（GFS 坐标：0275886/4113570）、西北角（GPS 坐标：0275295/14113557）及西南角（GPS 坐标：0275437/4112940）的相对位置。根据调查及普探结果可知：城址平面略呈不规则形，南垣最长，约 805 米；西垣次之，约617米；北垣再次之，约591米；东垣最短，约560米。其中南垣、北垣基本呈平直的东西走向，东垣大致呈东南—西北走向，西垣较曲折约略呈西南—东北走向（见图二）。

四、出土遗物

主要出于城垣坍塌堆积中，有陶器、铜器和石器三类。陶器有板瓦、筒瓦，铜器为小件青铜镞，石器为斧。

1. 陶器

筒瓦 5件。标本T4③:1，泥质灰陶，一端为母口，一端为子口，子口前端平整，子口与瓦身相接处内角呈圆角钝角状，瓦身中部略凸，内壁凹凸不平，瓦面近子口端饰数周凸棱，余皆饰绳纹，近母口端绳纹地上有不规则抹纹；长42.4、宽14厘米（图五，1）。标

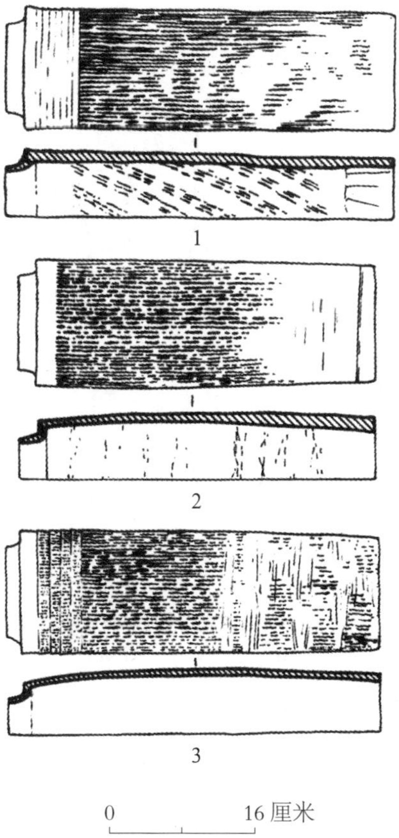

图五 筒瓦

1.T4③:1 2.T4③:2 3.采:2

本 T4 ③:2，形制同上，瓦面通饰绳纹，近母口处绳纹有抹掉痕；长 38.8、宽 14 厘米（图五，2）。标本采:2，泥质灰陶，子口前端较圆钝，瓦身较平整，瓦内壁粗糙，瓦面近子口端也饰数周凸棱，余皆饰绳纹；长 40.8、宽 12.8 厘米（图五，3）。

板瓦　3 件。皆为残件，泥质灰陶。标本 T4 ③：4，瓦面饰抹断绳纹，内壁凹凸不平瓦头有凸棱。残长 32、残宽 30、厚 1.6 厘米（图六，1）

半瓦当　1 件。标本采:1，残，半圆形，素面。表面径 14.4、残长 10.4 厘米（图六，3）。

盆口沿　1 件。标本 T3 夯④:1，泥质灰陶，敞口，平折沿，方唇，颈部饰数周凸棱。残高 6.4 厘米（图六，2）。

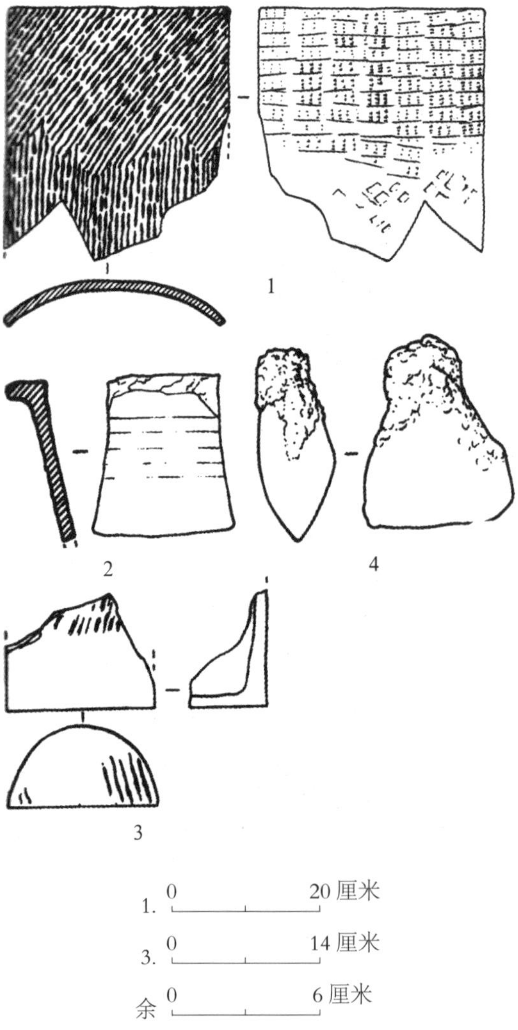

图六　出土遗物

1. 板瓦片（T4 ③:4）2. 盆口沿（T3 夯④:1）3. 半瓦当（采:1）4. 石斧（T3 ⑥:1）

2. 铜器

镞　8 件，出土于西垣外侧墙体底部的夹板槽内。可分二型。

A 型　三棱状，断面呈三角形，脊三条棱即成刃，无外伸之翼，个别三棱底部略出后锋。标本 T3 夹板槽:1，镞身穿铁铤，已锈蚀，残长 3 厘米（图七，1）。

B 型　圆脊上附三翼，即为三刃，三刃成弧线缓收成前锋，两刃之间形成一凹槽。标本 T3 夹板槽:7，后锋残，残长 2.1 厘米（图七，2）。

3. 石器

斧　1 件。标本 T3 ⑥:1，亚腰形，表面圆鼓，两面刃较平直，首端朽蚀严重成疙瘩状。残高 7.6 厘米，厚 3.2 厘米（图六，4）。

五、初步认识

通过此次勘探和试掘，初步确认了城垣的平面范围，城址平面不规则，城垣结构简易，除西垣南段内侧发现有不规整的基槽外，余皆于平地板筑起夯建墙。城址内以鹿城冈地势最高，余均地势低洼，起伏不大，远低于城墙基础。冈阜地表土层下即为基岩，且裸露基岩的坑穴遍布，未见任何遗存。城垣内外侧堆积和城垣废弃或坍塌的堆积中包含物单一，以绳纹筒瓦板瓦为主，有少量青铜镞，均为东周时期遗物，筒瓦、板瓦是战国习见类型，而三棱镞与邢台临城县柏畅城发现的战国铜镞[1]、邯郸百家村战国墓[2]及山西长子牛家坡战国墓[3]等出土的铜镞相若，据此推测城垣内外或城垣本身存在附属建筑，其时代应与城垣同为东周时期。在西垣外侧墙体夯土层中（T3 夯④）发现一件不早于东周时期的泥质灰陶盆口沿残片，为城垣的建筑年代提供了直接证据。城墙夯层中虽也偶见较早期遗存，但晚期遗存中包含有早期遗存在考古发现中屡见不鲜，不足以证明城垣年代。同样，在城址

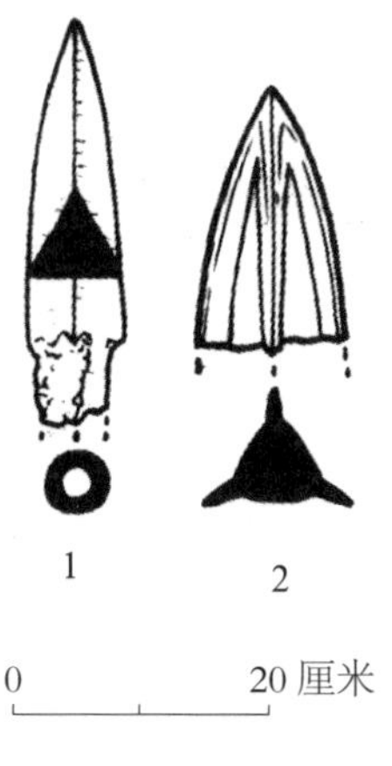

图七　铜镞

1.A 型（T3 夹板槽:1）　2.B 型（T3 夹板槽:7）

内外采集的遗物中，也以东周时期的筒瓦、板瓦为主。因此，我们初步认定鹿城冈城址应是一座东周时期的中等规模城址，城址内未发现任何遗存，其性质暂无法推定。

有关鹿城冈筑城的文献记载多附会传说，且大同小异，据其认定城址年代、性质尚缺乏说服力，只有在科学有序的考古工作中方能最终廓清城址面貌。因此我们建议在条件许可的情况下，对该城址实施进一步的考古调查、勘探和发掘工作。

附记：参加本次勘探、试掘工作的有河北省文物研究所赵战护、佟宇喆、高建强、徐海峰及本所技工5名，唐山市滦南县文物管理所李树伟，邢台市文物管理处石从枝等。

注释

[1] 刘龙启、李振奇：《河北临城柏畅城发现战国兵器》，《文物》1988年第3期。

[2] 河北省文化局文化工作队：《河北邯郸百家村战国墓》，《考古》1962年第12期。

[3] 山西省考古研究所：《山西长子东周墓》，《考古学报》1984年第4期。

（原载于《文物春秋》2007年第6期）

平乡县平乡镇遗址发掘简报

河北省文物研究所　邢台市文物管理处　平乡县文物保管所

为配合邢临高速公路一期工程建设，受河北省文物局的委托，河北省文物研究所会同邢台市文物管理处和平乡县文保所组成联合考古队，于2004年2月18日～4月18日对公路线上的平乡镇遗址进行了抢救性考古发掘。

遗址位于太行山东麓，冀南平原南部，平乡县治西南约20千米处的平乡镇南门村五保调料厂一带，东滨釜阳河，北依邢临公路（图一）。平乡镇，为古钜鹿郡所在地，历史悠久，地理位置重要，自古以来，便被封建军事家视为“一方要冲”，为历代兵家必争之地，著名的秦末钜鹿大战就发生在附近一带[1]。这次发掘工作，根据前期的调查、勘探情况择丰富区从西往东依次分为三个发掘区，即：PPⅠ区、PPⅡ区、PPⅢ区（其中第一个P代表平乡县，第二个P代表平乡镇），共布5米×5米探方48个，扩方2个，发掘总面积为1250平方米。

现将具体情况简报如下。

一、地层堆积

本次发掘的三个区中Ⅰ区和Ⅱ区地层堆积基本相同，Ⅲ区则与其略有差异，择Ⅱ区、Ⅲ区以PPⅡT3东壁（图二，1）、PPⅢT9东壁（图二，2）为例，分别介绍如下。

1.PPⅡT3东壁

第1层：耕土层，浅黄灰色，质疏松，厚0.15～0.2米。包含有现代砖瓦残片、植物根茎及塑料纸等物。

第2层：浅黄褐色土，质较紧密。深0.15～0.2、厚0.65～0.7米。

第3层：灰褐色土，质疏松。深0.7～0.8、厚0.55～0.7米。

第4层：红褐色胶泥土，质细腻、黏且硬。深1.4～1.5、厚0.6～0.7米。未发现包含物。

第5层：红褐色黏土，结构紧密，质黏且硬。深2.05～2.2、厚0.35～0.45米。此层下叠压J2。

第6层：浅褐红色胶泥土，结构紧密，质黏且硬。深2.45～2.65、厚0.6～0.7米。

第7层：深灰色土，含少量沙，结构紧密，质较硬，夹杂有较多草木灰、木炭粒及红

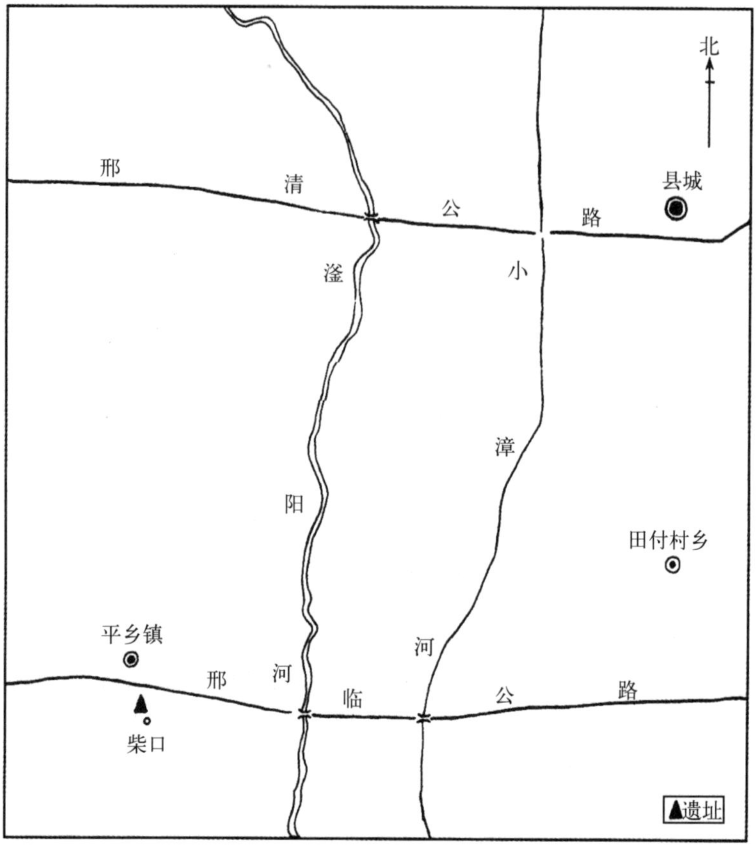

图一　平乡镇遗址位置示意图

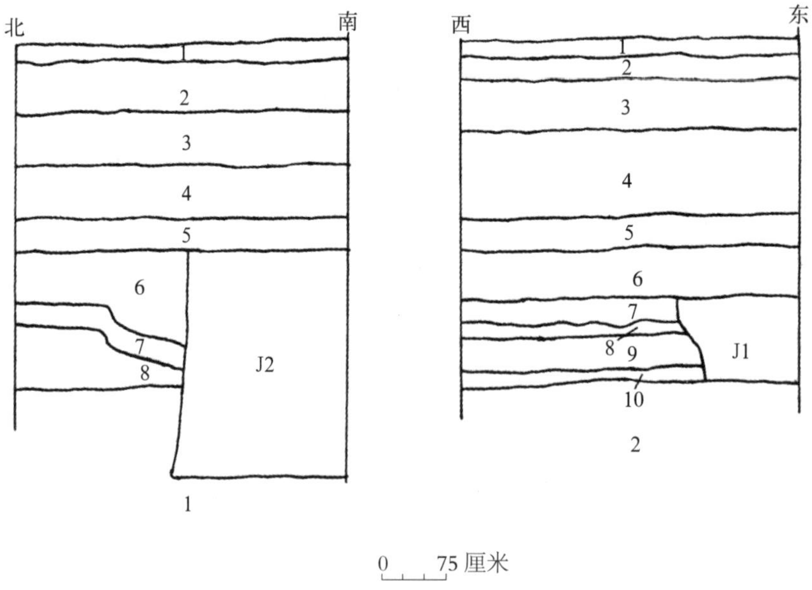

图二　地层剖面示意图

1.PP Ⅱ区 T3 东壁　2.PP Ⅲ区 T9 东壁

烧土颗粒。深 3.1 ～ 3.2、厚 0.25 ～ 0.35 米。出有大量素面泥质红陶片，少量泥质灰陶片和碎砖块，可辨器型有双耳罐、盆。此层下压 Y1。

第 8 层：浅灰褐色土，沙性，质疏松，夹杂有大量草木灰、炭粒及红烧土颗粒。深 3.3 ～ 3.6、厚 0.5 ～ 0.7 米。出有大量素面泥质红陶罐残片，少量泥质灰陶片，青釉、黄釉瓷片和碎砖块、瓦块，可辨器型有双耳罐、钵、盆。

第 8 层以下为冲积层。

2.PP Ⅲ T9 东壁

第 1 层：现代耕土层，浅黄灰色土，质疏松，厚 0.15 ～ 0.2 米。包含有现代砖瓦残片、植物根茎及塑料纸等物。

第 2 层：浅黄褐色土，质较紧密。深 0.15 ～ 0.2、厚 0.65 ～ 0.7 米。

第 3 层：红褐色胶泥，质细腻、黏且硬，较纯净。深 0.45 ～ 0.5、厚 1 ～ 1.1 米。未发现包含物。

第 4 层：浅褐红色胶泥土，结构紧密，质黏且硬。深 1 ～ 1.1、厚 0.95 ～ 1.1 米。

第 5 层：深灰色土，含大量面沙，结构紧密，质较疏松，夹杂有大量草木灰、炭粒及红烧土颗粒。深 2.05 ～ 2.1、厚 0.3 ～ 0.35 米。出有大量素面泥质红陶片，少量泥质灰陶片和碎砖块，可辨器型有双耳罐、盆。

第 6 层：浅灰色沙性土，质较疏松，比较纯净。深 2.35 ～ 2.4、厚 0.6 ～ 0.65 米。此层下压 J1。

第 7 层：灰色沙土，接近纯粗沙，质疏松，较纯净。深 3 ～ 3.05、厚 0.12 ～ 0.31 米。

第 8 层：灰褐色土，质较紧密，夹杂有少量姜石颗粒。深 3.1 ～ 3.35、厚 0.12 ～ 0.22 米。

第 9 层：黄褐色土，含沙，质疏松，较纯净，夹杂有少量姜石颗粒。深 3.3 ～ 3.4、厚 0.5 ～ 0.6 米。

第 10 层：黑灰色土，结构紧密，质较硬，夹杂有少量草木灰、红烧土颗粒。深 3.8 ～ 3.85、厚 0.2 ～ 0.3 米。出有泥质灰陶片，夹砂灰陶片；纹饰以绳纹为主，素面次之；器型有豆、甑、鬲、碗等。

二、遗迹

此次发掘清理的遗迹主要有灰坑、水井、窑炉和仿木结构砖室墓等。

1. 灰坑

2 座（H1、H2）。

H1　位于 PP Ⅲ T28 中，开口于 10 层下。椭长形口，斜直壁，平底，口大底略小。口长 1.4、宽 0.75 米，底长 1.3、宽 0.66 米。坑口距地表深 3.7、距坑底 0.4 米。坑内堆积比较疏松，夹杂有炭粒、烧土块、姜石。出有泥质绳纹和指掐纹灰陶盆残片。

H2　位于 PP Ⅲ T38 及扩 T38 中，开口于 5 层下，打破 6 ～ 10 层，至冲积层。圆形口，斜直壁，壁呈台阶状向内收缩两次到底（图三）。坑口直径 5.25、坑底直径 1.5 米，坑口距地表深 2.4、至坑底深 4.25 米。坑内堆积分为 3 层：第 1 层花土，第 2 层浅黄色沙土，第 3 层灰褐土。出有泥质灰陶片、瓦片、碎砖块、黄釉瓷片。器类有双耳罐、盆、钵等。另有大量蛎蚌壳和兽骨，兽骨主要有牛肢骨、鸡骨、鸭骨等。

2. 水井

2 眼（J1、J2）。

J1　位于 PP Ⅲ T9 东隔梁中，开口于 6 层下，口小底略大，接近底部处最大，呈圆形单葫芦状（中部近底处直径较大），系用灰砖平卧错缝叠砌而成。口径 1、底径 1.1、最大径 1.3 米，井口距地表深 3、距井底 3.6 米。其上部 1.4 米内为单砖错缝立砌而成，以下 2.2 米改

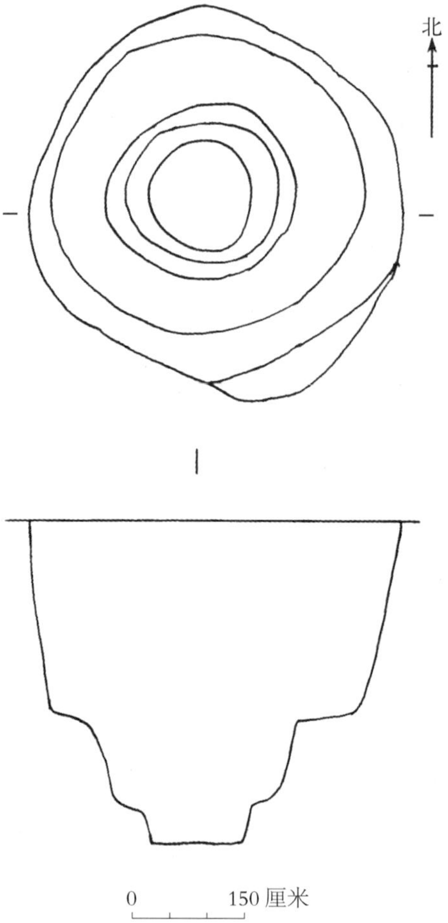

图三　H2 平、剖面图

为单砖错缝平砌。出土了大量绳纹灰砖和素面扇形砖，应为井口塌陷物。

J2　位于 PP Ⅱ T3 东南部，开口于 5 层下，井内略呈袋状，砖木混砌结构（图四）。系用长方形灰砖错缝平砌而成，砖长 31、宽 15、厚 5 厘米。口径 1.7、底径 2、残深 3.5 米。井底有一圆形木制井盘，内径 2、环径 0.2、高 0.1 米。井内堆积分为两层：第 1 层为黄褐色土，质疏松，湿度大，厚 1.7 米。出有灰陶板瓦、青花瓷片、灰陶瓦当、黑釉瓷碗、黑釉四系大口罐、灰胎素烧小口小底瓷瓶；另出有大量碎砖块，应为井口塌陷所致。第 2 层为灰沙，厚约 1.6 米，比较纯净。

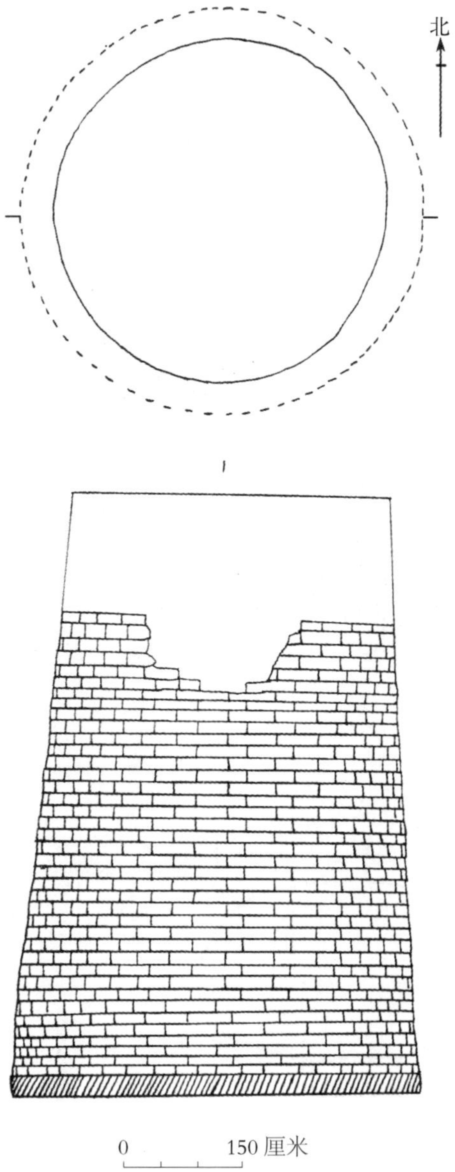

图四　J2 平、剖面图

3. 窑炉

1座（Y1）。

位于PP Ⅲ T3中，开口于7层下，南部被J1所打破。近长方形，长2.45、宽1.9米。火膛、火门、窑顶均已被破坏，形制不详。窑壁四周为红烧土，略红，硬度不大，厚0.08～0.13、东壁残高0.3～0.35、西壁残高0.33～0.35米。北壁偏东存一烟道，呈方形，宽0.12、残高0.15米。烟道下部有一排东西向排列的黑色砖坯。窑内填黄花土，窑底有0.03米厚的柴草灰层。出土有灰陶建筑构件、素面红陶瓮口、莲花纹素面灰陶瓦当，黄釉瓷片、琉璃砖块及碎灰砖。推测其应为一处使用时间不长的砖窑（图五）。

4. 墓葬

发现1座（M1）。

位于PP Ⅲ扩T2中，开口于1层下，土圹深度2.55米，内以单砖错缝平铺砌出砖壁和

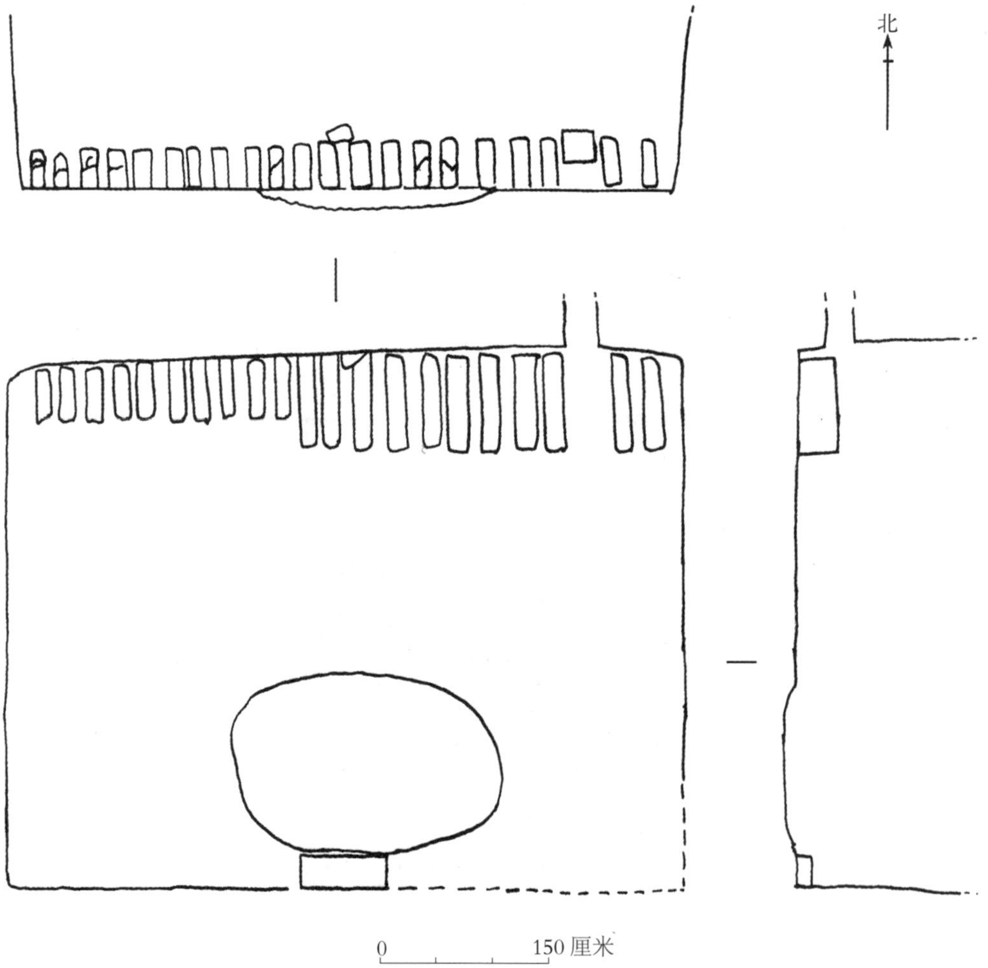

图五　Y1平、剖面图

仿木结构，组成单室砖墓。其由墓道、墓门、甬道、墓室4部分构成。由于早年盗掘，墓顶券砖及墓壁上部已被破坏，仅存墓壁下部和部分墓道、甬道（图六）。方向200°。墓道在墓门之南，平面近长方形，残长0.5、宽1.2、残深0.6米，底面由南向北呈斜坡状。墓门塌毁，门口底部为30厘米厚的垫土，垫土上存菱角牙子砌法的封门砖两层。甬道长0.6、宽0.72、残高0.56米。墓室平面呈圆形，墓壁以单砖错缝平铺而成。内径2.31～2.35、残高0.8米。墓壁周围砌倚柱四根（从东南角柱上存一栌斗看，柱上应有铺作），东南壁浮雕熨斗（图七，1）、剪刀各1（图七，2），西壁上砌有一张桌子、一把椅子、一扇假门。假门呈关闭状，由槫柱、立頬、门额、上额、门扇组成。门额上有两枚方形门簪。北壁中部为一假门，门两侧各有一假窗，西侧砌一长桌。东壁假门与西壁假门对称，结构相同，只是门簪的面部四边作成内弧形。

墓室北部设生土棺床，棺床正面砌壸门结构式包砖。棺床上置放骨架两具，南北并列。其中南面的骨架由于盗掘只余一段肢骨和肱骨，北面的比较完整，为头东脚西仰身直肢葬式，头下枕砖。葬具因墓内的填土很湿且黏度较大而无法清出，形制不明，但从残存的木灰情况看应为木棺。随葬品皆放在棺床上，西南部放置一釉陶罐，罐内放一白瓷碗，南部正对

图六　M1墓室出土状况

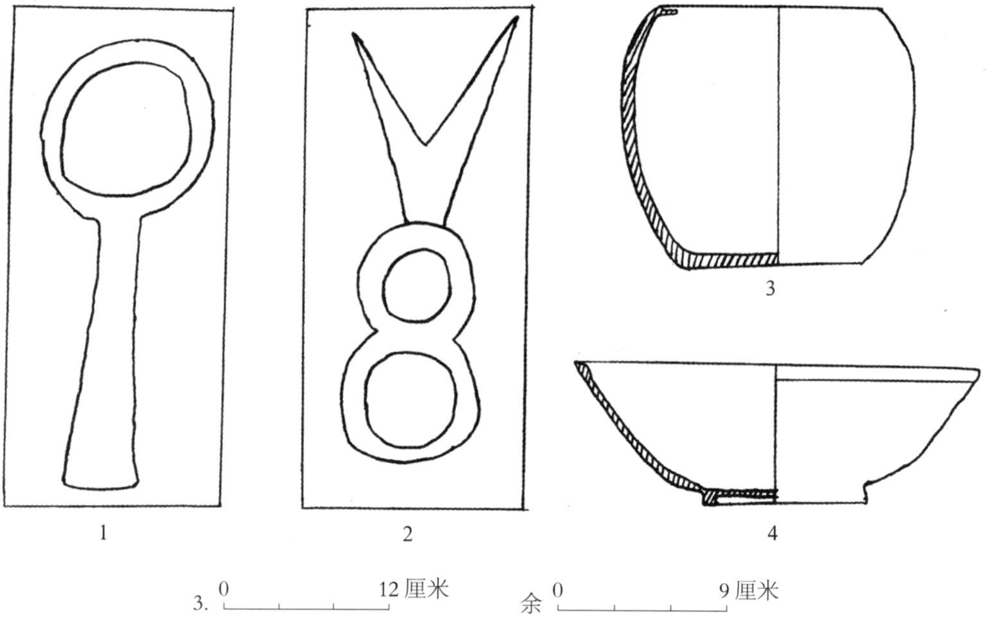

图七　PP Ⅲ扩 T2M1 出土倚柱砖雕、陶罐和瓷碗

1. 砖雕熨斗（M1:1）　2. 砖雕剪刀（M1:2）　3. 釉陶罐（M1:3）　4. 白瓷碗（M1:4）

墓道口置一白瓷盏；另在北骨架颈部发现“开元通宝”“祥符元宝”各一枚，应为口含钱；头部发现一带弧度的绿色朽痕，长 20 厘米，应是发簪一类的头饰。

三、遗物

遗址中出土了大量的陶、瓷残片，兼有少量石器及铜器。可辨器类有碗、罐、鬲、豆、盆、甑、钵、石镰、铜鱼钩等。

1. 瓷器

双耳罐　PP Ⅱ J2:1，酱釉，浅红色泥质胎。直口，圆唇，溜肩，弧腹，腹及底部残。肩部饰条形系耳，表面有手捏制的痕迹。口径 12.4、腹径 18.8、高 14 厘米（图八，1）。

瓷瓶　PP Ⅱ J2:2，完整，灰胎，素烧，小口，小底，酱釉。口径 6.8、高 16.8 厘米（图八，2）。

黑釉瓷碗　PP Ⅱ J2:3，完整，灰白胎，胎壁较薄，内外壁施黑釉，皆不及底。圈足，内底下凹呈凸棱，外足端内缘斜削。底径 12、高 10 厘米（图八，3）。

青瓷钵　PP Ⅲ H2:1，灰白胎，青釉，侈口，圆唇，弧腹，小平底。残高 5 厘米（图八，4）。

白瓷碗　标本 M1:4，灰白胎，白釉，侈口，深斜弧腹，圈足。素面。口径 22、底径 9、

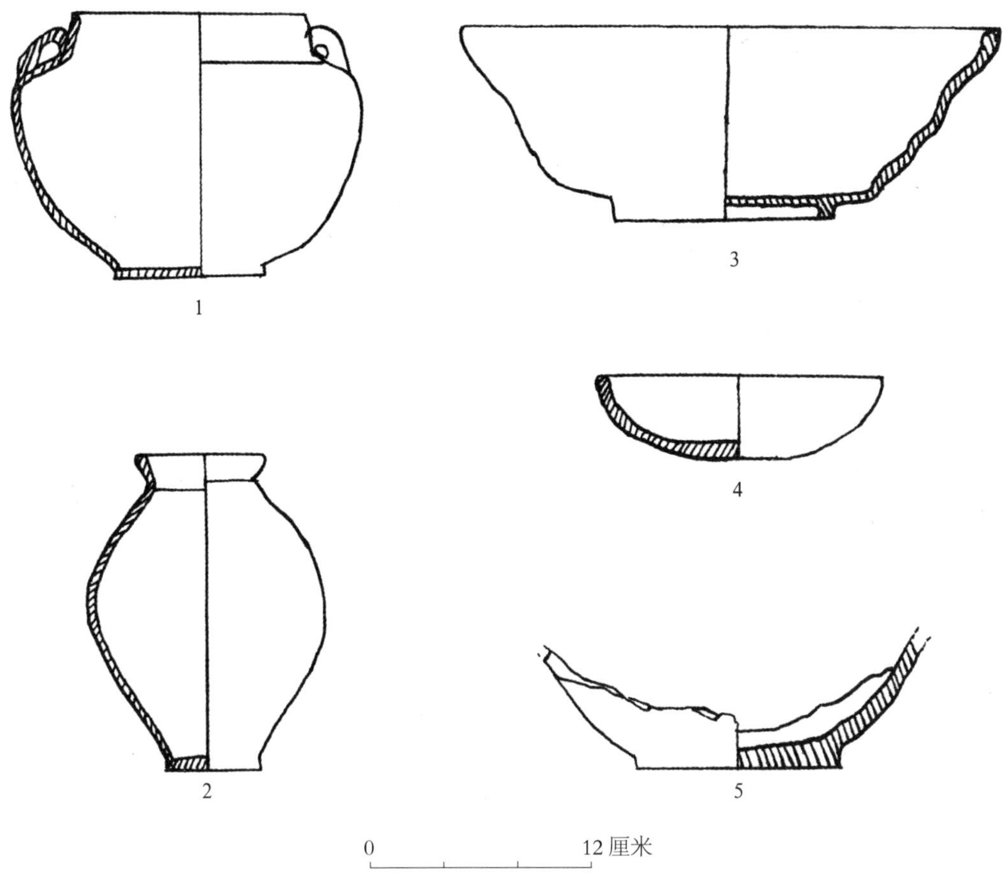

图八　PP Ⅱ J2、PP Ⅲ H2 出土瓷器

1. 双耳罐(PP Ⅱ J2∶1)　2. 瓷瓶(PP Ⅱ J2∶2)　3. 黑釉瓷碗(PP Ⅱ J2∶3)　4. 青瓷钵(PP Ⅲ H2∶1)　5. 青瓷碗(PP Ⅲ H2∶2)

残高 7.1 厘米（图七，4）。

青瓷碗　PP Ⅲ H2∶2，斜弧腹，实圈足，施青釉（图八，5）。

2. 釉陶器

釉陶罐　标本 M1∶3，完整，粗砂胎，釉皆脱落。口微敛，重沿，内沿较高，外沿微折，尖圆唇。口径 16、高 18.5 厘米（图七，3）。

3. 陶器

Ⅰ型盆口沿　PPⅡT3 ②∶1，泥质灰胎，敛口，尖唇，斜直沿，弧腹，素面。残高 4.8 厘米（图九，1）。

Ⅱ型盆口沿　PPⅡT5 ②∶2，弧腹，近方唇，素面（图九，3）。

Ⅲ型盆口沿　PPⅡT6 ⑥∶2，灰陶，折腹，敛口，圆唇，素面。口径 12 厘米（图九，4）。

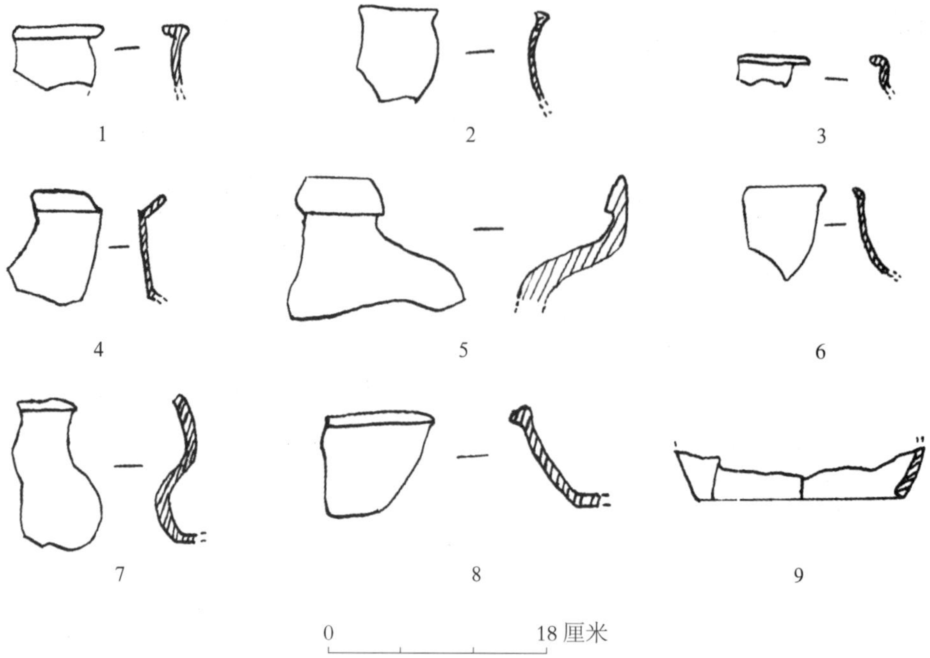

图九　出土陶器残片

1. Ⅰ型盆口沿（PP Ⅱ T3 ②:1） 2. Ⅰ型罐口沿（PP Ⅱ T5 ②:3） 3. Ⅱ型盆口沿（PP Ⅱ T5 ②:2）
4. Ⅲ型盆口沿（PP Ⅱ 6 ⑥:2） 5. Ⅱ型罐口沿（PP Ⅲ T17 ⑨:4） 6. 碗口沿（PP Ⅲ T5 ⑤:2） 7. 瓶（PP Ⅲ T21 ⑨:4）
8. Ⅳ型盆口沿（PP Ⅲ T23 ⑨:1） 9. 盆底（PP Ⅲ T27 ⑨:4）

Ⅳ型盆口沿　PP Ⅲ T23 ⑨:1，泥质灰陶，素面，折沿，斜直腹（图九，8）。

Ⅰ型罐口沿　PP Ⅱ T5 ②:3，敞口，弧腹，唇较扁并外撇，素面（图九，2）。

Ⅱ型罐口沿　PP Ⅲ T17 ⑨:4，泥质红胎，素面，短颈，扁圆唇。残高 10.2 厘米（图九，5）。

碗口沿　PP Ⅲ T5 ⑤:2，泥质灰胎，胎较薄，撇沿，素面（图九，6）。

瓶　PP Ⅲ T21 ⑨:4，泥质红陶，球腹，束颈，素面（图九，7）。

盆底　PP Ⅲ T27 ⑨:4，泥质灰陶，平底，弧腹，轮制痕迹明显（图九，9）。

甑底　PP Ⅲ T5 ⑨:1，泥质灰陶，胎较薄，残留五孔，孔径 1 厘米。

另有泥质灰陶绳纹砖，泥质灰陶素面砖，泥质灰陶板瓦，泥质灰陶莲花瓦当和兽面瓦当。

4. 铜器

鱼钩　1 件。标本 PP Ⅲ T20 ⑨:2，呈倒“ʃ”形圆柱体，钩身上部有斜系线槽，钩尖一侧有倒刺。

铜钱　2 枚。标本 M1:1、M1:2，外沿凸起，中穿孔，一为“祥符通宝”，一为“开元通宝”。

5. 石器

仅有石镰残片 1 件。

石镰　标本 PPⅢT20⑨:3，呈月牙形，通体磨光，刃部薄而锋利。

除上述遗物外，还发现了一些炭化了的粮粟及数量较多的牛趾骨、鸡腿骨、鸡肋、鸭腿骨等；H2 的上部堆积有大量蚌壳，主要以蛎蚌为主，河蚌次之。

四、遗址地层及遗迹的年代分析

从遗址的地层叠压关系和遗迹的开口层位及所出土遗物的特征来看，第 6、7 层为唐代文化层，9、10 层为汉代文化层；H1、H2 则分别为汉代和唐宋遗迹；J1、J2 中元代和明代的遗物共存，说明水井的使用时间至少经历了元、明两个时代；Y1 本身已经残破，无法从结构上考证它的时代，但从其上叠压唐代的文化层，填土中包含物亦为唐代的情况看，其时代不晚于唐。M1 从墓葬结构和出土遗物看，其年代为金代。

五、结语

遗址的文化层上下尽为冲积土，表明这一带在战国以前就曾发过大水，战国时期人们在此生活了不长的时间，便销声匿迹了。此后，经过了秦代至隋代的漫长历史时期，到了唐代人们才又开始在此栖居并繁衍生息，但又是一个短暂的时间，这都应该与洪水有关，反映出在历史上平乡是水患之地，而这些水患大都来源于黄河的摆动泛滥。到了元代，虽然仍有人类活动，但已不是以村落的形式出现，像水井一类的遗存，则有可能与农耕有关。

水井是这次发掘的重要遗迹之一。考古资料表明，我国发现最早的水井是在浙江省余姚市河姆渡遗址中，碳 -14 测定其年代为公元前 3920±100 年，它是迄今发现的采用竖井支架结构的最古老的遗存。我省发掘出最早的是新石器时代晚期龙山文化遗址中的水井，一直到汉代皆有发现，但像 1 号井井底加圆形井盘的元代水井的发掘则是首次。根据力学原理推测这种圆形井盘的作用有二：一是承托上部砌砖，使之成为一个整体，以防局部下沉而塌陷；二是作为一种特殊的挖井工具，以方便挖井。

关于 M1 墓主人的身份，由于没有表明其身份的遗物出土，但在宋金之交，北方动荡、民生凋敝，墓的规模虽然不大，贫民也无力建造，因而墓主的身份应是农村中经济比较富裕的中小地主。仿木结构砖室墓始见于晚唐，是从北宋中期，特别是神宗以后，中原地区普遍流行的形式，盛于金，衰于元，在中国丧葬史有着特殊的地位，产生在特殊历史文化环境下。北宋时期，建筑、家具等有严格的等级规定："非品官勿得起门屋。"金代少数民族入主中原，在礼乐制度和社会观念方面失去严密控制，民俗文化上升为主导文化，一些有经济实力的中小地主甚至于平民纷纷打破传统礼制、观念，建造的墓越来越豪华。这座墓葬中所砌家具、铺作，显然僭越了等级。这种情况在白沙宋墓、柿庄金墓中均有反映，说明在金元之交一些建筑等级制度被一般地主突破是普遍现象。

这次考古发掘工作，丰富了冀南地区的文化内涵，同时也为我国的环境考古、气象考古、水文考古提供了资料。

领队　刘连强

发掘　赵战护　樊书海　张兆峰　李瑞林
张国平　王国贤　赵秋申　戴　旺
史云征　李信军　史青军

执笔　赵战护　樊书海

绘图　樊书海　张兆峰

摄影　张小沧

注释

[1] 平乡县地方志编纂委员会：《平乡县志》，方志出版社，1999年。

[原载于《河北省考古文集》(三)，科学出版社，2007年]

河北邢台中兴西大街唐墓

邢台市文物管理处

2004 年 4 月，邢台市文物管理处配合煤田地质局 1 号楼建设工程，在建设区内发现了一批汉唐时期的墓葬。本文将发现的 4 座唐代墓葬的情况简报如下。

一、墓葬位置

河北煤田地质局位于邢台市桥西区中兴西大街北侧，北有小黄河。其 1 号楼建设区即位于小黄河南煤田地质局所在地的南部。4 座墓葬均位于 1 号施工区内，坐北朝南，东西向排列。编号分别为 04HMM6、04HMM11、04HMM16 和 04HMM18（以下简称 M6、M11、M16、M18）。

二、墓葬形制

4 座墓葬的形制、墓室结构大体相同，均为带竖井式墓道的土洞墓。墓道南宽北窄，平面略呈梯形，南端有一级或二级生土台阶，墓道四壁均修整得较规整。M6、M11、M16 盗扰严重，墓室部分被破坏，无器物出土，此 3 座墓葬不再详述。

M18 位于建设区北部偏西，全长 5.6、距地表深 3.2 米，墓向 185°。该墓由墓道、墓室两部分组成（图一）。墓道长 1.8、宽 0.9 ~ 0.98、深 4.7 米，底部南侧有生土台阶二级，台阶北部微呈斜坡状。土洞墓口的顶部呈弧形，宽 0.9、高 1 米，用长方形砖封门。封门砖砌成菱角牙子状，砖均为素面小砖，长 24、宽 12、厚 4 厘米（图二）。土洞墓室为拱形顶，平面略呈椭圆形，长 3.6、宽 2.04、高 1.28 米。室内有木棺，根据板灰痕迹测量，长 1.88、宽 0.5 米，棺内有尸骨一具，已朽，尚可见葬式为仰身直肢。在棺内骨架头部的西侧放置铁剪 1 件，墓室东南角有铜镜 1 件、连体铜镊子和耳勺各 1 件。棺外前端有铜钗 1 件、“盈”字款白釉瓷罐 1 件、“盈”字款白釉玉璧底瓷碗 1 件、黑釉双系瓷罐 1 件、彩绘陶塔式罐 2 套。

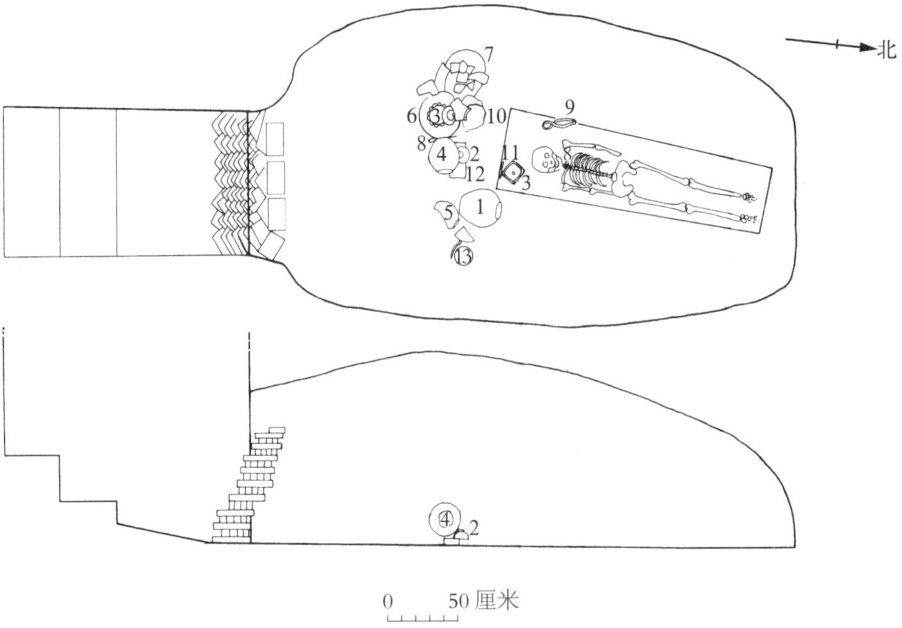

图一　M18 平、剖面图

1. 白釉瓷罐　2. 白釉瓷碗　3. 铜镜　4、7. 陶塔式罐　5. 黑釉瓷罐　6. 罐盖　8. 铜钗　9. 铁剪　10、13. 罐座　11. 铜镊、耳勺　12. 灰砖

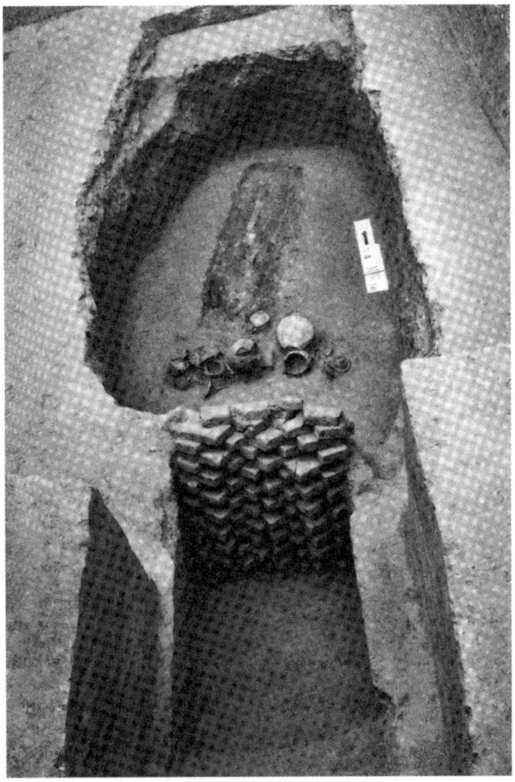

图二　M18 发掘情况

三、出土遗物

1. 瓷器

白釉瓷罐　1件。M18∶1，圆唇，沿微卷，短颈，圆肩，圆鼓腹，平底，器形圆润，丰满。胎色洁白，细腻。白釉略泛乳黄色，器物转折处，如颈肩交接处闪青色。釉层肥厚，釉质润泽，细腻光洁，玉质感强，器表施釉至底部，器内满釉。外底部刻划一“盈”字。口径10.8、底径10、高25.6厘米。（图三，4；彩版一二，1）。

白釉瓷碗　1件。M18∶2，方唇，边部略显尖锐，敞口，腹斜曲，近底部圆折，规整的玉璧底。口沿外部斜修一周，腹底交接处深挖一刀[1]，玉璧底外墙微外撇，足底微内凹。胎色洁白，较细。釉色白中微泛青，薄厚均匀细腻，温润光洁，腹底转折处闪青色，施釉至足底，足心有釉。足心刻划一“盈”字，大部分笔画被白釉掩盖，可辨部分笔画。口径22.8、底径14、高8厘米（图三，1；彩版一二，2）。

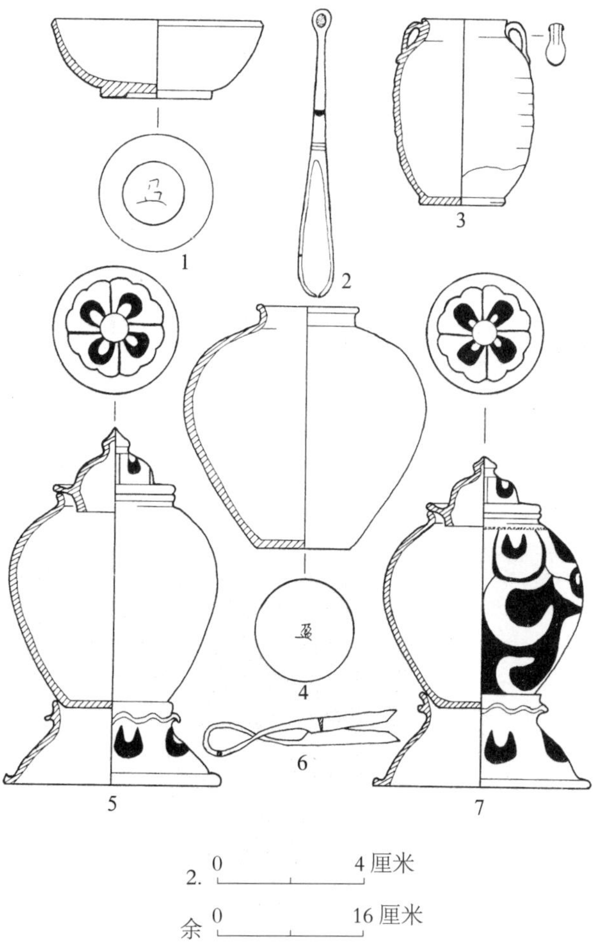

图三　M18出土器物

1. 白釉瓷碗（M18∶2）2. 铜镊、耳勺（M18∶11）3. 黑釉瓷罐（M18∶5）4. 白釉瓷罐（M18∶1）
5、7. 陶塔式罐（M18∶7、M18∶4）6. 铁剪（M18∶9）

黑釉瓷罐　1件。M18:5,圆唇,侈口,矮颈,斜肩,颈间对称附片状双系,长直腹稍外鼓,矮饼足,腹部有较明显的拉坯痕迹,底足与下腹交接处深挖一刀,足底外缘斜削一周。灰白色粗胎。黑褐色釉,釉色晶莹光亮,施釉不到底,器内施满釉,唇部无釉露出灰白胎[2]。口径8.8、底径9.2、高20厘米(图三,3;彩版一二,3)。

2. 铜器

铜镜　1件。M18:3,边长13厘米。倭角方形,边廓较宽,桥形小钮。镜面银白,镜体较厚重,素面无纹,钮部有锉磨痕迹(图四)。

铜镊、耳勺　1件。M18:11,一端为耳勺,另一端为镊。镊为弹压式,镊腿扁条状。镊、耳勺之间断面呈半圆形,近镊一端刻划凹弦纹。通长7.6厘米(图三,2)。

铜钗　1件。M18:8,双股,断面呈圆形,胎体轻薄朽蚀。

3. 铁器

铁剪　1件。M18:9,为弹压式,环曲柄,交股回环,环呈扁圆形。长21.2厘米(图三,6)。

4. 陶器

陶塔式罐　2件。均为泥质红陶,形制相同,大小相仿。由器盖、罐、器座三部分组成。器盖,长子口内敛,宽沿微上翘,高曲拱形盖面,顶部有宝珠形钮。罐,圆唇,矮领微侈,圆肩,鼓腹,平底。器座,圆唇,直口微侈,颈微束,下部外撇成喇叭形底,底沿平折或稍上卷,颈部贴塑波浪形饰带一周。M18:4,钮顶较平缓,罐腹较圆鼓。通体施白衣,其上用黑彩绘画图案,彩绘大部分脱落,肩部似为覆莲瓣纹,腹部为钩镰纹。通高34.8厘米。盖口径8.4、高7.2厘米,罐口径12、底径9.6、高26.4厘米;器座口径14.2、底径24、高8.6厘米(图三,7;彩版一二,4)。M18:7,钮顶较尖锐,罐上腹鼓,下腹斜收。罐外表

图四　铜镜

(M18:3)

彩绘大部分脱落，纹样难以辨识。通高 37.2 厘米。器盖口径 8、高 8.6 厘米，罐口径 12.8、底径 10.4、高 24.6 厘米，器座口径 12.8、底径 24、高 8.8 厘米（图三，5；图五）。

四、结语

此次清理的 4 座土洞墓，是邢台市区范围内唐中晚期到北宋时期比较流行的一种墓葬形制。此类墓葬均坐北朝南，墓道平面南宽北窄，呈梯形，洞室平面呈梯形或抹角长方形。根据以往发掘的唐宋墓葬的规律可知，唐代墓道较窄长，宋代墓道变短变宽。此类墓葬出土器物的组合以白瓷罐、白瓷执壶、白瓷碗、泥质红陶罐、灰陶罐为常见。唐中期及其以后彩绘陶塔式罐比较盛行。

M18 出土的白釉瓷罐与河北邢台董村水厂 M33 中出土的一件类同[3]。根据以往的考古发现和研究，“盈”字款白瓷器的烧制年代大致在唐中晚期，这类瓷器在内丘城关窑址屡有出土[4]，因此该器应该是中唐时期内丘城关窑产品。“盈”字款白釉玉璧底瓷碗与中唐偏早阶段郑州大岗刘唐墓出土的一件饼足瓷碗基本相同，而更接近于盛唐时期中原制药厂唐墓出土的一件浅玉璧底瓷碗[5]。

图五　陶塔式罐

（M18∶7）

综上所述，本次发掘的4座墓葬，形制相同，根据M18的出土器物，推测其时代大约在盛唐时期稍晚，不会晚于中唐时期早段。

本文在撰写过程中得到秦大树先生的指导，在此深表谢意。

发掘　李恩玮　李　军
　　　柴红亮　柴秋兰
　　　焦志勇
绘图　柴秋兰　柴红亮
摄影　李　军　柴秋兰
执笔　李　军　李恩玮

注释

[1] 这种现象是由于在利坯（修坯）时先挖出底足的外缘，由于下刀较深，修整外壁时未能修平所致，这是唐晚期许多窑场产品的一个共同特点，参见北京大学中国考古学研究中心等：《河南省禹州市神垕镇下白峪窑址发掘简报》，《文物》2005年第5期。

[2] 这种现象是由于烧成时采用对口方法装烧所致。

[3] 邢台市文物管理处：《河北邢台市唐墓的清理》，《考古》2004年第5期。

[4] 王会民：《邢窑问题新议》，河北省文物研究所：《河北省考古文集》，第460～465页，东方出版社，1998年。

[5] 郑州市文物工作队：《郑州地区发现的几座唐墓》，《文物》1995年第5期。

（原载于《文物》2008年第1期）

河北临城岗西村宋墓

邢台市文物管理处　临城县文物保管所
北京大学中国考古学研究中心

2005年10月20日，临城县岗西村砖厂取土烧砖时发现砖室墓1座，临城县文物保管所闻讯后随即进行清理，出土白釉瓷碗一件、绿釉墨书陶塔式罐一套。现将清理发掘情况报告如下。

一、墓葬位置及墓室结构

岗西村位于县城南偏东7千米处。该村较分散，临石公路穿村而过，西近贾家祟，东邻南程村。墓葬即发现于该村西2.5千米的砖厂取土区内。

该墓葬坐北朝南，方向175°。为一座仿木结构圆形单室砖墓，墓砖均为素面小砖，长32、宽16、厚5厘米。该墓由墓道、甬道、墓室三部分组成（图一）。

墓道已被破坏，长度不详，推测应为竖穴式。

甬道宽0.6、券顶高1.06、进深0.7米。用平砖顺砌，从地面起16层后起券，单层券顶，形成墓门。券以上仍用单砖平砌成照墙，已残损。甬道前部用单砖错缝平砌封堵。甬道内西南侧出土绿釉陶塔式罐的罐身部分（彩版一三，1）。

墓室平面呈圆形，砖雕仿木结构，穹隆顶，直径2.8、高2.74米。甬道北即为土筑“凹”字形棺床，高出地面0.3米，占据墓室大部分。棺床前挡宽0.98、距甬道后端0.36米。棺床之上有人骨架2具，已朽，从痕迹看应头西脚东，性别和年龄不详。棺床上未见葬具痕迹，其南端西侧出土塔式罐器座和器盖，东侧出土白釉瓷碗1件。

二、墓内装饰

墓室内除了穹隆顶部分外，周壁均刷白粉，局部施彩绘，惜已漫漶不可辨识。现存装饰主要是仿木结构砖雕。东、西、北三壁各砌出倚柱2根，柱顶有砖雕铺作，均为一斗三升式。在壁面发券处有一条凸出的曲带雕饰。六根倚柱和墓门将墓室壁面分割成7个空间，

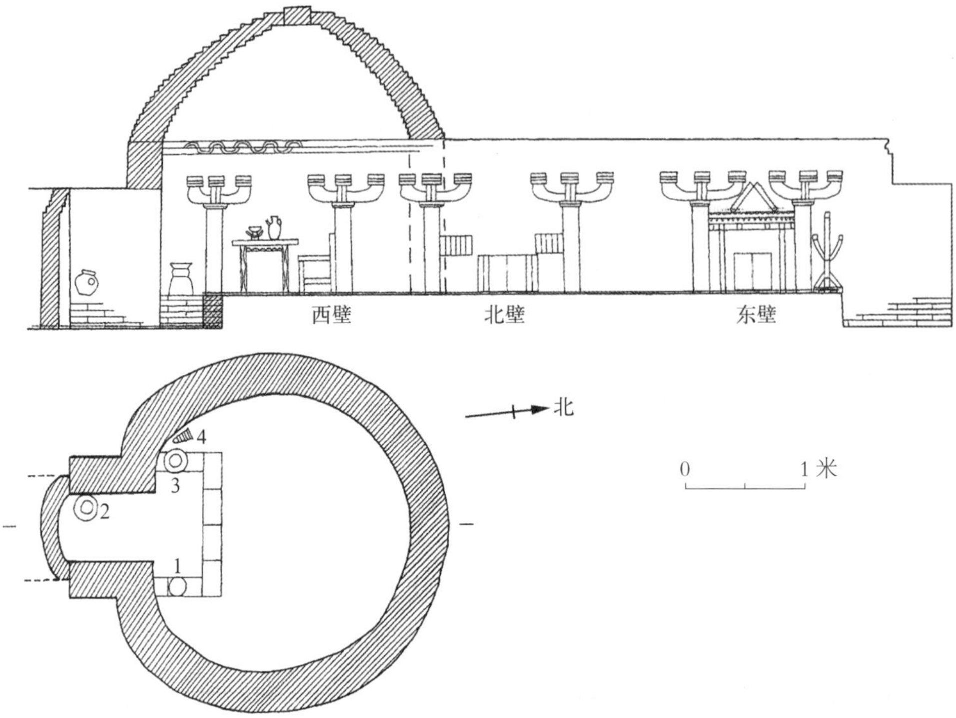

图一　墓葬平、剖面图

1. 瓷碗　2. 陶塔式罐身　3. 器座　4. 器盖

每个空间分别以壁画和砖雕装饰，现仅可见到砖雕题材。西壁两柱间砖雕一桌，在桌的北侧雕一椅，桌上可见砖雕短流执壶和盏托。北壁两柱中间下部用立砌的砖表现门框、立颊，其间是板门，板门上方两侧用立砌的砖表示直棂窗。东壁两柱间是砖雕的山花向前式的门楼，门楼内雕出板门，并砌出方形椽头和门簪。墓门南侧与砖柱之间在砖墙上刻划出一座灯檠。墓室的砖雕整体显得稚拙、草率。

三、出土遗物

出土随葬白釉瓷碗 1 件、黄绿釉陶塔式罐 1 套。

1. 白釉瓷碗

GXM1∶1，方凸唇，口微移，腹斜直稍曲，矮环形圈足，挖足甚浅，腹足之间有一窄台。灰白胎，胎较细。施白色化妆土，外施透明釉，釉色呈乳白稍泛黄，施釉不到底，局部有垂釉现象。器内底有 3 枚支烧痕迹。器表露胎处表面呈棕红色。口径 15.4、底径 7、高 4.2 厘米（图二）。

图二　白釉瓷碗

2. 黄绿釉陶塔式罐

GXM1:2，由器盖、罐身、器座三部分组成。棕红色泥质陶胎，胎质较坚硬。通高 62.4 厘米。

器盖　子口，仰莲状沿，高拱盖类似覆钵，盖顶为塔刹形，最下层台状，上接 5 层相轮构成塔刹，顶部为宝珠形盖钮，施明黄色釉，光洁润亮。口径 12.2、高 16.4 厘米。

罐身　圆唇，侈口，束颈，圆肩，鼓腹，下腹斜收，大平底。上腹部贴塑 6 枚圆形花卉图案，用不同印模制作，每朵贴花中部均扎一小孔，与罐内相通。罐身施较深的绿色釉，釉色明亮鲜艳，局部有细碎的开片。釉层可见明显的流淌现象，近底部局部施釉不均匀露胎，底部无釉；花卉上施黄釉，与盖的釉色相同，有明显的流淌现象。口径 12、底径 12.8、高 20.6 厘米。

器座　分为三部分，上部是盘形托座，圆唇，侈口，折腹，束底；中部是凸出的轮圈，斜肩，鼓腹凸出，束腰；下接筒形台座，斜肩，筒部斜直，略呈喇叭形高台。器座外施绿釉，釉色同罐身，施釉尽底，前后各有一较大面积露胎处。器座的两块露胎处均有墨书，正面墨书 8 列，满行 6 字，默书为“大宋国 / 赵州临城县 / 龙乡邻城域□ / 升武白□□□ / 人为父□□□ / 一□至和□□ / 孟冬为□□月 / 七日□□”。背面墨书 4 列，满行 4 字，默书为“宗补村 / □昌□ / □□□□ / 经王”。口径 17.7、底径 17.6、高 27 厘米（图三；彩版一三，2）。

四、小结

此墓出土的塔式罐是专用的随葬物品，因此器物上的纪年即可视为墓葬纪年。据此，此墓的年代为北宋仁宗至和年间（1054 ~ 1056 年）。从塔式罐上可辨识的文字看，墓主应为一平民之父。北方地区的仿木结构砖室墓主要从晚唐时期开始流行，从出现到发展，墓主人的身份发生了演变。从早期的品官使用，变成平民使用，这个转变的时间大体是在 11 世纪的前半叶 [1]，目前发现最早的平民使用的仿木结构砖室墓市河北武邑龙店村北宋庆历二年（1042 年）墓 [2]。此墓的时代与武邑宋墓相差不远，墓葬形制和壁画装饰的题材和特点基本相同。此墓葬的发现为探索北宋前期平民使用仿木结构砖室墓提供了新材料。

陶塔式罐在邢台、临城一带唐宋墓葬中屡有出土，大体分带器座和不带器座两种，不

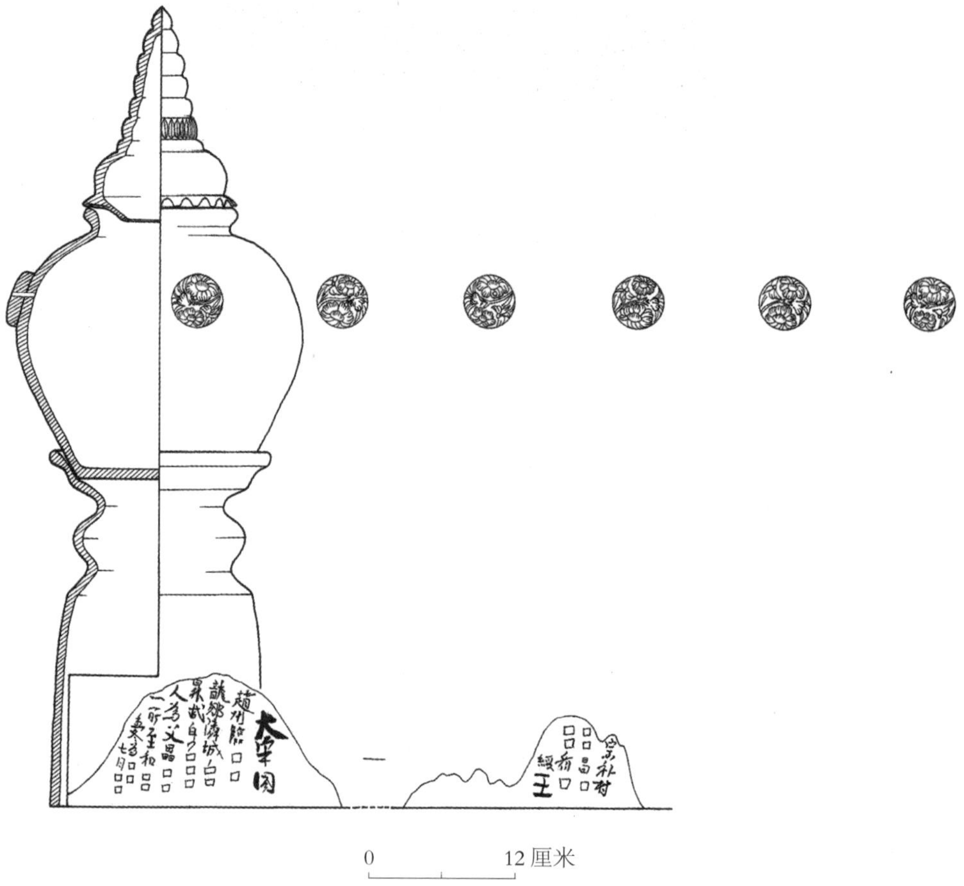

图三　黄绿釉陶塔式罐

带器座者多在30厘米左右；带器座者变化多样，器座有一层、两层甚至三层、四层的不同，形制有圆形塔式或圆形亭阁式的，目前所知出土的塔式罐最高的达110厘米。

邢台地区以往经考古发掘出土的塔式罐多为泥质灰陶，且没有出土过完整成套的釉塔式罐[3]，并且均无明确纪年。此次出土的塔式罐器型完整，釉质温润，釉色鲜艳，为邢台地区目前出土塔式罐中的精品。另外，该器墨书纪年明确，为该器物断代起到了标尺作用。

附记：参加墓葬发掘的人员有邢台市文物管理处李军、柴洪亮、柴新路，临城县文物保管所麻俊贤、胡广胜、赵桂春、宋志刚。

本报告为“普通高等学校人文社会科学重点研究基地北京大学中国考古学研究中心、教育部人文社会科学研究重大项目”宋代墓葬研究“课题”（项目批准号06JJD780002）成果之一。

绘图　柴秋兰　柴洪亮
摄影　李　军　张志忠
执笔　李　军　张志忠
　　　李　敏　秦大树

注释

[1] 秦大树：《宋元明考古》，第 137 ～ 151 页，文物出版社，2004 年。

[2] 河北省文物研究所：《河北武邑龙店宋墓发掘报告》，河北省文物研究所：《河北省考古文集》，第 323 ～ 329 页，东方出版社，1998 年。

[3] 2001 年邢台市文物管理处在配合邢台市第十中学宿舍楼工程进行发掘时出土唐代灰陶塔式罐、宋代绿釉塔式罐。宋代塔式罐器身贴塑模印伎乐像及动物和花卉、几何纹图案。

（原载于《文物》2008 年第 3 期）

河北平乡县郭桥村元墓

郭少青
(河北省文物研究所)

2004年3月，河北平乡县郭桥村民在耕地时发现古墓葬。河北省文物研究所会同邢台市文物管理处、平乡县文物保管所于同年4月对该墓进行了抢救性清理。兹将清理情况报告如下。

一、墓葬地理位置

墓葬位于平乡县东南约15千米的郭桥镇西郭桥村北约200米处，东濒滏阳河，南依邢临公路，西临一田间小路，东北为一废弃的现代砖窑（图一）。

据传这一带的砖室墓过去曾多有发现，分布范围约130000平方米，是一处规模庞大的古墓群。此次发掘的古墓（编号为PGM1，简称M1）位于该墓群的东南部。

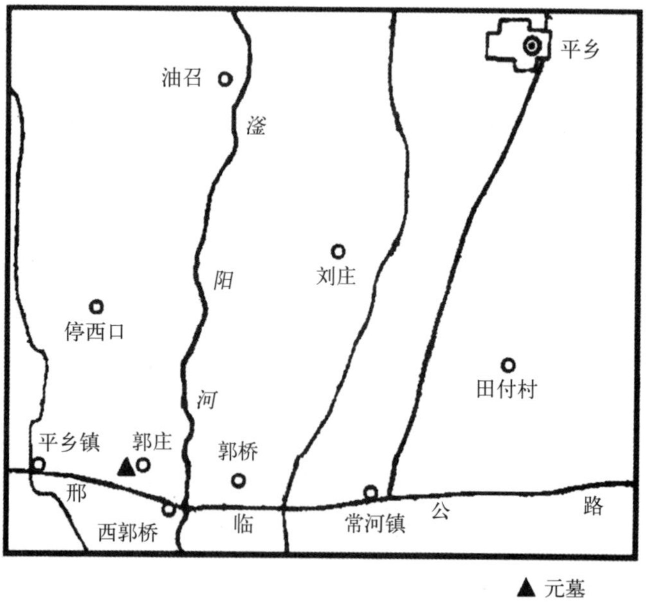

图一　墓葬位置示意图

二、墓葬形制

M1 坐北朝南，方向 181°。为仿木结构单室砖墓，由墓道、墓门、甬道、墓室组成。墓室平面为圆形，墓壁皆用白灰泥勾缝，顺砖错缝叠砌而成。墓内多被扰乱，墓顶已被拆除不存，墓壁上的仿木构建亦多处被毁（图二）。

1. 墓道

发掘长度为 2.15 米（南部未清理），为长方形竖穴式，宽 1.56 ～ 1.94、深 1.44 ～ 2.22 米，底呈南高北低的斜坡状，高差 0.78 米。

2. 甬道

外接墓道，内通墓室，为单栿单券形顶，宽 1.18、进深 1.35、残高 1.86 米，其中拱脚高 1.64 米。

甬道正面为仿木结构的门楼建筑，下部为甬道的券洞。门口上下贯通。门楼在甬道翼墙的南端 1.64 米高时内收 0.08 ～ 0.1 米起建，券洞前以单层菱角牙子形砌砖封堵。封门砖大部分用的是墓砖，极少量则是仿木砖构件。

图二　M1

3. 墓门

正面上部今已毁，原貌不详。残高 1 米，残存部分门扇、立颊、榑柱、门额、上额、阑额、普拍枋。立颊上横门额，立颊外依榑柱，榑柱上置上额，上额上置普拍枋。门额上砌两枚较粗大的门簪（仅存东面的一个），门簪前端呈八角形，后部为方柱体，凸出门额 0.05 米；立颊为磨光弧面，门扇砖为刀把形，刀把部分填一横砖块，与券顶同托门簪。普拍枋上东部残存铺作一朵，仅余一泥道拱、一栌斗和一散斗。

墓门背面，自普拍枋下贴砌横砖，垂直下砌，未予雕饰。

4. 墓室

平面呈圆形。砌筑整齐，内径 3.2（南北向）～ 3.5 米（东西向），残深 2.54 米（从墓口到墓底）。墓室入口内留出一段与甬道同宽的豁口，其余部分均铺砖，形成一“凹”字形棺床，高 0.38 米。豁口在墓室内西壁长 0.89 米，东壁长 0.94 米，宽 1.14 ～ 1.4 米，较“凹”形棺床高出一砖。“凹”形棺床采用一横对两竖平铺而成。经解剖：在墓室底部南北 2.1 米的范围内为生土，豁口外东西两侧内填活土，顶部铺砖与棺床面平（图三）。

5. 墓壁

从棺床平面向上共分 3 段。

第 1 段，墙基部分，高 0.26 米。起先平铺墓砖 5 层，从第 2 层始内收 0.01 ～ 0.03 米，内以 19 个束腰砖砌成 17 个壶门，等距分布，间距为 0.66 米。束腰砖是以两个削成三角形的砖块上下对接而成。

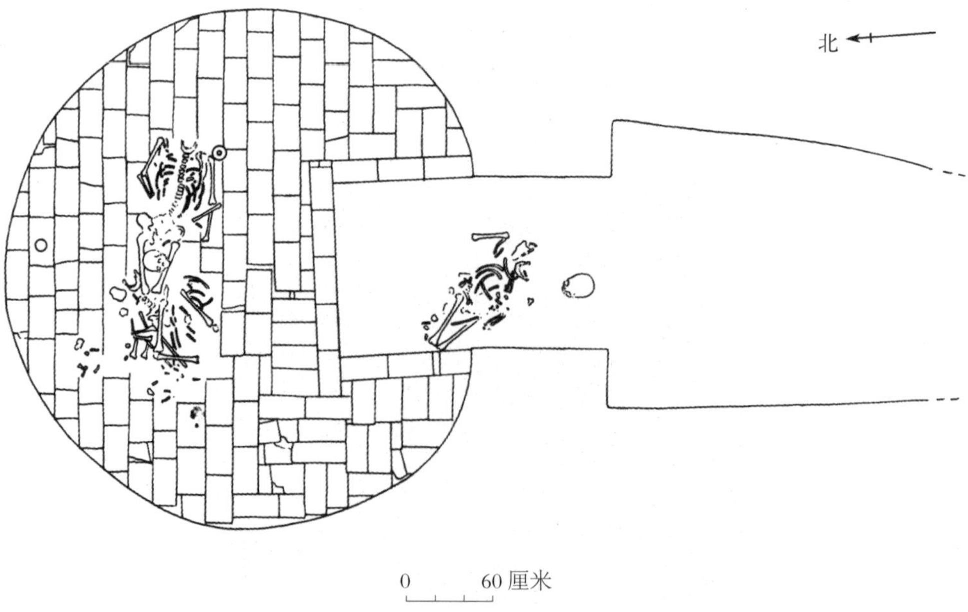

图三　M1 平面图

第 2 段，墓壁下部，从墓砖到撩檐枋，高 0.95 米。周壁砌有倚柱 14 根，假门 5 座，椅子 2 把，灯檠 1 个。今仅存 3 根完整倚柱，其余 11 根残存柱础。柱头枋及普拍枋之间共有铺作 24 朵，其中柱头铺作 14 朵，补间铺作 10 朵。

倚柱为不等距分布，最大间距 0.9 米，最小间距 0.2 米。各倚柱的结构和以上的铺作完全相同。其组织为在墙基顶部平铺一连弧状柱础，上立正面为四棱状的立柱（两砖加一半砖长），再上承普拍枋。普拍枋上坐一栌斗，内托泥道拱。栌斗出昂，上托一较小的交互斗，泥道拱两端各托一散斗，斗上托柱头枋，上为撩檐枋，撩檐枋的面部下端做成斜面。补间铺作皆坐落在假门以上的普拍枋之上，其结构与柱头铺作完全相似。

假门　5 座，分别位于墓壁的西、西北、北、东北、东面，结构相同。由榑柱、立颊、门额、上额组成，于墙基顶面向上 2 层起砌，做关闭状，宽 1.06、高 0.88 米。门额上雕面部为花瓣形的门簪两枚，榑柱及上额的内边削成斜面。

灯檠　位于东壁偏北，高 0.92 米。其以矮足案形为基座，中竖六棱形灯杆，灯杆下端两侧用连弧状雕砖连接杆与座。灯杆的上部平砌一齿轮形砖雕，上坐一平板状灯座；杆顶原有一物，已毁。在清理灯檠下墓室中的填土时，发现一个无釉瓷盏，经验试，平放在灯座上大小十分合适，说明这个灯檠不单是墓室内的装饰，而且具有实用性质，是搁置这个小瓷盏的，而这个小瓷盏则应该是墓中的长明灯。

椅子　2 把，分别位于墓室的东南和西南壁，起砌于墙基顶 4 层上，结构、大小相同，由立足、横撑、座面、靠背、搭脑组成，宽 0.48、高 0.74 米。立足作棱状，座面的侧面经过磨光，略呈圆弧形，靠背外侧雕成弓形，搭脑断面为圆柱体。

第 3 段，墓壁上部，从撩檐枋到现存墓口，残高 0.9 米。共有大铺作 6 朵。铺作的结构与第 2 层的相同，只是体积较大，分布间距为 0.95 ~ 1.56 米（图四）。

图四　M1 北壁

墓内置骨架3具，为一男性两女性，其中两具在棺床上，一具在甬道内。棺床上的骨架，北面是一男性，面上，左臂内弯，右臂外撇，双膝合拢，为头东脚西仰身直肢葬式。南面的一具凌乱地堆放在北面骨架的下部，头颅在北面骨架的股骨之间，面南，口大张，为一女性。

甬道内的骨架放在甬道与墓室的豁口处，身下为淤土，原为仰身直肢葬式，今已凌乱，出棺外，头南脚北，面上，下肢右斜，下颌及骨盆等已离原位。经检验为女性。

在棺床上没有清理出棺材的形状，因而其详细结构不清，但在骨架的上下及周围分布有大片的石灰墙皮碎片和草木灰，分布范围南北1.7米，东西2.4米；墙皮厚0.007 ~ 0.01米，个别的呈折角状，厚0.021米。棺床上散见有不少的木板灰和铁棺钉（棺钉长0.033 ~ 0.06米）。经对此现象的反复对比和观察，认定原来棺的结构外层应为木板，内抹一层白灰泥，底铺一层草木灰，而白灰泥及草木灰应是用来防腐、防潮的。甬道内尚存木棺的痕迹，长1.06、宽0.4米，同样也抹一层白灰泥，周围散见铁棺钉。

三、随葬品

M1在填土中出土一些青釉罐的残片，是被破坏后的随葬品。出土的一件黑釉小盏（图五），应为灯檠上的长明灯。墓道填土中出土一件完整的兔毫瓷盏。棺床上北骨架的胯部北侧出土一件小铜镜，头南出土一件覆置的黑釉小瓷碗。甬道内骨架的腰部出土两件镂孔玉饰件。

四、结语

1. 关于墓葬的年代

墓中没有发现相关的文字，其年代只能从墓葬的结构、器物的特点来推断。通过对有

图五　黑釉小盏

关资料的对比，该墓的年代应为元代。

2. 关于墓主人的身份

由于没有文字资料可以说明墓主的身份，因而只能通过墓葬规模和出土器物来分析。结合元代的社会状况，推测其应是家境较好的富裕平民。而甬道中所埋骨架身下的淤土，应是在该人入葬前就已形成，可见与棺床上的两人埋葬时间相隔较长，而且与北面的两人不在一起，头向也不一致，说明其家庭地位较为低下，应是男墓主的小妾之类。

3. 关于葬具问题

墓中的葬具是在木板内抹一层白灰泥，棺底铺草木灰。白灰棺的发现，见诸报道的仅有河北省灵寿县青廉村一例。青廉村出土的灰棺是在一座东汉时期的砖室墓中，通体皆为石灰制成。石灰、草木灰皆能起防腐防潮的作用，用其砌棺的做法在我国北方的广大地区至今仍普遍采用，不同的是现在只把草木灰铺在棺底而不抹于棺壁。

绘图　郝建文

摄影　张小沧

（原载于《文物春秋》2008 年第 5 期）

河北临城县补要村遗址北区发掘简报

北京大学考古文博学院　河北省文物局
邢台市文物管理处　临城县文化旅游局

补要村遗址位于临城县东镇补要村东南，地处镇内至楼底的公路南北两侧的农田中，西距临城县城约 5 千米，距太行山约 15 千米（图一）。这里属山前丘陵地带，地理坐标为东经 114° 32′ 20″，北纬 37° 27′ 13″，海拔高程为 76 米。2006 年，南水北调中线工程文物保护工作启动，作为保护控制性项目之一，北京大学考古文博学院受河北省文物局南水北调办公室委托，会同邢台市文物管理处及临城县文化旅游局，对补要村遗址进行了较大规模的田野调查钻探，最终确认遗址现有面积约 12 万余平方米，文化堆积厚约 0.5 ~ 3.2 米。报经国家文物局批准后，2007 年 7 月至 2008 年 1 月，北京大学考古文博学院对南水北调干渠穿过该遗址的部分进行了发掘，揭露面积约 4300 平方米，发现大量仰韶文化晚期、先商文化时期、中晚商时期及汉唐时期遗存，取得了重大学术收获。

镇楼公路从遗址中部穿过，路基及两边所留之隔离带将遗址分为南、北两区，两区相距约 80 米。在 2007 ~ 2008 年的发掘工作中，遗址北区以象限法布方，共发掘 10 米 ×10 米的探方 30 个 . 实际清理面积超过 3000 平方米。探方编号从西至东为 NT0302 ~ NT1504（图二），遗址南、北两区遗存的年代有明显差异。北区东部除排列较规整的唐宋时期墓葬外，主要为仰韶文化时期堆积（彩版一四）；西部主要是中、晚商时期堆积。另有零星的汉代遗存（彩版一五）。南区遗存则以先商和中、晚商时期遗存为主。现将遗址北区仰韶文化时期及中、晚商时期的遗存简报如下，对于北区其他时期的遗存，将另文予以介绍。

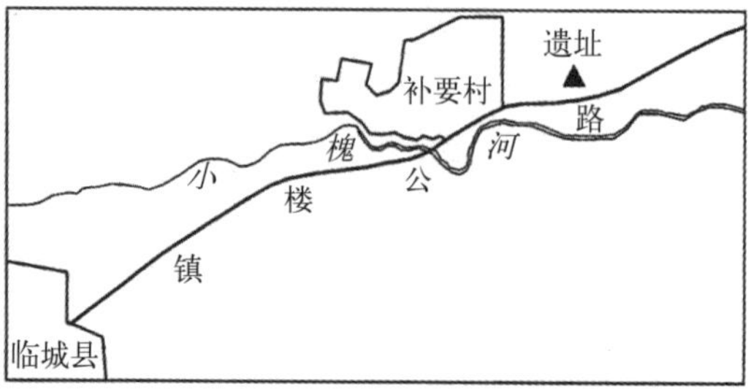

图一　临城遗址位置示意图

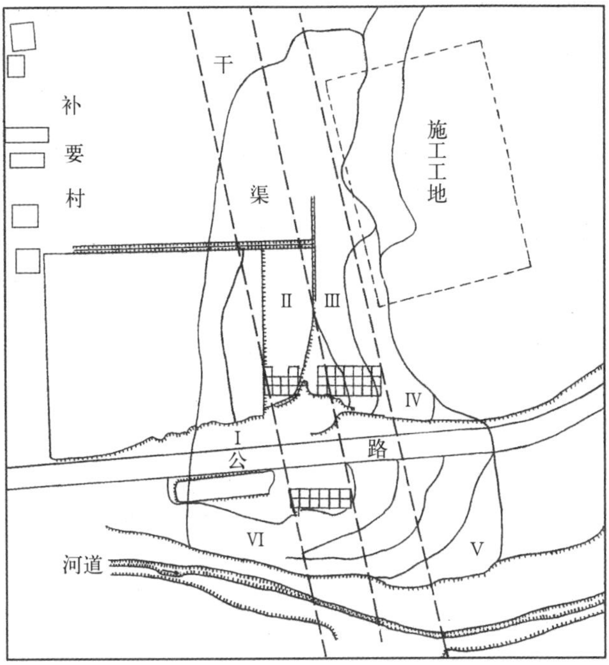

图二　遗址分区及探方位置示意图

一、地层堆积

由于农田整改等原因，遗址北区现存地势西部高于东部，堆积也略深。西、东部的地层堆积可分别以 NT0302 和 NT1304 两探方的剖面为例加以介绍。

1.NT0302 西壁地层堆积（图三）

第 1A 层：现代耕土层。暗黄色土，质地十分疏松，厚 0.2 ～ 0.3 米。包含物有陶片石块、现代砖瓦碎块及瓷片等，有一条现代沟开口于此层表面。

第 1B 层：唐宋时期地层。黄褐色黏土，质地较疏松，深 0.2 ～ 0.3、厚 0.15 ～ 0.3 米。包含物有陶片、石块及瓷片等，G3、H59，M16 开口于此层下。

第 2 层：晚商时期地层。红褐色黏土，质地较紧密，深 0.35 ～ 0.6、厚 0.3 ～ 0.5 米。包含物有陶片、石器、骨器、红烧土块等。陶片以夹砂陶为主，多饰粗绳纹，H187、H172、H197、H198 开口于此层下。

第 3 层：中、晚商时期地层。黑褐色泛黄黏土，质地较疏松，深 0.65~1.1、最厚处 0.4 米。包含物有陶片、石器、骨器、红烧土块等，陶片以夹砂陶为主，多饰粗绳纹。H209 开口于此层下。

第 3 层下即为生土。

2.NT1304 西壁地层堆积（图四）

第 1 层:现代耕土层。黄褐色黏土,质地较疏松,厚 0.15 ~ 0.18 米。包含物有陶片、石块、现代砖瓦碎块及瓷片等。

第 2 层：仰韶文化时期地层。黑褐色黏土，质地较紧密，深 0.15 ~ 0.18、厚 0.3 米。包含物有彩陶片，夹砂陶片及石器残块等。H296 开口于此层下。

第 2 层下即为生土。

二、仰韶文化时期遗存

（一）遗迹

主要包括灰坑和陶窑两类。

1. 灰坑

共 91 座。根据口部形状的差异，可大至分为圆形、椭圆形、近方形、不规则形四种，数量分别为 36、40、5、10 座。绝大多数为圜底坑，袋状坑仅有 5 座。

H47　位于 NT0903 北部。开口于耕土层下，打破第 2 层及生土，坑口呈圆形，直径约

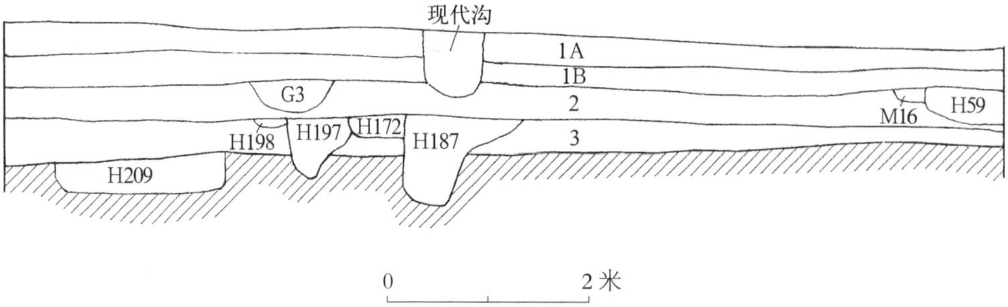

图三　NT0302 西壁剖面图

1A. 暗黄色土　1B. 黄褐色黏土　2. 红褐色黏土　3. 黑褐色泛黄黏土

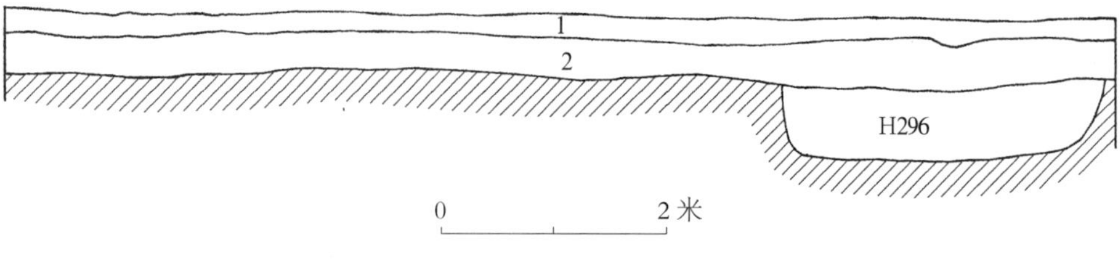

图四　NT1304 西壁剖面图

1. 黄褐色黏土　2. 黑褐色黏土

3.5米，弧壁，圜底，底部不甚平整，坑深1.3米。坑内填土为浅黑色，夹杂有炭屑、料姜石粒及红烧土块，填土上部较疏松，下部较硬。出土遗物以夹砂或泥质灰陶器为主，器型有钵、罐等。

H278　位于NT1304南部，开口于第2层下，打破生土，南侧被唐宋墓葬M32打破。坑口基本呈圆形，东西最大径3.6、南北最大径3.5米；西侧坑壁呈斜坡状。北、东、南三侧壁较直；坑底西高东低，东西最大径约1.6、南北最大径约2.7、坑深1～1.2米。坑内填土为黑褐色，土质致密发黏，不规则分布有小面积炭灰和小块红烧土，还有大小不等的石英、砂岩和卵石块零星分布。陶片以灰皮红胎和红皮灰胎的夹砂陶为主，有少量泥质红陶和灰陶，绝大多数为素面，器型包括罐、甑、钵、杯等。

2. 陶窑

共发现3座。

Y4　位于NT1302东北部。开口于耕土层下，打破第2层及生土。仅存窑箅底部及火道、火膛。从火道方向观察，窑室为东西向：火膛位于西侧，平面近圆形，直径0.68、深0.8米，烧结面厚约0.4厘米。现存火道呈两个不规则的长方形（彩版一六，1）。Y4火膛内填土为黑褐色黏土，夹杂有大量炭灰、红烧土块。出土遗物以夹砂灰陶器为主，器型有罐、钵、瓮等。

（二）遗物

主要为陶器，其他还有石、角、骨器等。

1. 陶器

主要为生活用器，还有纺轮、陶球等生产工具。以夹砂陶为主，据H47、H278等单位出土的陶片统计，夹砂陶占85%～91%，泥质陶占9%～15%。陶色以灰褐陶为主，占62%～77%；红陶次之，占22%～28%；黑陶、黄褐陶最少，占1%～3%。素面陶占绝大多数，达83%～89%；纹饰以篮纹为多，附加堆纹次之，还有少量压印纹、弦纹、戳印纹等。彩陶比例不高，流行陶衣，陶衣以浅红色为主，有少量为黄色、白色；彩绘有紫褐色彩、红彩及少量黑彩，纹样有弧边三角纹、斜线纹、竖线纹、水波纹、水滴纹、网格纹、吊环纹等。平底器占绝大多数，有极少量四足器和圜底器。平底器包括盆、甑、罐、钵、碗、杯、瓮等，占出土器类的97%以上；圜底器仅见钵一种；四足器仅见四足筒形杯一种。彩陶器只有钵、大口罐及折沿盆三种器类。

钵　数量较多，敛口，圆唇或尖圆唇，唇内缘加贴泥条并刮抹平整，多为平底，有极少量为圜底。包括泥质彩陶钵和夹砂钵两种，陶钵多有陶衣；夹砂陶钵的砂粒较细，但修整较粗糙。

彩陶钵　H118∶02，泥质红陶。肩部饰一周紫褐彩，分为六组，每组由三层人字形图案叠加而成。口径20.4、底径10.4、高8.2厘米（图五，3；彩版一七，3）。H47:06，泥质灰陶。肩部及下腹部各有两对钻孔。下腹以上施橘红色陶衣，唇缘部饰一道紫彩，紫彩下绘一周十个“ꝺ”形纹。口径18、底径8、高9厘米（图五，1；彩版一七，4）。H169:06，泥质红陶。器表施橘红色陶衣，肩、腹部残留少量红彩，左半部为倒“y”形，右半部呈“∪”形。口径16.8、底径9.2、高9.6厘米（图五，2）。H261:01，泥质褐陶。器表施紫色彩绘，

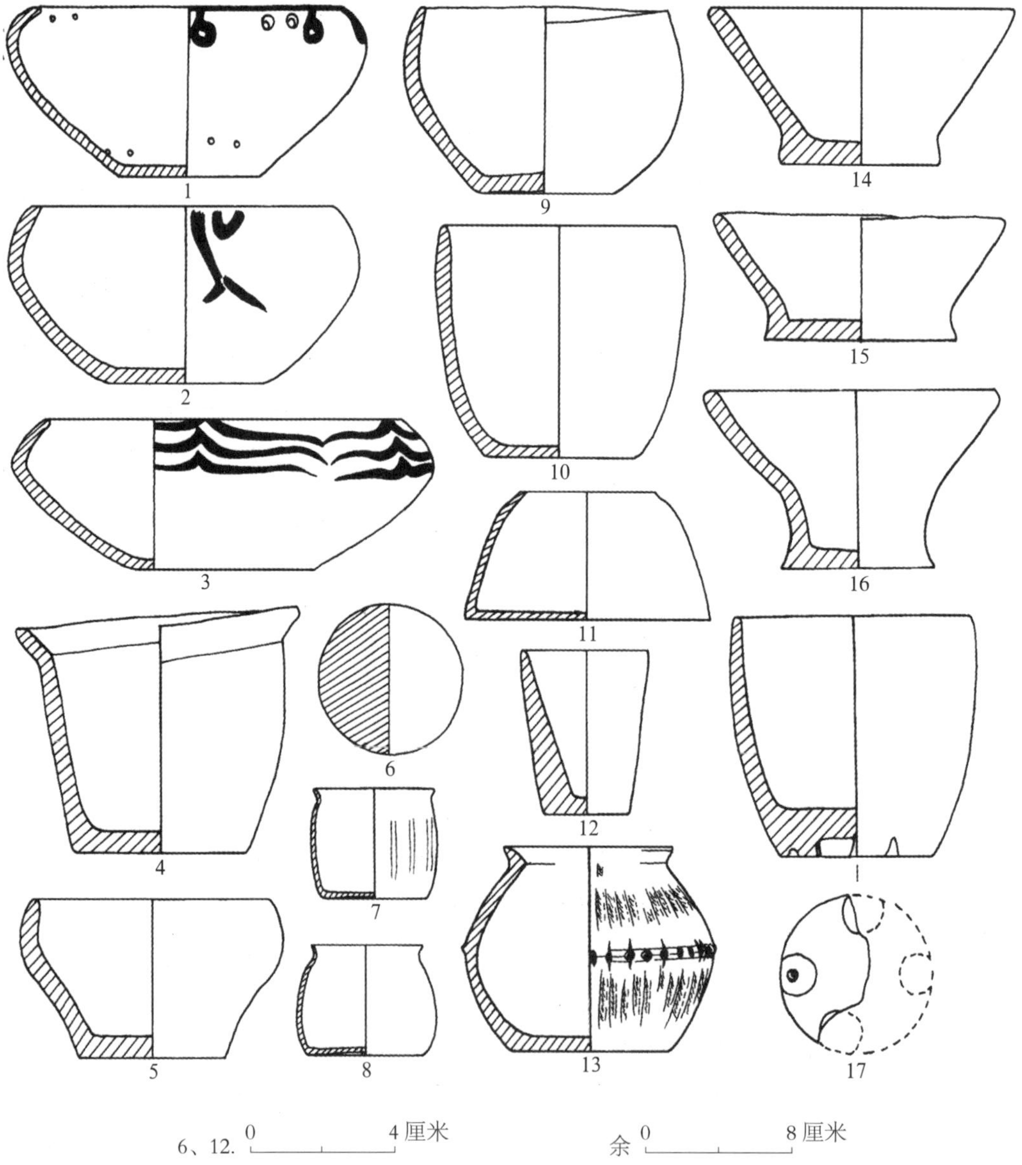

图五　仰韶文化时期陶器

1～3.彩陶钵(H47:06、H169:06、H118:02)　4.A型盆(H278:04)　5、9.夹砂钵(H206:02、H106:03)　6.陶球(H211:06)　7、8、12.C型杯（H175:02、H175:01、H278:08）　10、17.A型杯（H278:06、H278:03）　11.B型杯（H147:02）　13.A型罐（H234:07）　14～16.碗（H47:07、H106:05、H106:02）

已大部分脱落。口径 26.4、底径 10、高 12 厘米（图六，1）。

夹砂钵　H206∶02，夹砂灰陶。口径 13.6、腹径 15、底径 8.4、高 8.6 厘米（图五，5）。H106∶03，夹砂灰陶。口径 13.8 ～ 15、腹径 15.3 ～ 16.4、底径 7.3、高 8.9 ～ 10.2 厘米（图五，9）。

碗　数量较多。敞口，圆唇，唇内缘加厚，小平底，假圈足。H106∶02，夹砂灰陶。口径 16.6、底径 8.6、高 9.6 厘米（图五，16）。H106∶05，夹砂灰陶。口径 16.4、底径 10.8 ～ 11.5、高 6.8 厘米（图五，15）。H47∶07，夹砂灰陶。口径 17.2、底径 8.8、高 8.6 厘米（图五，14）。

杯　根据整体形态差异，可分三型。

A 型　筒形杯，数量较多。直口或微侈，圆唇、腹壁近直，平底，有的加装四足。H278∶06，泥质褐陶。口径 13.2、底径 8.8、高 12.4 厘米（图五，10；图版一〇，2）。H278∶03，夹砂灰陶。平底附有四矮足，其中一足中心有一圆孔，未钻透器底。口径 13.2、底径 9.2、通高 13 厘米，矮足直径 1.8 ～ 2.2、高 1 厘米（图五，17）。

B 型　鼓腹杯，数量较少。H147∶02，夹砂灰陶。敛口，圆唇，平底。口径 7.6、底径 14、高 7 厘米（图五，11）。

C 型　直腹小杯。H175∶01，夹砂灰陶。直口微侈，尖圆唇，底部略内凹。口径 6.4、底径 6.8、高 6 厘米（图五，8）。H175∶02，口微侈，尖圆唇，底部略内凹。腹部残留篮纹痕迹。口径 6.8、底径 6、高 6 厘米（图五，7）。H278∶08，夹砂灰陶。敞口，尖圆唇，平底。口径 3.6、底径 2.4、高 4.5 厘米（图五，12）。

盆　数量较多。根据整体形态差异，可分三型。

A 型　折沿盆，数量不多。H278∶04，泥质黄褐陶。敞口，折沿，口沿不规则，圆唇，平底。口径 16.1、底径 10、高 12.2 ～ 13.4 厘米（图五，4）。

B 型　斜腹盆，数量甚多。皆夹砂陶，手制并经慢轮修整，敞口，平底或假圈足。上腹多附有一或两对器耳，器耳种类较多。H195∶01，夹砂灰陶。腹部有一对鸡冠耳，假圈足。口径 24、底径 10.2、高 15.2 厘米，耳横截面长 5.2 厘米（图六，5）。H260∶02，夹砂褐陶。腹部有一对柱耳，假圈足。口径 24、高 13.4、柱耳长 2.1 ～ 2.9 厘米（图六，2）。H278∶21，夹砂褐陶。平底大部分残缺。口径 23.2、残高 15.4 厘米（图六，4）。H278∶07，夹砂褐陶。腹部有一对柱耳，平底。口径 27.2、高约 15.8、柱耳长 1.4 ～ 2.4 厘米（图六，3）。

甑　数量甚多。皆夹砂陶，砂粒较粗，火候不高，手制并经慢轮修整。上部形态与斜腹盆相同，甑孔一般呈“米”字或“十”字状分布。H234∶09，夹砂灰陶。腹部有一对柱耳。底部有四个直径约 1.7 厘米的圆孔，以及四个长约 3.8、宽约 1.4 厘米的长方形孔，圆孔与长方形孔呈“米”字状分布。口径 26.4、底径 13.2、高 18.4、柱耳长 2 ～ 3 厘米（图六，14）。H206∶10，夹砂灰陶。腹部一对柱耳已脱落。器表饰篮纹，底部有边长约 1.2 厘米的方孔，方孔之间有长约 4.2、宽约 1.4 厘米的长方形孔，复原后呈米字状分布。口径 24.1、底径 12、高 18.2 厘米（图六，19）。H206∶04，夹砂灰陶。底部有边长约 1.2 厘米的方孔，方孔之间有长 4.2、宽 1.4 厘米的长方形孔，复原后呈米字状分布。口径 24、底径 12、高 18 厘

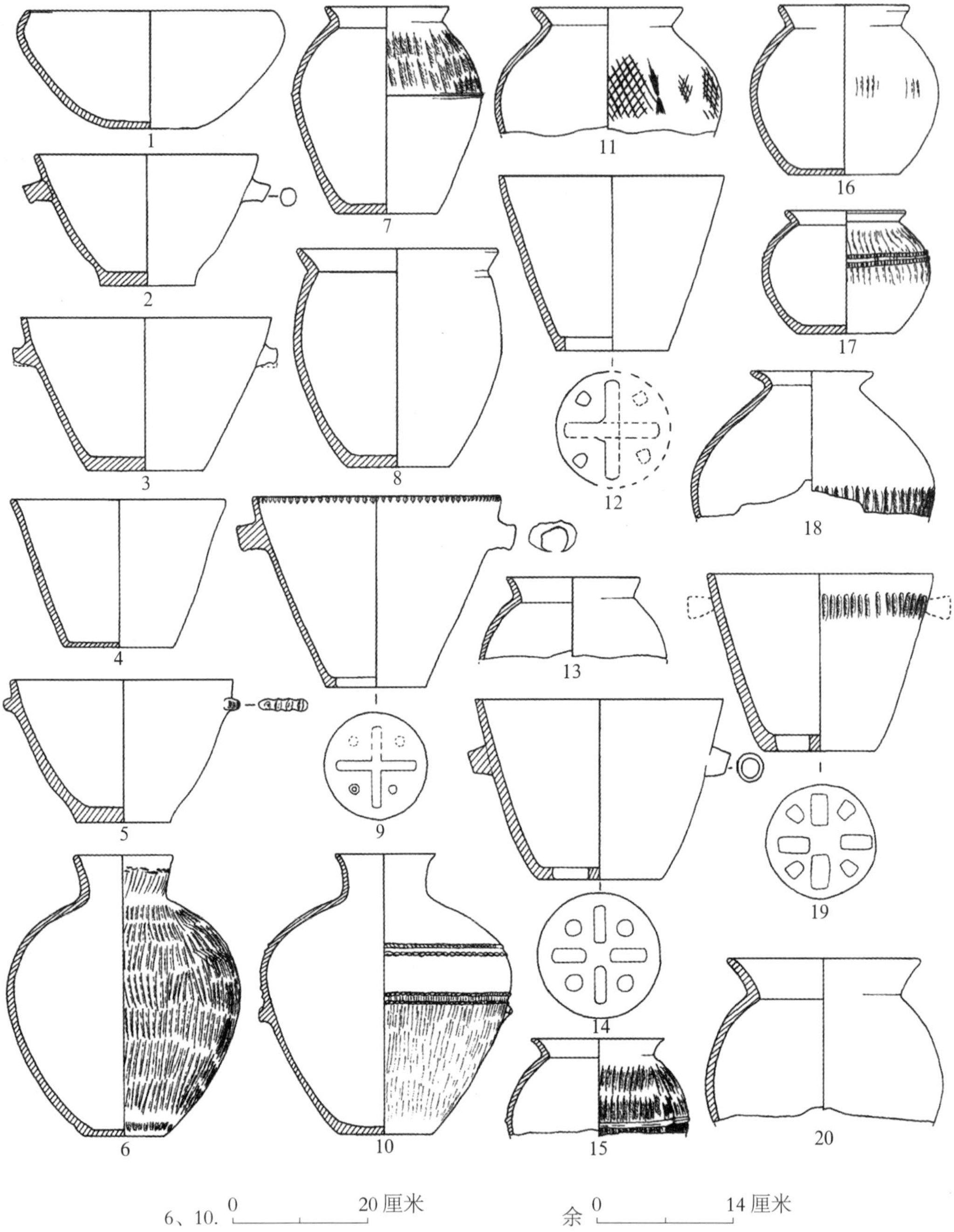

图六 仰韶文化时期陶器

1. 彩陶钵（H261∶01） 2～5.B 型盆（H260∶02、H278∶07、H278∶21、H195∶01）
6、10、18. 小口高领瓮（H278∶26、Y3∶01、H118∶01）
7、13、15～17.A 型罐（Y7∶01、H278∶27、H278∶29、H278∶22、H296∶01）
8、11、20.B 型罐（H278∶17、H163∶01、NT1002 ②∶01） 9、12、14、19. 甑（H278∶14、H206∶04、H234∶09、H206∶10）

米（图六，12）。H278∶14，夹砂褐陶。腹部有一对柱耳，唇内、外缘各饰一周梭形戳印纹。底部有直径约 1 厘米的圆孔，圆孔之间有长方形孔，复原后呈米字状分布。口径 26.8、底径 10.8、高 19.6、柱耳长 2.7 ~ 3.8 米（图六，9；图版一〇，3）。

罐　数量较多。根据整体形态差异，可分二型。

A 型　小口罐，数量较多，当与甑组合成炊器，绝大多数为夹砂陶，砂粒较粗，火候不高，侈口，折沿，圆唇，平底。H234∶07，夹砂褐陶。颈部以下饰篮纹，肩、腹相接处饰一周附加堆纹。口径 9.4、底径 9、高 11.2 厘米（图五，13）。H296∶01，夹砂褐陶。颈部以下至上腹部饰篮纹，肩、腹相接处饰两周附加堆线。口径 13.2、底径 10.3、高 12.6 厘米（图六，17）。H278∶22，夹砂灰陶。上腹部饰篮纹。口径 14、底径 12、高 17.5 厘米（图六，16）。H278∶29，夹砂褐陶，腹部以下残。器表肩、腹部饰篮纹，肩、腹相接处饰一周附加堆纹。口径 14、残高 9.8 厘米（图六，15）。Y7∶01，夹砂褐陶。颈部以下至肩、腹相接处饰篮纹，肩、腹相接处加饰一周附加堆纹。口径 13.4、底径 11.3、高 21.4 厘米（图六，7）。H278∶27，夹砂褐陶。肩部以下残。肩部饰篮纹。口径 14、残高 8.4 厘米（图六，13）。

B 型　大口罐，数量不多。一般为夹砂陶，砂粒较粗，火候不高。侈口、折沿，圆唇、平底，另有极少量的泥质彩陶大口罐，器形与夹砂罐相同。H278∶17，夹砂褐陶。口径 21.6、底径 10.8、高 22.4 厘米（图六，8）。H163∶01，泥质红陶。器表施橙黄色陶衣，肩部陶衣之上用红彩绘制花纹，残存纹饰以分段成组的网格纹为主体，间隔以相对的三角纹。口径 16、最大腹径约 22.2、残高 13.8 厘米（图六，11）。NT1002 ②∶01，夹砂灰陶。下腹残。口径 20.8、最大腹径约 22.8、残高 16 厘米（图六，20）。

小口高领瓮　数量较多。皆夹砂陶，砂粒一般较粗。侈口、圆唇，高领，鼓腹，平底。Y3∶01，夹砂褐陶。中腹加装一对鸡冠耳。肩、颈相接处与腹中部各饰两周附加堆纹，堆纹间经抹光，腹部饰篮纹，近底处素面。口径 16.7、底径 15、高 43.2、耳横截面长 6.2 厘米（图六，10；图版一〇，1）。H118∶01，夹砂褐陶。上腹饰篮纹。口径 13、残高 14.8 厘米（图六，18）。H278∶26，夹砂褐陶。颈部上端有一周不连续分布的压印纹，其下斜向拍印篮纹。口径 15、底径 13.2、高 43.2 厘米（图六，6）。

陶球　H211∶06，泥质褐陶。圆球形，捏制较规整。直径 4.1 厘米（图五，6）。

纺轮　H194∶01，算珠形。中央钻有一圆孔，器表刻有数道浅槽。顶及底面直径约 0.9、最宽处直径约 3.1、高约 2.2、孔径约 0.4 厘米（图七，6）。

2. 其他

包括石器、骨角器及蚌器等。

石斧　中锋端刃，双面加工，磨制较精。H128∶01，长约 5、宽约 4.7、厚约 1 厘米（图七，7）。H147∶01，残长约 5.8、宽约 4.2、厚约 1 厘米（图七，2）。

石镞　H47∶03，双翼，前锋及翼缘略残，铤残，器身扁平，脊不出本，两翼为双面磨制，长 6、最宽处 1.7、最厚处 0.3 厘米（图七，5）。

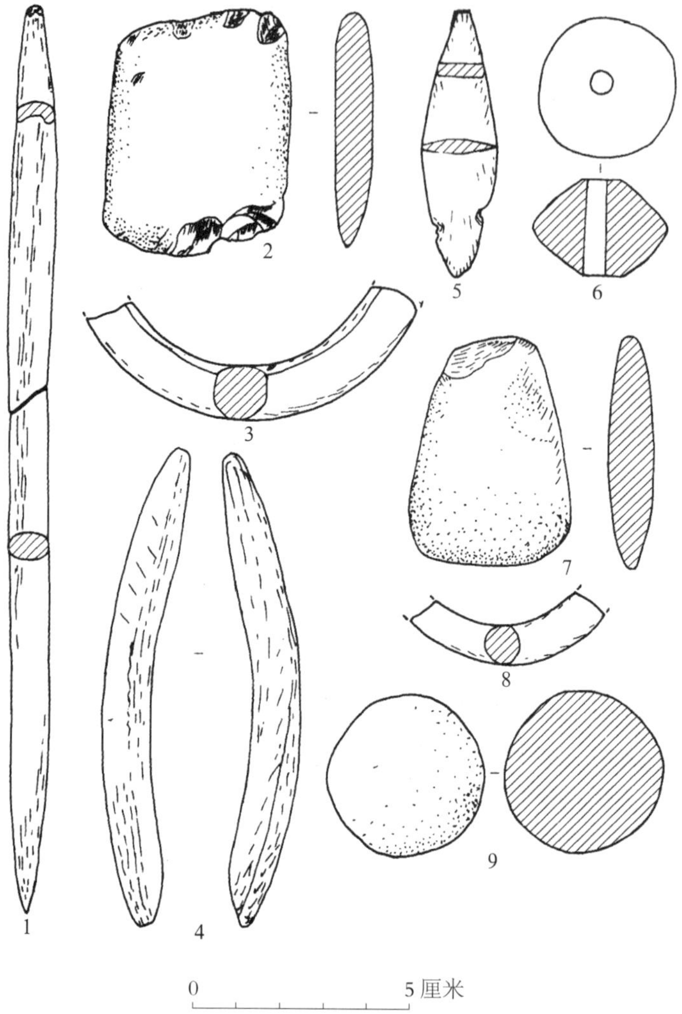

图七　仰韶文化时期遗物

1. 骨笄（H47∶02）　2、7. 石斧（H147∶01、H128∶01）　3、8. 石环（H47∶01-1、H47∶01-2）　4. 蚌器（NT0903 ②∶01）　5. 石镞（H47∶03）　6. 陶纺轮（H194∶01）　9. 石球（H47∶04）

石球　H47∶04，扁圆球形，通体打磨光滑。横、纵截面均为椭圆形，横截面长轴 3.6、短轴 2.5 厘米；纵截面长轴 3.6、短轴 2.2 厘米（图七，9）。

石环　数甚多。外缘圆鼓，内缘微弧。H47∶01-1，青黑色大理岩。残存约四分之一的部分，复原后外径 8.2、内径 6、厚 1.2 厘米（图七，3）。H47∶01-2，白色石灰岩。残存约四分之一的部分。复原后外径 5.6、内径 4.2、厚 0.8 厘米（图七，8）。

骨笄　数量较多。H47∶02，首端近棱锥状，尖呈扁锥状。长 20.3、最宽 1.1、厚 0.6 厘米（图七，1）。

蚌器　NT0903∶01，可能为锥的一部分，背部微拱，两端残损。残长 10.8、宽 0.6 ~ 1.2、厚 0.3 ~ 1.1 厘米（图七，4）。

三、中晚商时期遗存

主要发现在北区西部的 9 个探方内，东部探方仅零星单位有所发现。

（一）遗迹

包括灰坑、灰沟、墓葬、祭祀坑、铸铜作坊活动面等。

1. 灰坑

共 66 座。根据口部形状的差异，可分圆形，椭圆形，近方形，不规则形四种，数分别为 34、27、3、2 座。绝大多数为圜底坑，袋状坑仅见 3 座，坑壁一般加工较规整。

H144　位 NT0302 东部，开口于第 2 层下，打破 G15，西侧坑壁底部被 H190 打破。坑口略近圆形，口径约 1.07 米。坑底东西直径约 1.1、深 0.75 米（图八）。坑内填土为黑褐

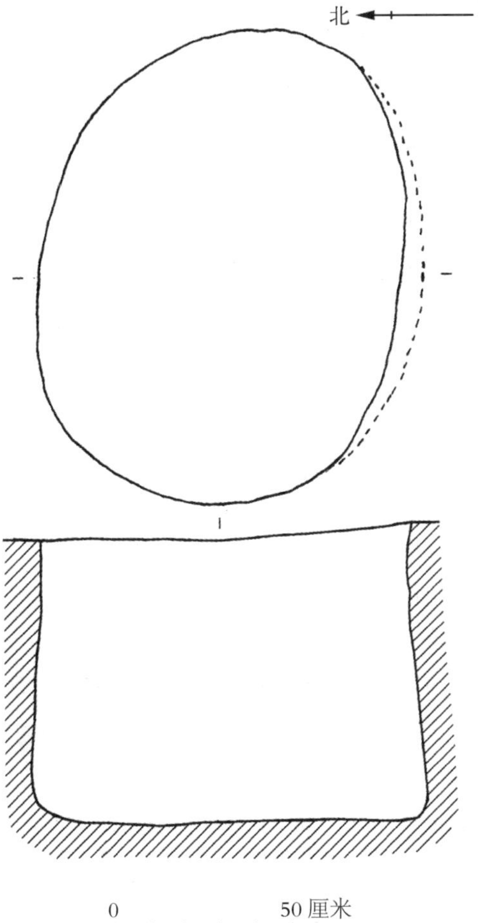

图八　H144 平、剖面图

色泛灰黏土，土质甚疏松，夹杂较多黄褐色土块。出土遗物包括陶、石、骨器三类。陶片以夹砂灰陶为主，有少量泥质灰陶、夹砂红陶和泥质黑皮磨光陶；纹饰以各类绳纹占绝大多数，有少量凹弦纹和附加堆纹；可辨器型有鬲、瓮、罐、盆、敛口钵、簋等。

H235　位于NT0403和NT0503内，开口于第2层下，打破生土，西侧被H311打破。坑口基本呈圆形，东西最大直径约6.45、南北最大直径约6米，上部坑壁略向外扩，下部坑壁较直，口大底小。坑底不平，南部略凸起，最深处在坑中心偏北处，坑深约1.8～2.4米（彩版一六，2）。坑内堆积可分九层。第1层为黄褐色土，质地细密，最厚处约0.4米，无包含物。第2层为深黄褐色土，中间最厚处约0.22米，无包含物。第3层为灰褐色土，厚约0.2米，无包含物。第4层为深黑色土，质地较疏松，厚约0.35米，包含大量夹砂灰陶片，并夹杂较多红烧土土块和炭粒。第5层为灰黄色土，厚约0.25米，包含陶片数量较少。第6层为灰褐色土，厚约0.4米，出土较多陶片和零星兽骨。第7层为灰黑色土，向下颜色渐深，质地较粗硬，厚约0.2米，出少量夹砂灰陶片及大量兽骨。第8层为红褐色土，质地粗硬，厚约0.25米，无包含物。第9层为灰黑色土，最厚处约0.35米，出土少量夹砂绳纹陶片及1件石饼。

此坑填土中包含较多遗物。陶片以夹砂灰陶为主，纹饰中各类绳纹占绝大多数，可辨器型有鬲、瓮、罐、盆、敛口钵、簋等。石器以斧、镰、刀最为常见。另有数量较多的骨器及兽骨。

2. 墓葬

共8座，其中6座为瓮棺葬，2座为竖穴土坑墓，多有较浅的墓圹，竖穴土坑墓未见葬具及随葬品，瓮棺葬具以瓮、鬲最为常见。

M20　瓮棺葬。位于NT0302北部，开口于第1B层下，打破第2层。未见明显墓圹，推测是利用低洼地势放置瓮棺，先将陶瓮打碎后平铺一半，将婴儿骨骸放置其上再覆盖另一半陶瓮残片（彩版一七，1）。

3. 祭祀坑

共5座。分人祭与牲祭两类，后者用牲有牛、猪、狗三类。

H52　位于NT0402北部，开口于第1B层下，打破第2层及生土。坑口呈圆形，最大直径1.2、深约0.7米。坑内填土较浅的黄褐色，质地较硬。发现一具较为完整的人骨，侧身屈肢，头向南。面朝东，经鉴定为35～40岁的女性。无随葬品及葬具（图九；彩版一六，3）。

M37　位于NT0403西部，西、北侧分别为H306、H320；开口于第2层下，打破H311，且西壁与H311的部分西壁重合。坑口呈椭圆形，南北最长1.52、东西最长0.74、深约0.65米。坑内填土呈灰褐色，较纯净。发现一具人骨，侧身屈肢，面向正东，经鉴定为40~45岁的女性，未见随葬品及葬具痕迹。

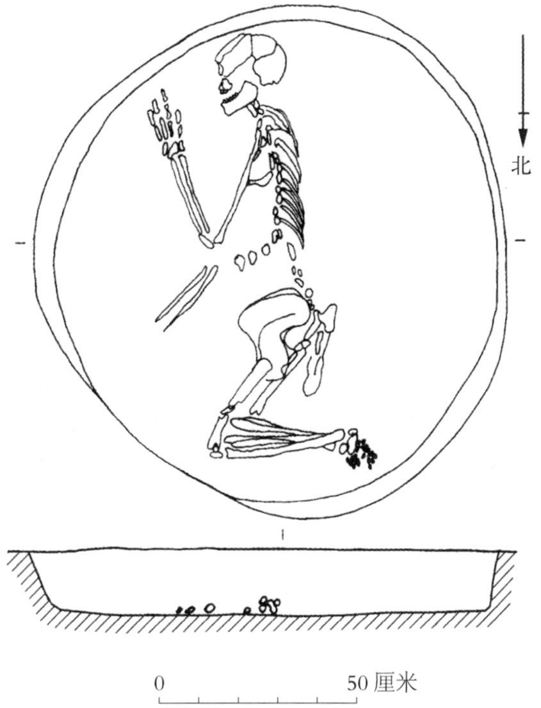

图九　H52 平、剖面图

H319　位于 NT0403 中部略偏西，西侧为 M37，开口于第 2 层下，打破 H311。坑口基本呈椭圆形，南北最长约 1.15、东西最长约 0.6 米。坑内填土呈灰白色，质地松软。发现一具猪骨，保存较完整，呈南北向放置，头向为 5°；从猪前肢的形态推测，可能是捆绑后埋葬。

H320　位于 NT0403 西北部，西侧为 M37，开口于第 2 层下，打破生土，坑口基本呈椭圆形，南北长约 0.55、东西长 1 米。坑内填土呈灰黑色，质地松软。坑内发现一具狗骨，保存较好，东西向水平放置，头朝东。从狗的前后肢形态推测，可能是分别捆绑后埋葬。

H52、M37、H319、H320 在平面上分布相邻近，可能为一组相互关联的祭祀遗存（彩版一六，4）。

4. 铸铜作坊活动面

仅发现 1 处（DM1）。现存面积约 16 平方米。叠压于 NT0603 第 2 层下，H167、H168、H179 开口于其下。活动面经踩踏起层，整体近水平，个别位置有约 3 ～ 5 米的高差。活动面上有密集的炭渣及烧土，并有高温烧灼的灰白色迹。活动面上散见陶范、坩埚、残炉壁、范芯、铜器碎片及卜骨（彩版一七，2）。

（二）遗物

以陶器为大宗，常见器型包括鬲、鼎、盆、豆、假腹豆、罐、簋、瓮、敛口钵等，另有少量卣、壶等。石器常见的有斧、镰、铲、刀、凿等。骨器种类有耒、耜、锥、笄、针等。铜器可见镞及破碎的鼎、簋口沿。此外，卜骨、卜甲也较为多见。

1. 陶器

绝色大多数为生活用器，生产工具仅见纺轮。制作较规整，但胎土淘洗较粗糙，夹砂陶的比例较高。据 H235 出土陶片统计，夹砂陶占 88%，泥质陶占 12%。陶色以灰陶占绝大多数，达 93%；红褐陶占 6%，黑褐陶占 1%。器表大多有纹饰，素面陶仅占所有陶器的 28%；纹饰以各类绳纹最多，占 71%，其他还有凹弦纹、附加堆纹、戳印纹、压印纹、指甲纹、乳丁、划纹等。所有绳纹陶片中，粗绳纹占 53%，中绳纹占 39%，细绳纹占 8%。器类较简单，以三足器居多，其次为平底器，圈足器最少。三足器主要为鬲，甗较少；平底器有盆、小口瓮、罐、敛口钵；圈足器仅见豆、簋。除豆、簋和部分盆外，大部分陶器为夹砂陶。

鬲　数量甚多。皆夹砂陶，砂粒较粗。火候较高。侈口，折沿，下腹略鼓，分裆较矮，锥足微内弯。器表饰各类绳纹。H188∶01，夹砂灰陶。方唇，唇缘侧视有凹槽，分裆较高，锥足较高。口径约 25.2、高 29.3 厘米（图一〇，1）。NT0603 ②∶13，夹砂褐陶。圆唇，唇缘侧视有凹槽。口径 17.2、高 18.6 厘米（图一〇，2）。H174∶07，夹砂灰陶。方唇，唇缘有一凹槽。口径 18、高 17.8 厘米（图一〇，5）。NT0603②∶08，夹砂灰陶。方唇，唇缘侧视有凹槽。口径 29、高 31.4 厘米（图一〇，9；图版一〇，4）。F2∶01，夹砂灰陶。方唇近边缘处有一浅槽，领较高。口径 15.2、高 15.2 厘米（图一〇，12）。

簋　数量较少。H144∶01，泥质褐陶。侈口，圆唇内勾，唇外加贴泥条起棱，下部圈足脱落。器表用细泥抹光，上腹部饰三道凹弦纹，口径 23.8、残高 20.4 厘米（图一〇，16；图版一〇，6）。

盆　数量甚多，H58∶01，夹砂灰陶。侈口，折沿斜平，圆唇，平底。器表颈部下饰一道附加堆纹，其下纵向压印细绳纹。口径 20、底径 10、高 12.6 厘米（图一〇，6）。

敛口钵　数量较多，皆夹砂陶，敛口，圆唇，最大径在肩、腹相接处，平底。器表自唇下起纵向压印较浅的中绳纹；颈部绳纹被抹去，仅余印痕。H179∶01，夹砂灰陶。口径 13.8、底径 10.4、高 9.6 厘米（图一〇，4）。H122∶01，夹砂灰陶。尖圆唇上翻，唇缘内侧有一凹槽，口径 14.4、底径 10、高 11 厘米（图一〇，10）。H144∶02，夹砂灰陶。口径 14.4、底径 11.8、高 10.5 厘米（图一〇，7）。NT0603 ②∶14，夹砂灰陶。口径 12.2、底径 12、高 9.1 厘米（图一〇，8）。

盂　H235∶15，夹砂灰陶、敛口近直，圆唇，平底，器表自唇下起纵向压印粗绳纹，颈部绳纹被抹去。口径 9.8、底径 3.6、高 5.8 厘米（图一〇，13）。

豆　数量较多，NT0304③∶01，泥质灰陶。侈口近直，方唇内勾，矮圈足较粗，足缘外卷。口径 16.8、圈足径 8.7、高 9 厘米（图一〇，11）。H55∶01，夹砂灰陶。敛口，短折沿较平，尖圆唇，圜底近平，矮圈足微外撇。器表颈下饰一道凹弦纹。口径 16.4、圈足径 4.2、高 8 厘米（图一〇，17）。

罐　数量较少。M16：01，夹砂褐陶。侈口，圆唇，平底。器表颈部以下斜向滚压交错细绳纹，下腹滚压斜向粗绳纹，肩部加饰两周凹弦纹，下腹部加饰一周凹弦纹。口径 15.8、肩部最大径 23、底径 10.8、高 22.8 厘米（图一〇，15）。

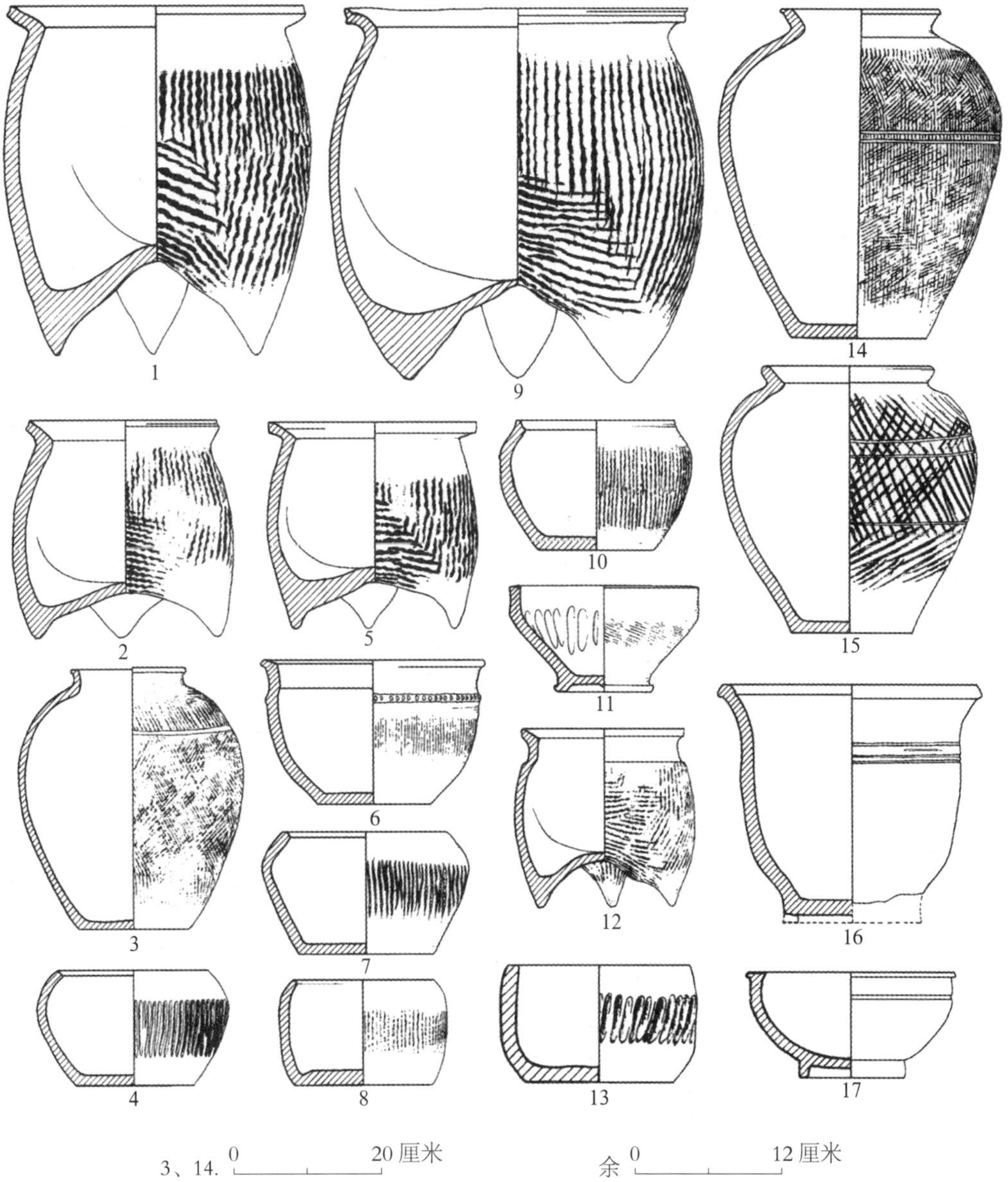

图一〇　中、晚商时期陶器

1、2、5、9、12. 鬲（H188：01、NT0603②：13、H174：07、NT0603②：08、F2：01）　3、14. 小口瓮（M16：02、M20：01）　4、7、8、10. 敛口钵（H179：01、H144：02、NT0603②：14、H122：01）　6. 盆（H58：01）　11、17. 豆（NT0304③：01、H55：01）　13. 盂（H235：15）　15. 罐（M16：01）　16. 簋（H144：01）

小口瓮　数量较多。皆夹砂陶，砂粒一般火候较低。侈口，圆唇，最大径在肩部，平底。M16∶02. 夹砂褐陶。器表饰绳纹，肩部加凹弦纹。口径 15.5、底径 14.8、高 33.6 厘米（图一〇，3）。M20∶01，夹砂褐陶。器表饰绳纹，肩下加饰两周凹弦纹。口径 19.9、底径 17.2、高 47.6 厘米（图一〇，14）。

纺轮　数量较多。NT0503②∶02，夹砂褐陶。残存三分之一的部分，复原后应为圆形饼状，外缘微弧，中间有穿孔，复原直径 5.7、孔径 0.6、厚 1 厘米（图一一，6）。

范　2 件，相互可以合范。当为觚下半部三合范中的两块，范侧分型面有三角状的榫卯结构。内面有细阳线泥条组成的云雷纹，表面涂成黑色（图版一〇，5）。

2. 其他

包括石器、铜器、卜骨等。

石斧　数量较多。H235∶23，大理岩质，两面磨制。中锋偏刃，器身有一圆形穿孔。残长 6.1、残宽 7、厚 1.3 厘米（图一一，1）。

石纺轮　H235∶13，表面不甚平整，中心较边缘处略薄，外缘略鼓。复原后外缘直径 5.3、孔径 0.8、厚 1.4 ~ 1.6 厘米（图一一，5）。

石环　数量甚多。NT0503②∶04，青灰色大理岩。上下两面微弧凸，内缘圆鼓，外缘较薄，横截面略呈圆角等腰三角形。复原后外径 9.5、内径 5.2、厚 0.4 ~ 1.3 厘米（图一一，7）。

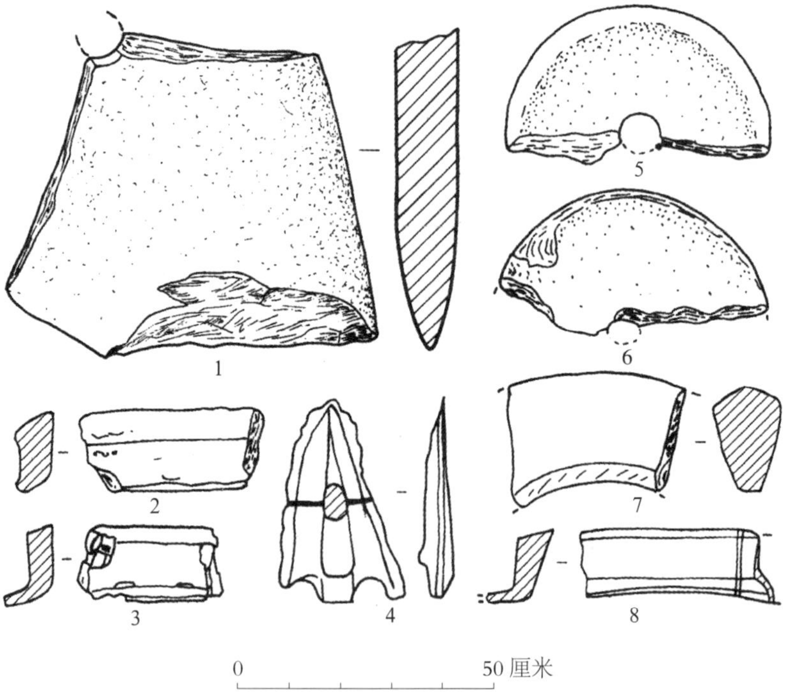

图一一　中、晚商时期遗物

1. 石斧（H235∶23）　2、3、8. 铜器残片（DM1∶06、DM1∶01、DM1∶04）　4. 铜镞（DM1∶03）　5. 石纺轮（H235∶13）　6. 陶纺轮（NT0503②∶02）　7. 石环（NT0503②∶04）

铜镞　DM1∶03，前、后锋及铤残，脊透出本，双翼斜直外撇，脊作菱形。残长 4.1 厘米（图一一，4）。

铜器残片　皆为鼎、簋之类容器的口沿部残片。DM1∶01，侈口，折沿，斜方唇。残长 3、宽 1.6、约 0.5 厘米（图一一，3）。DM1∶06. 侈口，折沿，斜方唇。残长 3.9、宽 1.7、厚约 0.5 厘米（图一一，2）。DM1∶04，残长 3.8、宽 1.4、厚约 0.5 厘米（图一一，8）。

卜骨　皆圆钻，孔底或圜或平，有灼，无凿。灼痕两两相对，皆施于钻孔一侧。H168∶01，牛右肩胛骨，臼角未切、仅纵向锯去一半。钻孔四列共 30 个，其中 7 个钻孔残，两侧钻孔较大且规整，中间两列分布较散乱。残长 23.8、臼口端宽 8.7 厘米。

四、结语

1. 仰韶文化时期遗存的年代与性质

补要村遗址发现的仰韶文化晚期遗存面貌差别不大，年代大体相近，但也不排除进一步分期的可能。所出侈口折沿陶罐与界段营遗址[1]的同类器形制、纹饰相近。根据吴东风[2]和陈冰白[3]先生的分期结论，可知补要村遗址以 H47、H235 为代表的仰韶文化遗存大致相当于大司空类型中、晚期。补要村遗址仰韶文化晚期遗存具有一定的地方特点，从其文化面貌看，受到了来自冀中北部以午方遗址为代表的雪山一期文化午方类型和来自冀南地区以界段营、下潘汪遗址为代表的大司空类型的影响，但与它们都存在明显区别。我们认为可以将其命名为“仰韶文化补要类型”，分布区域大致在太行山东麓滹沱河与沙河之间[4]。

2. 中、晚商时期遗存的年代与性质

对于冀中南部地区，以邢台东先贤遗址[5]和藁城台西遗址[6]为代表的中、晚商时期遗存已经初步建立了较完整的文化年代序列，但在滹沱河以南至邢台市七里河以北的区域间，仅有内丘小驿头[7]和隆尧双碑[8]等几处中、晚商时期遗址进行过小规模发掘，在这一较大的区域内中、晚商文化的面貌仍不甚清晰。补要村遗址发现的中、晚商遗存十分丰富，年代序列完整，可进行较为详细的分期，与邢台东先贤及藁城台西等遗址的商文化遗存有很强的可比性。从初步整理的结果来看，补要村中、晚商期遗存大致可分为五期。第一期应晚于郑州二里冈文化白家庄阶段，与安阳洹北商城 G4[9]、东先贤 98H15[10]等单位的年代基本相同。第二至五期大致与邹衡先生所分的殷墟文化一至四期[11]年代相当。从考古学文化面貌观察，补要村遗址商文化与冀南地区早商文化的传承关系十分清晰，中间似无间断。但补要村遗址中、晚商时期遗存的器物组合，与洹北商城和殷墟遗址为核心的豫北地区相比。器类较少，组合单调而缺乏变化，这或许与遗址的等级和性质差异有关。

补要村遗址中、晚商时期遗存的发现，有助于进一步完善冀中地区中、晚商时期考古学的编年体系，对于了解这一时期冀中地区的文化面貌和社会性质也有较大的帮助。遗址北区祭祀坑、冶铸作坊活动面等遗迹和青铜容器残件、青铜觚铸范的发现，说明这里在中、

晚商时期应不只是一般的村落，当有高等级人群居住，并且有宗教活动和冶铸工业作坊，是一处值得特别重视的遗址。

附记：此次工作得到临城县人民政府的大力支持。参加调查和钻探的有王迅、刘绪、赵辉、张志忠、樊力、杨宪伟、张闻捷、沈辛成、白文亮、郁珊、章珠裕等。参加发掘工作的有王迅、刘绪、韦正、王伟华、何嘉宁、胡钢、刘庆华、李雨生、柏柯、郭婷、邢志丹、张志军、常怀颖等。柴红亮、宋志刚负责修复器物，罗汝鹏负责电子测绘，何嘉宁对人骨进行鉴定。本文插图由贾成惠、武丽霞、柴秋兰等绘制，朱博雅拍摄了照片。

执笔 王 迅 常怀颖 朱博雅
郭 婷 邢志丹

注释

[1] 河北省文物管理处：《磁县界段营发掘简报》，《考古》1974 年第 6 期。

[2] 吴东风：《大司空文化陶器分期研究》，《环渤海考古国际学术讨论会论文集（石家庄·1992)》，知识出版社，1996 年。

[3] 陈冰白：《略论“大司空类型”》，《青果集——吉林大学考古专业成立二十周年考古论文集》，知识出版社，1993 年。

[4] 常怀颖：《试论河北补要村遗址仰韶文化晚期遗存》，《考古》2011 年第 3 期。

[5] 河北省文物研究所：《河北邢台县东先贤遗址发掘简报》，《考古》2002 年第 3 期；东先贤考古队：《河北邢台市东先贤遗址 1998 年的发掘》，《考古》2003 年第 11 期；邢台东先贤考古队：《邢台东先贤商代遗址发掘报告》，《古代文明》第 1 卷，文物出版社，2002 年。

[6] 河北省文物研究所：《藁城台西商代遗址》，文物出版社，1985 年。

[7] 河北省文物研究所：《内丘小驿头遗址发掘报告》，河北省文物研究所：《河北省考古文集》，东方出版社，1998 年。

[8] 河北省文物研究所、隆尧县文物保管所：《隆尧双碑遗址发掘报告》，河北省文物研究所：《河北省考古文集》，东方出版社，1998 年。

[9] 中国社会科学院考古研究所安阳工作队：《河南安阳市洹北花园庄遗址 1997 年发掘简报》，《考古》1998 年第 10 期。

[10] 东先贤考古队：《河北邢台市东先贤遗址 1998 年的发掘》，《考古》2003 年第 3 期。

[11] 邹衡：《试论殷墟文化分期》，《夏商周考古学论文集》，文物出版社，1980 年。

（原载于《考古》2011 年第 3 期）

河北临城县补要村遗址南区发掘简报

北京大学考古文博学院　河北省文物局
邢台市文物管理处　临城县文化旅游局

补要村遗址南区位于河北临城县东部镇内至楼底公路的南侧，北距遗址北区约 80 米。此区域的地层堆积破坏较严重，大部分遗迹直接叠压在耕土下。在 2007 ~ 2008 年的发掘工作中，南区共发掘 10 米×10 米的探方 13 个，实际清理面积超过 1300 平方米，探方编号为 ST01 ~ ST13，南区文化堆积以先商及中、晚商时期遗存为主，另发现极少量的仰韶文化和汉唐时期遗存（彩版一八，1）。由于遗址南区先商及中、晚商时期遗存较为重要，现将这部分资料简报如下，其他时期的遗存将另文报道。

一、地层堆积

遗址南区现为农田，地势较平坦，地层堆积整体较浅，厚度在 0.5 ~ 2.8 米之间，由于破坏严重，缺乏较好的地层堆积，遗存的年代及性质大体只能依据包含物加以判断，发掘区内地层堆积状况大致相近，现以 ST06 东壁剖面为例加以介绍（图一）。

第 1 层：现代耕土层。深黑褐色，质地松软，厚 0.15 ~ 0.3 米，包含物有陶片、石块、现代砖瓦碎块及瓷片等。H7、H20 开口于此层下。

第 2 层：晚商时期地层。深黄褐色土，质地较疏松，深 0.15 ~ 0.3、厚约 0.38 米。包含物有陶片、石器、骨器、红烧土块等，陶片以夹砂陶为主，多饰粗绳纹。H124 开口于此层下。

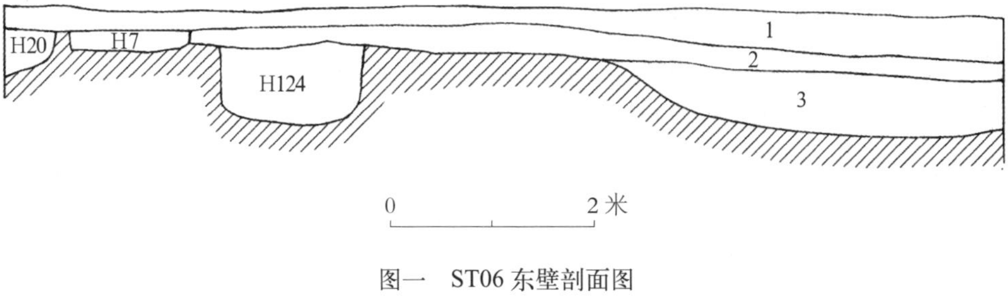

图一　ST06 东壁剖面图

1. 深黑褐色土　2. 深黄褐色土　3. 深褐色土

第 3 层:商代地层。深褐色土，夹杂少量黑斑，质地较紧密，深 0.68、平均厚约 0.5 米。包含物有陶片、石器、骨器，红烧土块等，陶片以砂陶为主，多饰粗绳纹。

第 3 层下即为生土。

二、先商时期遗存

1. 遗迹

主要包括灰坑和房址两类

(1) 灰坑

共 28 座。根据口部形状差异，可分圆形、椭圆形、近方形、不规则形 4 种，数量分别为 13、10、3、2 座。皆为圜底坑，坑壁加工较规整。

H81　位于 ST07 西南角，开口于第 1B 层下，打破第 2 层。坑口呈长方形，直壁，平底，南北长 2.7、东西宽 1.2、深约 0.6 ~ 0.64 米（彩版一九，1）。坑内填土分两层，第 1 层为深褐色土，质地较疏松;包含的陶片十分丰富，可辨器型有蛋形瓮、鬲、甗、豆、盆等。第 2 层为褐色土，夹杂白灰色土，质地较硬；包含陶片较少，可辨器型有鬲、器盖。

(2) 房址

仅发现 1 座。F3，位于 ST01 中部，开口于第 3 层下，打破生土，西侧被 G2 打破，北侧被 H3、H88 打破，南侧被 H82、H309 打破，东南部被 H153 打破，为半地穴建筑，平面大致呈长方形，南壁较直，北壁稍弧，四角略圆弧，长 5.2、宽约 2.8、深 1.4 米（彩版一九，2）。房址内填土黑褐色泛黄，质地较疏松，夹杂有红烧土粒及少量料姜石块。出土遗物较丰富，陶器制作较精，以灰黑色、灰色夹砂陶为主，泥质黑陶、灰陶次之；纹饰以绳纹、凹弦纹最为常见，有一定比例的三角纹、蕉叶纹，素面陶、磨光陶的比例较高。另还出土较多骨、角、蚌器及少量石器。

2. 遗物

主要为陶器，其他还有石、角、骨器等。

(1) 陶器

主要为生活用器，生产工具仅见纺轮。以夹砂陶为主，据 F3 出土陶片统计，夹砂陶占 86%，泥质陶占 14%。陶色以灰褐陶为主，占 62%；黑陶占 33%，红陶占 5%。素面陶占所有陶器的 30%；纹饰则以各类绳纹为主，凹弦纹次之，还有少量压印纹、划纹、凸弦纹、戳印纹、楔形点纹、附加堆纹、篮纹等。近半数平底器底部饰有纹饰，磨光陶器比例较高，制作精良，半底器占绝大多数，三足器次之，有部分圈足器。平底器包括敞口盆、鼓腹盆、小口瓮、大口瓮、平口瓮、折肩罐、折沿罐、盂、钵、杯等，占出土器类的 70% 以上；三足器有鬲、甗、鼎，圈足器仅见豆、蛋形瓮，另有部分器盖。

鬲　数甚多。皆夹砂陶，口沿多数经磨光。侈口，卷沿，圆唇或尖圆唇，束颈，鼓腹，分裆甚高，袋足有肥瘦两类，整体近长方形。少数鬲口呈花边状。实足根后接于器身，锥状足尖，足面光洁未见凹槽。器表滚压细绳纹或线纹，但不甚规整。半数器表涂抹细泥并经火烧烤。H83∶02，夹砂褐陶。足根残断。口径15.4、残高17.2厘米（图二，2）。F3∶34，夹砂褐陶。口径16.4、实足根高4.4、通高24.6厘米（图二，5;图版一一，1）。H126∶06，夹砂褐陶。口径21.4、高25.6厘米（图二，4）。H131∶02，夹砂褐陶。仅存口、颈部，圆唇近方，唇缘有一周麦粒状压印纹组成的花边。口径22、残高5厘米（图三，7）。

鬲足　尖锥状，较细高，皆层层包制，后接于器身。绳纹一般滚压至足根上部，然后抹去。多数鬲足在使用时涂有细泥，以增加耐火性。H89∶07，夹砂褐陶。现存实足根高4厘米（图三，9）。

甑　H89∶08，夹砂灰陶。为甗的上半部，侈口，卷沿，圆唇。器表自颈部以下饰弦断细绳纹，残片上可见三道凹弦纹。口径22、残高12.5厘米（图二，1）。

甗　H89∶16，夹砂灰陶。仅存腰部及其下的鬲身上半部，有后接的箅托，上端修整较平，下端未修整，下部的鬲分裆较高。器表饰纵向绳纹。甗腰外径16、内径11.5、残高10厘米，箅托泥条厚1厘米（图二，10）。

鼎　H247∶13，夹砂褐陶。仅存肩、腹部，平底，器壁近底处留有一圆形浅窝，当是以榫卯方式接足的痕迹。饰弦断绳纹。最大腹径16、残高10、近底处浅窝直径2厘米（图三，5）。

鼎足　H123∶34，夹砂褐陶。侧视近扁三角形，横截面近长方形，侧面有圆形手捏痕迹，鼎足为后接，顶面脱落痕迹明显。现存足高5.7厘米，顶部横截面长5、宽1.2厘米（图三，10）。

盆　数量甚多。根据整体形态差异，可分二型。

A型　敞口盆、F3∶27，泥质灰陶。卷沿，圆唇，沿面前端有一周凹槽，平底。沿面及内壁涂抹细泥后磨光，呈黑褐色。器表下腹部斜向滚压细绳纹，底部以绳纹棍按压成组纹饰。口径35.6、底径19.2、高10.8厘米（图二，12）。

B型　鼓腹盆。H321∶01，夹砂褐陶。侈口，圆唇，平底。口径17.2、底径10.2、高9.4厘米（图三，8）。H81∶04，夹砂灰陶。侈口，圆唇，平底。沿面及器表颈部以下磨光，肩、腹相接处饰两道凹弦纹，弦纹间戳印楔形点纹。口径26.8、底径12.2、高14.1厘米（图二，16；图版一一，4）。

豆　H237∶57，泥质灰陶。敞口，折沿，尖圆唇，下部残。沿面及器表颈部以下涂抹细泥后磨光。口径24、残高5厘米（图二，11）。H75∶03，泥质灰陶。敞口，卷沿，圆唇外卷，腹部近底处有折棱。口径16、现存盘深5厘米（图三，4）。

盂　F3∶40，夹砂褐陶。侈口，圆唇，平底。颈部以下纵向滚压细绳纹，然后在颈部按压成戳印纹。口径12.2、底径约7.8、高约5.6厘米（图三，6）。F3∶41，夹砂褐陶。侈口，尖圆唇微卷，平底。器表滚压细绳纹。口径15.6、底径8.1、高7.4厘米（图三，1）。

罐　数量较多。根据整体形态差异，可分二型。

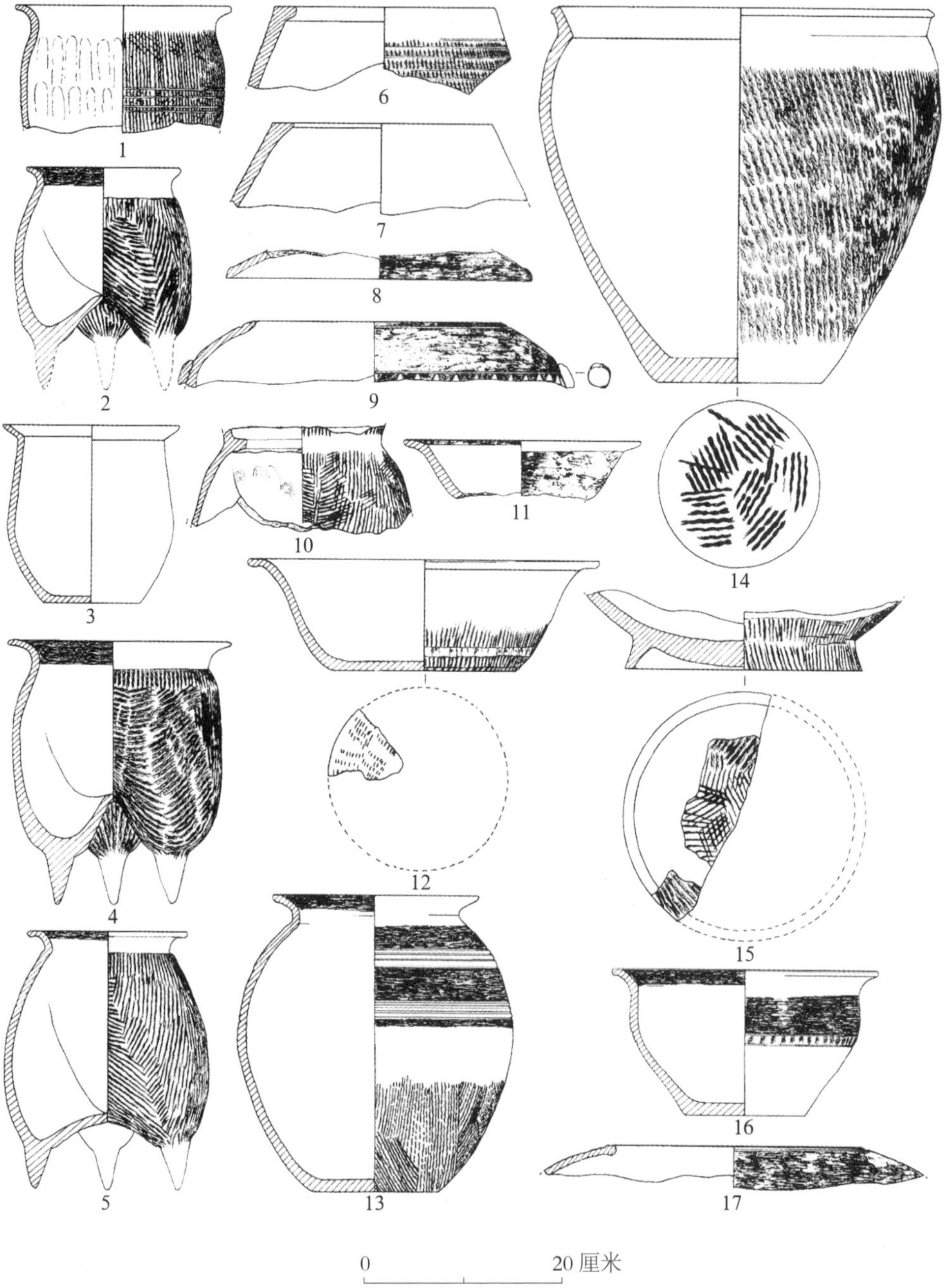

图二 先商时期陶器

1. 甑（H89∶08） 2、4、5. 鬲（H83∶02、H126∶06、F3∶34） 3.B 型罐（H117∶02）
6、7、15. 蛋形瓮（H89∶10、H89∶11、H14∶15） 8. 器盖（H237∶42） 9、17.C 型瓮（H82∶12、H89∶13）
10. 甗（H89∶16） 11. 豆（H237∶57） 12.A 型盆（F3∶27） 13.A 型瓮（F3∶29） 14.B 型瓮（H323∶04） 16.B 型盆（H81∶04）

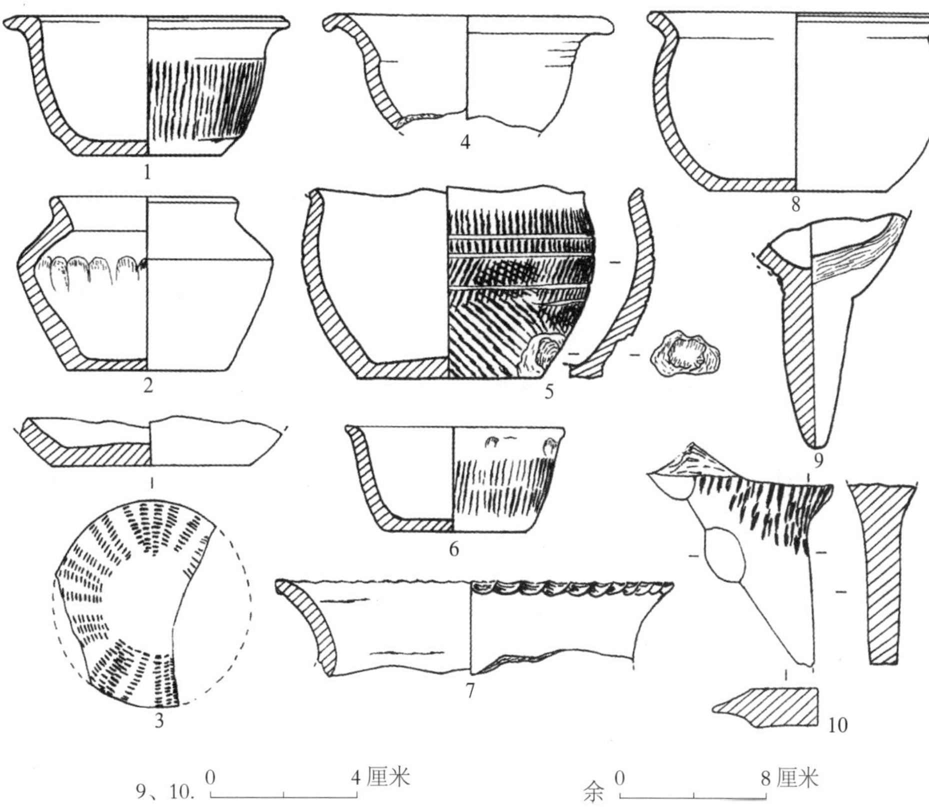

图三　先商时期陶器

1、6. 盂（F3∶41、F3∶40）2.A 型罐（H101∶05）3. 器底（H12∶05）4. 豆（H75∶03）5. 鼎（H247∶13）7. 鬲（H131∶02）8.B 型瓮（H321∶01）9. 鬲足（H89∶07）10. 鼎足（H123∶34）

A 型　折肩罐。H101∶05，泥质褐陶。侈口，平底。口径 11.2、底径 8.8、高 9.2 厘米（图三，2；图版一二，2）。

B 型　折沿罐。H117∶02，泥质灰陶。胎较薄，侈口，折沿，尖圆唇，平底。沿面及器表经细致抹光，修整甚好。口径 18、底径 17.3、高 16.4 米（图二，3）。

蛋形瓮　H89∶11，夹砂褐陶。敛口，折沿，尖圆唇。器表口沿以下精细刮抹。复原后口径 18、残高 8 厘米（图二，7）。H89∶10，夹砂褐陶。敛口，折沿，平圆唇，肩部以下残。器表上腹部饰弦断绳纹，内壁有手指印痕。口径 22、残高 8 厘米（图二，6）。H14∶15，夹砂灰陶。仅存器底及圈足，圜底，圈足后接于器身，圈足外撇，足底面近平。器表涂抹细泥，器壁及圈足皆饰细绳纹，器底饰交错绳纹。现存高 7、圈足直径 24、器底胎厚 2.6 厘米（图二，15）。

瓮　根据整体形态差异，可分三型。

A 型　小口瓮。F3∶29，泥质灰陶。侈口，折沿略卷，尖圆唇，鼓腹，平底。器表口沿处涂细泥并磨光，肩部至腹中部饰两组凹弦纹，两组旋纹之间涂抹细泥并磨光，第二组旋纹以下至下腹部经刮抹修整，下腹至器底部滚压较密集的细绳纹。口径 20.8、底径 12.8、高 28.4（图二，13）。

B 型　大口瓮。H323∶04，夹砂灰陶。侈口较甚，方唇微勾，上腹较鼓，下腹收束较急，平底。颈部以下斜向滚压粗绳纹。口径 38.2、底径 16.2、高 36.4 厘米（图二，14）。

C 型　平口瓮。H82∶12，泥质灰陶。敛口，尖圆唇。唇外饰一周凹弦纹；器表涂抹细泥并磨光，呈黑褐色，折肩以下的上腹部饰凹弦纹，弦纹间饰以三角形划纹，两个三角纹之间磨光。残片上有一圆形钮叠压在三角形划纹之上，复原当不止一个。口径 24、残高 6.5 厘米（图二，9）。H89∶13，泥质灰陶。火候甚高，制作精良，敛口，圆唇。器表涂抹细泥并磨光，呈黑褐色，唇外饰一周凹弦纹。口内径 22、残高 5 厘米（图二，17）。

器盖　H237∶42，夹砂灰陶。仅存盖沿部分。圆唇，唇外加贴泥条，在缘部形成一道凸棱。盖面皆光。口径约 31、残高 2.5 厘米（图二，8）。

器底　H12∶05，夹砂灰陶。平底，上接部分器壁。器表饰细绳纹，底面有成组排列的压印纹。底径 11.2、残高 3 厘米（图三，3）。

纺轮　F3∶21，泥质灰陶。饼状，中部略厚，平面近圆形，穿孔未在圆心正中，双面管钻而成，一侧略大。直径 6.6、孔径 1.2 ～ 1.6、厚 1.5 厘米（图四，12）。

（2）其他

包括玉、石器及骨器等。玉器仅有 1 件璧。石器磨制最为常见，局部留有琢制痕迹；器型以镰最多，另有刀、铲、斧、凿等，经二次改制的石器也有发现。

玉璧　F3∶06，圆饼形，单面管钻成孔。直径 4.8、孔径 0.9、厚 0.7 厘米（图四，6；图版一二，8）。

石斧　平面近长方形，弧顶近平，双面刃。器表留有较密集的琢制痕迹，刃口磨制较精。F3∶01，长 13.8、宽 5.6、最厚处约 4.3 厘米（图四，4）。F3∶03，长 10.5、宽 5.5、最厚处约 3 厘米（图四，2）。F3∶09，上部残，双面偏刃。残长 4.9、宽 4.8、最厚处约 3.8 厘米（图四，8）。

石铲　皆有肩，柄侧两面锤打，未经磨光；柄部以下两侧磨制，器表一般打磨较好。F3∶14，柄残，双面偏刃，刃口崩残。残长 12.6、肩宽 7.7、刃宽 7.5、最厚处约 1.6 厘米（图四，5）。F3∶04，刃残，柄顶端平面近圭形。残长 11.7、宽 6.9、最厚处 1.1 厘米（图四，10）。F3∶17，柄顶端残，双面偏刃。残长 15.3、肩宽 7.1、刃宽 6.7、最厚处约 2.2 厘米（图四，1）。

石镰　器表磨制较好，刃缘精细磨制。一般一端有柄，平顶，向刃部渐薄。F3∶16，刃残，仅有柄部。残长 7.4、高 4.6、厚约 0.8 厘长（图四，3）。F3∶18，仅存刃部。刃顶前端圆拱，斜背，平顶。单面偏刃微内凹。残长 6.8、高 13.2、厚约 0.7 厘米（图四，7）。

石刀　顶面及两侧面皆磨制光滑，部分有孔。长方形，弧顶近平，单面偏刃。F3∶05，顶部中央有一半环形穿孔，双面施钻，似为穿孔石刀残损后经二次加工。长 7.3、宽 2.9、厚 0.4 厘米，孔复原直径约 0.6 厘米（图四，11；图版一二，5）。

骨锥　F3∶08，仅存尖部，平面呈三角形，横截面近长方形，器体薄平。残长约 3.4，横截面长约 0.9、宽约 0.2 厘米（图四，9）。

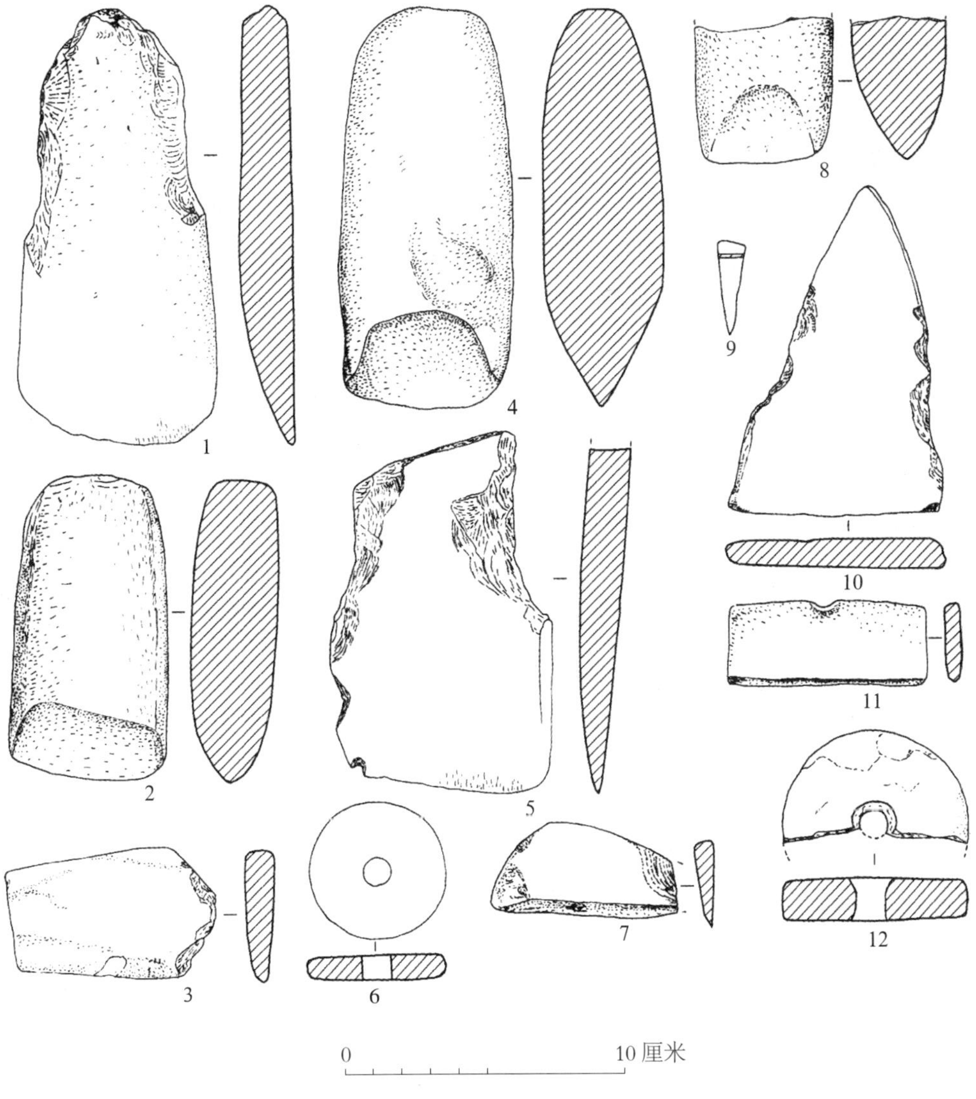

图四　先商时期遗物

1、5、10. 石铲（F3∶17、F3∶14、F3∶04） 2、4、8. 石斧（F3∶03、F3∶01、F3∶09） 3、7. 石镰（F3∶16、F3∶18） 6. 玉璧（F3∶06） 9. 骨锥（F3∶08） 11. 石刀（F3∶05） 12. 陶纺轮（F3∶21）

三、中晚商时期遗存

1. 遗迹

包括灰坑、灰沟、墓葬、祭祀坑、陶窑等。

(1) 灰坑

共 125 座。根据口部形状差异，可分圆形、椭圆形、近方形、不规则形四种，数量分别为 66、45、10、4 座，绝大多数为圜底坑，袋状坑仅见 5 座，坑壁一般加工较规整。

H98　位于 ST07 南部，开口于第 1B 层下，打破生土。坑口呈圆形，西壁略呈袋状，其余部分坑壁较直，坑口直径 1.76 ～ 1.8、底径约 1.9、深 1 米（图五）。坑内填土呈灰褐色，夹杂大量草木灰。出土遗物较为丰富，可复原的陶器有鬲、簋、盆、钵，其他可辨器型还有假腹豆、小口瓮、罐等；石器中可辨器型有斧、刀等；此外还发现较多兽骨。

（2）墓葬

共 6 座。包括竖穴土坑墓和瓮棺葬两类。

M4　位于 ST02 西北部，开口于第 1 层下，打破第 2 层及生土。墓坑方向为正北，基本呈长方形。墓底南高北低，南北长 2、东西宽 0.7 ～ 0.8 米。墓坑内填土呈浅黄褐色，墓主仰身直肢，面朝西，经鉴定为 50 ～ 55 岁的男性，未见葬具。在头骨西北面随葬 1 件陶鬲，左脚东南面及掌骨下各有 1 枚海贝，口中含 8 枚海贝（图六；彩版一八，2）。

（3）祭祀坑

共 2 座分人祭与牲祭两类，后者用牲为牛。

M9　位于 ST04 北部，开口于第 2 层下，打破生土。坑口基本呈圆形，南北最大径 1.26、东西最大径 1.3、深约 0.55 米。坑内填土呈深褐色。发现一具人骨，向东侧身屈肢，头骨被纵向剖开，左侧较完整，与躯干分离，置于盆骨北侧；四肢保存较好，肋骨、脊椎及盆骨数量不全；经鉴定为壮年男性。此单位未见随葬品，可能与祭祀活动有关（图七；彩版一八，3）。

H303　位于 ST13 东北部，开口于第 1 层下，打破生土。坑口呈不规则的圆角长方形，

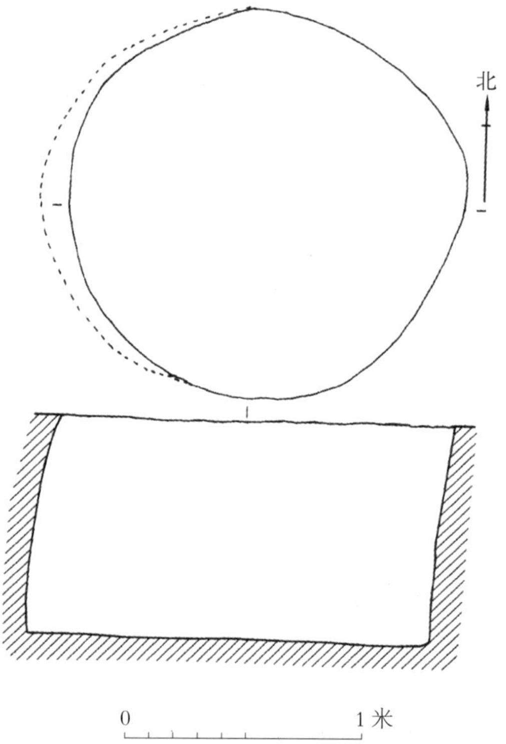

图五　H98 平、剖面图

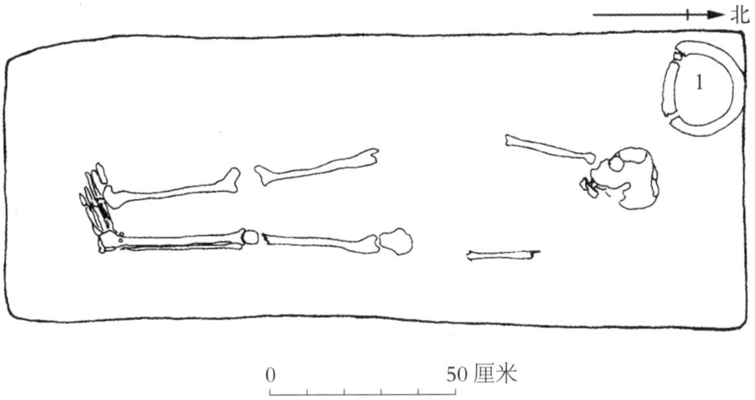

图六　M4 平面图

1. 陶鬲

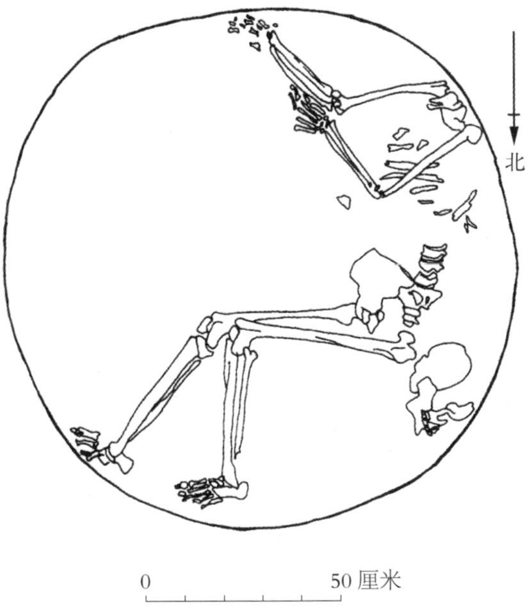

图七　M9 平面图

东西最长 4、南北最长 4.4、深约 1.25 ～ 1.3 米。坑口外西、南侧各发现一具牛骨，似经捆绑，上有较厚炭灰，或为“燎祭”后瘗埋（彩版一九，3、4）。坑内填土可分七层，从西向东倾斜堆积。第 1 层为灰黄色土，质地松软，厚约 0.4 米，夹杂有若干直径 0.3 米左右的圆形石块，但排列并无规律，另有少量料姜石；包含物还有陶片、鸟类的细小骨骼等。第 2 层为灰褐色土，质地细密而较软，略带黏性，出土陶片较少。第 3 层为灰黄色土，夹杂有质地松软的烧土灰，出土陶片较少。第 4 层为黄色土，质地松软，夹杂料姜石较多，出土陶片较少。第 5 层为黑灰色土，质地疏松，厚约 5 厘米，出土陶片很少。第 6 层为灰色土，质地细密而较松软，包含物少。第 7 层为红褐色土，质地细密而较黏软，厚约 5 厘米，包含物少。

此坑填土中包含有较多遗物，陶片以夹砂灰陶为主，纹饰中各类绳纹占绝大多数，可辨器型有鬲、瓮、甗、罐、盆、敛口钵、簋等。石器以斧、镰、刀最为常见。另有数量较多的骨器及兽骨。

（4）陶窑

共2座

Y6　位于ST13内，开口于第1层下。北侧窑前工作区打破H314，同时被H294、H293打破，整体呈圆形，近正南北方向，直径约2米。南侧火膛打破H312，呈不规则圆形，直径约1.9米，内壁为坚硬的青灰色烧结面，火道南北长0.8、宽0.8、深0.2米，从北向南倾斜向下；火道壁呈浅灰色，略已烧结，不甚坚硬（图版一二，1）。火膛部分的填土呈灰黑色，质地较松软，夹杂有一定数量的料姜石和小石粒，还有少量草木灰和炭粒、红烧土粒；出土陶片较少，多为夹砂黑陶、灰陶，可辨器型主要为鬲、罐等。火道部分的填土为较纯净的草木灰烬，极为疏松、潮湿，包含物少。

2. 遗物

以陶器为大宗，常见器型有鬲、鼎、盆、豆、罐、簋、瓮、敛口钵等。石器常见的有斧、镰、铲、刀、凿等。骨器种类有耒、耜、锥、笄、针等。铜器仅见镞。此外，卜骨、卜甲也较为多见。

（1）陶器

绝大多数为生活用器，生产工具有陶垫、纺轮，制作较规整，但胎土淘洗较粗糙，夹砂陶比例较高，泥质陶较少。据H98出土的陶片统计，夹砂陶占98%，泥质陶2%。陶色以灰陶占多数，达63%；黑褐陶22%，红褐陶占12%；另有少量棕褐陶，占3%。器表大多有纹饰，素面陶仅占所有陶器的37%；纹饰以各类绳纹占绝大多数，达97%，其他还有凹弦纹、附加堆纹、戳印纹、压印纹、指甲纹、乳丁、划纹等。器类较简单，以三足器居多，其次为平底器，圈足器最少，三足器主要为鬲，甗较少；平底器有盆、小口瓮、罐、敛口钵；圈足器仅见豆、簋、器盖。除豆、簋和部分盆外，大部分陶器为夹砂陶。

绳纹鬲　数量甚多。皆夹砂陶，砂粒较粗，火候较高。侈口，折沿，束颈，溜肩，下腹略鼓，分裆较矮，腹径略大于口径。H98∶04，夹砂灰陶。方唇，唇缘侧视呈双凹槽状。口径24.5、高27.6厘米（图八，6）。H98∶09，夹砂灰陶。方唇，唇缘侧视呈双凹槽状。口径21、高23.6厘米（图八，5）。H98∶03，夹砂灰陶。圆唇。口径13.4、高13.8厘米（图九，3）。ST03②∶14，夹砂灰陶。圆唇。口径12.8、高13.6厘米（图九，6）。H98∶05，夹砂灰陶。圆唇。口径13.5、高约15厘米（图九，1；图版一一，2）。H238∶01，夹砂灰陶。圆唇。颈下饰一周水滴状戳印纹。口径12.2、高12.2厘米（图九，14）。H269∶01，夹砂褐陶。方唇，沿面划有凹槽。口径14.2、高14.8厘米（图九，8）。H37∶01，夹砂灰陶。圆唇上卷。口径24、高27.4厘米（图八，1）。M4∶01，夹砂灰陶。圆唇。口径20.3、高12.6厘米（图八，3）。

素面鬲　H113∶15，泥质红陶，器表呈灰褐色。侈口，折沿，圆唇，直腹，三袋足

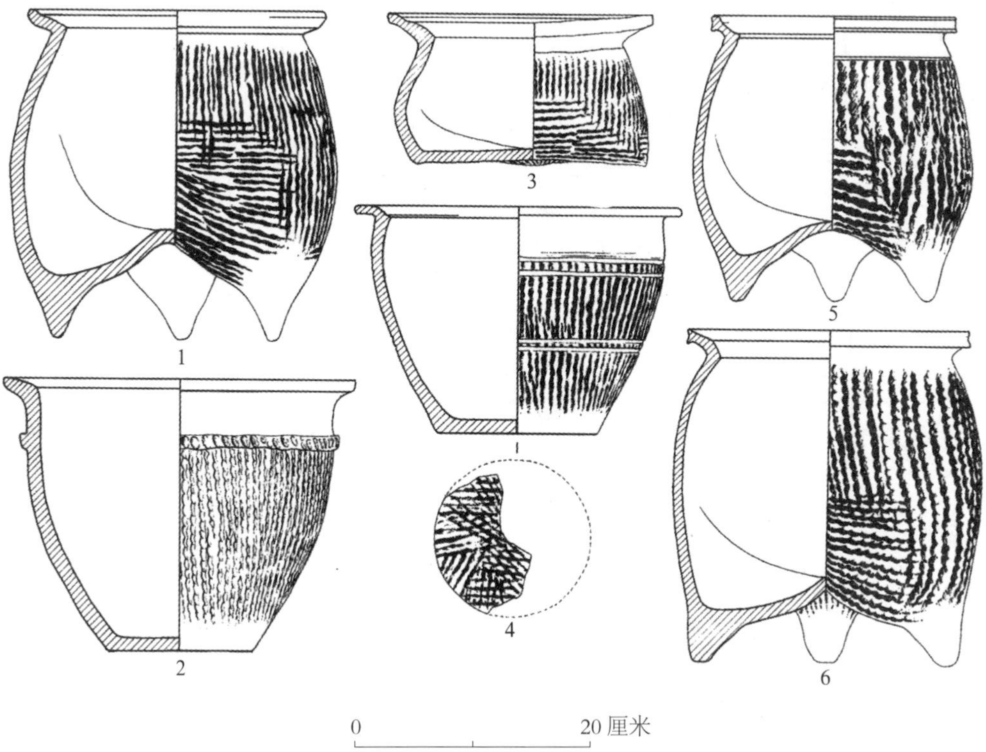

图八　中、晚商时期陶器

1、3、5、6. 绳纹鬲（H37:01、M4:01、H98:09、H98:04）　2、4. 盆（H138:07、H98:07）

较粗。口径 17.8，高 15 厘米（图九，10）。

单把鬲　ST05②:02，夹砂灰陶。侈口，短折沿，圆唇近方，溜肩，分裆略弧，三实足呈柱状。下腹部有一残断的柱状把手。口径 11.2、高 8.8 厘米，把手断碴长 1.5、宽 1 厘米（图九，7；图版一一，3）。

鼎　泥质灰陶。直口微敛，平折沿，方唇，腹近直，圜底，三实足外撇。H99:08，沿面立耳残。口径 14、高 11.8、足高 3.4 厘米（图九，5）。H113:16，沿面有两个立耳，与器足错列呈五点式分布。口径 14.2、耳高 1.8、耳孔最大径 1.4、足高 4.4、通高 13 厘米（图九，12）。

盆　弧腹较深，平底。H138:07，夹砂褐陶。敞口，折沿，圆唇，颈部以下饰粗绳纹，绳纹顶端加一道附加堆纹。口径 29.7、底径 12.2、高约 22.8 厘米（图八，2）。H98:07，夹砂灰陶。侈口，折沿，圆唇。颈部以下纵向滚压粗绳纹。口径 27.2、底径 13.2、高 19 厘米（图八，4；图版一一，5）。

盂　侈口，圆唇，弧腹近直，平底。H37:03，夹砂灰陶。卷沿。口径 13.4、底径 8、高 6.6 厘米（图九，2）。H98:08，夹砂灰陶。折沿，腹略鼓。口径 14.2、底径 10.6、高 10.4 厘米（图九，4；图版一一，6）。

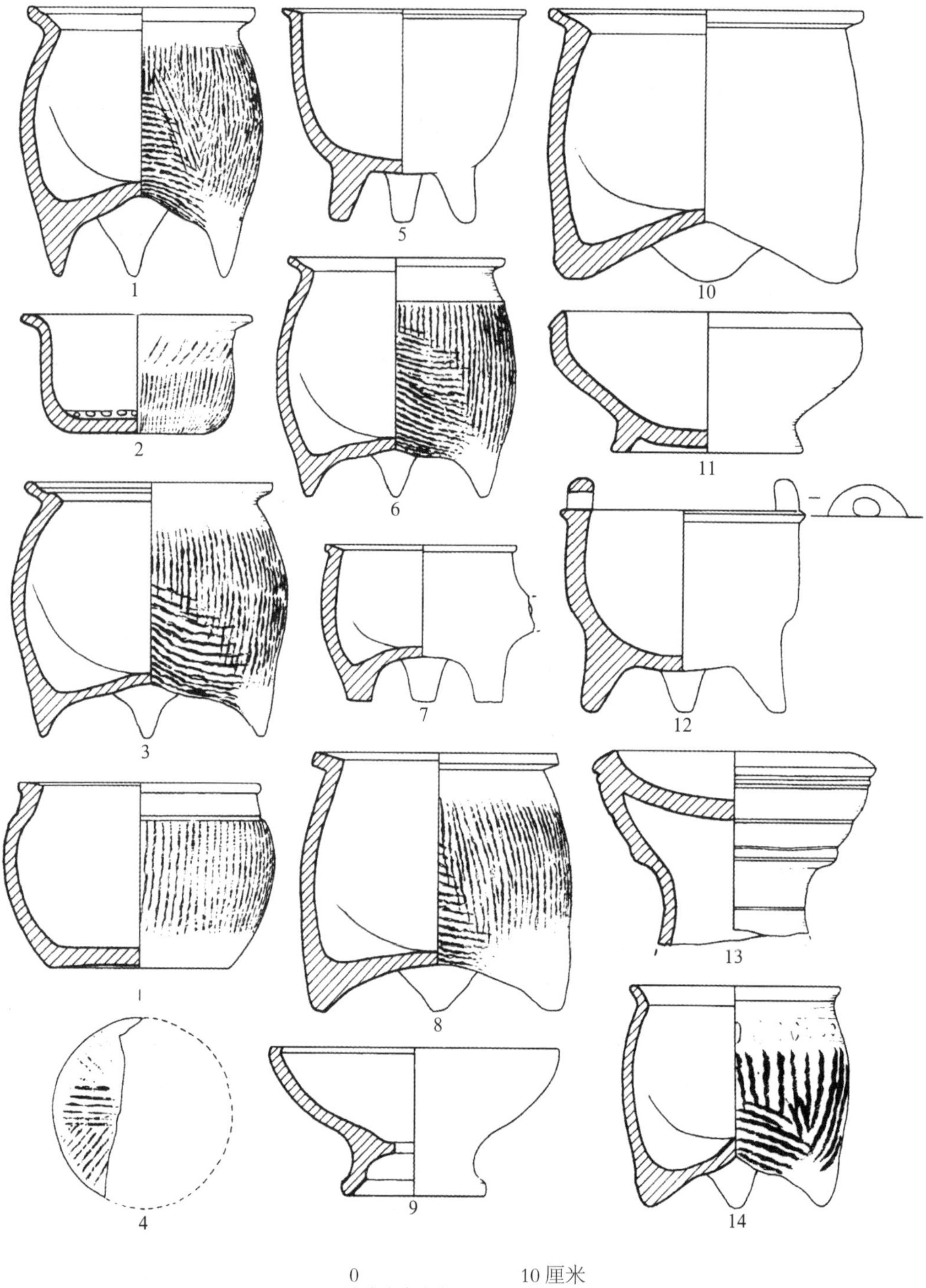

图九　中、晚商时期陶器

1、3、6、8、14. 绳纹鬲（H98：05、H98：03、ST03②：14、H269：01、H238：01）　2、4. 盂（H37：03、H98：08）　5、12. 鼎（H99：08、H113：16）　7. 单把鬲（ST05②：02）　9、11. 真腹豆（H98：02、H283：01）　10. 素面鬲（H113：15）　13. 假腹豆（H37：02）

豆　从整体形态看，可分真腹、假腹两类。

真腹豆　H283∶01，泥质灰陶。侈口，尖唇，圜底，矮圈足较粗且向外撇。口径 18.4、圈足径 10.9、高 7.8 厘米（图九，11）。H98∶02，泥质灰陶。敛口近直，方唇内勾，底面中央残为圆孔，矮圈足外撇。口径 16.9、圈足径 8.4、高 8.2 厘米（图九，9）。

假腹豆　H37∶02，泥质灰陶。敞口，圆唇，浅盘，圜底，下部残。腹、柄相接处加贴泥条成一凸棱，器表唇下饰两道凹弦纹。口径约 16.4、盘深近 4、残高约 11 厘米（图九，13）。

陶垫　夹砂灰陶。复原后近窝头状，中有一圆孔。H113∶01，复原后外径约 6.3、内径约 3.1 厘米（图一〇，10）。ST03③∶04，圆孔不甚规则、孔壁粗糙。高 5.7、复原后直径 4 ~ 5.3、孔径 1.7 厘米（图一〇，11）。

纺轮　H10∶01，泥质灰陶。鼓形，器表磨光。侧面用点状戳印纹组成菱形，展开共 7 个，菱形上下各戳印一周点状纹。面径约 2.9、中部直径 3.4、孔径 0.9、厚 1.6 厘米（图一一，8）。

（2）其他

包括石器、骨器、角器、蚌器及卜骨、卜甲等。石器磨制最为常见，局部留有琢制痕迹；器型以镰最为常见，另有刀、铲、斧、凿等，经二次改制的石器也有发现。骨器主要有镞、笄、锥、匕、针等。角器为鹿角铲，蚌器为穿孔镰。

石镰　H232∶03，两面加工，柄残。残长 9.5、宽 3.8 ~ 4 厘米（图一〇，4）。ST11②∶02，两面加工，靠近刃部有一单向圆形钻孔。残长 6.5、宽 1.5 ~ 3.4 厘米（图一一，6）。

石凿　H98∶06，双面刃微残。长 14、顶部宽 4、下部最宽处 4.6 厘米（图一一，5）。

石刀　平面略呈长方形，弧顶。ST03③∶02，双面偏刃。器身中部有对钻穿孔，一面钻孔较深。残长 10.2、宽 4.6 ~ 6.1、孔径 0.9 厘米（图一〇，3）。H232∶18，单面偏刃，器身中部有穿孔，两面对钻时略有错位，孔径外大内小。残长 10.9、宽 4.4 厘米（图一〇，6）。

石铲　ST11②∶03，略呈半椭圆形，有肩，双面刃，器身中间有一对钻穿孔。残长 7.6、宽 6.4、复原孔径约 1 厘米（图一〇，9）。

石斧　ST11②∶01，刃残。长 12.2、最宽处约 5、最厚处约 2.8 厘米（图一〇，1）。H220∶01，双面刃微弧。长 11.5、最宽处 5.3 厘米（图一〇，2）。

骨刀　H237∶01，似用羊或猪的肩胛骨制成，切割去肩峰、喙突、结节后细磨成刀首，以骨缘部分切磨成柄，双面刃。长 11.1、柄宽 2 ~ 3、柄厚 0.8 ~ 1、刃宽 3.5 厘米（图一〇，8；图版一二，3）。

骨镞　H232∶12，脊部几乎无棱角，两翼凸出身外，前锋圆钝，后锋和刃部较锋利，关、铤分界不甚明显，铤作圆锥形。长 8.8、镞身最宽处 1.1、器身中部厚 0.8 厘米（图一一，1）。H288∶01，中脊两面起棱，横断面呈菱形；两翼凸出身外，前、后锋均圆钝，前锋呈扁舌状，关与铤分界明显；圆锥形铤，略见起棱，末端圆钝。长 8.3、铤长 2.7、镞身最宽处 1.4 厘米（图一一，4）。

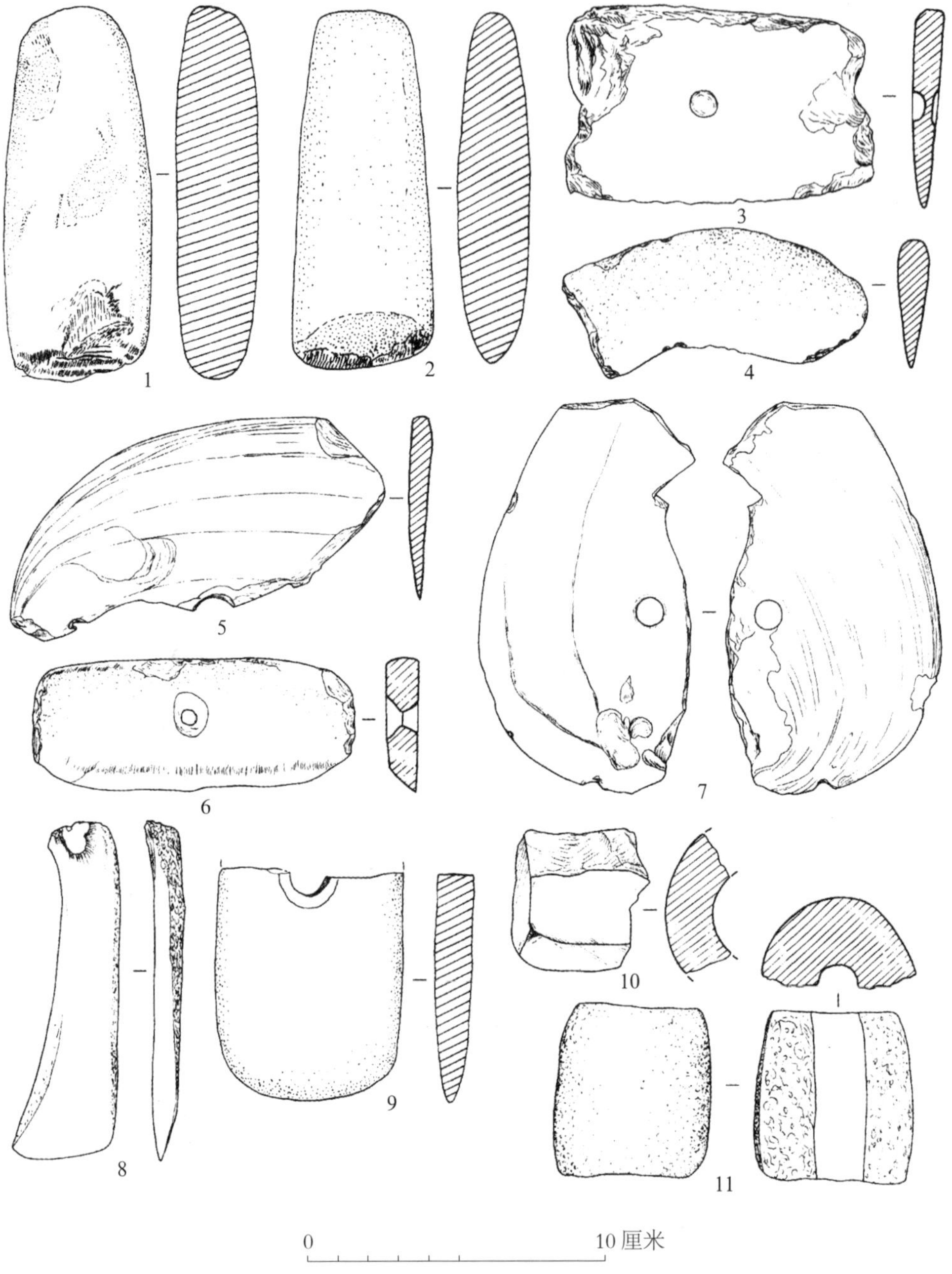

图一〇　中、晚商时期遗物

1、2. 石斧（ST11②:01、H220:01）　3、6. 石刀（ST03③:02、H232:18）　4. 石镰（H232:03）
5、7. 蚌镰（H155:01、H155:17）　8. 骨刀（H237:01）　9. 石铲（ST11②:03）　10、11. 陶垫（H113:01、ST03③:04）

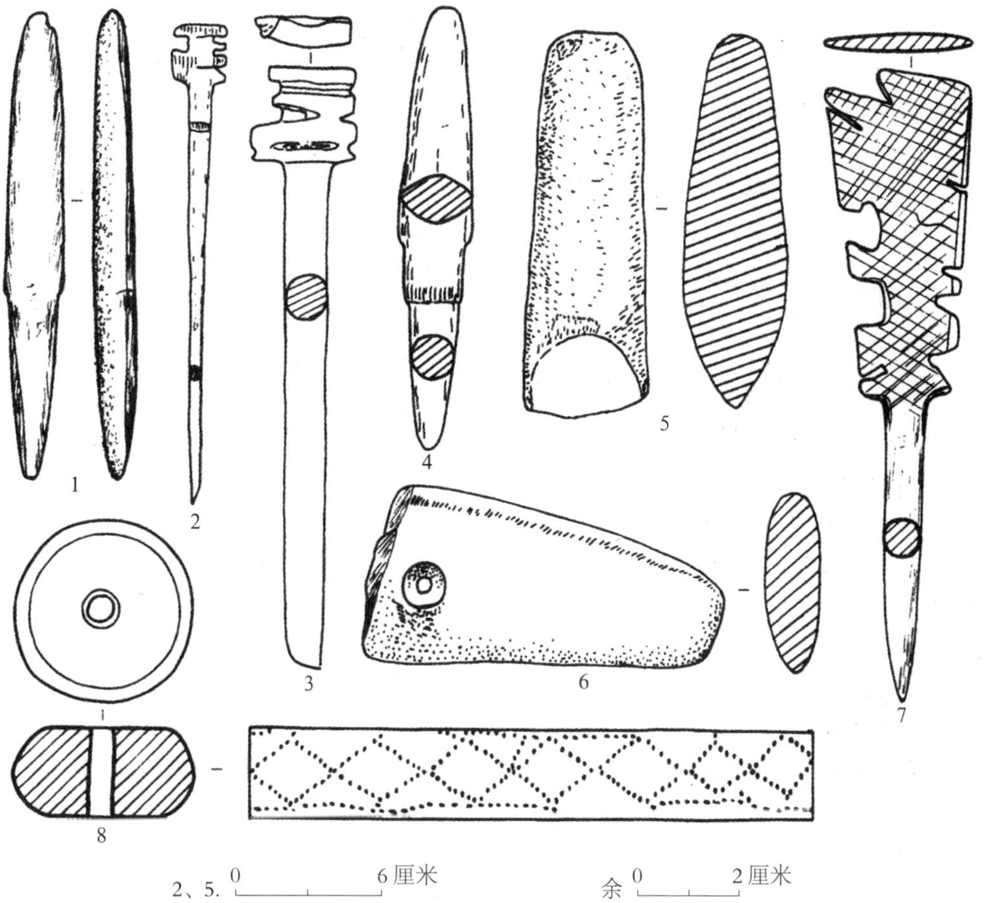

图一一　中、晚商时期遗物

1、4. 骨镞（H232∶12、H288 ∶ 01）2、3、7. 骨笄（H110∶03、H231∶01、H99∶01）5. 石凿（H98∶06）
6. 石镰（ST11 ②∶02）8. 陶纺轮（H10∶01）

骨笄　H99∶01，凤鸟形首，高冠，身与冠上下两面均磨光并阴刻菱形纹。长 11.8、最厚处 0.6 厘米（图一一，7；图版一二，4）。H231∶01，笄身上扁下圆，笄首作变形凤鸟状，末端残。残长 11.2 厘米（图一一，3）。H110∶03，凤鸟形首。长 17.8、直径 0.7 厘米（图一一，2）。

蚌镰　H155∶01，残存边缘部分，一侧中部有一由外向内的孔。残长 12.3、宽 6.3、最厚处 0.7、孔径 1.3 厘米（图一〇，5）。H155∶17，仅加工出刃部，器身中部有一单面结孔。残长 13、残宽 2.8 ~ 7、孔径 0.9、厚 0.1 ~ 0.2 厘米（图一〇，7；图版一二，7）。

卜骨　G1∶02，牛左肩胛骨，臼角切去并纵向锯掉一半，圆钻，钻孔三列共 9 个，其中 4 个残，孔底或圜或平，有灼，无凿。灼痕两两相对，皆施于钻孔一侧。残长 13.8、臼端宽 5.7 厘米。

卜甲　H70∶02，背甲，自背脊中线断开，仅存右半，经简单修整后施钻、凿、灼，分四竖列，排列不规整。残长 18.6、宽 7.4 厘米（图版一二，6）。

四、结语

1. 先商时期遗存的年代

补要村遗址南区发现的先商时期遗存，与豫北、冀南的同时期遗存有一定的可比性，与临城补要北区 [1]、永年何庄 [2]、磁县下七垣遗址第三层 [3]、邯郸涧沟 [4]、邢台葛家庄 [5] 和粮库 [6] 等遗址的先商文化遗存有较多相似处，所出陶鬲与葛家庄遗址、下七垣遗址第三层、何庄遗址的同类器相近；甗与葛家庄、粮库遗址的同类器相近；圈足蛋形瓮与粮库遗址的同类器相近；鼓腹盆与何庄遗址的同类器形制特征接近；因此，补要村遗址先商时期遗存的年代大致相当于二里头文化第三、四期。需要说明的是，该遗址南区先商时期不同单位的遗存仍有年代早晚差别，可进一步划分。

2. 先商时期遗存的特点

补要村遗址南区所发现的先商时期陶器与以往发现的先商文化各遗址存在很多差异，极具代表性和地方特点。鬲、甗、鼓腹罐和磨光、戳印纹陶器较多，有异于其他遗址。鼎、橄榄形罐、花边罐、深腹罐等明显少于其南部的其他先商文化遗址，是其重要特征。该遗址发现的先商文化陶器制作精良，表现出一种文化处于发展上升阶段的特点，有的陶器受山东岳石文化的影响较明显，如凹弦纹鼓腹盆、大平底浅腹盆、折腹罐、盘形豆、碗形豆、盂形豆等占有一定比例。出土石器中有肩石铲的比例甚高，反映出冀中南部先商时期文化遗存的农业经济特色。

3. 先商文化补要类型的性质与地位

在先商文化的研究中，邹衡先生初步将其划分为三个类型，其中在太行山东麓有漳河型和辉卫型 [7]。有学者根据滹沱河以北的考古发现，为先商文化增加了一个类型，称为“保北型” [8]；也有学者认为其不属于先商文化，主张称为“下岳各庄文化” [9]。但是在漳河与滹沱河之间，长期以来缺少先商时期的文化遗存，文化面貌不清。

从地域空间看，补要村遗址所发现的先商时期遗存，填补了以往的学术空白。从文化面貌看，该遗址先商时期遗存的基本陶器组合包括矮领鬲、高领鬲、单把鬲、罐形鼎、无沿鼎、甗、圆腹罐、折肩罐、大平底盆、鼓腹盆、碗形豆、圈足蛋形瓮、大口瓮、管流爵等。以补要村遗址为代表的这类遗存，在陶系、典型器物特征、炊器组合等方面，与先商文化漳河类型、下岳各庄类型皆有一定的差别，具有较为独立的文化面貌，这类遗存的年代约相当于二里头文化第三、四期之时，分布区域大体在泜河与滹沱河之间，可以作为冀中南部先商时期考古学文化的代表，我们建议将其称为“先商文化补要类型”。

补要村先商文化遗存的年代延续时间相对较长，反映了商人族群虽逐步南下，但对于北部的根据地未完全放弃，扩展和移动中的先商文化，可能在不同阶段拥有不同的地区性据点或中心，补要村遗址在先商时期应该就是这样一个地区性中心。

4．中、晚商时期遗存的年代与特点

补要村遗址南区发现的中、晚商时期陶器种类较少，与北区同时期遗存差别较小，应属同一时期的遗存。南区中、晚商遗迹中祭祀坑和陶窑较有特点，进一步丰富了本地区中、晚商文化的内容。

附记：此次工作得到临城县人民政府的大力支持。参加调查和钻探的有王迅、刘绪、赵辉、樊力、杨宪伟、朱博雅、何晓琳、崔彪、李雨生、田伟、常怀颖、刘庆华等。参加发掘工作的有刘绪、韦正、王伟华、何嘉宁、朱博雅、何晓琳、田伟、罗汝鹏、白文亮、许若茜、张寅、王迅、常怀颖等。柴红亮、宋志刚负责修复器物，罗汝鹏负责电子测绘，何嘉宁对人骨进行鉴定。本文插图由贾成惠、武丽霞、柴秋兰等绘制，朱博雅拍摄了照片。

执笔 王　迅　常怀颖
朱博雅　柏　柯

注释

[1] 北京大学考古文博学院、河北省文物局等：《河北临城县补要村遗址北区发掘简报》，《考古》2011 年第 3 期。

[2] 邯郸地区文物保管所：《河北省永年县何庄遗址发掘报告》，《华夏考古》1992 年第 4 期。

[3] 河北省文物管理处：《磁县下七垣遗址发掘报告》，《考古学报》1979 年第 2 期。

[4] 北京大学、河北省文物局邯郸考古发掘队：《1957 年邯郸发掘简报》，《考古》1959 年第 10 期。

[5] 河北省文物局第一期考古发掘领队培训班、河北省文物研究所等：《河北邢台葛家庄遗址 1996 年发掘简报》，《河北省考古文集》（二），北京燕山出版社，2001 年；河北省文物研究所、吉林大学边疆考古研究中心等：《河北邢台市葛家庄遗址 1999 年发掘简报》，《考古》2005 年第 2 期。

[6] 河北省邢台市文物管理处：《邢台粮库遗址》，科学出版社，2005 年。

[7] 邹衡：《试论夏文化》，《夏商周考古学论文集》，文物出版社，1980 年。

[8] 沈勇：《保北地区夏时代两种青铜文化之探讨》，《华夏考古》1991 年第 3 期。

[9] 张翠莲：《尧方头遗址与下岳各庄文化》，《文物春秋》2000 年第 3 期。

（原载于《考古》2011 年第 3 期）

河北邢台南小汪周代遗址发掘简报

河北省文物研究所　邢台市文物管理处

南小汪遗址位于邢台市区西北部，因北临南小汪村而得名。遗址地处太行山东麓南部的山前平原地区，西距太行山余脉约 8 千米，海拔约 85 米，地势较为平坦，地下水资源丰富，距遗址不远有著名的达活泉。据历年发掘和钻探可知，遗址面积超过 200 万平方米，然而因地处市内，故发掘工作多受牵制。1991 年春，河北省文物研究所与邢台市文物管理处、邢台县文保所联合组成考古队，对团结路北侧某单位计划施工的两个楼基区进行了钻探和正式发掘（图一）。发掘面积 750 平方米，发现了包括西周和东周两个时期的文化遗存。现将此次发掘的收获简报如下。

一、地层堆积

南小汪遗址周代文化层堆积较厚，一般为 1.5 ～ 2.5 米。现以 T11 北壁为例说明如下（图二）。

第 1 层：耕土层，厚 0.3 ～ 0.5 米，土质较硬，呈灰褐色。

第 2 层：厚 0.9 ～ 1 米，土质坚硬，呈黄色，包含物极少。

第 3 层：厚 0.4 ～ 0.6 米，土质较硬，呈灰褐色，含有少量烧土块。出土遗物以陶片为

图一　南小汪遗址位置示意图

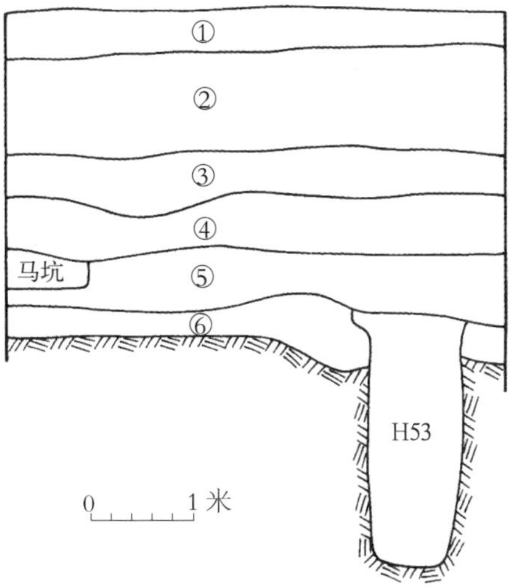

图二　T11 北壁剖面图

主，器型有鬲、罐、豆、盆等。

第 4 层：厚 0.35 ～ 0.55 米，土质较为疏松，呈灰色，层内含有少量烧土块。出土遗物以陶片为主，器型有鬲、罐、豆、盆等，此外还出土有石斧、骨簪等。该层下发现马坑一。

第 5 层：厚 0.4 ～ 0.7 米，土质松散，呈灰色，含有大量烧土块和木炭。该层出土遗物较为丰富，以陶片为主，器型有豆、瓮、盆、甑、罐等，此外还发现有兽骨。该层下叠压有 H53。

第 6 层：厚 0.25 ～ 0.7 米，土质较硬，为黄褐土，内含有大量烧土块和木炭。出土遗物以陶片为主，器型有鬲、豆、罐等，此外还发现骨锥。

其下为生土。

以上各层堆积中，第 2、3 层属东周时期第 4 ～ 6 层以及 H53 和马坑属西周时期。本遗址其他探方的情况与此大体相同，下面就西周和东周遗存进行分述。

二、西周时期遗存

1. 遗迹

有灰坑、水井、墓葬、马坑等。

灰坑数量极多，平面形状有不规则形、椭圆形、圆形、方形和长方形等，其中以椭圆形为主，方形和长方形较少。

H57　开口于 T23③下，打破生土。平面呈椭圆形，斜壁平底。口部长径 1.8、短径 1.6 米，底部长径 0.6、短径 0.5、深 1.5 米。土质松软，呈黑灰色。出土遗物有陶鬲等（图三）。

H43　开口于 T14④下。平面呈圆角长方形，斜直壁近底处略收，平底。口部长 1.9、宽 0.82 米，底部长 0.8、宽 0.5、深 18 米。土质较软，呈黑灰色，出土遗物较少，主要为陶片，可

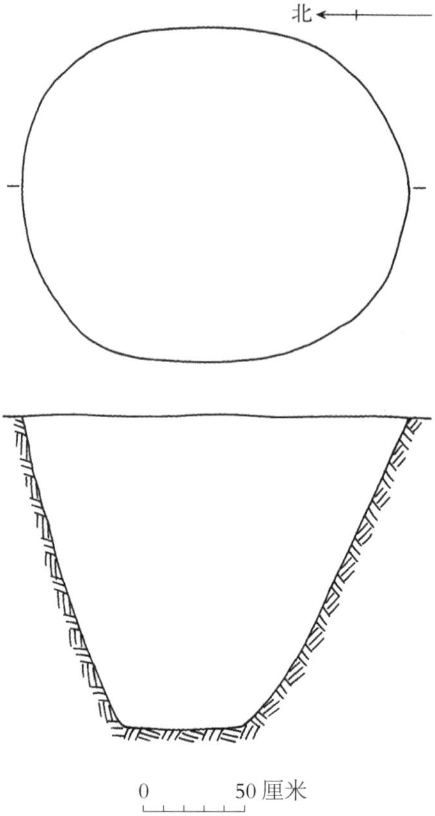

图三　H57 平、剖面图

辨器型有鬲、罐等（图四）。

H75　开口于 T28④下。平面近长方形，直壁平底。长 3.15、宽 2.05、深 0.32 米。坑内填土较为松软，呈灰褐色，内含有烧土块。出土遗物有鬲、罐、甑、盆、瓮等陶器残片和刻辞卜骨等（图五）。

水井共发现 3 座。

J1　开口于 T26③下。平面呈长方形，直壁，近底处向外鼓出。口部长 1.2、宽 0.9 米，底部长 1.25、宽 0.95、深 3 米。井内填土松软，呈灰褐色，底部堆积有大量陶器，包括鬲、豆、盆、折肩罐等，还有部分角器、骨器等（图六）。

墓葬共发现 6 座，均为长方形竖穴土坑墓。

M2　开口于 T5③下，平面近长方形，墓向 0°。头端略宽，足端较窄，墓口长 2.1、宽 0.86 ~ 0.9 米，底部略小于口部，二层台宽 0.09 ~ 0.14 米。墓主仰身直肢，左手下方有兽骨一块（图七）。

M8　开口于 T28③下，平面呈长方形，东南角被 H68 打破，墓向 16°。墓口长 1.9、宽 0.7 米。墓主仰身，下肢平直，上肢弯曲交叉于胸前，墓内随葬陶鬲 1 件，另墓主口内含有海贝 7 枚，左手握有海贝 1 枚（图八）。

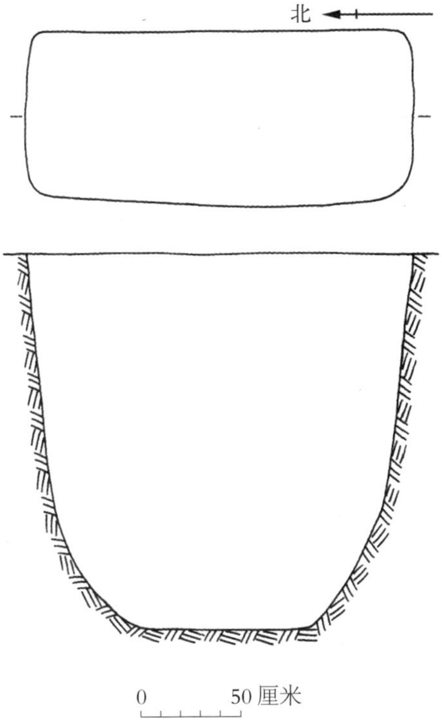

图四　H43 平、剖面图

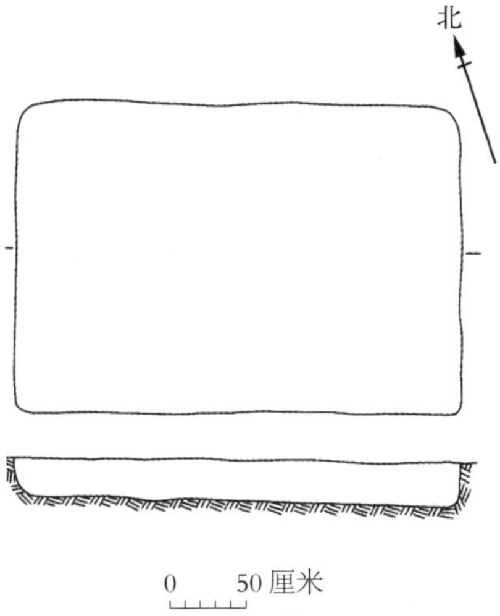

图五　H75 平、剖面图

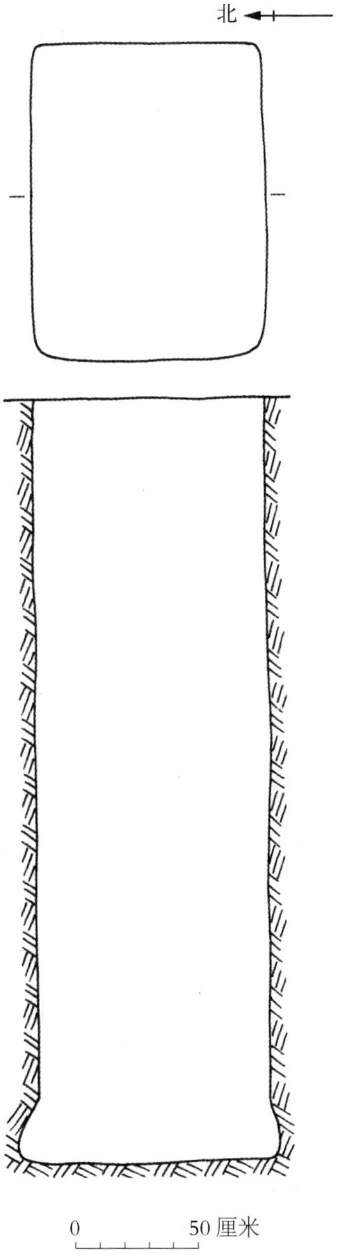

图六　J1 平、剖面图

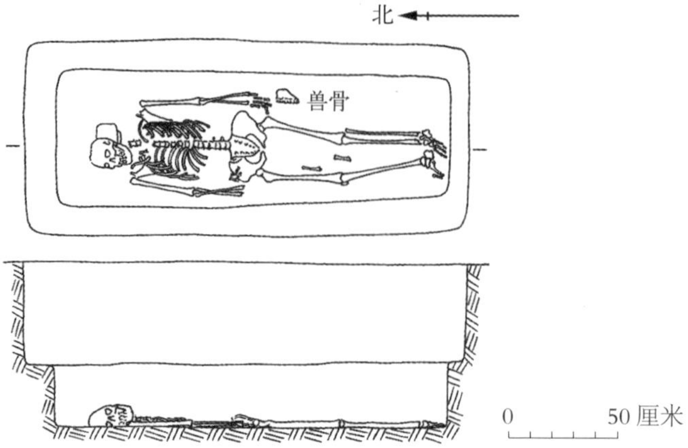

图七　M2平、剖面图

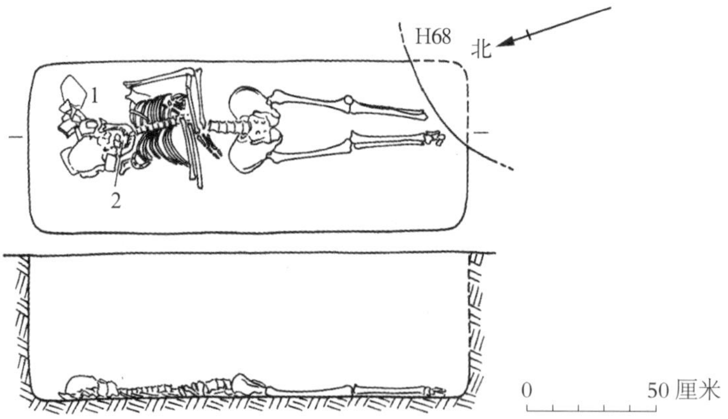

图八　M8平、剖面图

1.陶鬲　2.海贝

马坑　开口于T11④下，平面近长方形，直壁平底，长2.1、宽1.52米。坑内填土较松软，呈灰褐色，坑内有马骨架1具，侧卧（图九）。

2.遗物

有陶器、骨器、蚌器、石器、刻辞卜骨等。

（1）陶器

以泥质灰陶和夹砂灰陶为主，另有部分灰褐陶和褐陶。器表纹饰以绳纹为最多，素面亦占相当比例，此外还有少量附加堆纹、弦纹和旋纹。器类以鬲、盆、瓮为主。

鬲　可分为二型

A型　分裆袋足，形体较大，外表呈横长方形。可分为二式。

Ⅰ式：沿面无凹槽。标本H89∶34，夹砂褐陶。折沿，斜方唇。器表饰中绳纹。口径

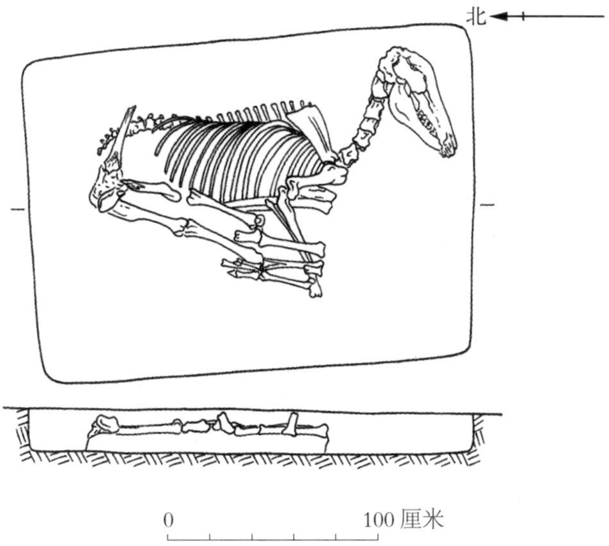

图九　马坑平、剖面图

24、残高 11.9 厘米（图一〇，2）。

Ⅱ式：沿面有多道凹槽。标本 T13④:34，夹砂灰陶。折沿，圆方唇。唇部有一道凹弦纹，沿面有数道凹弦纹，器表饰中绳纹。口径 38、残高 22.4 厘米（图一〇，1）。标本 J1:3，夹砂灰陶。折沿，斜方唇。沿面有两周凹弦纹，器表饰中绳纹。口径 31.5、高 20 厘米（图一〇，3；图一一）。

B 型　联裆鬲，形体较小。可分为二亚型。

Ba 型　可分为三式。

Ⅰ式：折沿，沿较窄，束颈。标本 T11⑤:3，夹砂灰陶。方唇。沿面有一道凹弦纹，颈下有一周戳印坑点纹，其下饰中绳纹。口径 16.7、高 10.7、裆高 3.2 厘米（图一〇，5；图一二）。

Ⅱ式：沿较宽，束颈。标本 T30④:34，夹砂灰陶。折沿，斜方唇。器表饰中绳纹。口径 22、残高 8.3 厘米（图一〇，7）。

Ⅲ式：宽沿，沿面有多道凹弦纹。标本 J1:6，夹砂灰陶。折沿，斜方唇。沿面有三道凹弦纹，器表饰中绳纹。口径 16.6、高 9 厘米（图一〇，4）。

Bb 型　腹部多有扉状堆纹，即所谓仿铜鬲。可分为二式。

Ⅰ式：沿较宽，束颈。标本 T2③:11，夹砂灰黑陶。折沿，圆方唇。沿面有一道凹弦纹，颈下饰戳印坑点纹一周，其下饰中绳纹和附加堆纹。口径 21.2、高 14.7、裆高 3 厘米（图一〇，8；图一三）。

Ⅱ式：沿较宽，沿面有多道凹弦纹。标本 T22③:31，夹砂灰黑陶。斜折沿，圆方唇。沿面有三道凹弦纹，腹饰中绳纹和附加堆纹。口径 16.5、残高 9.5 厘米（图一〇，6）。

甗　未见完整器。标本 H94:35，为甗的上腹部，夹砂灰陶。方唇外侈，束颈。沿面有

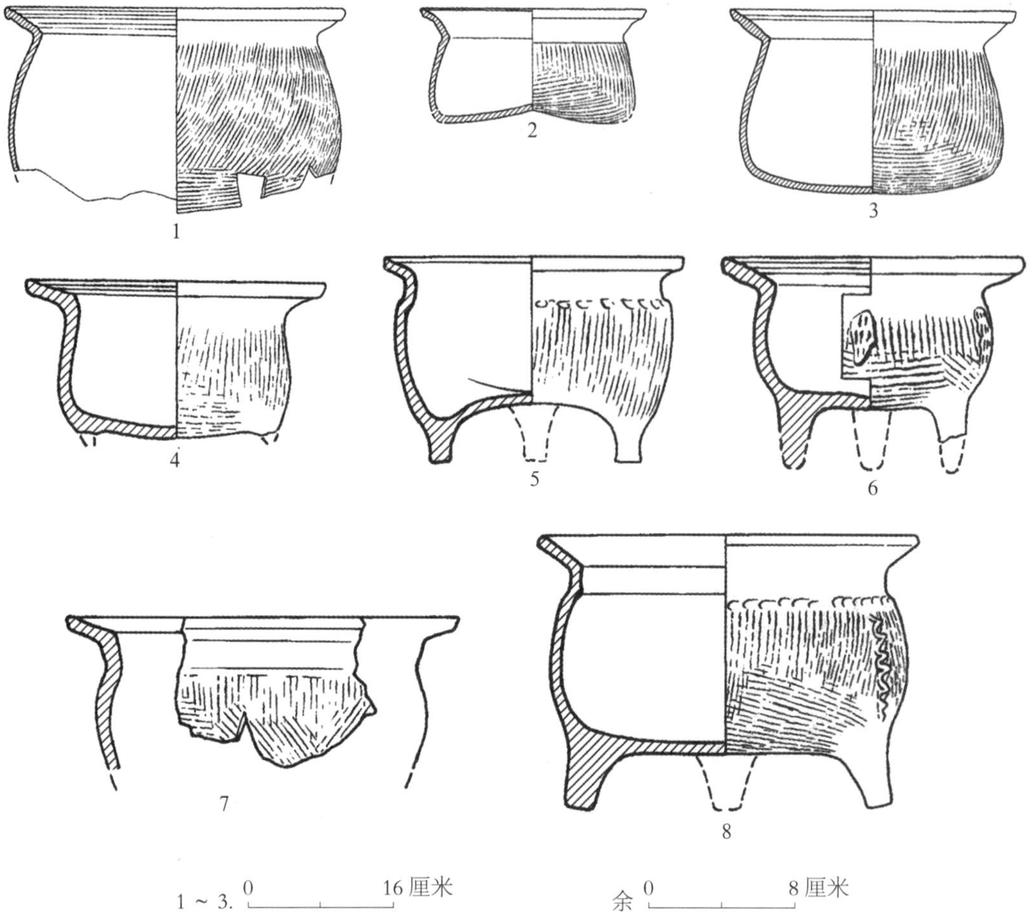

图一〇　西周陶鬲

1、3.AⅡ式（T13④:34、J1:3）　2.AⅠ式（H89:34）　4.BaⅢ式（J1:6）　5.BaⅠ式（T11⑤:3）
6.BbⅡ式（T22③:31）　7.BaⅡ式（T30④:34）　8.BbⅠ式（T2③:11）

图一一　西周AⅡ式陶鬲

（J1:3）

图一二　西周BaⅠ式陶鬲

（T11⑤:3）

图一三　西周 Ba Ⅰ式陶鬲

（T2③:11）

一道凹槽，颈下有一周泥条状附加堆纹，上腹饰中绳纹，下腹素面。口径 30、残高 20.2 厘米（图一四，1）。标本 H17:30，为甗的上腹部，夹砂灰黑陶。敞口，方唇。沿面有一道凹弦纹，颈下有一周泥条状附加堆纹，上腹饰中绳纹，下腹素面。口径 30、残高 21.5 厘米（图一四，2）。

甑　敞口鼓腹，沿内侧有一周凹槽。标本 H44:11，泥质灰陶。底残。上腹饰抹断中绳纹，下腹素面。口径 39、底径 17.5、高 18.8 厘米（图一四，4）。标本 T21⑤:30，泥质灰陶。尖圆唇。沿面有一道凹弦纹，上腹饰抹断中绳纹，下腹素面，底部残存两个半圆形小孔。口径 31.8、底径 12.6、高 23.1 厘米（图一四，3；图一五）。

盆　可分为二型。

A 型　绳纹盆，大口平底，腹饰绳纹。可分为三式。

Ⅰ式：颈腹无明显分界，腹较直。标本 T11⑥:12，夹砂灰陶。窄平沿，方圆唇，平底。上腹饰中绳纹，下腹素面。口径 31.1、底径 15.9、高 24.6 厘米（图一四，5；图一六）

Ⅱ式：沿较宽，颈腹分界明显，鼓腹。标本 T11④:33，夹砂黑褐陶。尖圆唇。沿面有一道凹弦纹，沿内侧有一周凹槽，腹饰粗绳纹，凹圜底。口径 36.1、底径 13.4、高 22.2 厘米（图一四，6）

Ⅲ式：宽沿外侈，鼓腹。标本 T27④:30，泥质灰陶。尖圆唇。腹饰抹断中绳纹。口径 34、残高 21 厘米（图一四，7）。

B 型　素面盆，宽沿，腹部素面或饰有弦纹。可分为三式。

Ⅰ式：沿下角大。标本 T25⑤:11，泥质褐陶。圆方唇，平底。素面。口径 28.9、底径 12、高 14.8 厘米（图一四，9）。

Ⅱ式：沿下角变小，鼓腹标本 H4:37，泥质灰陶。圆方唇，平底。沿面有一道凹槽，腹饰三组平行的凹弦纹。口径 30.7、底径 14.6、高 19.6 厘米（图一四，8；图一七）。

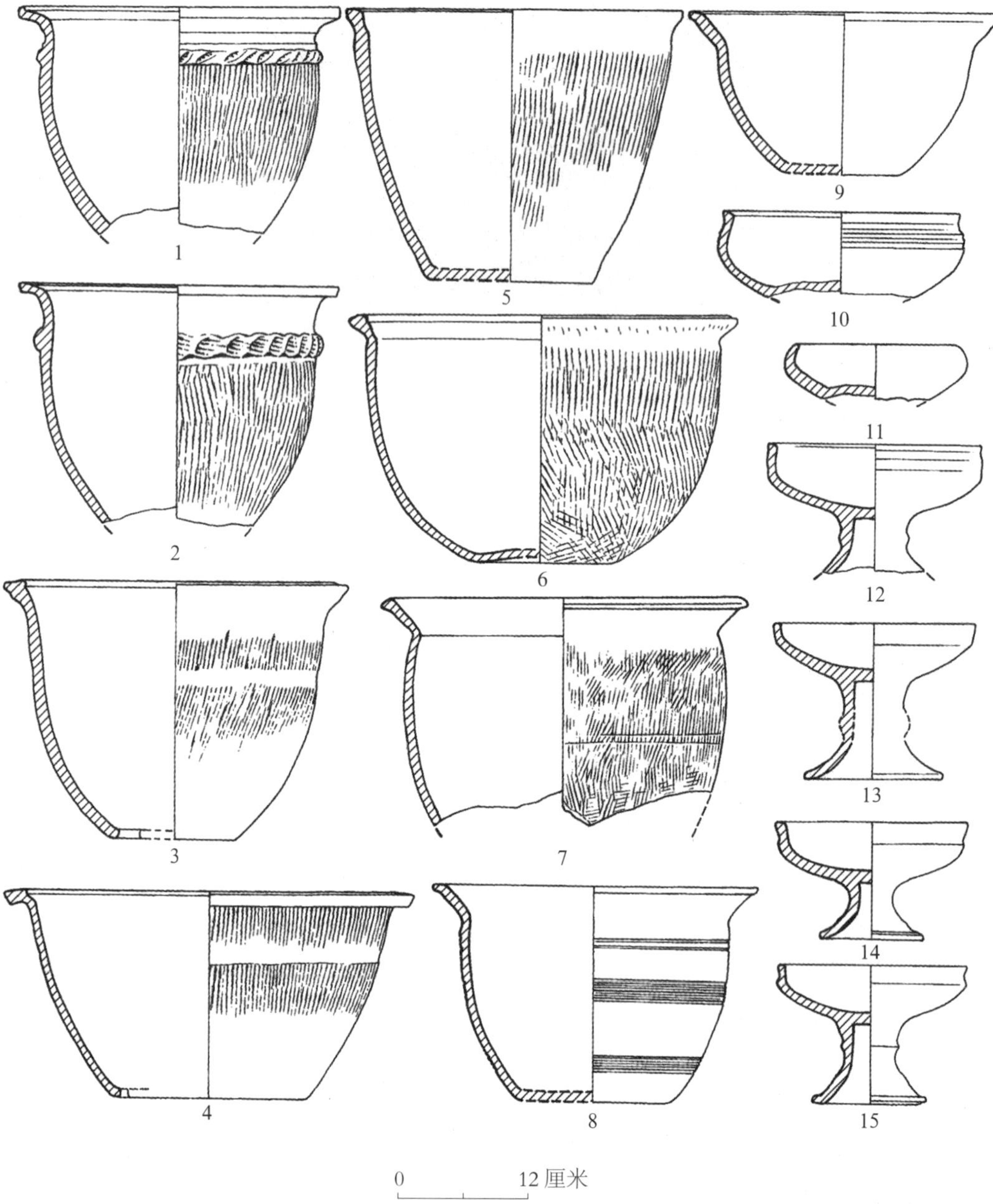

图一四　西周陶器

1、2.甗（H94：35、H17：30）　3、4.甑（T21⑤：30、H44：11）　5.AⅠ式盆（T11⑥：12）　6.AⅡ式盆（T11④：33）　7.AⅢ式盆（T27④：30）　8.BⅡ式盆（H4：37）　9.BⅠ式盆（T25⑤：11）　10.BⅠ式豆（H47：35）　11.AⅠ式豆（T29⑤：30）　12.BⅡ式豆（T13 ④：14）　13.AⅡ式豆（M3：1）　14.A Ⅳ式豆（T29③：1）　15.A Ⅲ式豆（T28③：31）

图一五　西周陶甑
（T21⑤:30）

图一六　西周 AⅠ式陶盆
（T11⑥:12）

图一七　西周 BⅡ式陶盆
（H4:37）

图一八　西周 AⅢ式陶豆
（T28③:31）

豆　可分为二型。

A 型　浅腹。可分为四式。

Ⅰ式：豆盘口内敛，盘壁外鼓。标本 T29⑤:30，泥质灰陶。尖圆唇，敛口。素面。口径 15、残高 5.3 厘米（图一四，11）。

Ⅱ式：盘口微敛，柄较高，中部有凸棱。标本 M3:1，泥质褐陶。方唇，柄部有一周凸棱。素面。口径 19.3、盘深 4、底径 13、高 14.2 厘米（图一四，13）。

Ⅲ式：直口 1，细柄，柄中部有凸棱。标本 T28③:31，泥质灰陶。方唇，柄部有一周凸棱。口径 17.7、盘深 4.3、高 12.9 厘米（图一四，15；图一八）。

Ⅳ式：口微敞，柄部变矮。标本T29③:1，泥质灰陶。圆方唇。唇下缘有一周凹槽，圈足上有两道凹弦纹。口径18、盘深4.3、底径1.5、高10.5厘米（图一四，14；图一九）。

B型　豆盘腹部较深。可分为二式。

Ⅰ式：口部内敛盘腹外鼓。标本H47:35，泥质灰陶。尖圆唇，唇下缘有两道凸棱。口径22、残高7.5厘米（图一四，10）。

Ⅱ式：口部微内敛，直腹。标本T13④:14，泥质灰陶。圆方唇。唇下缘有轮制痕迹，柄部有一周凸棱。口径20.3、盘深5、残高13.7厘米（图一四，12）。

簋　侈口鼓腹。可分为二式。

Ⅰ式：沿较窄，沿下角较小。标本T20④:34，泥质灰陶。尖圆唇。腹饰弦断细绳纹和刻划纹。口径26、残高11.3厘米（图二〇，1）。标本T19⑤:3，泥质灰陶。尖圆唇。上腹饰两道凹弦纹，下腹饰中绳纹和刻划绳纹。口径32、残高17厘米（图二〇，3）。

Ⅱ式：宽沿，沿下角大。标本T30④:30，泥质灰陶。尖圆唇。腹饰弦断细绳纹。口径24、残高8.8厘米（图二〇，2）。

瓮　小口鼓腹。可分为二型。

A型　口径较小，一般在17厘米以下。可分为二式。

Ⅰ式：直领较高且直。标本T29③:33，泥质灰陶。方唇。器表饰抹断中绳纹。口径15、残高17.5厘米（图二一，2）。

Ⅱ式：矮领外卷。标本H68:30，泥质灰陶。尖圆唇。唇部存一道凹弦纹，器表饰抹断中绳纹。口径13.5、残高17.2厘米（图二一，1）。

B型　口径较大。可分为二式。

Ⅰ式：直领，肩部鼓出。标本H101:30，泥质灰陶。斜方唇，小平底。肩饰泥条状附加堆纹和弦断中绳纹，腹饰抹断中绳纹。口径19.7、领高2.8、腹径35.2、底径17、高36.9厘米（图二一，4；图二二）。

Ⅱ式：口部外侈，鼓腹。标本T22③:30，泥质灰陶。圆方唇。唇部有一道凹弦纹，肩饰泥条状附加堆纹和中绳纹。口径17.5、领高3、残高18.5厘米（图二一，3）。

图一九　西周AⅣ式陶豆

（T29③：1）

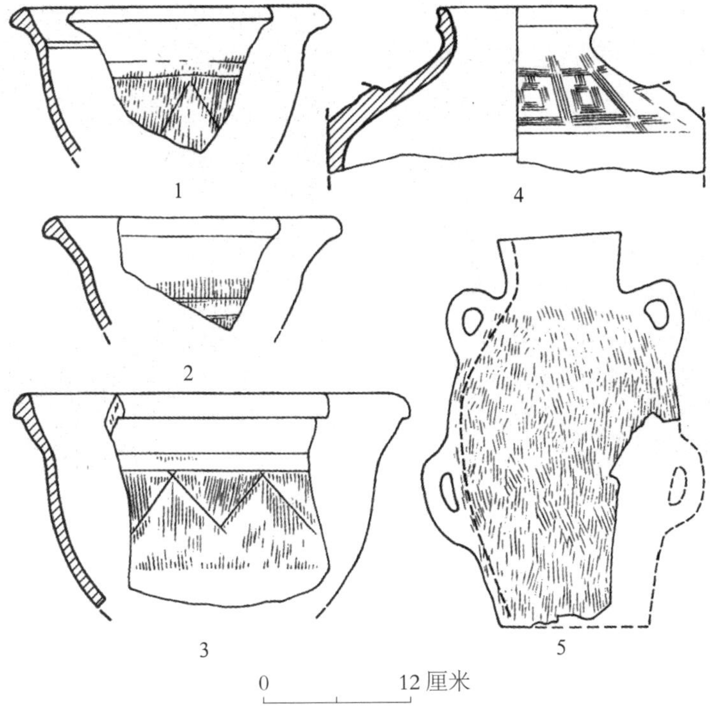

图二〇　西周陶器

1、3. Ⅰ式簋（T20 ④:34、T19 ⑤:3）　2. Ⅱ式簋（T30 ④:30）　4. 罍（H48:31）　5. 四系罐（H101:1）

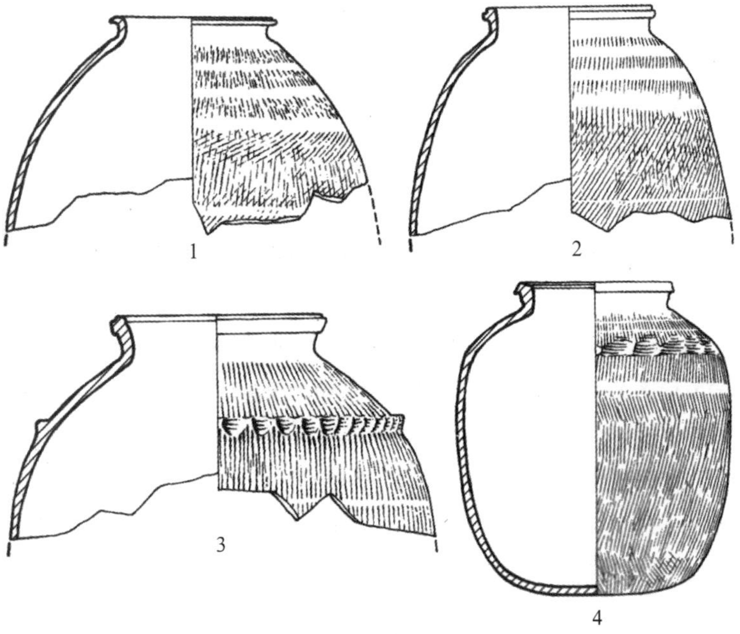

图二一　西周陶瓮

1.AⅡ式（H68:30）　2.AⅠ式（T29 ③:33）　3.BⅡ式（T22 ③:30）　4.BⅠ式（H101:30）

图二二　西周BⅠ式陶瓮

（H101:30）

图二三　西周陶四系罐

（H101:1）

四系罐　标本H101:1，泥质灰陶。方唇，斜直领，鼓腹，肩、腹各饰对称竖耳一对。器表饰交错细绳纹。口径10.4、腹径20.2、残高30厘米（图二〇，5；图二三）。

罍　标本H48:31，仅存肩部以上部分，泥质褐陶。尖圆唇，领外撇，束颈，折肩，肩部有鋬。饰刻划纹。口径12、残高13.6厘米（图二〇，4）。

（2）骨器

数量极多，有锥、笄、镞等。

锥　系利用兽骨切削而成，锥身部分多保留原始形状。标本H68:2，锥身扁平，尖部为圆锥形。长21厘米（图二四，1）。标本J1:20，正面呈长条形，锥身扁平，尖部残缺。残长18.3厘米（图二四，2）。标本H24:1，正面呈长条形，锥身扁平，尖部扁圆形。长11厘米（图二四，6）。

笄　系利用兽骨切磨而成，笄身横断面有的为圆形，有的为椭圆形。标本T28④:5，通体磨光，顶端呈扁体铲形，笄身近圆柱形。长16.9厘米（图二四，3）。标本T11④:2，通体磨光顶端呈扁体铲形，笄身扁圆。长14.7厘米（图二四，4）。标本H20:1，通体磨光，顶端制有笄帽，笄身近圆柱形。长10.5厘米（图二四，5）。

镞　铤与身分界较明显。标本H52:2，镞身为双翼形，横断面为扇形，铤为扁棱形。通长7.7、铤长2.8厘米（图二四，7）。

（3）鹿角器

标本T17④:2，鹿角上存有两处切割整齐的痕迹。长33.5、宽13.8、厚2～3.4厘米（图二五，3）。

（4）石器

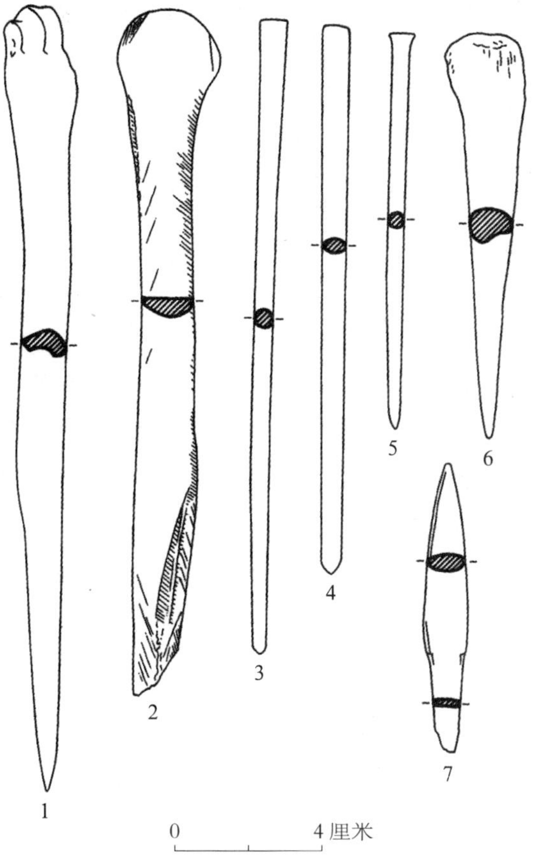

图二四　西周骨器

1、2、6. 锥（H68:2、J1:20、H24:1）　3～5. 笄（T28④:5、T11④:2、H20:1）　7. 镞（H52:2）

数量较多，有斧、铲、刀、镰等。

斧　梯形。标本T11④:1，灰黑色。弧顶稍残，直刃，通体磨光。长9.1、宽6.6、厚2.4厘米（图二五，6）。

锤斧　标本Y3:1，灰绿色。呈梭形，通体磨光，中有圆形穿孔。残长10.5、宽3.9、厚3、孔径2.1厘米（图二五，5；图二六）。

刀　标本T27④:1，灰黑色。通体磨光，拱背平刃，呈半月形，存两个圆形对穿孔。长9.6、宽4.1、厚0.8、孔径0.6厘米（图二五，7；图二七）。

镰　标本T11⑤:6，灰色。通体磨光，拱背弧刃，呈牛角形。长6.9、宽2.7、厚0.7厘米(图二五，8)。

（5）陶质工具

主要为纺轮，数量极多，形态不一。标本T25④:8，泥质灰褐陶。系用废弃陶片加工而成，一面较平，一面存有中绳纹，体较轻薄。直径5、厚0.6、孔径0.8厘米（图二五，9)。标本H48:2，泥质灰陶。扁体圆形，似算珠状，体较厚重，通体磨光。直径4.7、厚1.9、孔

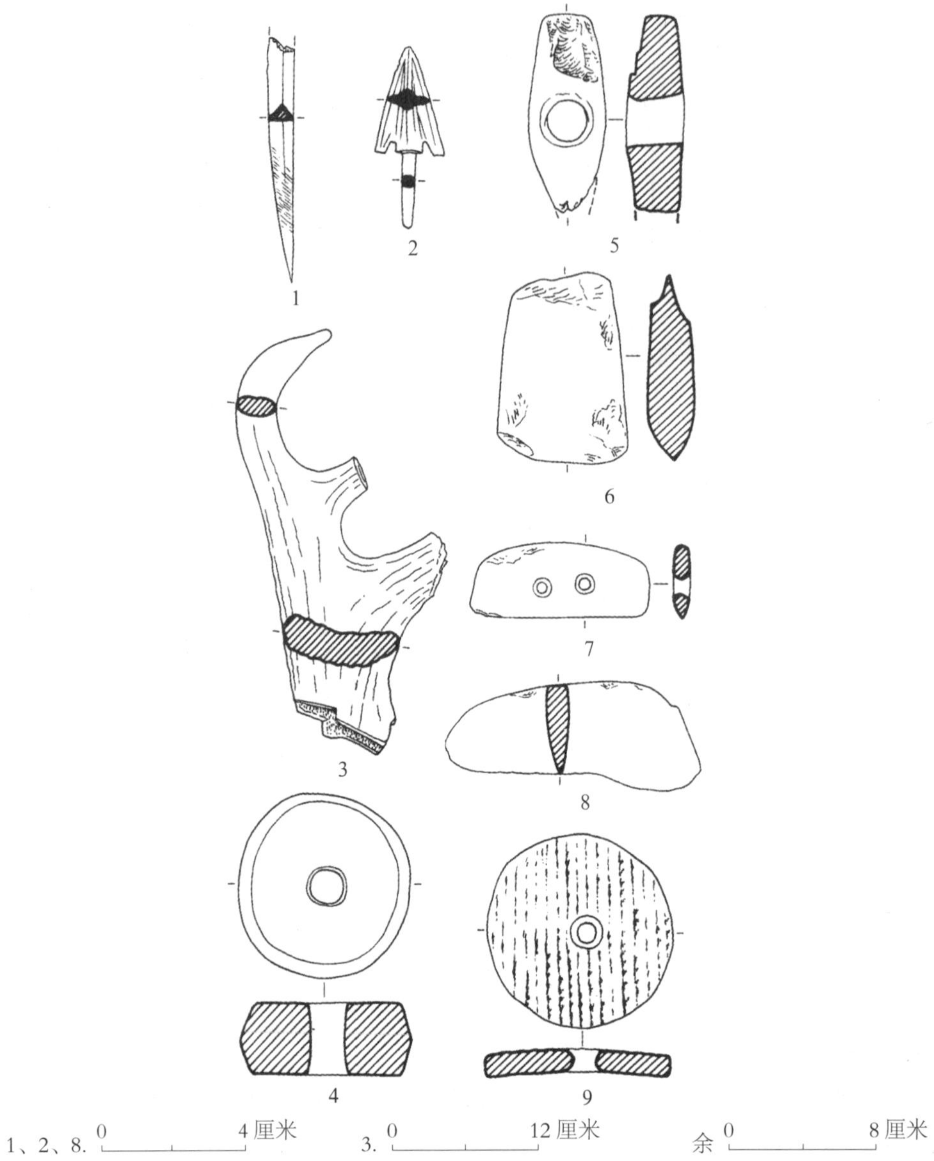

图二五 西周遗物

1. 铜锥（T29 ③:3） 2. 铜镞（H101:2） 3. 鹿角器（T17 ④:2） 4、9. 陶纺轮（H48:2、T25 ④:8） 5. 石锤斧（Y3:1）
6. 石斧（T11 ④:1） 7. 石刀（T27 ④:1） 8. 石镰（T11 ⑤:6）

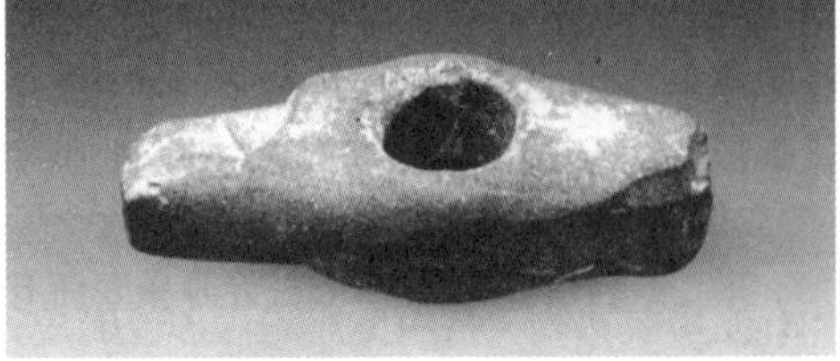

图二六 西周石锤斧

（Y3:1）

图二七 西周石刀

（T27④ :1）

径 1 厘米（图二五，4）。

（6）铜器

锥　标本 T29③:3，仅存下半部，身呈三角锥形，尖部锋利。残长 6.4 厘米（图二五，1）。

镞　标本 H101:2，灰绿色。镞身带有双翼，横断面为扁棱形。前锋尖锐，铤保存完好呈圆柱状。通长 4.8、铤长 2.1 厘米（图二五，2）。

（7）刻辞卜骨

一片，出土于 H75 中，骨臼及骨扇部分残缺，长 8.7、宽 3.1 厘米（图二八、图二九）。系牛肩胛骨制成，背面有规整的圆钻，钻窝底部近三分之一处有与骨长同方向的小凹槽，有灼。卜骨正面有浅细的卜兆，兆枝均内向。卜兆附近刻有三组文字，其中一组位于骨扇中

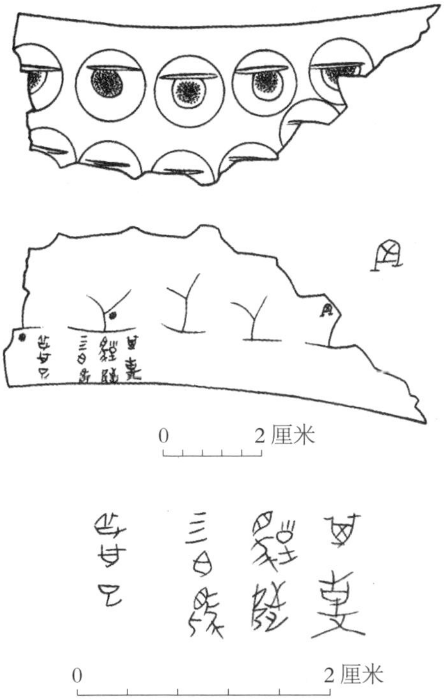

图二八　西周刻辞卜骨摹本

图二九　西周刻辞卜骨

部，另两组位于胛骨外缘，与骨宽同方向，第一组与二、三组文字方向相反。

这三组卜辞可以隶定为：

①其……

②卧曰：已。

③四白駜、騩陟，其事。

三、东周时期遗存

1. 遗迹

主要有灰坑、墓葬。

灰坑平面形状有椭圆形、圆形、不规则形和方形。其中以椭圆形为最多，圆形次之，方形最少。

H50　开口于T24②下，平面呈圆形，直壁，平底，口径1.48、深0.32米。坑内填土较为松软，呈灰褐色，内杂有烧土块和木炭。出土遗物不多，有鬲、盆、罐等口沿残片和兽骨（图三〇）

H55　开口于T19②下，平面呈椭圆形，斜壁，平底。口部长径2.25、短径1.6米，底部长径1.84、短径0.8、深0.6米。坑内土质松软，呈灰褐色，出土有鬲、盆、罐、豆口沿

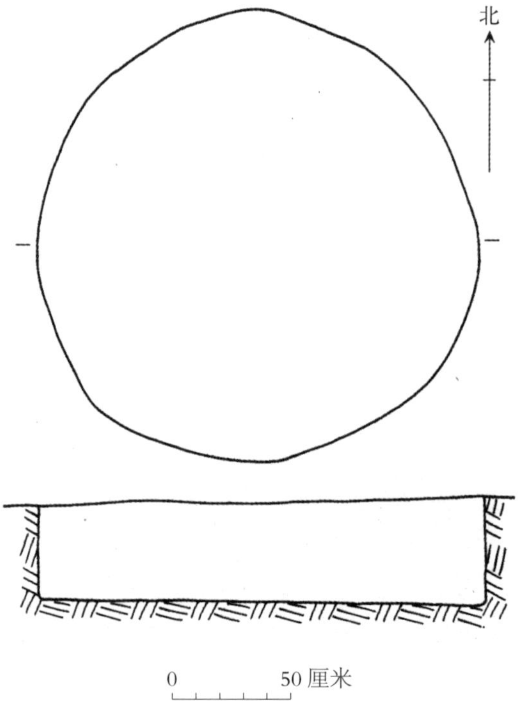

图三〇　H50平、剖面图

和板瓦、骨簪、兽骨、蚌刀等（图三一）。

墓葬发现2座。

M5　长方形竖穴土坑墓，墓向285°。口底同大，长2.15、宽0.8米。墓内葬一人，侧身屈肢。随葬有陶豆、鬲各一件（图三二）。

M4　瓮棺葬，平面呈椭圆形，墓向4°。墓口长径1.3、短径0.85米。以瓮和板瓦为葬具，内有一具儿童骨架。

2. 遗物

有陶器、陶建筑材料、骨器、蚌器、石器等。

（1）陶器

以泥质灰陶和夹砂灰陶为主，夹砂灰褐陶和灰黑陶次之，另有少量泥质褐陶。器表纹饰以绳纹为主，素面占有相当大的比例，此外还有部分戳印纹、旋纹和弦纹。器类以鬲、盆、豆、簋、瓮、罐为主。

鬲　夹砂灰陶。尖圆唇，肩部鼓出。标本M5∶1，束颈，折肩。肩部和腹部饰稀疏的中绳纹。口径15.4、高15.3、裆高0.8厘米（图三三，1；图三四）。标本H32∶30，窄平沿外撇，束颈，折肩。肩部和上腹饰细绳纹，下腹饰粗绳纹。口径19、残高13.6厘米（图三三，2）。

豆　泥质灰陶。素面。标本M5∶2，子母口，豆盘外壁有三周凸棱，腹较深。口径17.4、盘深8、底径12.8、通高18.3厘米（图三三，4；图三五）。标本H27∶30，尖圆唇，

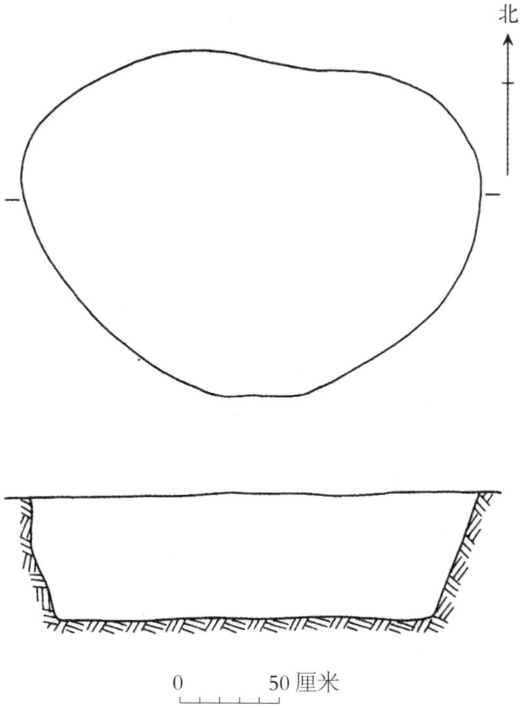

图三一　H55平、剖面图

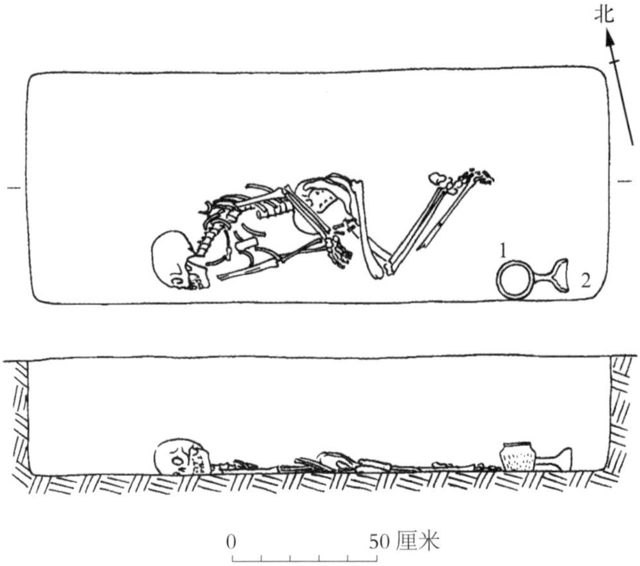

图三二　M5 平、剖面图

1. 陶鬲　2. 陶豆

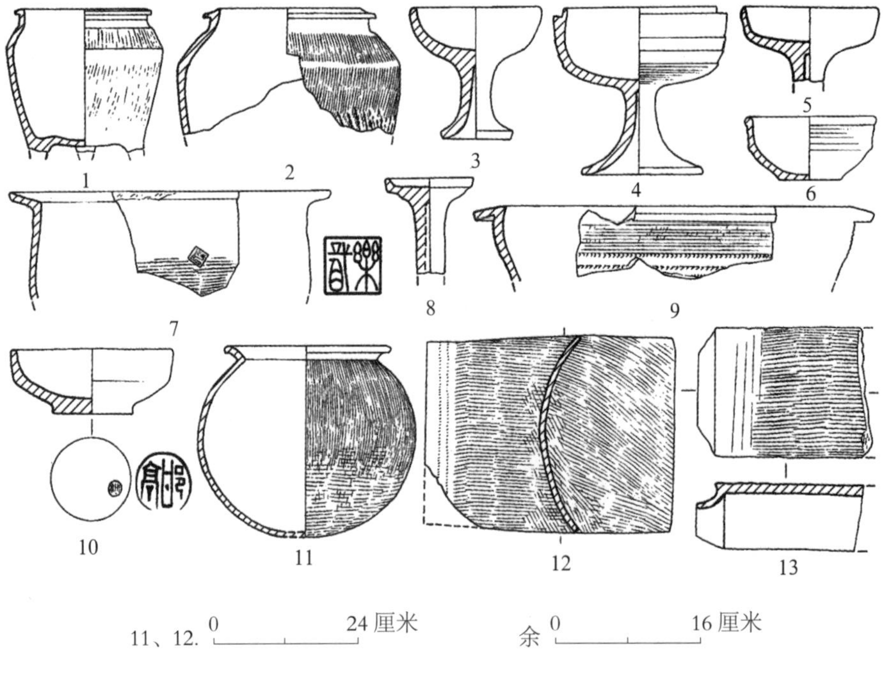

图三三　东周陶器

1、2. 鬲（M5∶1、H32∶30）3 ~ 5、8. 豆（HC∶6、M5∶2、H27∶30、H12∶35）6、10. 碗（H12∶37、H11∶30）7、11. 釜（H12∶33、M4∶5）9. 盆（H11∶41）12、13. 瓦（M4∶2、H12∶34）

图三四　东周陶鬲
（M5∶1）

图三五　东周陶豆
（M5∶2）

浅腹，圈足残。口径 15.6、盘深 2.9、残高 8.2 厘米（图三三，5）。标本 H12∶35，直口，浅腹，圈足残。底径 9.7、残高 10.6 厘米（图三三，8）。标本 HC∶6，圆唇，细柄。口径 14.6、盘深 4.6、底径 8.3、高 14.3 厘米（图三三，3）。

盆　泥质灰陶。大敞口，鼓腹。标本 H11∶41，斜方唇，宽折沿。腹饰凹弦纹和平行压印坑点纹。口径 44、残高 8.1 厘米（图三三，9）。

釜　大口，鼓腹。标本 M4∶5，上腹泥质灰陶，下腹夹砂灰陶。斜方唇，折沿，溜肩，圜底。上腹饰抹断中绳纹，下腹饰粗绳纹。口径 27.8、腹径 35.8、残高 31.1 厘米（图三三，11）。标本 H12∶33，斜方唇，折沿，沿下存轮制痕迹数道。腹饰中绳纹和方形戳印一个，上有“乐臧”二字。口径约 36、残高 11.2 厘米（图三三，7）。

碗　泥质灰陶。器表多饰旋纹或弦纹。标本 H12∶37，圆唇。唇下缘有凹弦纹一道。口径 14.7、底径 6.8、通高 7.2 厘米（图三三，6）。标本 H11∶30，圆唇，鼓腹，假圈足。底部存圆形戳印一个，上有“邯亭”二字。口径 18.2、底径 9.4、通高 6.7 厘米（图三三，10）。

（2）陶建筑材料

有板瓦和筒瓦。

板瓦　泥质灰陶。外表饰绳纹，内侧素面。标本 M4:2，方唇。外侧唇下饰两道压印坑点纹，其下饰中绳纹；内侧素面。头残宽 21.5、底宽 31、通长 41.4 厘米（图三三，12）。

筒瓦　泥质灰陶。外表饰弦纹和中绳纹，子母口。标本 H12∶34，泥质灰陶。方唇。子母口下饰数道凹弦纹，其下饰中绳纹。残长 19.5、宽 14 厘米（图三三，13）。

（3）骨器

数量较多，有笄、锥等。

笄　利用兽骨切磨而成。标本 T13③:3 通体磨光，笄身圆柱状。长 8.8 厘米（图三六，3）。标本 T20③:1，通体磨光，顶端残缺，笄身四棱状。残长 8.1 厘米（图三六，4）。

锥　利用兽骨切割而成，有的通体或局部磨光。标本 T20③:3，通体磨光，正面呈长三角形，顶端稍残，锥身扁平，尖部呈圆锥形。长 12.7 厘米（图三六，1）。标本 T13③:6，通体磨光，顶端残缺，锥身扁圆，尖部呈圆锥形。残长 10.7 厘米（图三六，2）。

（4）蚌器

数量不多，有刀、镰、饰件等。

镰　拱背弧刃，头尖尾方。标本 T4③:2，残缺较甚，仅存头部，背部残存一穿孔。残长 7.2、宽 3.2、孔径 0.5 厘米（图三六，6）。标本 T12③:2，仅存尾部。残长 9.5、宽 3.8 厘米（图三六，7）。

（5）铜器

环　1 件。T20③:2，残存一少部分，横断面为扁圆形。直径 8、厚 0.4 厘米（图三六，5）。

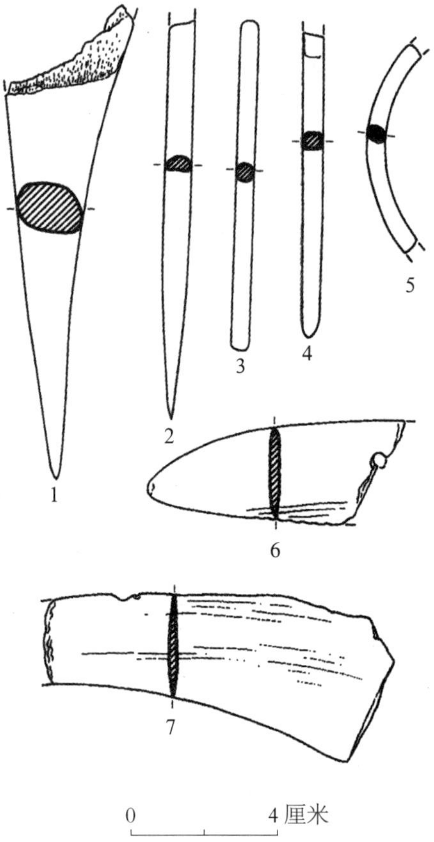

图三六　东周遗物

1、2. 骨锥（T20③:3、T13③:6）　3、4. 骨笄（T13③:3、T20③:1）　5. 铜环（T20③:2）　6、7. 蚌镰（T4③:2、T12③:2）

四、结语

南小汪遗址是近年来在邢台地区发现并发掘的面积较大的周代遗址之一，经过发掘、整理得出以下几点认识。

该遗址西周时期的遗存堆积厚，分布广，从文化面貌看与其他地区发现的同期遗存有不少相似之处。如A Ⅰ式陶鬲与东先贤H56∶1相似[1]，Ba Ⅰ式陶鬲与琉璃河ⅡM252∶3形制接近[2]，BaⅡ式陶鬲与张家坡M260∶2相似；Ⅰ式陶簋与东先贤H57∶5、张家坡M364∶2、琉璃河Ⅰ M52∶6相似，Ⅱ式陶簋与张家坡M370∶2相类；A Ⅰ式陶豆似天马—曲村M113∶41[3]，A Ⅲ式陶豆似张家坡M304∶7等。从层位关系和器形演变来看，存在分期可能。如A Ⅰ式陶鬲与当地晚商时期的同类器形态近似，Ⅰ式陶簋亦属晚商早周时期常见器形，其时代当属西周早期；BaⅡ式陶鬲、Ⅱ式陶簋的年代为西周中期AⅡ式、Ba Ⅲ式陶鬲以及AⅢ、AⅣ式陶豆的年代可晚至西周晚期，因而可将西周时期遗存分为早、中、晚三期。

西周时期刻辞卜骨的发现为此次发掘的重要收获之一。此前西周时期的刻辞卜骨仅在陕西周原、长安张家坡、山西洪洞、昌平白浮等地有发现，因而此次在河北地区的发现极有意义。它不仅填补了河北地区西周时期刻辞卜骨出土的空白，更为证实邢台地区在西周时期的特殊地位增添了重要资料。

该遗址东周时期的遗存从时代上可分为春秋和战国两部分。M5出土的陶鬲与曲阜鲁故城T107H4∶1相似[4]，同墓出土的陶豆分别与鲁故城M116∶20和洛阳中州路M246∶13相近[5]，后者的时代约为春秋晚期，因而该遗址春秋时期遗存的年代约略与此相当。H12∶35陶豆、H12∶37陶盆则分别与洛阳中州路M616∶1、M1705∶2相似，后者的年代为战国晚期，此外M4∶5陶釜的形制与曲阜鲁故城乙组墓M54∶2接近，后者的年代为战国中期，因此该遗址战国时期的遗存似可定为战国中晚期。

附记：参加南小汪遗址发掘的人员有段宏振、张渭莲、刘顺超、李恩玮、沈震、李军等。

执笔　段宏振　张渭莲
绘图　任　涛
摄影　段宏振

注释

[1] 邢台东先贤考古队：《邢台东先贤商代遗址发掘报告》，《古代文明》第1卷，文物出版社，2002年。

[2] 中国社会科学院考古研究所：《张家坡西周墓地》，中国大百科全书出版社，1999年；北京

市文物研究所：《琉璃河西周燕国墓地（1973～1977）》，文物出版社，1995年。

[3] 北京大学考古文博院等:《天马—曲村遗址北赵晋侯墓地第六次发掘》,《文物》2001年第8期。

[4] 山东省文物考古研究所等：《曲阜鲁国故城》，齐鲁书社，1982年。

[5] 中国科学院考古研究所：《洛阳中州路（西工段）》，科学出版社，1959年。

（原载于《文物》2012年第1期）

河北南宫后底阁遗址发掘简报

河北省文物研究所　邢台市文物管理处　南宫市文物保管所

2006年4月，南宫市后底阁村民取土时发现石造像。受河北省文物局委托，河北省文物研究所会同邢台市及南宫市文物部门组成联合考古队，从4月至12月对后底阁遗址进行了勘查和抢救发掘。

后底阁遗址位于南宫市东南29千米，隶属紫冢镇，东距京九铁路2千米，距京杭大运河20千米。遗址居于清凉江以北，索泸河以东的黄河、清河、漳河故道带上，属华北平原黑龙港流域（图一）。

勘查发掘中布5米×5米南北向探方16个，另外在T301、T302南侧和T403、T503西侧区域村民先前取土发现造像残块的区域布10米×3米探沟1条，共计揭露面积430平方米。发现各类遗迹20处，其中灰沟2条、灰坑15个、铺砖地面遗迹2处、窖穴1处（图二）。出土大量佛教造像和灰砖、筒瓦、板瓦、瓦当、鸱吻、红彩白灰墙皮等建筑材料。其中以佛教造像及其残块最为重要，共283件，包括佛、菩萨、飞天、力士、弟子、莲座等。质地有石、陶两大类。石质可分为石灰岩和汉白玉（白色大理石），其中汉白玉造像量多质高，

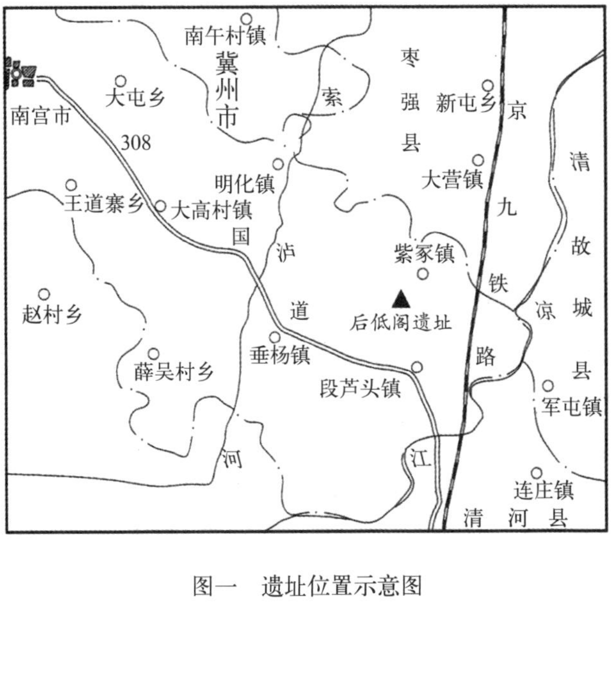

图一　遗址位置示意图

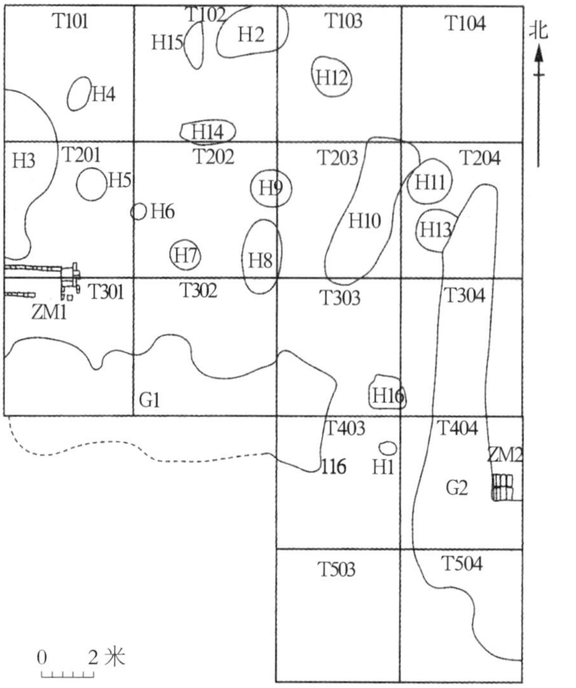

图二　遗址平面图

雕刻精工，部分造像有彩绘、描金和铭文。陶质造像以红胎为主，个别为白胎、灰胎，质地坚硬。造像均为单体造像，根据形制和具体功能，可分为背屏式造像、造像龛和圆雕造像。造像尺寸可分为高 0.6 ~ 1.2 米的中型造像和高 0.2 ~ 0.6 米的小型造像。陶质造像均为高 0.3 米以下的小型造像。铭文中可见东魏、北齐、唐代纪年及武城地名。资料正在整理中，现将部分遗迹和遗物情况简报如下。

一、地层堆积

地层堆积可分五层。

第 1 层：耕土，厚 0.3 米。在发掘区内该层已经被破坏。

第 2 层：黄沙土，厚 2.5 米，土质松软。此层为冲积层，有明显的分层现象，基本呈水平状分布，为历年多次淤积形成，包含少量植物根系，无文化遗物。

第 3 层：红胶泥土，距地表深 2.5 ~ 2.7、厚 0.4 ~ 0.5 米，土质黏硬，包含水锈，呈水平状分布，无文化遗物。

第 4 层：浅灰色细沙土，距地表深 3.2、厚 0.15 ~ 0.3 米，土质松软，颗粒极小。此层为文化层，含有大量的砖瓦碎片，并有少量的陶、瓷器物残片以及汉白玉、石灰岩、白陶、红陶、灰陶质造像残块、铁锈块等。所有遗迹均在该层下开口。

第 5 层：红胶泥，生土层。

二、遗迹

遗物主要发现于窖穴 H16 和灰沟中。先前村民取土发现的部分造像残块与窖穴 H16 出土的部分残块可以拼对起来。现以 H16 和 G2 为例进行介绍。

H16　位于探方 T303 第 4 层下，打破生土。平面略呈不规则长方形，竖直壁，平底略有起伏，开口东西长 2.1、南北宽 1.9、深 1 米。填土呈灰褐色，开口 0.15 米以下填埋大量造像残块，并有少量的筒、板瓦残片。H16 应为掩埋佛像的窖藏（图三）。

G2　纵穿 T204、T304、T404、T504 四个探方。呈南北向。平面为长条形，南部向东延伸至发掘区外侧，壁面略呈缓坡状，底部南高北低，不平整，有多处凹坑。南北长 17.81、宽 0.62 ~ 3.93、深 0.42 ~ 2.1、底宽 0.62 ~ 1.94 米。填土为深灰色粉沙土，质地疏松，内含大量草木灰、少许炭屑、石灰墙皮碎块。出土遗物中的建筑构件以素面砖块为主，素面板瓦、筒瓦次之，绳纹或沟纹板瓦、筒瓦碎块少许，还有鸱吻残片等。出土的陶器残片以泥质灰陶为主，泥质红陶次之。瓷片有黑釉、黄釉、白釉等，均为素面。可辨器型有盆、罐、碗等。在沟东侧局部残留铺砌地面的青砖。G2 可能并不仅仅用来填埋建筑废弃物，还起到破坏原建筑地基的作用。

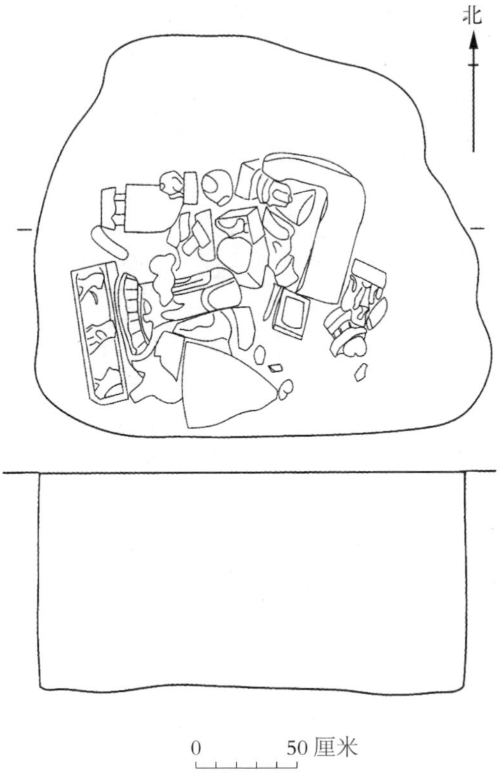

图三　H16 平、剖面图

三、出土遗物

背屏式一铺五尊立像（NH：006） 汉白玉质。通体残高68.5厘米。下部为长方体基座，基座后壁上延为背屏。基座上方像座上立主尊。像座两侧各雕刻有翔龙和茎、叶、莲台，菩萨和弟子立于莲台上（图四、图五）。

主尊头部残，背屏上浅浮雕圆形头光。磨光内髻有黑彩，面相方圆，上眼有黑眼线，未见雕刻眼珠。颈部较粗。小口，嘴角深陷，微露笑意。圆肩略宽。内着僧祇支，外着佛衣三层。胸前有束带，打结。右手施无畏印，左手已残断，可能施与愿印。胸部扁平，腹部前凸，跣足立于莲台上。佛衣下缘略外侈，有褶，呈翼角状。佛衣可见黑彩，尤以下衣最为明显。

主尊左、右两侧菩萨皆跣足立于莲台上，有圆形头光，服饰有所不同。左侧菩萨头部

图四　背屏式一铺五尊立像

图五　背屏式一铺五尊立像
翔龙局部

图六　背屏式一铺五尊立像
基座前立面

残。两肩有球状饰物。戴手镯。右手置腹侧，左手举至胸前似持物，均已残。上身袒胸，佩戴尖圆形项圈，上身可见从左胸斜向右腹的阴刻衣纹。肩披帔帛，在下腹部交叉绕向身后。下着裙，覆至踝部。左侧从肘部垂下带状物至莲台，应是上绕前臂后又下垂的帔帛。右侧菩萨面部残，戴宝冠。冠已残，宝缯下垂至肩。圆颐，眉弓处以阴刻弧线表示眼眉，眼睛以阴刻细线表示，眼角上挑。右手在右胸前持桃形物。左手置腹侧，似握一物，中指指尖处有一物，似垂带之斜十字形花结。手腕戴镯，手比例较大。袒胸，佩戴尖圆形项圈。帔帛在腹部交叉，下垂至膝处，分别绕向两侧身后。交叉处似打结或穿环。裙覆脚踝。裙下部有黑彩，下缘两角外侈。

两侧弟子皆跣足立于莲台上，双手合掌，服饰相同。左侧为阿难，青年形象。光头丰额，面相方圆，嘴角下凹，微露笑意。肩较宽，领口可见有宽 0.5 厘米的黑边。长衣贴体，衣纹简略，下部可见敷有黑彩。右侧为迦叶，面部残。

基座前立面底部出檐，檐上方刻有力士托举博山炉、蹲狮等。力士衣带飘举，身侧有荷叶和莲蕾。头发及荷叶可见黑彩。蹲狮较肥硕（图六）。基座左、右侧面均有线描墨绘，已漫漶。右侧绘 1 个行走的比丘，手持荷花。有阴刻铭文 2 行，左行为“大众主比丘惠能”，右行为“□毗罗寺”，左侧墨绘 2 个行走的比丘。基座背面有比丘 2 个，持荷花。基座上面中部为半圆形覆莲像座，两侧绘有黑彩勾边莲花，隐约有红彩填色。背屏背面亦有墨绘，边缘双勾边线，内填连珠纹，主题内容隐约可辨，为竹林中一菩萨半跏趺坐在方床上、单足踏莲台。

此造像在形体比例、衣纹特征等方面与东魏武定元年（543 年）骆子宽等七十人造释迦佛像较为相近 [1]。据造像特征推测，应为东魏时期作品。

透雕背屏式一铺五尊像（NH∶007）　汉白玉质。通体高 100.4 厘米，由长方体基座、背屏、

图七　透雕背屏式一铺五尊像

坐佛、二菩萨、二弟子及各自像座组成。像已残碎，局部可拼接（图七）。

主尊头部缺失。背屏上雕刻舟形背光。圆形头光，从内向外由双层莲瓣、法轮纹、凸弦纹、缠枝莲叶忍冬纹等组成，窄素缘。左手施与愿印，右手残断。胸部饱满，圆润光滑，腹微凸。内着僧祇支，外披通肩佛衣。右领边有墨绘衣边，并刻出两层衣纹，应为三层佛衣。结跏趺坐于叠涩像座上。衣纹较少，薄衣贴体。佛衣下缘层叠垂覆于莲台前。叠涩像座束腰上下各有三层台叠涩内收。台侧有黑彩。像座最上层台面上左侧可见黑边填红彩莲花。

束腰部位墨绘双线圆环，左侧可见 3 个，右侧隐约可见 1 个，可能每侧原有 4 或 5 个。

右侧菩萨跣足立于莲台上。圆形头光，头戴宝冠，双侧宝缯垂至肩部。面相方圆，宽额，高鼻，双目微闭，长耳下垂。佩戴尖圆形项圈，双环手镯。左手在左胸处持一桃形物。右手置右胯部，持物。上身袒露，隐现胸肌。帔帛从肩部披绕，在下腹前交叉后从内侧上绕前臂、外搭下垂。裙至踝部（图八）。左侧菩萨缺失。

两侧弟子姿态、衣纹相同。皆双手合十，跣足立于莲台上。内着僧祇支，外裹僧衣，内裙及踝，可见黑彩。双肩宽于足部、上大下小，头身比例偏大。左侧弟子阿难为一青年形象，光头大耳，双目微闭，高鼻挺直，嘴角深陷，微含笑意，面相清秀（图九）。右侧弟子迦叶为一老者形象，光头，眉弓皱起，凝眉睁目，表情凝重。颈部肌肉有四条竖棱。身量比阿难矮瘦（图一〇）。

基座前立面出檐，檐上方刻有托举博山炉的力士（图一一）、蹲狮和侍立的力士等。敷设红、黑彩，多漫漶。右力士残缺。左侧力士身形微曲，跣足而立，颈部、小腿下部及踝部刻出竖条状肌肉，显得壮硕有力，已具唐风（图一二）。基座左侧立面墨绘 3 个线描比丘，姿势相同，皆着“V”形领筒状长衣，右手执一支三瓣莲花，左手握拳至胸部，黑鞋翘尖。用笔简括，已漫漶不清。每一比丘面前均有阴刻铭文，自左至右分别为“比丘僧□供养”“比丘惠洛供养”“比丘惠严供养”。基座右侧立面隐约可见 2 个比丘，其间竖刻“比丘惠□供养”。基座右前角残缺，可能右侧立面原亦有 3 人。基座后面亦绘有比丘，可见 1 人。

图八　透雕背屏式一铺五尊像右侧菩萨

图九　透雕背屏式一铺五尊像左侧弟子阿难

图一〇　透雕背屏式一铺五尊像右侧弟子迦叶

图一二　透雕背屏式一铺五尊像左侧力士

图一一　透雕背屏式一铺五尊像基座前立面局部

背屏采用轴对称布局，采用浮雕、透雕等相结合的手法。环绕主尊背光透雕两棵枝叶繁茂的菩提树，二弟子像背倚背屏上的树干，树干下端侧面和背面可见竖条墨绘线。背屏顶部中间为二龙托举阿育王塔，龙口吐出瓔珞（图一三）。两侧各有 3 个飞天。飞天身躯弯折呈弧形，戴三叶冠、手镯。一手于胸前持桃形物，一手握举瓔珞，目微闭。上身裸露，下身着裙，双足外露，一腿蜷起，一腿舒展微屈。帔帛从身后经肩部绕过双腋向身后飘举，中部较短呈尖环状，两侧较长，形态优美（图一四）。背屏背面有浮雕树干、枝叶及黑、红彩绘，惜已漫漶，仅局部可辨别莲花、忍冬纹图案。

造像具有河北境内北齐时期造像的典型特征[2]。东魏后期以降河北白石佛像出现并流行镂空式背屏，北齐前后较多施用白石造像。北齐初期在山东西北一些地方，白石佛像背屏上部塔的两侧率先表现一对龙，接着这种造型也出现在曲阳，北齐中晚期更为常见[3]。此造像应为北齐时期作品。

北齐武平二年比丘尼惠元造双菩萨立像（NH∶039）　汉白玉质。通体残高 19.4、宽 10.7 厘米（图一五）。由长方体基座、背屏、莲台和二菩萨像组成。两菩萨形态相同，跣足并列立于相连的覆莲台上，右者略高。皆头带宝冠，双侧宝缯下垂及肩。发际平直，面方圆，

图一三　透雕背屏式一铺五尊像背屏双龙托塔

图一四　透雕背屏式一铺五尊像背屏飞天

隐约可见五官。肩较宽，胸部扁平，腹部稍有鼓起。右手举至右胸前，手掌向内持物。左手抬至左侧腰部，掌心向内提一物，衣纹未刻。帔帛从双前臂内侧绕搭后，沿身体外侧下垂至莲台。基座前立面光素，左、后、右三面皆阴刻铭文，从左向右竖读“武平二年三月廿三日比丘尼惠元为父造像一区”，武平二年（571 年）为北齐后主高纬年号。

莲花座（NH∶018） 汉白玉质。略残。座长 26.3、宽 26.2 厘米，通高 21.1 厘米。下为方形基座，上为圆形覆盆座。基座前立面四周边缘有凸起的边框，中间雕 1 个香炉，底部向两侧各生出 1 支莲蕾和 4 片莲叶。两侧蹲狮相向而坐。基座其余三面皆为素面（图一六）。覆盆座顶部中央有倒圆锥形圜底榫窝，外部纹饰从上向下分为两层，分别为覆莲瓣纹和主体纹饰带，以宽弦纹相区隔。主体纹饰带由莲叶、莲花、莲蓬和摩尼宝珠等组成。这件莲花座与南响堂第七窟内北齐时期立佛佛座 [4] 相似，应为北齐时期作品。

唐龙朔三年韩善行队下五十人等造坐佛像（NH∶002） 汉白玉质。佛像通体残高 91.7 厘米。头光上半部分残断，残留部分为半圆形，正面分为四区。内区为素面，其外为浅浮雕莲瓣两重，再外为两周凸弦纹，其间为宝相花和菱形花纹相间排列的纹饰带；外区为火焰纹带。外缘较窄，缘宽 0.5 厘米。头光的背面光素无纹。中央厚，向外缘渐薄，断面呈弧形。头光纹饰及底面雕刻略显简练粗放，打磨抛光不如面部及躯干部位。佛像头顶高肉髻，发中密布圆形乳突，发际线中部略低。面相长圆丰润。眉弓凸起，阴刻细长弯眉，两眉间凸起乳丁状白毫相。双目细长微睁，瞳孔以阴刻弧线表现，上下眼睑刻画细致入微。鼻梁挺秀。嘴形小巧，唇圆润深陷，嘴角微上翘，结构表现准确。双唇内缘阴刻细线，唇线以内部分做类似磨砂的处理，与滑润的面部形成对比，具很强质感。下颌处以凹刻线表现重颔，颈有三道蚕节纹。大耳贴面，耳垂略外翘，耳部结构刻画十分写实，唯耳部比例大，两耳耳

图一五 北齐武平二年比丘尼惠元造双菩萨立像

图一六 莲花座

垂中空，为佛像的特定表现方式。右胸肌下缘处有弧沟，隐现胸肌轮廓。左手抚左小腿近膝盖处，手修长光润。结跏趺坐于莲台上。内着僧祇支，外着佛衣三层：上衣、中衣和下衣。僧祇支为袒右式，左肩有一钩钮，前边的钩穿过从左肩垂下的双绳套钮后打结。腰部僧祇支外束帛带，于腹前打结下垂入袈裟内部。衣纹褶皱层次感强（图一七）。

复合式台座，下部为方形基座，上部为束腰莲台像座。束腰为八棱柱形，外围镂雕2个力士和6个廊柱。前面右侧力士缺失，左侧力士为站姿，裸上身，胸肌浑圆，双手上举，双肘微屈，手与头顶平托上层莲台，腹部外鼓，身躯向左侧微曲，下身腰部隐约有裙，双腿并立似裸露，跣足。廊柱系用三个扁珠上下连接，珠子中部用两个环箍间隔。方形基座四面阴刻细线方格，基本每格内刻一字，楷体，共253字，为造像记（图一八）。主要内容为：

□唐龙朔□／年岁次癸亥／六月壬癸望／廿九日辛亥／大像主云骑／尉韩善行队／下五十人等／虽生在阎浮／依希舍卫之／国奉勅东／罚见亲之日／不期共发鸿／心造白玉像／□铺誓愿之俊圣泽之所／有征採崐/山之无价镌／成此像诸行／人等沐浴洗／心终身皈敬／镌名于后／维那赵孝强／勋官王弘善／维那张文遇／维那王才卿／维那张祇达／维那张士雅／维那韩客仁……（以下均为人名）

造像记虽有缺字，但龙朔为唐高宗李治年号，据“岁次癸亥”可知为龙朔三年（663年）。

唐上元元年贾士达等造坐佛像（NH∶001） 汉白玉质。通高90厘米。佛头后面枕部有方榫断碴，头光缺失。头微昂平视。高肉髻，螺发。脸形略呈长方，方额圆颐。面部圆润，比例适当，结构准确，表情肃穆端严。眉弓凸起，阴刻细长弯眉，双目微睁，上、下眼睑均在眼球上以阴线刻出，没有刻划瞳孔。鼻梁挺直，嘴角内陷，微上翘。下颌略前凸，颌下有一浅凹印。双耳贴面，耳下部残断。颈部一道蚕节纹。颈部前倾，后背较直，腰部略

图一七　唐龙朔三年韩善行队下五十人等造坐佛像头部

图一八　唐龙朔三年韩善行队下五十人等造坐佛像基座前立面

内收。颈下露出前胸局部，隐现胸肌结构，略显质感。左手抚左小腿近膝盖处。手背浑圆光润，指甲若隐若现。结跏趺坐于莲台上。内着僧祇支，外披佛衣。上衣袒右披着，覆盖左肩，右肩覆肩衣纹从后背僧祇支内穿出，裹右肩、搭在右前臂，衣纹断面多呈层叠阶梯状。衣纹流畅，但衣料质感较厚重。衣缘平敷于台面，有一定厚度（图一九、图二〇）。

底部为方形基座，上承仰覆莲复瓣式圆形束腰像座。束腰为六棱柱，每面中部各对应一个廊柱，均已残断。方座前立面和右侧立面刻楷书造像记，其余两侧面平素无文。造像记共 134 字，内容为“上元元年正月一日贾士达敬弥陀像一躯”及其他供养人之名（图二一）。唐代先后有两个上元元年，前者为唐高宗李治统治时期（674 年）；后者为唐肃宗李亨统治时期（760 年）。根据造像特征推断此年号应为前者。

唐调露元年韩善行队下五十人等造坐佛像（NH：003） 汉白玉质，通体残高 72.5 厘米。佛像头部缺失，内着僧祇支，外披佛衣，结跏趺坐于莲台上。姿态和衣纹与唐上元元年贾士达等造坐佛像上身衣纹基本相同，唯佛衣下缘敷搭台座，为裳悬式。方形基座与像座形式亦与唐上元元年贾士达等造坐佛像同，唯廊柱为四个扁圆连珠，莲座束腰处正前方的廊柱为一力士所代替（图二二）。力士坐姿，右腿屈曲，左腿竖蜷，左手与头顶平托上层莲台底部，右手下垂撑在右大腿上。胸部双乳凸圆并阴刻圆圈表现乳头，腹部圆鼓，有肚脐，下身似穿短裙。方形基座的四个立面均线刻细线方格，格内阴刻楷体造像记，可辨 400 余字。主要内容为：

唯大唐调露元／年十月八日大像主／宣勇师上柱国／韩善行队下五／十人等奉／敕东征敬造弥陀／像一躯并二菩萨上／为天皇天后下／为七世先亡都维那／上骑都尉韩容仁维／那上□军王信政／上柱国张文遇轻车／张弘道……（以下均为职位及人名）

调露元年（679 年）为唐高宗李治年号。

唐坐佛像（NH：004） 汉白玉质。通体残高 68.2 厘米。头部残缺。胸部体量感明显，对姿态的掌握精准。右手抚右小腿近膝盖处。台面略前倾，身躯略向后仰，腰部微收，结跏趺坐于莲台上。内着僧祇支，袒右肩。僧祇支可见领边，腰系绳带，打结下垂。因该尊佛像右臂与躯干之间镂空分离，因而易于明确观察衣纹走向。胸前背后均可见僧祇支，领边明显。佛衣可辨三层，下缘敷搭台座。衣纹表现方法与上述两佛像类似。衣纹层叠，层次丰富而无纷乱感（图二三）。

圆形束腰莲座由仰莲台、束腰及廊柱（已残断）、覆莲台组成，束腰上下各有两层内缩圆台，覆莲台下刻一周弦纹。束腰为七棱柱，每边均为内弧形，每个转角在椭圆开光内刻一头像。头像额部发际线似三个半圆形花瓣，双眉弯曲入鬓，怒目圆睁，眼角上挑，高鼻，鼻头较大。情态表现精细（图二四）。

此像束腰部分的头像与唐永徽元年（650 年）石佛坐像及陕西扶风法门寺汉白玉阿育王塔束腰部分之鬼面相似[5]，推测应为初唐时期作品。

唐倚坐弥勒像（NH：005） 汉白玉质。通体高 87.6 厘米。佛头后有一个方榫，头光缺

图一九　唐上元元年贾士达等造坐佛像

图二〇　唐上元元年贾士达等造坐佛像头部

图二一　唐上元元年贾士达等造坐佛像基座前立面

图二二　唐调露元年韩善行队下五十人等造坐佛像

图二三　唐坐佛像

图二四　唐坐佛像莲座束腰头像

失。头顶馒头状高肉髻，前刻左旋涡纹，发纹前面为右旋涡纹。发染黑色，颜色大多已脱落。脸形较长，额略方，颐尖圆，面相端严沉静。眉弓凸起，阴刻细长弯眉，眉梢上挑。双目细长微睁。鼻梁挺直。嘴角内陷，微上翘。颌下有一浅凹印。长耳贴面下垂，耳郭内侧凹刻轮廓线，耳垂下部残断。颈部有三道蚕节纹。胸部丰实圆滑，肌肉质感较强。右前臂平伸，手残，似做无畏印，左手抚左膝。垂腿倚坐于莲台上。内着僧祇支，外着佛衣，可辨三层。左肩有钩钮系结。钮安在胸前衣角的内面上，与后背搭来的一根绳状钩相接，系一活结。钩绳在前胸、后背处断面为圆形，边缘深陷，在肩上部位则略扁，表现出着力大小的不同。

佛衣略显厚重。衣纹流畅圆润，表现方法较为写实，富于变化（图二五、图二六）。

复合式台座，下层为方形基座，前立面中部雕刻一怪兽头部，其余三立面为素面。佛双足各踩一莲蓬。莲蓬与从底层台前侧的怪兽口中横出的两茎相连接。怪兽两角呈叶形，弧形双眉隆起，眼部暴凸，双目圆瞪，三角形鼻，双须分别绕向头后。口中獠牙露出，两嘴角各出一莲茎，与佛足下莲蓬相接（图二七）。方形基座上面为方形束腰莲座。方柱形束腰，前立面无雕刻，左、右、后三面均于长方龛内雕力士一个。左侧龛内力士左手上举，与头共同托住上层平台,右手拄于右大腿上。右腿横曲,左腿竖蜷。后立面和右侧立面龛内力士均为跪姿，五官较模糊，头顶上层台，双手拄撑大腿上，胸部丰隆。束腰周围四角各有一廊柱，均已残缺。

唐代倚坐弥勒造像较多。佛像两小腿略向内斜，双足各踩一个与莲茎相接的莲蓬足踏，是唐代非常流行的式样，如唐长安三年（703 年）石弥勒坐像和神龙元年（705 年）阎宗春造弥勒坐像[6]。同时，造像上身与本文前述唐龙朔三年韩善行队下五十人等造坐佛像（NH∶002）衣纹特征相似。推测应为初唐时期作品。

半跏坐菩萨像（NHG2∶2） 红陶质，模印，由长方体基座、方形束腰叠涩像座、圭叶形背屏和半跏趺坐菩萨构成。通高 25、宽 14.4、背屏厚 2 ～ 3、座厚 5 厘米。背屏顶部向前弯曲。头光为桃形，中央部位饰有两周凸弦纹，其间排列连珠纹。菩萨半跏趺坐在方形叠涩像座上，菩萨束发，头戴宝冠，冠下缘两侧与前面正中饰有宝珠，发际线从额中部左右两分呈尖拱形，右上臂外侧可见有垂搭的发辫。弯眉细目，双眉之间有戳印白毫相，上唇较厚凸出，嘴角深陷含笑意，双耳贴面，下垂圆珠形耳珰。颈饰三道蚕节纹。佩戴连珠纹项圈和璎珞，双腕戴镯。右臂屈肘上举，手残。左手抚左膝处。上身袒露，胸肌饱满，腰较细，腹部圆鼓，三角形肚脐。帔帛自颈后前绕双肩下拂，右侧沿体侧飘垂至臀部外侧，左侧沿左臂内侧垂至大腿、从左手下面沿左小腿外侧垂至脚踝外侧。下着裙，裙腰外翻，凸起的上缘略似绹索。左小腿前面衣纹呈“U”形垂悬，右小腿衣纹平行排列呈阶梯状。身前裙褶平行下垂，裙缘为波状。在叠涩座前面有两个背向勾连的卷草，从其下部向两侧伸出两梗，上托两个莲蓬，菩萨左足踏在左侧的莲蓬上（图二八）。背屏背面和侧面有刀削痕迹。据形象特征推测，应为初唐时期作品。

鸱吻（NHG1∶18） 泥质灰陶，残损，可复原。高 104、底长 66.5、底宽 33.5 ～ 47、尾宽 12.5 厘米。形体硕大。侧视略呈“C”形。龙头张口，口部正面形成一个立面，口内上部略内凹使吻部前凸，鼻孔张开，鼻梁有乳突，中脊向上弧卷直达尾尖。龙头两侧口内上、下各有 1 个三角锥状獠牙和 4 个锯齿状尖牙，长舌上卷。嘴缘有 3 条凸起的腮肉，腮后腮翅外翻，饰有平行排列的阴刻弧线。泥条状眉毛屈曲后拂，眉毛上下缘外翻，眉尖上挑。眼睑之内为卵圆形眼珠，眼珠前端用阴线刻出圆形睛珠，生动传神。双耳抿贴在眉角之间，长角上有 4 个乳突，角尖上卷。头后侧身内有两条凸棱线道，外缘有鳍沿凸棱排列，类似鬃毛，向斜上方拂动飘举，充满灵动之感。鸱吻后立面呈两边凸起、中间下凹的弯曲水槽状（图二九）。这件鸱吻的鳍条装饰、高宽比例等与唐代昭陵献殿鸱尾及唐代壁画、碑刻中描绘的鸱尾相似[7]，据形象特征推测应为唐代构件。

图二五　唐倚坐弥勒像

图二六　唐倚坐弥勒像头部

图二七　唐倚坐弥勒像基座前立面怪兽

图二八　半跏坐菩萨像

图二九　鸱吻

四、小结

通过勘查初步搞清了遗址的分布范围。遗址面积达 130 万平方米，文化层厚约 0.5 米，局部有大量砖瓦残块，遗址西北、东南边缘有墓葬区。该遗址很有可能是一处北朝至唐代的城镇遗址。另外在遗址中也发现部分汉代遗物，遗址可能在汉代也使用过。虽抢救发掘面积有限，但出土大型鸱吻、红色彩绘的白灰墙皮、大量的佛造像残块，基本可以认定该地点是一处寺庙遗址。从造像铭文及鸱吻、莲花纹瓦当等建筑构件推测，遗址年代在东魏至唐代。另外，佛像为砸毁并掩埋于窖穴内，并且佛寺地面建筑同时被破坏殆尽，两条深沟并非仅仅为填埋拆毁的建筑构件而挖，还有破坏地基之用，应是有意为之，可能与历史上的灭佛事件有关。如此大量的石、陶造像，是河北省继 20 世纪 50 年代曲阳县修德寺之后佛教考古的又一重要发现。铭文中多次出现“武城”，说明此遗址与北朝至隋唐时期数次变迁的武城县有重要关联。造像种类多、数量大、技艺精、历时长，且部分造像记中有明确纪年，对研究佛教发展、雕刻艺术以及不同时代佛衣披着样式等，都具有重要意义。

领队　张春长
发掘　梁　亮　魏曙光　陈　伟
　　　张国平　王永亮　王瑞刚
　　　王晓辉　张兴岭　周国勋
绘图　魏曙光　梁　亮
摄影　张春长
执笔　张春长　魏曙光

注释

[1] 李静杰：《石佛选粹》，第 99、229 页，中国世界语出版社，1995 年。

[2] 梁思成：《中国雕塑史》，第 77 页，百花文艺出版社，1998 年。

[3] 李静杰、田军：《论定州系白石佛像》，《艺术史研究》第六辑，第 210、214 页，中山大学出版社，2004 年。

[4] 张林堂、孙迪：《响堂山石窟——流失海外石刻造像研究》，第 182 页，外文出版社，2004 年。

[5] 金申：《中国历代纪年佛像图典》，第 339、526 页，文物出版社，1994 年。

[6] 金申：《中国历代纪年佛像图典》，第 355、357 页，文物出版社，1994 年。

[7] 祁英涛：《中国古代建筑的脊饰》，《文物》1978 年第 3 期。

（原载于《文物》2012 年第 1 期）

河北临城补要唐墓发掘简报

北京大学考古文博学院　河北省文物局　邢台市文物管理处

补要村遗址位于河北省临城县东镇补要村东南镇楼公路南北两侧的农田中，西距临城县城约5千米（图一），距太行山约15千米，属山前丘陵地带，地理坐标为东经114°32′20″，北纬37°27′13″，海拔76米。2007年7月至2008年1月，北京大学考古文博学院对南水北调干渠穿过遗址的部分进行了较大规模的发掘，共发掘探方43个，发掘面积约4300平方米，发现了大量的仰韶文化晚期、先商文化时期、中晚商时期和汉唐时期的遗存。现将此次发掘的唐墓择要简报如下。

一、10号墓

1. 墓葬形制

M10位于遗址北区，是南北向的单室砖墓，方向190°，由墓道、甬道、墓室组成。墓道中有一不规则台阶，距墓道口约0.6米，其余部分呈波浪形逐渐推进至封门处，墓道长2.25、宽1.17、最深2.4米。墓道北端残存封门砖9层，残高约0.75米。甬道长0.6、宽0.7～0.78米。墓室外圹整体呈圆角正方形，边长约3.3米。墓室南北长2、东西长2.35米。因墓室顶部已毁，无法确知其形状。四壁残高约0.5米。砖铺平底，深2.2～2.4米（图二）。

M10的随葬器物被严重扰动。在甬道内发现三彩碎片，后拼合为一件三彩炉，还发现

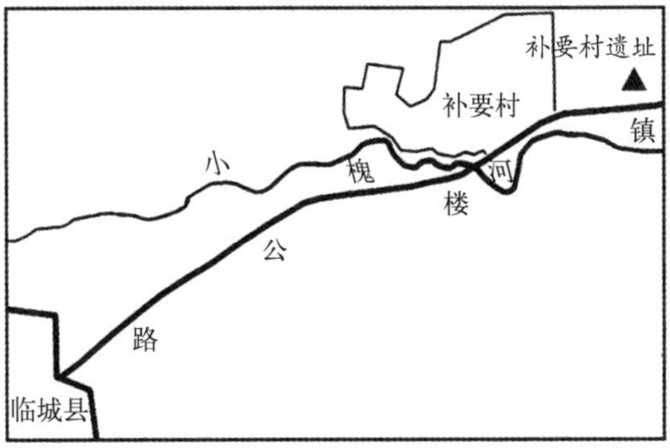

图一　补要村遗址位置示意图

图二　M10 发掘现场

一件白瓷圈足碗残片；在甬道接近墓室入口处的东西两侧有黄釉三足炉和青釉双系罐各 1 件。在墓室的东北角有穿孔砖、穿孔石座、陶钵、陶罐各 1 件，陶钵、陶罐皆碎，其周围散置 3 件铜带銙和 1 件铜带扣；在墓室西北角有一件青釉三足炉。在墓室东北角有从破碎的陶容器中散出的 8 件卵石，在墓室北侧及东侧底部散落有铁钉。墓室内有木棺痕迹，在墓室北侧有一男一女两个个体的遗骸，分布较散碎，从牙齿的磨耗程度推测二者的年龄均为 50 岁以上。在两具骨架的东部（相当于人骨的头部附近）发现 14 件陶珠，其偏东部有一件镞状骨器。在人骨中部（相当于腰部）发现 3 件铜带銙和 1 件铜铊尾。

2. 出土器物

青釉双系罐　1 件。M10∶12，直口，圆唇，束颈，颈较矮，圆肩，肩部近颈处有复式双系，弧圆腹，平底内凹。下腹部露化妆土和夹砂灰胎。灰胎，青釉，釉面有小冰裂纹，聚釉及垂釉处呈酱色。口径 4.5、底径 4.5、高 8.3 厘米（图三，2；彩版二〇，1）。

青釉三足炉　1 件。M10∶38，侈口，圆唇，束颈，圆肩，圆鼓腹，平底，三个兽形足，兽形足的形态已趋于简化。灰胎，青釉微泛黄，聚釉处呈酱色。口径 8.2、底径 4.2、高 9.8 厘米（图三，1；彩版二〇，2）。

黄釉三足炉　1 件。M10∶11，侈口，圆唇，束颈，圆肩，圆鼓腹，平底，三个兽形足，其中一个已残。黄釉，聚釉处呈酱色。口径 10、底径 6.2、高 11.2 厘米（图三，3；彩版二〇，3）。

三彩炉　1 件。M10∶14，侈口，圆唇，唇缘图外卷，束颈，领部较高，圆肩，圆鼓腹，平底，

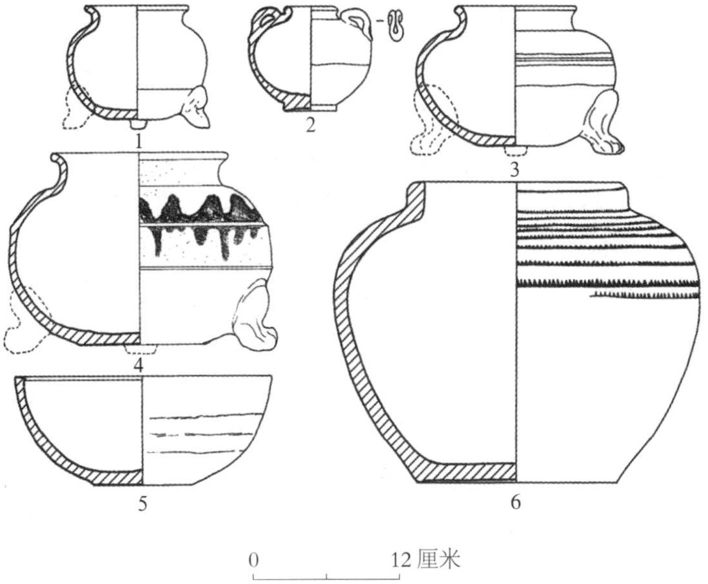

图三　M10 出土器物

1. 青釉三足炉（M10∶38） 2. 青釉双系罐（M10∶12） 3. 黄釉三足炉（M10∶11） 4. 三彩炉（M10∶14） 5. 陶钵（M10∶6） 6. 陶罐（M10∶37）

三个兽形足。唇部和颈部施黄釉，肩部与腹部施黄褐、绿、白三彩，肩部的部分釉已脱落。口径 14.2、底径 10、高 16 厘米（图三，4；彩版二〇，4）。

陶罐　1 件。M10∶37，泥质灰陶。侈口近直，圆唇外卷，直领，广肩，斜弧腹，平底略内凹。肩部及上腹部施齿状螺旋形线纹。口径 16.8、底径 16.4、高 23.9 厘米（图三，6）。

陶钵　1 件。M10∶6，泥质灰陶。敞口，方唇，深弧腹，下腹收束较紧，平底。口径 21、底径 8、高 8.6 厘米（图三，5；图四）。

白瓷圈足碗残片　1 件。M10∶13，青灰色胎，施白色化妆土。外壁施釉不及底，内壁施满釉。残长 4、残宽 4、圈足高 06 厘米。

铜带扣　1 件。M10∶2，由椭圆形铜环和圭首形铜片铆制而成，铜舌已残。铜片对折后以铆钉铆合加固，一端以圆环形轴孔与铜环相接。长 6.3 厘米。

图四　陶钵

铜方形带銙　3件。标本M10∶16，用上下两片铜片铆制而成，铜片周缘抹斜，四角以铆钉相连接，中间有一个矩形孔。长2.9、宽3～3.2、厚0.7～0.8厘米。

铜圆拱形带銙　3件。标本M10∶15，用两片圆拱形铜片铆制而成，周缘抹斜，上下铜片以铆钉相接，中间有一个矩形孔。长2.1～2.3、宽2.7～2.8、厚约0.8厘米。

铜铊尾　1件。M10∶18，一端平齐，一端为半圆形。用两片铜片铆制而成，用7个铆钉上下相接，铜片周缘抹斜。长3.8、宽约3、厚约0.7厘米。

陶珠　14件。算珠状。灰陶，表面不平滑，中间有穿孔。直径0.6～1.1、孔径约0.1、厚0.4～0.7厘米。

铁钉　8件。皆锈蚀严重。2件为折角状。标本M10∶8，残长约6厘米。6件为直铁钉。标本M10∶9，残长4～8.4厘米。

骨器　1件。M10∶31，呈无铤镞状。尖钝，底部有“人”字形缺口。残长7.7、最宽2.3厘米。

石环残片　1件。M10∶36，出于填土中。拱形，截面呈截角方形。残长4.5、宽0.6、厚0.5厘米。

卵石　8件。

二、15号墓

1. 墓葬形制

M15位于遗址北区，为竖穴洞室墓，方向192°。墓道呈圆角长方形的竖井状，开口距地表0.15米，南北长2.7、东西宽1.42米。墓道南端有一层台阶，距墓口0.74米，墓道北半部略呈斜坡状，北端用卵石堆砌封门，高约0.8米。墓道内填黄褐色土，在封门石以内、头骨以北有向北钉入的4件铁钉，因清理墓室时未发现铁钉，亦无板灰痕迹，推测这4件铁钉并非棺钉，应是封门所用（图五）。

墓室位于墓道以北，平面为前方后圆、北端稍向西偏，南北长2.3、南端宽1.04、高0.8米。墓室底部略呈斜坡状，南端较北端高0.1米。

在墓室中未发现葬具痕迹，有两具人骨，上下叠压（图六），均为仰身直肢一次葬。上层为40～45岁的女性，口中有一件开元通宝，左侧胸肩之际有一件蚌壳。下层人骨为40～45岁的男性，身首分离，头骨倒置，右侧顶枕骨上有长约10厘米的砍痕，与右侧人字缝垂直，砍痕贯穿骨壁，可能这是造成其死亡的原因。在男性头骨北侧的土中发现漆器痕迹，但无法提取。

2. 出土器物

开元通宝　1件。M15∶2，锈蚀严重。圆形，方孔，钱文模糊。直径2.5、孔径0.5厘米。

蚌壳　1件。M15∶1，扇形。白色，壳身有原生的红色花纹。最长5.4、最宽4.7厘米。

铁钉　4件。均锈蚀严重。标本M15∶3，圆头，方身。残长约7.7厘米。标本M15∶4，

图五　M15 发掘现场

图六　M15 人骨叠压情况

为折角状，圆头。残长 3 厘米。标本 M15:5，钉身较直，尖残，圆头。标本 M15:6，钉身钩曲，尖残。残长 6.4 厘米。

三、24 号墓

1. 墓葬形制

M24 位于遗址南区，为竖穴洞室墓，方向 180°。墓道的平面呈圆角梯形，开口距地表 0.15 ～ 0.3 米，南北长 2.25、东西宽 1.15 ～ 1.35 米，内填黄褐色花土。墓道北端用卵石堆砌封门，残高约 0.4 米，北端东壁残存一个脚窝。墓室在墓道以北，平面呈椭圆形，平底，南北长约 1.2、东西宽约 2.56、高 1.15 米（图七）。

墓室内有少许人骨，未见葬具痕迹，葬式不明。

2. 出土器物

陶塔式罐　1 件。M24:1，泥质灰陶，胎土较细，轮制。由器盖、小口罐、器座三部分组成。器盖为宝珠顶、中空、子口斜折，方唇上翻，唇缘有一道凹槽，唇上翻处与盖壁间形成凹槽。盖面为圆肩，宝珠状钮，钮下有柄，钮顶收束成尖。盖面及唇缘以白颜料涂抹成底，白颜料似为石灰。上绘红彩，唇缘凹槽处有一周，盖肩有一周，钮下有一周，钮顶珠面有一周。子口部分未涂抹白底。小口罐为侈口，圆唇外卷，微束颈，圆肩，下腹收束较急，平底。

图七　M24 发掘现场

底为后接，在腹、底相接处加贴泥片加固，泥片经湿手抹光。唇缘外卷部有一周凹槽。器表亦以白色颜料打底，其上以黑、红二色构图。图案从肩颈部至下腹部可分为三段。最上端靠近肩与颈相接处以红彩绘三组花瓣，花瓣近似月牙形，拼合成半圆，圆中有用红彩点制的圆点表示花蕊。肩腹中部以黑彩勾边，以红彩填地绘三组四瓣花纹，花瓣作十字对称排列，之间用红彩绘花柄，花柄皆相交，交合部为圆形。十字形花纹上方用黑彩绘火焰纹，火焰的焰尖三分，下方用黑彩勾边并用红彩填地作六瓣花瓣，花瓣与最上组的花瓣相同。下腹近底处用红彩双勾花瓣与花蕊，与最上组的纹饰对称，但花瓣的花蕊中不填颜料。小口下腹坐于器座上部的莲叶托上。器座较高，中空，叶托下部外鼓，圈足外撇，呈喇叭状。圈足的圆唇上卷，与足面形成一道凹槽。束腰下加贴一周泥条成附加堆纹，泥条顶部捏制成花边状。通高 57.4 厘米（图八，1；图九）。

花口白瓷碗　1 件。M24∶2，敞口，圆唇，唇内缘处略厚，口沿呈五出花边状，斜腹内收，圈足。褐胎，白釉，釉色略泛青。外壁施釉不及底，内壁施满釉，流釉及聚釉现象严重。内壁有 4 个支钉痕迹，其中 3 个呈三角形分布，另一个位于三角形的中心。口径 21.3、足径 8.6、高 7.2 厘米（图八，3；图一〇）。

莲纹白瓷碗　1 件。M24∶3，敞口，圆唇，唇缘部加厚，但不均匀。弧腹内收，圈足。灰胎，除圈足外器身均施白色化妆土。器表釉色白中略泛黄，圈足不施釉。外壁有用浅刀斜削的三层莲瓣纹，每层各 13 片。内底有 3 个支钉痕迹，呈三角形分布。口径 15.5、足径 7、高 5.8 厘米（图八，2；图一一～图一三）。

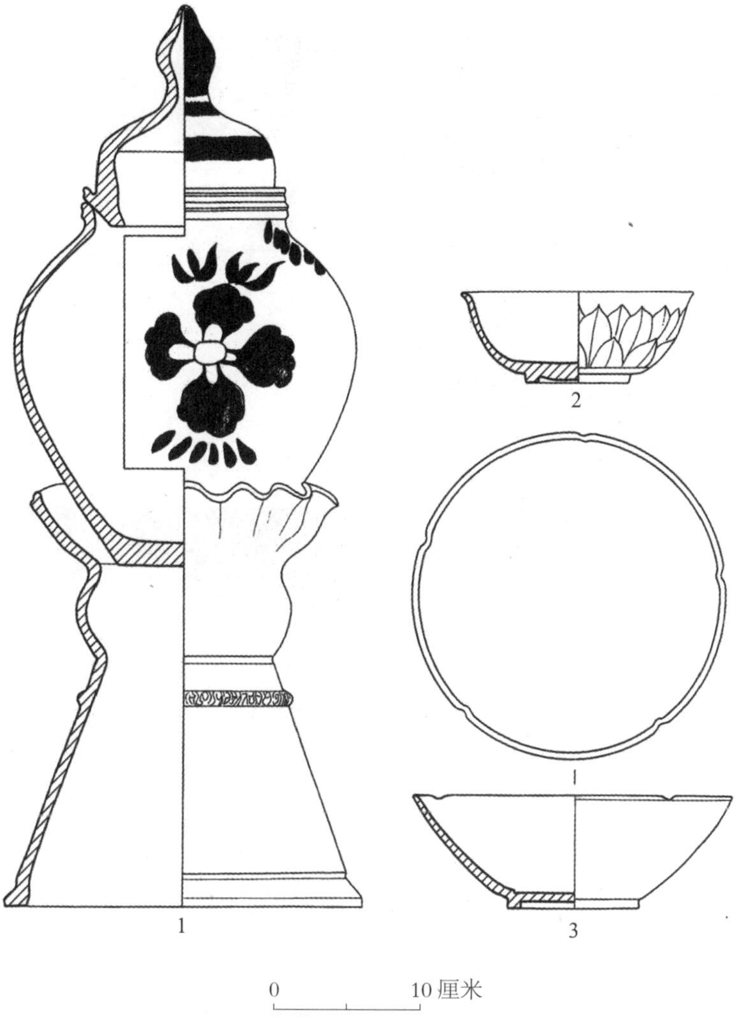

图八　M24 出土器物

1. 陶塔式罐（M24∶1）　2. 莲瓣纹白瓷碗（M24∶3）　3. 花口白瓷碗（M24∶2）

四、27 号墓

1. 墓葬形制

M27 位于遗址北区，为竖穴洞室墓，方向 180°。墓道的平面略呈梯形，竖井式，开口距地表约 0.15 米，南北长 2、东西宽 1.16 ～ 1.34 米，直壁，斜底，最深约 1.6 米。墓室口用卵石堆砌封门，高约 1 米。墓室位于墓道以北，墓室的底面略呈圆角长方形，墓室相对墓道略偏西，南北长 2.49、东西宽 0.9 米，墓室底部略呈斜坡状（图一四）。

在墓室中发现长方形木棺痕迹，长 1.71、宽 0.63 米，其内有一具人骨，仅存少量碎肢骨、髋骨，可能为仰身直肢葬，因腐朽严重，性别不明，年龄为 25 ～ 30 岁。头侧出土 1 件铜镜，

图九　陶塔式罐
（M24 ： 1）

图一〇　花口白瓷碗
（M24 ： 2）

图一一　莲瓣纹白瓷碗
（M24∶3）

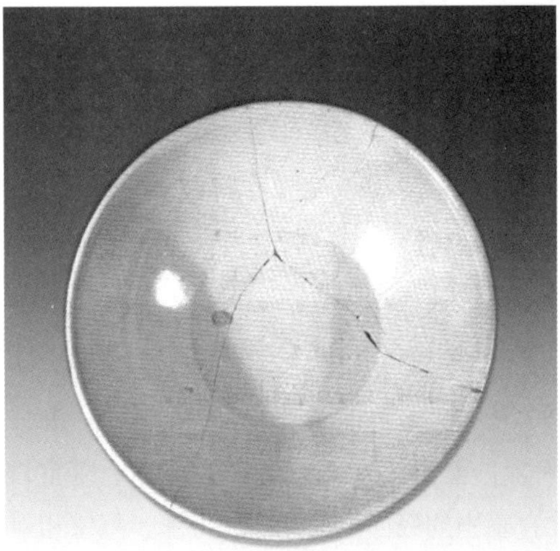

图一二　莲瓣纹白瓷碗内底

图一三　莲瓣纹白瓷碗外底

在铜镜附近出土一大一小2件蚌壳。在铜镜的西侧发现木盒的痕迹，从残存痕迹看，铜镜可能用布之类的织物包裹。在头部附近出土铜钗残段。

2. 出土器物

铜镜　1件。M27∶1，桥形钮，八个花瓣环饰圆形钮座。镜背边缘凸起，一周凸棱将镜背分为内外两区，内区低，外区高。内区环镜钮同方向饰五串葡萄，葡萄之间饰枝叶；外区环饰一周连续的枝叶。直径9厘米（图一五）。

铜钗　1件。M27∶2，已残断为数段。整体呈"U"形，钗身为圆柱状，至端部趋尖细。复原长18.6厘米。

蚌壳　2件。标本M27∶3，白色，表面有原生的红色花纹。最长4.7、最宽4厘米。标本M27∶4，白色，扇形。最长2、最宽1.7厘米。

五、结语

上述4座墓虽然没有出土明确的纪年资料，但从墓葬形制、出土器物、葬俗等方面与以往发现的墓葬资料对比，可对其时代有较明确的认识。方形砖室墓及竖穴土洞墓是这一地区唐宋时期常见的墓葬形制[1]，M10出土的黄釉三足炉和三彩炉在唐代的邢台地区曾经广泛流行，但主要发现于唐代中期的墓葬，因此M10的年代约为唐代中期。M24出土的白瓷碗与20世纪七八十年代的临城地区发现的咸通十一年（870年）赵天水夫妇墓所出的同

图一四　M27发掘现场

图一五　铜镜
（M27∶1）

类器相近[2]，说明其在这一地区流行的年代大约不会比咸通十一年更早。花口的造型与腹部刻饰多层仰莲的装饰技法广泛流行于10世纪后半至11世纪初的越窑、定窑和耀州窑的器物，并结合目前考古发现的陶塔式罐比对此墓所出的陶塔式罐[3]，M24的年代可能为唐末五代或更晚。M27出土的铜镜与偃师杏园开元六年（718年）李珣墓所出铜镜相似[4]，但从镜钮的磨损程度看，这件铜镜的实际入葬时间应晚于718年，可能已经进入中晚唐。M15出土的开元通宝已锈蚀不清，无法用来断代，但从墓葬形制、方向以及层位关系等方面分析，M15也应当是唐代墓葬。

关于墓主的身份，M10虽出土了三彩器但未出土俑，这可能与年代的早晚有关，但因墓室的规模相对较小，所以也可能与墓主的社会地位有关，推测墓主应为较有地位的平民。M15、M24、M27仅出土了几件简单的陶瓷器和饰品，瓷器的制作工艺较粗劣且有长期使用的痕迹，推测墓主应为地位较低的贫民[5]。

20世纪80年代以来，在临城县的代家庄、刘陈庄、山下村、解村、南程村、射兽、澄底、岗头、祁村、西双井等发现了不同时期的窑场[6]，基本属于邢窑系统。补要村遗址距这些窑场较近，出土的陶瓷器为本地生产的可能性较大。

附记：此次发掘工作得到河北省文物局、临城县人民政府、临城县旅游与文化局的大力支持，在写作过程中权奎山、秦大树、齐东方、彭善国提出了宝贵的意见，人骨由何嘉宁鉴定，在此一并致谢。

注释

[1] 樊书海、张志忠：《河北临城西瓷窑沟发现隋唐墓》，《文物春秋》1994年第3期；邢台市文物管理处：《河北邢台市唐墓的清理》，《考古》2004年第5期；李恩玮：《邢台市邢钢东生活区唐墓发掘简报》，《文物春秋》2005年第2期；河北省邢台市文物管理处：《邢台粮库遗址》，第245～271页，科学出版社，2005年；李军：《邢台宋墓出土“官”字款瓷碗》，《文物春秋》2005年第5期；邢台市文物管理处：《河北邢台中兴西大街唐墓》，《文物》2008年第1期。

[2] 李振奇、史云征等：《河北临城七座唐墓》，《文物》1990年第5期。

[3] 袁胜文：《塔式罐研究》，《中原文物》2002年第2期。

[4] 中国社会科学院考古研究所:《偃师杏园唐墓》,第65、68页,图版31:6,科学出版社,2001年。

[5] 齐东方：《中国北方地区唐墓》，北京大学考古文博学院、大阪经济法科大学：《7~8世纪东亚地区历史与考古国际学术讨论会论文集》，科学出版社，2001年。

[6] 河北省文物研究所等:《邢窑遗址调查、试掘报告》,《考古学集刊》（14）,文物出版社,2004年。

（原载于《文物》2012年第1期）

临城李席吾墓清理简报

临城县文物保管所

2007 年 7 月，河北省临城县城关镇北街村村民在基建施工时发现一座古墓，县文物保管所工作人员随即对墓葬进行了抢救性清理。现将清理情况简报如下。

一、地理位置

墓葬（M1）位于临城县城岐山湖大道供电公司北 150 米处，东邻大理石加工厂，西接南街小区，南邻供电公司，北部为农田（图一）。

二、墓葬形制

墓葬为砖石混砌竖穴墓，方向 90°。由墓道、墓门、墓室三个部分组成（图二）。

墓道　为斜坡形。残长 3.5、宽 1.7 米，底部东西斜铺一青石条，石条长 2.6、宽 0.6、厚 0.23 米。

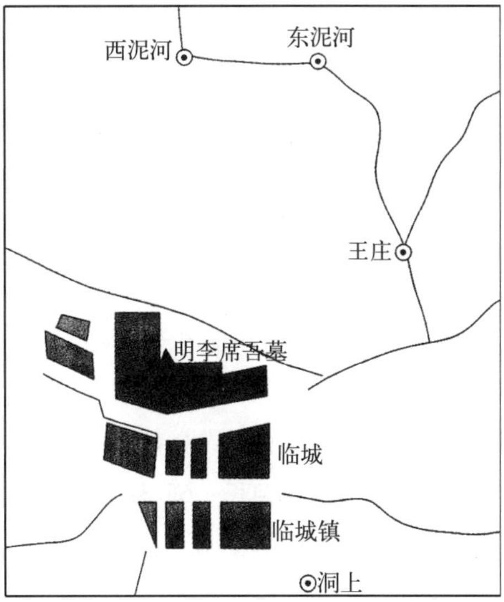

图一　墓葬位置示意图

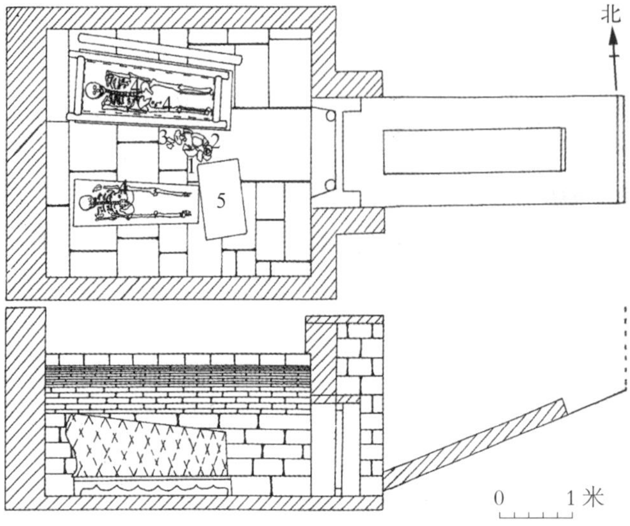

图二 墓葬平、剖面图

1. 酱釉碗 2、3. 青瓷盘 4. 铜钱 5. 石供桌

墓门 上部石墙已被破坏，墓门由门楣、门扉、门框、门槛、门券和石门组成。门楣长 2.43、宽 0.46、厚 0.22 米。门扉高 1.2、宽 0.63、厚 0.13 米。门框高 1.3、宽 0.37、厚 0.32 米，门槛长 2.43、宽 0.46、厚 0.22 米，门券呈半圆形，残高 1 米。石门南面一扇保存完好，北面一扇被破坏。石门为素面，门扉边缘 0.58 米处有一铁衔环痕迹（铁门栓与铁锁已锈蚀掉落在石门槛内）。

墓室 平面呈长方形，东西长 3.84、南北宽 3.5、高 3.02 米，砖石结构。东西两壁为青石平铺交错垒砌至顶，南北两壁用青石平砌 1.1 米后，用长 27、宽 14、厚 7 厘米的灰砖平砌内收起券顶，券顶为双层。墓室四壁在青石与灰砖交接处的青石面上涂有一层灰色颜料，内壁砖面上涂有一层白灰。墓底用青石板平铺而成，共有 30 块。墓底距地表 4.47 米。

墓室的北侧放一石椁，由盖板、底板、前挡板、后挡板、左侧挡板、右侧挡板组成。椁盖长 2.6 米（已断为两截），前宽 1.02、后宽 0.82、厚 0.1 米；前挡板上宽 0.82、下宽 0.92、高 0.84 米；后挡板上宽 0.62、下宽 0.7、高 0.6 米；左右侧挡板前高 0.84、后高 0.6、长 2.64 米；前挡板厚 0.15 米，后挡板厚 0.13 米；椁底长 2.74、前宽 1.2、后宽 0.9、厚 0.26 米。石椁的左右侧挡板为菱形斧剁纹，前挡板为斧剁四出纹，中间抹平雕刻一竖匾，高 0.31、宽 0.18 米，中间阴刻楷书“明显考廪生席吾李公柩”（图三）。石椁内有木棺痕迹，内有一具男性骨架，年龄约 55 岁，骨架长 1.8 米，出土铜钱 12 枚。在石椁南部约 0.4 米处有一木棺痕迹，长 1.8、宽 0.56 ~ 0.7 米，内有一具女性骨架，年龄约 60 岁，骨架长 1.65 米左右，棺内出土 2 枚铜钱。两具骨架均头西脚东，仰身直肢。在木棺东部、石椁南面放置一石供桌。在供桌与石椁之间有两件青花瓷盘和一件酱釉碗。

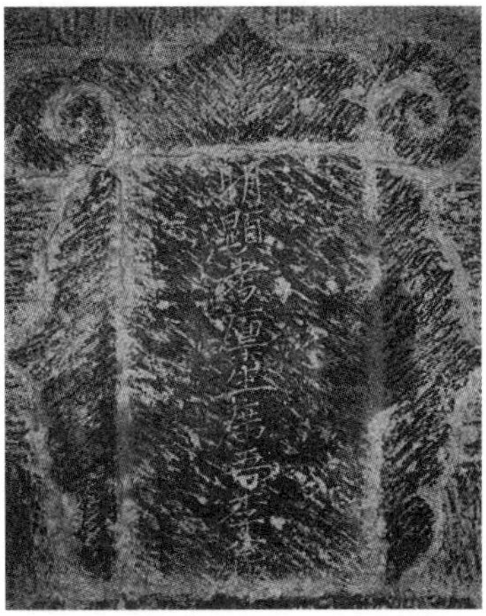

图三　石椁前挡板镌刻文字

图四　墓室壁画

图五　壁画线图

三、壁画

墓室西壁绘有壁画一幅。壁画制作方法是先在石壁上抹一层白灰面，然后在白灰面上作画。壁画高 2.3、宽 1.7 米。其背景为波涛汹涌的大海，远处祥云萦绕，峰峦隐现，一轮红日正冉冉从东方升起。一老者与两个侍童脚踏祥云站立在浩瀚无边的大海之上。老者清癯白净，双手持箫，悠然自得地作吹箫状。身后右边的侍童双手捧一灵芝，灵芝上有硕大寿桃；左边的侍童双手持卷轴，卷轴斜置于右胸前。壁画上边为横格，楷书“寿域悠远”四字。整幅壁画色彩鲜艳，技巧娴熟，人物逼真，栩栩如生。画面有高山大海、灵芝仙桃，集中表现了墓主人追求长寿和想得道成仙的美好愿望（图四、图五）。该壁画尺幅大，保存完好，且在河北省明代墓葬中属首次发现，弥足珍贵。

四、出土器物

（1）瓷器

共3件。

青花瓷盘　2件，均残。直口，弧腹，圈足，内外施满釉。盘口内壁画有一圈几何形纹，盘底画一奎星图案，线条流畅自然，形象自由奔放。M1∶2，口径13.5、底径8、高2.8厘米（图六，1）。M1∶1，圈足内篆书“清”字款。口径13.5、高2.8、足径8.6厘米（图六，2）。

酱釉碗　1件。M1∶3，敞口，弧腹，圈足。内施满釉，底部有涩圈，碗外施釉不及底。口径17、底径6、高5厘米（图六，3）。

（2）铜钱

14枚。锈蚀较严重，其中可辨认的有宋代“祥符通宝”2枚、明代“万历通宝”3枚、清代“顺治通宝”2枚。

（3）石供桌

长方形，素面无纹。长73、宽46、高0.38厘米。

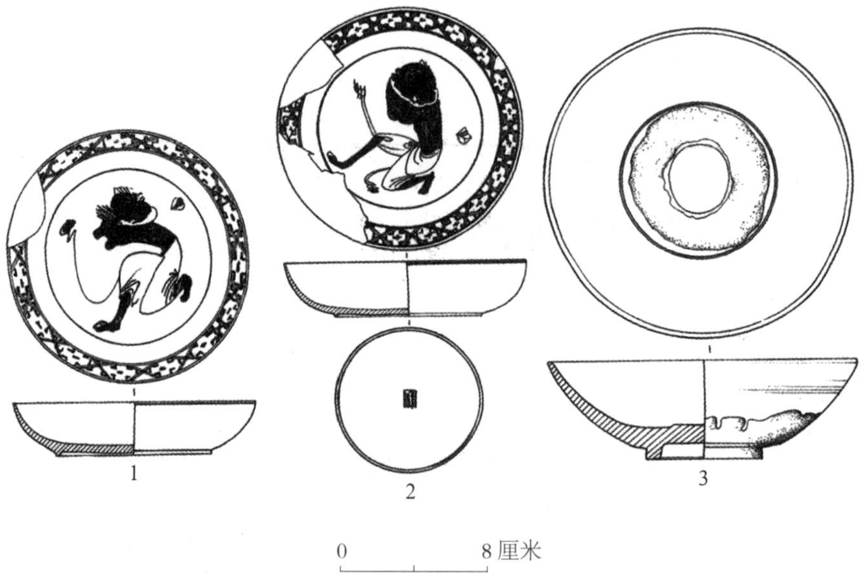

图六　出土瓷器

1、2. 青花瓷盘（M1∶2、M1∶1）　3. 酱釉碗（M1∶3）

五、结语

墓葬所在地被当地百姓称之为“石马地”，据老年人讲，20 世纪 70 年代在该墓东约 40 米处有一长长的神道，神道两侧有高大的石人、石马、石羊等石像生。墓葬的西南 20 米处尚有一大墓冢，1965 年将其挖开，其形制与此墓相同，也出土有一口石棺，并出土墓志一合，为“明故封议大夫南京户部郎中龙岗李君墓志铭”。李龙岗，即李世蕃，字邦镇，号龙岗，临城县青龙乡人。墓志载：“李世蕃，嘉靖丙辰进士。幼丧父，依母刘氏，与兄世芳同居。笃志励学，既登第，任临晋令。时值地震后，设法赈济，全活者众，……历升常州府判、松江同治，复擢南京户部郎中。……有子二，长子李颖，次子李锁。有孙三，一曰含英，二曰含萃，三尚幼无名。”[1] 李世蕃之父即李厚庵，“讳权，字宜之，别号厚庵，世为临城之独上里人。……卒于嘉靖九年六月十三日……享年只四十有七……生子男二：长世芳，次世蕃……”[2] 李世蕃墓北边应有其兄李世芳之墓，东边应有其子孙之墓，也就是说该墓地是以李世蕃为代表的李氏家族墓群。李席吾墓石椁前挡板匾额内阴刻楷书“明显考廪生席吾李公柩”，可知李席吾卒于明末；墓中出土的清“顺治通宝”，则说明他的妻子死于清初的顺治年间（1644 ~ 1661 年）。李世蕃“生于明正德十三年，卒于明隆庆六年（1572 年）”[3]，李世蕃与李席吾妻卒年相距 80 年左右。据当地埋葬习俗与该墓地穴位排列位置推断，李席吾应是李世蕃兄世芳之后。

发掘　张志忠　柴宏亮　麻俊贤
胡广胜　赵桂春　张志军
宋志刚　赵庆国
绘图　郝建文　柴宏亮
执笔　王信忠　索丽霞　刘军华

注释

[1]（清）杨宽，乔已百编纂：《临城县志》，临城县人大常委会据清康熙三十年版本校点、简体重排，文物出版社，2006 年。

[2]《李龙岗墓志铭》，1965 年出土于临城镇岐山湖大道北明代李氏家族墓地，现藏于临城崆山白云洞碑廊。

[3]《李厚庵夫妇墓志铭》，1949 年后临城鸭鸽营乡（原为梁村乡）西渎村东山土，现藏于临城县文物保管所。

（原载于《文物春秋》2012 年第 4 期）

临城山下宋墓清理简报

临城县文物保管所

2010年8月10日，在临城县山下村村东“南水北调”干渠施工中挖掘出古墓，临城县文物保管所闻讯后，及时赶到现场进行勘查，在该段施工范围内发现了7座古墓葬，随后对该墓葬群进行了抢救性清理。墓葬编号为SXM1 ~ SXM7（简称M1 ~ M7)，现将清理情况报告如下。

一、墓葬位置及形制

山下村位于临城县城东南4千米的盖山之阳，因村西有盖山，而得名山下村。墓群位于山下村东南500米“南水北调”中线干渠内，该段干渠呈西南东北向穿过该墓群。墓地东距苗大公路200米，北距山下邢窑遗址150米。坐标为东经114° 30′ 59.4″，北纬37° 23′ 52″，海拔高度81米（图一）。

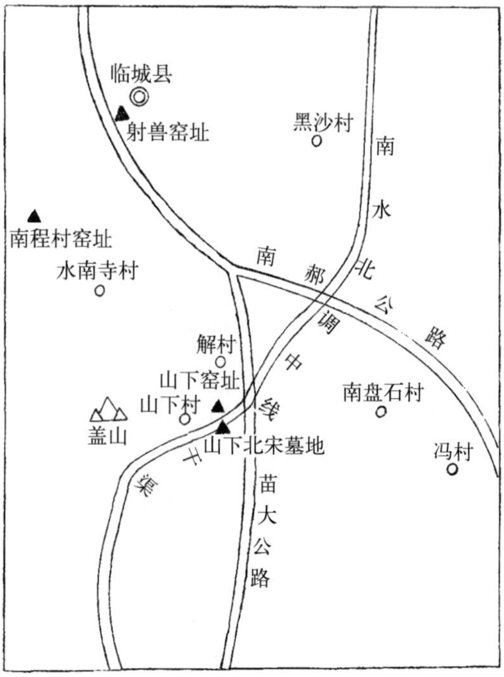

图一　山下宋墓群位置示意图

此次共清理墓葬 7 座。墓葬方向均为坐北朝南。其中，土洞室墓 2 座（M3、M4），砖室墓 5 座（M1、M2、M5 ～ M7）（图二）。土洞墓均由墓道、封门、洞室三部分组成，洞室面积较小，骨骼摆放较乱，疑为迁葬墓。砖室墓形制大体相同，均为青砖砌筑圆形单室墓，内壁砖雕仿木结构，由墓道、甬道、墓室三部分组成。其中 M1、M7 疑为外迁墓，早年已被严重扰乱，均未见人骨骼，M7 出土 1 件白釉褐彩瓷碗；M2 因施工原因，墓室遭到破坏，仅残留墓室底部；M5、M6 墓顶被施工方破坏，墓室基本完整，随葬器物亦未被扰乱。现将 M5、M6 分述如下。

M5　方向 198°，墓道被 M6 墓室打破。甬道用平砖错缝砌筑，从地面第 16 层起券。甬道宽 0.61、高 0.95、进深 0.65 米。墓门由多块不规则的石块封堵。墓室为圆形，直径 2.4、残高 0.82 米。墓砖为长方形素面灰砖，长 32、宽 16、厚 5 厘米。墓室顶部被施工方破坏，推测应为穹隆顶（图三）。墓壁为砖雕仿木结构，东、北、西三壁各砌出倚柱四根，将砖雕分为四部分。倚柱上承阑额、普拍枋及柱头斗拱，斗拱之上围墓壁一周砌筑一条凸出的曲带雕饰，但大部分已遭破坏，只有东壁残存 0.8 米。墓壁砖雕仿木结构，由墓门向东为一灯檠，立砌檠身，上雕灯台。东壁两倚柱间为门楼和一小柜。门楼两边各砌有一倚柱，倚柱上部有阑额、普拍枋及一斗三升式斗拱，斗拱上部砌檐椽，檐椽上部砌盖板，盖板上部砌脊。门板由两块平砖竖砌而成，门板底部砌有地栿，两边砌有立颊，门板上砌有门额，门额正面砌有两个门簪，门簪之上砌有上额。北壁两柱之间为 3 个小门，均雕有门板、地栿、立颊、

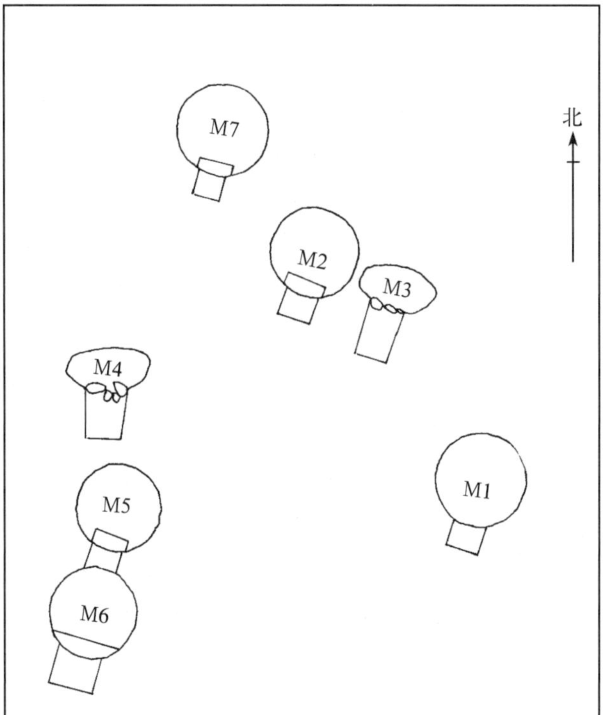

图二　墓葬分布示意图

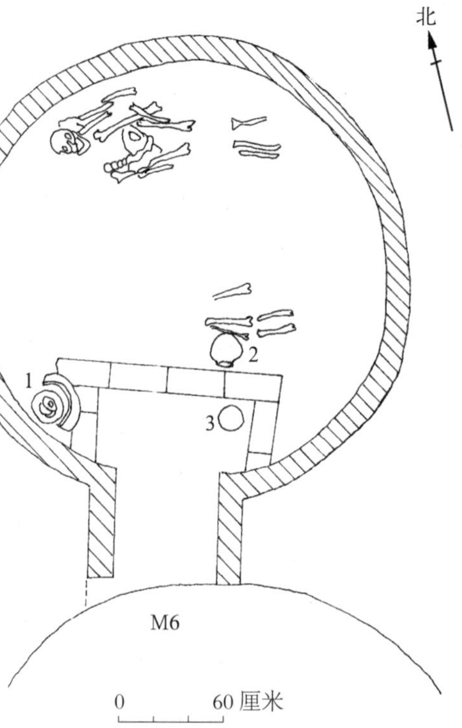

图三　M5 平面图
1、2. 塔式罐　3. 白釉碗

门额、门簪和上额。西壁两柱之间砌有一张桌子和一把直背椅。南侧为拱券墓门。墓壁用白粉打底，朱红彩绘，因年代久远，水泡土浸，图案已漫漶不清（图四）。墓室北部为棺床，棺床边沿砌青砖，其余为土筑，南北宽 1.86、高 0.3 米。棺床上有人骨骼两具，已散乱腐朽，依稀可辨为头西脚东，在骨架的胯骨部出土有铜钱 52 枚。在棺床的西南角出土泥质灰陶塔式罐的器底、器托与器盖各 1 件，棺床的南侧边缘处出土陶罐 1 件，棺床前东北角出土白瓷碗 1 件。

M6　方向 178°，墓道全部压于“南水北调”干渠南岸坝下。墓室顶部被施工破坏，推测为穹隆顶。墓门用石块错缝封堵。甬道平砖顺砌，从地面第 17 层起券，单层券顶，甬道宽 0.76、高 1.21、进深 0.74 米。墓室为圆形，由于受外部压力已严重变形，直径约 2.28、残高 1.89 米（图五）。所用墓砖与 M5 相同。墓室北部有棺床，青砖砌棺床边沿，其余为土筑，棺床高 0.58、南北宽 1.4 米。墓壁为砖雕仿木结构。倚柱上承阑额、普拍枋及柱头斗拱，柱顶有砖雕铺作。由墓门向东为灯檠，灯檠东侧的倚柱内为一假门，假门楼两边各砌有一倚柱，倚柱上部有阑额、普拍枋及一斗三升式斗拱。假门有门板，门板下部砌有地栿，门板上部砌门额，门额正面砌两枚门簪，门额之上砌上额，上额上部有两层砖砌的檐椽，檐椽上部为屋脊。北壁砖雕与东壁相同。西壁为一张桌子和两把直背椅，

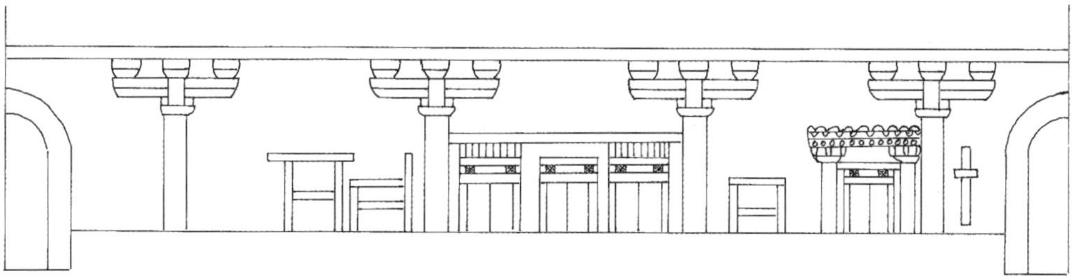

图四　M5 墓壁展开图

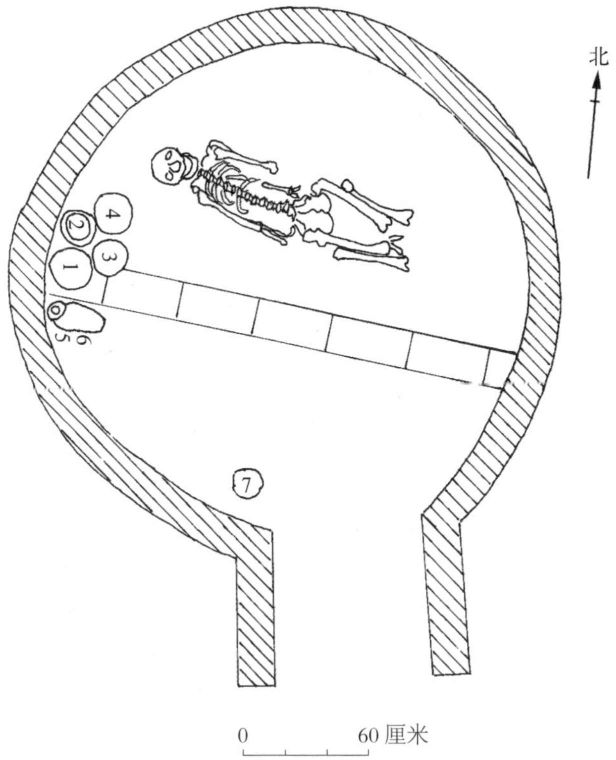

图五　M6 平面图

1、3～5、7. 白釉碗　2. 瓜棱罐　6. 梅瓶

上部有两层砖砌的檐椽，两边各砌有一倚柱，倚柱上部有阑额、普拍枋及一斗三升式斗拱。墓壁全部用白灰打底，上饰红彩，由于年代久远，图案已漫漶不清（图六）。墓室北部有棺床，青砖砌棺床边沿，其余为土筑，棺床高 0.58、南北宽 1.4 米。棺床之上有一具人骨架，头西脚东，仰身直肢。在骨架左小臂内侧出土铜钱 58 枚。在棺床西部，出土白釉瓷碗 3 件、白釉瓜棱罐 1 件。棺床的下部出土白瓷碗 1 件、黑釉梅瓶 1 件，墓门西侧出土白瓷碗 1 件。

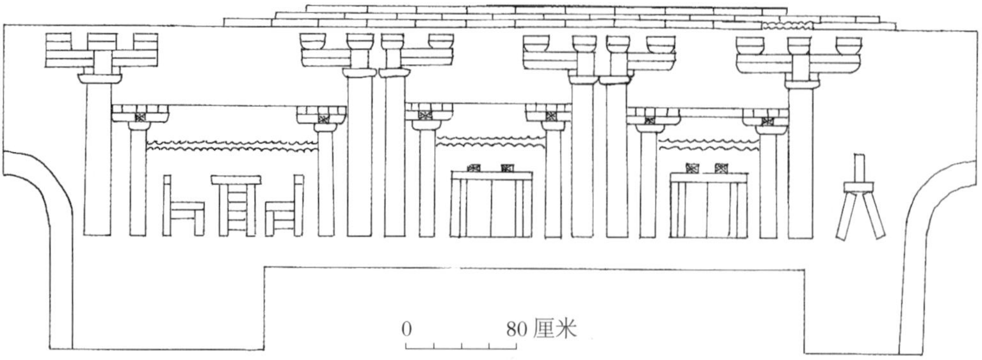

图六 M6 墓壁展开图

二、出土遗物

此墓葬群虽遭施工方破坏，但残存的墓室，仍保存着一批完整的随葬器物。出土的随葬器物共计 13 件。其中瓷器 12 件，陶器 1 件。另外还出土铜钱 121 枚。

1. 瓷器

白釉碗 10 件，依据器型分六型。

A 型 2 件。M6∶5，敞口，圆唇，口沿外部有一条凹弦纹，弧腹，圈足，足底有旋削痕，内底有三支钉痕。灰白胎。施乳浊釉。口径 10.8、底径 4.4、高 4.4 厘米（图七，1）。M6∶7，器型与 M6∶5 相同。口径 12.7、底径 4.3、高 4.7 厘米（图七，2）。

B 型 2 件。M7∶1，敞口，尖唇，下腹折收，圈足，足底有旋削痕。内底有涩圈，灰白胎，胎质坚硬。施透明釉，釉下施化妆土。内壁白釉褐彩，饰有四朵对称分布的铁锈花。口径 17.4、底径 7.2、高 4.6 厘米（图七，3）。M6∶3，敞口，圆唇，唇微外卷，折腹，内底有涩圈，圈足，足底有旋削痕。灰白胎，胎质坚硬。施透明釉，釉色泛水青，玻璃质感强，釉下施化妆土。口径 16、底径 6.4、高 4 厘米（图七，4）。

C 型 2 件。M6∶1，敞口，尖唇，斜弧腹，圈足，挖足较深。灰白胎，施透明釉，釉面光滑明亮，局部有开片，釉下施化妆土。内底有四支烧痕。口径 16、底径 6.4、高 4 厘米（图七，5）。M6∶4，器型与 M6∶1 相同，内底有五支烧痕，内壁中部有一条细旋纹。口径 17.4、底径 5.2、高 4.5 厘米（图七，6）。

D 型 2 件。M3∶1，敞口，圆唇，斜腹，微外弧，矮圈足。灰白胎。施乳浊釉，釉面光滑，有流釉泪痕。口径 10.4、底径 4、高 2.8 厘米（图七，7）。M2∶2，器型与 M3∶1 相同。口径 11.6、底径 4、高 3.8 厘米（图七，8）。

E 型 1 件。M5∶2，敞口，圆唇，弧腹，圈足。灰白胎。施透明釉不及底，局部有流釉，釉下施化妆土，内底有三支烧痕。口径 12.4、底径 4.8、高 4.2 厘米（图七，9）。

F 型 1 件。M2∶1，口微敛，圆唇，口沿外部有一凹弦纹。腹稍鼓，下腹内收，圈足。

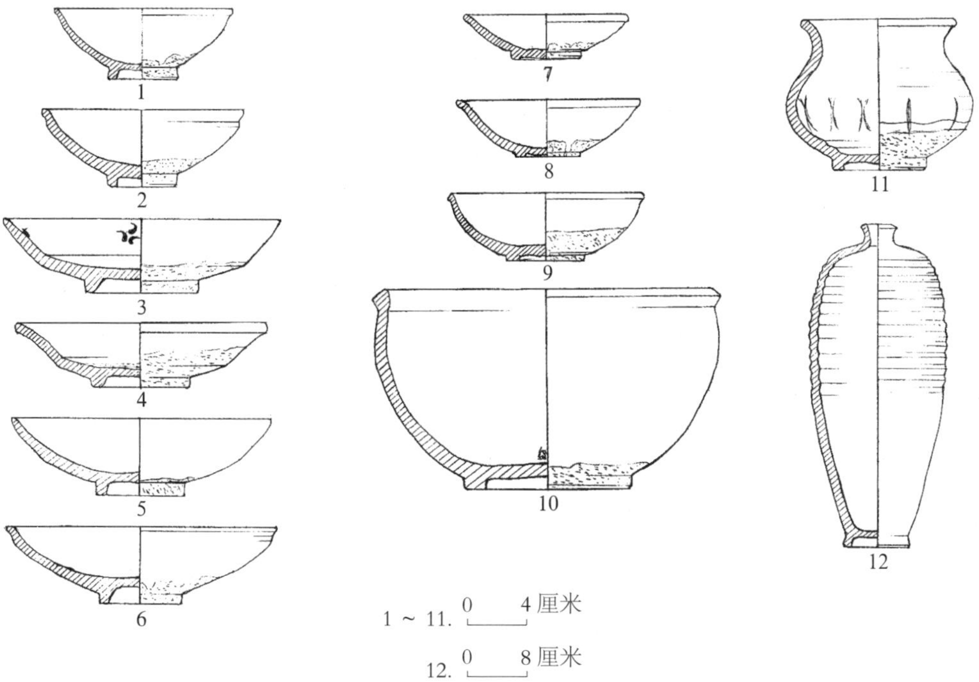

图七　出土瓷器

1、2.A 型碗（M6∶5、M6∶7） 3、4.B 型碗（M7∶1、M6∶3） 5、6.C 型碗（M6∶1、M6∶4）
7、8．D 型碗（M3∶1 、M2∶2） 9 .E 型碗（M5∶2） 10.F 型碗（M2∶1） 11. 白釉瓜棱罐（M6∶2） 12. 黑釉弦纹梅瓶（M6∶6）

灰白胎，胎质较粗，胎色泛红。施透明釉不及底，釉下施化妆土。内底有三支钉痕。口径22、底径 10.8、高 12.4 厘米（图七，10）。

白釉瓜棱罐　1 件。M6∶2，侈口，圆唇，束颈，溜肩，鼓腹，腹部有 10 道压印竖纹，使其形成瓜棱形状，圈足，足底有旋削痕。灰白胎，胎质坚硬。施透明釉，器外施釉不及底，釉面滑润，有开片，釉下施化妆土。口径 10、底径 6、高 9.4 厘米（图七，11）。

黑釉弦纹梅瓶　1 件。M6∶6，小圆口、唇沿外卷，束颈，丰肩，上鼓腹，下腹渐内收，腹部有十三道弦纹，圈足，足底外撇。灰白胎，胎质坚硬。通体施黑釉，釉面光滑，乌黑发亮。口径 4.4、底径 8.4、高 40 厘米（图七，12）。

2. 陶器

塔式罐　1 件。M5∶1，泥质灰陶，由宝珠形盖、鼓腹形陶罐、桶状镂空器座、镂空栏板形底座四部分组成。通高 66 厘米。器盖，宝珠型盖钮，子口，宽折沿，中空，周身饰大小不一的贴塑花。口径 13、高 18.5 厘米。陶罐，侈口，圆唇，短颈，溜肩，鼓腹，下腹内收，平底，罐身贴塑有两层蝶形花卉。口径 11、底径 10、高 20 厘米。器身，桶形，束腰，上口外侈，下呈喇叭状，中空，口沿上对称四个宝珠形装饰，器身装饰分上、下两层，上层对称镂雕四个弧顶门，门之间贴塑四尊力士，力士站立，双手做奋力上举托物状；

下层四个桃形镂空门，每两个桃形门之间贴塑一宝相花。口径 23、底径 23、高 31 厘米。底座，覆盆形，雕塑有望柱、栏板，望柱顶部尖圆形，栏板镂空，上部微外侈。平凹底，底部有一圈墨绘的几何形图案。口径 33、底径 37、高 16 厘米（图八）。

3. 铜钱

共出土 121 枚，其中 M2 出土 7 枚，M3 出土 2 枚，M4 出土 2 枚，M5 出土 52 枚，M6 出土 58 枚。字迹可辨认的有 50 枚，其中唐代开元通宝 7 枚，宋钱 43 枚。宋钱分别为太平通宝 2 枚、至道元宝 4 枚、景德元宝 2 枚、祥符通宝 2 枚、天圣元宝 2 枚、皇宋通宝 2 枚、至和元宝 2 枚、嘉祐通宝 1 枚、熙宁元宝 2 枚、元丰通宝 7 枚、元祐通宝 4 枚、绍圣元宝 2 枚、元符通宝 3 枚、圣宋元宝 1 枚、大观通宝 1 枚、政和通宝 6 枚（图九）。其余 71 枚铜锈黏连，字迹漫漶不清。

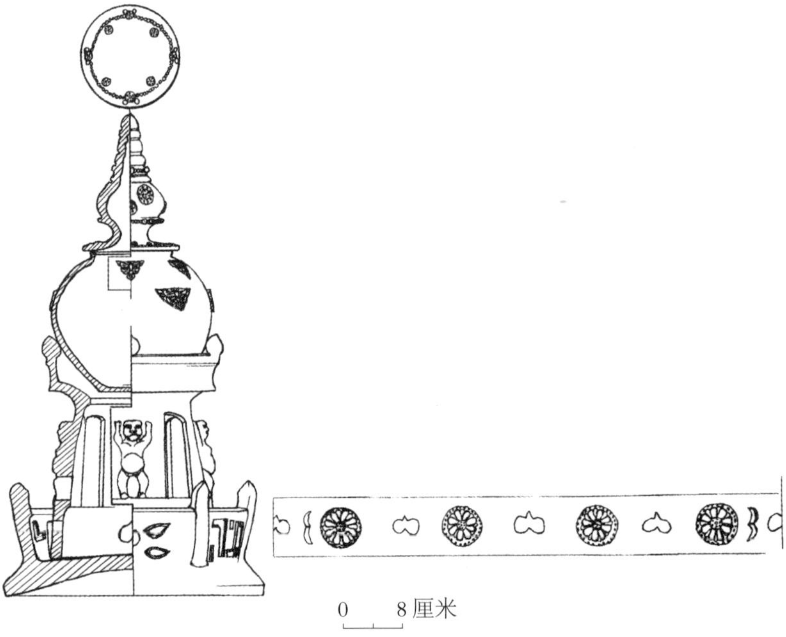

图八 出土塔式罐

（M5∶1）

1 2 3

图九 铜钱拓片（原大）

1. 天圣元宝（M2） 2. 元祐通宝（M5） 3. 政和通宝（M6）

三、结语

该墓葬群出土的随葬器物多为瓷器，这十几件瓷器从器形、胎质、釉色上看皆与邢窑窑址出土的同类器物相同。且墓群又紧邻南程村、射兽两处北宋邢窑窑址。尤其是M2∶1、M5∶2、M6∶3、M7∶1白釉碗，具有典型的南程村窑风格[1]。2005年，临城县岗西宋墓出土的一件白釉瓷碗与本次出土的白釉碗（M3∶1、M2∶2）相同[2]。

出土的泥质灰陶塔式罐M5∶1与邢台丰泽小区宋墓出土的塔式罐器形基本相同[3]。均为宝珠中空钮盖，丰肩鼓腹罐，束颈镂空器身，围栏式器座，其造型浑圆饱满，装饰技艺精湛，应属同一时期随葬器物。

由于该墓葬群没有出土墓志，无法确定墓主人的身份，但这五座砖室墓规模相当，形制基本相同，砖雕仿木结构和彩绘风格在冀南地区时常有见。与2005年河北临城岗西宋墓的墓葬形制和壁面装饰等特点基本相同[4]。根据M2出土天圣元宝（1023～1032年）、M4出土嘉祐通宝（1056～1063年）、M5出土元祐通宝（1086～1094年）、M6出土政和通宝（1111～1118年）等铜钱，墓葬的排葬顺序似乎为由北向南依次排列，据此推断，该墓葬群应为一处北宋晚期的平民家族墓地。

通过对该墓葬群的清理，为研究宋代墓葬形制和丧葬习俗提供了翔实的资料。特别是出土的一批具有典型宋代风格的邢窑瓷器，对我们研究五代以后的邢窑发展提供了不可多得的实物资料。

发掘　张志忠　索丽霞　王信忠
　　　赵庆国　申海珍
绘图　毛小强　武丽霞　申海珍
执笔　索丽霞　赵庆国

注释

[1]索丽霞、赵庆国：《河北临城南程村瓷窑遗址调查报告》，《越窑青瓷与邢窑白瓷研究》，第221页，故宫出版社，2013年。

[2][4]邢台文物管理处、临城县文物保管所等：《河北临城岗西村宋墓》，《文物》2008年第3期。

[3]李军、李恩玮、李敏：《河北邢台丰泽小区宋墓的发掘》，《河北省考古文集》（三），第143页，科学出版社，2007年。

（原载于《文物春秋》2014年第6期）

邢台广宗县李庄宋代砖室墓的发掘

邢台市文物管理处　广宗县文物保管所

2007 年 3 月，邢台广宗县在李庄北侧开发区挖水上公园时发现砖室墓，邢台市文物管理处、广宗县文物保管所随即进行调查，发现砖室墓 10 座，墓室穹隆顶及部分甬道顶部被破坏，有的墓葬砖雕也被拆毁，墓室被附近村民挖乱。但是在发掘过程中仍出土铜镜、瓷碗及开元通宝、太平通宝、淳化元宝、至道元宝、祥符元宝、天禧通宝、天圣元宝、明道元宝、景祐元宝、皇宋通宝等铜钱。残留的砖室及出土文物足以反映广宗以及邢台地区东部广宗、平乡一带的丧葬特点，为探索北宋晚期墓葬主要形制提供了不可多得的依据。现将清理情况介绍如下。

一、墓葬情况

这批砖室墓位于广宗县城东南，开发区水上公园施工区西北部（图一），距地表深 6 米，大体分 3 组南北向排列，间距约 9 ~ 12 米，西侧一组由 3 座组成；中间一组分两排，由 6

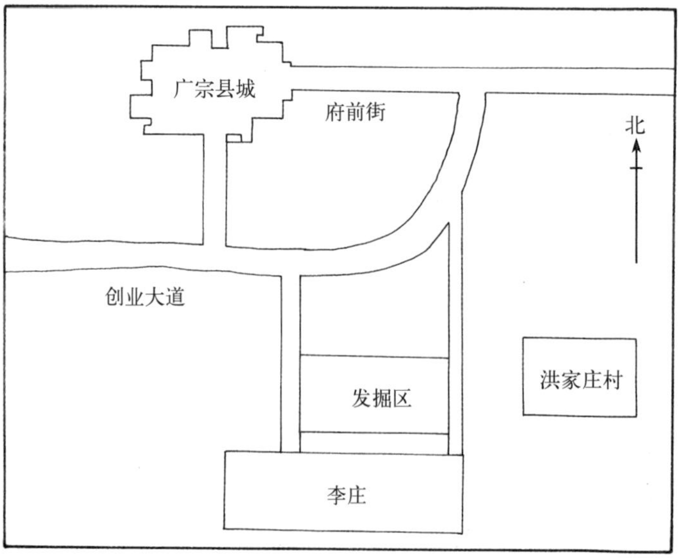

图一　墓区位置示意图

座组成；东侧一组仅 1 座（图二）。均坐北朝南，大部分由墓道、甬道、墓室三部分组成。墓壁仿木砖雕较精细，墓室内填土均为冲积形成的细泥沙土；墓道分长方形、方形和梯形三种。甬道一般较低矮窄小。墓砖均为素面小砖，长 32、宽 16、厚 5 厘米。在砖室周围可见种植的直径在 10 ～ 30 厘米的树木痕迹。根据砖室形制可分三型。

A 型　1 座。编号为 M9。长方形砖室。位于墓区西侧，南邻 M1，全长 6 米，由墓道、墓室两部分组成，墓道长 1.6、宽 0.8、现存深度 1 米，墓门高 0.5 米，墓室中部微外弧，长 2.4、宽 0.8、现存高度 0.5 米，仅能容下 1 人。据反映该墓有人骨架 1 具，头向南。

B 型　1 座。编号为 M2。八边形砖室。该墓被破坏较严重，仅存甬道及部分砖室，壁面刷白灰，外施彩绘，大部分脱落，局部可见残迹。位于墓区西南侧，北邻 M1，全长 5.6 米，由墓道、甬道、墓室三部分组成。墓向 190°。墓道呈长方形，长 1.8、宽 1.7、现存深度 0.8 ～ 1 米，斜坡底面。甬道宽 1、进深 1 米，券顶高度不详，用平砖顺砌形成墓门。甬道口用单砖平砌呈牙子状封堵（图三）。

墓室土圹直径 3.6、砖室直径 2.8、现存高度 1 米。甬道北即为用土筑的“凹”字形棺床，高出地面 30 厘米，占据墓室大部分，单砖平铺床面。棺床前挡宽 0.7、距甬道后端 0.48 米。墓室周壁现存装饰主要为东壁砖雕，砖雕为一面向北的平板椅，其南侧为用立砖侧面表现的门框、立颊，中间为板门。

C 型　8 座。编号分别为 M1、M3 ～ M8、M10。圆形砖室。根据有无砖雕及砖雕的简繁又可分三亚型。

Ca 型　4 座。编号分别为 M3、M4、M8、M10。无砖雕。墓葬形制基本相同，全长在

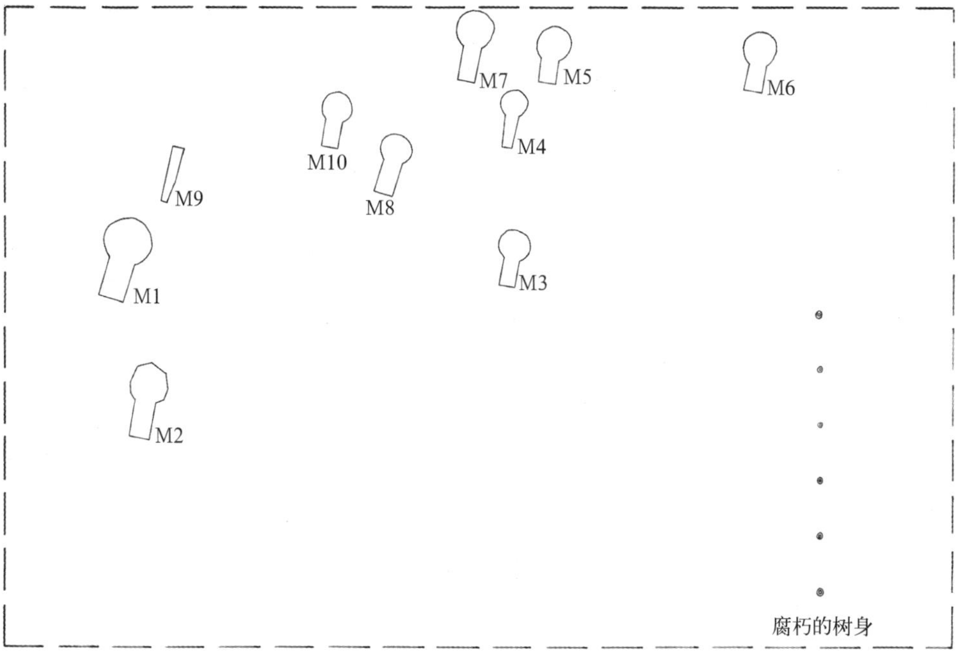

图二　墓葬分布示意图

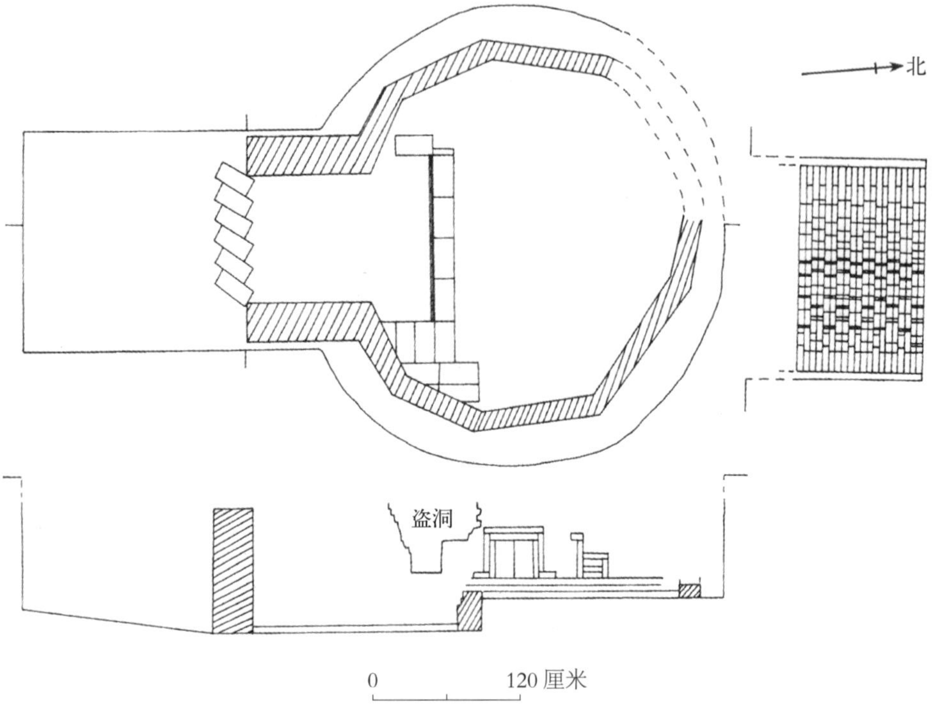

图三　M2 平、剖面图

5 ~ 7、土圹直径在 2.6 ~ 3.4、砖室直径在 1.7 ~ 2 米之间。墓道呈长方形、方形或梯形，甬道口用单砖丁砌或平砌呈牙子状封堵。以 M4 为例简述如下。

M4　位于墓区中部偏东，北邻 M5、M7，全长 4.8 米，由墓道、甬道、砖室三部分组成。墓向 195°。墓道呈梯形，长 2.4、宽 0.88 ~ 0.96、现存深度 1 米。甬道宽 0.48、券顶高 0.76、进深 0.62 米，用平砖顺砌，从地面起 12 层后起券，形成墓门。券上仍用单砖平砌成照壁。甬道口下部单砖顺砌，上部呈牙子状封堵（图四）。

墓室土圹直径 2.7、砖室直径 1.9、现存高度 1 米。甬道北即为用砖平砌的棺床，略成弧形，高出地面 20 厘米，占据墓室大部分。棺床前挡宽 1.52、距甬道后端 0.5 米。墓室周壁平素，无彩绘痕迹。

Cb 型　1 座。编号为 M5，有砖雕无铺作。位于墓区中北部偏东，西邻 M7，全长 3.4 米，由墓道、甬道、砖室三部分组成。墓向 190°。墓道呈方形，长 1.4、宽 1.4、现存深度 1.5 米。甬道宽 0.4、券顶高 0.84、进深 0.66 米，用平砖顺砌，从地面砌 12 层后起券，形成墓门。券上仍用单砖平砌成照壁。甬道口用单砖平砌呈牙子状封堵（图五；彩版二一）。

墓室土圹直径 3、砖室直径 2.1、现存高度 1.5 米。甬道北即为用砖平砌的棺床，略成弧形，高出地面 20 厘米，占据墓室大部分。棺床前挡宽 1.6、距甬道后端 0.52 米。墓室周壁的装饰以砖、砖雕砌出仿木结构建筑及构件、器物，局部可见黑色、红色彩绘。底层砌壶门一周。砖雕主要分布在西壁、北壁和东北壁，西壁砖雕为 1 方桌 2 平板椅，桌腿局部可见红彩；

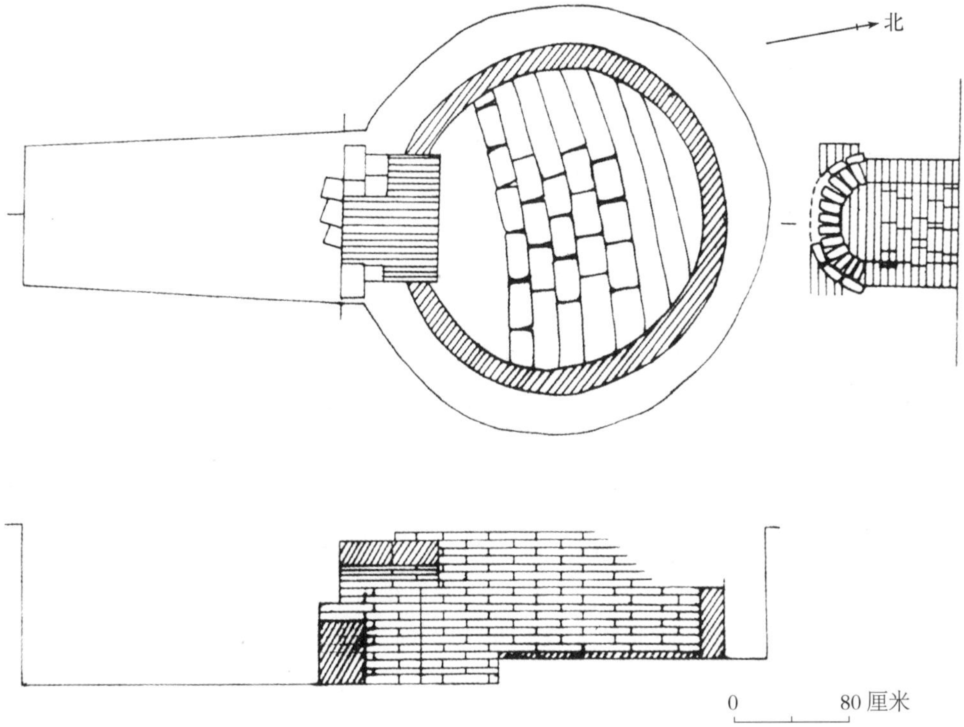

图四　M4 平、剖面图

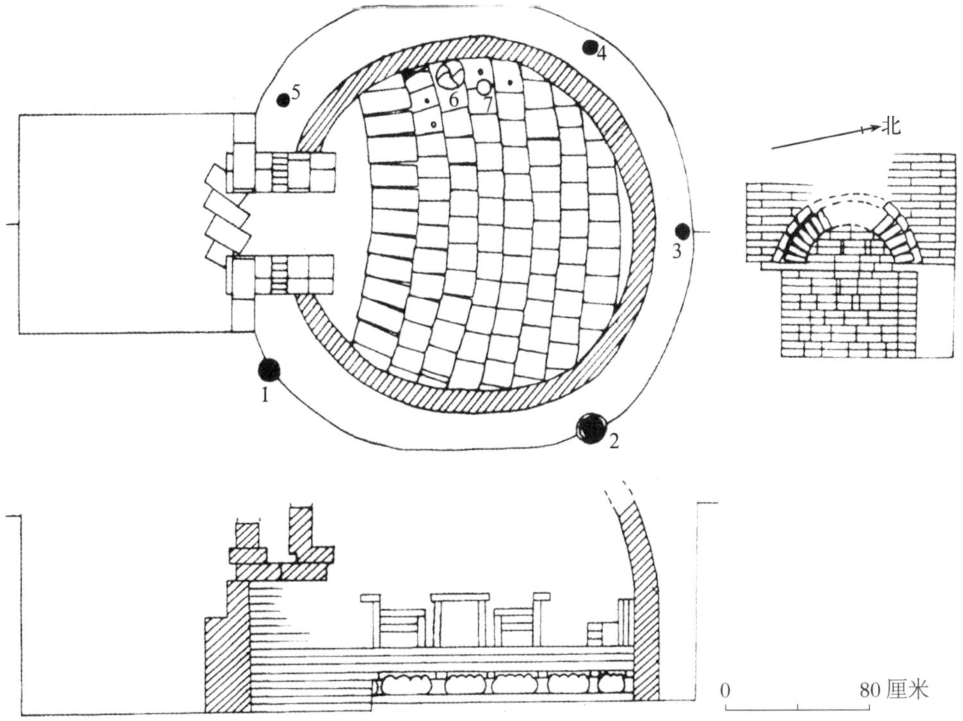

图五　M5 平、剖面图

1 ~ 5. 树木腐朽痕迹　6. 瓷碗　7. 铜镜

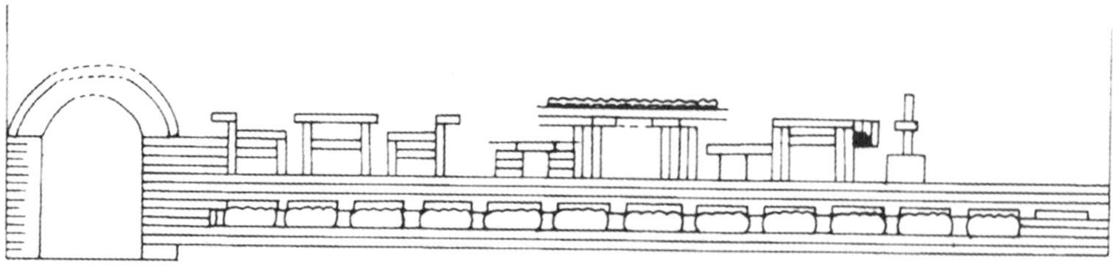

图六　M5 展开图

北壁正中用立砖侧面表现门框、立颊，其上出沿，沿下雕方椽的门楼，中间板门被破坏拆毁，门楼两侧为砖砌的小瓮；东北壁自北依次砖砌衣柜、衣钩及灯檠（图六）。在墓室扰土中出土瓷碗 1 件，墓室底部西侧出土铜镜 1 面和开元通宝、皇宋通宝等 31 枚铜钱。

Cc 型　3 座。编号分别为 M1、M6、M7。铺作、砖雕较精细繁杂，壁面刷白灰，外施彩绘，大部分脱落。墓葬形制基本相同，M7 墓室被破坏较重，砖雕保留较少，M1、M6 保存较好。此三座墓葬砖雕各有特色，表述不同特点的题材。分述如下。

M1　位于墓区西南侧，北邻 M9，全长 6.1 米，由墓道、甬道、砖室三部分组成（图七；彩版二二，1）。墓向 180°。墓道呈长方形，长 2.2、宽 2、现存深度 1.6 ~ 1.8 米，斜坡底面。甬道宽 1、券顶高 0.7、进深 0.74 米，用平砖顺砌，从地面起 20 层后起券，形成墓门。券上仍用单砖平砌成照壁。甬道口用单砖平砌呈牙子状封堵；券及券两侧砖墙表面刷白灰，券脸局部可见红彩，券两侧砖墙上部各有一用 4 个圆形图案组成的彩绘，图案由黑色线条组成；再往外为由 4 块立砖侧面表现的立柱，上部缺失。墓道填土中出土瓷碗 1 件。

墓室土圹直径 3.2、砖室直径 2.9、现存高度 1 米。甬道北即为用土筑的“凹”字形棺床，高出地面 0.25 米，占据墓室大部分，棺床前挡宽 1、距甬道后端 0.74 米。墓室底部砌壶门一周，周壁的装饰以砖、砖雕砌出仿木结构建筑及构件、器物，局部可见黑色、红色彩绘。砖雕主要分布在西壁、北壁和东壁。北壁正中砌一五铺作门楼，壶门式基台上由二立砖侧面表现两柱，两柱间用立砖侧面表现门框、立颊，中间是板门，柱上承普拍枋及柱头铺作，普拍枋两端出头；柱头铺作自下而上依次为泥道栱、慢栱、令栱，最上一层置齐心斗，出耍头。铺作之上承撩檐枋、方椽及沿。东西两壁砖雕门楼形制基本相同，均为四铺作式，自下而上依次为泥道栱、慢栱，最上一层置齐心斗，出耍头，局部被破坏。东壁与北壁之间砌桌、橱柜及卷轴；西壁与北壁之间砌 1 桌 2 平板椅及 1 瓮（图八）。

M6　位于墓区东侧，西邻 M5，全长 4.5 米，由墓道、甬道、砖室三部分组成。墓向 195°。墓道呈长方形，长 1.6、宽 1.4、现存深度 1.3 米。甬道宽 0.68、券顶高 0.86、进深 0.60 米，用平砖顺砌，从地面起 14 层后起券，形成墓门。券上仍用单砖平砌成照壁。甬道口用单砖平砌呈牙子状封堵（图九）。

墓室土圹直径 2.6、砖室直径 2、现存高度 1.3 米。甬道北即为用砖平砌的棺床，高出地面 20 厘米，占据墓室大部分。棺床前挡宽 1.6、距甬道后端 0.34 米。墓室立墙与穹隆顶转折处有菱角檐一周；砖墙底部向砖室内部凸砌一周，形成台面。周壁的装饰以砖、砖雕

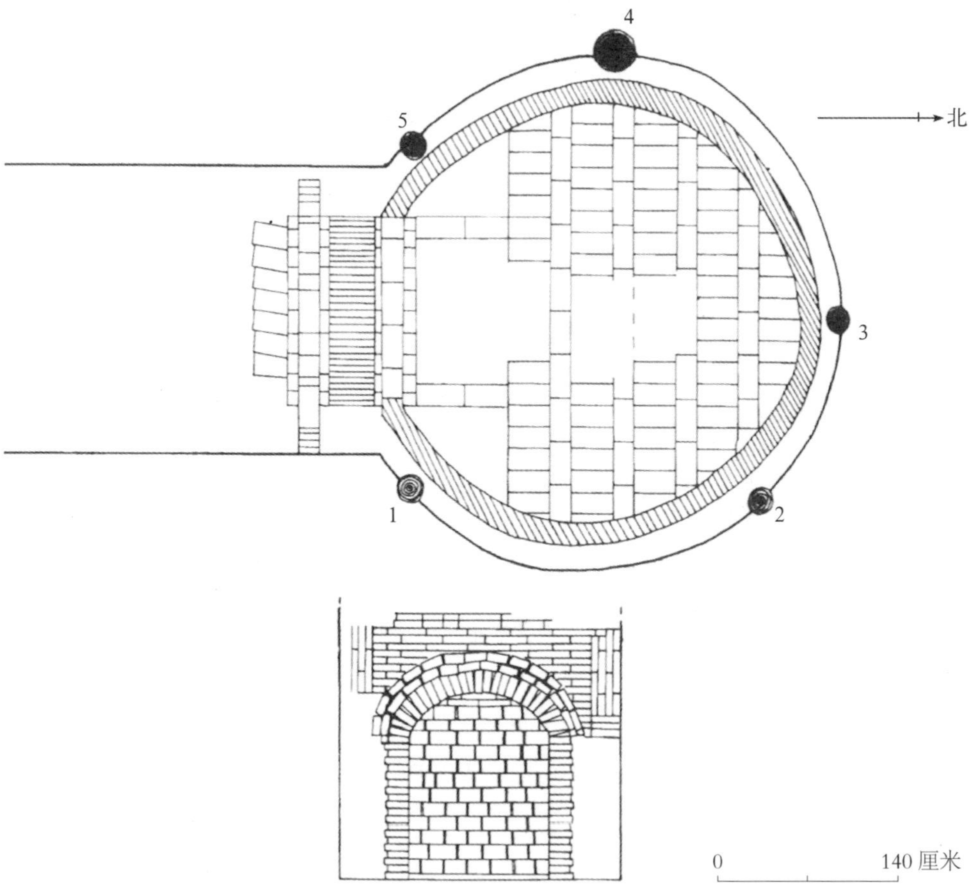

图七　M1 平、剖面图

1 ～ 5. 树木腐朽痕迹

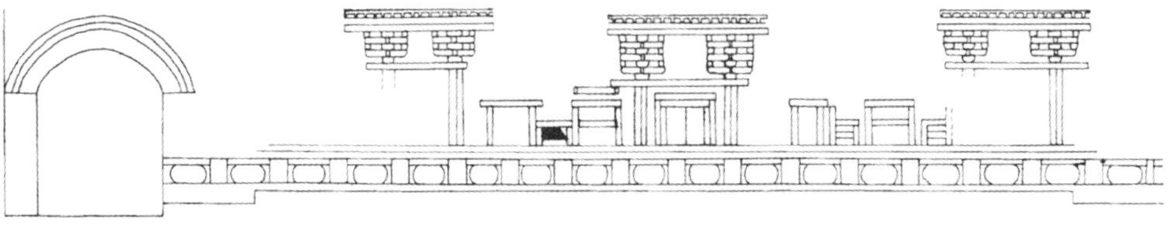

图八　M1 展开图

砌出仿木结构建筑及构件、器物，局部可见黑色、红色彩绘。砖雕主要分布在西壁、北壁和东北壁，北壁台基面上立两柱，两柱间门框、立颊及板门被破坏，柱上承普拍枋及柱头铺作，为四铺作式，铺作上承撩檐枋、方椽及沿被破坏；西壁砖雕为 1 方桌、1 灯檠及砖雕的熨斗和弹压式剪；东壁砌 1 方桌 2 平板椅，方桌上有用整块砖雕成的执壶 1 件，侈口，长颈，溜肩，鼓腹，小平底，直流，弧柄。

M7　位于墓区中部偏北，东邻 M5，全长 3.5 米，由墓道、甬道、砖室三部分组成。墓向 190°。墓道呈长方形，长 2.06、宽 1.4、现存深度 1.64 米。甬道宽 0.72、券顶高 1.56、

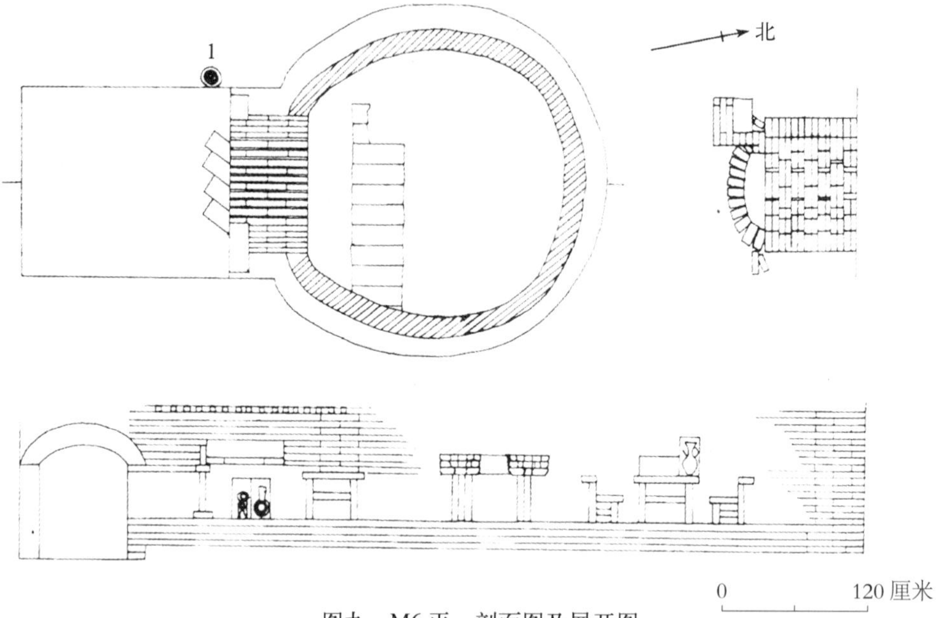

图九　M6 平、剖面图及展开图

1. 树木腐朽痕迹

进深 0.64 米，用平砖顺砌，从地面起 24 层后起券，形成墓门。券上仍用单砖平砌成照壁。甬道口用单砖平砌呈牙子状封堵（图一〇）。

墓室土圹直径 3.2、砖室直径 2.4、现存高度 1.64 米。甬道北即为用砖平砌的棺床，成“凹”字形，高出地面 20 厘米，占据墓室大部分。棺床前挡宽 1.08、距甬道后端 0.5 米。墓室周壁的装饰以砖、砖雕砌出仿木结构建筑及构件、器物，外刷白灰，施彩绘，惜脱落。砖室下部砌壶门一周。砖雕主要分布在西壁、北壁和东北壁，大部分被破坏拆毁，现仅可见 1 灯檠、1 橱柜、1 平板椅、1 砖雕铺作和用立砖侧面表现门框、立颊，中间为板门的假门，假门上饰 2 个方形门簪（图一一）。

二、出土器物

瓷碗　2 件。根据器形可分为二型。

A 型　1 件。M1∶1，敞口，圆唇，斜直腹，矮圈足，挖足较浅，腹足之间有一窄台。灰白胎，胎体厚重。施白色化妆土至上腹部，器外挂透明釉至上腹部，有烟熏现象釉色不均匀，有细小冰裂纹。器内腹底交接处有 3 个支钉痕迹。口径 11.8、底径 4.5、高 3.6 厘米（图一二，2）。

B 型　1 件。M5∶1，口微敛，圆唇，腹斜直微曲，矮圈足，挖足较深，内墙斜直。灰白胎，有黑色杂点。施白色化妆土至下腹部，通体挂透明釉，釉色乳白均匀，有细小冰裂纹，圈足底部无釉。器壁有拉坯旋痕，内底有 3 个支钉痕迹。口径 19.9、底径 7.7、高 7.2 厘米（图一二，3）。

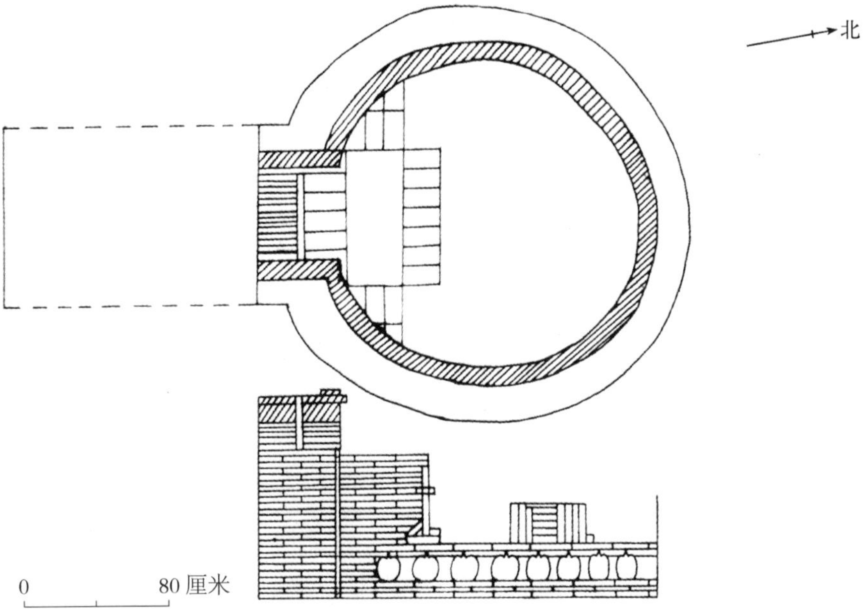

图一〇　M7 平、剖面图

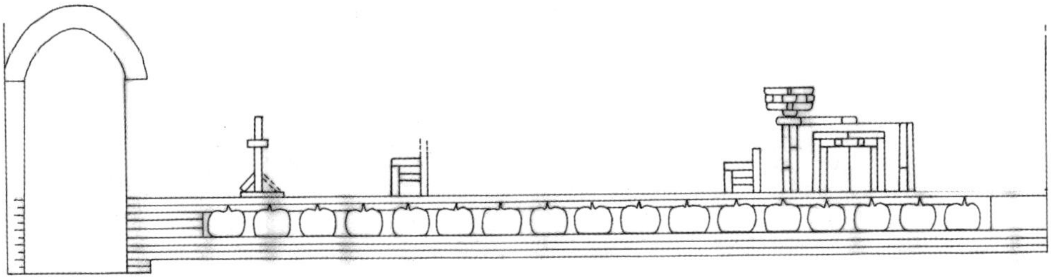

图一一　M7 展开图

铜镜　1 面。M5∶2,胎体轻薄。圆形,桥形小钮,素宽缘。缘内隐约可见纹饰,内容不详,无分区。直径 11.5 厘米（图一二，1）。

铜钱　31 枚。均出土自 M5。开元通宝 6、太平通宝 1、淳化元宝 1、至道元宝 3、祥符元宝 6、祥符通宝 1、天禧通宝 3、天圣元宝 5、明道元宝 1、景祐元宝 2、皇宋通宝 2（图一三）。

三、结语

此次在广宗县开发区清理的砖室墓，出土器物不多，彩绘脱落严重，穹隆顶部分被挖掘机挖毁缺失，部分砖室被扰乱，也没有墓志出土，给确定墓主的身份和确切年代增加了

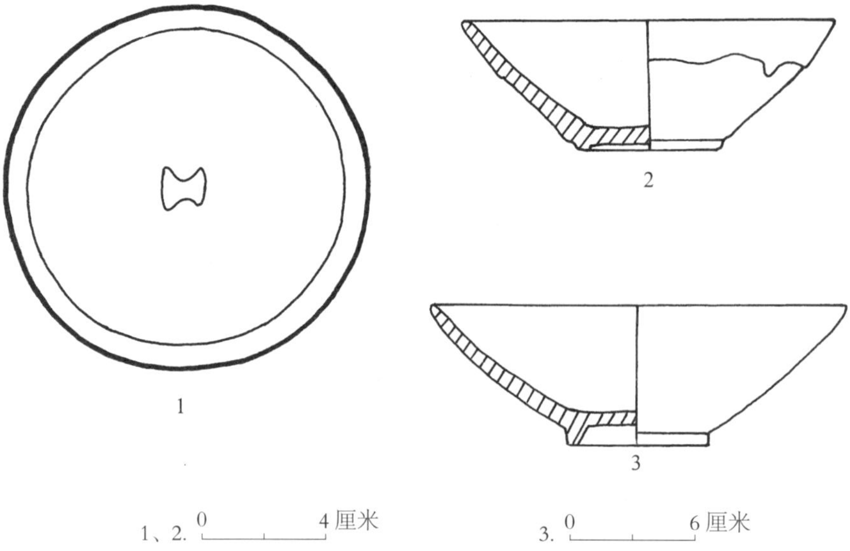

图一二　M1、M5出土器物

1. 铜镜（M5∶2）　2、3. 瓷碗（M1∶1、M5∶1）

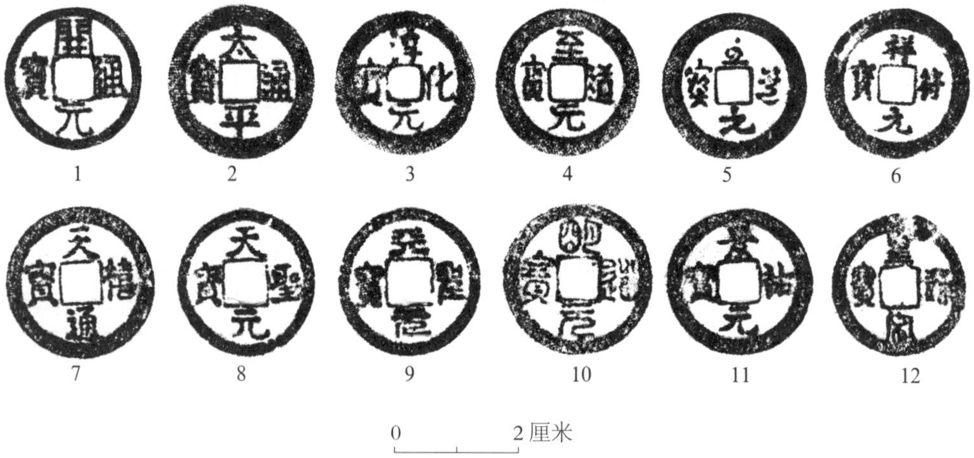

图一三　M5出土铜钱拓片

1. 开元通宝　2. 太平通宝　3. 淳化元宝　4、5. 至道元宝　6. 祥符元宝　7. 天禧通宝　8、9. 天圣元宝　10. 明道元宝　11. 景祐元宝　12. 皇宋通宝

一些困难，但无论是墓葬的造型，还是铺作的装饰都具有本地区宋代早期遗风。M1东西两壁柱上承普拍枋及柱头铺作，普拍枋两端出头；柱头铺作自下而上依次为泥道栱、慢栱，最上一层置齐心斗，出耍头；铺作之上承撩檐枋、方椽及沿的做法与邢台平乡熙宁十年（1077年）砖室墓东壁铺作[1]基本相同，只是砖雕整体略显草率、线条粗疏，没有瓦顶结构（根据M6在墓室立墙与穹隆顶转折处起菱角檐一周判断，此期铺作与穹隆顶可能应视为一体，

是瓦顶结构的一个地方特点)。M5 出土的铜镜形制和胎体轻薄程度均与济南市历城洪家楼宋墓出土的铜镜 [2] 相仿,“出土的白瓷碗内留有支钉痕迹,这是北宋瓷器的烧制特征” [3]。另外《顺德府志·祥异》载“宋大观二年黄河决陷没邢州巨鹿” [4],根据以往的考古发现和研究,邢台地区东部巨鹿、平乡、广宗、威县、南宫、新河等地大部分宋及宋以前遗存多在 5 米以下,有的埋藏更深,此次发现的墓葬均距地表深 6 米,并且在 M5、M7 北侧坑壁可以看到地层断面明显由 7 次冲积形成,冲积层厚 0.2 ~ 2 米,最底层厚 0.4 ~ 0.7 米,最上层厚 1.8 ~ 2 米。发掘过程中在 M1、M5 等多座墓葬砖室周围发现保存较好的朽腐后的树木遗迹(彩版二二,2),同时砖室填土均为淤泥土质,这一现象与史志相符,表明这批墓葬在宋大观二年(1108 年)被黄河决堤淹没。M5 出土开元通宝、皇宋通宝等唐宋时期 11 种铜钱币,其中“皇宋通宝始铸于宝元二年(1039 年),系年号钱……” [5],在此次出土的钱币中铸造时代最晚。所以这批墓葬时代上限不应早于仁宗,下限应为宋大观二年。

按照秦大树先生在《宋元明考古》一书中的考证,北方地区仿木结构砖室墓从早期的品官使用,变成平民使用,这个转变的时间大体是在 11 世纪的前半叶 [6]。陆游在《老学庵笔记》卷四中记载,北宋时士大夫家妇女不坐椅子 [7],M1、M6 均砖雕 1 桌 2 平板椅,M6 在西壁砖雕熨斗和弹压式剪,M3 ~ M5、M7、M8 仅有砖室不设砖雕,由此可知墓主应是当地有相当财力的地方绅士,不是官宦之家。宋人受古时“谓死如生”的传统影响,把死人当作生人看待,稍富裕的人按照当前的生活方式修建仿木结构的砖室,尽量满足死者的物质需要和精神享受,邢台地区这类墓葬的大量发现,正是这一现象和实际生活的反映。

上述圆形、八角形仿木结构砖室墓和近长方形砖室墓,代表了邢台地区宋代中晚期墓葬的主要形制。为进一步研究北宋时期民间使用仿木结构砖室墓提供了新材料,对研究宋代建筑业和当时的社会生活习俗具有重要的参考价值。

附记:本文编撰过程中在古建方面先后得到河北省文物局文物处刘智敏、河北省古建所孙荣芬先生的指导,在此一并深表谢意。

参加发掘的人员有邢台市文物管理处的李军、柴红亮、柴新路、柴新伟、陈瑞坤和广宗县文物保管所的马同香。摄影由李军、柴红亮负责。拓片由柴秋兰负责。

绘图　柴红亮　柴秋兰
执笔　李轩鹏　李　军

注释

[1] 李军:《河北邢台出土砖志碑》,《文物春秋》2004 年第 2 期。

[2] [3] 刘善沂、王惠明:《济南市历城区宋元壁画墓》,《文物》2005 年第 11 期。

[4] 邢台地区地方志编纂委员会翻印清乾隆十五年版本《顺德府志 · 祥异》:“宋大观二年黄河决陷没邢州巨鹿”，1985 年。

[5] 高英民、张金乾 :《中国古代钱币略说》，第 216 页，地质出版社，1996 年。

[6] 秦大树 :《宋元明考古》，第 137 ~ 151 页，文物出版社，2004 年。

[7] 往时士大夫家妇女坐椅子、几子，则人皆讥笑其无法度。见陆游 :《老学庵笔记》卷四，中华书局，1979 年。

[原载于《河北省考古文集》(五)，科学出版社，2014 年]

威县“鲧堤”遗址发掘简报

河北省文物研究所

“鲧堤”遗址位于河北省邢台市威县境内，长约20千米，南北走向，自威县邵固村南经全礼村西，过孙庄至南仓庄，再向北折至团堤村，而后入南宫境内。“鲧堤”名称由来最早见于清康熙年间所编《威县志》，相传为鲧治水时所筑。2013年5月~11月，因南水北调邢清干渠工程自西向东穿越“鲧堤”遗址，河北省文物研究所、邢台市文物管理处、威县文物管理所组成考古队，对工程涉及“鲧堤”遗址进行抢救性考古发掘。现对发掘情况简报如下。

一、遗址概况

发掘区域位于威县县城东北约20千米常庄乡孙庄村西北约150米处的南水北调邢清干渠线路上。西距老沙河（海河水系河流，上游为漳河，流经河北平原东部。经河北邯郸馆陶县境内，于邱城镇入邱县，并在香城固乡出邱县进入威县。威县常庄以下称清凉江）东岸防洪堤约100米，东距常庄乡孟官庄村约1500米（图一）。发掘区地势平坦，原存于地表之上的“鲧堤”堤体由于自然侵蚀、人为取土等原因已经破坏殆尽。仅孙庄村南现还保存有一段长约600、宽约10、高0.6～2.8米的“鲧堤”堤体。

此次发掘实际发掘面积近1300平方米，共布50米×6米探沟一条，10米×10米探方10个。探沟编号2013WSTG1（以下简称TG1），方向115°。

二、地层堆积

发掘区域地势平坦，地表种植小麦、玉米、棉花等农作物。下面以TG1南壁剖面（图二）为例，对遗址地层堆积进行说明。

第1层：耕土层，厚0.1～0.2米，土质疏松，包含有现代垃圾、植物根茎等。为现代耕种形成。

第2层：淤积层（存在于堤体东西两部分），深0.1～0.2、厚1.25～3.65米，土质较松散。堤体东部淤积层由粉状面沙土层和红褐色黏性胶质土小层组成，为多次淤积形成，小层厚

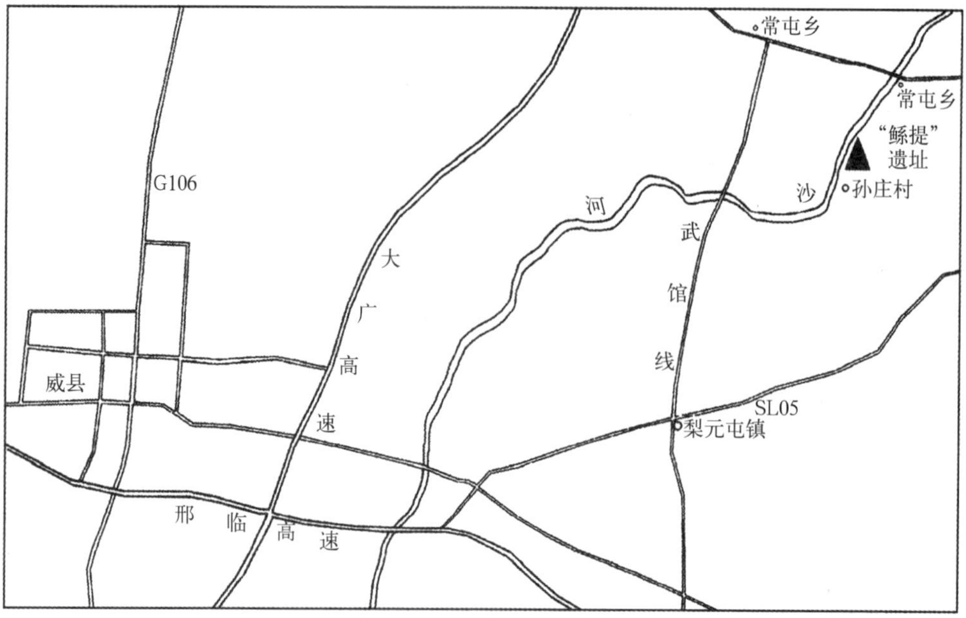

图一 “鲧堤”位置示意图

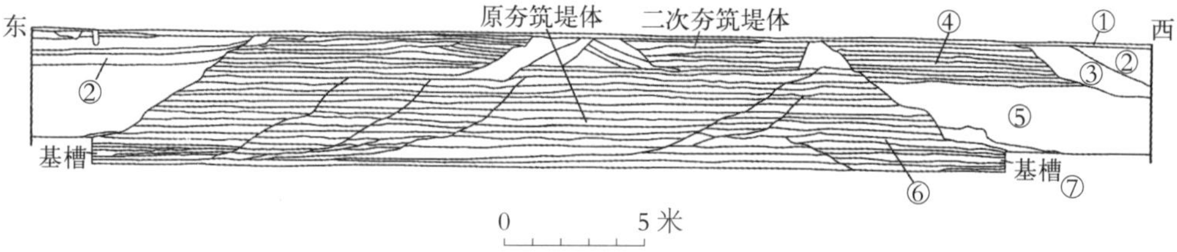

图二 TG1 南壁剖面图

度 0.1 ～ 2.5 米。堤体西部淤积层由黄褐色细沙土组成。为自然水流淤积而形成。

第 3 层：深黄褐色土层，深 0.1 ～ 0.2、厚 0.4 ～ 1.2 米，土质较硬，纯净，无包含物，为水流冲击大堤边缘，堤体受损滑落垮塌形成。

第 4 层：二次筑堤堤体夯层，深 0.15 ～ 0.2、厚 1.4 ～ 1.55 米。土质坚硬，有明显夯层、夯面、夯窝。夯层厚度不平均，厚 0.08 ～ 0.21 米。夯窝排列较为规矩，但大小不等，直径 0.06 ～ 0.1 米。为第二次加宽、加高大堤堤体形成。

第 5 层：淤积层，深 1.4 ～ 1.5、厚 0.8 ～ 2.35 米。土质松软。纯净，无包含物。由黄褐色细沙土组成。为自然水流淤积而形成。

第 6 层：原筑堤体夯层，深 1.2 ～ 1.6、厚 3 ～ 3.5 米。土质坚硬，由黄褐色粉砂土、红褐色黏性胶质土、灰褐色含沙土、黑灰褐色自然淤积土混合夯打而成。有明显夯层、夯面、夯窝。夯层厚度不平均，厚 0.1 ～ 0.4 米。夯窝排列较为规整，但大小不等，直径 0.06 ～ 0.1 米。为第一次筑造大堤形成。

第 7 层：灰黑褐色层，位于堤体夯层下，纯净、无包含物，厚度不详，未见人类活动痕迹。为自然淤积形成。

三、“鲧堤”堤体结构及构筑形式

1. 堤体结构

“鲧堤”堤体由三部分构筑而成，由上而下分述如下。

（1）二次扩筑部分

“鲧堤”经过发掘确认经过两次夯筑而成，两次夯筑间隔时间不长，原因为水患导致堤内淤积严重，因此二次夯筑时主要为堤体的加宽、加高。

目前残存的堤体二次扩筑部分于耕土层下开口，叠压于原堤体之上，宽度大于原堤体，西边一部叠压于黄褐色自然淤积层之上。二次扩筑堤体剖面呈平行四边形，上边残宽 26.9、下边宽 31.4、残高 1.1 ~ 1.55 米。夯层较为规整，共九层，每层厚 0.18 ~ 0.23 米。

（2）原筑堤体部分

叠压于大堤二次扩筑部分之下，剖面呈梯形，其下压原地表下夯土基槽。上边宽 23.75、下边宽 32.45、残高 3 ~ 3.5 米。分东西七部分逐层夯打构筑而成。

（3）基槽

“鲧堤”堤体之下，开掘有基槽，剖面呈长方形，直壁平底。壁面粗糙。东西宽 32.45、深 0.8 ~ 0.9 米。槽内夯土填实，上为夯土堤体。

2. 构筑形式

原堤体部分剖面呈梯形，上边东西宽 23.75、底边宽 32.45、通高 3 ~ 3.5 米（含基槽）。自西向东分七部分分筑夯打而成。七部分互相叠压、挤压，其中堤体中间最大部分由纯胶泥逐层夯打而成。从而使得大堤堤体坚固异常。

二次扩筑堤体部分可分为三部分，其中间由筑起的两道土埂分割。

另在原地表与夯堤西边缘交界处及堤体西边护坡之上，发现柱洞若干，直立插入，深度 0.65 ~ 0.8 米，木柱已朽毁，仅存木灰痕迹，柱洞直径 0.12 ~ 0.23 米。疑似防止大堤堤体被水流冲击而采取的保护措施所遗留痕迹。

四、出土遗物

“鲧堤”堤体夯筑较为规整，其内包含物较少，仅发现少量瓷器残片、陶器残片。从其中拣选部分可修复瓷器、陶器残片描述如下。

瓷碗　3 件。TG1∶1，残缺。直口微敛，弧斜壁，圈足，鸡心底，内侧及外侧上腹部通施白釉泛青，碗内底部留有明显支钉痕 5 处。下腹及足部无釉露胎。口径 18、足径 5.6、足高 1、通高 8.4 厘米（图三，1）。TG1∶2，残缺。直口微敛，弧斜壁，圈足，内侧及外侧上腹部通施白釉泛黄，下腹及足部无釉露胎。口径 18.68、足径 6、足高 1.2、通高 8.6

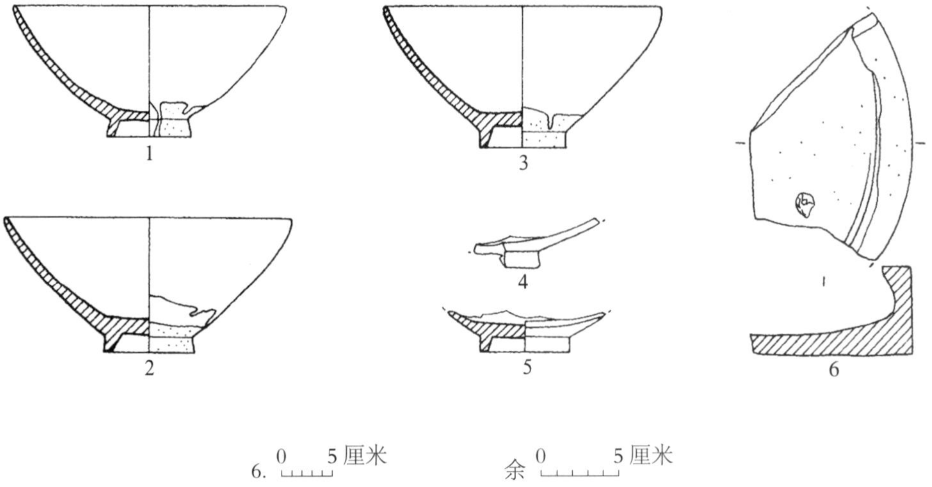

图三　出土器物

1～3. 碗（TG1∶1、TG1∶2 ∶ 2、TG1∶3）　4、5. 碗底（TG1∶5、TG1∶6）　6 . 磨轮（TG1∶4 ）

厘米（图三，2）。TG1∶3，残缺。直口微敛，弧斜壁，圈足，内侧及外侧上腹部通施白釉泛青。腹部外侧局部有较明显片状龟裂纹、微泛红。口径 18、足径 5.6、足高 1.4、通高 9 厘米（图三，3）。

磨轮　1 件。TG1∶4，残缺。泥质灰陶，整体呈圆形，中部微鼓，穿 1 孔，孔径 1.8 厘米。为制陶工具残片。残宽 16.5、通高 8.4 厘米（图三，6）。

碗底　2 件。TG1∶5，瓷碗底残片，圈足鸡心底，足部施白釉泛青，里侧底部无釉露胎。足高 1 厘米（图三，4）。TG1∶6，瓷碗底残片，圈足鸡心底，足部未施釉，底部饰弦纹一周，碗底里侧施白釉微泛黄，并留有较明显支钉痕。足残径 5.8、足高 1.1 厘米（图三，5）。

五、结语

“鲧堤”遗址内出土器物较少，仅三件可修复白釉瓷碗和少量瓷器残片。从瓷碗的器形和质量分析，瓷碗应该为民窑烧造供民间使用的器物。经过对比发现三件白釉瓷碗与磁州窑第二期前段出土的白釉瓷碗器形基本一样，磁州窑第二期前段的时间为北宋熙宁元年（1068 年）至元符三年（1100 年）[1]。由此进一步推断出“鲧堤”修建年代上限为北宋中晚期。

“鲧堤”遗址西边紧邻沙河河道。北宋元丰四年（1081 年）四月，黄河第二次北流（小吴北流）时，曾经使用过一段沙河河道[2]。

综合以上两方面，“鲧堤”极有可能为北宋中晚期抵御黄河第二次北流所修建。修正了“堤”为鲧所修建这一说法。另外，关于“鲧堤”的由来、修建过程、具体修建时间以及存在时间等问题，则因需要大量史料罗列，限于篇幅，不在此赘述。

执笔 佟宇喆 张兆峰

注释

[1] 北京大学考古学系，河北省文物研究所等：《观台磁州窑址》，文物出版社，1997年。

[2] 邹逸麟：《宋代黄河下游横陇北流诸道考》，《文史》（第十二辑），中华书局，1981年。

[原载于《河北省考古文集》（五），科学出版社，2014年]

邢台临西县佛教建筑基址发掘简报

河北省文物研究所　邢台市文物管理处　临西县文保所

石佛寺遗址位于邢台市临西县吕寨乡石佛寺村西北，地处华北中部，属黄河下游冲积平原，地势平坦，历史上黄河经常泛滥，水涝灾害严重。其西部300米处即为南北向鲧堤，为北宋时期改道北流黄河东大堤（图一）。

为配合邢临高速公路威县至冀鲁界段工程建设，河北省文物研究所会同当地文物部门，于2004年6月26日至7月31日，对石佛寺遗址进行了发掘，出土陶、瓷、釉陶、铜、铁等质地遗物百余件。主要发现佛教建筑基址1处，时代为北朝后期至唐初时期。

一、文化堆积

地层分五层

第1层：耕土层，厚0.1～0.2米。

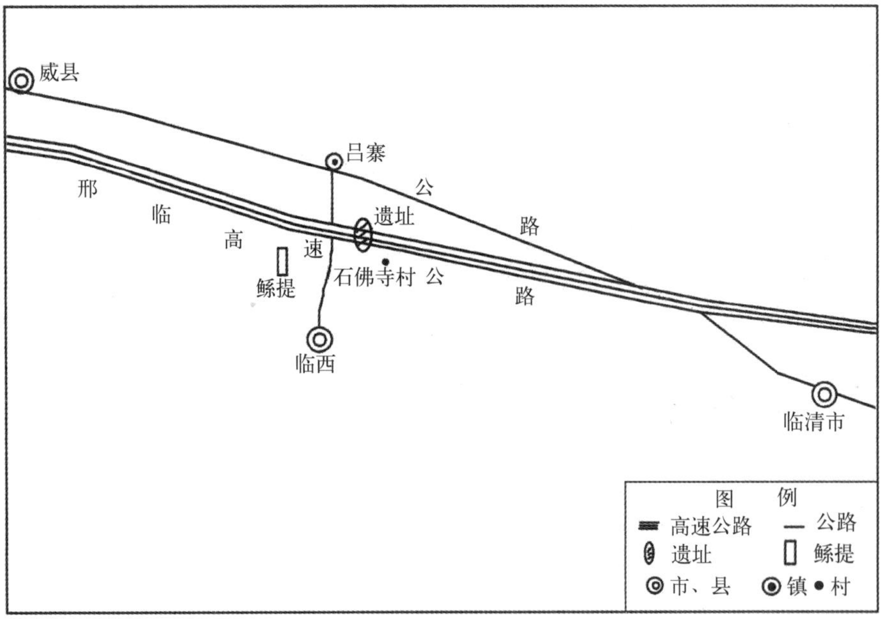

图一　遗址位置示意图

第 2 层：黄沙土，厚 0.2 ～ 0.4 米，青花瓷片较多，明清时期。

第 3 层：为黄褐土，板结，多磁州窑类型瓷片，器类为碗、瓶等，宋代形成。

第 4 层：为淤积层，黄黑土，较黏，纯净。

第 5 层：为淤积层，灰黑土，沙性强，纯净。下为生土。建筑基址位于第 5 层上，为第 4 层叠压。

二、遗迹

建筑基址可分为早晚两期，编号为 F1、F2，即晚期房基和早期房基（图二）。基址为高台建筑，废弃堆积以高台为中心，中间高，四周低。高台周围同时期地面西高东低，部分有上下两层踩踏面，各厚 1 ～ 3 厘米，个别地方地面共用，大部分晚期地面较早期高 10 ～ 20 厘米，中间填垫早期废弃物。

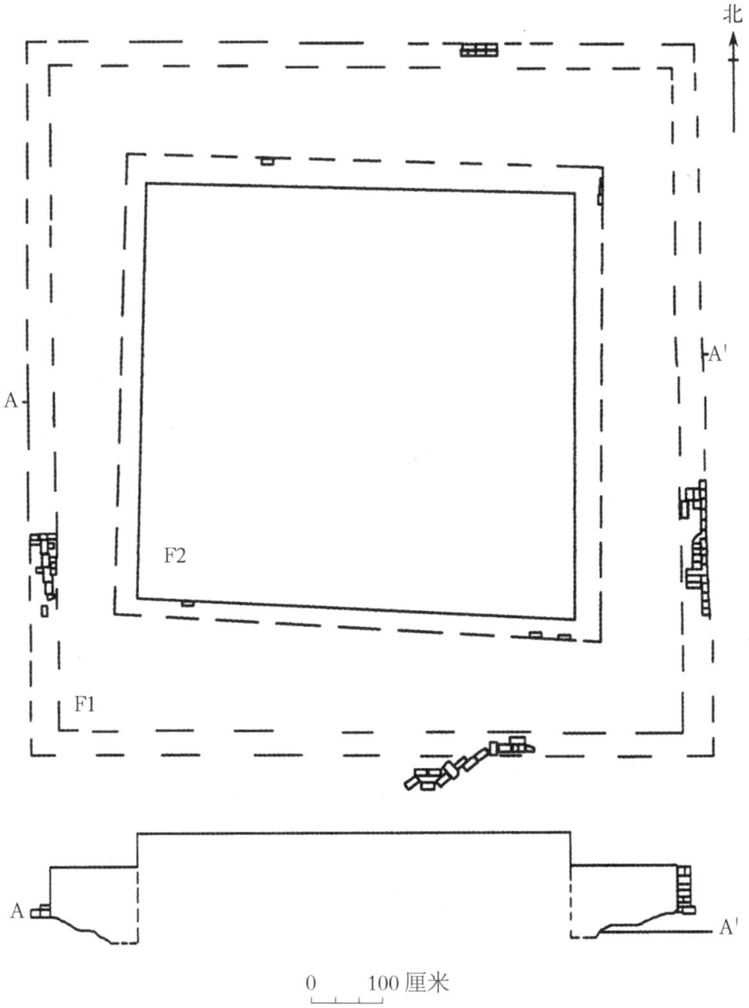

图二　F1、F2 平、剖面图

F2　平面呈正方形，北偏西 12°，边长 7.6、高 1.1 米，为较为纯净的黄褐土夯筑而成，夯层厚约 15 厘米，夯窝不明显，四周砌砖。可见明显基槽，宽 50、深 5 ~ 10 厘米。东、南、北均存部分规则平砌青砖，二顺一丁，错缝叠砌。青砖分为长 39、宽 19、厚 6 厘米和长 25、宽 15、厚 5.5 厘米两种，一面细绳纹，一面素面。北部地面有部分错落分布青砖，推测为台阶及倒塌墙壁。台基四周为踩踏面。

F1　为晚期房址，系早期房址 F2 废弃后在原址上的重建。方向北偏西 15°。F1 以原高台为中心，将台基四周砖墙拆除，向外扩建，从而形成中间为高台，四周为二层台的样式。从两层踩踏面之间堆积中包含杂土，富含细碎白灰墙皮、小陶片等迹象推测，早期遗址废弃后，在重建过程中，将废弃堆积中细颗粒部分铺垫一层，再扩建二层台。二层台宽 2.5 ~ 2.7 米，环绕高台基，四周外扩台面高出早期地面 1 米，晚期地面 80 厘米。二层台外包砖，表层经夯打，扩建部分中间填塞碎砖、墙皮，羼杂陶片、瓷片等，推测属早期废弃物。未发现墙基槽，墙体为平地起建，在靠近原夯土台四周，与四周扩建台基夯面水平，存留颜色、硬度不同于台基的硬面，宽 40 厘米，环绕台基。台基包砖，东、西、南、北均有存留，东部中间部分保留较完整，为 5 层青砖二顺一丁错缝垒砌形成，最下层略错出墙面。

早晚二期堆积器物特征区别不明显，推测 F2 废弃不久即重建、扩建为 F1，从踩踏面较薄等情况推测，两期房址修建、使用和废弃时间略有间隔，均在北朝至唐初。该建筑为单体建筑，其西侧有深度同于 F2 的建筑迹象，但已破坏殆尽，周围堆积渐薄。

三、遗物

晚期废弃遗存堆积于晚期地面以上，满探方分布，包括碎砖、残瓦、白灰墙皮、瓷片、陶片、白灰泥塑、残铁器、石雕等。青砖均一面细绳纹，规格与早期相同。陶器有罐、盆、板瓦。瓷片多为碗、钵、瓶，其中碗均为饼形底，青釉，胎粗黄或浅灰胎，内有支钉痕，有唐初特征。小碗碗底旋成内凹，为隋代时期特征。另出土有塔形小罐、半球形器盖、瓷钵残片、釉陶罐残片等。石雕及泥塑造像为北朝晚期风格。

墙皮壁画材料为羼杂麦糠的白灰泥，背面遗留有砖缝痕迹，正面可见彩绘云纹、花卉、房屋等，多黑、黄、红颜色（图三）。泥塑，成分亦为白灰泥，少部分有麦糠等羼杂物，与白灰墙皮质料相同。可辨头、肩等佛像残块和其他佛教文物等相关泥塑，胎体细白，除圆雕外，配以黑、黄、红三色彩绘，大块佛像残块多在基址东北角出土，残破过甚，大略有真人大小的发髻、头、手、足等，估计当时从大殿内抬出即在此砸碎。白灰泥塑菩萨头，左下颚部残缺，高 11、宽 10、厚 5 厘米，高浮雕，发中分，高髻，大耳，面相长圆，五官匀称，面含笑意，敷粉底，唇、眼睑处绘红彩，眉、眼部黑绘，系从秀骨清像向丰腴风格过渡的作品。胎体内有榫痕，推测头为单独雕塑加工安装于下端身体上，背面平整，或为紧贴墙壁的影塑，属于立于佛侧的弟子菩萨，出土于二层台基南侧，北朝晚期风格（图四）。泥塑莲花座，残，上大下小，上、下平，截面为梯形，上直径 40、下直径 3、高 10 厘米，侧前

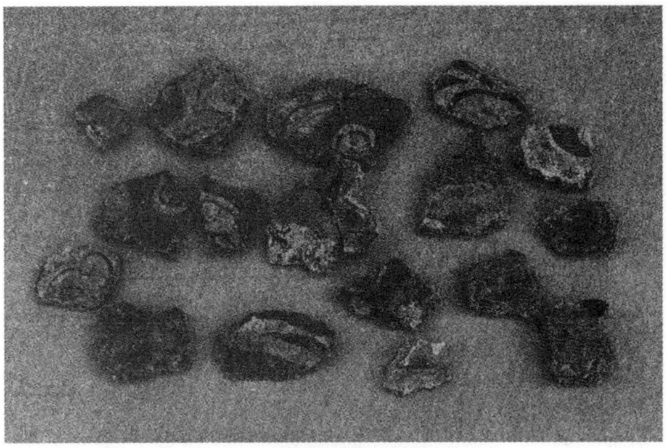

图三　壁画残块

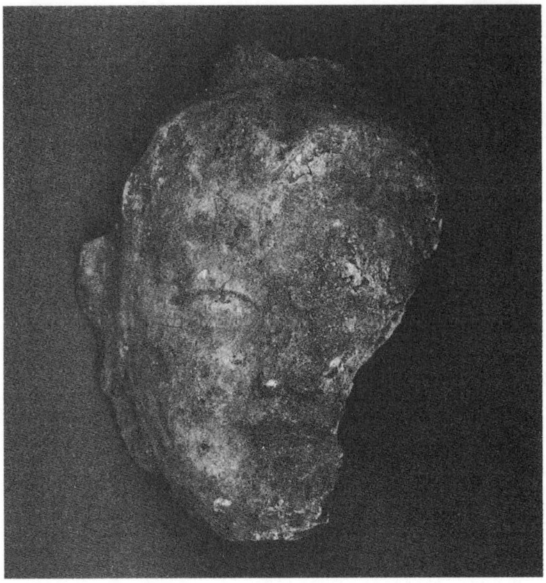

图四　泥塑菩萨头

面黑绘莲花瓣，因上下部均有残缺，或可翻转，绘图为覆莲。石雕佛像背光，为整雕佛像左侧上部，背光底衬呈简化的火焰纹，浮雕飞天，高 6、厚 0.5 厘米，单面钻孔。变质岩，灰白颜色，间杂黑斑，出土于台基西南角，北齐时期风格（图五）。

四、结语

因公路占地等原因，南北仅经勘探，未发现其他建筑遗迹。从佛像、绘壁画墙皮、草绿色釉陶容器、瓷质和铁质钵片等推测，该遗址为大殿或坛、塔类佛教建筑基址。

今石佛寺村西北仍有现代寺，名“石佛寺”，东南距发掘建筑基址 500 米。寺内石碑两通，

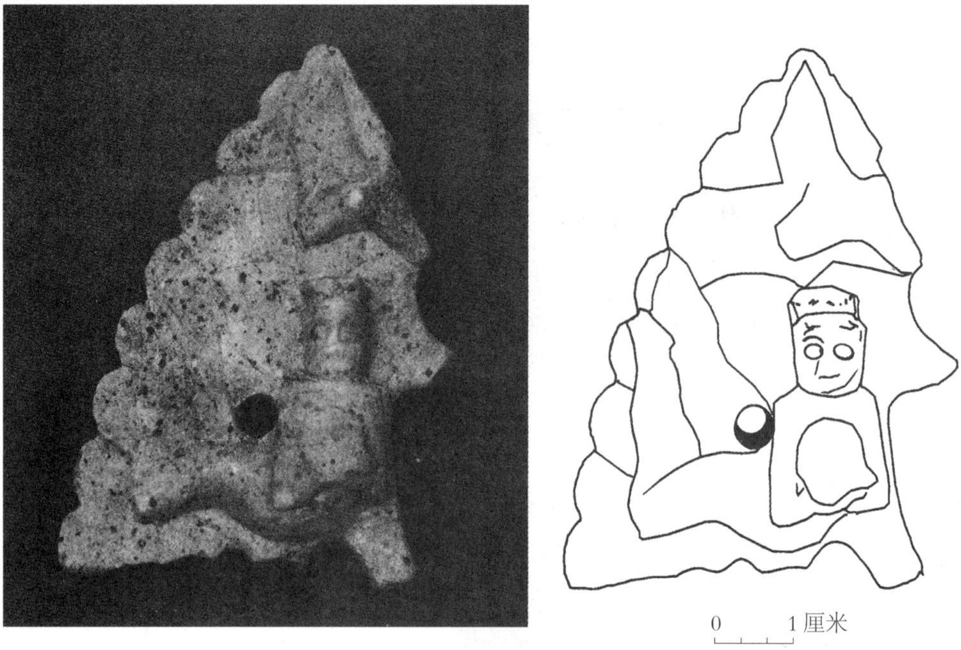

图五　石雕飞天

纪年为大明弘治十年（1497年）和大清道光十二年（1832年），重修碑记载佛寺“始于何代，创于何年，渺渺者几不可考”。民国《临清县志·金石》：“石佛立像一，高约八尺，在城北石佛寺内，今其村即以石佛名。像之下端有‘南无阿弥陀佛’六字，正书，虽未详其年代，惟邑人以为唐时造像无疑，俗传像身璎珞垂珠，均嵌以宝石，今则年湮代远，但余嵌镶痕迹，宝石已无一存。”发掘位置在石佛寺村附近，恰与文献相合，可知最晚唐代时已有此寺。碑记“古刹周围界域二十余亩有竹松葱密之茂盛”，经勘探，遗址周围未有大面积同时代遗存，与碑刻记载相同。

此次发掘建筑基址，推测即是初建时期“石佛寺”基址，始建年代和重修当在北朝晚期到唐初期间，旋即废弃。甘肃敦煌莫高窟隋代423窟壁画（图六）有此时期佛寺大殿形象，重檐广廊，与发掘基址F1、F2情况相近。

石佛寺遗址在北朝后期隶属清河郡，先后属相州、司州、贝州，该地北朝时大族林立，佛寺及僧人广众，今佛教遗迹颇多，证明当时佛事兴盛。附近邢台县、南和、平乡、南宫等地仍有东魏、北齐造像及寺碑存留至今。此次发掘的寺庙遗址，曾两次被毁，发掘中，并没有发现淤沙和灰烬等痕迹，可以排除废弃于水灾、火灾的可能，推测与此时期政治事件相关。遗迹台基上部破损严重，墙砖遗留过少，估计佛寺废弃后经大肆劫掠，完整砖瓦、木构架、石作等均被拆走。遗址仅余墙基，砖墙断续相连，未见柱础以及木柱，佛教遗物少见等即是这种体现。

这次考古发掘，发现了石佛寺的初建地，得到了有关北朝后期至唐初佛教建筑等方面的材料，发现的大量遗物，对研究寺庙布局、佛教文化等增添了新的实物资料，为冀鲁交

图六　莫高窟佛寺（隋423窟）壁画

界地区北朝后期至唐初的社会状况、文化习俗等提供了大量信息。

附记：参加勘探、发掘的人员有刘连强、郭济桥、樊书海、张小沧、佟宇喆、李瑞林、雷金纪、赵秋申、代旺、王国贤、史云征、李信军、孙玉琢等，领队刘连强、郭济桥。造像年代经何利群博士鉴定。

执笔　郭济桥　张小沧　佟宇喆
绘图　卢立杰　朱　炎

[原载于《河北省考古文集》(五)，科学出版社，2014年]

内丘西关清代石椁墓

内丘县文物保管所

2005年6月初，群众举报在内丘县西关村西有一座石棺墓被盗，内丘县文物保管所即刻派人赶赴现场调查。并对该墓葬进行了抢救性清理。现简报如下。

一、墓葬位置及形制

墓葬位于内丘县西关村西北约700米左右的李阳河北岸农田里，恰好位于李阳河古河道狭长的“U”形弯曲内，北距县城通往乡镇的公路500米，南100米为季节性李阳河古河道。地理坐标为北纬37° 17′ 45.2″，东经114° 30′ 01″，海拔高度81米。地势北高南低，略呈缓坡状。据当地村民介绍，该墓葬在中华人民共和国成立初期地势较高，有封土，尚立有墓碑，

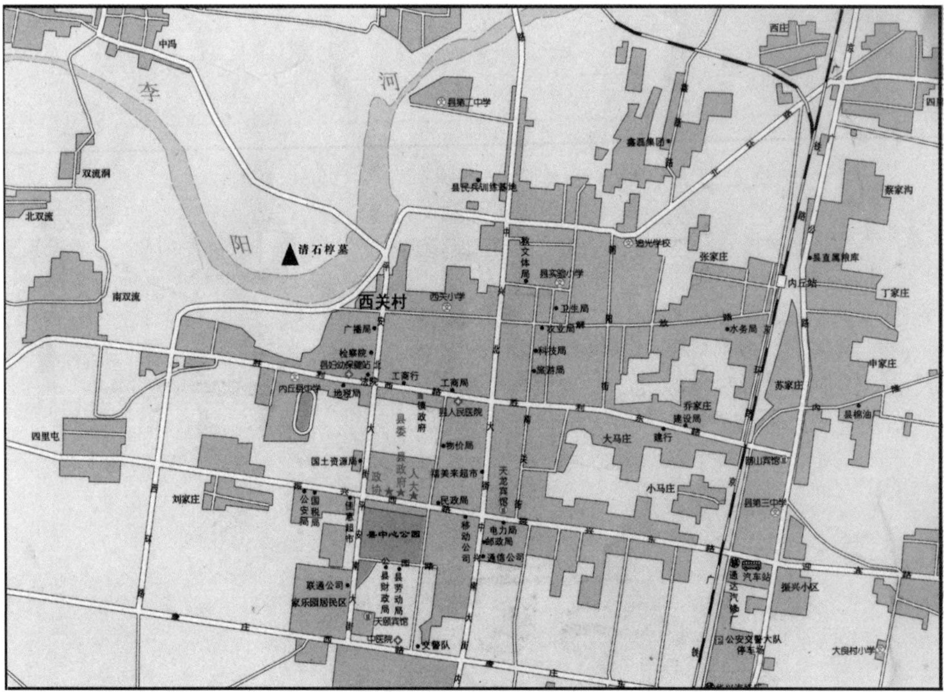

图一　墓葬位置示意图

后来在平整土地时封土被平，再加上其他用土，自然形成了台地。此地常年种植庄稼（图一）。

该墓为竖穴土圹墓，平面呈长方形，东西长 3.94、南北宽 2.94 米，墓口距地表深 1.2 米，墓底距地表深 2.2 米，系一圹三椁，头正北向，中间为墓主人，左右两侧为其夫人（图二）。

1. 中椁（M1-1）

分椁盖、椁身、椁底三部分，由 6 块石灰岩条石构成。椁盖呈长梯形，长 2.81、大头宽 1.21、小头宽 0.93、厚 0.15 米。两侧椁身呈斜梯形，长 2.75、前高 0.86、后高 0.67、厚 0.14 米，其内侧两端各设有长条形榫口，剖面呈内宽外窄状。在石椁两端石板边缘设有卯头，与两帮形成相连的榫卯结构，固定严密。石椁前挡板宽 0.86、高 0.87 米；后挡板宽 0.68、高 0.67、厚 0.95 米；底厚 0.24 米。在石椁前端挡板浮雕一圭形带供桌牌位，上竖行阴刻“诰赠承德郎北城掌印兵马韩公讳梦愈之柩”等 18 字，牌位四边饰席纹地图案。石椁内置木棺，棺木已朽，发现铁制棺钉两枚。棺内骨架严重扰乱，葬式不明。

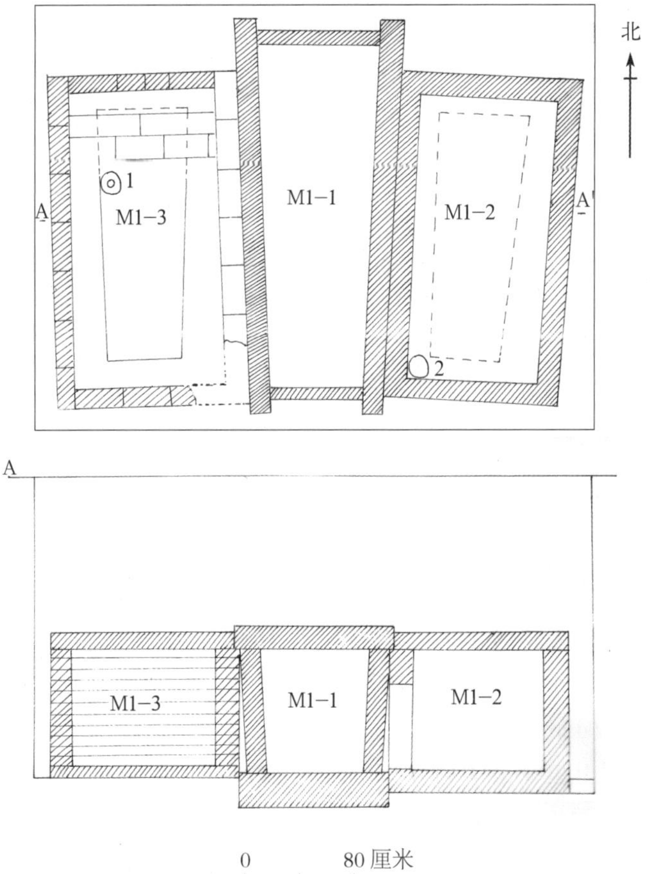

图二 墓葬平、剖面图

1、2. 瓷碗

2. 东椁（M1-2）

平面呈长方形，由椁盖、椁身、椁底组成。南北长 2.26、东西宽 1.28 米。椁盖为 5 块石灰岩质青条石横放，石板缝均用白灰灌浆封闭，保存尚好。条石的宽度尺寸不等，均在 0.6 ～ 0.65 米之间，长为 1.28 米。东椁西侧与中椁相连，上面用厚 0.25 米的石灰岩质条石作为过梁，下面由 4 块长条石做柱状支撑上面的条石，形成三个大小不同的窗口（盲窗），内以石椁为墙，高度相等，宽度在 0.31 ～ 0.57 米之间。其他三面均用石砌。石砌椁内置木棺，棺木较薄已朽，尚见葬具痕迹。骨架上身有些零乱，下身保存较好。墓棺长 1.7、大头宽 0.64、小头宽 0.5 米。棺部系白灰平抹，北侧壁上有一灰瓦斜靠。出土瓷碗一件。根据顶盖石板封闭情况分析，该墓未被盗掘。

3. 西椁（M1-3）

平面呈长方形，由椁盖、椁身、椁底三部分组成。南北长 2.32、东西宽 1.35 米。顶盖由 6 块红石板拼成横摆，中间有两块已塌陷。每块长 1.35、宽 0.5 米，椁身四壁均用青砖平卧糙砌，残存 11 层。砖长 33、宽 15、厚 7 厘米。椁底以青砖错缝平铺。椁内残存已朽的棺木板 2 块，棺板残长 1.7、残高 0.38 ～ 0.45 米。在棺底铺垫有一层白灰。该墓东南角墓壁有早年盗洞一个，直径为 0.65 米左右。棺内出土了瓷碗、戒指、簪各一件。

二、随葬器物

由于墓葬盗扰比较严重，残存随葬品较少，分别散落在不同的位置，只在扰土中出土了少量的瓷器、金属装饰品及铜钱等。

黑釉碗　2 件。M1-3∶1，敞口，圆唇，斜直壁，近足处有折棱，宽圈足。白胎、黑釉，内底一圈不挂釉，外挂釉不及底，圈足内墨书“宅”字。口径 17.2、底径 7.2、高 5.2 厘米（图三，1），M1-2∶2 形制与 M1-3∶1 相同，窄圈足，口径 17.8、底径 6.6、高 5.6 厘米（图三，2）。

镀金铜戒指　1 件。M1-3∶2，戒环为把一细长镀金片把两端锤打成薄片弯曲握呈圆形，戒面为椭圆形，素面，戒环饰花草纹，直径 1.8 厘米，重 3.53 克。

铜簪　1 件。M1-3∶3，簪、柄皆为长条形扁片，前部渐尖，簪头略弯曲呈耳挖状，表面多有绿锈。残长 12 厘米，柄身最宽处 0.7 厘米（图三，3）。

铁灯　1 件。M1-3∶4，勺头形，一端略翘起似灯把，另一端为放置灯捻儿而设一道小槽，平底。口径 7.6、底径 4.8、高 2.6 厘米，通高 4 厘米（图三，4）。

钱币　32 枚，其中 28 枚保存较好，4 枚铜锈蚀严重，钱文漫漶不清。

万历通宝　2 枚。宽缘，钱径 2.5、穿宽 0.5、厚 0.1 厘米。

崇祯通宝　8 枚。宽缘，钱文清楚，形制规整，仅局部略有差异，钱径 1.7 ～ 2.3 厘米不等，穿宽 0.3 ～ 0.7、厚 0.1 厘米。

顺治通宝　18 枚。钱径 1.9 ～ 2.4 厘米不等，穿宽 0.4、厚 0.1 厘米。其中 2 枚钱背有“东

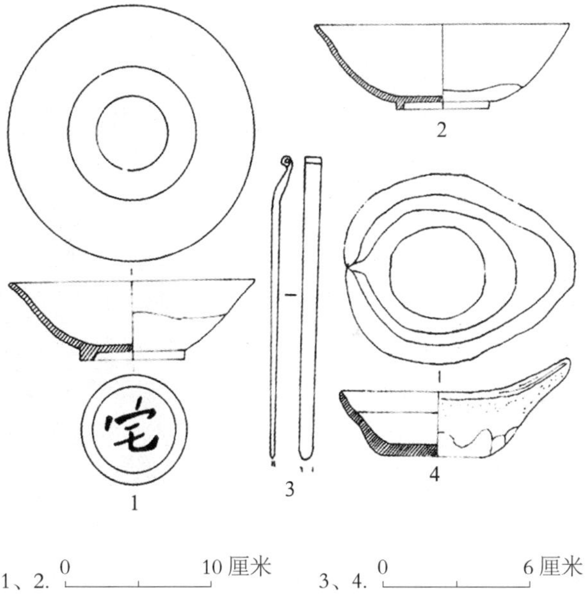

图三　出土器物

1. 带“宅”字黑釉碗（M1-3∶1） 2. 黑釉碗（M1-2∶2） 3. 铜簪（M1-3∶3） 4. 铁灯（M1-3∶4）

一厘”、1 枚钱背有“河一厘”三字。

墓志　镌刻在平整光滑的椁盖上，边饰阳刻缠枝花卉一周，线条流畅，图案清晰。首行刻写“北城掌印兵马指挥文毅韩公墓志铭”，志文计 23 行，满行 38 字，共计 852 字，隶书。撰文者为清内阁大学士、礼部尚书、太子太保魏裔介，书丹者为河南汝宁府西平县尹韩宕(图四)

三、墓葬年代和墓主人

墓葬系竖穴土圹墓，有椁有棺，且为三椁并列式一夫二妻合葬墓。由墓志铭得知，墓主韩梦愈，字功玉，内丘人。清初仕东昌府通判，又委赏潼关税务，后提升为北城（清代把京城分为中、东、西、南、北五城）掌印兵马指挥。他德才兼备，擅韵诗作词。生于明万历十七年（1589 年），卒于清康熙八年（1669 年），享年 80 岁。清康熙七年（1668 年）《内丘县志》载：“韩梦愈，府庠，仕东昌府通判。以署府忤当道，左迁陕潘理问，寻升北城掌印兵马指挥，以病致仕。”与墓志铭所记吻合。另据传世手抄本《韩氏宗祖世系谱》得知：韩氏自明洪武三年（1370 年）从山西省繁峙县胜水头村迁至河北内丘金店韩家庄（明代称黄釜村）。到韩梦愈这一代已为第八代，其祖父韩健斋（第六代）；其父韩斗瞻（第七代），母薛氏；其子韩宕（第九代），儿媳蒋、陈、申氏；其孙云敖、云现、云和（第十代）等，属名门望族，官宦人家。

图四　墓志拓片

从M1-2未曾盗扰，出土器物寥寥无几来分析，应与韩梦愈为官清廉或生前嘱咐有关。墓志铭撰文者为其婿魏裔介。魏裔介（1616～1686年），字石生，号贞庵、昆林，直隶柏乡人。清顺治三年（1646年）进士。历任吏部尚书、内秘书院大学士，迁保和殿大学士。通经学，工文史，著有《兼善堂文集》《希贤录》《圣学知统录》等[1]。由魏裔介墓志铭得知，“元配内丘韩氏，别驾梦愈女”[2]。据《清史稿》载：“十年，（魏裔介）以老病乞休，诏许解官回籍。”[3]十年即清康熙十年（1671年）。可知韩梦愈墓志是魏裔介辞官回乡后的第二年，即康熙十一年（1672年）为岳父撰写的志文。墓志铭书丹者为其子韩宕，官至河南汝宁府西平县丞。

该墓虽然出土器物较少，但墓葬的形制独特，三棺均为棺椁葬式；另外墓主人石椁盖上刻写墓志铭的这种形式实属罕见。通过发掘清理，对研究清代墓葬形制及埋葬习俗具有重要意义，是不可多得的考古资料。

附墓志录文

韩梦愈墓志铭

北城掌印兵马指挥文毅韩公墓志铭／

公讳梦愈字功玉晚号看竹老人明初自山西繁峙县迁居内丘黄釜村世习诗礼代有名彦祖健／斋公仕虞城令迁延安别驾父增生太华公行季母薛氏本邑乡绅薛公女析居县城西郭公贫性／英部殷勤学问平生慈祥孝友好义扶公多急人难邑有大利大害必毅然调剂至老未尝作一欺人语存一欺人想通五经子史精易韵诗词赵上子弟多就其学九上公车数奇不遇以恩贡清初／仕东昌府通判抚□济军时称才吏遇土□猖獗太守多倚刑威公使其党加以威惠令仍入巢／穴传谕利害招抚数千人归农就业地方赖以平定摄府篆以殚爱为事阖郡称仁人焉以捕盗碍／上官宠迁陕西布政司理问狱事平兄力辞委署总督孟公察其廉能亲引座右特加□奖劝说你是／好官凡事你去我放心委赏潼关税务继署周至兴平二县廉洁自爱威惠并行凋敝之区民物□／然商旅讴歌太平之光于斯为见真指使王虞二公连牍交荐擢北城掌印兵马指挥京师光□□／猾颇多动倚旗下名色纵恣不法公治惟以严不少假借由是权贵不悦适以病致仕还里／圣恩亲验赐顶带与现任官同府道诸公无不重其德而晋接焉每岁府县乡饮□宾与门人讲道□□／亲友弈棋泛白几近二十年精神超越教子弄孙夫固一烟火神仙也嘉言善行难于悉数惟□□／欺为终身之要噫天保善人俾昌厥后积厚流光公其上承先而下启后乎生于明万历十七年□／月二十八日未时卒于清康熙八年六月初二日午时元配王氏慈惠勤俭时称贤媛再配张氏□／一人宕由贡监任河南汝宁府西平县丞孙三人长云现生员次云敖三云和女二一适宁□□□／宁兆霞次适内阁太子太保礼部尚书大学士魏裔介甥宁□歌廪生魏裹魏嘉一品官生□□□／一年卜葬于城西郭外河曲祖茔枕山带水发脉灵长其铭曰

太行巍巍泜水洋洋地□□□／□厚流长贫性廉直制行端方学贯天人驱宋鞭唐惠普

齐秦威著京邦一诚与物到处其□□□□／傲诗酒匪任享年大耋子孙永昌窀居西河蓄瑞含光先生之卧可无思旁／时／

赐进士第保和殿内阁大学士太子太保礼部尚书纂修宝录总裁婿魏裔介顿首拜题／康熙拾壹年叁月花辰吉旦河南汝宁府西平县少尹不孝男韩宕泣拜书丹／

附记：本文在撰写过程中，得到河北省文物研究所王会民研究员指导，并提出了宝贵的修改意见，在此谨致谢忱！

发掘 李五魁　武书祥　贾永禄
巨建强　韩志勇　贾城会
绘图 贾城会　刘秀敏
执笔 贾城会

注释

[1]《清史稿下·列传四十九》，总第 1098 ～ 1099 页，上海古籍出版社，1986 年。

[2] 李建立、史运征等：《魏裔介及其家族墓志综考》，《文物春秋》1996 年第 4 期。

[3]《清史稿上.职官志二》，总第 438 页，上海古籍出版社，1986 年。

（原载《文物春秋》2014 年第 4 期）

河北临城金代山下窑发掘收获

索丽霞　赵庆国
（河北邢窑博物馆）

2013 年 5 月 4 日，“南水北调”中线工程通过山下东窑址的南部，在机械施工过程中，挖出大量的瓷片堆积层。邢窑博物馆闻讯后，及时赶往现场进行调查勘探，经调查此地为一处宋金时期邢窑窑址——山下窑的废弃物堆积区。当即责令施工单位立即停工，并派专人保护现场，在上报主管部门得到回复后，邢窑博物馆随即组织相关人员，对该处遗址区进行了抢救性清理。

一、地理位置

该遗迹位于临城县山下村东南，东距苗大公路 200 米，南距薛家庄村 200 米，西距山下村 400 米，北距山下东窑址 150 米，地理坐标为北纬 37° 23′ 49″，东经 114° 30′ 55″，高程 85 米。山下村处于临城与内丘交界地带，位于临城县城东南 4 千米，南距内丘县邵明村 2 千米。临城至内丘古道从窑址穿过，古道俗称皇道或御道。此道路经多年人走车轧形成一条长沟，在沟岸两边发现多处窑炉遗迹及瓷片堆积。山下窑不仅紧邻古道，且北去 1000 米有泜河相邻，不论是在陆路运输还是水路运输都占有绝对优势（图一）。

二、遗迹

遗址位于山下村东南 400 米处“南水北调”中线干渠内，在挖渠过程中，压在该段道路下的瓷片堆积层被施工机械挖出，暴露出大面积的遗迹。此次清理发掘 10 米 ×10 米探方一个，向东壁扩方 1 米 ×3 米，面积 103 平方米。方向为南北向。第 1 层为煤矸石及青石渣路面，土质较为坚硬，为近代垫筑路基，厚 0.3 米。第 2 层为黄褐土，土质比较纯净，含有少量砂土颗粒及瓷片，为元、明、清时期自然堆积层，厚 0.5 米。第 3 层为灰褐土，发现支圈及白釉瓷片，为金代地层，厚 0.2 米，在三层下发现 2 个灰坑。H1 位于探方的东部，呈南北向不规则条形，底部不平，边缘不规整，宽 2.5 ～ 3、深 0.2 ～ 0.6 米不等，H1 出土

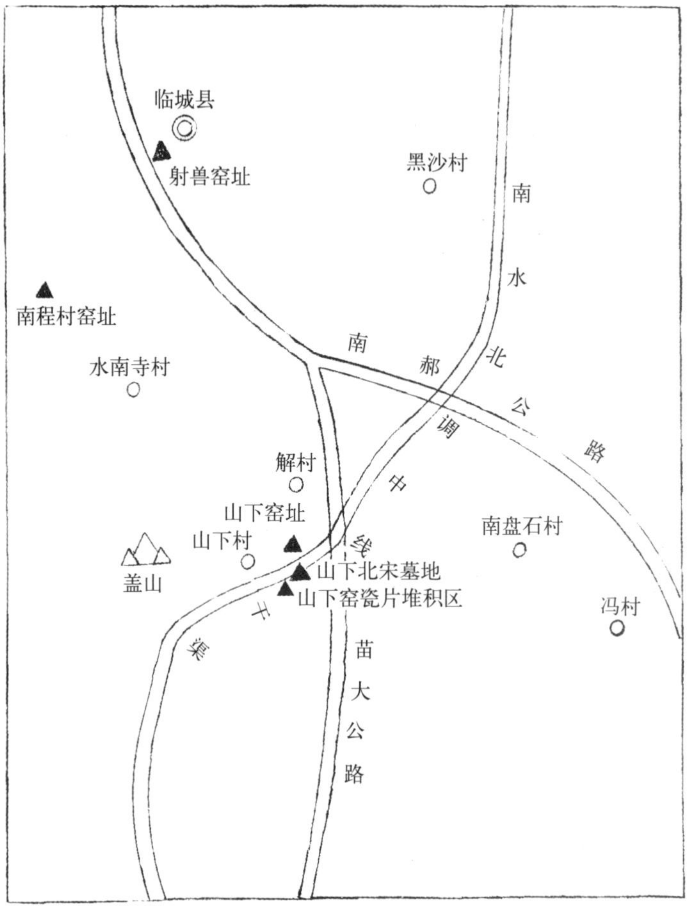

图一　地理位置示意图

的遗物多为黑釉瓷片，并伴有较多的煤灰炉渣，白釉瓷片及窑具极少。H2 位于探方的西部，呈南北向不规则条形，底部不平，边缘不规整，宽 2 ～ 2.5、深 0.8 ～ 1.2 米不等。H2 出土的遗物多为白釉瓷片，并伴有大量的支圈、匣钵和窑具及煤灰炉渣，黑釉瓷片较少（图二）。

三、遗物

本次发掘出土的主要器物为瓷器，瓷器种类分白釉瓷、黑釉瓷、酱釉瓷和双色釉瓷。以白釉瓷为大宗，黑釉瓷及酱釉瓷次之，双色釉瓷则为少数。器型主要有碗、盘、盏、罐、瓶、盆、腰鼓等。装烧工艺采用匣钵叠烧和支圈覆烧等烧制方法。本次共清理出土具有较高艺术研究价值的印花瓷片和刻划花瓷片 3000 余片，可复原器物标本 200 余件。类型有白釉、黑釉、双色釉、酱釉等。器型有白釉碗、折腹盘、瓜棱杯、盒、瓶、模具等。装饰有印花、刻划花；纹饰有龙纹、凤纹、婴戏、博古、竹鹤洞石、鸳鸯戏水、鲤鱼戏水、船夫荡船等。

由于本次发掘出土的器物标本数量大，种类繁多，器型复杂，所以在此不做一一介绍，

图二　发掘遗迹图

着重挑选了部分白釉瓷和黑釉瓷器物标本做一简单介绍。

1. 白釉瓷

白釉瓷的器型主要有碗、盘、盏、杯、小口罐、器盖等，其中以碗、盘为大宗。装饰方法多以印花、刻划花为主，兼有戳印褐釉点彩。

龙纹印花盘　标本 SXH2②:79，残片，斜弧腹，矮圈足。灰白胎，通体施透明釉，釉下施化妆土。器内底部印螭龙纹图案，器壁印仰莲花瓣图案。腹径 11.4、底径 5.1 厘米（图三）。

双凤牡丹纹印花碗　标本 SXH2②:108，残片，弧腹，圈足。足底挖足过肩。灰白胎，胎质坚硬。通体施白釉，器内釉下施化妆土，内壁印有两只展翅飞翔的凤凰穿梭于牡丹花之中，此器图案非常清晰，纹饰印制圆润饱满，实属印花之精品。底径 8.3、残高 5.8 厘米（图四）。

婴戏图印花碗　标本 SXH2②:106，修复，十曲口，口沿有芒，尖唇，弧腹，圈足。灰白胎，胎质致密，通体施白釉至足心，釉下施化妆土。器内底饰有折枝牡丹纹饰，围牡丹一周饰回纹，器内壁饰十等分婴戏图案。各婴戏图案不尽相同，每个婴童都是虎头虎脑、浓眉大眼、笑容可掬，有的赤臂露胸身绕绶带嬉戏玩耍，有的手持鼓乐欢天喜地地载歌载舞，有的手持长柄扇身着马夹服。该器每组婴戏图案都很清晰，个个孩童活泼可爱，反映出一种强烈的民俗文化，也反映出当时社会一派欢乐的景象。口径 28、底径 10.3、高 10 厘米（图五）。

博古图印花碗　标本 SXH2①:36，修复，敞口，圆唇，斜弧腹，圈足，挖足过肩。内底有涩圈，灰白胎，胎质细腻，通体施白釉，釉下施化妆土。器内底印一葵花纹饰，内壁印有六等分博古图，其纹饰各不相同，清晰悦目，清雅高洁。口径 23.4、底径 7.5、高 8 厘米（图六）。

竹鹤洞石印花碗　标本 SXH2②:107，修复，侈口，圆唇，弧腹，圈足，挖足过肩。灰白胎，胎质坚硬。通体施透明釉，釉下施化妆土。其内底饰一菊瓣纹饰，内壁印有六等分竹鹤洞石图案，图案相互不相同，有的仙鹤展翅起飞，有的低头觅食、有的曲颈回首、有的昂首

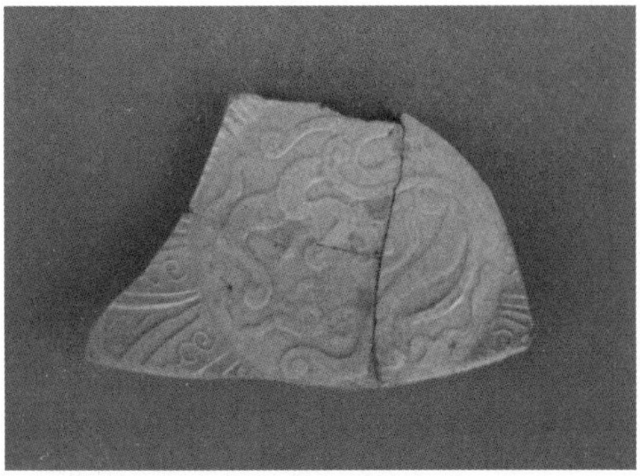

图三　龙纹印花盘标本

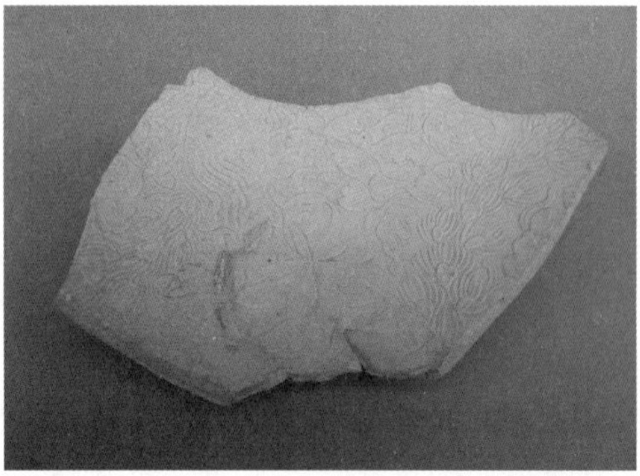

图四　双凤牡丹纹印花盘标本

图五　婴戏图印花碗

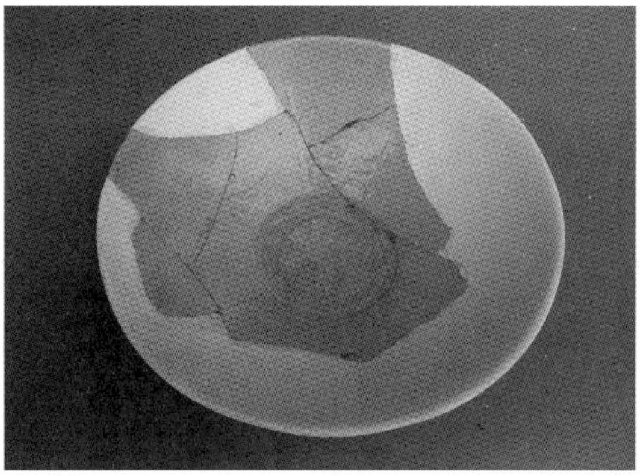

图六　博古图印花碗

长喙。其装饰独具匠心，做工美妙精细，印花纹饰高凸，立体感极强。口径22.5、底径7、高7.5厘米（图七）。

莲叶纹印花碗　标本SXH2①:37，修复，侈口，圆唇，斜弧腹，灰白胎，通体施白釉，釉下施化妆土。器内底印一宝相花纹饰，器内壁印缠枝莲叶纹图案。口径22.5、底径7、高7厘米（图八）。

船夫荡船印花碗　标本SXH2②:97，残片，侈口，圆唇，斜弧腹，灰白胎，施透明釉，釉下施化妆土。器内印水波纹，水波中飘荡一船，船夫掌舵航行于波涛之中，其寓意不言而表，应为一帆风顺之意（图九）。

白釉折枝花卉纹印花碗　标本SXH2①:97，修复，芒口，尖唇，弧腹，圈足，挖足过肩。灰白胎，胎质坚硬。通体施透明釉，釉至足心，釉下施化妆土。器内底印一朵宝相花纹饰，纹饰外印一周连珠纹，连珠纹外印五组折枝花卉纹，其纹饰各不相同，分别间隔以曲形出筋纹饰，器外素面无纹饰。口径12.1、底径4.8、高4.8厘米（图一〇）。

白釉鱼叶纹印花碗　标本SXH2②:98，修复，芒口，尖唇，弧腹，圈足，灰白胎，胎质致密，通体施白釉至足心，釉下施化妆土。器内底印有鲤鱼戏水纹饰，器壁印有三重叶纹。

图七 竹鹤洞石印花碗

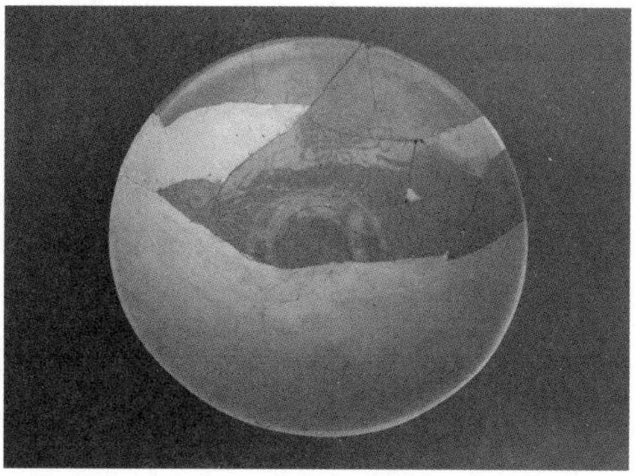

图八 莲叶纹印花碗

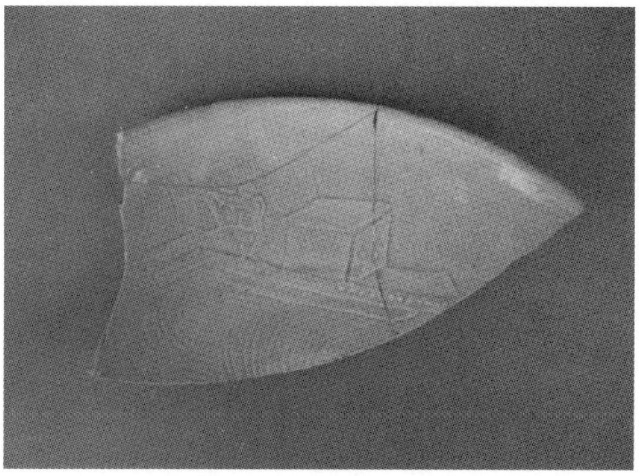

图九 船夫荡船印花碗标本

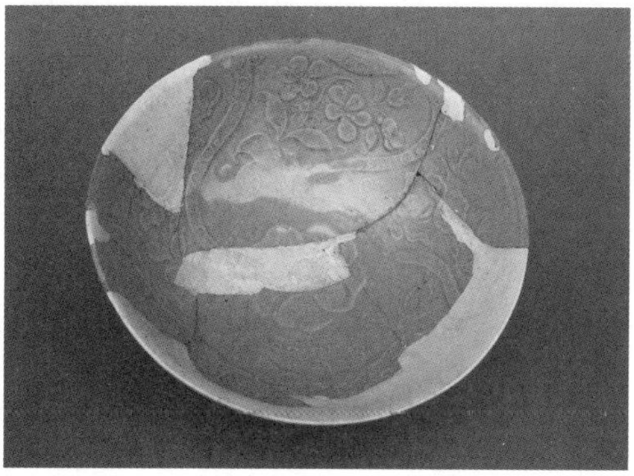

图一〇 白釉折枝花卉纹印花碗

口径 10、底径 4.5、高 4.8 厘米（图一一）。

白釉刻划花碗 标本 SXH2②：75，残片，深弧腹，矮圈足。灰白胎，胎质坚硬，通体施白釉至足心，釉下施化妆土，釉色泛灰青色。器内在化妆土上刻划有萱草纹和蕉叶纹饰，蕉叶内有篦划纹，器外素面无纹饰。该器刻划技术流畅，刀法挥洒自如，堪称金代邢窑刻划花之精品。腹径 23、底径 12、残高 8.3 厘米（图一二）。

2. 黑釉瓷

黑釉的釉料是以当地所产的一种含铁量较高的黄褐土为原料，经过淘洗、过滤、沉淀等工艺，取得较为细腻的泥浆，施与坯体表面，高温烧制后釉面产生夺目的光彩。同样的黑釉料，根据施釉层薄厚程度、烧成温度、窑炉内气氛等因素的不同，可以使开窑后的器物表面呈现出不同的釉色。主要产生的釉色有黑釉、酱釉、褐绿釉、兔毫、金属红等颜色。

黑釉瓷大多数出土于 H1，少量出土于 H2。器型主要有碗、盏、钵、罐、盆、腰鼓、器盖、动物俑等。其中以盆、罐为大宗，碗、钵、盏次之，腰鼓、器盖、玩具等有少量出土。黑釉瓷的胎质都较细腻，坯体瓷化程度极高非常坚硬，击之清脆响亮。黑釉瓷的装饰较少，

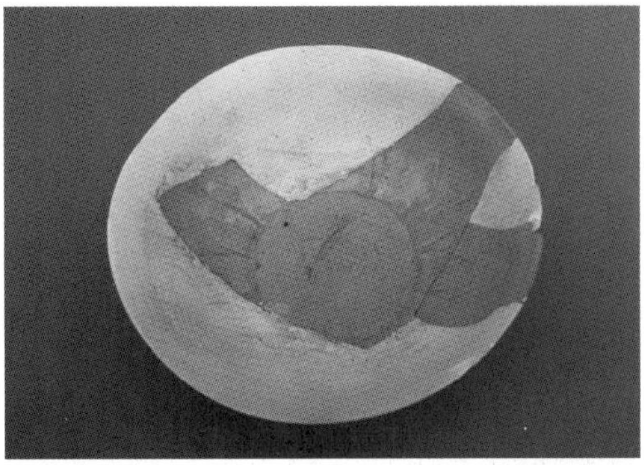

图一一　白釉鱼叶纹印花碗

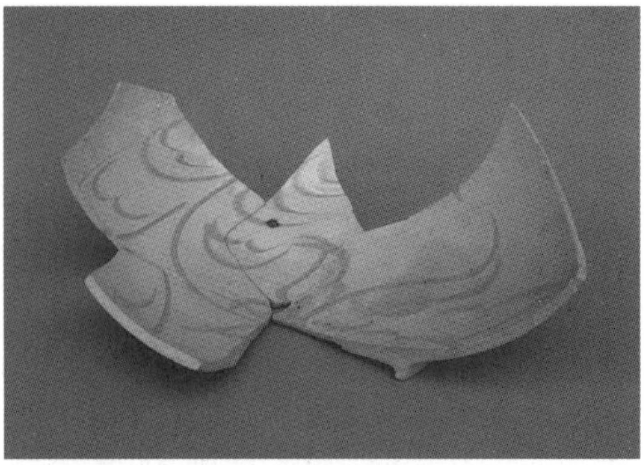

图一二　白釉刻划花碗标本

有黑釉白覆轮碗、铁足兔毫盏、内白外黑双色釉盆、刻划腰鼓等。

黑釉盆　标本SXH1∶12，修复，口微敛，平沿外卷，斜弧腹，腹较深，玉璧形底足。白胎较细腻，胎质较坚硬。器内施白釉，釉下施化妆土，内底有涩圈，器外施黑釉不均匀，釉薄处泛黄色，口沿下1厘米未施釉，器外施釉不及底，底心施满釉。口径32、底径18、高18.5厘米（图一三）。

黑釉梅瓶　标本SXH1∶28，修复，小口，口沿外卷，短束颈，丰肩，鼓腹下收，隐圈足，足心施满釉。灰白胎，胎质细腻坚硬。通体施黑釉，腹部有不明显暗旋纹。口径5.3、底径6.6、高30.5厘米（图一四）。

刻划花腰鼓　标本SXH1∶7，残片，圆筒形，中腰细，两头粗，平口微敛。黄白胎，胎质较细，器外施黑釉，器内露胎，釉上刻划有旋纹、水波纹、莲纹等装饰。残长15厘米（图一五）。

酱釉盏　标本SXH2②∶8，修复，唇沿外侈，斜弧腹，浅圈足，灰白胎，通体施酱釉，局部显兔毫装饰，铁足，施护胎釉，足部黏连一芝麻形支钉。口径13、底径4、高4.5厘米（图一六）。

兔毫盏　标本SXH2②∶3，残片，斜弧腹，矮圈足。铁足，施护胎釉，底足与其他器物黏连，露有一颗芝麻支钉。灰白胎，通体施黑釉，釉下显兔毫纹饰，釉面光亮，美观精致。底径4.5厘米（图一七）。

黑釉白覆轮碗　标本SXH2②∶7，修复，敞口，圆唇，斜曲腹，圈足，灰白胎，胎质细腻，口沿处施白釉1.5厘米，其余部分施黑釉，内呈酱红色，器外局部显兔毫纹饰。口径13.4、底径4.2、高5.5厘米（图一八）。

四、结语

山下窑规模宏大，分布面积广，年代跨度长，文化内涵丰富。经过最近几年的调查发现，在山下村区域内有多处古窑址，时代跨越唐、五代、宋、金、元，分布在该村东、东南、南、

图一三　黑釉盆

图一四　黑釉梅瓶

图一五　刻划花腰鼓标本

图一六　酱釉盏

图一七　兔毫盏标本

图一八　黑釉白覆轮碗

西和东北等处。唐代以烧制白瓷、黄釉瓷为主。宋金时期以烧制白瓷、印花白瓷和黑釉瓷为主。1992 年 8 月，河北省文物研究所、临城县文物保管所组成的邢窑考古队，在山下村东 400 米处、遗迹较丰富的山下东窑址试掘了 94 平方米，发现了两座窑炉和四个灰坑，出土了一批印花白瓷标本。2010 年，在该遗址东 100 米处“南水北调”渠线内，发掘一宋代家族墓葬群，出土了一批具有典型邢窑特征的瓷器，主要有白釉碗、罐及黑釉梅瓶等。

根据本次出土的器物造型和地层，以及该发掘区域北距山下东窑址仅有 150 米这一地理位置分析，此处应为金代山下窑址的废弃物堆积区。在该区域出土的遗物主要有白釉瓷和黑釉瓷两种，白釉瓷以各具特色的印花装饰和刻划装饰尤为重要。黑釉瓷则以施高铁护胎釉的兔毫盏和刻划花腰鼓比较特殊，这类器物在邢窑历年考古发掘中为首次发现。本次发掘出土如此大规模的印花、刻划花器和兔毫盏无疑是邢窑考古工作中的重大发现之一。在以往的邢窑考古调查中，在临城磁窑沟和南程村窑址中曾有发现过此类器物，但数量相对较少。此次发掘出土的印花白瓷、刻划花白瓷和铁足兔毫盏，为研究邢窑后期的发展及定窑、井陉窑和磁州窑的相互关系提供了实物资料、也为鉴别宋以后墓葬出土的这类器物的窑口提供了有力的佐证。

（原载于《陶瓷考古通讯》2015 年第 2 期）

河北省临城县梁村元墓清理简报

临城县文物保管所

2012年4月，在临城县梁村村西临万公路施工时发现古墓葬群。临城县文物保管所闻讯后，立即组织人员赶赴现场对该区域进行了勘查，发现在该段施工范围内有古墓葬2座，随后对这两座墓葬进行了抢救性清理。墓葬编号为LCM1、LCM2（简称M1、M2），现将清理情况报告如下。

一、地理位置

梁村位于临城县县城北13千米处的鸭鸽营乡，墓葬区位于梁村村西50米处，“临城—高邑万城”公路从该区域穿过。墓葬东邻显灵耐火材料加工厂，南临一灌溉机井，西为枣树林，北靠阳坡地，地势为西北高，东南低。坐标为北纬37° 33′ 43″，东经114° 31′ 3″，海拔53米（图一）。

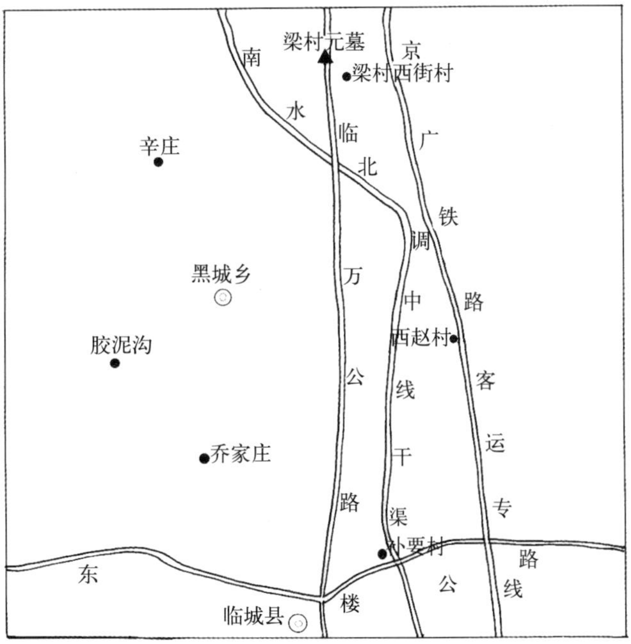

图一　梁村元墓地理位置示意图

二、墓葬形制

均为坐北朝南，由于墓葬在公路施工时均遭到严重破坏，只残留有墓室底部。

M1　圆形砖石混砌单室墓，方向17°。由墓道、甬道、墓室三部分组成。墓道为土圹长方形，南高北低呈斜坡状，南北长2.2、东西宽1.6米。甬道宽1.1米，进深0.85米。墓门由残砖码砌封堵，墓室为圆形，直径2.3、残高0.7米。墓壁下部0.6米为河卵石砌筑，上部为青砖错缝砌筑。棺床为青砖平铺砌筑，南北宽1.82米。墓室早期滴水严重，淤土达0.7米。受积水影响，骨骼漂移凌乱，清理时只发现三个头盖骨及部分骨骼，葬具均已腐朽，因骨骼杂乱，葬式无法考证。在墓室中部淤土中间出土铜镜1面，镜面朝下，镜钮孔内残留有铁丝，应为悬挂于墓顶，铁环腐朽后断落于淤土之中。在棺床的西部出土黑釉盏1件，在棺床下西侧出土四系瓶1件、孔雀蓝釉三足炉1件、三彩盘1件、绿釉碗1件、黑釉碗1件（图二）。

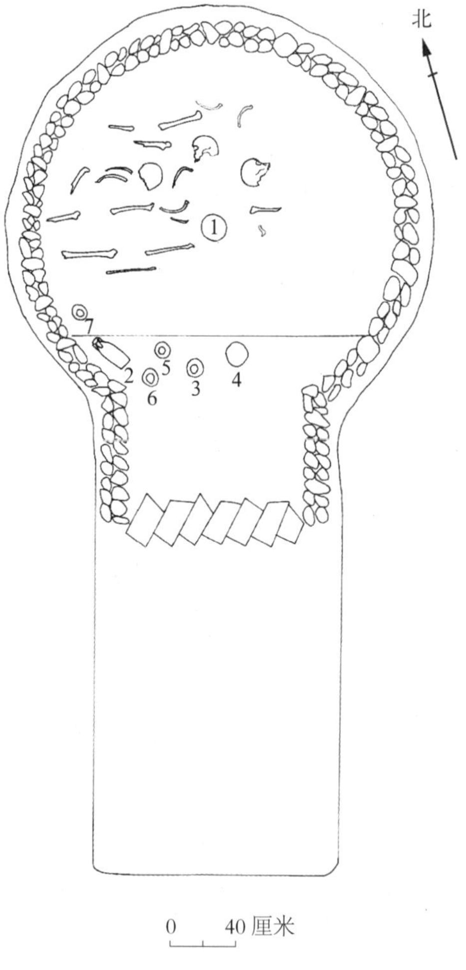

图二　M1平面图

1. 铜镜　2. “玉山馆”四系瓶　3. 孔雀蓝釉三足炉　4. 三彩盘　5. 绿釉盏　6. 黑釉碗　7. 黑釉盏

M2　方向19°。为圆形砖室墓，由墓道、甬道、墓室三部分组成。斜坡形墓道，墓道长2.4、宽1.6米。甬道宽1米，进深0.9米，残砖平行错缝砌筑封门。圆形砖砌墓室，墓室平面呈圆形，青砖平行错缝砌筑，直径2.6米。墓室北部为棺床，南北宽1.6米，棺床边沿由灰砖砌筑，床面为预留生土。墓室因早期积水严重，骨骼漂移杂乱，在墓室北部清理出两个头骨。在馆床的下部出土1件残损的绿釉三足炉、绿釉盘1件、黑釉碗1件（图三）。

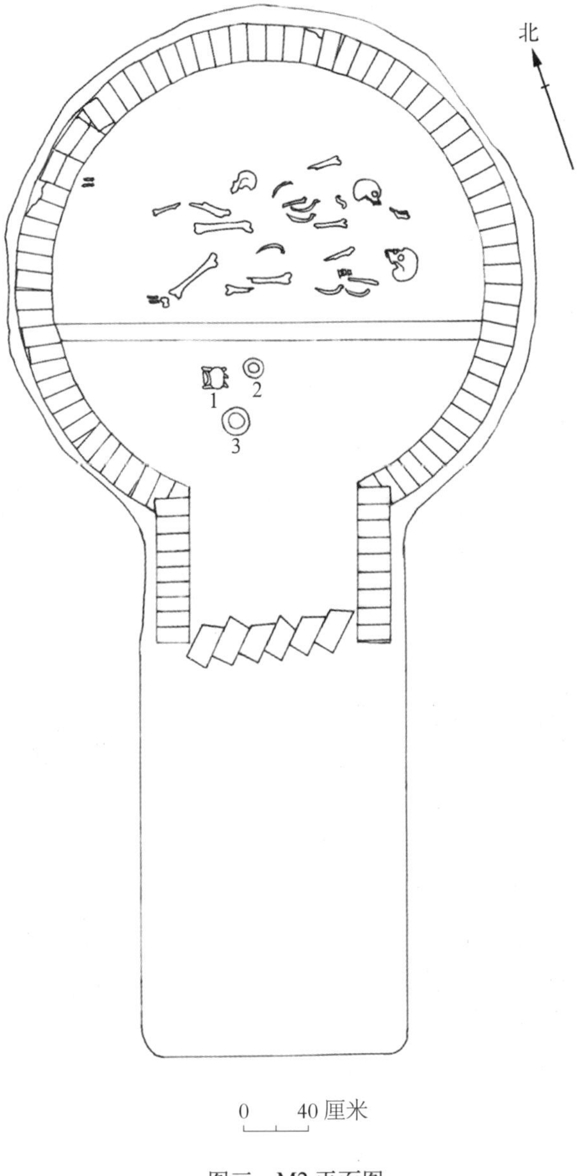

图三　M2平面图

1. 绿釉三足炉　2. 绿釉盘　3. 黑釉碗

三、出土遗物

出土遗物共 10 件，其中瓷器 9 件，铜器 1 件。

1、瓷器

瓶　一件。M1∶2，口沿外卷，短颈，溜肩，橄榄形瓶体，圈足，肩之口部置鱼尾形四系，系中部均模印花朵。灰白胎，釉下施化妆土，器外上部施乳白釉，下部施黑釉不及底，肩部黑釉斜书“玉山馆”。口径 3.9、底径 8.1、高 24.6 厘米（图四，1；彩版二三，1）。

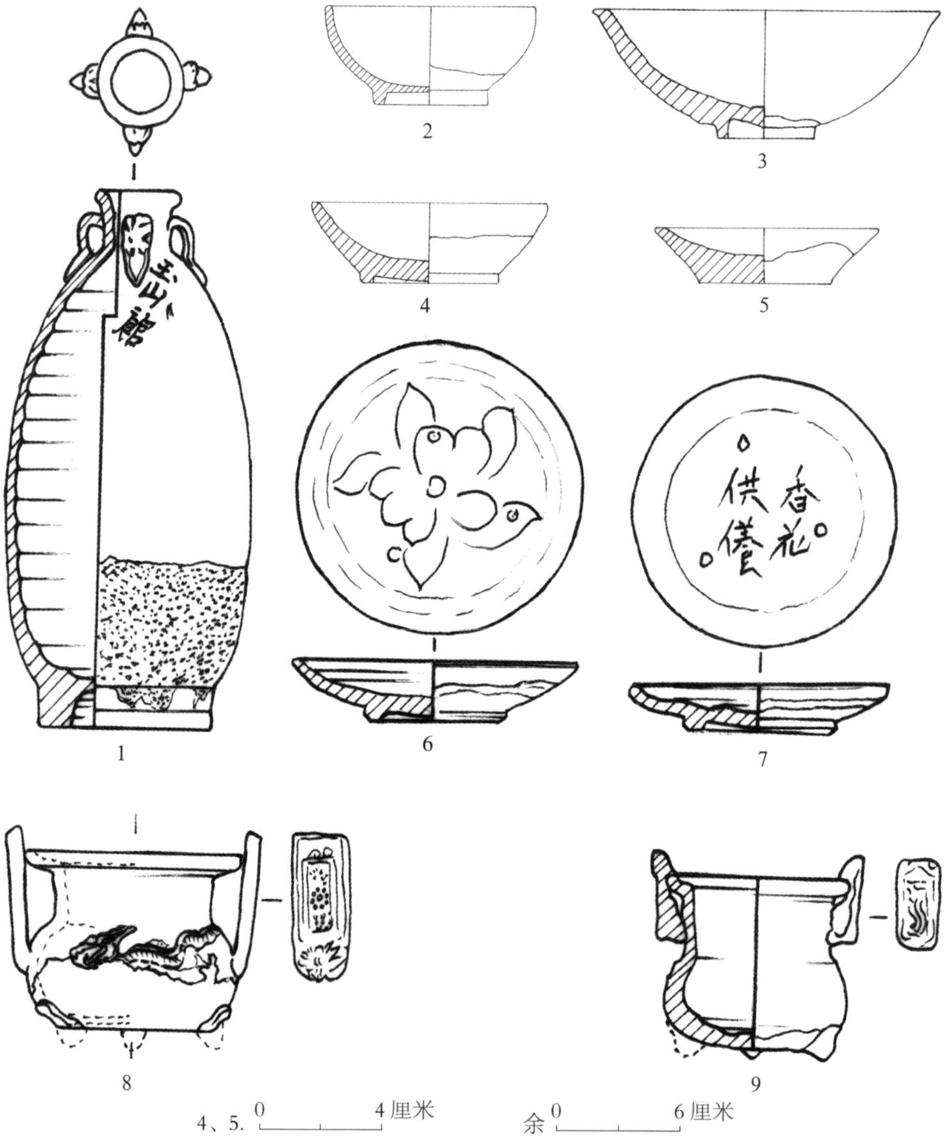

图四　出土瓷器

1. 瓶（M1∶2）　2、3. 碗（M1∶6、M2∶3）　4、5. 盏（M1∶5、M1∶7）　6、7. 盘（M1∶4、M2∶2）　8、9. 炉（M1∶3、M2∶1）

碗 2件。

M1∶6，圆唇，口沿微敛，曲腹，圈足。灰白胎，施黑釉，器外不及底。口径9.9、底径5.5、高4.6厘米。（图四，2）

M2∶3，圆唇，侈口，曲弧腹，圈足，挖足过肩，足心有旋突。灰白胎泛红，施黑釉，内底有涩圈，器外施釉不及底，釉面光亮局部泛酱红色。口径16.6、底径4.6、高6厘米（图四，3）。

盏 2件。

M1∶5，圆唇，直口，曲腹，玉环形足，足心乳突。灰白胎，施低温绿铅釉，釉下施化妆土，内底有三支烧痕。釉层与胎体结合差，釉面出现大面积脱落。口径7.5、底径4.3、高2.5厘米（图四，4；彩版二三，2）。

M1∶7，圆唇，侈口，斜腹呈浅盘状，实足。灰白胎，器内外施黑釉不及底。口径7、底径4.2、高1.6厘米（图四，5）。

炉 2件。

M1∶3，孔雀蓝釉三足炉 1件。外折沿，束颈，鼓腹，圜底内凹，底置三足（已残），灰白胎，釉下施化妆土，通体施孔雀蓝低温釉，釉面局部泛绿且有脱落。口沿部置对称双耳到肩，耳外模印花卉纹，耳过沿1厘米，腹部对称印龙纹图案，双龙为模印粘接于腹部。口径10.2、高9厘米（图四，8；彩版二三，3）。

M2∶1，方唇，外折沿，长颈，鼓腹，圜底，底置三足，颈沿部饰对称双耳，耳过沿1.2厘米，耳外饰模印花卉。灰白胎泛红，外施绿釉不及底，釉下施化妆土。口沿部有三支烧痕。口径9.6、高9厘米（图四，9；彩版二三，4）。

盘 2件。

M1∶4，圆沿，弧腹，圈足，底部有三裹足支烧痕。灰白胎，露胎部位泛红。内底施酱红色釉，中间阴刻花卉图案。器外施深绿釉不及底，釉表面局部泛银白色金属光泽。口径13.8、底径6.3、高2.7厘米（图四，6；彩版二四，1）。

M2∶2，圆沿，斜腹，圈足，底部有三裹足支烧痕，内底有一圈旋纹，内刻“香花供养”款，内底有三支烧痕。灰白胎，露胎部位泛红。器内施满釉，器外施半釉，釉为深绿色，釉下施化妆土。口径12.3、底径6.3、高2.4厘米（图四，7；彩版二四，2）。

2．铜器

铜镜 1件。M1∶1，圆形，扁平圆钮，钮外饰山水、人物、花卉图案，宽素缘。直径14.5厘米，沿厚0.3厘米（彩版二四，3）。

四、结语

由于本次清理的墓葬中没有出土任何相关的文字记载，所以只能根据墓葬形制及出土器物来判断墓葬的时代。

圆形砖室墓葬是宋代以后比较盛行的一种墓葬形制，邢台地区这类墓葬屡有出土。本次出土的随葬器物多为瓷器，M1∶3、M1∶4、M1∶5、M2∶1、M2∶2这5件低温三彩釉陶无论是胎质、釉色和装饰风格均与临城射兽三彩窑址出土的器物相一致，应为该窑址所产无疑[1]。M1出土的“玉山馆”铭文四系瓶，其造型釉色与河北威县后郭固出土的“和仁馆”铭四系瓶[2]、河北乐亭张王庄出土的“仁和馆”铭四系瓶[3]和安徽柳孜运河遗址出土的“仁和馆”[4]铭四系瓶造型一致，铭文规范近似，应属同一时期随葬器物。

近些年来，河北、山东、北京、内蒙古等地不断有带铭文的四系瓶出土，但出土“玉山馆”铭文的四系瓶却很少见。笔者查阅有关四系瓶的出土资料，仅见有彭城镇磁州窑窑址出土有“玉山馆”铭文四系瓶标本[5]。本次出土的“玉山馆”铭文四系瓶在墓葬中应为首次发现，该四系瓶的出土，为研究磁州窑四系瓶铭文的流向提供了新的资料。

综上所述，根据墓葬形制及随葬品特征的判断，这两座墓葬应为元代墓葬。

发掘　张志忠　索丽霞　王信忠
　　　申海珍　王凌超　赵庆国
绘图　郭少清　申海珍　赵庆国
执笔　索丽霞

注释

[1] 河北邢窑博物馆：《射兽金元三彩窑址调查报告》，《文物世界》2015年第6期。

[2] 河北省文物研究所：《邢台威县后郭固出土汉唐至金元文物》，《河北省考古文集》（三），科学出版社，2007年。

[3] 陈佩林：《乐亭县出土的几件白釉釉下黑彩瓷器》，《文物春秋》1993年第3期。

[4] 彭善国：《柳孜运河遗址出土“仁和馆”铭四系瓶及相关问题》，《辽金元陶瓷考古研究》，科学出版社，2013年。

[5] 马小青、李六存：《磁州窑四系瓶》，天津古籍出版社，2004年。

（原载于《华夏文明》2017年第10期）

河北临城县解村东遗址东汉墓葬

吉林大学边疆考古研究中心　河北省文物局

解村东遗址位于河北省邢台市临城县解村东约500米，在泜河南岸的二级台地上（图一）。遗址所在台地地势平坦，现为农田，根据考古调查和钻探结果，遗址面积近30万平方米，堆积厚度约1.5～2米，主要是以晚商至东汉时期的遗存为主，还有少量新石器时代遗存。2009年7～9月，吉林大学边疆考古研究中心对该遗址进行了发掘，清理的两座汉墓M1、M2出土了丰富的遗物。现将这两座墓葬的发掘情况简报如下。

一、M1

1. 墓葬形制

M1为砖室墓，由墓道、甬道、墓室组成，方向为95°（图二）。墓口距地表0.4米，墓底距地表3.6米。填土土质疏松，土色较杂，伴出大量汉代砖、瓦片和陶片等。

墓道　斜坡墓道平面呈长方形，墓道口长约8.5、宽0.8、最大深度为3.2米，坡度为21°。近甬道处为平底，与甬道、墓室底部在同一平面。墓道中部有6个台阶，总长约0.68米，每级台阶宽约0.22～0.3、高约0.12米。

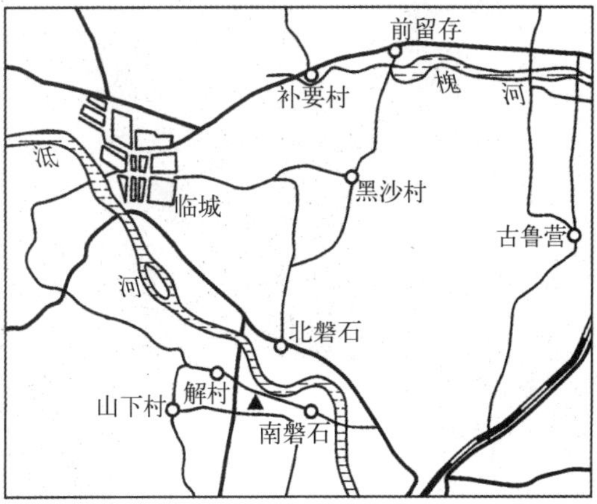

图一　墓葬位置示意图

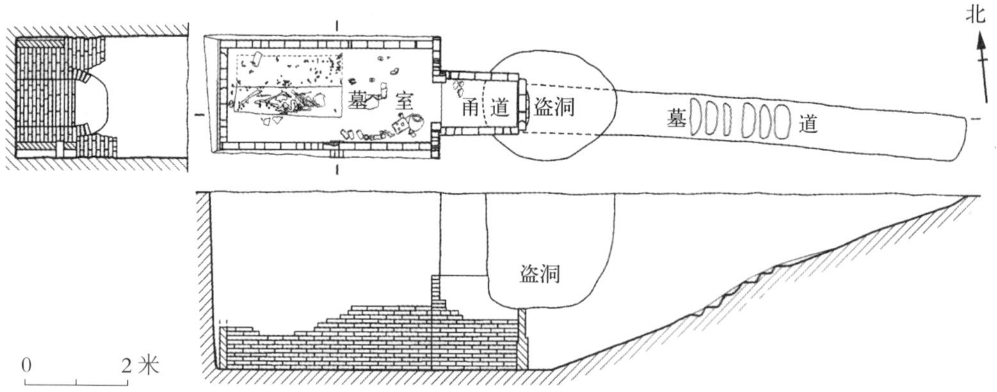

图二　M1 平、剖面图

甬道　由墓道向墓室掏挖而成。直壁，拱形顶。两侧错缝垒砌砖，受到盗洞破坏，残存 15 层砖。长 1.72、宽 1.18、高 1.32 米。入口处错缝垒砌封门砖，砖长 30、宽 15、厚 7 厘米（图三）。

墓室　与甬道相通，平面呈长方形，内空长 4.05、宽 1.8 米。从墓底向上约 1.2 米处起券。券顶已坍塌，仅墓门处可见券顶底部的四层砖。四壁高 1.2 米，由 15 层墓砖错缝平砌而成，南壁外有三块立砖。墓室西北部有白灰面和棺灰面，此范围内分布大量铁棺钉及钱币。南侧的白灰面长 2.2、宽 0.6、厚 0.05 ～ 0.1 米，北侧的棺灰面长 2.16、宽 0.58、厚 0.05 ～ 0.08 米。墓室底部有编织物及织物的痕迹，推测死者身下曾铺一层席，织物痕迹中可以辨认出丝织品及麻织品。人骨腐朽严重，仰身直肢，双手交叉置于胸前，头向东，面朝北。初步鉴定死者可能为女性，年龄 18 ～ 19 岁（图四、图五）。

图三　M1 甬道（西→东）

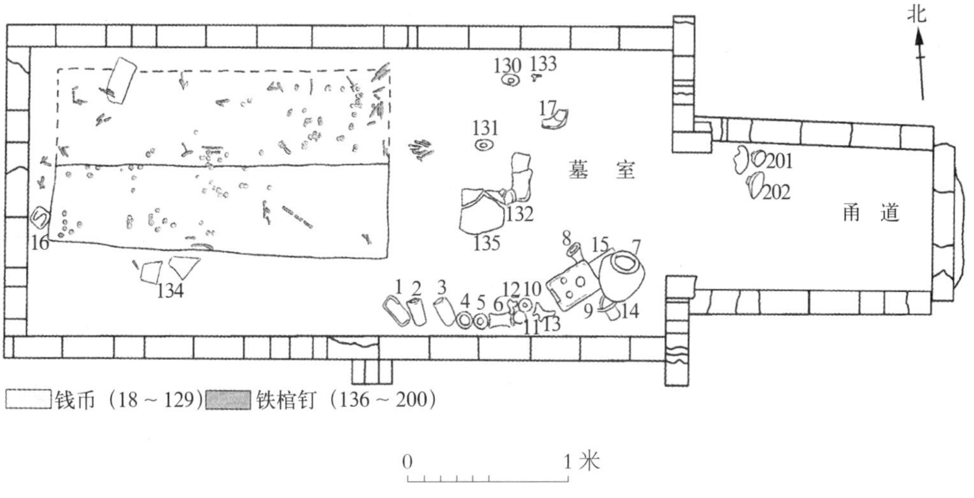

图四　M1墓室平面图

1. 陶狗舍　2～6. 陶仓　7. 陶罐　8. 陶甑　9. 陶灶　10、11. 陶磨　12、133. 陶鸡　13. 陶狗　14. 陶井　15. 陶门枢　16. 陶猪圈　17. 陶盆　130～132. 陶耳杯　134. 陶屋残片　135. 陶案　201、202. 陶碗

图五　M1墓室（西→东）

2. 出土遗物

M1 出土遗物 202 件，基本都出自墓室中，有陶器、钱币等。

(1) 陶器

共 25 件。以泥质灰陶为主，有少量泥质红陶，多为素面，器型有灶、罐、案、鸡、狗、井、仓、猪圈、耳杯等。

灶 1 件。M1∶9，泥质灰褐陶。灶面近梯形，有羊头和鱼的图案。直壁，近方形灶门，灶门上有较矮的挡火墙。长 29.8、高 11.8 厘米（图六，7；图七）。

甑 1 件。M1∶8，泥质灰褐陶。圆唇，敞口，斜腹，小平底，底部有若干小孔。腹上部有两周凸棱，腹中下部有纵向刮削痕迹，内壁轮制痕迹明显。口径 12、底径 4.8、高 8 厘米（图六，5；见图七）。

盆 1 件。M1∶17，泥质红陶。圆唇，平折沿，口沿下有一圈凸棱，斜腹底部内收，圜底，圈足。内壁口沿下等距分布三个圆柱形支脚。器表凹凸不平。口径 26.7、圈足径 10.2、高 10.2 厘米（图六，6）。

案 1 件。M1∶135，泥质灰陶。器形不规整，平面呈长方形，边缘有一周凸棱，背面较平整。残长 36.6 厘米（图六，4）。

罐 1 件。M1∶7，泥质灰陶。圆唇较厚，鼓腹，内壁凹凸不平，底部内凹。口沿下有一周斜向按压纹，肩部有明显轮制痕迹。口径 19.6、底径 13.2、高 25.2 厘米（图六，8；图八）。

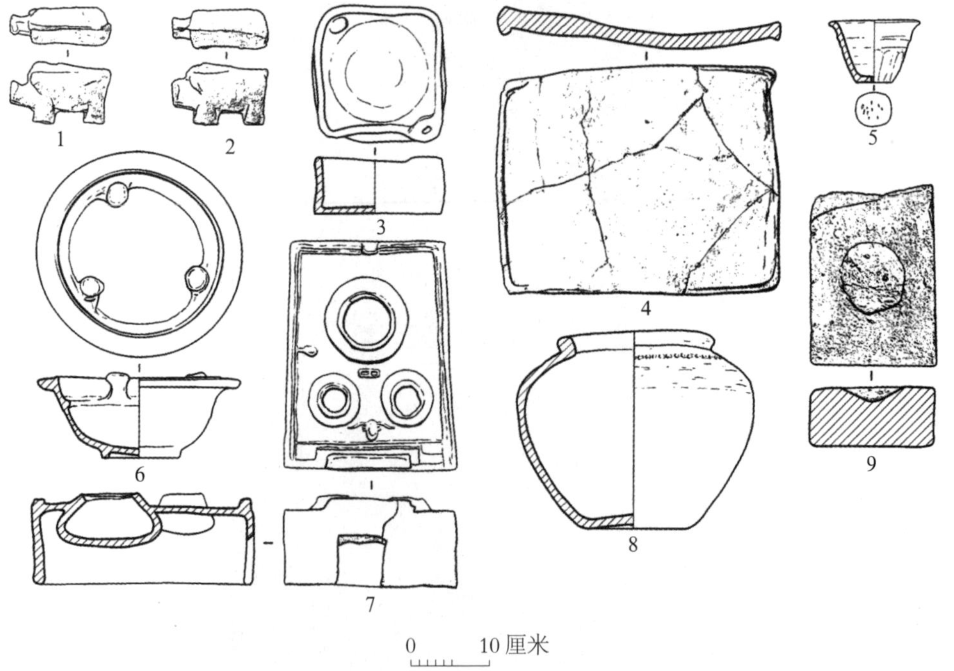

图六 M1 出土陶器

1、2. 猪（M1∶16-2、M1∶16-3） 3. 猪圈（M1∶16-1） 4. 案（M1∶135） 5. 甑（M1∶8） 6. 盆（M1∶17） 7. 灶（M1∶9） 8. 罐（M1∶7） 9. 门枢（M1∶15）

图七　陶灶和甑

（M1∶9、M1∶8）

图八　陶罐

（M1∶7）

图九　陶猪圈和陶猪

（M1∶16-1 ～ M1∶16-3）

猪圈　1组。M1∶16，泥质灰陶。由圈舍和两头猪组成。圈舍（M1∶16-1）平面略呈圆角方形，圆唇，三面直壁，一面上部外弧，一角向内有一孔，其对角向内有一圆窝，平底。内底有明显轮修痕迹。边长17.2、高7.2厘米（图六，3；图九）。猪的圆柱形短吻前凸，双耳凸出，从吻到腰中部有凸棱，身呈圆柱形，前后腿并拢成椭圆柱形。M1∶16-2，长13、高7.8厘米（图六，1；见图九）。M1∶16-3，长12.6、高7.8厘米（图六，2；见图九）。

门枢　1件。M1∶15，泥质灰褐陶。平面近长方形，中部有一个圆形凹窝。残长22.8、宽16.8、高7.8厘米（图六，9）。

狗舍　1件。M1∶1，泥质灰陶。平面呈长方形，直壁，底内凹，一侧有较宽的缺口，内底一角有一个凹窝。长20.1、宽7.5、高6.6厘米（图一〇，1；图一一）。

狗　1件。M1∶13，泥质灰陶。吻部前凸，眼睛圆凸，半圆形双耳略向前卷，圆柱形四足，短尾上翘右卷，臀部有一个圆窝。长13.8、高8.1厘米（图一〇，2；见图一一）。

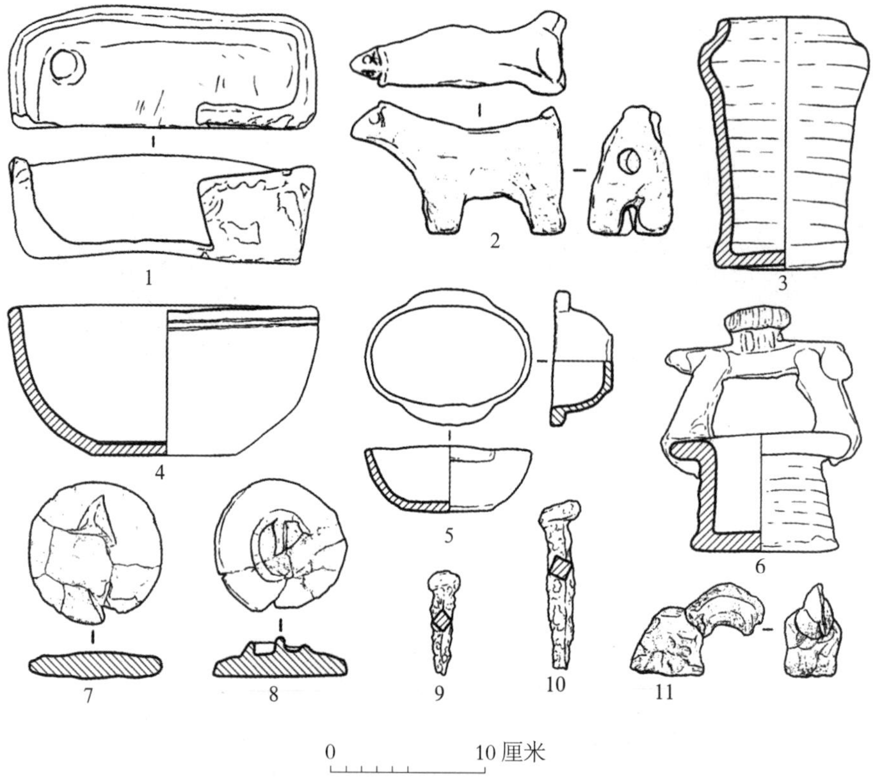

图一〇　M1 出土遗物

1. 陶狗舍(M1:1)　2. 陶狗(M1:13)　3. 陶仓(M1:6)　4. 陶碗(M1:202)　5. 陶耳杯(M1:130)　6. 陶井(M1:14)
7、8. 陶磨（M1:10、M1:11）　9、10. 铁棺钉（M1:162、M1:139）　11. 陶鸡（M1:133）

碗　2 件。M1:202，泥质灰陶。方唇，口近直，弧腹，平底微内凹。口沿下有两道凸棱，内壁有轮修痕迹。口径 20.1、底径 9.5、高 9.3 厘米（图一〇，4）。

仓　5 件。M1:6，泥质灰黑陶。圆唇，敛口，鼓肩，斜腹内弧，平底微内凹。腹部有多道不明显的凸棱，内壁有明显轮修痕迹。口径 7.5、底径 8.4、高 15.6 厘米（图一〇，3）。

磨　2 件。泥质红褐陶。为一个磨的上下盘。M1:11 为上盘，顶面正中有一圆环中间有一周凸棱，底面平整。直径 8.6 厘米（图一〇，8）。M1:10 为下盘，圆饼状。直径 8.8 厘米（图一〇，7）。

鸡　2 件。M1:133，泥质红陶。喙部凸出，鸡冠竖直，长颈，鸡身残。残高 6 厘米（图一〇，11）。

井　1 件。M1:14，泥质灰陶。有梯形井架和两面坡形的井亭。井圈圆形，口小底大，井圈上有外凸的圆形井栏。通高 15.4 厘米（图一〇，6；图一二）。

耳杯　3 件。M1:130，泥质灰褐陶。杯口呈椭圆形，口微敞，沿面较平，弧腹，平底。口沿两侧有耳。口径 6 ~ 10.8、高 4 厘米（图一〇，5）。

屋　1 件。M1:134，泥质灰陶。仅存残片，推测原平面呈“T”形，截面呈长方形。

图一一　陶狗舍和狗

（M1∶1、M1∶13）

图一二　陶井

（M1∶14）

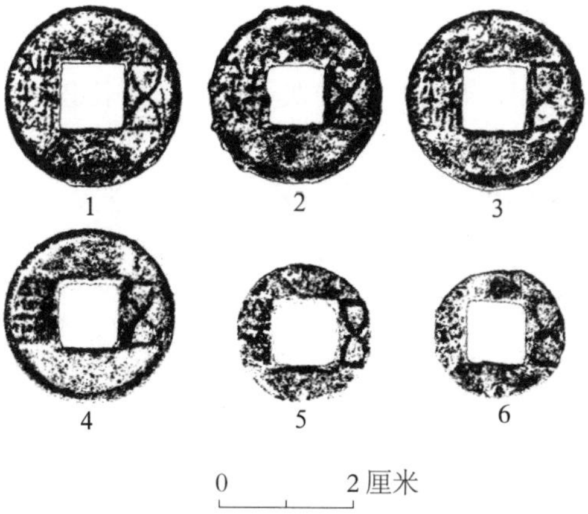

图一三　M1 出土钱币拓本

1 ～ 4 . 铜五铢（M1∶50、M1∶58、M1∶63、M1∶122）　5、6. 剪轮铜五铢（M1∶128、M1∶121）

（2）其他

包括数量较多的铁棺钉和钱币。

铁棺钉　65 件。锈蚀严重，圆形帽，钉身呈四棱柱状，钉尖残。长 6 ～ 10.4 厘米（图一〇，9、10）。

铁钱　1 枚。M1∶81，锈蚀严重、圆形方孔，内外郭和钱文难以辨识。

铜五铢　106 枚。表面多锈蚀严重内外皆有郭。直径 2.5 ～ 2.7 厘米（图一三，1 ～ 4）。

剪轮铜五铢　5 枚。较薄，多残损，直径 2.1 ～ 2.2 厘米（图一三，5、6）。

二、M2

1. 墓葬形制

M2为砖室墓，由墓道、甬道、耳室和主室组成，方向为98°。墓口距地表0.35米，墓底距地表3.75米。甬道有两个盗洞，盗洞内出土1件陶碓的屋顶（图一四）。

墓道　斜坡墓道平面略呈梯形，墓道口长7.6、宽0.9～1.16、最大深度为3.4米，坡度为30°。近甬道处为平底，与甬道、墓室底部在同一平面。

甬道　位于墓道和墓室之间，平面呈长方形，由于盗洞破坏，上部结构不甚清楚。甬道两侧错缝垒砌12层墓砖，高0.96米。封门砖对缝垒砌，砖长30、宽15、厚7厘米。

耳室　在墓室南壁掏挖而成，平面呈长方形，直壁，拱形顶。长1.7、宽1.3、高1.28米。东、南、西三壁用砖横平错缝垒砌，壁砖残存8层，高0.64米。耳室入口距墓底1米处起券，券砖长31、宽16、厚7厘米。

主室　平面呈长方形，内空长5.14、宽1.75米。四壁用砖错缝垒砌而成、残存17层。券顶已坍塌，从距墓底约1.4米处起券。墓室西北部有四排青砖平铺成的棺床，近北壁的一排为18块砖，其余三排为每排17块砖对缝竖排。棺床长2.76、宽1.24、高0.06米。棺床表面北半部为白灰面，南半部为棺灰面。白灰面长2.44、宽0.6、厚约0.03～0.1米，棺灰面长2.44、宽0.65、厚0.05～0.08米。随葬品集中置于棺床南部（图一五、图一六）。人骨完全腐朽，仅发现两颗牙齿，从牙齿磨损程度看，死者年龄约在20～25岁。

2. 出土遗物

M2出土27件陶器和部分动物骨骼。陶器以泥质灰陶为主，器类有壶、仓、耳杯、勺、碓、井、狗、灶、厕和案等。

陶壶　2件。泥质红褐陶，器表施绿釉。盘口，长颈，垂腹略扁，高圈足外撇，肩部

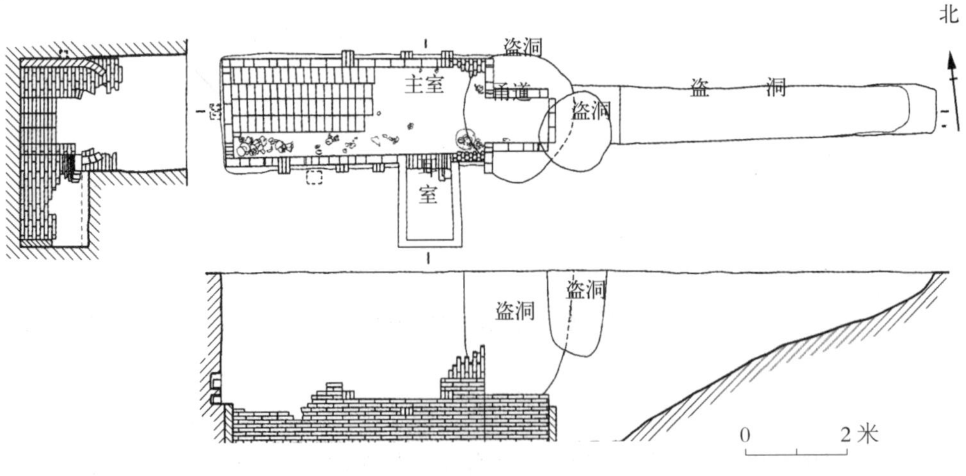

图一四　M2平、剖面图

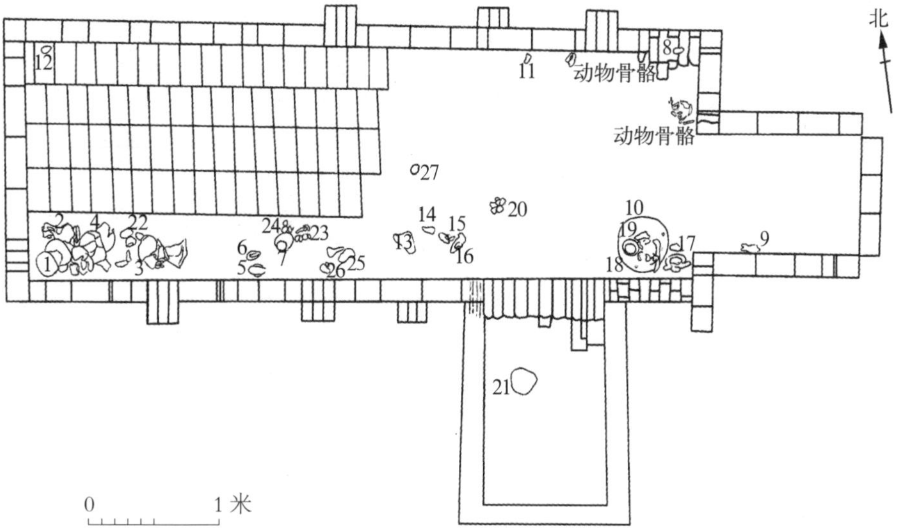

图一五　M2 墓室平面图

1、3. 陶壶　2. 陶马厩　4、7. 陶仓　5、6、11、12、14、26、27. 陶耳杯　8、15. 陶勺　9. 陶狗　10. 陶盆　13. 陶碓房　16. 陶魁　17. 陶井　18. 陶灶　19. 陶甑　20. 陶三足盆　21. 陶罐　22. 陶厕　23、24. 陶磨　25. 陶案

图一六　M2 墓室局部（北→南）

有一对穿孔钮衔环。肩腹部有数道弦纹。M2∶1，圈足下半部有绳索状纹。口径 19.8、底径 19.2、高 43.2 厘米（图一七，2；图一八）。M2∶3，绿釉基本脱落。口径 19.8、圈足径 21.6、高 47.7 厘米（图一七，1）。

陶罐　1 件。M2∶21，泥质灰陶。圆唇较厚，鼓肩，弧腹，底内凹。口沿下有两圈斜向压印的绳纹，内壁磨光。口径 21.2、底径 13.2、高 23.4 厘米（图一七，7）。

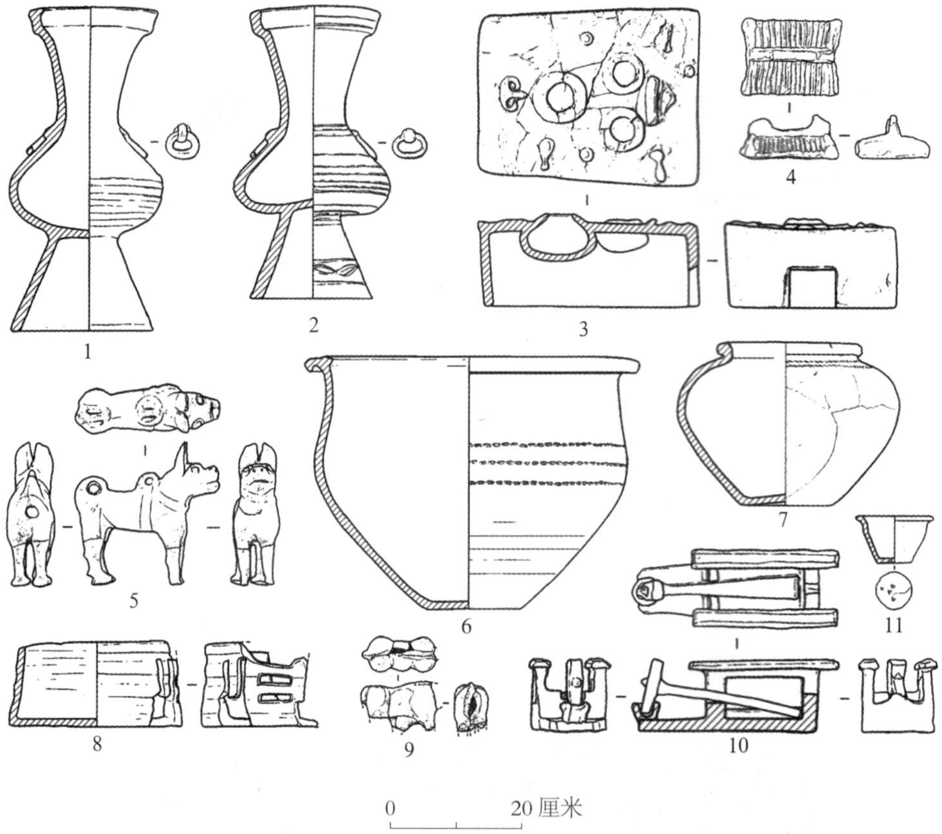

图一七　M2 出土陶器

1、2. 壶（M2∶3、M2∶1）　3. 灶（M2∶18）　4、10. 碓房（M2∶13-1、M2∶13-2）　5. 狗（M2∶9）　6. 盆（M2∶10）　7. 罐（M2∶21）　8. 马厩（M2∶2-1）　9. 马（M2∶2-2）　11. 甑（M2∶19）

陶盆　1 件。M2∶10，泥质灰陶。圆唇，平折沿，束颈，鼓腹，小平底微内凹。沿内面有四道凹弦纹，腹中部有三道平行戳印纹。口径 50.4、底径 14.4、高 36.8 厘米（图一七,6）。

陶马厩　1 组。M2∶2，泥质灰褐陶。M2∶2-1，马厩，残，平面呈圆形，圆唇，直壁，平底。壁面中间有三条纵向长方形孔，两侧对称分布两个横向长方形孔，组成栅栏，外壁有三条平行凹弦纹，内壁有明显的轮修痕迹。残长 27、残宽 16.8、高 12.6 厘米（图一七，8）。M2∶2-2，马厩内的马，残长 11.9 厘米（图一七，9）。

陶灶　1 件。M2∶18，泥质黄褐陶。残，灶平面呈梯形，有羊头、鱼等图案。直壁，长方形灶门。长 33.6、最大宽 26.4、高 12 厘米（图一七，3）。

陶甑　1 件。M2∶19，泥质黑陶。尖唇，卷沿，敞口，颈微束，斜腹，小平底。内壁有轮修痕迹，腹中下部有纵向刮削痕，底部不规则分布四个圆孔。口径 11.6，底径 5.2、高 7 厘米（图一七，11）。

陶碓房　1 件。M2∶13，泥质灰陶。由碓和房顶两部分组成。房顶为两面坡状，人字形脊。碓由支架、杵和臼组成。长 31.2、通高 16.9 厘米（图一七，4、10；图一九）。

图一八　陶壶

（M2:1）

图一九　碓房

（M2:13）

图二〇　陶狗

（M2:9）

陶狗　1件。M2:9，泥质灰陶。嘴微张，两耳竖直，腹部中空，四足直立，颈腹部有束带，背部有一个带环，臀部有孔，尾卷曲。长22.4、高21.2厘米（图一七，5；图二〇）。

陶三足盆　1件。M2:20，泥质灰褐陶。圆唇，敞口，颈微束，腹中部微鼓，下部斜弧内收，底近平、下接三个兽形足。腹中部饰两道凹弦纹。口径21.6、高12.8厘米（图二一，1）。

陶仓　2件。M2:7，泥质灰褐陶。圆唇，口微敛，溜肩，弧腹，平底微内凹。肩腹部有三道不明显的凸棱，腹下部纵向刮削痕迹明显，器内壁有轮旋痕迹。口径8.1、底径9.9、高18厘米（图二一，5；图二二）。

陶耳杯　7件。M2:5，泥质黄褐陶。杯口呈椭圆形，口微敞，沿面较平，弧腹，平底，杯两侧有耳。口径6.9～13.5、高4.5厘米（图二一，2）。

陶魁　1件。M2:16，泥质灰褐陶。平面近圆形，圆唇，口近直，弧腹，平底，曲棒形柄，截面呈六边形，上有明显的刮削痕。口沿下有两周凹弦纹。口径16.5、底径9.3、高7.5厘米（图二一，3；图二三）。

陶厕　1件。M2:22，泥质灰陶。平面呈正方形，器身扁平，中有一方形孔，孔外侧有一圈椭圆状凸棱。长14.7、宽14.4厘米（图二一，10）。

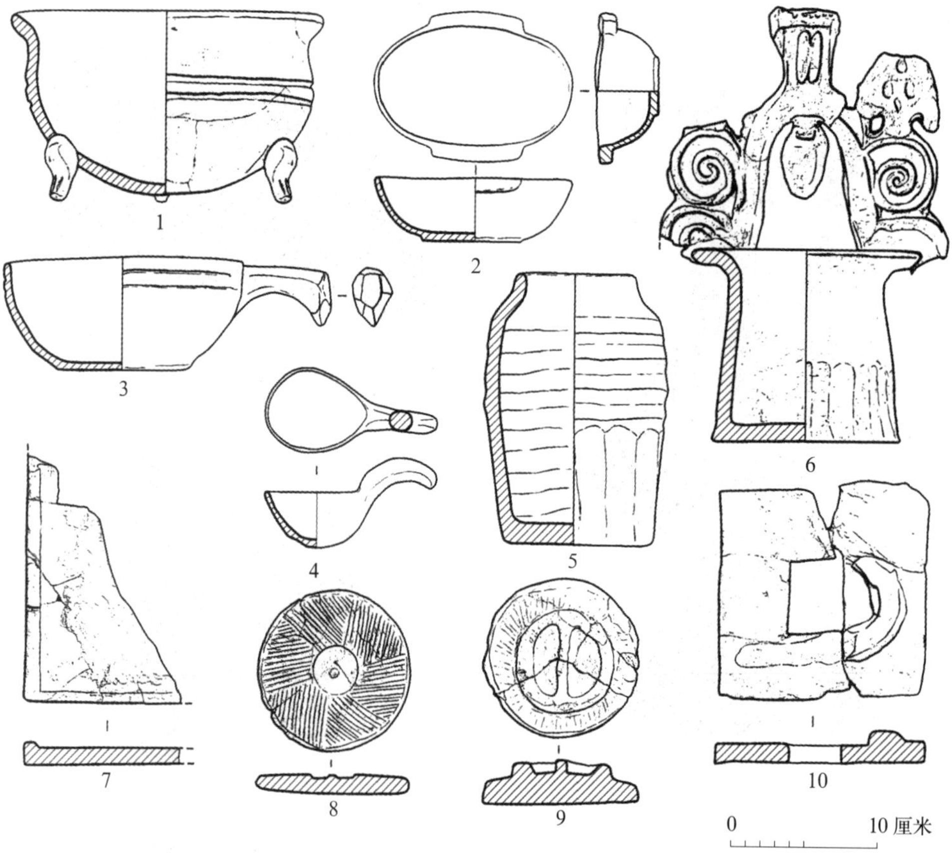

图二一　M2 出土陶器

1. 三足盆（M2：20）2. 耳杯（M2：5）3. 魁（M2：16）4. 勺（M2：15）5. 仓（M2：7）6. 井（M2：17）7. 案（M2：25）8、9.（M2：24、M2：23）10. 厕（M2：22）

陶磨　2 件。M2：23，泥质红褐陶。圆饼状，上部有一圆形凸起，中间有一凸棱，表面有放射状刻划线纹，底部平整。直径 10.6 厘米（图二一，9；图二四）。M2：24，圆饼状，中部有一个圆形凹槽，槽中间有一个凸起的圆点，表面有放射状刻划线纹，底部平整。直径 10.4 厘米（图二一 8；见图二四）。

陶井　1 件。M2：17，泥质黑灰陶。由井架、井亭和井圈组成。井架近弧形，两侧有螺旋状装饰，井亭简化成柱形，井圈平面呈圆形，平底，口小底大，井圈接外凸的井栏。通高 27.6 厘米（图二一，6；图二五）。

陶案　1 件。M2：25，泥质黑灰陶。仅存一角，正面平整，边缘有凸棱、背部平整。残长 162、宽 1.2 厘米（图二一、7）。

陶勺　2 件。M2：15，泥质灰褐陶。圆唇，深腹，圜底，弧曲柄横截面呈圆形。长 1.8、宽 5.3 厘米（图二一，4）。

图二二　陶仓
（M2∶7）

图二四　陶磨
（M2∶23、M2∶24）

图二三　陶魁
（M2∶16）

图二五　陶井
（M2∶17）

三、结语

两座墓葬均未发现明确的纪年材料，只能依据墓葬形制和陶器、钱币等出土遗物大体推断他们的年代。

M1 和 M2 均为单室砖墓。M1 为券顶，从残存的墓壁、墓门顶部结构等推测 M2 为券顶的可能性较大。这种券顶单室砖墓是两汉时期砖室墓的主要形制之一，西汉中晚期以后大规模出现于西安、洛阳等地。

M1 出土的铜五铢钱，钱文较宽大，五字交笔处略直，铢字“金”旁四点较长，“朱”字头圆折，与洛阳烧沟汉墓Ⅲ型五铢[1]形制相近。同墓所出的剪轮铜五铢钱文不清，尚难分析其形制。据蒋若是先生研究,钱币减重的现象出现于东汉中期[2]。M1 出土了 1 枚铁钱，根据已有的研究，这种铁钱从东汉晚期开始出现[3]。M1 所出陶罐与曲春 M24、石油 M5、世家 M169 等西安东汉墓出土的 A 型Ⅱ式束颈罐[4]形制接近。陶仓与西安雁湖 BⅢ式陶仓

M14∶11 形制接近，陶灶与《西安东汉墓》划分的 B 型陶灶、洛阳烧沟汉墓Ⅳ式陶灶接近。提梁式井架、井亭结构也与《西安东汉墓》划分的 A 型陶井相似。上述陶罐、仓、井等器物在《西安东汉墓》中均属于第四期，年代为东汉晚期。由此可以判定 M1 的年代为东汉晚期。

M2 出土的陶壶腹部扁圆，有高圈足，相似形制的陶壶见于河南陕县刘家渠第四组墓葬[5]，亦与《西安东汉墓》划分的、流行于第四期的 CⅡ式圈足陶壶形制接近。陶灶与洛阳烧沟汉墓Ⅳ式陶灶、《西安东汉墓》划分的 B 型陶灶接近，该类灶主要见于洛阳烧沟第三型至第五型墓葬以及《西安东汉墓》划分的第四期墓葬。根据刘家渠、烧沟汉墓以及西汉东汉墓的分期与年代研究，判定 M2 的年代为东汉晚期。

邢台地区以往发现的东汉墓葬不多、可供参照的材料较少。本次发现的两座东汉墓为了解邢台地区东汉中晚期的丧葬习俗、社会生活等提供了重要材料。解村东遗址两座东汉墓从地理位置和文化特征上看，应属于汉代冀州。但根据已有的研究[6]，M2 出土的两件绿釉陶壶的形制却与汉代幽州墓葬中的同类器形制相似，这是研究两地人群交流的新线索。

附记：本次发掘的领队为霍东峰，参加发掘的有邵会秋、侯菲菲、高兴超、李佩、杨月光等，线图和照片由林雪川、周冰绘制和拍摄。

执笔 邵会秋 高兴超 霍东峰

注释

[1] 洛阳区考古发掘队：《洛阳烧沟汉墓》，第 219 页，科学出版社，1959 年。

[2] 蒋若是：《秦汉钱币研究》，第 208 页，中华书局，1997 年。

[3] 中国社会科学院考古研究所：《中国考古学·秦汉卷》，第 399 页，中国社会科学出版社，2010 年。

[4] 西安市文物保护研究所：《西安东汉墓》，第 921 页，文物出版社，2008 年。下文所列《西安东汉墓》的材料若无特殊说明，均引自此报告。

[5] 黄河水库考古工作队：《河南陕县刘家渠汉墓》，《考古学报》1965 年第 1 期。

[6] 姜佰国：《京津冀地区汉代墓葬研究》，《边疆考古研究》第 6 辑，科学出版社，2007 年。

（原载于《考古》2017 年第 4 期）

后　记

随着邢台文物考古事业的持续进行和有计划开展，邢台文物考古逐步得到学术界的重视。近几年来，不断有学者来邢或电话查询邢台文物考古资料，为便于专家、学者及同人查阅，我们收集了近 30 年发表在《考古学报》《考古》《文物》和省级文物专业期刊及高等院校院刊等刊物上的与邢台有关的文章，约 110 余篇，汇集成册。

该文集为研究邢台地区文物考古方面的汇编之册，分一、二两册出版，主要分为考古调查篇、发掘报告篇、研究篇、其他篇和附录等。有少数文章，因与本书其他文章相关联，虽被其他文集收录，但我们也列入其中。附录中收录了邢台地区正式出版的文物考古方面的专门报告、已结集出版的文集及消息报道。一些文章由于发表时间早，图文变色严重；一些文章虽然篇幅较短，但很重要，此二类文章也列入附录中。

30 年来，邢台地区的考古工作得到了各级政府和众多机构的关心重视，借此机会特别致谢：中国国家文物局、中国文化遗产研究院、中国国家博物馆、中国科学院遥感与数字地球研究所、河北省文物局、河北省文物考古研究所、河北省文物保护中心、河北省古代建筑研究所、邢台市人民政府、邢台市文化广电和旅游局、邢台市下辖各县（市）区人民政府以及各相关建设单位与合作、协作单位。

本文集由李恩玮主持策划，由李恩玮、李军、张明任主编。故宫出版社常务副总编辑宋小军先生为本书的出版出谋划策，提出了许多建设性的合理化建议；该社考古编辑室梅婷主任为确保本书的文字准确，反复审稿，耗费了大量心血。邢台市大邢文化遗产保护中心为把原稿打印成电子稿夜以继日，通宵达旦。在此一并致谢。

本书在资料收集过程中得到了诸多领导和业界同人的支持协助，尤其是河北省文物研究所张文瑞所长为查阅资料提供了大力帮助，还有该所其他专家和工作人员都为本书的编纂提供了诸多便利，在此深表感谢。由于涉及资料时间跨度大，且又十分分散，给整理带来困难，加之编者水平有限，本书难免存在这样或那样的谬误与不足，尚祈学界前辈、同人及读者见谅。

编　者

2019 年春

图版

1. 戈（M10：1）

2.B 型镈（M10：3）

3. 器盖（M10：119）

4. 矛（M10：47）

5. 剑（M10：114）

6. 钮钟（M10：6）

河北邢台市葛家庄 10 号墓出土铜器

彩版二

1. Ⅰ式鼎（M28：3）

2. Ⅱ式鼎（M28：2）

3. 尊（M28：7）

4. 爵（M28：13）

邢台市南小汪 28 号西周墓出土铜器

1. 白釉短流执壶（M28：3）

2. 乳白釉葫芦形执壶（M19：1）

3. 白釉平底碗（M19：2）

4. 孔雀瑞兽葡萄纹镜（M19：5）

5. 双鸾奔马云纹镜（M28：4）

邢台市邢钢东生活区唐墓出土器物

彩版四

1. 乳白釉盏托（M13：15）

2. 绿釉瓷枕（M38：1）

3. 黑釉执壶（M13：14）

4. A 型黄釉执壶（M4：1）

邢台旅馆唐、金墓葬出土瓷器

1. 02XLM1 随葬器物特写（由西向东摄）

2. 02XLM5 全景（由西向东摄）

1. A 型罐（02XLM1：1）

2. A 型罐（02XLM1：2）

3. A 型罐（02XLM34：1）

4. A 型罐章款（02XLM34：1）

5. A 型鼎（02XLM5：8）

6. B 型罐（02XLM10：1）

邢台旅馆汉唐宋墓葬出土陶器

1. 02XLM7 随葬器物特写（由南向北摄）

2. 02XLM12 墓室情况

3. 02XLM12 全景（由南向北摄）

4. 02XLM13 全景（由南向北摄）

1. 02XLM13 随葬器物特写

2. 卷沿陶罐（02XLM12：6）

3. 折沿陶罐（02XLM12：3）

邢台旅馆汉唐宋墓葬出土器物

1. 乳白釉瓷盏托（02XLM13∶15）

2. 绿釉瓷枕（02XLM38∶1）

3. 02XLM38 随葬器物特写（由南向北摄）

邢台旅馆汉唐宋墓葬出土器物

1. 陶盏（02XLM12：10）

2. 陶盏（02XLM12：9）

3. II 式黄釉执壶（02XLM28：1）

4. II 式黄釉执壶（02XLM7：3）

邢台旅馆汉唐宋墓葬出土执壶

1. 陶塔式罐（M1：1）

2. 白釉瓷碗（M4：2）

3. 陶塔式罐（M3：1）

4. 陶桶形器座（M3：2）

5. 陶塔式罐（M4：1）

6. 陶塔式罐（M2：1）

河北邢台市泽丰园小区宋墓出土陶瓷器

1. 白釉瓷罐（M18：1）底部划“盈”字

2. 白釉瓷碗（M18：2）

3. 黑釉瓷罐（M18：5）

4. 陶塔式罐（M18：4）

河北邢台中兴西大街唐墓出土器物

1. 塔式罐出土情况

2. 黄绿釉陶塔式罐

河北临城岗西村宋墓出土器物

河北临城县补要村遗址北区东部全景（空中拍摄，下为北）

河北临城县补要村遗址北区西部全景（空中拍摄，下为北）

1. Y4（西→东）

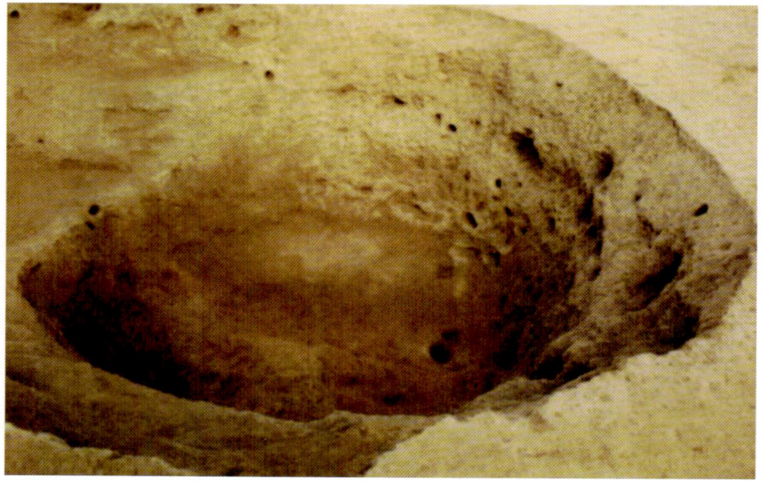

2. H235（南→北）

3. H52（北→南）

4. M37、H319、H320 全景（南→北）

河北临城县补要村遗址北区遗迹

1. M20（南→北）

2. DM1（西→东）

3. 彩陶钵（H118：02）

4. 彩陶钵（H47：06）

河北临城县补要村遗址北区遗迹及出土器物

1. 南区全景（空中拍摄，下为北）

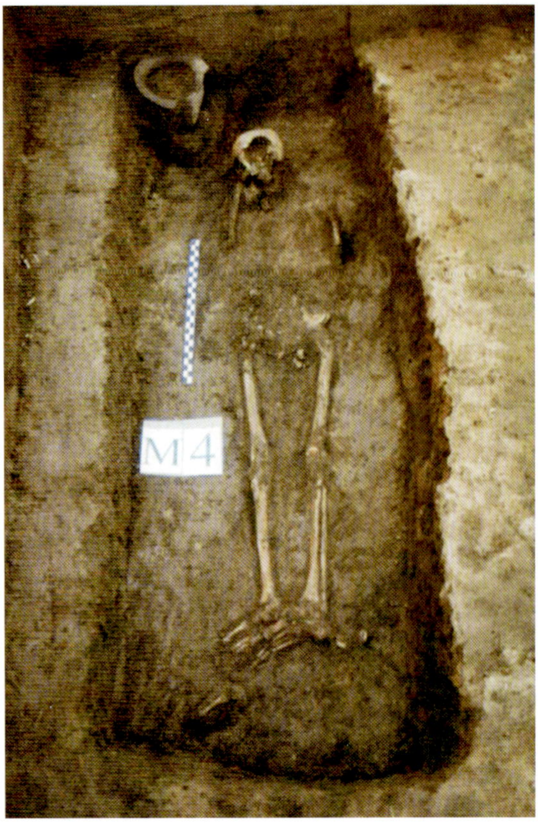

2. M4（南→北）

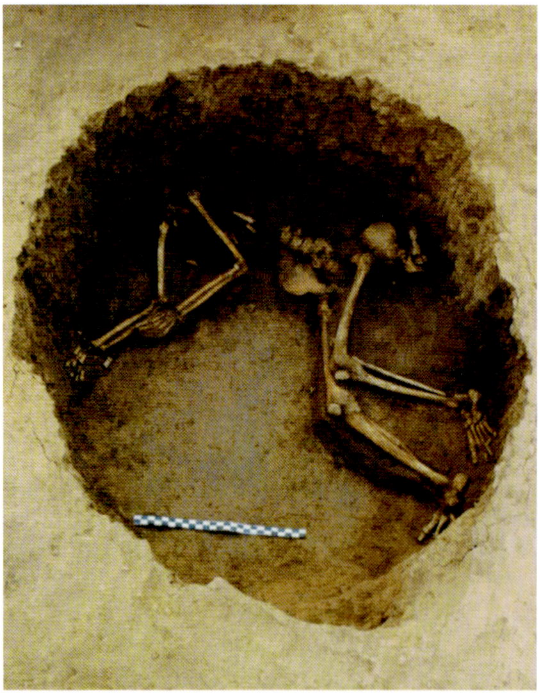

3. M9（东→西）

河北临城县补要村遗址南区

1. H81（东→西）

2. F3（西→东）

3. H303 坑口西侧牛骨（南→北）

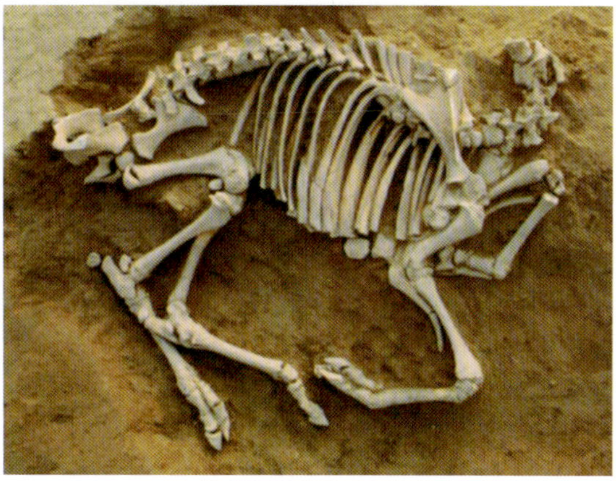

4. H303 坑口南侧牛骨（西→东）

河北临城县补要村遗址南区灰坑和房址

1. 青釉双系罐（M10：12）

2. 青釉三足炉（M10：38）

3. 黄釉三足炉（M10：11）

4. 三彩炉（M10：14）

河北临城县补要村唐墓出土器物

邢台广宗县李庄宋代砖室墓 (M5)

1. M1

2. M1 南侧朽木桩

邢台广宗县李庄宋代砖室墓（M1）

1.“玉山馆”四系瓶（M1：2）

2. 绿釉盏（M1：5）

3. 孔雀蓝釉三足炉（M1：3）

4. 绿釉三足炉（M2：1）

河北临城县梁村元墓出土器物

彩版二四

1. 三彩盘（M1：4）

2. 绿釉盘（M2：2）

3. 铜镜（M1：1）

河北省临城县梁村元墓出土器物

1. 白瓷印花碗（T2H4：13）

2. 白瓷印花碗（T2Y2 火膛: 19）

3. A 型圆形托具（T2Y2 火膛: 15）

4. A 型筒形匣钵（T2Y2 火膛: 14）

5. A 型黑瓷瓶（T2Y2 火膛: 5）

6. 印花模（T2H4：5）

临城山下金代窑址出土瓷器、窑具

图版二

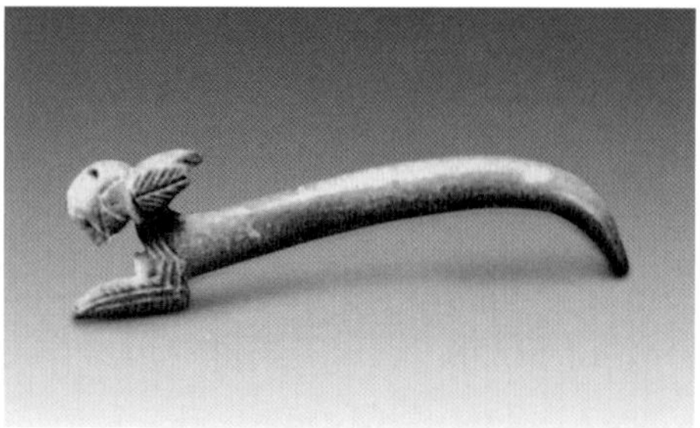

1. 角觿（M10：35）

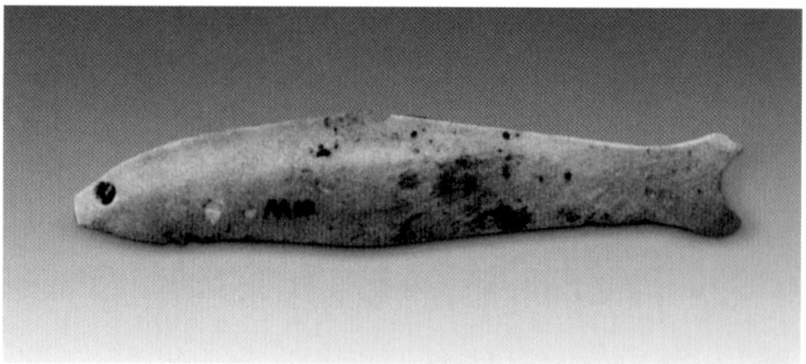

2. 蚌鱼（M10：116-1）

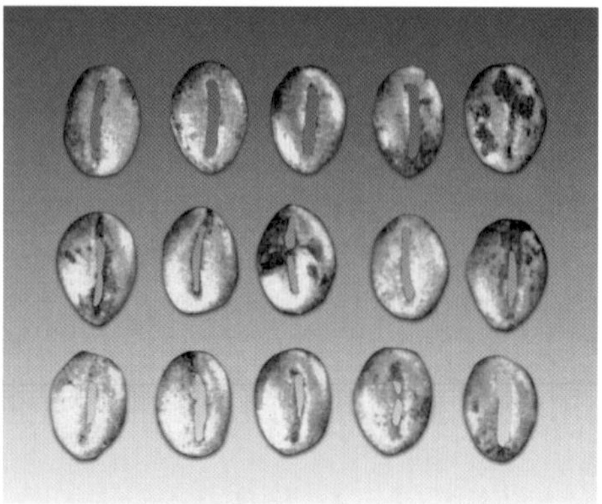

3. 包金铜贝（M10：41）

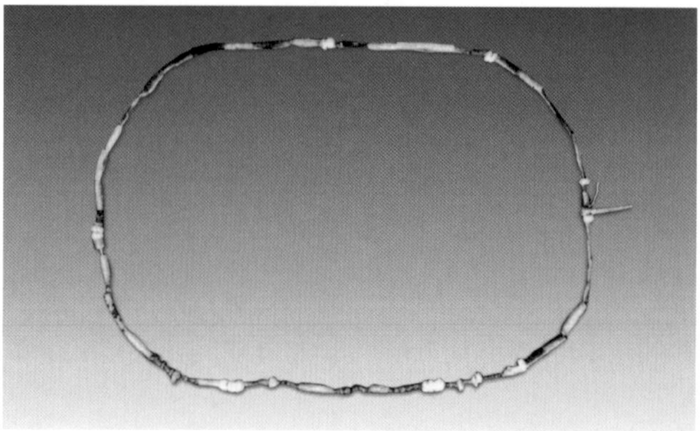

4. 玛瑙串珠（M10：34）

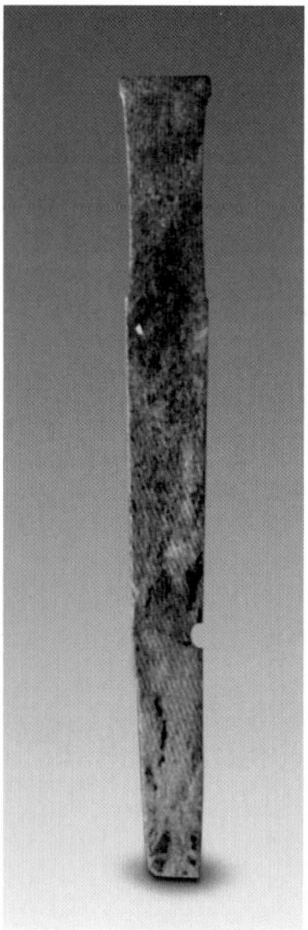

5. 玉柄形器（M10：17）

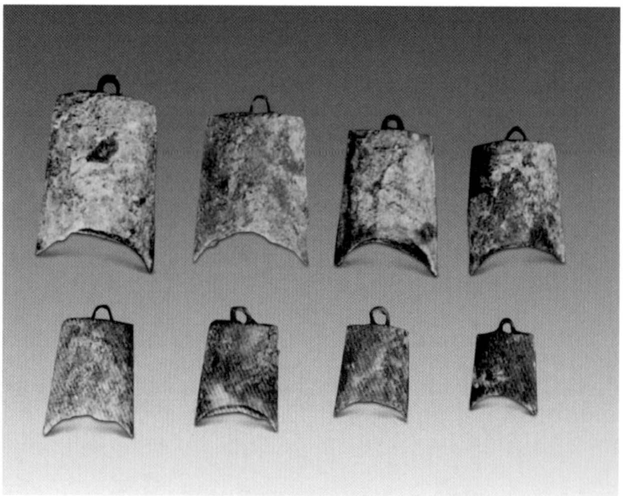

6. 铜明器钮钟（M10：24）

河北邢台市葛家庄10号墓出土器物

1. 大型鬲（H34：1）

2. 中型鬲（F1②：6）

3. 中型鬲（H15：14）

4. 深腹盆（H34：13）

5. 假腹豆（F1②：7）

6. 真腹豆（H34：16）

河北邢台市东先贤遗址出土商文化陶器

图版四

1. 黄釉独流壶（95QDM3:3）

2. 黄褐釉罐（95QDM2：1）

3. 青白釉俑（95QDM16：3）

4. 绿釉水盂（95QXM47：15）

5. 三彩钵（95QXM37：1）

6. 青褐釉罐（95QDM3：2）

河北邢台市唐墓出土瓷器

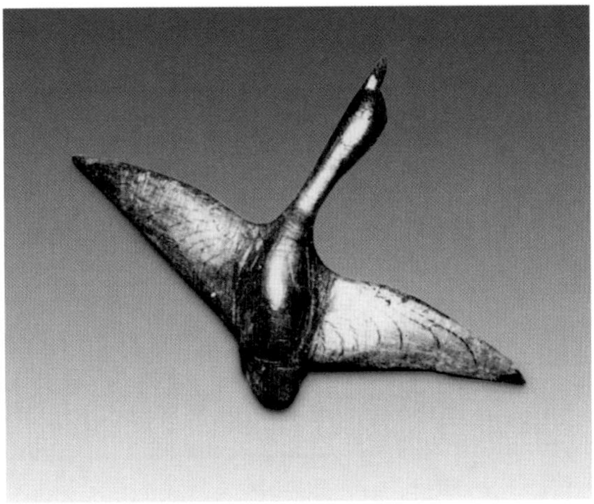

1. 铜鹤饰（95QDM32：14）

2. 陶盖罐（96QDM16：6）

3. Ⅰ式铜折页（95QXM47：5）

4. Ⅱ式铜折页（95QXM47：6）

5. 铜镜（95QXM42：7）

6. 铜镜（95QXM47：9）

河北邢台市唐墓出土器物

图版六

1. 陶器座（96QDM16：2）

2. 陶器座（95QXM27：3）

3. 白釉瓷执壶（95QXM27：1）

4. 陶器盖（95QXM27：5）

5. 青白釉瓷执壶（95QXM42：3）

6. 陶器座（96 QDM32：6）

河北邢台市唐墓出土器物

1. 发掘区全景（东→西）

2. 泥质陶瓮（H119：1）

3. 夹砂陶鼎（H34：7）

4. 夹砂陶甗（H82：19）

5. Bc 型夹砂陶鬲（H117：23）

河北邢台市葛家庄遗址北区及出土器物

图版八

1. Ba 型夹砂鬲（H5：44）

2. Bb 型夹砂鬲（H5：46）

3. Bb 型夹砂鬲（H8：6）

4. Bc 型夹砂鬲（H5：43）

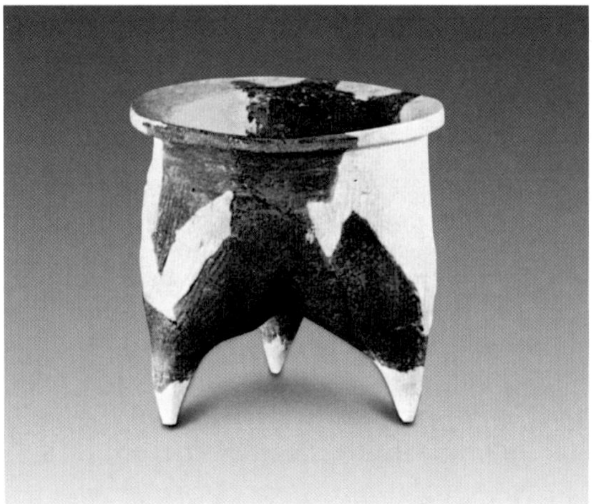
5. C 型夹砂鬲（H97：1）

6. C 型夹砂鬲（H117：18）

河北邢台市葛家庄遗址北区出土陶器

1. Bb 型夹砂鬲（H5：42）

2. Aa 型夹砂鬲（H49：2）

3. 夹砂臼（H5：24）

4. Ba 型夹砂鬲（H49：8）

5. Bb 型泥质豆（H117：4）

6. B 型夹砂盆（H5：21）

7. A 型泥质瓮（H28：5）

河北邢台市葛家庄遗址 1999 年发掘出土陶器

图版一〇

1. 小口高领瓮（Y3：01）

2. 筒形杯（H278：06）

3. 甑（H278：14）

4. 鬲（NT0603②：08）

5. 范（DM1：02）

6. 簋（H144：01）

河北临城县补要村遗址北区出土陶器

1. 鬲（F3：34）

2. 绳纹鬲（H98：05）

3. 单把鬲（ST05 ②：02）

4. 鼓腹盆（H81：04）

5. 盆（H98：07）

6. 盂（H98：08）

河北临城县补要村遗址南区出土陶器

图版一二

1. Y6（北→南）

2. 折肩罐（H101：05）

3. 骨刀（H237：01）

4. 骨笄（H99：01）

5. 石刀（F3：05）

6. 卜甲（H70：02）

7. 蚌镰（H155：17）

8. 玉璧（F3：06）

河北临城县补要村遗址南区窑址及出土器物